本书为厦门大学东南亚研究中心资助成果

The Progress of Research on the History of Sino-Foreign Relations in China

中国中外关系史研究的进程

万明 冯立军 主编

中国社会科学出版社

图书在版编目（CIP）数据

中国中外关系史研究的进程 / 万明，冯立军主编. —北京：中国社会科学出版社，2023.10
　ISBN 978-7-5227-2263-4

　Ⅰ.①中…　Ⅱ.①万…②冯…　Ⅲ.①中外关系—国际关系史—研究
Ⅳ.①D829

中国国家版本馆 CIP 数据核字（2023）第 133930 号

出 版 人	赵剑英
选题策划	宋燕鹏
责任编辑	金　燕
责任校对	李　硕
责任印制	李寡寡

出　　版	中国社会科学出版社
社　　址	北京鼓楼西大街甲 158 号
邮　　编	100720
网　　址	http://www.csspw.cn
发 行 部	010-84083685
门 市 部	010-84029450
经　　销	新华书店及其他书店

印刷装订	三河市华骏印务包装有限公司
版　　次	2023 年 10 月第 1 版
印　　次	2023 年 10 月第 1 次印刷

开　　本	710×1000　1/16
印　　张	39.5
字　　数	645 千字
定　　价	218.00 元

凡购买中国社会科学出版社图书，如有质量问题请与本社营销中心联系调换
电话：010-84083683
版权所有　侵权必究

目 录

中国中外关系史学会40年回顾与展望

砥砺前行：纪念中国中外关系史学会成立40年（1981—2021）
　　　　　　　　　　　　　　　　　　　　　　　万　明 / 3

缅怀韩振华先生的学术贡献

纪念中外关系史学会40周年
　　——缅怀吾师、老会长韩振华教授　　　　　陈佳荣 / 39
中国南海主权研究的开拓者
　　——纪念导师韩振华先生诞辰100周年　　　李金明 / 47
韩振华译补《诸蕃志注补》刍议　　　　　　　　聂德宁 / 60
韩振华先生的治学与育人　　　　　　　　　　　喻常森 / 79
探前沿、辨热点、育后才
　　——韩振华先生与中国海外贸易史研究　　　冯立军 / 89

丝绸之路·中外互动

周祖后稷神话与中外文化交流　　　　　　　　　宋亦萧 / 107
香飘万里
　　——香文化的发展和影响　　　　　　　　　陆　芸 / 127
《金刚经》的传播和本土化　　　　　　　　　　张开媛 / 141
从龟兹古乐到甘凉大曲　　　　　　　　　　　　赵大泰 / 155

福清科仪本所见东土摩尼教史事	俞伦伦 杨富学 / 163
从《李陵变文》看敦煌多元文化的碰撞与融合	屈玉丽 杨富学 齐嘉锐 / 193
后周文士双冀创立高丽科举与朝鲜"小中华"思想的根基	黄修志 / 206
辽代与草原丝绸之路	薛正昌 / 238
七河流域的白水城、塔拉兹和梅尔克	迪丽娜 / 252
试论明初西域、中亚、西亚诸政权朝贡明王朝的原因	张连杰 / 267
马六甲"官厂"遗址考	陈达生 / 275
从葡荷地图文献考马六甲郑和官厂遗址	李 峰 / 291
伊斯兰教什叶派在印度尼西亚的传播	廖大珂 / 327
清初来华传教士对世界地理知识的介绍——以《坤舆图说》为中心的分析	汪太平 / 347
白晋与礼仪之争	张西平 / 364
雍正朝驱逐传教士至澳门政策的落实过程分析——兼论雍正对天主教的态度	陈青松 / 380
从盛京观感看朝鲜对清态度之变化——以燕行使《北行日记》《入沈记》为中心	刘啸虎 武颖晨 / 407
茶叶、白银和鸦片：1750—1840年中西贸易结构	庄国土 / 421
论1797年洪良浩致函纪昀讨论"西学"问题的动机	石建国 / 445
论近代中国东北出口贸易的开创与犹太人卡巴尔金家族的贡献	张铁江 / 457
近代爪哇茶业的兴起	刘 勇 / 465
《闽游偶记》关于"海丝"之城高雄崛起的史地叙事	肖 成 / 484
民族主义与现代化之间：论伍连德之中医现代性转型探索	黄 丁 / 497
20世纪20至40年代法属印度支那与中国关系述论——以中越通邮为中心	温长松 / 508

国际移民·华侨华人

潮汕侨批中所见的民国年间暹罗华侨托寄物品现象分析	张 钊 / 541
20世纪初期至70年代新马闽南籍华人橡胶行业研究	王付兵 / 555

中外关系·当代视野

中华文化国际传播的历史经验与当代价值	武　斌 / 577
世界历史上的王朝国家	赵现海 / 584
在中国史与世界史之间：中外关系史教学与科研的 　一点思考	陈博翼 / 601
盛世未许叹观止——"熊猫留学"论	申晓营 / 609

中国中外关系史学会 40 年回顾与展望

砥砺前行：纪念中国中外关系史学会成立40年（1981—2021）

万　明

（中国社会科学院古代史研究所）

2021年是中国中外关系史学会成立40年，我们筹备在学会成立之地厦门大学召开"中外关系史学会40年回顾与展望暨纪念韩振华先生诞辰100周年"学术研讨会，遗憾的是，因厦门疫情突发而受阻。因此，我们决定将现场会议改为以纪念论文结集出版的形式以示纪念，推动中国中外关系史学术研究的继续开展，得到学会专家学者的理解与支持。在这里，我将简略回顾学会成立40年来对中外关系史学科建设与学术话语体系的建构，即对于中外关系史学科"三大体系"所做出的重要贡献［具体综述见《当代中国中外关系史研究（1978—2019）》］，简略概述难免挂一漏万，尚祈前辈与同仁教正。

中国中外关系史学会（Chinese Society for Historians of China's Foreign Relations）是国家民政部所属全国性一级学会，是由中国社会科学院代管，挂靠在中国社会科学院历史研究所（现为古代史研究所）的中国研究中外关系史的社会学术团体。改革开放以后，1981年中国中外关系史学会成立于厦门。学会会员由全国范围内研究中外关系史的科研、教学和出版人员组成，学会设有丝绸之路专业委员会、中外文化交流专业委员会、中日关系专业委员会3个分委员会。将全国科研机构、高等院校、出版部门的学者团结在一起，组织中外关系史研究、教学和出版方面的学术交流。其会务由设在中国社会科学院古代史研究所的秘书处承担，没有常设办事机构和专职办事人员。学会研究领域和范围是中国中外关系史，学会宗旨和业务范围是理论研究、学术交流、咨询服务。包括加强国内外学术交流，组织国内、国际学术研讨会，接受专业咨询并提供服务，编辑出版《中外关系史论丛》《中外关系史译丛》和《中外关系史研究通讯》等。学会主要通过学术研讨会的形式，引领时代的学术潮流，不断团结和带领中外关系史学界同人开拓进取，大力发展了中外关系史研究事业。成立之初，会员仅有50人，经过40年的努力，学会已发展成拥有800多名专业会员的国家一级学术团体，是国内外中外关系史研究者进行学术交流的核心组织，形成中外关系史研究名副其实的学术交流平台，学会会员遍布全国省、市和自治区（包括港、澳、台）。学会团结中外关系史学界同人，共同促进中外关系史研究的发展和繁荣，为中外关系史学科体系、学术体系、话语体系建设做出了重大贡献。

成立与开新：学会成立与中国中外关系史学科的创立

中国中外关系史学科，是改革开放以后建立起来的新兴学科。没有改革开放，就没有这门学科的创立。1981年中国中外关系史学会成立，标志着中外关系史新兴学科的创立。

改革开放是全方位的对外开放，中国发生了翻天覆地的变化，关于对外关系研究的禁区被打开，催生了中外关系史新兴学科的诞生。中国中外关系史是以历史上中国对外关系的发展历程为研究对象的学科，属于中国史学科下的一个专门史分支，是中国史的重要组成部分。在新的时代条件下，老一辈历史学家觉察到传统史学局限了史学进步，于是相继提出新见，为中国中外关系史学科体系的形成做出奠基性工作。

1978年，暨南大学朱杰勤教授在中国社会科学院规划办公室编的《情况与建议》第25期，发表《关于大力发展中外关系史研究的建议》，1979年在中国历史学规划会议上，他提出："我们认为研究中外关系史目的之一，就是要探讨中国在世界历史上的地位和作用问题，而这个问题，又是我国研究中国史和研究外国史的人共同关心的"，并指出"由于该科的重要性以及政府和群众的日益重视，形势迫人。这门科学将由冷门变为热门，亦意中事"①。他的建议得到学界的广泛赞同。1981年中国中外关系史学会组建，他是学会第一届理事会名誉理事，也是中国中外关系史学会早期组织者之一。

1981年5月在厦门召开了"中外关系史学会成立大会"，选举宦乡（中国社会科学院）为名誉理事长，孙毓棠（中国社会科学院）为理事长，韩振华（厦门大学）、姚楠（上海译文出版社）为副理事长。作为具有中国特色的新兴学科，中国中外关系史是中国史的一个专门学科分支，其建立对于学科建设具有重要的开创意义，学术研究时段逐步确立了以远古至1840年前的古代中外关系史为主。成立40年来，学会成为全国中外关系史研究的学术共同体平台，引领了中国中外关系史研究的学术潮流，取得了重大成就。首先，就是明确了新兴学科的基本定位：突破旧的中西关系研究的局限，立足中国，放眼世界，展开对于中外关系史——中国与世界关系的全方位研究及其规律性的认识。

实际上，改革开放以来，中国对外开放发生了重大战略转向，了解历史上中国与世界的关系，对于中国历史学的发展和史学研究工作的开展不可或缺，中国中外关系史学科应运而生，与时俱进，发生了研究的重大转向。第一届理事长孙毓棠在学会编辑《中外关系史论丛》第1辑（即学会成立暨第一次学术研讨会论文集）前言中指出："历史上任何一个国家的存在，都不可能是孤立存在，与世隔绝的。它必然要和周围各国人民发生接触和交往，历史越发展，社会越进步，这种接触和交往也就越扩大、越频繁。它不仅促进了本国和本民族社会的向前发展，也促进了世界各国和各民族社会的向前发展，促进了人类文明的进步，这已为世界各国的历史所证实。"按照先因后创的学科发展规律，追寻新的学科体系产生的渊源，改革开放前，只有中西交通史，改革开放后提出了中外关系史，不仅仅是专有名词的改变，而且是一种研究视野和研究思维上的根本转换，也是学术研究范式的转换。这表明，拓展相对片面的中西交通视野，关注中外关系——中国与世界的关系，新的开放性认识促成了一门新学科的诞生。

在学会成立初期，学会聚集了全国有关中外关系史研究、教学、出版

---

① 朱杰勤：《怎样研究中外关系史》，载氏著《史学理论》，广西师范大学出版社2011年版，第355、356页。

方面的专家学者,老一辈的著名中外关系史专家为中国中外关系史学会的建立和中外关系史学科从中西交通史向中外关系史的全面转型与发展,呕心沥血,做出了极其重要的贡献。在经费艰难的条件下,坚持进行教学和科研工作,出版《中外关系史论丛》《中外关系史译丛》《中外关系史研究通讯》(在计算机普及后通讯出版至第 24 期停刊,其后陈佳荣先生独立创办学会网站,为推动中外关系史学科建设做出重要贡献)。学会坚持组织全国性学术活动,为开创中国中外关系史研究事业,为学会的发展壮大而付出的心血,是永远值得敬仰和纪念的。

自 1981 年成立,学会已产生了九届理事会。40 年来,中国中外关系史学会和中国中外关系史学科建设发展凝聚着老中青三代学者的无私奉献,集聚了中外关系史研究的专门人才,学会引领了改革开放的中国与世界关系研究的学术潮流,引领了传统史学向现代社会科学的全面过渡,创立了新兴学科——中国特色的学科体系,由此开创了新时代中国中外关系史研究发展的新局面。各种研究专著和论文以及资料整理如井喷之势涌现,平均每年出版十几部专著和发表上百篇学术论文,学术成果呈现出繁花似锦的盛况。

下面是学会历届理事会组成名录:

第一届理事会

1981 年 5 月在福建厦门召开"中外关系史学会成立大会",选举产生第一届理事会。

名誉理事长:宦乡

名誉理事:陈翰笙　季羡林　翁独健　周一良　韩儒林　朱杰勤　吴廷璆　陈碧笙　侯方岳　章巽

理事长:孙毓棠(1911—1985)

副理事长:韩振华　姚楠

常务理事:马雍　陈庆华　余绳武　张广达

理事:胡锡年　陈本善　夏应元　谢方　陈炎　戴可来　林金枝　亦邻真　耿引曾　王治来　龚方震　丁名楠　张振鹍　刘民声

秘书长:马雍(兼)

副秘书长:陈庆华(兼)　王治来(兼)　林金枝(兼)

学会秘书处设立于中国社会科学院历史研究所，人员均为兼任。

第二届理事会

1986 年 9 月在浙江宁波召开中国中外关系史学会第二届会员代表大会，选举产生第二届理事会。

理事长：韩振华（1921—1993）

副理事长：姚楠　陈高华

名誉理事：陈翰笙　季羡林　周一良　吴廷璆　陈碧笙　侯方岳　章巽　项英杰

常务理事：韩振华　姚楠　陈高华　谢方　林金枝　龚方震　陈炎　耿引曾　王治来　夏应元　郝镇华

理事：韩振华　姚楠　谢方　林金枝　龚方震　陈炎　张广达　耿引曾　刘民声　王治来　戴可来　夏应元　亦邻真　汪瑞祥　郝镇华　纪大椿　卢苇　蔡鸿生　李玉昆　林士民　陈增辉　周中坚　黄时鉴　陈吕范　张铠　王金林　陈高华　黄颂康　吴凤斌　黄重言　沈福伟

秘书长：夏应元

副秘书长：郝镇华　吴凤斌　张铠　袁传伟

第三届理事会

1992 年 5 月在江苏扬州召开中国中外关系史学会第三届会员代表大会，选举产生第三届理事会。

会长：韩振华

副会长：夏应元　谢方　卢苇

常务理事：卢苇　叶奕良　汪瑞祥　陈炎　陈达生　郁龙余　林金枝　林金水　夏应元　耿引曾　耿昇　晁中辰　黄时鉴　龚方震　韩振华　谢方

秘书长：夏应元（兼）

副秘书长：耿昇　吴凤斌　张铠

第四届理事会

1997 年 11 月广西东兴召开中国中外关系史学会第四届会员代表大会，

选举产生第四届理事会。

会长：夏应元

副会长：黄时鉴　郁龙余　耿昇　庄国土　高伟浓

秘书长：耿昇（兼）

副秘书长：万明　张西平　廖大珂

顾问：陈翰笙　季羡林　陈碧笙　周一良　吴廷璆　吴景宏

名誉理事：陈高华　陈吕范　陈得芝　陈炎　黄盛璋　卢苇　谢方　林金枝　张铠　蔡鸿生　戴可来

学术委员会主任：谢方

1999 年 11 月在厦门召开"海外汉学及中国与东南亚文化交流"学术研讨会，经民政部通知，夏应元已满 70 岁，由耿昇接任会长。

第五届理事会

2001 年 10 月在云南昆明召开中国中外关系史学会第五届会员代表大会，选举产生第五届理事会。

名誉会长：陈佳荣　曲德林

会长：耿昇（1944—2018）

副会长：郁龙余　周伟洲　庄国土　吴志良　厉声　张国刚　纪宗安　贺圣达　张西平　邓开颂　石源华

秘书长：万明

副秘书长：廖大珂　龚缨晏　任大援　侯且岸　王继光　方铁　胡礼忠　马一虹

学术委员会主任：谢方　黄时鉴

委员：马大正　蔡鸿生　邱树森　陈得芝　夏应元

第六届理事会

2005 年 8 月在吉林延吉召开中国中外关系史学会第六届会员代表大会，选举产生第六届理事会。

名誉会长：陈佳荣

会长：耿昇

副会长：郁龙余　苗普生　庄国土　吴志良　厉声　纪宗安　贺圣达

张西平　石源华　武斌　姜龙范　晁中辰　方铁　万明（常务）　王晓秋　龚缨晏　丘进（后补）　谢玉杰（后补）

秘书长：万明（兼）

副秘书长：廖大珂　马一虹　贾建飞　王欣　王川　常绍民　孙泓　田卫疆（后补）

学术委员会主任：马大正　黄时鉴

学术委员：蔡鸿生　周伟洲　孙进己　耿引曾　李金明　邓开颂　张国刚　杨建新　纪大椿　阎纯德　谢方　谭广濂　刘明翰

第七届理事会

2009年9月在云南蒙自召开中国中外关系史学会第七届会员代表大会，选举产生第七届理事会。

名誉会长：陈佳荣

会长：耿昇

副会长：郁龙余　丘进　苗普生　庄国土　吴志良　厉声　纪宗安　贺圣达　石源华　武斌　姜龙范　晁中辰　龚缨晏　万明（常务）　朱政惠　王欣　王川　戴建兵　齐木德·道尔吉　谭广濂　方铁

秘书长：万明（兼）

副秘书长：廖大珂　马一虹　孙泓　常绍民　王元林　马少甫　杨富学　郑晓云　刘国防　江滢河　邹振环　曲金良

学术委员会主任：马大正　黄时鉴

学术委员：蔡鸿生　周伟洲　孙进己　李金明　阎纯德　耿引曾　刘明翰　林士民　林悟殊　黄启臣　吴建雍　王连茂　李向玉　王晓秋　李金明　张西平　谢方

第八届理事会

2013年10月在河北石家庄召开中国中外关系史学会第八届会员代表大会

名誉会长：耿昇

会长：丘进

执行会长：万明

副会长：庄国土　纪宗安　吴志良　石源华　武斌　李国强　张一平　田卫疆　朱亚非　朱政惠　王欣　王川　王勇　戴建兵　孙光圻　张倩红

秘书长：孙泓

副秘书长：王元林　马少甫　乌云高娃　赵现海　柳若梅　杨富学　江莹河　张德瑞　庞乃明　曲玉维　张天政

学术委员会主任：蔡鸿生　周伟洲

委员：李金明　阎纯德　林士民　黄启臣　王连茂　李向玉　张西平　谢方　郁龙余

第九届理事会

2017年在青岛召开中国中外关系史学会第九届会员代表大会，选举产生第九届理事会。

名誉会长：耿昇

会长：万明

副会长：廖大珂　张一平　田卫疆　郑炳林　韩东育　朱亚非　段渝　王欣　王禹浪　王勇　朴灿奎　张倩红　曲金良　马建春　李雪涛　邹振环　林文勋　杨富学（后补）　乌云高娃（后补）

秘书长：孙泓

副秘书长：乌云高娃　赵现海　柳若梅　张绍铎　修斌　杨富学　刘永连　庞乃明　曲玉维　丛喜权　宋燕鹏（后补）

学术委员会主任：蔡鸿生　周伟洲

委员：李金明　阎纯德　林士民　黄启臣　王连茂　李向玉　郁龙余　纪宗安　王晓秋　贺圣达　庄国土　石源华　丘进　武斌　苗圃生

2019年由赵现海代理秘书长，经理事会通过赵现海任秘书长。2022年3月由乌云高娃代理秘书长。

构建与特色：学会与中国中外
关系史学科学术体系的初建

20世纪80年代是改革开放后中国社会科学发展的一个重要时期，中外关系史开始确立了它在中国史中的地位。中国中外关系史学会成立对于中国中外关系史、乃至中国历史学的发展来说都是一件大事。从此，中国中外关系史学者有了自己的学术共同体交流平台。学会成立40年来，中外关系史学科呈现出迅猛发展的势头与走向，基本上实现了从传统史学到现代人文科学与社会科学、自然科学相结合的宏大学科体系的建构，是历史学三大体系建设的重要组成部分。

中国中外关系史学会成立与中国中外关系史学科发展历程密不可分，学会的成立，形成中国中外关系史学术研究群体。在各高校大多都没有设置中外关系史专业的情况下，学会成为中外关系史学者们自己搭建起来的学术交流平台，时至今日，中国中外关系史学会已经走过了40多年，中国的中外关系史学科也得到了长足的发展。一部中国中外关系史学会发展的历史，就是中外关系史三大体系建设迅速发展的历史。

中国中外关系史学科发展到今天，与学科发展紧密相连的学术团体——中国中外关系史学会已经走过了40年的历程。作为一个学科界内群贤毕至的学术团体，40年来发挥了组织、团结广大中外关系史研究、教学、出版方面的学者，提供国际国内学术交流平台，为中外关系史学科的进步和史学发展做出了重要贡献。中国中外关系史工作者们在马克思主义指导下，把西方的史学研究引进中国，在中外关系诸多重要领域进行了卓有成效的创造性工作，成为历史学研究的重要力量。学会在中国中外关系史学科学术体系的建构与发展，以及推动研究、教育与出版发展方面，都发挥了重要作用。学术史的梳理，是创新的基础，由学会组织撰写的《当代中国中外关系史研究（1978—2019）》一书已完成，凝聚了50多位老中青学者的心血，全面勾勒出改革开放以来40年中国中外关系史研究发展的脉络和轨迹，呈现了中外关系史研究的整体面貌，是改革开放以来中外关系史研究发展历程著作的开山之作，填补了改革开放以来史学发展史上的一页空白。

（一）中外关系史学科体系的建构特色

作为一门新兴学科的学科体系建构，开放性是特点之一。中国古代与外部世界的关系源远流长，中外关系史学科研究的对象是古代中国与世界的关系，时间跨度大，自远古至1840年近代史开端的5000年；内容极为丰富，涉及古代中国与世界各国各地区各民族的交往，中外文明的互联互鉴。以马克思主义为指导，提炼古代中外关系的历史经验，总结中外关系发展的规律性认识，为全球治理提供中国智慧、中国经验，是学科承担的时代使命。

作为一门新兴学科的学科体系建构，交叉性是特点之二。中国中外关系史学科是一门交叉学科，一半是中国史，一半是世界史，产生于社会科学现代化的背景之中，也是多学科"交叉点""接合部"孕育生发出来的学科。40年来，中外关系史学会汇聚了中国史、世界史、考古学、外国语等诸多学科的专家人才，老一辈学贯中西，新一代纵横古今，建立了跨学科多元学术生长点，具有旺盛的生命力。

作为一门新兴学科的学科体系建构，综合性是特点之三。由于中外关系史学科体系的宽广性，研究领域的广阔交叉性，研究手段与工具的不断多样化，学科之间既高度分化又互相渗透，使得传统的学科分支不断相互融合，相互连接，新兴的分支学科迅速相互交错，相互汇合，形成了中国中外关系史学科体系的综合建构。中外关系史学科体系的诸多重要学科分支，如丝路学、敦煌学、海外汉学、郑和学等等，从引进西方研究成果，到超越西方学术，40年来发展迅猛，成就斐然。以丝路学为例，在国家"一带一路"倡议实践下，已形成了中国学派，为历史学三大体系建设做出了突出贡献。

（二）中外关系史学术体系的初步建构与发展

中外关系史研究从传统史学向现代史学转型，走过了漫长的萌芽与发展阶段。新兴的中外关系史学科实现了三步递进的历程：西域南海史——中西交通史——中外关系史。改革开放以后，1981年中国中外关系史学会成立，标志着中外关系史新兴学科的兴起。中国中外关系史学会是国内最早成立、最有影响力和最具规模的中国中外关系史学术研究平台。学会的建立，最重要的意义是创新学术体系。建立立足中国、面向世界的中国历史学三大体系，需要我们做好中国中外关系史研究回顾与展望——传承与创新的工作。因此，下面以学会为主线综述学科建设与学术话语体系的创立发展过程。

有学者对中外关系史学会与学科的发展不够了解，认为"中国中外关系史学会在近40年的探索当中已经取得了巨大成就，研究的问题几乎都是中国史、中外关系史上的重大问题，推出了一系列有影响的奠基性的著作，为中国学术发展与繁荣做出了贡献，具有里程碑意义。但是令人遗憾的是，学会没有进一步从学科体系建设的角度探讨自己体系的构建问题，更没有进一步进行整体性规划和顶层设计"。我认为，学会是群众性学术团体，不是政府专设教育机构，不可能对学术进行整体性规划，更不可能对学术发展做出什么顶层设计。40年来，学会形成了相对独立完整的学术体系，有着明显的学术发展主线，也有理论的建构，更主要的是与时俱进，引领了适应时代发展的学术的多元发展格局，发挥了重要的学术引领和推动作用。

1. 回顾：中外关系史学术体系建构的前世

从传统史学中，可以寻觅到中外关系史的原生形态和历史源流。在历史发展的长河中，传统史学为后世留下了丰富的史学遗产，形成了诸多的优良传统，对现代史学的发展产生了深远的影响。理清学科的历史渊源，对于探讨历史学学科体系的建构有着特殊的学术价值。中国中外关系史学科从孕育到创立，从传统史学向现代史学转型，走过了漫长的萌发阶段。

传统的中外关系认识与分析历史悠久、源远流长，起始于地理上的西域南海。司马迁《史记·大宛列传》开创了正史对于中国与西方交往历史的记述，记载了张骞两次出使西域的经历，打通了汉朝与西方交往的西域道路，即后来被称为"丝绸之路"的道路。就此而言，司马迁开创了中西交通史。其后班固在司马迁《史记·大宛列传》基础上，在《汉书》中创立了《西域传》，由此开启了中国官方正史中西域史的书写。同时，《汉书·地理志》中出现了早期中国南海对外交通路线的记载，说明从汉代以后，西域南海正式为古代官方正史载入了史册。伴随时间推移，唐代更关注西域的经略，西域历史以不断增加的官私交往记载而令人瞩目。历代有关中外关系的正史《外国传》以外，还有很多私家著述，如晋代法显《佛国记》、唐代玄奘和辩机《大唐西域记》，都具有专门史的开创意义，是古代中外文化交流的时代产物。因此，自古以来，中国与世界各国的接触和交往史不辍书。汉唐以降，广义的西域南海历史囊括了古代中国对外交往陆上与海上的通道，远及中亚、西亚、南亚乃至非洲、欧洲之一部等，而以官方正史开端的西域南海史，主要是一种传统王朝经略史的模式。

在19世纪中叶西方殖民扩张的年代里，中国处于被动招架的态势，鸦片战争不仅使清王朝处于危机四伏的境地，也给中国带来了空前深重的大灾难——中国逐渐沦为半封建半殖民地，此时以西北史地研究为先导的中西交通史，正是在这一大变局下产生的。

中外关系史学科主要诞生于中西交通史的研究基础之上。鸦片战争以后，中国被纳入西方工业革命后建立并主导的全球经济体系之中，面对西方咄咄逼人的殖民态势，中国近代化进程举步维艰，中西关系的重要性由此凸显，有远见的爱国知识分子开始投入中西交通史研究。20世纪二三十年代，是中西交通史迅速兴起发展的时期，中国学界涌现出一批中西交通史专家学者，有冯承钧、张星烺、向达、方豪等。冯承钧曾留学法国、比利时，他翻译了大量法国汉学专著到中国，短篇汇辑为《西域南海史地考证译丛》1—9集；自撰论著有《南洋交通史》《西域南海史地考证论著汇辑》。张星烺也曾留学欧洲，他于1930年出版《中西交通史料汇编》，其后继续收集翻译中西交通史料，1977年中华书局出版新版6大册《中西交通史料汇编》，为中西交通史的奠基之作。1933年向达《中西交通小史》一书出版，首次对中西文化交流历程及其相互影响进行了比较系统的历史考察，是中西交通史研究的第一部专著。方豪《中西交通史》则是中西交通史研究集大成之作，涉及了广博领域的中西交往历史发展进程。研究重心是中国与欧洲的文化交流。至此，研究存在的局限在于研究中西关系，以中国与欧洲关系为主体，集中在交通与文化方面，不能完整涵盖中国与世界关系的研究。

2. 开创：中外关系史研究学科学术体系建构

在进入新时期的历史背景下，新兴学科与此前的研究有了本质的区别，表现在以马克思主义指导史学研究，成为中外关系史研究的主流。主要围绕中外关系史的重大历史主题组织全国性的研究探讨，是中国中外关系史学会成立以来的重要历程。改革开放以来，古代中国对外开放走过怎样的路程，进一步追问中国古代是否实行过符合当时历史条件的开放或闭关政策问题，成为中外关系史学界亟需回答的时代命题。因此，学会先后组织了两次全国性会议专门探讨这一重大历史问题，1986年9月学会在宁波召开第二次年会，以"中国历史上的闭关与开放"作为探讨主题；1988年在河北北戴河又举办一次学术研讨会，继续讨论"中国历史上的闭关和开放"问题，这两次会议产生了很大影响。当时对此问题，学界争议纷纭，产生分歧的重要原因，是因为对开放与闭关的概念理解不一，不仅在认识上存在差异，而且缺乏综合考察和对比分析。与会学者们运用历史唯物主义理论和实践相结合方法、文献研究法、比较研究法等多种研究方法，对古代中国是否存在对外开放进行了较深入的研究，梳理了古代中国对外开放的历史过程，分析了古代中国对外开放的总体态势，总结了其主要特征，并进而研究了古代中国对外开放的基本条件，从而回答了古代中国是否存在对外开放这一时代命题。会议结束以后，学会出版了论文集，[①]包括研究述评、研究意义、研究方法和观点创新的论文，从古代历史层面全面探讨中国与世界的关系，通过对古代中国对外关系内涵的界定，首先明确了古代中国对外开放与闭关锁国的区别；其次通过历史过程的梳理，为中国对外开放找到历史渊源；第三则通过对古代中国与世界关系的系统总结和分析，为研究范式的转变找到理论根据。在"改革开放"的概念及其内涵基础上开展的讨论与研究，明确了中国中外关系史的研究对象和研究内容，实现多种研究范式的互鉴与融通，乃至构建适合中外关系史研究的历史与现实相结合的新的研究方向，无疑有力地促进了学科体系和学术体系的建设。同时，也说明中外关系史研究能够为改革开放现实提供历史经验与教训的借鉴。更重要的是，这只是一个起点，此后与时俱进的重要专题学术研讨会，成为学会组织引领学术发展的主要形式。

关于学科学术体系建构的主要结构，我们可以从 1992 年朱杰勤、黄邦和主编出版的《中外关系史辞典》[②]来看，收词范围，包括中华民族与世界各民族间历代相互交往的史事与词汇，和在各个历史时期的中国与外国相互发生的政治、军事、文化、宗教、经济、贸易等重要交往，与产生了相互影响的史事和词汇；具体将包容广泛的中外关系史划分为十三个部分：一，古代交往国家与民族、部族；二，中国对外政策、涉外活动与机构；三，对外条约协定；四，中外战争与军事活动；五，外交事件与边界

[①] 中外关系史学会编：《中外关系史论丛·中国历史上的开放与闭关政策专辑》，即《中外关系史论丛》第 3 辑，世界知识出版社 1991 年版。

[②] 湖北人民出版社 1992 年版。

边务、侨务问题；六，出访出使与来访来使；七，中外交通；八，中外经济关系；九，中外文化关系；十，中国与国际的关系；十一，地理、文物、物产；十二，人物；十三，现代中国与各国关系综述。这部中等规模的《中外关系史辞典》说明，中外关系史学科已初步建立起内涵广博、框架宏大的知识体系，不仅包括了人文科学与社会科学，更初步形成了人文科学、社会科学与自然科学跨学科交叉融合的综合性学术体系。

韩振华教授是中国中外关系史学会第二、第三届会长（1986—1993年），是蜚声海内外的著名中外关系史专家，为中国中外关系史学科建设和发展做出了重大贡献，包括在海外交通史、南海主权史、华侨史方面的令人瞩目的科研成果，和培育中外关系史人才方面的重要贡献。他在中外关系史研究领域辛勤耕耘40多年，撰写专著5部，发表论文150多篇，1992年所著《中国与东南亚关系史研究》一书出版①，以此为例，我们可知其研究范围之广泛：（一）有关中国与东南亚航海交通路线的考释；（二）有关华侨史的专题研究；（三）有关中国航海技术的探索；（四）有关郑和下西洋研究；（五）有关海外贸易的研究。此外，1981年他的《南海诸岛史地考证论集》出版，②是关于南海诸岛历史主权问题的研究。由此可知，他的学术研究引领了中外关系史学界将人文科学与社会科学、自然科学相结合的学术新路径。

1993年，张维华教授主编的高等学校文科教材《中国古代对外关系史》一书出版③。他在《前言》中说："我们认为，作为历史科学的一个分支，中国古代对外关系史必然有它自身的规律。从古代对外交往的范围来看，陆、海两路是主要的孔道。"这部教材是中外关系史学科的第一部高等学校文科教材，以历朝历代对外关系为主干叙述中外政治外交、经济文化交流的历史，表明以中国断代史研究为主形成中国中外关系史研究的主流形式，而以陆、海两路构成古代对外交往的主要孔道，则奠定了以陆海丝绸之路为古代中外关系史主体的研究框架。

---

① 广西人民出版社1992年版。
② 中华书局1981年版。
③ 高等教育出版社1993年版。

拓宽与发展：学会历届年会与历次会议及其主题

自 1981 年在厦门大学召开"中国中外关系史成立大会暨首次学术讨论会"，至 2020 年，40 年来，学会主办和联合主办的国内外学术研讨会统计如下：1981—1999 年举办 8 次，2000—2020 年组织学术活动频繁，一年有举办 4 次之多的，据不完全统计有 45 次，总计 53 次。

历次会议主题多样，会议名称直接冠以"丝绸之路"的有十多个，而没有直接冠名的大多数研讨会的主题之一是丝绸之路。举凡西北丝绸之路、草原丝绸之路、西南（南方）丝绸之路、北方丝绸之路、东方丝绸之路、东北亚丝绸之路、海上丝绸之路，都成为学会组织学术研讨会的主题或专题，还有西北、西南和海上三条丝绸之路比较研究，更有陶瓷之路、玉石之路、皮毛之路、白银之路研究等等。其他不以丝绸之路著名的包罗万象的中外关系研究，研究领域涉及经济、政治、军事、社会、地理、交通、民族、宗教、哲学、语言、文学、文化、艺术、科技、环境、生活等方方面面的中外关系，学术研讨会以中国与世界关系的重大历史问题探讨为主线，推动学术繁荣发展，百花齐放，构建起一个庞大的学科体系，引领了学术体系不断拓宽和研究持续深入。

下面是学会历次会议及其主题细目：

1981 年 5 月，在厦门大学召开"中国中外关系史成立大会暨首次学术讨论会"。

1986 年 9 月，在宁波召开了第二届会员代表大会暨第二次学术讨论会，会议的主题是"中国历史上的闭关和开放"。

1988 年 8 月，在河北北戴河举办学术讨论会，继续讨论"中国历史上的闭关和开放"问题。

1992 年 8 月，在扬州召开第三届会员代表大会暨第四次学术研讨会，会议主题是"扬州在中外关系史上的地位"。

1994 年 3 月，在深圳举办学术讨论会，会议主题是"中国华南对外经济文化交流和发展的历史与现状"。

1997 年 11 月，在广西东兴召开第四届会员代表大会暨第六次学术讨论会，会议主题是"中国与东南亚国家关系史"。

1998年10月，在浙江杭州召开国际学术讨论会，会议主题是"16—18世纪的中西关系史"。

1999年11月，在厦门召开第八次学术讨论会，会议主题是"海外汉学及中国与东南亚文化交流"国际学术讨论会。

2000年8月，在兰州举办学术讨论会，会议主题为"丝绸之路与西北少数民族的历史"。

2001年10月，在昆明召开学会第五届会员代表大会暨第十次学术讨论会，也是学会成立二十周年的纪念大会。会议主题是"西北、西南与海上三条丝路比较研究"。

2001年12月，在宁波召开学术讨论会，会议主题是"宁波港与海上丝绸之路"。

2002年11月，在深圳召开学术讨论会，会议主题为"中国海外贸易与海外移民史"。

2003年8月，在乌鲁木齐召开学术讨论会，会议主题为"中国与周边国家关系史"。

2003年11月，在澳门召开国际学术讨论会，会议主题为"16—18世纪的中西关系与澳门"

2004年2月，在上海召开学术讨论会，会议主题是"中国与东亚汉文化圈国家关系史"。

2004年11月，在珠海召开国际学术讨论会，会议主题"中外关系史百年学术回顾"。

2005年5月，在杭州召开学术讨论会，会议主题"明清以来的中外关系史"。

2005年8月，在延吉召开第六届全国会员代表大会暨"多元视野下的中外关系史研究"国际学术讨论会。

2005年12月，在宁波召开学术讨论会，会议主题"宁波海上丝绸之路"。

2006年8月，在新疆喀什召开学术讨论会，会议主题"丝绸之路与文明的对话"。

2006年12月，在深圳召开学术讨论会，会议主题"中国对外开放史"。

2007 年 5 月，在沈阳召开学术讨论会，会议主题"明清之际的中外关系史"。

2008 年 3 月，在海南召开学术讨论会，会议主题"新视野下的中外关系史研究"。

2008 年 8 月，在新疆阿拉尔召开学术讨论会，会议主题"环塔里木中外文化交流"。

2008 年 10 月，在山东蓬莱召开国际学术研讨会，会议主题"登州与海上丝绸之路"。

2009 年 5 月，在陕西榆林召开学术讨论会，会议主题"草原丝绸之路"。

2009 年 9 月，在云南蒙自召开第七届全国会员代表大会暨"中国与周边国家关系"学术研讨会。

2010 年 8 月，在新疆新和召开学术讨论会，会议主题"丝绸之路与龟兹中外文化交流"。

2010 年 11 月，在福建泉州召开学术讨论会，会议主题"多元宗教文化视野下的中外关系史"。

2010 年 11 月，在上海召开学术研讨会，会议主题"东亚共同体与中日韩关系"。

2011 年 4 月，在海口市召开学术研讨会，会议主题"2011 年南海文化学术论坛：南海海上丝绸之路"。

2011 年 7 月，在四川广汉召开国际学术研讨会，会议主题"三星堆与南方丝绸之路：中国西南与欧亚古代文明"。

2011 年 8 月，在辽宁沈阳召开"中国中外关系史学会 30 周年纪念会暨学术讨论会"。

2011 年 11 月，在广州召开国际学术研讨会，会议主题"广州十三行与清代中外关系"。

2012 年 10 月，在杭州召开学术研讨会，会议主题"吴越佛教与海外文化交流"。

2012 年 10 月，由陕西西安召开学术研讨会，会议主题"城市与中外民族化交流"。

2013 年 8 月，在广东南澳召开学术研讨会，会议主题"南澳一号与海上陶瓷之路"。

2013年10月，在河北石家庄召开第八届会员代表大会暨"历史上中外文化的和谐与共生"学术研讨会。

2014年3月，在法国巴黎参与"太湖文化论坛"主办国际学术研讨会，会议主题"丝绸之路——中西方文化交流的永恒通途"。

2014年10月，在河南郑州召开学术研讨会，会议主题"全球视野下的中外关系史研究"。

2015年10月，在北京召开国际学术研讨会，会议主题"华侨与中外关系史"。

2016年10月，在辽宁大连召开学术研讨会，会议主题"丝绸之路的互动与共生"。

2017年8月，在山东青岛召开第九届会员代表大会暨"海陆丝绸之路的历史变迁与当代启示"学术研讨会。

2017年8月，在青海西宁召开学术研讨会，会议主题"中外关系史视野下的丝绸之路与西北民族"。

2017年9月，在黑龙江黑河召开国际学术研讨会，会议主题"北方丝绸之路与东北亚古代民族"。

2018年4月，在海南召开学术研讨会，会议主题"南海《更路簿》与海洋文化"。

2018年8月，在甘肃敦煌召开国际学术研讨会，会议主题"2018敦煌论坛：敦煌与东西方文化的交融"。

2018年9月，在俄罗斯海参崴召开国际学术会议，会议主题"永宁寺碑专题研讨"。

2018年10月，在浙江杭州召开国际学术研讨会，会议主题"2018年年会暨一带一路与中国故事"。

2019年4月，在北京召开"耿昇先生学术纪念会暨中外关系史研讨会"。

2019年7月，在云南昆明召开学术研讨会，会议主题"2019年年会暨中国中外关系史研究回顾与丝绸之路的互动"。

2019年10月，在山东淄博召开学术研讨会，会议主题"中国·周村'丝路之源'高峰论坛"。

2020年10月,在甘肃敦煌召开学术研讨会,会议主题"第二届敦煌与丝路文明专题论坛暨敦煌学视域下的东北西北对话"。

历次学术研讨会编辑出版论文集《中外关系史论丛》情况:

中国中外关系史学会从1981年学会成立大会暨第一次学术讨论会开始,40年来,坚持编辑学术研讨会论文集《中外关系史论丛》出版,由于长期经费困难,一些会议没有编辑出版论文集,也有的会议论文集未列入《论丛》出版,至今《论丛》出版30辑(24辑出版两部)。

中外关系史论丛第1辑,世界知识出版社1985年版。

中外关系史论丛第2辑,世界知识出版社1987年版。

中外关系史论丛第3辑《中国历史上的开放与闭关政策专辑》,世界知识出版社1991年版。

中外关系史论丛第4辑,世界知识出版社1994年版。

中外关系史论丛第5辑,书目文献出版社1996年版。

中外关系史论丛第6辑《中西初识》,大象出版社1999年版。

中外关系史论丛第7辑《中西初识二编》,大象出版社2002年版。

中外关系史论丛第8辑《三条丝绸之路比较研究学术讨论会论文集》,香港社会科学出版社2005年版。

中外关系史论丛第9辑《16—18世纪中西关系与澳门国际学术讨论会论文集》,商务印书馆2005年版。

中外关系史论丛第10辑《东亚汉文化圈与中国关系国际学术会议暨中国中外关系史学会2004年年会论文集》,中国社会科学出版社2005年版。

中外关系史论丛第11辑《丝绸之路与文明的对话》,新疆人民出版社2007年版。

中外关系史论丛第12辑《多元视野中的中外关系史研究:中国中外关系史学会第六届会员代表大会论文集》,延边大学出版社2007年版。

中外关系史论丛第13辑《宁波与海上丝绸之路》,科学出版社2007年版。

中外关系史论丛第14辑《新视野下的中外关系史》(学会2008年学术研讨会论文集),甘肃人民出版社2010年版。

中外关系史论丛第15辑《登州与海上丝绸之路:登州与海上丝绸之

路国际学术研讨会论文集》，人民出版社 2009 年版。

中外关系史论丛第 16 辑《中国与周边国家关系研究》，中国书籍出版社 2013 年版。

中外关系史论丛第 17 辑《草原丝绸之路学术讨论会论文集》，甘肃人民出版社 2010 年版。

中外关系史论丛第 18 辑《丝路印记——丝绸之路与龟兹中外文化交流》，甘肃人民出版社 2011 年版。

中外关系史论丛第 19 辑《多元宗教文化视野下的中外关系史》，甘肃人民出版社 2012 年版。

中外关系史论丛第 20 辑《城市与中外民族文化交流》，陕西师范大学出版总社有限公司 2013 年版。

中外关系史论丛第 21 辑《历史上中外文化的和谐与共生》，甘肃人民出版社 2014 年版。

中外关系史论丛第 22 辑《全球视野下的中外关系史》，中国华侨出版社 2015 年版。

中外关系史论丛第 23 辑《华侨与中外关系史》，中国华侨出版社 2016 年版。

中外关系史论丛第 24 辑《中外关系史视野下的一带一路》，陕西师范大学出版社 2016 年版。

中外关系史论丛第 24 辑《丝绸之路的互动与共生学术研讨会论文集》，中国社会科学出版社 2018 年版。

中外关系史论丛第 25 辑《中外关系史视野下的丝绸之路与西北民族》，中国社会科学出版社 2018 年版。

中外关系史论丛第 26 辑《海陆丝绸之路的历史变迁与当代启示》，中国社会科学出版社 2020 年版。

中外关系史论丛第 27 辑《"一带一路"与中国故事》，上海交通大学出版社 2020 年版。

中外关系史论丛第 28 辑《北方丝绸之路与东北亚古代民族》，中国社会科学出版社 2021 年版。

中外关系史论丛第 29 辑《中国中外关系史研究回顾与丝绸之路的互动》，中国社会科学出版社 2021 年版。

中外关系史论丛第 30 辑《中国中外关系史研究的进程》，将由中国社会科学出版社于 2023 年出版。

（说明：《耿昇先生与中国中外关系史研究纪念文集》137.6 万字未列入《论丛》，中国社会科学出版社 2022 年版）

引进与超越：中外关系史学术体系的阶段性发展历程

在这里，我们对 40 年来中外关系史研究的学术历程进行梳理，回溯学科体系建构与发展的历史轨迹，了解中外关系史学科学术研究走过的 40 年历程，也是中国中外关系史学会 40 年来工作的一次总结。

40 年来学术体系的建立与发展，大体经历了两大阶段：

第一阶段：1981—1999 年，是充分体现了开放性的引进与吸收海外汉学为先导的学术体系初步形成阶段。

第二阶段：2000—2019 年，是以丝绸之路研究为内核展开与全球学术对话的学术体系发展与完善阶段。

下面分阶段加以叙述。

（一）第一阶段：1981—1999 年，引进海外汉学与学术体系初步形成

改革开放以后，中国史学的发展是显而易见的，其中，中国中外关系史是发展最为迅速的学科之一。因为在此前，这个学科的许多领域属于禁区。中外关系史从一开始就是探讨国际性学术课题的中国史领域，新兴学科的开放性首先表现在大量引进与吸收借鉴西方汉学研究成果方面，对海外汉学的翻译与研究成为当代中国学术界最为令人关注的一个学术领域。通过翻译，西方汉学数十年发展的历史研究方法与考古方法，被介绍到中国，展现了对于中国古代史研究的另一种视野，深刻影响了对古代中国的研究，由此奠定了中国中外关系史学术体系发展的基本方向。

20 世纪 80—90 年代，古代中外关系史研究出现了一个热潮，以马克思主义唯物史观为指导，开启了开放式的中外关系史研究。传统史学主要是叙述史学，而现代史学则主要是分析史学。中国中外关系史学科经历了两大转变：一是从传统中西交通到中外关系的研究范式转变，确立了学科建设的基本框架；二是从译介海外汉学经典到中国，中外学术交叉融合，向本土中外关系研究范式转变，确立了本土学术体系的基本面貌。《当代中国中外关系史研究（1978—2019）》一书揭示了这两大变化过程。

如果说，19世纪末20世纪初第一次译介西方的西域南海学术研究到中国，掀起了中国中西交通史研究的浪潮，那么自改革开放以来出现的译介西方汉学相关中外关系研究，特别是丝绸之路学术研究到中国，掀起的是中国中外关系史研究的热潮。学会名誉理事朱杰勤先生出版《中外关系史译丛》，副会长姚楠先生全面致力于海外汉学的译介，组织学会出版了《中外关系史译丛》1—5辑；副会长谢方先生在著名中外关系史家向达先生的规划下，在中华书局出版了《中外关系史名著译丛》系列丛书，这套书对中外关系史研究和教学，产生了不可估量的学术影响，打开了西方学术引进的大门，毋庸置疑的极大地开阔了中国史学界的眼界，深化了中国史学者的思想，提升了中国史学者的认识，"他山之石"与中国传统史料的全面整理，构成了中外关系史学科初建的坚实基础，促进了学科建设和学术体系的形成发展。

以敦煌学发展为例，敦煌研究与丝绸之路研究具有密不可分的联系。众所周知，敦煌藏经洞发现后不久，就被西方探险家所攫取，流散于英、法、俄、日等国的众多公私收藏机构，吸引了西方汉学、藏学、东方学等诸多领域的学者投入研究，其中，令人瞩目的是在法国产生了一批在国际学术界具有影响力的敦煌学研究成果，使敦煌学成为一门世界性学问。20世纪80年代中国大陆的敦煌学研究在许多领域落后于日本、法国，而且在正规教育中断十年以后，整整少培养了一代人，敦煌学的研究队伍与其他学科一样，存在着严重的青黄不接现象，以致当时曾有"敦煌在中国，敦煌学在外国"之说，深深刺痛了中华学人之心，治中国学术，需要引进吸收外来之学说而不忘本土之学术地位。

西方的研究是跨地域的，又是以西方为中心的，是西方总结的中国历史经验。这就促使中国学者反思西方学术研究，思考和促进新的中外关系史研究方向的产生。这就是引进与超越的关系。1997年，学会年会在广西东兴召开，会议产生了学会第四届理事会，由夏应元先生担任学会会长，耿昇先生担任副会长兼秘书长。自这届开始，学会设立学术委员会，主任由谢方先生担任。1998年，谢方先生专文介绍"译坛骁将"耿昇，指出自20世纪40年代中期以后直到70年代末，由于冯承钧先生的去世，对法国汉学的翻译介绍几成空白，而在第二次世界大战后，法国汉学重新兴起，研究领域也比过去更加广泛而深入，涌现了韩伯诗、石泰安、戴密微、谢和耐、荣振华等著名汉学家，名著迭出。而当时中国的中外关系史研究基本上停留在史料整理阶段，在改革开放后学术研究才普遍开展，引进和借鉴国外汉学研究成果才又提到日程上来。他认为耿昇作为史学界中"一位翻译介绍西方汉学研究的新人""不但填补了冯承钧去世以后的空白，而且在翻译的数量上和内容的广度上，都超越了前人"[1]。18、19世纪以后法国巴黎成为"西方汉学之都"，耿昇先生除了翻译法国汉学家敦煌学、丝路学、突厥学、藏学等专业论著以外，还有计划地致力于从法国汉学扩展到法国当代中国学的整体学术体系的译介。他赴法国联系法国学界组织撰写，并翻译出版了《法国当代中国学》（1998年首版，2010年扩展为《法国中国学的历史与现状》），至2018年去世，他的译著达75部，译著文章达300多篇，对于推动中国中外关系史学科学术体系建设做出了卓越贡献。这一时期投身中外关系史研究的诸多新老学者，共同致力于引进西方学者的学术成果，出版的一大批译著和论著，充实了中国学者的国际眼光，也繁荣了中外关系史研究的学术园地。

1999年开始，耿昇先生担任学会会长（自第四届后半—第七届理事会会长1999—2012年，第八、第九届理事会2013—2018年为名誉会长），这一年学会组织在厦门召开"海外汉学及中国与东南亚关系史"为主题的国际会议，这次会议标志正式将海外汉学纳入中国中外关系史学科建设和学术体系。海外汉学作为中外关系史学科重要分支，大力开展西方传教士的研究，直接关乎中西文化交流的主题，而这方面研究，改革开放以前是禁区；改革开放以后，西方传教士的研究成果大量译介到中国，在老一辈任继愈、李学勤先生的倡导下，海外汉学研究蓬勃兴起，阎纯德先生组织出版《汉学研究》和国别汉学史系列，张西平先生接续任继愈先生主办《国际汉学》刊物，大力开展西方传教士研究，推动中国中外关系史学界相关研究发生了令人瞩目的发展变化，为客观评价传教士在中西文化交流中的作用，做出了重要贡献。在研究方法上，海外汉学、丝绸之路、考古

---

[1] 谢方：《为了法国与中国的文化因缘——译坛骁将耿昇》，《世界汉学》1998年创刊号。

学、社会学、文化学、人类学、语言学等交叉学科的引入，在"区域史"框架下的政治、外交、经济、社会、文化等多维视角的检视，是学界有关中外关系研究开始借助于西方政治经济学、考古学、社会学、文化人类学等社会科学理论建构中国古代中外关系史学术体系的历程。可以说，在中外关系史学科建设的初创阶段，引进海外汉学成果对于推动改革开放以来中国中外关系史学科的长足进展，对于从中西交通史扩展到中外关系史的宽广领域，对于某些领域还处于拓荒阶段的中国中外关系史学术体系的发展，具有开拓意义。借鉴西方研究的成功经验，对于推进中国学术水准与海外学术逐渐接近，一些领域如敦煌学、丝路学等取得超越西方学术的骄人成就，无疑起了重要作用。

海外汉学重要学科分支的建立，不仅拓宽了中国中外关系史学科体系，而且夯实了中国中外关系史学术体系，促进了中国学术思想解放和与海外汉学家对话进行学术创新，分享和交流海外哲学社会科学研究方法、学术成果，着力打造中国中外关系史的国际化，提升中国历史学学术话语体系，开创了中国中外关系史学科发展新的格局，极大地推动了构建中国中外关系史学科体系、学术体系、话语体系。耿昇先生引领海外汉学进入中国中外关系史学科，其本人起了率先垂范的作用，形成了学科发展新的学术增长点，促进了中国中外关系史学术的蓬勃发展，是对中国历史学学科建设和学术体系、话语体系发展的一大贡献。重要的是，中外关系史学科在引进与发展过程中不断完善体系建构，初步形成了新的宏大的学术体系。

（二）第二阶段：2000—2020 年，以丝绸之路为研究内核的学术体系全面发展与完善阶段

这一阶段的特征是大力开拓以丝绸之路为内核的中国中外关系史研究。丝绸之路，是德国地理学家李希霍芬（Richthofen, Ferdinand von, 1833—1905）在 19 世纪后期提出的概念，指古代中国经中亚往南亚、西亚及欧洲、北非的陆上贸易通道，由于大量中国丝与丝织品经此输往西方，故名"丝绸之路"。改革开放以后，中国学界普遍接受了丝绸之路的概念，开展丝绸之路研究。随着丝路研究的深入展开，丝路的含义不断扩大，改变了原有狭义的丝绸之路，形成了广义的多条丝绸之路，如海上丝绸之路、西南丝绸之路、东北亚丝绸之路等，均在改革开放以后诞生；或以多种物质命名的流通之路，如瓷器之路、玉石之路、皮毛之路、白银之路等，进而丝绸之路实际上成为中外交往关系的代名词，丝绸之路成为中外关系史研究的内核。耿昇先生认为关于丝绸之路的所有翻译都是中外关系史："'丝绸之路'的提法，最早是外国人的发明，后来被中国学者认同和采纳，现已成为一个国际通用学术名词，远远地超越了'路'的地理范畴和'丝绸'的物质范畴。自从李希霍芬首次将中国经中亚与希腊—罗马社会的交通路线称为'丝绸之路'后，便在世界范围内逐渐流传开，而且使用得越来越广泛，其外延也越来越大。甚至成了中西乃至整个中外多领域交流的代名词。"他不仅译介西方大量有关丝绸之路论著到中国，而且致力于学会组织召开相关学术研讨会以推动学术研究的展开。21世纪开始，2000年兰州会议，丝绸之路研究已成为学会年会的主题。2001年学会成立20周年，在云南组织召开"纪念学会20周年暨西北、西南与海上三条丝路比较研究"国际会议，是在中国首次召开的多条丝绸之路比较研究的国际会议，也是首次将全国研究西北、西南和海上三条丝绸之路的专家学者汇集在一起，进行多学科和多视角的丝绸之路比较研究，被学者们戏称为"炒三丝"。在2001年这一年，学会组织或参与召开的丝绸之路国际国内学术会议达4次之多，为中国中外关系史学术体系开拓了一个新的发展格局，引领掀起了新世纪中国丝绸之路研究的热潮。就此，耿昇正式提出"丝路学"的概念："丝路研究可成为东方学中的一门新显学——丝路学。"他总结"2001年是我国学术界对于陆路和海路丝绸之路研究大丰收的一年，许多学者又称之为'丝绸之路年'。这一年，我国学术界分别于昆明、泉州、湛江、宁波和广州召开了丝路研究的学术讨论会。云南的这次大型专题学术讨论会，使诸多学科的专家济济一堂。突破了过去对三条丝路单独研究的壁垒与旧例，带来一股新风，最早吹响了全国丝绸之路研究高潮的号角"。他评价说："我国学术界对于中外关系史，特别是对于丝绸之路的研究，既轰轰烈烈，又扎扎实实。对于学术界长期争论的焦点，有了深入研究；对于过去从未涉及过的问题，已经逐渐有所触及。当然，这与2001年我国在外交上的几个突破有关，但更重要的却是学术自身发展的趋势、需要与后果。我们期待一个新的研究高潮在新世纪的出现。"①学会以学术号召力和影响力为加强中国中外关系史知识体系,拓展中国中外关系史学术体系,提升中国中外关系史话语体系,切实推动中国中外关系史学科建设的发展,做出了重要贡献。正式提出"丝路学",将中国丝绸之路研究推向了高峰,也开创了中国中外关系史学科学术发展的黄金时期。

2013年,习近平主席提出了21世纪"一带一路"国家倡议,凸显了以丝绸之路为研究内核的中外关系史研究的重要性,极大地推动了丝绸之路研究高潮的迭起,丝绸之路研究相关成果如雨后春笋般出现。2014年耿昇先生带领中国中外关系史学会专家团队,参加学会参与组织的以"丝绸之路——中西文化交流的永恒通途"为主题的"太湖文化论坛"巴黎峰会,这次学术活动是中国中外关系史学科队伍走向世界,走出中国特色、中国风格和中国气派的一次重要国际学术活动,进一步拓宽了中国中外关系史学科领域,扩展了中国中外关系史学术视野,丰富了中国中外关系史学术体系的内容,培养了中国中外关系史研究的学术团队,也体现了中国学术团队的国际影响力。

新阶段中外关系史实现了以丝绸之路为内核的新的学术体系定位,形成中外关系史的主流学术体系。丝绸之路的主题是中外交往,因此,丝绸之路本身就是中外关系史的重要核心部分,作为全国中外关系史研究的学术平台,中外关系史学会大力倡导丝绸之路研究,中外关系史研究以丝绸之路为内核实现了新的飞跃。我在研究明代白银货币化20多年的基础上,提出连接中国与世界的新视角,明代海上丝绸之路新样态——白银之路概念,并提出明代是中国早期近代化进程的起源,引领和推动了经济全球化开端的观点。近年来,学会组织和召开的会议冠名的有"丝绸之路的互动与共生学术研讨会"(2016辽宁大连)、"海陆丝绸之路的历史变迁与当代启示:中国中外关系史学会第九届会员代表大会暨学术研讨会"(2017山东青岛),"丝绸之路与西北民族国际学术研讨会"(2017青海西宁),"北方丝绸之路与东北亚民族学术研讨会",(2017黑龙江黑河),"'一带一路'与中国故事国际学术研讨会暨中国中外关系史学会2018年年会"

---

① 耿昇:《丝绸之路研究在中国——昆明丝绸之路学术会议综述》,《西北第二民族学院学报》2002年第4期。

(2018 浙江杭州),"中国中外关系史研究回顾与丝绸之路的互动学术研讨会暨中国中外关系史学会2019年年会"(2019 云南昆明),由此可见,自学会2017年第九届理事会在山东青岛成立,2017、2018、2019年的学会年会均以丝绸之路为主题召开。此外,学会召开的学术会议即使没有以丝绸之路冠名,也都是以丝绸之路研究为内核的中外关系史的探讨,如"南海《更路簿》与海洋文化学术研讨会"(2018 海南)、"2018 敦煌论坛:敦煌与东西方文化的交融国际学术研讨会"(2018 甘肃敦煌)、"永宁寺碑专题讨论"(2018 俄罗斯海参崴),也无不是学会联合主办的以丝绸之路为主题的研讨会,在研讨会论文基础上编辑的《中外关系史论丛》的系列出版,也充分体现了丝绸之路的主题。

可惜的是,2020年因疫情来袭,使得我们无法在学会成立之地福建厦门召开学会年会回顾40年来的学科成就,以进一步推动学科建设的发展,因此我们特别组织了"中国中外关系史三大体系笔谈"陆续发表,至2021年年底,已在报刊发表22篇;2021年"中外关系史学会40年回顾与展望暨纪念韩振华先生诞辰100周年国际学术研讨会",更因厦门的直接疫情而不能如期召开,我们将以编辑出版《中国中外关系史研究的进程》(《中外关系史论丛》第30辑)来弥补遗憾。

总之,21世纪在学会引领下,更凭借"一带一路"国家倡议的大力推动,形成了以丝绸之路研究为内核的中国中外关系史研究的主体学术体系,迎来了丝绸之路研究的新纪元。在21世纪第一个十年,我提出整体丝绸之路的概念,主旨是力图改变各条丝绸之路分割研究的现状,体现开放、交叉、综合的学科特点,在全球史视野下以丝绸之路为内核对中外关系史进行全面系统的整合或者说综合研究。关于学会这一中外关系史研究的学术共同体所带来的中国中外关系史学科体系建构与学术话语体系的繁荣发展,在《当代中国中外关系史研究(1978—2019)》一书中有具体展现。全书力求全面系统叙述学科40年来在断代史、专题史和区域国别史领域的发展轨迹与历程,揭示5000年古代中国与世界的深远关系,无论是从断代史还是区域国别史,更不用说专题史,无不显示出与中外关系的典型符号——丝绸之路研究的关联,为读者展现中国中外关系史学界老中青三代对于历史悠久、复杂丰富的中外关系史学术研究的不懈努力及其令人瞩目的辉煌成就。马丽蓉教授全面梳理了百年来国际丝路学研究的脉络及中国丝路学的振兴之路,指出:"'一带一路'建设不仅激发了中外学者致力于丝路学研究的积极性,还在客观上形成了丝路学发展的学术新机遇,使得全球丝路学发展进入转型期,中国丝路学发展进入振兴期;让中国丝路学在融入百年显学的世界发展主流中实现与全球丝路学的'学术对接',以彰显'学术中国'的力量。"[①] 她实际上说明了中国历史学以丝路学形成了中国学派的事实,彰显了学术中国的国际话语权和影响力。

思考与展望:倡议建立中国中外关系学

自改革开放始,中国史学此前以中西交通和以西方侵华为主流的研究,出现了明显的研究范式转换。学会成立,标志了中外关系史新兴学科的创立,搭建了卓有成效的学术交流平台,开启的是以丝绸之路为内核的中外关系史的全面系统研究,包括了政治、经济、军事、文化、社会、宗教、艺术、科技、生活等多重面相的中外关系,成为改革开放以后发展最为迅速的学科之一。在中外学术交流的基础上,中外关系史学科交叉与融合的趋势日益明显,学会旨在构建完善中外关系史学术交流的学术共同体,为中外关系史学者提供跨学科交流与对话的平台,提高研究水平,服务社会需求,进而推动中国中外关系史学术研究进一步走向深入。下面是从话语体系出发的思考和展望。

20 世纪 70 年代,法国学者米歇尔·福柯在当选法兰西学院院士时发表就职演说《话语的秩序》,提出了"话语即权力"的著名论断。他认为,话语的外在功能就是"对世界秩序的整理",因此,谁掌握了话语,谁就掌握了对世界秩序的整理权,也就掌握了"权力"。福柯的话语权力理论成为国际关系研究霸权话语的分析工具,是对西方国家主导权的深刻而直接的反映,在西方国家具有广泛的影响力。话语权是国家综合实力的集中表现和国家文化软实力的重要表征,是一种话语体系在国际上所拥有的感召力和影响力,更是一个国家在国际舞台上得以展现的前提和基础。中华民族的伟大复兴,在一定程度上包括一种话语权的复兴。正是基于

[①] 马丽蓉:《百年来国际丝路学研究的脉络及中国丝路学振兴》,《新疆师范大学学报》2018 年第 2 期。

此，增强对外话语的创造力、感召力、公信力，讲好中国故事，传播好中国声音，阐释好中国特色。① 党的十九届五中全会公报指出："坚持实施更大范围，更宽领域，更深层次对外开放，依托我国大市场优势，促进国际合作，实现互利共赢。"中国历史悠久，文明传承不绝，历史中蕴含着极为丰富的对外交往经验与智慧。

在学科方面，文化自信来自历史深处，中国有着深厚的对外交往历史传统，中国中外关系史学术话语体系建设的核心要义，是充分挖掘古代历史文化资源，弘扬中华文明的优秀文化基因，继承丝绸之路文化传统与精神，推动构建人类命运共同体的学术话语体系。我认为，在中国历史学研究领域中，"中国学术话语体系"建设，有必要凸显中国中外关系史研究在全球人类命运共同体研究中的意义。对于已形成的以丝绸之路研究为内核的中国中外关系史学术话语体系发展，"一带一路"倡议是一个新的起点，我们需要从这里再出发，展现中华文明厚重的历史积淀与深邃的历史智慧，积极建立以中国为主体的历史学话语体系，发出中国的声音，让全世界重新认识中国，这不仅具有创新学术价值，而且具有重大现实意义。

伴随着全球化程度的加深，世界联系日益紧密，作为世界第二大经济体的中国，其国际话语权在国际社会上与之不相称，这不利于国际社会了解中国，也不利于中国在国际上获得更多话语权。新时代亟须加强中国中外关系史学术话语体系，而我们首先要正视当前客观存在的问题。

首先，中国中外关系史在学科划分上，现在归属于中国古代史学科中的"专门史"。中国史和世界史作为历史学两大一级学科，各自有学科规划。因此，一半中国史、一半世界史的中外关系史在中国古代史和世界史领域都存在边缘化问题，使得当前中外关系史的许多研究领域，已形成了"冷门""绝学"。长期以来全国各高等院校历史学院（系）都没有设置中外关系史专业，没有本科生，更谈不上专业硕士、博士的培养，乃至迄今没有一部中国中外关系史新的教科书，更遑论中国中外关系史通史。这种状况势必影响建立与完善中国历史学自己的话语体系，造成中国史学在国际舞台上的"失语"。

---

① 习近平：《建设社会主义文化强国　着力提高国家文化软实力》，《人民日报》2014 年 1 月 1 日。

其次，当代主流的国际关系学，与西方近代民族国家话语体系建立有着极为密切的关联。西方民族国家兴起后形成的西方话语权力理论，成为国际关系学的霸权话语，在全球具有广泛影响力。现在全国各高等院校普遍建立国际关系学院，讲述的都是西方国际关系经验中提炼的国际关系学理论，与中国中外关系史完全脱节，也就不能从中国自身的历史经验提炼具有中国特色的学术话语体系和理论体系，更往往将西方国际关系学理论，拿来套用在中国古代几千年的对外交往历史上，难免削足适履。面对新时代全球范围各种交流交锋的新形势，我们不能总是在西方国际关系话语体系的影响下亦步亦趋，建立中国特色的国际关系话语体系，参与全球治理，中国中外关系学不能"缺位"。

基于上述存在的问题，加强中外关系史研究是新时代中国历史学话语体系建构的大势所趋。因此，我建议建立中国中外关系学，主要应关注以下几个方面：

1. 建立跨学科、跨文化、跨地域、跨时代、跨语种、跨国别话语的中外关系学。中外关系史是一门综合性学科，这决定了学科知识的广博性以及基础理论的广阔性，以上六个跨越及其交叉，包括人文科学和社会科学学科的交叉，也包括人文社会科学与自然科学的交叉，跨学科综合和跨域研究形成中国中外关系史学科的特征。这门学科涉及政治学、经济学、外交学、国际关系学、考古学、人类学、地理学、天文学、法学、生态学、传播学、民俗学等社会科学与自然科学的诸多学科，在时间上自远古到近现代，有着绵延长久的历史发展进程；在空间上扩展到广袤的地域，多元文化的交流与融合，构成学科知识与学术话语体系的核心内容。中国历史上两千多年对外交往反映的人际关系、国际关系以及人与自然的关系，充分体现了多学科、多元文化之间的内在联系。有鉴于今天我们形成的传统，实际上许多都是从古代开始的中外历史长河中文明交流和融合的产物，中国史学要在国际学坛上取得更大的话语权，可取途径是充分发掘利用古代历史上的"中国话语"，采用当时的用语，还原历史语境，形成自己的话语体系，并整合自身多学科的研究力量，积极开展国内外学界对话，实现跨学科的国际合作，将中国中外关系学研究推向国际前沿，这是一个多学科联动的系统工程。

2. 建立本土化话语中的中外关系学。努力建设中国历史学话语体系，提升中国历史学的话语权，基础是在马克思主义指导下，开展扎实深入的中国史研究。在对外开放的背景下总结、概括本土的史学理论，开展与西方史学的学术对话，形成具有中国学术特色的话语体系。毋庸讳言，长期以来占统治地位的历史学话语体系是由西方建构起来的，中国的"话语缺失"严重。"丝绸之路"的提出是德国学者，从一开始，就决定了这是一个国际性的课题。在中国中外关系史学会成立的1981年，一句话惊醒了中国学术界——"敦煌在中国，敦煌学在国外"。此后中国历史学者的敦煌研究——丝绸之路研究取得了突飞猛进的发展，敦煌学研究中心从国外转到国内，敦煌学的自主权和话语权回归中国，表明中国历史学在话语体系建设方面已经取得了丰硕成果。反思西方中心论，增强话语权意识，解构西方话语霸权，中国史学需要寻求"中国学术的主体性"，思考如何建立中国的史学话语体系，使一些史学概念从西方国家的定义中解放出来，创新理念。"一带一路"倡议的提出，是中国提出的新的丝绸之路概念，由此出发，贯通古今，融汇中外，加强与深化中外关系史学科学术研究，迈出了建设史学话语权的坚实步伐。在排除话语体系中的西方中心论的工作中，中外关系史学科发挥了重要作用：讲好中国的故事，以本土视角解释的中外关系历史更加接近历史的原貌，将中国在人类文明史中的独特和重要的历史地位，全面地展示出来。建设中国本土化的学术话语体系，我在21世纪第一个十年之际提出整体丝绸之路的概念，认为应该从"一带一路"再出发，开展各条丝绸之路的综合研究，也即提出了传统丝绸之路研究范式转换的问题。我们需要更好地整合多学科的学术力量，开展整体丝绸之路体系的研究，为构建人类命运共同体做出贡献，同时迎来中国中外关系史研究的新纪元。

3. 建立国际化话语中的中外关系学。中国中外关系史是一门国际性的学科，其主要研究对象是中国与外部世界之间相互作用、相互影响的历史进程。从远古开始，中国与外部世界就发生了联系、产生了关系。中外关系包罗万象，包括中国古代各个领域对外交往中产生的政治、经济、军事、法律、社会、文化、艺术等关系。中国中外关系史学从创立伊始，就是国际学术的一个组成部分，与国际主流学术的关系密不可分。强调国际关系的互动，互为主体。人类命运共同体的提出，是新型国际关系的建构，特性是你中有我，我中有你。因此我们不仅需要破除西方中心论，也需要破除中国中心论。国际关系不仅是双边关系，也是多边关系，国际化包括国家间合作的交流互鉴过程与跨国界的活动，在某种程度上代表了国家在其中发挥着重要作用的一种世界秩序。在继续吸收、借鉴西方相关理论、方法和研究范式的基础上，立足于中国自身的历史文化传统和当下社会经济、政治与文化现实，形成具有自身特色的国际化研究，以传统的中外交往宝贵遗产为基础，充分利用国际学术提供的资源和弘扬我们的学术传统，加强中外关系史地调查与研究，是形成具有中国特色的中外关系史学科，形成自己的学术话语体系，并增强对国际热点问题关注与回应力的重要一环，关于中国提出并实践的"一带一路"倡议，现在外国存在"中国威胁论"，其中"朝贡体系复活论""国际秩序另造论"，都是中国古代中外关系史研究学界应该关注和回应的课题。中国史学应该在国际主流学术中获得更大的话语权，对国际主流学术做出更大贡献。

4. 建立现代化话语中的中外关系学。从传统到近现代，是人类历史发展进程的重大演进过程。世界史观念多来自西方有关现代化、现代性的观念，不少中国学者也"言必称希腊"，言必称西方大航海。当西方发展道路形成标准尺度，中国与世界的大合流与大分流的论争迄今争议纷纭，莫衷一是。中国中外关系史一半是中国史，一半是世界史，聚焦近现代化道路，中西历史进程是相互关联的，中国与世界也是相互连通的。中国历史上近现代化道路的探索，中国与西方关于近现代化的研究与比较，是中外关系史的重要内容。中国有没有早期启蒙思潮，有没有自己内发原生的现代性因素，古代中国如何融入世界的步履，中国是积极还是被动参与全球第一个经济体系的建构，又是在何时出现了与全球的大合流与大分流，等等，这些中国史上若干重大热点问题，都绕不过去中国中外关系史进程的探讨；这些课题既有对中国在人类历史发展进程的深刻思考，也有对现实问题的高度关怀。打破学科分割为基础的学术体系，中国中外关系史学科应该与多学科学者合力攻关国际学术热点、难点和焦点问题，增强话语的国际意识，努力建立具有中国特色的历史学学术话语体系。

5. 建立全球化话语中的中外关系学。伴随全球化的加速推进，催生新的历史潮流，史学的全球转向早已是现实。互联网和计算机技术的迅速发展，使身处大数据时代的史学研究面临全新的机遇和挑战。全球史研究范式的转换，是国际史学融合发展的时代要求。从以往的西方中心论转向全球史观，开始以全球作为一个整体来研究和撰写历史，全球史是一种全世界联通、互动的历史观，是一种关系史。中国中外关系史的历史经验与教训，在全球化历史发展进程中具有重要地位，是全球史的一个重要组成部分。以全球史视角进行中国中外关系史研究，推动改革开放以后中国史学的发展，有着重要的现实意义与学术创新价值，是20世纪以后中国史学走向繁荣的重要标志之一。在21世纪的今天，全球化是人类共同的事业，经济全球化、世界多极化、文化多元化、信息网络化趋势日益加强，科技进步日新月异。世界各国综合国力的竞争日趋激烈，传统的经济竞争、军事对抗，还有文化软实力的博弈，全球展开的是一场没有硝烟的战争。尤其是2020年疫情发生以来，世界正经历百年未有之大变局，中国中外关系史学科既面临难得的发展机遇，同时也必须应对严峻的挑战。顺应时代要求，需要加强中国历史学话语体系建设，我认为建立中国中外关系学，转换丝绸之路研究的传统范式，构建全球整体视野下的中外关系学，"通古今之变，融中外之学"，彰显中国风格、中国气派、中国精神的新的丝绸之路体系化研究，探索全球治理创新，为构建人类命运共同体注入中国智慧，为全球治理提供中国的历史经验，这是新时代赋予我们的历史使命。

缅怀韩振华先生的学术贡献

纪念中外关系史学会 40 周年
——缅怀吾师、老会长韩振华教授

陈佳荣

（香港现代教育研究社）

  2021 年是中国中外关系史学会成立整整 40 周年，又恰逢老会长韩振华教授（1921 年 8 月 2 日—1993 年 5 月 28 日）冥寿百岁，故本会所在地北京——本会诞生地厦门——韩故会长家乡海南，均掀起一片纪念热潮。中国中外关系史学会原与韩师生前所创厦门大学南洋研究院/国际关系学院合作，拟于 2021 年 11 月在本会创立地厦门大学举办"中外关系史学会 40 年回顾与展望暨纪念韩振华先生诞辰 100 周年"国际学术研讨会。而海南省政协文化研究交流协会、中国社会科学院中国海疆智库、海南大学，也拟于同年 10 月在韩师故乡海南文昌，联合举办"韩振华南海历史文化研究学术研讨会"。可惜因防疫情蔓延，两会均宣布暂告停办。唯会议虽然暂停，纪念缅怀之情益加浓烈，又岂能无文表达赤子之心于一二。

  回顾自己在整整六十七载前，入读厦门大学历史学系，而韩振华先生正是我们 1954—1958 届同学的授业恩师。他教过我们三门课：与韩国磐先生同授历史文选，单独讲授魏晋南北朝史，又教授印度尼西亚专史。正是这些基础课和专史课，奠定了我的基础历史知识和技能，培养了自己对南海交通史的浓烈志趣。再回想四十年前，自己由任教的中央民族学院历史系返回母校，参加中国中外关系史学会的创立大会暨首届学术讨论会，韩师对此会的筹备和组织与有力焉，后来又长期出任会长，居功厥伟！

  韩振华教授对中外关系、南海史地学术研究贡献良多。我曾多次提出，如果在 20 世纪中期，冯承钧、张星烺、向达三位先生对包括西域、南海在内的整个中外交通之研究贡献甚大，被誉为"北大三杰"；那么，在南海交通、南洋史地及华侨史研究等方面，则朱杰勤、姚楠、韩振华在20世纪后期，允称"南国三雄"。关于韩师的论著，较大规模整理的有《韩振华选集》（以下简称《韩选》）五卷，其全集仍在整理中。《韩选》五卷本的编辑，始于1997年冬师母韩丘涟痕女士及韩公子牵头的"韩振华著作整理小组"（成员包括韩丘涟痕、韩卓新、陈佳荣、钱江，后有谢方加入）之成立。复蒙香港大学亚洲研究中心资助多半费用，终于使该系列在1999—2003年全部问世：1.《中外关系历史研究》；2.《诸蕃志注补》；3.《航海交通贸易研究》；4.《南海诸岛史地论证》；5.《华侨史及古民族宗教研究》。

已问世的《韩选》五卷中，有不少论著是首次全文发表。其中首推《诸蕃志注补》，除将夏德（F. Hirth）、柔克义（W. W. Rockhill）的外文"译注"首次全部译成中文外，又加了同等数量的补注。另如玉尔（H. Yule）、考迪尔（H. Cordier）的《（中国）契丹及其通路》（Cathay and the Way Thither）第一卷近200页也由作者译述成《古代中西交通考》，首次刊于选集第三卷。其他首次披露的尚有：第一卷的《中、菲两国人民友好关系史略》《从中国古籍上所见到有关老挝历史发展概况》《中国古籍记载上的缅甸》；第三卷的《中国古代交通往来种种》《中国指南针罗盘针的起源》《牵星术——十五世纪初有关西亚东非天文航海的记录（〈郑和航海图〉西亚东非部分的研究）》；第五卷的《荷兰东印度公司时代爪哇糖蔗种植业的种植奴隶和雇工》《西加里曼丹的华侨"公司"》《周代家内奴隶殉死制》《唐宋元时代广州和泉州的伊斯兰古迹》，等等。这些遗作如同韩振华教授生前发表的其他论著一样，均具有广征博引、考证详密等特色。其实，仅仅浏览其名目，韩先生的功力已可见一斑，颇值后生晚辈参考学习。

本文不详介韩师的学术贡献，大家可参考后附的《韩选》五卷篇目，并自行阅读原著。这里仅就韩师对自己的持续教诲，略举二三事述之。

其一是"提携后进"。我从1958年毕业于母校后，一直在中央民族学院历史系和研究部工作，长达24载。1978年，全国东南亚研究会举行成立大会，自己草就《朱应、康泰出使扶南和〈吴时外国传〉考略》一文准备参加，后因教学工作未能成行，遂将文稿寄给韩师。他非常热心地请人刻印，并将油印稿作为宣读论文公诸大会。此文后来于同年正式刊布，成为自己在南海研究方面的首篇论文。为此，作为学生对韩师实在由衷地感激。

另一是"虚怀若谷"。韩师曾长期从事南海史地资料的搜集、考订、论证，并因此经常来往厦门—北京之间。每逢抵京，常作师生之会、畅谈学术。有一回，我提及某些《异物志》虽未标明地域，不一定是东汉杨孚之作，有可能是吴时万震的《南州异物志》，韩师当即表示须详查才能定夺。若干年后，弟子见韩师论著，有关条文赫然注明：一说为万震……云云。对于吾师此种忠于史事、精益求精的学术风范，更是钦佩有加。

再一是"诲人不倦"。自己毕业后，初参加民族问题"三套丛书"编写，后长期从事世界近代史的教学。从五七干校回京，虽重操教书旧业，却觉得世界史难教，既无资料又不能直抒己见，但改中国史又起步太晚，于是将研究方向转回韩师所授的南海交通。当时决定首先要扫清西域、南海地名的拦路之虎，开始搜集资料以编撰《古代南海地名汇释》。韩师来京时听闻此事大加赞同，说此为基础工程建设，非常重要但很辛苦，并建议每一条目首先引用较早较详的资料略加解释，再录入其他资料。自己深受启发，遂以之作为凡例并通贯全书。

韩师不但学问渊博，而且才学兼优。他曾作为男高音，在公开场合当众演出。犹记 1986 年 9 月我由香江飞往宁波，参加本会第二次学术研讨会，在"九·一八"55 周年当晚恰逢丙寅中秋，振华、姚楠诸师与鸿生、谢方诸友大家欢聚一堂。韩师徇众要求用英语高唱苏格兰的《友谊天长地久》，其高歌引吭直绕房梁，引得众人悦耳动容。此情此景至今仍历历在目、恍若隔夜。而今韩儒林、傅衣凌、孙毓棠创会诸贤，朱杰勤、姚楠、韩振华众位师长，早已化鹤西游；蔡鸿生、沈福伟、谢方等同创本会的挚友，竟也于年内先后舍吾等而去。念及此生学谊，不觉悲从中来、夜不能寐。唯转思人生自古谁无归、去前仍求真善美，学术传承之风永不止息，心田始觉略感慰藉，敲击电脑键盘之手亦停止于兹。

南溟子 2021 年 9 月 28 日于香江南溟斋

附：《韩振华选集》目录

《韩振华选集》第一卷：《中外关系历史研究》
（陈佳荣、钱江编，香港大学亚洲研究中心1999年版）

支那名称起源考释

纪元前中国南洋交通考——汉书地理志附录考

公元前二世纪至公元一世纪间中国与印度、东南亚的海上交通——汉书地理志粤地条末段考释

康泰所记西南海上诸国地理考释

魏晋南北朝时期海上丝绸之路的航线研究

（原）河内远东博物学院所藏越南古史目录摘录

越南半岛古史钩沉

西屠国在何处

马留人是甚么人

扶桑国新考证

常骏行程研究

公元六、七世纪中、印关系史料考释——丹丹国考

唐代诃陵（阇婆）新考（The Location of the Southern Indo-Chinese Country of Heling or Zhepo：New Light from Tang Dynasty Sources）

第八世纪印度波斯航海考

宋代两位安海人的安南王

元朝有关澳洲的地名名称及其风土人情的记述

附：中国与澳洲（英国李约瑟著，韩振华译）

郑和航海图所载有关东南亚各国的地名考释

论郑和下西洋的性质

中、菲两国人民友好关系史略

从中国古籍上所见到有关老挝历史发展概况

中国古籍记载上的缅甸

附录：中国社会科学家自述（韩振华）

诸家学者忆、悼文章（夏南林、寇俊敏、李国强、李金明、夏应元、陈希育、陈国强、杨振藩等）

韩振华生平著作年谱（南溟子编，韩丘涟痕订）

《韩振华选集》第二卷：《诸蕃志注补》

（陈佳荣、钱江编，香港大学亚洲研究中心 2000 年版）

汉译［德］夏德（F. Hirth）、［美］柔克义（W. W. Rockhill）的英文"译注"（*Chau Ju-Kua：His Work on the Chinese and Arab Trade in the Twelfthand Thirteenth Centuries, entitled Chu-fan-chi*, St. Petersburg, 1911.）

另由译者自加同等分量之补注

《韩振华选集》第三卷：《航海交通贸易研究》

（陈佳荣、钱江、谢方编，香港大学亚洲研究中心 2002 年版）

古代中西交通考［据玉尔（H. Yule）、考迪尔（H. Cordier）《（中国）契丹及其通路》（*Cathay and the Way Thither*）第一卷译述而成］

中国古代交通往来种种

唐宋以来我国东海海域的东面界限

中国指南针罗盘针的起源

对泉州湾古船的一些看法

我国古代航海用的量天尺

我国古代航海用的几种水时计

我国古代航海用的几种火时计

论郑和下西洋船的尺度

论 1973 年美国加州深海所发现的圆饼形中心穿孔石器

唐代南海贸易志

伊本柯达贝氏所记唐代第三贸易港之 Djanfou 考

五代福建的对外贸易

五代福建对外贸易港口甘棠港考

蒲寿庚国籍考

唐宋时代广州蕃坊地域考

唐宋时代广州蕃坊是居住什么人
1650—1662 年郑成功时代的海外贸易和海外贸易商的性质
再论郑成功与海外贸易的关系
16 世纪至 19 世纪前期中国贸易航运业的性质和海外贸易商人的性质
牵星术——十五世纪初有关西亚东非天文航海的记录（《郑和航海图》西亚东非部分的研究）

《韩振华选集》第四卷：《南海诸岛史地论证》
（谢方、钱江、陈佳荣编，香港大学亚洲研究中心 2003 年版）
有关我国南海诸岛地名问题
驳越南当局所谓黄沙、长沙即我国西沙、南沙群岛的谬论
我国历史上的南海海域及其极限
从近代以前中国古籍记载上看南海诸岛历来就是中国的领土
七洲洋考
宋端宗与七洲洋
南海九岛（九峙）和九洲洋
南沙群岛古地名考
南沙群岛史地研究札记
南沙群岛自宋以来便已归属中国
西、南沙群岛的娘娘庙与珊瑚石小庙
海南棚（西沙群岛）与青廉头（中沙群岛最北部）考
㠀葛鐄、㠀长沙今地考
宋代的西沙群岛与南沙群岛
宋元时期有关南沙群岛的史地研究
元代"四海测验"中的中国疆宇之南海
十六世纪前期葡萄牙记载上有关西沙群岛归属中国的几条资料考订（附干豆考）
西方史籍的帕拉塞尔不是我国西沙群岛
古"帕拉塞尔"考（其一）
古"帕拉塞尔"考（其二）

附录：作者南海纪行诗：
   （1）西沙行（八首）
   （2）访问南沙渔民于海南岛
   （3）椰子颂

《韩振华选集》第五卷：《华侨史及古民族宗教研究》
（钱江、谢方、陈佳荣编，香港大学亚洲研究中心 2003 年版）
（一）华侨篇
《南洋华侨史》编写大纲
越南华侨历史背景的几个问题
菲律宾纪行
荷兰东印度公司时代爪哇糖蔗种植业的种植奴隶和雇工
论 1740—1743 年中、印（尼）人民联合反荷战争的原因
西加里曼丹的华侨"公司"
台湾郑氏余众与印度尼西亚华侨
郑成功复台后闽台移民交通的一项物证
附：人物志、家谱学、地方史研究与碑铭学之间的关系
19 世纪古巴华侨苦力反抗殖民主义的斗争
唐人
（二）民族篇
周代家内奴隶殉死制
乌浒及其族源研究
秦汉西瓯骆越（瓯骆）之研究
丁零民族考（译自 Otto Maenchen-Halfan 原著）
关于福建水上疍民（白水郎）的历史来源
越王台古迹考
香港古史钩沉——大奚山方位之研究
（三）宗教篇
广州南海神庙达奚司空考
自南海传入广州南海庙之波罗树考

唐宋元时代广州和泉州的伊斯兰古迹
唐代广州回回坟考
泉州伊斯兰灵山圣墓的创建
宋元时代传入泉州的外国宗教古迹
泉州涂门街清真寺与通淮街清净寺
元时泉州摩尼教的"草庵"

中国南海主权研究的开拓者
——纪念导师韩振华先生诞辰 100 周年

李金明

（厦门大学南洋研究院）

一 韩振华先生的生平简介

韩振华先生，原籍海南省文昌县，1921 年 6 月生于福建省厦门市，1993 年 5 月卒于福建厦门。1945 年毕业于福建协和大学历史系，1948 年毕业于广州中山大学研究院，获历史学硕士学位。毕业后，在福建省社会科学研究所从事研究工作。新中国成立后，分别在厦门大学历史系和南洋研究所担任教学和科研工作，历任讲师、副研究员、研究员、教授、博士生导师。

1956 年以后，韩振华先生先后担任过厦门大学南洋研究所历史研究室主任、副所长及负责人。曾任国务院第二届学位委员会学科评议组（历史学组）成员、中外关系史专业博士研究生导师、国际航海史学会（本届会址设在比利时）执行委员、中国中外关系史学会理事长、中国东南亚研究会理事长、中国华侨历史学会副理事长、中国海外交通史研究会副理事长、福建省东南亚学会理事长、福建省华侨历史学会副理事长、中国太平洋学会理事、中国亚非学会理事、中国人类学学会理事、中国海洋法学会高级顾问等职。

二 韩振华先生在中国海外交通史研究和历史地理考证等方面的贡献

韩振华先生擅长中外交通史研究和历史地理考证，其代表作《公元前二世纪至公元一世纪间中国与印度东南亚的海上交通》①，对《汉书·地理志》粤地条末段的记载进行考释。这条史料历来被认为是中国与东南亚、印度关系史上最早见诸文字的正式记载，有不少中外关系史专家曾为这条航线的考释发表过精辟的见解。韩振华先生在博采众家之长的基础上，提出了自己的看法：认为当时汉使是沿着印支半岛东海岸，取道暹缅古道的三塔道进入缅甸，然后利用季风驶船于孟加拉湾，到达印度东海岸的黄支国（康契普腊姆）。返程则是取道于马来海峡，利用季风驶船，仅用两个月时间就到达中国最南端的日南象林界。

韩振华先生的另一代表作是《魏晋南北朝时期海上丝绸之路的航线研究》②，主要是依据万震《南方异物志》与《太清金液神丹经》，把横越马来半岛地峡及其东通扶南、交州，西通印度、大秦，远至阿拉伯隐章这一条路线所经诸地一一进行考释。认为在7世纪穆罕默德创立伊斯兰教之前，在阿拉伯半岛、红海之滨的隐章早已与斯调（今斯里兰卡）有海上交通和贸易往来，由斯里兰卡（斯调）再航行至句稚，横越马来半岛至典逊，出涨海（南中国海）到扶南（今柬埔寨）、林邑（越南中部），最后抵达中国南部的萧梁国。这就是自阿拉伯半岛航行到中国的古代海上丝绸之路。

韩振华先生的再一代表作是用英文撰写的《唐代诃陵（阇婆）新考》③。后经李金明教授译为中文，收入韩振华著《中国与东南亚关系史研

---

① 《公元前二世纪至公元一世纪间中国与印度东南亚的海上交通》，《厦门大学学报》（社会科学版）1952年第2期。
② 《魏晋南北朝时期海上丝绸之路的航线研究》，载《中国与海上丝绸之路——联合国教科文组织海上丝绸之路综合考察泉州国际学术讨论会论文集》，福建人民出版社1991年版。
③ The Location of the Southern Indochinese Country of Heling or Zhepo: New Light From Tang Dynasty-Sources，刊载于澳大利亚国立大学《远东史研究杂志》（*Papers on Far Eastern History*），Vol. 31，March 1985。

究》，广西人民出版社1992年版。主要内容是考证从7世纪至9世纪上半叶，中国史书上记载的诃陵即英文文献记载的阇婆，是位于印度支那半岛上的一个国家，它与北宋时期位于爪哇岛上的阇婆不是同一个国家，不能混为一谈。

除此之外，韩振华先生对我国古代航海使用的一些仪器，例如量天尺、水时计、火时计等，亦有独到的研究。众所周知，我国古代与东南亚的交通往来，主要是借助于帆船为工具。我国的航海者在茫茫大洋之中，如何利用北极星进行导航？如何利用简陋的仪器来计算航程？韩振华先生在其撰写的论文《我国古代航海用的量天尺》《我国古代航海用的几种水时计》和《我国古代航海用的几种火时计》中，分别对这些简陋的航海仪器的原理、应用作了探索，说明这些仪器的应用具有一定的科学性，是我国古代航海者的智慧结晶。

对于学术界争论的有关1973年12月在美国加州发现的穿孔石器问题，韩振华先生亦阐述了自己的看法。他在《论美国加州深海发现的圆饼形中心穿孔石器》[①]一文中，广泛引用中外史料，提出加州穿孔石器不是中国石器，也不是石碇，而是美洲本土的辗轮石。随着美洲太平洋地区农业和农业加工工具的发展，距今五六千年前，它已在美洲由南而北传播开来，亦即由南美洲秘鲁热带区，向北传到厄瓜多尔和美国加州陆上，这块被发现的辗轮石有可能是在一次航海事故中，被沉入加州深海海底。

在有关郑和下西洋研究方面，韩振华先生也做出较大的贡献。郑和下西洋是明初中国与东南亚关系史上的一件大事，也是世界航海史上的壮举。《明史》记载郑和下西洋的宝船"长四十四丈四尺，广十八丈"是否符合事实，这是史学界长期争论未决的问题。韩振华先生在《论郑和下西洋船的尺度》一文中，详细分析了我国古代各种帆船的长宽比，认为郑和下西洋宝船的尺度，所谓"长四十四丈四尺，广十八丈"，这不是实际的长度与宽度，在古代木帆船的长度不可能有超过100米。于是，韩先生认为，所谓宝船宽18丈，是宽乘深的积数18丈，一般说来，宽与深的尺数是相等的，故18丈的开平方，就是深、宽各得4.23丈。长44.4丈是长乘宽的积，得44.4丈，亦即长10.5丈乘宽4.23丈得44.4丈。中国古代以

---

① 《论美国加州深海发现的圆饼形中心穿孔石器》，《人类学研究》1988年试刊号。

丈量船来收船税，就是以船的长乘宽所得的尺数，每丈应纳税多少两银来计算，无论中外记载都是如此说法。因此，下西洋宝船绝对没有长 44.4 丈、宽 18 丈这样的尺度，只能作长乘宽的积数为 44.4 丈，宽乘深的积数为 18 丈。

对于郑和下西洋的目的问题，韩先生在《论郑和下西洋的性质》一文中，亦分析了明初中国与东南亚的贸易关系，认为郑和下西洋的目的是经济多于政治。其经济目的，一方面是为了打开一条通往西洋诸国（指印度洋上的国家）的海上航道，不让它继续受到盘踞在三佛齐（旧港）的中国走私商人的梗阻，使西洋诸国与明朝的朝贡贸易能畅通无阻；另一方面是为了使明朝能主动地派遣船只，以武装护航前往西洋诸国贸易的商船，从而达到明朝政府以对外贸易扩大国内市场需求的目的。因此郑和下西洋可以说是官方的对外贸易和私人的走私贸易之间的一场斗争。除此之外，当然也包含有耀威异域，获得万国来朝的美名，从而达到巩固明朝封建统治的政治目的。但这种政治目的是建立在经济目的的基础上，换言之，如果没有下西洋的经济目的，也就不会有其政治目的。

三　韩振华先生开创南海历史主权研究的先河

1974 年西沙海战后，为了维护我国南海的主权不受周边国家的侵犯，在有关部门精神的指导下，韩振华先生连同林金枝、吴凤斌两位教授开始到全国各地收集有关记载我国南海诸岛的中外历史资料。在收集的过程中，他们得到了广东省中山图书馆、广东省外事办公室、广东省博物馆、中山大学图书馆、中国科学院南海海洋研究所、海南特别行政区外事办公室、琼海县人民政府、文昌县人民政府、广东省西沙、中沙、南沙群岛人民政府、北京图书馆、中国第一历史档案馆、中国科学院图书馆、中国科学院地理研究所、地图出版社、江苏省图书馆、中国第二历史档案馆、上海图书馆、国家海洋局科技情报研究所、福建省图书馆、福建师范大学图书馆、厦门大学图书馆等单位的大力支持和帮助。收集的历史资料共达 60 多万字，其范围包括图书、杂志、方志、地图、档案、手抄件、影印件、剪报及调查材料等，汇集成《我国南海诸岛史料汇编》（以下简称《汇编》）一书，1988 年由东方出版社出版，内部发行。外事部门对该书的出版予以较高的评价，认为"这本史料汇编汇集了广泛的材料，以充分的事实表明我国对南海诸岛所拥有的主权，具有较高的学术价值"。该书已成为研究中国南海主权历史的学者必不可少的参考书之一。

《汇编》以大量的史实证明南海诸岛是中国人民最早开发和最早经营的。在南海诸岛至今还保存有不少明清时期的珊瑚庙，清代海南岛渔民留下的房屋、水井和椰子树等。有些海南岛渔民还为开发南海诸岛而献身，就埋葬在岛上。例如在南沙群岛的北子岛，就有两座清代中国渔民的坟墓，一座是同治十一年（1872）的翁文芹，另一座是同治十三年（1874）的吴某。20世纪初（1918），日本人小仓卯之助到南沙群岛进行所谓的"探险"。他在双子礁上就看到三位海南岛渔民在那里居住。在小仓所著的《风暴之岛》一书中，还附有一张海南岛渔民手绘的南沙群岛图，图上的10个岛礁名称都是用渔民习惯用的名字，例如罗孔（今马欢岛）、铁峙（今中业岛）、黄山马峙（今太平岛）等等。

除此之外，《汇编》也列举了新中国成立后我国考古人员也在西沙群岛的许多岛礁上发掘出的大批文物和渔民生活遗址，这些都是我国渔民开发西沙群岛的有力见证。其中在西沙群岛的永兴岛和北礁等11个岛礁和礁盘发现陶瓷器2000多件，其年代自南朝、隋、唐、宋、元、明、清均有；其产地大多出自广东、福建和江西等地。这说明大抵自南朝（420—589）起，我国人民就已在西沙群岛一带活动了。另外，在甘泉岛也发掘出一座唐宋时期的居住遗址，出土了大批的唐宋瓷器，同时还发现了铁刀、铁锅等生活用品等。这些瓷器的特征与唐宋时期广东窑场的产品相似，可见其主人有可能是从广东到甘泉岛上居住的渔民。

《汇编》还列出了辛亥革命后中国政府对南海诸岛行使主权的事实。例如，1911年广东省政府就宣布西沙群岛属海南岛崖县管辖，1921年南方军政府又重申了这一政令。当时的中国政府为加强对西沙群岛的开发和建设，亦采取了一些措施。其中如1933年广东省建设厅制订出建设西沙群岛的计划；1936年，中国政府根据1930年在香港召开远东气象会议的决议，在西沙群岛建立气象台、无线电台和灯塔，以便利与各地通讯联络，指挥海上的船舶航行。20世纪30年代初，中国政府设立由内政部、外交部、海军部、教育部等机构组成的水陆地图审查委员会，负责审查全国各地出版的水陆地图。该委员会分别于1934年12月和1935年3月间举行了两次会议，专门审定中国南海各岛屿、沙洲、暗礁、暗沙和暗滩的名称132个，分属东沙、西沙、中沙、南沙群岛。1935年4月，水陆地图审查委员会编印《中国南海各岛屿图》，详细标明南海诸岛各岛、礁、沙、滩的名称和位置。

另外，《汇编》也列出第二次世界大战期间，南海诸岛一度被日本侵占的状况。说明1945年日本投降后，根据《开罗宣言》和《波茨坦公告》，中国政府于1946年11月—12月间，由内政部会同海军部委派肖次尹和麦蕴瑜为接收西沙、南沙群岛专员，分乘永兴、中建、太平、中业4艘军舰前往接收，并在岛上举行接收仪式重竖石碑，碑文为"海军收复西沙群岛纪念碑"和"南沙群岛太平岛"。这些主权碑至今仍竖立在永兴岛和太平岛上，可作为历史见证。随后，中国政府再次将西沙、南沙群岛划归广东省管辖，使这些曾被外国侵略者非法占据的群岛重新回归中国政府的管辖之下。

四 韩振华先生一行在海南岛和西沙群岛作实地调查

1977年6—7月间，韩振华教授一行到西沙群岛的永兴岛、石岛、东岛、琛航岛、广金岛、金银岛和珊瑚岛作实地考察；又在海南岛的文昌县铺前公社、龙楼公社、文教公社、清澜公社、东郊公社以及琼海县潭门公社，调查了几十位富有经验的老渔民。

在调查中，了解到渔民蒙全洲的祖父蒙宾文自年轻时［大约在清嘉庆（1796—1820）年间］，就由同村老渔民带到西沙、南沙群岛捕鱼，在南沙的黄山马、奈罗、铁峙、第三、南密、秤钩、罗孔、鸟子峙等岛都住过，且在南沙一些岛上挖水井，种番薯、冬瓜、南瓜等。蒙全洲本人在十六七岁（1901年左右）就跟随父亲到南沙捕鱼，他说住岛的人在第一年冬季带足米、盐等生活必需品去，第二年不回来就住在岛上，生活所需的物品就开单托人带回海南岛，待来年来南沙捕鱼时带来。他还说，在南沙有人住的地方就有庙，是住岛的人随手搭盖，并写上神名，如祖辈相传遇难的"108兄弟公"，敬奉祭祀它们就会保佑你平安。

调查的另一位渔民符用杏是文昌县龙楼公社红梅大队人，当年已91

岁，祖辈以捕鱼为生。其伯父符世丰从清同治年间（1862—1874）起就在西沙、南沙捕鱼，后来当了舵工，替铺前人开船；其父亲符世祥也在同治年间还不到20岁就跟铺前人到南沙捕鱼。听他父亲说，铺前人去南沙捕鱼的很多，他到铁峙（中业岛）时，已见到铺前渔民在该岛种有许多地瓜。据符用杏说，海南岛有许多渔民死在南沙群岛上，仅红海大队就有林书奇，死在南沙群岛的海上；许梓柱，与他同村，死在南沙前往新加坡的海上；符香芹，死在从南沙回海南的海上。出海经常会遭到风浪，有一次从清澜开船到南沙，途中遇到大风，船上的东西都翻了，他们乞求"108兄弟公"保佑，在海上漂流七天七夜，最后飘到越南，幸好人都活着。

韩先生他们当时在海南访问的渔民，还有琼海县潭门公社潭门大队的彭正楷，当年已75岁，祖辈都在南海诸岛从事捕鱼生产；文昌县东郊公社良田大队的王安庆，当年64岁，长年居住在南沙群岛岛礁上；琼海县河潭门公社草塘大队的柯家裕，当年71岁，年青时就到南沙群岛捕鱼，并在小奈罗岛上连续住了两个年头；文昌县龙楼公社龙新大队的梁安龙，当年74岁，在22—25岁时前后曾4次到南沙群岛捕鱼；文昌县龙楼公社龙新大队昌美村的符国和，当年72岁，从24—30多岁到南沙捕鱼前后达七八年之久；琼海县潭门公社草塘大队的张开茂，当年58岁，自12岁就到西沙群岛捕鱼，18岁到南沙捕鱼，直至日本侵占海南岛后中断。这些海南渔民在西沙、南沙群岛的亲身经历，见证了中国对西沙、南沙群岛拥有无可争辩的主权，他们才是南海诸岛的真正发现者与开发者。

五　韩振华先生一行在访问海南渔民的过程中，看到了渔民在船上使用的《更路簿》

这些《更路簿》是渔民祖祖辈辈传下来的手抄本，它记载了渔民从海南文昌县的清澜港或从琼海县的潭门港起，航行至东南亚各地，尤其是航行至西沙、南沙群岛，以及在西沙、南沙群岛之间的航行针位和更数，其中记录了渔民在西沙群岛习惯航行的地名33处，在南沙群岛航行的地名72处。这些《更路簿》没有首创者的姓名，仅有抄者或保存者的姓名，估计最初是有人写成稿本，后来在相互传抄的过程中，渔民们根据自己的航行实践不断进行修改补充，最终形成了大同小异的各种抄本。韩振华先生他们当时看到的《更路簿》有如下 4 本：

（一）苏德柳抄本的《更路簿》

据苏德柳讲，这本《更路簿》是他父亲当年从文昌县老渔民的抄本转抄过来的，根据他本人 50 多年的航行实践，证实《更路簿》中有关往来西沙、南沙群岛的航行针位和更数是正确的。全书涉及的地名有 220 多个，由 8 篇文章组成。重点是前面两篇：第一篇西沙更路共 29 条，讲渔船从潭门港开航到西沙群岛以及在西沙群岛各岛礁之间的航行更路，记录了海南渔民俗称西沙群岛的地名共 17 处；第二篇南沙更路共 116 条，讲渔船从三圹（今西沙群岛的蓬勃礁）往南沙群岛的双峙（即双子礁）以及在南沙群岛各地之间的航行更路，记录了海南渔民俗称南沙群岛的地名共 65 处。

（二）许洪福手抄的《更路簿》

这本《更路簿》是琼海县潭门公社草塘大队许洪福手抄，许本人已去世，1975 年 11 月 12 日由其子许开创将该书献给海南特别行政区水产研究所。该书由两篇文章组成，重点是后面一篇。第一篇《东沙头更路》共 67 条；第二篇《北海更路》注明共 153 条。这两篇讲的是渔船从西沙群岛的三圹（即蓬勃礁）、白峙仔（即盘石屿）往南沙群岛的奈罗（即双子礁）以及在南沙群岛各岛屿之间的航行针位和更数。记录了西沙群岛的地名 3 处和南沙群岛的地名 73 处。

（三）郁玉清抄藏本的《定罗经针位》

该抄本系琼海县潭门公社潭门大队郁玉清抄藏，共由 6 篇组成，重点是后面两篇。第五篇东海更路 36 条，讲渔船从潭门港开航至西沙群岛以及在西沙群岛各岛礁之间的航行针位和更数，记录了西沙群岛的习用地名 17 处；第六篇北海更路 65 条，讲渔船从西沙群岛的白峙仔（即盘石屿）往南沙群岛的双峙（即双子礁）以及在南沙群岛各岛礁之间的航行针位和更数，记录了南沙群岛的习用地名共 51 处。

(四) 陈永芹抄存的《西南沙更簿》

该抄本为文昌县东郊公社良山大队陈永芹保存，据说是从铺前港传过去的。由两篇文章组成，仅有 1000 多字。第一篇《去西沙群岛》共 16 条，讲渔船从文昌县清澜港开航到西沙群岛，以及在西沙群岛各岛礁之间的航行针位和更数，记录了西沙群岛习用地名 14 处；第二篇《往南沙群岛》共 83 条，讲渔民从西沙群岛的白峙仔（即盘石屿）往南沙群岛的双峙（即双子礁）以及在南沙群岛各岛礁之间的航行针位和更数，记录了南沙群岛习用地名 52 处。

除了上述四本《更路簿》外，韩振华教授一行还看到海南岛老渔民符宏光 1935 年绘制的《西南沙群岛地理位置略图》。符宏光当年 60 多岁，是一位具有长期航海经验的"航海通"，对西沙群岛和南沙群岛各岛礁的地理位置十分熟悉。这份海图长 107 厘米、宽 79 厘米，是他在 1935 年绘制的。绘制时，他参考了古代记载的航海针位和更数，并结合自己的实践，图中除标出西沙群岛和南沙群岛共 81 个海南俗称的地名（其中西沙群岛地名 18 个，南沙群岛地名 63 个）外，还附上指南针（即罗经）的方位图。另外，他们还在老渔民郁玉清家中看到一份他收藏的 19 世纪末英国出版的海图，在西沙、南沙群岛各个岛礁上，郁氏都有根据自己的实践经验标上海南渔民的俗名。这些俗名对后来统一西沙、南沙群岛各岛礁的正式命名起到了一定的参考作用。

六 韩振华先生对南海诸岛主权研究的贡献

1979 年 9 月 28 日，越南外交部公布了一份题为《越南对于黄沙和长沙两群岛的主权》的白皮书，将其古书中记载的黄沙、长沙说成是中国的西沙、南沙群岛，妄称什么 19 世纪时嘉隆皇帝就已占领了帕拉塞尔群岛等等。为了驳斥这些谬论，韩振华先生广泛引证了中外有关的史籍记载，撰写了《古"帕拉塞尔"考（其一）——17—19 世纪中叶外国记载的帕拉塞尔不是我国的西沙群岛》一文。明确指出："18 世纪 10 年代，英国的汉米尔顿船长所说的帕拉塞尔，是包括与下面这些岛屿平行的一个危险区，即其南部的平顺地岛（Pullo Secca de Terra）、平顺海岛（Pullo Secca de Mare），以及其北部的羊屿（Pullo Gambir）、广东群岛（Pullo Canton）和占婆岛（Champello）。它们与帕拉塞尔相当靠近又相互平行，显然与我国的西沙群岛无关系。"此外，他又说道："嘉隆王于1816年占领的是指地图上绘的一只脚形状的帕拉塞尔，它与交趾支那海岸平行，靠近海岸不远。从他所提供的经纬度来看，这个被占领的帕拉塞尔群岛，既在东经109.2°和止于北纬11°左右。那么这个地方比较接近的经纬度，有可能是指西色尔·地岛（Pulo Cecir de Terre）……所以在1816年嘉隆王所占领的，就是包括北纬11°左右帕拉塞尔南端的西色尔·地岛（亦称平顺地岛）在内的一些岛屿。"

接着，韩先生又撰写了《古"帕拉塞尔"考（二）——16、17—19世纪中叶外国地图的帕拉塞尔不是我国的西沙群岛》。文中谈到："历史上的帕拉塞尔，或者是西方人所记述的Pracel，自16世纪以来到19世纪20年代，它所指的地区在北纬10°、11°、12°至16°—17°，东经109°—110°，它不是我国的西沙群岛，而是指位于西沙群岛西南端以外并被认为是南北走向的航海危险区帕拉塞尔。事实上，自19世纪20年代左右它被确认为纯属虚构的海中危险区后……帕拉塞尔一名才逐渐移称于我国西沙群岛，一直到19世纪40年代鸦片战争以后，帕拉塞尔一名才专指我国的西沙群岛。无数的史料都证明，16世纪至19世纪20年代左右的帕拉塞尔不是我国的西沙群岛。当然，所谓嘉隆王占领的帕拉塞尔更不是我国的西沙群岛。"韩振华先生这两篇论文后来被收入由他汇编的《南海诸岛史地考证论集》，中华书局1981年出版。该书被作为优秀著作由国家教委高教一司收入《全国高等学校社会科学研究成果选编（第二辑）》。

1980年4月5日，《光明日报》刊载了韩振华先生的文章《西方史籍上的帕拉塞尔不是我国西沙群岛——揭穿越南当局张冠李戴鱼目混珠的手法》。文中列出四点证据证明西方史籍所述的"帕拉塞尔"与中国的西沙群岛无关：1. 中国西沙群岛的位置是在东经111°10′至112°55′，北纬15°47′至17°8′，而旧帕拉塞尔的位置是在东经110°至111°，北纬12°至16°30′，两者位置并不相同。2. 直到19世纪初，英国船长罗斯和穆罕等人于1817年结束了对海南岛和西沙群岛的一系列调查之后，西方国家的图籍才开始把帕拉塞尔的范围向北延伸。这时，我国西沙群岛才开始被列入帕拉塞尔范围之内，作为构成帕拉塞尔最北部的一段。3. 自从罗斯船长的报告发表之后，即到了 19 世纪 20 年代以后，西方国家的一些地图就不再靠近越南中部海岸之处画出旧帕拉塞尔这个危险区了，而是把它向东北移，移到今天的西沙群岛。这时，帕拉塞尔这个地名才开始用以指称我国西沙群岛。4. 法国主教塔伯尔 1838 年在《交趾支那地理札记》一文中称："1816 年越南嘉隆王庄严地在那里插上它的旗帜，并正式占有这些岩石，大概不会有任何同他就此发生争议。"……所谓"1816 年嘉隆王占有帕拉塞尔"这件事，在越南自己的史籍中根本找不到。即使他真有占领过帕拉塞尔，那也只能是靠近越南中部海岸的旧帕拉塞尔，而不是我国的西沙群岛。

韩振华先生这些论点为 1980 年 1 月 30 日中华人民共和国外交部文件《中国对西沙群岛和南沙群岛的主权无可争辩》所采纳。为了表彰韩振华先生为捍卫我国南海主权所做出的贡献，外交部特发"外交部〔80〕部国字第 0195 号"公函给厦门大学，表彰"韩振华、林金枝、吴凤斌三同志，不辞劳苦，日以继夜地工作，为我国对外斗争作出了有益的贡献"。

七　韩振华先生培养了中国大陆专门史专业第一位博士

韩先生是 1980 年开始招收专门史（中外关系史）专业的硕士研究生，1985 年招收博士研究生。本人有幸成为韩先生培养的中国大陆专门史专业第一位博士。为了继承韩先生开拓的南海主权方面的研究，我于 1994 年申请到国家社科规划项目"中国南海疆域研究"，把南海主权研究范围扩大到整个南海疆域，将国际法、海洋法研究与历史研究结合起来，使南海主权的论证更具法理依据。该项目于 1998 年完成后，得到有关方面的重视，全国社科规划办于 1998 年 6 月 24 日在《成果要报》第 10 期，以《〈中国南海疆域研究〉为捍卫我国海洋权益解决南海主权争议提供依据》为题，专门介绍了该成果，并提请中央领导人、中央各部委等作决策性参考。当时任外交部副部长王毅看了之后颇为重视，指示亚洲司对这期《成果要报》继续深入研究。该成果也受到福建省政府的重视，荣获福建省第四届社会科学优秀成果一等奖，全国高校人文社会科学优秀成果三等奖，并被福建省社科规划办评为"国家社科基金项目优秀成果"。

为了表彰我在维护南海主权方面的研究，1999年国家社科规划办特批给我另一项目"南海争端与国际海洋法"。2002年该项目完成后，全国社科规划办同样于2002年3月22日在《成果要报》增刊第2期，以《南海海域划界与争端处理的对策建议》为题介绍了该成果，并上报中央领导人、中央各部委等。

在有关南海断续线的法律地位以及海洋法公约与南海争议问题的研究，我于2003年在国际海洋法权威刊物 Ocean Development & International Law （Vol.34，No.3-4）发表了英文论文"The Dotted Line on the Chinese Map of the South China Sea：A Note"，论述了我国南海地图上"9条断续线"的由来、沿革、内涵与法律地位，认为它具有两重性质，既确定了我国南海诸岛的范围与主权，又起到了我国南海疆域线的作用，可称为"南海传统疆域线"。该论文在国际上引起较大的反响，被SSCI国际检索系统收入（检索号：03960511）；同时也被法国出版的《国际政治科学文摘》（International Political Science Abstracts 2003.10.6）转载。该文摘主编来信写道："我们很高兴能使这样的文章引起全世界同行学者的关注。"另一篇发表在《南洋问题研究》2005年第2期的论文《海洋法公约与南海领土争议》，被选为《中国学术年鉴（人文社会科学版）》2005年度边疆史学科优秀论文，并入选该《年鉴》2005年卷。

结　论

韩振华先生是我国著名的中外关系史学家，他擅长于中外交通史研究和历史地理考证。对于中国史书上记载的西汉时期中国与印度、东南亚的海上交通、魏晋南北朝时期的海上丝绸之路等都做过精辟的考证。在科技史研究方面，诸如我国古代航海使用的量天尺、水时计、火时计等亦有独到的研究，认为这些仪器的使用具有一定的科学性，是我国古代航海者智慧的结晶。与此同时，韩先生对史学界争论不休的郑和下西洋宝船的尺度问题也做了详细的分析，认为下西洋宝船尺度的记载，只能作长乘宽的积数为44.4丈，宽乘深的积数为18丈。

韩先生在史学研究的最大贡献是开拓了我国南海主权研究的先河。1974年西沙海战后，为了维护我国南海的领土主权，韩先生毅然将研究重点转向南海历史主权方面。他与林金枝、吴凤斌两位教授走遍了全国各大图书馆、档案馆等收集有关南海诸岛的历史资料达 60 多万字，汇集成《我国南海诸岛史料汇编》一书，该书已成为研究中国南海主权必不可少的参考书之一。此外，韩先生一行还到海南岛和西沙群岛作实地调查。他们实地考察了西沙群岛的永兴岛、石岛、东岛、琛航岛、广金岛、金银岛和珊瑚岛；在海南岛文昌县和琼海县访问了几十位长年在南海诸岛劳作的老渔民，从他们的亲身经历中见证了我国对西沙、南沙群岛拥有无可争辩的主权，这些海南渔民才是南海诸岛的真正发现者与开发者。与此同时，韩先生一行在访问过程中还看到海南渔民在船上使用的《更路簿》并分别做了详细记录，为今日海南有关方面对《更路簿》作进一步深入研究奠定了基础。

更难能可贵的是韩先生培养了中国大陆专门史专业第一位博士，继承了韩先生开拓的南海主权研究。他申请到国家社科规划项目《中国南海疆域研究》，把南海主权研究范围扩大到整个南海疆域，将国际法、海洋法研究与历史研究结合起来，使南海主权的论证更具法理依据。他也在国际海洋法权威刊物发表英文论文，论述了我国南海地图上"9 条断续线"的由来、沿革、内涵与法律地位，认为它既确定了中国南海诸岛的范围与主权，又起到了中国南海疆域线的作用，可称为"南海传统疆域线"，使该问题研究引起了国内外同行学者的关注。

韩振华译补《诸蕃志注补》刍议

聂德宁

(厦门大学南洋研究院)

引 言

韩振华教授（1921—1993）是我国著名的历史学家，不仅在中外关系史、中国海外交通史、我国南海主权、华侨史乃至东南亚史等研究领域都取得了令人瞩目的丰硕成果，而且在中外关系历史文献古籍的整理校（译）注等方面亦颇有造诣，成就斐然。韩先生在世时也曾有过编辑出版《中国古籍中有关印度尼西亚资料汇编》的方案，以及英文译注（明）张燮《东西洋考》的计划，惜未能如愿，惟有《诸蕃志注补》收入《韩振华选集》（第二卷）刊布于世。在此，谨以此文纪念先师韩振华教授诞辰100周年。

一

《诸蕃志》成书于南宋宝庆元年（1225），撰著者赵汝适（1170—1231），字伯可，宋朝宗室，进士出身。南宋嘉定十七年（1224）九月，赵汝适出任福建路市舶提举，宝庆元年（1225）七月摄泉州知州。据其于宝庆元年九月所作"自序"中有言："汝适被命此来，暇日阅诸蕃图，有所谓石床、长沙之险，交洋、竺屿之限，问其志则无有焉。迺询诸贾胡，俾列其国名，道其风土，与夫道里之联属，山泽之蓄产，译以华言，删其秽溇，存其事实，名曰《诸蕃志》。"① 全书分为上、下二卷。卷上"志国"，记载南宋时期海外贸易国家及地区，东自日本，西抵地中海诸国，几尽罗列无遗，志国五十有八；卷下"志物"，记载从海外进口的贸易商品，计有丁香、降真香等香料，以及象、犀、珠、贝、珊瑚、琉璃、猫儿睛等奇石珍异之产，其市于中国者，均见载此篇，计五十有四种。如同《四库全书简明目录》所云，《诸蕃志》二卷，乃赵汝适"提举福建路市舶时作，所言皆海外诸国，与《宋史》外国传相出入，惟《史》详事迹，此详风土物产，则正史之与杂记，各有体裁尔"②。的确，从赵汝适撰著此书目的以及书中的内容和形式来看，《诸蕃志》诚可谓是南宋时期泉州港的一部海外贸易指南。

《诸蕃志》原书久已亡佚，今本自《永乐大典》卷四二六二"蕃"字韵下辑出。旧刻本有《函海》本和《学津讨原》本。20世纪初，德国学者夏德（F. Hirth）与美国学者柔克义（W. W. Rockhill）二人合作，将《诸蕃志》译成英文并为之注释，其英译注本（以下简称：译注本）题名为：Chao Ju-kua: His Work on the Chinese and Arab Trade in the Twelfth and thirteenth Centuries, entitled Chu-fan-chi, 1911年由俄罗斯圣彼得堡皇家科学院印刷局（St. Petersburg, Printing Office of the Imperial Academy of Sciences）刊行于世。1937年，冯承钧先生撰著《诸蕃志校注》③（以下简称：校注本），对该书考订甚详。该校注本在校勘方面，先是以《函海》本和《学津讨原》本及诸钞本互校，然后据《通典》《岭外代答》《文献通考》《宋史》等书勘正其误；而在注释方面，则有相当部分采自夏德、柔克义二氏的英译注本。据其校注序中所言，夏德、柔克义二氏"博采西方撰述，注释颇为丰赡，然亦不乏讹误。今取其精华，正其讹误，补其阙佚。凡标明译注者，或是全录其文，或是节取其说。间有创自译注，而在本书（校注）变更抑补充者，则不标明译注二字。非敢掠美，恐有讹误，不愿他人

---

① （宋）赵汝适原著，[德] 夏德（F. Hirth）、[美] 柔克义（W. W. Rockhill）合注，[近人] 韩振华翻译并补注：《诸蕃志注补》，"赵汝适序"，香港大学亚洲研究中心2000年版，第Ⅳ页。

② （宋）赵汝适原著，杨博文校释：《诸蕃志校释》，"附录二：《四库全书简明目录》卷七九史部地理类"，中华书局1986年版，第228页。

③ 冯承钧校注：《诸蕃志校注》，商务印书馆1940年版。

负责也。计所采译注之文十之五六，余则采近二十余年诸家考证之成绩，间亦自出新说，然无多也"①。冯氏于此所谓"近二十余年诸家考证之成绩"，主要是指法国著名的东方学家伯希和（Paul Pelliot）对南海史地的研究，其研究"四裔之学"的许多主要成果，都被冯承钧先生翻译成中文，其中一些收入了《西域南海史地考证译丛》正续四篇之中。② 1996年，中华书局出版了杨博文先生校释的《诸蕃志校释》一书（以下简称：校释本）。据其"前言"有云，此次校释仍以《函海》本为底本，"校释主要参订冯氏校注本，并补充冯氏在'南海'部分遗漏之校释，又参考中外专家有关考证论文及著作，间亦抒己见"③。由此可见，在杨氏校释本中对于夏德、柔克义二氏译注本的译述，似乎亦主要是转引自冯氏之校注本。

实际上，夏德、柔克义二氏的《诸蕃志》译注本甫一出版，就引起了当时西方学术界的极大关注，前后计有7篇书评（包括介绍）发表。④ 在赞扬译注本有颇多真知灼见的同时，亦指出其仍有许多可待商酌之处。其中，尤以伯希和（P. Pelliot）以法文发表在《通报》的《诸蕃志译注正误》一文评析最为详尽和深刻，不仅指出了夏德、柔克义二氏译注本的一大遗憾是未能参考元代汪大渊的《岛夷志略》，而且还逐页检视了译注本，提出了十余条有待商榷或可斟酌之处⑤。如上所述，冯承钧先生1937年撰著《诸蕃志校注》时，认为译注本的注释虽颇为丰赡，然亦不乏讹误，并从中取其精华，正其讹误，补其阙佚。到1956年中华书局重印此书时，冯氏为此作"重版校记"，对原书中"部分注释内容可商榷者"，将校注意见编成一表，计有7页之多，"藉供读者参考"⑥。由此可知，在初版之后的十余年间里，冯氏对其校注本的补充和完善依然一直在持续。

鉴于夏、柔二氏译注本始终未有中文全译，而冯氏在校注本中虽有采用译注本之文十之五六，但其中或全录或节录或变更补充，使得读者难窥

---

① 冯承钧校注：《诸蕃志校注》，"诸蕃志校注序"，中华书局1956年重印，第1—3页。
② 顾钧：《〈诸蕃志〉译注：一项跨国工程》，《书屋》2010年第2期。
③ （宋）赵汝适原著，杨博文校释：《诸蕃志校释》，中华书局1996年版，"前言"，第7页。
④ 王杨红：《诸蕃志译注及其近代"回归"中国故土》，《史林》2015年第6期。
⑤ ［法］伯希和（P. Pelliot）：《诸蕃志译注正误》（原载《通报》1912年，第446—481页），中译文载冯承钧译《西域南海史地考证译丛》第一卷，商务印书馆1962年重印第2版；1995年北京第2次影印，第86—118页。
⑥ 冯承钧校注：《诸蕃志校注》，"重版校记"，中华书局1956年重印，第149—156页。

译注本之全貌，加之其注释内容仍有可待商榷处，为此，韩振华先生从20世纪50年代中期起，即立志并着手将《诸蕃志译注》全部用中文翻译出来，并另加补注。① 早在1957年，韩振华先生就已将《诸蕃志译注》中的东南亚部分注释翻译出来，并发表在《南洋问题资料译丛》1957年第4期。② 到1961年，《诸蕃志注补》1—4册虽已初步完成，但不断的修订和完善工作一直持续三十余年。③ 1993年韩振华先生逝世后，其家属及部分弟子成立了"韩振华著作整理小组"，于1999年至2003年陆续整理出版了五卷本的《韩振华选集》。其中，《诸蕃志注补》作为《韩振华选集》第二卷，于2000年由香港大学亚洲研究中心出版。原香港大学校长王赓武教授特为补注本赐序，指出韩振华教授在《诸蕃志注补》一书中，"参考古今中外各种资料，加上大量的新注解，全面地展现《诸蕃志》的史料价值"④。笔者在此不揣浅陋，尝试对《诸蕃志注补》（以下简称：注补本）中的"补注"部分加以考察，以从中窥见韩振华教授对中外学术界的"又一重大贡献"。

二

赵汝适《诸蕃志》卷上"志国"，所记诸蕃国凡五十有八。据不完全统计，在夏德、柔克义二氏译注本中所做注释的条目多达324个，而韩氏注补本则是在译注本的基础上，再为之增加了191个补充注释。其中，对"交阯"，"占城"，"三屿、蒲哩噜"，"流求国"，"新罗国"等专条的增补注释数量均超过了译注本原有的注释数量。

---

① 陈佳荣、钱江：《〈诸蕃志注补〉编后记》，（宋）赵汝适原著，[德] 夏德（F. Hirth），[美] 柔克义（W. W. Rockhill）合注，[近人] 韩振华翻译并补注：《诸蕃志注补》，香港大学亚洲研究中心2000年版，第480—482页。
② [德] 夏德、[美] 柔克义合注，韩振华译：《赵汝适"诸蕃志"（东南亚部分）注释（一）》，《南洋问题资料译丛》1957年第4期。
③ 南溟子编集，韩丘涟痕校订：《韩振华生平著作年谱》，韩振华：《中外关系历史研究》，香港大学亚洲研究中心1999年版，第599页。
④ （宋）赵汝适原著，[德] 夏德（F. Hirth）、[美] 柔克义（W. W. Rockhill）合注，[近人] 韩振华翻译并补注：《诸蕃志注补》，"王赓武序"，香港大学亚洲研究中心2000年版，第IX—X页。

表1 译注本注释条目与注补本补注条目之数量对照（卷上"志国"）

卷上志国	译注（注释）	注补（补注）	卷上志国	译注（注释）	注补（补注）
交阯	6	8	中理国	5	3
占城	11	21	甕蛮国	1	0
宾瞳龙国	3	3	记施国	2	1
真腊	13	11	白达国	5	3
登流眉国	3	0	弼斯啰国	1	1
蒲甘	4	1	吉慈尼国	3	0
三佛齐	19	11	勿斯离国	1	1
单马令	4	4	芦眉国	1	0
凌加斯（加）国	2	1	木兰皮国	3	2
佛啰安国	3	1	勿斯离国	6	0
新拖国	4	1	遏根陀国	2	0
监篦国	1	1	晏陀蛮国	3	2
蓝无里国 细兰国	10	4	崑崙层期国	2	1
阇婆国	16	6	沙华公国	1	1
苏吉丹	12	6	女人国	2	2
南毗国 故临国	17	5	波斯国	1	1
胡茶辣国	3	1	茶弼沙国	1	1
麻啰华国	2	1	斯加里野国	1	1
注辇国 鹏茄啰国 南尼华啰国	20	9	默伽猎国	1	1
大秦国	15	8	渤泥	15	6
天竺国	5	7	麻逸国	4	2
大食	28	11	三屿蒲哩噜	3	4

续表

卷上志国	译注（注释）	注补（补注）	卷上志国	译注（注释）	注补（补注）
麻嘉国	1	1	流求国	8	9
层拔国	4	0	毗舍耶	3	2
弼琶啰国	7	4	新罗国	10	11
勿拔国	1	1	倭国	25	9
合计	214	127	合计	110	64
译注本注释	324	注补本补注	191		

资料来源：根据韩振华译补《诸蕃志注补》"卷上·志国"各条统计。

在韩氏注补本中，对夏、柔二氏译注本"卷上·志国"中各条的补充注释，主要体现在三个方面：其一是纠错订正，包括对《诸蕃志》原著中的错误，尤其是对译注本中注释的讹误加以订正；其二是增补说明，有对原著内容的补充，更多的是对译注本中注释内容的不足和缺失加以增补或进一步补充说明；其三是对若干地名、物名及用语的重新考订或提出新的见解。以下试举若干事例，就韩氏注补本在上述三个方面的补充注释给予说明。

（一）纠错订正

例一，卷上"志国·交阯"条

在《诸蕃志》"卷上·志国"中，将交阯（安南）条列为"志国"之首题（海外诸国第一条），并在该条的末段有载，交阯"岁有进贡。其国不通商"。在夏、柔二氏译注本，以及冯氏校注本中对此均未加注释，而在韩氏的注补本中，则专门为此进行补注，指出："是处谓交阯'国不通商'，恐指海上贸易而言，盖因交阯与中国陆上贸易，时有所见其寓商于贡。据《宋会要稿》蕃夷四之48下云：'交阯使副，自到驿至起发，遇有请觅物色，令监驿使臣，审实约度应副（付）及所有市买，并两相交易，不得私便折搏买卖。'又（《宋会要稿》）蕃夷四之51上云'诏安南使回程，有沿路批支觌折送贸易等……。'"[①] 韩氏于此一补注中，在某种程度

---

① 韩振华译补：《诸蕃志注补》，第7页。

上间接地说明了《诸蕃志》卷上"志国"所载诸国,均为当时泉州港海外贸易的对象国,而当时的交阯(安南)显然并非泉州港的海外贸易之国,故有所谓"其国不通商"之语,指的只是彼此间没有海上通商而已。其实,不仅《诸蕃志》在本条中有提到交阯"不能造纸笔,求之省地",说明两国不仅存在着陆上边地间的通商的活动,而且如同韩氏在补注中所提到的还存在着"寓商于贡"的陆上贸易。所以,《诸蕃志》卷上"志国·交阯"条结尾处有云:"以此首题,言自近始者。舟行约十余程,抵占城国。"这在一定意义上也可以理解为,之所以交阯为首题,不过是"自近始者",而实际上占城国才是两宋时泉州港海外贸易的首站。

例二,卷上"志国·三佛齐"条

《诸蕃志》中所载之"三佛齐",为今苏门答腊岛的巨港(Palembang),位于该岛之东南岸。在该条的最后一句有云:"其国东接戎牙路[或作重迦卢]。"夏、柔二氏译注本对此注释云:"戎牙路,位于新拖之东,又为三佛齐属国,故其地当在爪哇西部。本书(《诸蕃志》)下文苏吉丹条谓'打板(Tuban)国东连大阇婆,号戎牙路,或作重迦卢',故戎牙路即打板。"对夏、柔二氏所谓"戎牙路即打板"之说,韩氏在该条的补注中明确指出此说"非也。吾人亦可仍由此书阇婆(苏吉丹)条中,见获打板、戎牙路之名"①。在本书(《诸蕃志》)下文苏吉丹条的若干补注中,韩氏继续对打板、戎牙路做了更详尽的说明,并进一步指出:"《诸蕃志》举阇婆属国曰打板、戎牙路云云,则戎牙路固非打板之号,用以示大阇婆即戎牙路之方位耳。"②

例三,卷上"志国·三屿、蒲哩噜"条

《诸蕃志》在"三屿"条中有载:"穷谷别有种落,号海胆。"此之海胆,夏、柔二氏译注本认为,所谓海胆"即 Aëta 之对音,是菲律宾群岛之原始黑人(Negrito)蕃族,至今尚据有吕宋岛大部分之山地与人迹难以到达之诸地"。而韩氏在注补中则引据《大英百科全书》,指出"Aëta 此名,出自马来语 Hitam,意即黑"。因此,夏、柔二氏译注本,"以海胆作 Aëta 之对音,稍有未是。海胆应是马来语 Hitam 之对音"。又,在夏、柔二氏

---

① 韩振华译补:《诸蕃志注补》,第7页。
② 韩振华译补:《诸蕃志注补》,第107—111页。

译注本中,考订蒲哩噜为吕宋岛东岸之外 Polillo 之对音。此之蒲哩噜与《岛夷志略》中"麻里噜"相似,藤田丰八氏在《岛夷志略校注》中,考订麻里噜为 Manila(马尼拉)之对音。韩氏注补本在此条的补注中,对藤田氏之考订颇为赞同,指出夏、柔二氏将蒲哩噜考订为吕宋本岛东边海上 Polillo 之对音,不但与《诸蕃志》中有谓:蒲哩噜"与三屿联属,聚落差盛"的记载不太相符,况且历史上华人之前往吕宋,均在吕宋西岸往来而不及东边。今之菲律宾首府马尼拉(Manila)"乃西班牙人占据以前之旧名,而湾口多礁,犹与两书所言同,则蒲哩噜、麻里噜,殆 Manila 之对音"①。

(二) 增补说明

诚如《四库全书提要》所言,《诸蕃志》一书,"所言皆海国之事,《宋史》外国列传实引用之,核其叙次事类岁月皆合,但《宋史》详事迹而略于风土物产,此则详风土物产而略于事迹。盖一则史传,一则杂志,体各有宜,不以偏举为病也"②。正是由于体例的不同,《诸蕃志》在卷上"志国"各条中,对于海外诸国的史实,尤其是有关各国与宋朝往来入贡之事疏漏颇甚。为此,韩氏注补本在卷上志国的占城、三佛齐、大食等条目的补注中,大量引用《宋会要辑稿》《宋史》,以及南宋王应麟编撰的大型类书《玉海》等史籍的记载,对《诸蕃志》原著中有关三国入贡宋朝的史实和年月做了详尽的补充和说明。与此同时,注补本更多的是对译注本中相关条目注释的增补。

例一,卷上"志国·占城"条

《诸蕃志》卷上在该条中有载,其属国计有:"旧州、乌丽、日丽、越里、微芮、宾瞳龙、乌马拔、弄容、蒲罗甘兀、亮宝、毗齐,皆其属国。"夏、柔二氏译注本于此对占城属国的注释有云:"各家所说互异。"冯氏校注本对此注释如下:"旧州,应指今之茶荞;乌丽,《文献通考》(卷)三三二占城条作乌里州,今地未详;日丽疑在安南洞海江上,《岛夷志略》

---

① 韩振华译补:《诸蕃志注补》,第 278—279 页。
② 《四库全书总目提要》卷七十一·史部二十七·地理类四,"诸蕃志·二卷(永乐大典本)"。

有日丽条；宾瞳龙，本书有专条；乌马拔，疑是 Amaravati（阿摩罗波胝，今之广南省）之对音；弄容疑是思弄之误，宋元时代顺化湾南口之港名也；蒲罗甘兀，假定是 Poulo Gambir 岛；毗齐，疑是 Vijaya（毗阇耶，或作佛逝）；余无考。"① 而韩氏在补注本中，对于占城属国所做的补充注释则秉持较为谨慎的态度，并特别指出："关于占城之属国，应该重再研究，一方面应参考《岛夷志略》相对之文，一方面要参证 Georges Maspero 在《通报》中根据碑文所辑的那些土名。"② 所以，韩氏在补注中对于占城诸属国的补充注释也更为严谨，指出：在《岛夷志略》"占城"条中有"新旧州"之名，旧州是与新州相对，故新州"即是平定省占婆都城之海港，可当今之归仁，则可假定旧州指的是建都平定以前旧都之海港，应在广南江口。乌丽或者就是《文献通考》同《宋史》之乌里，疑因后一地名有丽字致误。第三个地名日丽，就是今日上安南中的 Dong-ho'i 江（洞海江），《岛夷志略》中别有专条。此后诸地名，除开宾瞳龙当然是 Panduranga（今之藩朗）外，皆不详为何地"③。如此考据与推断，确实秉持一种科学严谨的治学态度。

例二，卷上"志国·渤泥国"条

《诸蕃志》在"渤泥国"条中有载："其国邻于底门国。"夏、柔二氏译注本对"底门国"做注云："底门，即 Timor 岛，本书上文苏吉丹，所列阇婆属国名项之下，作'底勿'，广东音读如 Ti-mat。明代时，其名则作'迟闷'与'吉里地门'。"④ 冯氏校注本亦认为底门即 Timor 之对音，并进一步指出："《岛夷志略》作古里地闷，《星槎胜览》作吉里地闷，《东西洋考》作迟闷，一作池闷。"⑤ 韩氏注补本不仅赞同"底门为 Timor 对音"之说，并且还引用了意大利学者支利尼（G. E. Gerini）《杜黎美地理书东方部分之研究》⑥ 一书中的相关论述，对《岛夷志略》之所以称其

---

① 冯承钧校注：《诸蕃志校注》，中华书局 1956 年版，第 5—6 页。
② 此文为法国著名占婆史专家乔治·马司帛洛（Georges Maspero）发表在《通报》上的论文，题为：《宋初越南半岛诸国考》，中文译本载冯承钧译《西域南海史地考证译丛》第一卷，商务印书馆 1962 年重印第 1 版；1995 年北京第 2 次影印，第 119—148 页。
③ 韩振华译补：《诸蕃志注补》，第 19—20 页。
④ 韩振华译补：《诸蕃志注补》，第 257 页。
⑤ 冯承钧校注：《诸蕃志校注》，中华书局 1956 年版，第 79 页。
⑥ G. E. Gerini, *Researches on Ptolemy's Geography of Eastern Asia (Futher India and Indo-Malay Peninsula)*, London: Royal Asiatic Society and Royal Geographical Society, 1909, p. 520.

为"古里地闷"的由来做出了注解,指出"古里乃 Gili 之对音,谓岛也;地闷乃 Timor 之对音"①;同时亦将《岛夷志略》"古里地闷"条的全文录在补充注释之中,以便读者对宋元时期的"底门国"及"古里地闷"有一个更加全面的认识。

例三,卷上"志国·流求国"条

夏、柔二氏译注本据此条"所指之方位",考订其地即为今台湾岛无疑,并指出此条内容大多录自《隋书·流求传》。冯氏校注本、杨氏校释本以及韩氏注补本均赞同此说。但值得注意的是,相较之于夏、柔二氏译注本对此条的注释有8条,冯氏校注本仅有3条,杨氏校释本也不过5条,而韩氏在注补本中对"流求国"条的补注达9条之多,且在补注中大量引述了著名人类学家林惠祥教授的著作。林惠祥教授是我国最早系统研究台湾高山族文化的学者,曾于1929年、1935年两次到台湾实地考察,撰成《台湾番族之原始文化》,内容涉及台湾土著居民的神话、传说、歌谣,全文刊载于《国立中央研究院社会科学研究所专刊》第三号(1930年)。韩氏在补注中虽曾指出林惠祥氏所谓"隋时中国人复发见台湾一次,然已忘其为夷洲,而另名之为流求"之言当误,"盖中国并未忘掉夷洲,故其名得见于唐代之际,且与流求之称同见"②,但在有关台湾土著居民的习俗尚好、物产、服饰,以及工艺等方面的注释上,则是从善如流,大多引述林惠祥教授著作中的内容加以补充说明,从而进一步地充实和完善了对《诸蕃志》中"流求国"条注释的内容。

例四,卷上"志国·新罗国"条

《诸蕃志》在该条末段有云:新罗国"地出人参、水银、麝香、松子、榛子、石决明、松塔子、防风、白附子、茯苓、大小布、毛施布、铜磬、瓷器、草席、鼠毛笔等,商用五色缬绢及建本文字博易"。在夏、柔二氏译注本中,对"建本文字"的注释认为:"此四字应译作:福州刻本书籍";而在冯氏校注本、杨氏校释本中,对此未做任何解释;惟有在韩氏注补本的补注中,一方面指出"据诸书记载,皆无提及福州刻本书籍能见之流行宋代之际";另一方面则引据陈衍《福建板本志》卷一"总考"中

---

① 韩振华译补:《诸蕃志注补》,第271页。
② 韩振华译补:《诸蕃志注补》,第284页。

的相关论述，指明此之所谓"建本文字"，实际上为宋时之"建阳麻沙板书籍"，并引述《朱子大全·嘉禾县学藏书记》、（南宋）祝穆《方舆胜览》，以及（清）陈寿祺《左海文集》等史籍的相关记载，进一步说明了建阳麻沙板书籍早在宋时已"几遍天下""无远不至"①。如此详尽的补注，不仅弥补了夏、柔二氏对"建本文字"解释的不足，同时也增进了对宋时建阳麻沙板书籍在海外流行情况的了解。

（三）独到见解

从宋元乃至明清时期，福建泉州、漳州（月港）及厦门等港口，是为中国海外贸易尤其是与东南亚地区贸易的一大中心，大量福建海商往来于海外各地经商贸易，有不少海外地名、物品及用语也以福建方言之音译来表述，这在《诸蕃志》《岛夷志略》《东西洋考》《海国闻见录》以及《海岛逸志》等著作中均有体现，而韩氏注补本中之补注在运用福建方言对海外地名、物名及用语进行考订方面也有其显著的特色，且常有自己的独到见解。

如上所述，在《诸蕃志》卷上"志国·苏吉丹"条中所列举的阇婆属国，除了打板、戎牙路之外，还有：百花园、麻东、禧宁、打纲、黄麻驻、麻篱、牛论、丹戎武啰、底勿、平牙夷、勿奴孤，等等。其中，夏、柔二氏考订"麻东"为爪哇马丹·迦摩兰（Madang-Kamolan）；冯氏校注本亦持此说（校注本，第28页）。然而，韩氏在补注中则认为，阇婆属国中所谓"麻东"者，即为《岛夷志略》之文诞，乃 Bandan 之对音，并对此注云："麻东殆为 Ba（n）dan 之对音，厦门音麻字之字音，读如 Ba，东字之土音，读如 dan，今 Banda（班达）之正名也，此群岛出肉豆蔻，古来最早，故亦有豆蔻群岛之名，……今查本书阇婆条，亦谓其国出产'丁香豆蔻'，故于产品之中，亦可佐证阇婆属国之麻东，当为今之 Banda（班达）也。"② 此为注补本在补注中应用方言对音来考订海外地名之一例。

在《诸蕃志》卷上"志国·凌加斯（加）国"条中有载，其国"地

---

① 韩振华译补：《诸蕃志注补》，第298页。
② 韩振华译补：《诸蕃志注补》，第107页。

产象牙、犀角、速暂香、丁香、脑子。番商兴贩,用酒、米、荷池、缬绢、甆器等为货;各先以此等物准金银,然后打博。如酒一瞪,准银一两、准金二钱;米二瞪准银一两,十瞪准金一两之类"。又卷上"志国·中理国"条中亦有载,其国"每岁常有大鱼死飘近岸,身长十余丈、径高二丈余。国人不食其肉,惟刳取脑髓及眼睛为油;多者至三百余瞪,和灰修舶船,或用点灯"。夏、柔二氏译注本在"凌加斯(加)国"条中,对"瞪"作如下注释云:"瞪字在中国佛书上作'重量'解,其印度名当为Tolao今所见者,惟为计算干物重量";另在"中理国"条,夏、柔二氏译注本进一步中注云:"瞪,并非计算容量之单位。此即梵文之 tola,乃为计算重量之单位,其重等于四 Mashas。"在韩氏注补本对"瞪"的补充注释中,先是指出,夏、柔二氏所谓"一 tola 等于四 mashas"的说法有误,实际上"一 tola 应等于十二 mashas";接着又指明,梵文之 tola,多以计算金银之重量,且其制度之流行,亦不甚古;最后明确提出:"窃疑本条所谓'瞪'者,绝非梵文之 tola。瞪乃担之别音也,今厦门人读大瞪(厦门港外)一地,音如大担,可知瞪与担音同。每担通常为一百斤,商业上用以计算大批买卖之重量单位与容量单位。"① 此为注补本在补注中应用方言考证域外用语之又一例。

在《诸蕃志》卷上"志国·渤泥国"条中有载,其国"王之服色略仿中国。若裸体跣足,则臂佩金圈、手带金镯,以布缠身,坐绳床。出则施大布单,坐其上,众舁之,名曰软囊"。此处之"软囊",在夏、柔译注本中作"阮囊"二字,并认为"由字面观之,当为番名无疑",但并未言及其出自何种外国名称之对音。冯氏校注本对此有云:"《文献通考》及《宋史》皆作'阮囊',疑误。殆因'阮囊'二字,不得其解。"② 而韩氏注补本则在补注中对"阮囊"二字,提出了自己的见解:"窃拟'阮囊'二字,殆即梵语 gudri 之讹,意谓'被单',十七世纪时亦称之曰 Gouldrin,或作 Goudrin。是项'被单',可用金丝线织绣,而成为极其美丽雅观。是以'阮囊'二字,则为'被单'之番名。"③ 此一补注释疑,对于"软囊"

---

① 韩振华译补:《诸蕃志注补》,第 209—210 页。
② 冯承钧校注:《诸蕃志校注》,中华书局 1956 年版,第 79 页。
③ 韩振华译补:《诸蕃志注补》,第 271 页。

或"院囊"名称来自于梵文的推断,显然有据可依,令人信服。

又《诸蕃志》卷上"志国·海上杂国"中的沙华公国,其内容几乎全部录自周去非《岭外代答》卷三"外国门下·东南海上诸杂国",并有所删减。《岭外代答》原文有载:"东南海上有沙华公国。其人多出大海劫夺,得人缚而买之阇婆。又东南有近佛国,多野岛,蛮贼居之,号麻啰奴。"①在夏、柔二氏译注本的注释中将此译为:"东南海上有沙华公国,……又东南有近(于)佛国,多蛮岛",并认为"近佛国应为唐代之佛逝国,即宋代作三佛齐者",因为"'近佛'作为国名,未见于中国史籍"②。韩氏在注补本的补注中对夏、柔二氏的说法不以为然,指出"近佛国与佛逝国,二者断然不同,一为吾人之所未详,一为吾人之所尽详,是以陈梦雷氏之《古今图书集成》,亦以近佛国置于〈边裔典〉卷107南方未详诸国部,而三佛齐则否。又《三才图绘》(见同上)亦绘有近佛国之图。是以夏德与柔克义二氏谓'近佛者为国名,中国载籍未见'者,其言实误"。韩氏在补充注释中,还引述了《三才图绘》之图考中对近佛国的记载,进一步指明了"近佛国绝非三佛齐国"③。

三

作为南宋时期泉州港一部具有指导性质的海外贸易手册,《诸蕃志》在卷上"志国"记载了当时的海外贸易主要对象,而卷下"志物"则记录当时从海外进口的主要商品货物。相对而言,在《诸蕃志》两卷中,卷下"志物"尤详于海外的风土物产,足见进口商品在海外贸易中的重要地位。因此,在夏、柔二氏译注本中,对于《诸蕃志》卷下"志物"的每项专条基本上均有注释,共计103个条目;而在韩氏注补本则更是在译注本的基础上进行补充注释,条目多达120个,比译注本对卷下"志物"原有的注释多出近20个。

与在卷上"志国"中所做的增补注释大体相同,韩氏注补本也是在

---

① (宋)周去非著,杨武泉校注:《岭外代答校注》,中华书局1999年版,第111页。
② F. Hirth & W. W. Rockhill, *Chao Ju-kua: His Work on the Chinese and Arab Trade in the Twelfth and Thirteenth Centuries, entitled Chu-fan-chi*, St. Petersburg, 1911, p. 150.
③ 韩振华译补:《诸蕃志注补》,第252—253页。

夏、柔二氏译注本的基础上，不仅对卷下"志物"中的各专条逐项加以增补说明，同时对赵汝适在原著中的错误记载也逐一予以厘清纠正。

表2 译注本注释条目与注补本补注条目之数量对照（卷下"志物"）

卷下志物	译注（注释）	注补（补注）	卷下志物	译注（注释）	注补（补注）
脑子	4	4	乌樠木	1	1
乳香	2	2	苏木	1	2
没药	1	1	吉贝	1	2
血碣	1	3	椰心簟	1	1
金颜香	1	1	木香	1	1
笃耨香	1	1	白豆蔻	1	1
苏合香油	1	1	胡椒	2	2
安息香	1	1	荜澄茄	1	2
栀子花	1	1	阿魏	1	1
蔷薇水	1	1	芦荟	1	1
沉香	5	3	珊瑚	1	1
笺香	1	1	琉璃	1	1
速暂香	0	1	猫儿睛	1	0
黄熟香	1	1	真珠	3	1
生香	2	1	砗磲	1	1
檀香	1	1	象牙	1	1
丁香	1	2	犀角	1	1
肉豆蔻	1	1	腽肭脐	1	1
降真香	3	1	翠毛	1	1
麝香木	1	1	鹦鹉	1	2
婆罗蜜	1	3	龙涎	1	1
槟榔	2	1	玳瑁	1	1
椰子	1	2	黄蜡	1	1
没石子	1	1	海南	42	56
合计	35	37	合计	68	83
译注本注释	103	注补本补注	120		

资料来源：根据韩振华译补《诸蕃志注补》"卷下·志物"各条统计。

例一，卷下"志物·沉香"条

中国古籍中有关"沉香"的记载虽多，然各家说法互异且多有误。如《南方草木状》卷中有谓："蜜香、沉香、鸡骨香、黄熟香、鸡舌香、栈香、青桂香、马蹄香，按此八物，同出一树也。"实际上，鸡舌香为母丁香之别名。所以，韩氏注补本在该条的补注中指出："所谓沉香与鸡舌香等八物，同出一树，其言殆误。"然而在夏德与柔克义二氏译注本中，不仅将此误引来为"沉香"条作注释，而又于下文"丁香"条之注释中亦无更正。为此，韩氏在补注中对此进一步加以说明："盖沉香与鸡舌香，误混其同一树，此则自古已然，似段成式《酉阳杂俎》所记者是也，然其后沈括已揭其误，早经指出。"并引述《梦溪笔谈》卷二十二下云："段成式《酉阳杂俎》记事多诞，其间叙草木异物，尤为缪（谬）妄，率记异国所出，欲无根柢，如云一木五香：根，旃檀；节，沉香；花，鸡舌；叶，藿胶、薰陆。此尤谬。檀与沉香，两木元异；鸡舌即今丁香耳，今药品中所用者亦非；藿香自是草叶，南方至多；薰陆小木而叶，海南亦有薰陆，乃其胶也。今谓之乳香头。五物迥殊，原非同类。"① 韩氏于此一条目的补注中，对自古以来所谓"八物同出一树"以及"一木五香"之说的澄清，不仅有助于更加清楚地认识沉香的种类及来源，而且对于进一步了解其他不同种类的植物香料也大有裨益。

例二，卷下"志物·笺香"条

夏德、柔克义二氏译注本在《诸蕃志》卷下"志物·笺香"条的注释中，引（晋）嵇含《南方草木状》卷中有谓：蜜香树"'其干为栈香'者，殆为笺香，二者恐为一物"。而韩氏补注本对此加以进一步补注，指出：笺香有馢香、栈香等不同写法，并引述（北宋）洪刍《香谱》卷上"馢香"条云："[（唐）陈藏器]《本草拾遗》曰亦沉香，同树，以其肌理有黑脉者谓之也。"据此，韩氏在补注中又加以说明："案：笺香者，亦即伽南香也。（南宋）张世南《游宦记闻》谓'伽南即沉香木之佳者'。[（清）赵学敏]《本草纲目拾遗》谓'广人呼伽南爲栈香'。沈曾植氏（《岛夷志略广证》）谓'自宋以来无伽南，自元以后无栈香，物名代异，纪原者所当留意也'。"为了说明伽南香一名的由来，补注中又引述藤田氏

---

① 韩振华译补：《诸蕃志注补》，第349—350页。

《岛夷志略广证》的说法加以注释:"伽南香乃马来语及爪哇语 Garu 木(沉香木),一名 Kalambak 若 Kalambh,占城称 Kinan,并谓中国名称中称之伽蓝木、伽南木、伽蓝、棋楠(奇楠),并 Kalambak 若 Kinan 之对音也。"① 经由韩氏的这一补充注释,更加清楚地揭示了笺香为沉香中之一种,其后被称为伽南香,以及伽南一名的由来,从而在一定程度上丰富了人们对沉香种类的认识。

例三,卷下"志物·丁香"条

《诸蕃志》卷下"志物·丁香"条的原文中有云:"丁香,其大者,谓之丁香母,丁香母即鸡舌或曰鸡舌香者,千年枣实也。"对此,注补本在该条的补充注释中明确指出:"此言实误,盖二者迥然殊异,不能混为一谈。按千年枣即无漏子(Phoenix dactylifera),其别名甚多,陈藏器《本草拾遗》谓波斯枣,《开宝本草》谓千年枣,《一统志》谓万年枣,《南方草木状》谓海枣,刘恂《岭表录异》谓番枣,陶九成《辍耕录》谓金果,……"② 无漏子即椰枣,为枣椰子树之果实。在李时珍《本草纲目》卷三一"无漏子"条中,对其之所以有所谓"波斯枣""千年枣""万年枣""海枣""金果"等诸多别名,一一加以释名。由此可见,鸡舌香(丁香)与千年枣(无漏子),完全是两种根本不同的物品,若不予以纠正,恐有以讹传讹之虞。

例四,卷下"志物·海南"条

在《函海》本及《学津讨原》本中,皆以"海南"一条作为附录,置于《诸蕃志》卷下"志物"之末。然在夏、柔二氏译注本中,则将"海南"条置于卷上"志国"之末。对此,冯承钧先生在其校注本中指出:"海南自汉以来隶版图,不应在诸番之列。殆以海南土产与诸蕃同,并袭《岭外代答》例,而连带及之欤。惟《代答》仅志黎蛮,而此并志郡县为不合也。夏德、柔克义二氏译注本将此条移置于卷上'志国'之末,尤谬。"③ 所以,韩氏注补本在对译注本进行翻译和补注时,并没有沿袭夏、柔二氏译注本原有的错误编排,而是依据《钦定四库全书》本、《函

---

① 韩振华译补:《诸蕃志注补》,第 351—352 页。
② 韩振华译补:《诸蕃志注补》,第 363—354 页。
③ 冯承钧校注:《诸蕃志校注》,中华书局 1956 年版,第 148 页。

海》及《学津讨原》等刻本,将"海南"条作为附录置于卷下"志物"之末,从而在根本上纠正了译注本中的这一原则性谬误。

《诸蕃志》卷下"志物·海南"条所载之内容,虽大多来源于正史,诸如《汉书》《隋书》,以及周去非的《岭外代答》,但其中对于宋时设置的海南四郡:琼州、昌化、吉阳军、万安军及其所属十一县的自然及沿革地理,以及四郡之土著"黎蛮"的风俗物产述之甚详,颇具史料价值。因此,早在1896年夏德就以德文发表了《赵汝适所记之海南岛》一文[1],故其在译注本中对"海南"条的注释颇为丰富和详尽,计有42处之多。然而,在韩氏注补本中对于"海南"条的补充注释则更是多达56处。

赵汝适在《诸蕃志》中之所以将"海南"条附于卷下"志物"之末,其原因诚如此条末段所言:"海南土产,诸番皆有之,顾有优劣耳。笺、沉等香,味清且长,琼出诸番之右,虽占城、真腊亦居其次。……其余货物,多与诸番同,惟槟榔、吉贝独盛。泉商兴贩,大率仰此。"因此,从某种意义上说,《诸蕃志》卷下"志物·海南"条,或可谓是赵汝适在《诸蕃志》中专为当时泉州海商提供的海南货物贸易指南,故而将"海南"条作为附录,置于卷下"志物"之末。其中,还特别提到,海南黎族有生黎、熟黎之别,因其地多荒田,"故俗以贸香为业,土产沉香、蓬莱香、鹧鸪斑香、笺香、生香、丁香、槟榔、椰子、吉贝、苎麻、楮皮、赤白藤、花缦黎幪、青桂木、花梨木、海梅脂、琼枝菜、海漆、荜拨、高良姜、鱼鳔、黄蜡、石蟹之属";并指出这些海南土产,"其货多处于黎峒。省民以盐、铁、鱼、米转博,与商贾贸易。泉舶以酒、米、面粉、纱绢、漆器、瓷器等为货,岁抄或正月发舟,五六月间回舶,若载鲜槟榔才先,则四月至"[2]。殊为遗憾的是,冯氏在校注本中对海南条未有进一步的校注,而杨氏校释本虽补充了冯氏校注本在"海南"部分遗漏之校释,但对于其中众多的海南土产亦未加以注释。[3]

---

① F. Hirth, "Die Insel Hainan nach Chao Ju-kua", in *Festschrift Für Adolf Bastian Zu Seinem 70. Geburtstage*, Berlin, 1896.
② 冯承钧校注:《诸蕃志校注》,中华书局1956年版,第143—145页。
③ 杨博文于《诸蕃志》卷下"志物·海南"条中,增补了十条注释,主要是针对冯氏注补本的部分遗漏给予校补。参阅(宋)赵汝适原著,杨博文校释《诸蕃志校释》,中华书局1996年版,第222—224页。

正是基于海南物产在南宋泉州港的海上贸易中与海外诸国的货物贸易具有同等重要的地位，所以韩氏注补本在对"海南"条的补充注释中，不仅对海南四郡的地理及沿革有详尽的注释，而且对于海南当地出产的各种香料及货物更是引经据典，逐项注释一一道来，补充或指正了夏、柔二氏译注本中对诸多海南物产的未解之迷。例如，海南土产之"黎幙"，补注本引用（宋）范成大《桂海虞衡志》中的"志器·黎幕"条作为补充注释，指出黎幙亦作"黎幕，出海南。黎峒人得中国锦彩，拆取色丝，间木绵挑织而成，每以四幅联成一幕"。又如，夏、柔二氏译注本中有谓"海漆"之为何物"未能考究"。对此，韩氏在补注本中进行了补充注释，指出："其言非也。案海漆即倒捻子之古籍别名。《本草纲目》卷三一作都念子，亦作倒念子。其之所以曰海漆者，自苏子瞻（东坡）之说也，非漆而曰漆，以其得一木之液，凝而为血，与漆同功，功逾青黏，故名。"[①] 诸如此类的补充和指正，在"海南"条的补注中处处可见，比比皆是，不一而足，为后人研究海南历史与文化提供了诸多的宝贵资料。

结　语

如前有述，自 20 世纪 50 年代中期起，韩振华教授即着手对《诸蕃志》英译注本进行翻译和补注，到 1961 年已基本完成《诸蕃志注补》（1—4 册），在此后的 30 余年里依然不断地加以修订和完善，为之奉献了毕生的心血。据不完全统计，在韩氏《诸蕃志注补》中，"共参考中文文献 124 种，外文文献 48 种"；后者比夏德、柔克义二氏本少，但前者已大为拓展，且充分借鉴了如白鸟库吉、桑原骘藏、藤田丰八、沈曾植、张星烺、冯承钧、李长傅、罗香林、林惠祥、张礼千等近代中日学人的研究成果。由此可知，韩氏注补与夏、柔二氏译注"几乎同等分量，所非虚言"。自 1911 年夏德、柔克义《诸蕃志译注》问世并开始进入近代中国学人之视野以来，到 2000 年《诸蕃志注补》整理出版，先后经张星烺、冯承钧、李长傅、温雄飞、方豪、韩振华等数代先进耗时近 90 年的引介，"终于走

[①] 韩振华译补：《诸蕃志注补》，第 462—463 页。

完'回归'中国故土的漫长历程"①。其中,《诸蕃志注补》之刊布,诚如陈佳荣、钱江两位学长在《诸蕃志注补》编后记中所言,"此乃先师韩振华教授对中外学术界的又一重大贡献"。

---

① 王杨红:《诸蕃志译注及其近代"回归"中国故土》,《史林》2015 年第 6 期。

韩振华先生的治学与育人

喻常森

（中山大学国际关系学院）

一 科学严谨的学术研究精神

韩振华先生作为中外关系史研究的著名专家，其研究领域主要侧重于中国海外交通史、海外贸易史、华侨华人史以及南海诸岛史地考证等。作为他的学生，其主要代表性论著本人几乎都精读过。现列举几例作为读后感，并从中感悟他的治学精神。

（一）海外交通史考证

代表作是《公元前二世纪至公元一世纪间中国与印度、东南亚的海上交通——汉书地理志粤地条末端考释》①。对《汉书·地理志》粤地条末段所记航线和地名的考证，是对中外关系史研究学者来说最具挑战性也是最具吸引力的研究课题。不少中外学者都致力于对此进行探究，其中不乏学界前辈和名人之作。② 对比其他学者的考证，我觉得韩先生的考证论文最具科学性和完整性。首先，从篇幅上看，整个论文长达 30000 余字，是

---

① 《公元前二世纪至公元一世纪间中国与印度、东南亚的海上交通——汉书地理志粤地条末端考释》，《厦门大学学报》1957 年第 2 期。
② 关于《汉书》地理志粤地条末端汉使航程问题的考据文章主要有：［日］藤田丰八《前汉时代西域海上交通之记录》，何健民译，《中国南海古代交通丛考》，商务印书馆 1936 年版；许云樵《古代南海航程中之地峡与地极》，载《南洋学报》第 5 卷第 2 辑；苏继庼《黄支国在南海何处》，《南洋学报》第 7 卷第 4 辑；［法］费琅《昆仑及南海古代航行考》，冯承钧译，中华书局 1957 年版；朱杰勤《汉代中国与东南亚和南亚海上交通路线试探》，《海交史研究》1981 年第 2 期。

我看到的其他相关论文的数倍之多。这是因为，韩先生在考证这段航路时不仅仅是采用简单的对音，而是建立在综合性、科学性的考据基础上的。例如，韩先生对黄支国的考证时，从原始记录的解读入手，然后介绍前人的相关研究成果，相当于文献综述。在进入正题以后，又分为四个部分加以论证：首先认为汉使从缅甸（夫甘都卢国，卑谬）利用了季风花了两个月的时间横渡孟加拉湾，到南印度东岸的黄支国（康吉布勒姆 Conjeeveram）。其次，对《汉书》中记载的黄支国物产进行逐一考证；第三，结合《汉书》描写，对黄支国风俗进行了挖掘性整理；第四，结合《汉书》和中国古代载籍对黄支国与中国关系的历史进行了总结。通过韩先生的系统考证，一条公元前后，从中国南部边境，沿今印度支那半岛东海岸，取道暹缅古道的三塔道进入缅甸，穿越马来半岛，利用季风驾船于孟加拉湾，到达印度东岸的黄支国。又从黄支国出发，取道马六甲海峡到达今印尼苏门答腊岛北部港口巨港等待季风转换。再利用季风驾船，两个月回到当时中国国土的最南端日南象林界的最早的一条中外海陆交通线路被完整地建构起来。韩先生在文章的最后，绘制了一幅汉使行程的简图，使读者看起来更加直观明了。

（二）海外贸易史研究

对海外贸易史的研究是韩振华先生用时较长和成果比较集中的学术研究领域。他不但在这些方面发表了一批高质量的论文，而且他指导的几位博士生大部分也是以海外贸易史为选题方向的。韩先生在这方面的代表性作品主要有以下论文。

其一是《论郑和下西洋的性质》[①]。在文中，先生特别指出郑和下西洋既有政治目的，又有经济目的，其中经济目的是主要的，政治目的是为经济贸易服务的。根据传统说法，郑和下西洋的目的主要是寻找建文帝的下落；以及"耀兵异域，示中国富强"。但这都不足以解释郑和七下西洋的主要原因。韩师认为："下西洋的经济目的，一方面是为了打通一条通往西洋诸国的海上航道，不让它再给那霸占三佛齐（今印尼巨港）的中国走私商人继续梗阻，要使西洋诸国与明朝的'朝贡贸易'可以更加畅通无

[①] 《论郑和下西洋的性质》，《厦门大学学报》1958 年第 1 期。

阻；另一方面也是为了使明朝能够更主动地派出船只，并以武装护航前往西洋诸国进行贸易，从而满足明朝官方在对外贸易上，获得扩大国内、外市场的需求。"也即为了官方独占海上对外贸易之利益，才主动地派遣大队人马，远航海外进行"赍赐"贸易，一方面可以为官方获利，另一方面可以增加明朝威望。因此郑和下西洋是官方的对外贸易和私人的走私贸易之间的一场斗争。除此之外，当然也包含有"耀威异域"，获得万国来朝的美名，从而达到巩固明朝封建统治的政治目的，但这种政治目的是建立在经济目的基础上的，换言之，如果没有下西洋的经济目的，也就不会有它的政治目的。

其二是郑成功时代的对外贸易和对外贸易商。就这个议题，韩先生先后发表了三篇重要论文，分别是《郑成功时代的对外贸易和对外贸易商》[1]，《一六五〇年——一六六二年郑成功时代的海外贸易和海外贸易商的性质》[2]，以及《再论郑成功与海外贸易的关系》[3]。在这三篇论文中，韩先生收集了大量中外文献资料，深入地分析了郑成功时代对外贸易航运商、船员和对外贸易商的构成。认为，在17、18世纪时，尽管中国对外贸易航运业已经踏入资本主义的最初阶段，但是资本主义的雇佣工人和资本家都还没有出现和形成。在对外贸易方面，当时还没有见到商人把原料发货人这种职业附加到自己身上，由于对外贸易还没有参加到产业升级的过程中，因而不像西方对外贸易航运业者那样出现了资本主义萌芽和资本原始积累情况。贸易商和业主主要将对外贸易所获得的利润部分用于扩大再生产外，大部分用于购买田产、房屋等不动产上面，或者买官并求取功名，从而回归到封建社会的生产关系之中。

（三）华侨华人史研究

与韩先生对其他几个领域的研究成果相比，他对华侨华人史的研究相对比较少。但是，即使这样，其研究所涉及的范围及深度都呈现出重要性、原创性和前瞻性。韩先生对华侨华人史研究的贡献主要有三方面：

---

[1] 《郑成功时代的对外贸易和对外贸易商》，《厦门大学学报》962年第1期。
[2] 《一六五〇年——一六六二年郑成功时代的海外贸易和海外贸易商的性质》，《郑成功研究论文集》，上海人民出版社1964年版。
[3] 《再论郑成功与海外贸易的关系》，《中国社会经济史研究》1982年第3期。

一是在 1957 年南洋研究所建立之初负责牵头起草《南洋华侨史》编写大纲，后来又在 70 年代和 80 年代经过两次修改定稿。虽然后因故暂停。但是最终被列入福建省社科"七·五"规划项目，由南洋研究所集体编辑出版。详观韩先生手定的这份《南洋华侨史》编写大纲从古到今，内容翔实，气势恢宏。从前言中对"华侨"这一术语进行了科学严格定义开始，到"结束语"中指出了华侨问题产生的原因和性质。正文部分共分为六篇，分别是第一篇"古代、中古时代的南洋华侨——公元前后至十七世纪"；第二篇"近代的南洋华侨（上）——十七世纪至 1840 年"；第三篇"近代的南洋华侨（中）—1840—1917"；第四篇"近代的南洋华侨（下）——1918 至 1945"；第五篇"现代的南洋华侨（上）；第六篇"现代的南洋华侨（下）"，共计 23 章。

韩先生另外两篇有关华侨史研究的力作，都是对早期印尼华侨史的探索上。其中一篇是《荷兰东印度公司时代巴达维亚蔗糖业的中国人雇工》[1]。在这篇文章中，韩先生收集了十分丰富的中外文献资料，包括《清实录》《吧城寄荷文牍案卷》以及《开吧历代史记》等第一手档案资料以及大量荷兰文献资料，对 17—18 世纪巴达维亚（现印尼首都雅加达前身）华侨社会和以蔗糖业为中心的华人经济活动进行了深入的研究。韩先生的论文根据巴达维亚蔗部种植蔗糖的不同性质的劳动生产者的来源及其演变，分为四个阶段进行论述。发现"红溪惨案"发生前的 1739 年，是华侨人口最多的时候，估计总共有 10573 人，其中，从事蔗糖生产的华人雇工就达 6708 人，占华人成年人口的 72.7%。他认为，据此足以说明，住在印度尼西亚的华人，历来就以劳动人民占主要构成。另外一篇文章专门研究荷兰人对当地华侨进行迫害的"红溪惨案"，文章题目是《评论 1740 年吧城发生大屠杀中国人的原因》[2]。文章通过第一手的资料，论证了荷兰人对华侨屠杀的前因后果，对外国学者歪曲事实真相，企图掩盖殖民者罪责的各种谬论，逐一进行批驳。强调指出，这一次大屠杀中国人的惨案，是由殖民者蓄意制造出来的挑衅事件，但是，由此爆发了中、印（尼）人民联合反荷斗争。

---

[1] 《荷兰东印度公司时代巴达维亚蔗糖业的中国人雇工》，《南洋问题》1982 年第 2 期。
[2] 《评论 1740 年吧城发生大屠杀中国人的原因》，《南洋问题》1983 年第 1 期。

另外，顺便提及一下，笔者后来在做"近代中国与东南亚关系"课题的时候，专门探讨过中国明清两朝政府与荷属东印度殖民地的交往。① 其中涉及中国政府对"红溪惨案"的态度。根据《清实录》、[英]马士《东印度公司对华贸易编年史》以及②荷兰学者包乐史所著《中荷交往史》等文献记载，发现"红溪惨案"发生后的次年（1741年），肇事的荷印总督瓦尔庚尼尔（V. Valckenier）派人带信给清政府，解释事件的经过，并为其屠杀罪行开脱，希望清政府不要因此事而中断与荷印贸易。与此同时，当"红溪惨案"的消息传到广州后，广州市民群情激奋。清朝地方官员迫于舆论压力，一度拒绝荷兰船只进港贸易。在没有获得进港许可期间，荷兰船只不得不在珠江口徘徊近两个月，蒙受了一定的经济损失，这表明"中国首次认真试行用禁止贸易的办法来强制外国人"③。"红溪惨案"发生以后，清政府如果禁止同荷印的贸易，可以轻易达到从经济上制裁荷兰殖民者的目的，但清政府没有这么做，其原因是复杂的。首先，按照中国封建律法和传统道德观念，华侨出国是非法的和不受欢迎的，正如福建总督策楞所称的是"自弃王化"，华人在境外遭受不公正待遇是"孽由自作"，因而也是不受清政府保护的。④ 其次，禁止与荷兰殖民地贸易会损害清朝的国家利益，影响沿海人民的生活和社会安定。再次，荷兰殖民者也做出了一定的姿态，以减少因大屠杀带来的负面影响，如派人向清政府解释、罢免并处罚了肇事总督以及安抚中国舶商等等，也起到了一定的作用。最后，中国封建政府所追求的对外交往的最高境界，是所谓的"怀柔"与"羁縻"，即通过经济上的让利和政治上的宽待，来收买外国统治者的"向化"之心，从而达到维护华夷秩序和中国的长治久安的目的。中

---

① 参见喻常森《明清之际中国与荷属东印度殖民地的交往》，《中山大学学报》2001年第1期。

② [英]马士：《东印度公司对华贸易编年史》第1卷，区宗华等译，中山大学出版社1991年版；[荷]包乐史（LBlusse）：《中荷交往史》，庄国土、程绍刚译，荷兰路口店出版社1989年版。

③ [英]马士：《东印度公司对华贸易编年史》第1卷，区宗华等译，中山大学出版社1991年版，第280—281页。

④ 中国在荷属东印度设领护侨的谈判也非常顺利，直到1911年两国才达成在巴达维亚设立中国领事馆的协议。

国与亚洲国家传统封贡关系如此,与早期西方殖民地的交往也不例外。①另外还有一个背景资料,清朝政府为了收复被郑成功占领的台湾,曾经试图与荷兰结盟,甚至不惜向荷印方面借兵。荷兰人也确实派兵前来中国东南沿海,进攻被郑成功占据的金门和厦门。

(四) 南海诸岛史地考证

南海史地研究是韩先生成果最为集中的研究领域,在这方面,他一共出了四本书和系列论文。他的南海问题研究既是结合航海史研究的延续,也是为了响应国家号召,在外交上支持南海斗争的需要。韩先生认为:"南海问题很复杂,研究这个问题还必须掌握有关学科如语言学(包括方言、对音等)、人类学、考古学、天文气象学等,因为这些学科与南海史地研究有较多的关系。只有拓宽知识面,把握相关学科的相互渗透,才能深化这方面的研究。南海史地研究牵涉不少自然科学的知识,为此必须增加有关数学、海洋学、地质学等方面的知识容量。"他还深有体会地说:"在南海史地研究中,我感触较深的是如何继承前人研究成果的问题。尤其是在史地考证方面,既不能完全抹煞前人的成果,也不能一概盲从。但是现在的一些学术研究只沿用前人的结论,而不思索前人的例证或结构之得出的根据和过程,这种倾向是不可取的。我认为必须真正了解前人史地考证成果的来龙去脉。人云亦云,甚至以讹传讹,很难进一步解决诸多史地问题。"② 由此可见,韩先生对待学术的态度是十分严谨的。

关于韩先生对南海问题研究的贡献将在下节做专题介绍。

(五) 胸怀天下的家国情怀

从广义来看,中外关系史的学科属性,也可以归纳为国际问题研究或者国别区域研究。而对于从事国际问题研究的学者必须具备两点基本素养,即国家利益至上原则和胸怀天下的家国情怀。国际问题研究不同于其他人文社会科学研究,它的研究对象是国家之间的关系。它要求立意高

---

① 荷兰(其实是荷属东印度殖民地)也是被列入中国清朝政府许可的朝贡国名单的少数西方国家之一。

② 《捍卫南海主权的卓越学者——韩振华》,《海南日报》2008年12月15日。

远,胸怀全局。而韩振华先生就是这样一位学者。

他在做自己擅长的学术领域的时候,时刻不忘自己作为一个新中国人文社会科学领域的学术带头人的使命。为了配合国家外交斗争的需要,韩先生毅然放下手头正在进行的外贸史和华侨史的课题,在整个20世纪70—80年代,全身心投入南海史地考证研究和文献收集出版工作之中。韩先生不但为此查阅了大量古今中外文集,而且为了学术研究的科学性和权威性,更是亲身前往海南岛和西沙群岛进行实地考察。在此过程中,他克服了舟车劳顿所带来的种种困难,作为一个年近花甲的老人能够做到这一点确实不容易。他到海南岛亲自走访了前往南海作业的渔民,获得了《更路簿》等难得的第一手珍贵航海资料。在西沙前线,他不但发现了很多古代中国外销陶瓷的残留和古代铜钱,而且通过对西沙前线的考察,更是感受到祖国大好河山的壮美和西沙自卫反击战英雄们的事迹,正所谓"寸寸山河寸寸金"[1],更加坚定了他做好南海史地研究的信念。

在此基础上,他通过科学细致的研究,撰写出系列南海史地研究论文,有的发表在《人民日报》和《光明日报》等我国权威媒体上面。大部分文章收集在《南海诸岛史地考证论集》《西沙群岛与南沙群岛自古以来就是中国领土》《南海诸岛史地研究》以及《南海诸岛史地论证》等相关著作之中。[2] 这些文章驳斥了西方学者和越南当局的错误言论,有力地支撑了国家外交斗争的需要。韩先生还与其他老师一道收集和编辑出版了《我国南海诸岛史料汇编》一书,汇集了从古代到20世纪80年代为止的中外文献资料,包含中国古籍、文物、晚清至民国的档案资料;以及新中国成立后我国政府发表的有关南海诸岛主权的严正声明;国际条约、国际会议以及外国政府承认南海诸岛属我国主权的文件和资料;外国书刊、地图有关我国南海诸岛的记载。最后还附录有关外国侵犯我国南海诸岛(或部分岛屿)主权的纪要。该书内容之翔实和权威,为后来研究者提供了极

---

[1] 名句"寸寸山河寸寸金"出自晚清诗人黄遵宪的《题梁任父同年》,原文为"寸寸山河寸寸金,瓜离分裂力谁任。杜鹃再拜忧天泪,精卫无穷填海心"。

[2] 韩振华:《南海诸岛史地考证论集》,中华书局1981年版;《西沙群岛与南沙群岛自古以来就是中国领土》,人民出版社1981年版;《南海诸岛史地研究》,社会科学文献出版社1996年版;韩振华主编,林金枝、吴凤斌编:《我国南海诸岛史料汇编》,东方出版社1988年版;《韩振华选集》第四卷《南海诸岛史地论证》,香港大学亚洲研究中心2003年版。

大的方便和第一手资料。① 据悉，韩先生在南海史地方面的研究成果和杰出贡献，受到了我国外交部领导的高度评价和赞赏。

二　诲人不倦的教书育人之道

作为高等学校的一名教师，除了学术研究外，人才培养也是一项重要工作，即所谓传道授业解惑。韩先生长期在厦门大学工作，先后在历史系和南洋研究所担任本科和研究生教学和人才培养工作数十载，可谓桃李满天下。我曾经听过一位韩先生在历史系授业时的优秀学长讲述韩先生在给学生上课时的小故事。说到先生上课非常生动，有时讲到感人之处，甚至会啼笑怒骂。足以说明韩先生也是一位性情中人。

据悉，先生家学渊源颇深，从小得益于名家指教，饱读古籍和接受外语训练。他还精通西洋音乐，年轻时还开过个人专场音乐会。记得我们有一次去先生府上上课（我们研究生一般都是去韩先生在厦门市内的寓所上课的），走到楼下，听到优雅而高亢的男声歌唱，上楼后才发现是先生在练声。韩先生在他的个人自传中也曾经谈到音乐与历史研究之间的密切关系，认为二者可以相得益彰，交相辉映。并认为音乐是他从事历史研究的又一有力支柱。② 我们大家在上课中途休息期间，总会品尝到韩师母热情招待的茶点。

作为硕士和博士都师从韩先生的学生（关门博士弟子），笔者得到了韩先生的不少耳提面命。特别是在上《中外关系史外国名著评析》课程时，深切感受到韩师渊博的知识，哪怕看上去有点枯燥而生僻的西方载籍中的人名、地名，韩先生都能娓娓道来，十分吸引人。这在很大程度上得益于他渊博的知识和对外语的精通。特别是作为韩先生所指导的最后一位博士生，我的毕业论文大多情况下都是韩师在病榻上为我做精心修改的。记得我当年的论文初稿一度遭遇困惑，将论文写成资料汇编。这可能是做历史研究的人的通病，那就是喜欢堆砌资料。因为，每一条史料都得来不

---

① 韩振华主编，林金枝、吴凤斌编：《我国南海诸岛史料汇编》，东方出版社1988年版。
② 韩振华：《自述》，原载国务院学位委员会办公室编《中国社会科学家自述》［历史学·专门史（中外关系史）］，上海教育出版社1997年版。转引自《韩振华选集》第一卷《中外关系历史研究》，香港大学亚洲研究中心1999年版，第564—565页。

易，不想轻易丢掉。例如我在做博士学位论文《元代海外贸易》时就通读了《四库全书》所有元人文集，其中也确实发现了不少鲜为人知的史料。由于堆砌资料，导致论文结构不清，重点不明。但是，经过韩师的着手修改后，将结构重新调整布局，突出了重点和创新点，使论文马上感觉立了起来，从而增加了我的信心。当我的论文接近定稿的时候，韩先生在北京协和医院住院。我的论文基本上是写好一章通过邮局寄到北京，然后待韩师修改后再给我邮寄回来。大家知道，三十年前是没有电子邮件那么便捷的沟通工具的。这其中尤其要感谢韩师母，正是她充当了韩师的得力助手，并亲自及时到邮局邮寄论文，使笔者能够在1992年6月按时答辩毕业。

　　不幸的是，在我毕业不到一年后，韩先生竟然溘然长逝，我内心十分悲恸。因工作关系，无法出席韩师的悼念仪式，只能以唁电的形式表达我对韩师逝世的痛心和对家属特别是对师母的慰问。韩师去世后的多年时间里，我一直与韩师母保持通信联系，而且每到新年来临之际都能准时收到她老人家寄来的贺年卡。韩师母还赠送了我一些韩先生的著作，并委托我将香港大学刚刚出版的《韩振华选集》一套五卷本赠送给中山大学图书馆。该书目前被中大图书馆收藏于特藏书库，供学校珍藏和读者们现场阅读。当然，学校图书馆也通过相关途径再购买了一套该书，陈列在珠海校区图书馆开放书架，供读者借阅。

　　中山大学也是韩师读研究生时的母校。韩先生在中山大学历史系读研究生时师从著名历史学家岑仲勉先生。我早年在阅读岑先生所著的《中外史地考证》一书时，发现他多处提到"旧雨韩振华君"[①]的观点，足见岑先生对韩师的器重和慧眼识珠。

　　韩先生共培养出13位研究生，其中包括6位博士生。本人不才，有幸忝列其中。笔者博士毕业后应聘到中山大学东南亚研究所工作，成为研究所的骨干。博士论文《元代海外贸易》也很快获得公费出版。并参与了国家社科基金重大项目"近代中国与东南亚关系史"团队的科研工作，合作撰写出版了《近代中国与东南亚关系史》一书（目前该书已经出版了修订本，本人是第二作者）。本人参加工作后不久，又相继发表了《试论朝贡

---

① 岑仲勉：《中外史地考证》（全二册），中华书局1962年版。

制度的演变》①、《冷战时期美国对东南亚的政策选择——从东约到东盟》②等中外关系史和东南亚历史研究的论文十余篇，并培养中外关系史及东南亚史方向的研究生多名。后来由于工作需要，本人将研究重点转移到东盟区域合作及亚太国际关系等现状问题上面。公开发表和出版论著多篇（本）。并为研究生开设《东盟组织研究》课程。二十多年来共培养东南亚史和国际关系专业硕士研究生 50 多名，其中不少人成为学术骨干或者各界的精英。这些成绩的取得，离不开韩师当年的教诲和研究生学习阶段打下的学术基础。同时，需要指出的是，本人在厦大 6 年的研究生学习生涯中，还修读过其他相关老师的课程，其中，特别受益于桂光华老师的《东南亚古代史》、顾海老师的《东南亚古代史中文文献提要》和黄焕宗老师的《东南亚近代史》等课程。

　　斯人已逝，吾辈后来者唯有奋发图强，不负先师教诲，为学术贡献精品，为国家培养有用人才。在这些方面，我的几位师兄都做得非常出色。他们是我国学术界相关领域的权威人士和带头人，很好地继承和发扬了韩先生所开创的中外关系史、东南亚史、华侨华人史和南海问题研究事业，凡此，足可以告慰先师在天之灵。

---

　　① 喻常森：《试论朝贡制度的演变》，《南洋问题研究》2000 年第 1 期。据中国知网统计，该文被引 127 次，下载 3918 次。

　　② 喻常森：《冷战时期美国对东南亚的政策选择——从东约到东盟》，《东南亚研究》2014 年第 5 期。

探前沿、辨热点、育后才
——韩振华先生与中国海外贸易史研究[*]

冯立军

（厦门大学南洋研究院）

中国海外贸易史研究是中国中外关系史研究的重要组成部分，从19世纪中期起，即有学者从事文献整理和史地考证的工作，到20世纪20、30年代，中国海外贸易史研究得到相当多的关注，尽管在40年代中国处于内忧外患之中，但仍有学者致力于这方面的研究。新中国成立后，中国近代以来所形成的战乱、民不聊生的局面结束，各方面的事业因之得到了重新和快速发展的机会。因为众所周知的原因，特别是改革开放后，党和国家拨乱反正，中国所面临的国内外环境得到极大改善，中国国内的各项事业重新启航，科学研究事业呈现出欣欣向荣的局面，中国海外贸易史研究也进入一个繁荣时期。

韩振华先生是中国较早研究海外贸易史的学者之一，像1945年发表于《福建文化》第3期的《唐代南海贸易志》一文是其在大学时代所撰写。其后，在硕士研究生阶段，韩振华先生在导师岑仲勉教授的指导和影响下，先后撰写了《伊本柯达贝氏所记唐代第三贸易港之Djanfou考》《唐宋时代广州蕃坊地域考》《唐宋时代广州蕃坊本义考——唐宋时代广州蕃坊是居住什么人》《唐代广州回回坟考》《蒲寿庚国籍考》《唐贾耽所著广州通海夷道考》（硕士论文）等论文，在该领域崭露头角。也许正是受惠于此，在中山大学硕士毕业后，韩振华先生即投入该领域的研究中，辛勤

---

[*] 本文为2021年度国家社科基金重大招标项目"明清至民国南海海疆经略与治理体系研究"阶段性成果（项目批准号：21&ZD226）。

耕耘40多年，在探索学术前沿、深度辨析热点问题和培育学科后备人才方面做出了重要贡献。

一 探索前沿接轨国际学术

韩振华先生的中国海外贸易史研究，成果丰富，内容涉及贸易政策、贸易制度、贸易港口、贸易商品以及贸易商人。其中一个突出的特点是始终努力探索和把握国际学术前沿动态，深入研究，与国际学术接轨。具体情况如下：

（一）关于"汉使航程"问题

《汉书·地理志》粤地条末段记有一条从中国往海外诸国的贸易航线，由于这是史书中明确记载汉代中国与海外诸国的贸易航线，所以该条史料非常珍贵，不过，由于记载过于简略，歧义甚多，又无同时代其他相关文献予以验证，因而，要确定这条史料中所记载的海外国家以及航海路线，实非易事。

尽管如此，这条史料仍吸引了国内外众多学者的兴趣，他们利用各种研究方法，对其进行考证。最早投入其中的是法国的费琅和日本的藤田丰八，他们在20世纪10、20年代即分别撰文《昆仑及南海古代航行考》和《前汉时代西南海上交通之记录》对这条史料进行深入研究，提出自己的观点，其中最值得后人参考的是将这条航线的终点黄支国定位于印度东海岸的建志补罗（Kanchipura，今印度康契普拉姆 Conjevaram），为后人的研究提供了基本的方向。然而，令人遗憾的是，两位学者的整体研究结果并未获得学术界的普遍认同，这条航线上的国家地在何处仍扑朔迷离。

不过，这反而愈发引起学界的关注。到20世纪30、40年代，有更多的学者加入进来，一时掀起研究热潮，比如德国历史学家赫尔曼（A. Herrmann）、美国汉学家劳费尔（B. Laufer）、法国汉学家伯希和（P. Pelliot）这些西方学界的著名学者都在自己的研究中对这条航线进行考释。除此，东方学界的一些学者也对此著书立说，比如新加坡学者许云樵撰有《古代南海航程中之地峡与地极》、苏继顾有《汉书地理志已程不国即锡兰说》《黄支国在南海何处》、韩槐准亦撰有《旧柔佛之研究》，中国台湾学者劳干有《论汉代之陆运与水运》，大陆学界有温雄飞的《南洋华侨通史》、张星烺的《中西交通史料汇编》、冯承钧的《中国南洋交通史》、谭彼岸的《汉代与南海黄支国的交通》、翦伯赞在《中国史纲》中的研究等等。这些研究继承和发展了已有研究，其中的研究成果也体现了巨大进步，比如翦伯赞和苏继庼的研究，将已程不国定位于锡兰（今斯里兰卡），即得到学界的较多认同。不过，总体来讲仍是人言言殊，莫衷一是。

进入20世纪50年代，对这条贸易航线的研究仍在继续，其中最具代表性的是韩振华先生。1957年，他在《厦门大学学报》第2期发表有关海外贸易航线方面的代表作——《公元前二世纪至公元一世纪间中国与印度、东南亚的海上交通》一文，对《汉书·地理志》粤地条末段进行考释。韩振华先生的研究与之前的研究相比，具有以下特点：

首先，在研究方法上，之前的研究多以传统的对音考证方法为主，因为地名是用具体语言命名的，而语言是有规律可循的，用此种方法进行考证最为直接。但是，这种考证方法也有其不足，即"音有古今的不同，和地方语言的差异，而古今地名又有沿革"，尤其在东南亚地区，在古代深受印度文化的影响，许多地区的历史发展具有某种相似性，在同一地区或不同地区都可以寻找出几个读音相近甚至相同的地名。因而，出现偏差在所难免。韩先生在考释过程中，在充分采取对音考证法的基础上，还辅以以下考证方法：（1）历史考证法，比如在考证都元国时，韩先生利用各类史料查考了"都元""元都""玄都"和"都玄"等名称的由来、含义及沿革变迁的来龙去脉，较为充分的论证了都元位于现越南南圻，原小黑人的故地。（2）地理考证法，韩先生在对谌离国、皮宗等地的考证时较好的运用了这一考证方法，先分别将两地名放在暹罗湾和苏门答腊岛的相应地域范围内，然后对其进行全面的具体地科学分析，从而得出谌离国当在今泰国的佛统，而皮宗即指苏门答腊岛。（3）综合考证法，此种考证法是指对地名采用多种形式的考证，然后进行综合归纳，从而得出正确的结论。一般比较适用于难度较大的地名考证。在对航线中的"邑卢没"国的考证时，韩先生通过对其历史、航程时日、地理条件和对音等条件进行综合分析，认为"邑卢没"即暹罗的"罗斛"，梵文雅语为"堕和罗""杜和"，也就是今天泰国的华富里。

其次，除了考证方法的充分利用外，韩先生在文中还博采中外学者之所长，对中外史料广为搜罗，力图避免对该条贸易航线上地名解释的简单化，做到绝不妄下断言，这充分显示了韩先生深厚的学术功底和严谨的治学风格。

韩先生的论文发表后，在国内引起较大的反响，许多学者撰文对其进行讨论，比如中山大学的岑仲勉教授在《中山大学学报》1959年第4期发表《西汉对南洋的海道交通》一文，对韩先生所考证的地名一一给予回应，对韩先生的文章评价说，"搜采弘博，辨斥旧说，多中肯綮"。虽认为"临到自提意见"，"常带点附会"，但也道出这项工作的困难，"古今地对考本一件困难工作，任谁都很难不落恒蹊的"①。后周连宽先生在1964年《中山大学学报》第3期，发表《汉使航程问题——评岑韩二氏的论文》一文，对韩先生的论文加以评判，认为："概括地论述了各家的说法，并提出自己的见解"，"掌握有丰富的资料"，论点多有创见，"有利于进一步的研究和讨论"。尤其对韩先生在论证过程中对航行速率的使用较为肯定，他说："韩氏在考定汉使航程时，计算航行速率，虽不尽可靠，但此种方法，确实值得注意，如果在这方面能够找到一定的计算标准，似比别的论证为强。"②

对于韩先生文章的讨论，集中体现了中国学界对汉代海外贸易航线问题学术观点的大碰撞，具有很高的学术价值，不仅承继了国外学界的学术成果，而且为国内学界的进一步研究打下了基础。正如龚缨晏教授所说："后来的研究，基本上是在这个基础上进行的。"③

的确，到70、80、90年代，甚至21世纪，关于汉使航程问题的讨论都以这些成果为基础展开研究。比如，1978年《史原》第8期，李东华的《汉书地理志载中印航海行程之再检讨》；1980年《文史》第9辑，周连宽、张荣芳的《汉代我国与东南亚国家的海上交通和贸易关系》；1980年《学术月刊》第3期，李成林的《公元前后的中西古航线试探》；1981年《学术月刊》第6期，汶江的《〈公元前后的中西古航线试探〉质疑》；1981年《海交史研究》第3期，朱杰勤的《汉代中国与东南亚和南亚海

---

① 岑仲勉：《西汉对南洋的海道交通》，《中山大学学报》1959年第4期。
② 周连宽：《汉使航程问题——评岑韩二氏的论文》，《中山大学学报》1964年第3期。
③ 龚缨晏：《中国"海上丝绸之路"研究百年回顾》，浙江大学出版社2011年版，第66页。

上交通路线试探》；1983 年《中国航海》第 2 期，丁正华的《从航海史学探讨汉使航程问题》；1994 年《社会科学战线》第 6 期，程爱勤的《西汉时期南海中西航线之我见》；2006 年《东南亚研究》第 6 期，蒋国学的《〈汉书·地理志〉中的都元国应在越南俄厄》等等。

纵观汉使航程问题的讨论，至今已历百年，其中的地名今为何处虽分歧很大，但仍有些考证得到学术界的较多认可，比如黄支为印度的康契普拉姆、夫甘都卢为缅甸的蒲甘、已程不为锡兰等。韩先生在其中的考证研究无疑起到了里程碑的作用，既承继了已有的研究，又开创了新篇，尤其广博资料的搜集和多种论证方法的使用，使他的研究独树一帜，也为后来的研究打下深厚的基础。

（二）关于 1973 年美国加州穿孔石器的讨论

1973 年 12 月，美国地质调查局在南加州一海域海底捞起一件圆饼形中心穿孔石器，对于这件石器，美国学术界有过激烈讨论。比如，1980年，加州圣地亚哥大学海洋考古专家莫尼亚蒂（J. R. Moriarty）教授在他发表的文章中认为，这个穿孔石器是一件船上"用具"，但不是石锚。不过，莫尼亚蒂教授的助手研究海洋考古学的潜水员皮尔逊（J. L. Pierson）在他 1979 年的文章中却认为是石锚，而且是三千年前由中国的舰船所遗留下来的。1982 年美国的弗洛斯特（Frank, J. Frost）教授也撰文说："加州穿孔石器是中国的石锚，但不是三千年前的遗物，而是一百多年前在加州捕鱼的中国人渔船所遗留下来的遗物。"① 或许，受之影响，关于加州穿孔石器，中国学者也加入讨论之中。如房仲甫，在《人民日报》1979 年 8 月 19 日，发表题为《中国人最先到达美洲的新物证》一文，认为它是中国古代的石锚。在《人民日报》1981 年 12 月 5 日，房仲甫又发表《扬帆美洲三千年——殷人跨越太平洋初探》一文，进一步确认加州穿孔石器是中国古代的石锚。②

对于学术界的这些激烈争论，韩振华先生在 1985 年《人类学研究》

---

① 参见韩振华《论 1973 年美国加州深海发现的圆饼形中心穿孔石器》，《韩振华选集》第三卷《航海交通贸易研究》，香港大学亚洲研究中心 2002 年版，第 314—315 页。
② 参见韩振华《论 1973 年美国加州深海发现的圆饼形中心穿孔石器》，《韩振华选集》第三卷《航海交通贸易研究》，香港大学亚洲研究中心 2002 年版，第 315 页。

(试刊号）上发表《论美国加州深海发现的圆饼形中心穿孔石器》一文，充分利用考古学和历史学方面的中外资料，明确指出：加州穿孔石器不是中国石锚，亦不是中国石碇，而是美洲本土的辗轮石。它是随着太平洋地区农业和农业加工工具的发展，在距今五六千年前，在美洲由南而北传播开来，亦即由南美洲秘鲁热带区，向北传到厄瓜多尔和加州陆上，这只被发现的辗轮石有可能是在一次航海事故中沉入加州深海的海底。①

需指出的是，加州穿孔石器虽然是美洲的辗轮石，但韩振华先生对其考证研究实际是讨论它是否为中国古代贸易船的石锚或石碇的问题，故将其列入韩先生的海外贸易史研究之中。

二 辨析热点彰显学术意义

韩振华先生在中国的海外贸易史研究中，富于创见，不拘泥于传统，更不迷信权威，对一些热点问题潜心研究，深入辨析，彰显出巨大的学术意义。

（一）关于资本主义萌芽问题的讨论

20 世纪 50 年代到 60 年代中期，中国史学界在马克思主义理论的指导下，对一些重大历史问题进行了热烈的讨论，其中讨论面广、时间长、影响重大的五个问题被誉为史学研究的"五朵金花"，即中国古代史分期问题、中国封建土地所有制形式问题、中国封建社会农民战争问题、中国资本主义萌芽问题、汉民族形成问题。在对中国资本主义萌芽问题的讨论中，因为涉及海外贸易，故对明清时期中国海外贸易及海外贸易商性质问题的讨论较为激烈。许多学者都认为 15、16、17 世纪中国的海外贸易具有资本主义萌芽性质，中国的私人海外贸易商则具有资产阶级性质。比如，孙风林在《哈尔滨市中学历史观摩教学初步总结》的文章中说："发

---

① 参见韩振华《论 1973 年美国加州深海发现的圆饼形中心穿孔石器》，《韩振华选集》第三卷《航海交通贸易研究》，香港大学亚洲研究中心 2002 年版，第 315—324 页。

生郑和下西洋,是由于明代有了资本主义的萌芽。"① 张维华先生在《明代海外贸易简论》中认为明朝后期私人海外贸易,"具有促使资本主义萌芽生长的性能"②。谢南光先生在《郑成功的反侵略斗争》一文中还提出,16世纪在中国沿海一带从事走私贸易的海寇,"事实上就是新兴资产阶级先锋队"③。傅衣凌先生在《明清时代商人及商业资本》一书中认为,"十七世纪的福建海商,已经发展到自由商人的阶段"④。之后,傅衣凌先生在1962年11月2日的《文汇报》上发表题为《从一篇史料看十七世纪中国海上贸易商性质》一文,再次强调"十七世纪时代浙闽的海上贸易商是存在有资本主义的萌芽"⑤。

针对学界关于15、16、17世纪中国的海外贸易及私人海外贸易商性质问题的纷争讨论,韩振华先生发表了系列论文深入探讨。如在1958年,韩振华先生在《厦门大学学报》第1期,发表《论郑和下西洋的性质》的文章,明确指出:郑和下西洋的发生,"与资本主义的萌芽毫无关系"。"郑和下西洋乃是官方对外贸易想要窒息私人对外贸易,与一个国家在原始资本积累时期的扩展对外贸易,是完全两样的。"此外,郑和下西洋的物质基础与封建专制制度紧密联系在一起,而不是建筑在新兴的资本主义萌芽的基础上,所以郑和下西洋的发生,"不是由于中国资本主义萌芽的缘故,而是由于中国封建专制王朝的明朝初期,封建经济有了一定的恢复和发展","出现了官方独占对外贸易,欲专擅其利,甚而派遣宝船前往海外进行'赍赐'贸易,扩大了官方对外贸易的国内、外市场"。"而下西洋的爆发点,是由于三佛齐的中国走私商人的阻挠航道,中梗西洋诸国的'朝贡贸易'才爆发的。"⑥

到1962年左右韩振华先生又撰写了一篇题为《十六世纪至十九世纪

---

① 孙风林:《哈尔滨市中学历史观摩教学初步总结》,《教学研究》1951年第6期。
② 张维华:《明代海外贸易简论》,学习生活出版社1955年版,第113页。
③ 谢南光:《郑成功的反侵略斗争》,《郑成功收复台湾三百周年纪念特刊》,1962年,第9页。
④ 傅衣凌:《明清时代商人及商业资本》,人民出版社1956年版,第108页。
⑤ 傅衣凌:《从一篇史料看十七世纪中国海上贸易商性质》,《文汇报》1962年11月2日。
⑥ 韩振华:《论郑和下西洋的性质》,《厦门大学学报》1958年第1期。

前期中国海外贸易航运业的性质和海外贸易商人的性质》①的文章。在文中，韩振华先生对16、17世纪中国海外贸易商的身份、他们之间是否存在雇佣关系等问题进行了详细辨析。他认为：

首先，"中国远洋航运业的商船，在十六世纪海禁未开以前，大多属于'湖海大姓'、'豪门巨室'所有。当时能够获得'商引'的船商，能够取得'邻里'担保的船商，和能够应付官吏、里甲的鱼肉者，如非湖海大姓豪门巨室以及达官贵人与夫乡宦之流，实难取得这种'商引'而置船以泛海通商"。而且，"凡是达官贵人或富裕商人所拥有的商船，他们是较少亲自参加航行工作的。一般所常见到的，是这些拥有船只的达官贵人或富商巨贾，把自己的船只出租给商人去从事贩易"。

其次，16世纪以来，这些把船只出租给人家经营或由自己经营海外贸易的"船商"和水手之间的关系，是多种多样的，不一定都是雇主和雇佣工人的关系。即使他们之间是存在了雇主和雇佣工人的关系，也不能立即肯定他们之间的关系就是资本主义的雇佣关系。因为这些由船主所"厚养"的"后生"，其身份，有如家丁、奴仆，在这里是谈不上有自由雇佣的关系。换句话说，这些被"厚养"的驾船"后生"，不是出卖劳动力的雇佣工人——海员。同样，中国洋船上的水手，虽然是被雇而来，但他们的薪水却是从分配到一定数量的担位而获得，也就是说，他们在每一只商船当中参加了股份，或多或少还在"劳动组合"里保持工作者的独立地位，他们还没有完全被资本所奴役，他们还有一定的人身依赖关系。他们也不是航运企业主——资本家的雇佣工人。

第三，替达官贵人从事海外贸易的人也有一部分是属于达官贵人平素所"恩养"的义子，这种义子的地位，有如家里奴隶一样。那些没有受到人力依赖关系所束缚的"散商"，他们也受到中世纪行帮制度的束缚，这些都显示16、17世纪中国的海外贸易商没有资本主义萌芽时期自由商人的色彩。

显然，韩振华先生通过上文明确回答了16、17世纪中国的海外贸易仍然是一种封建式的对外贸易，那时的贸易商主要为官商，即属于地主、

---

① 韩振华：《十六世纪至十九世纪前期中国海外贸易航运业的性质和海外贸易商人的性质（上、下）》，《南洋问题研究》1996年第2、3期。

官僚、豪门、巨姓所有，他们不是航运企业的企业主，看不出含有任何新的生产关系萌芽的因素。

也是在1962年，为纪念伟大的民族英雄郑成功驱逐荷兰殖民者、收复台湾三百周年暨逝世三百周年，厦门大学历史系组织召开了郑成功研究学术研讨会，在会上韩振华先生又发表了《一六五〇——一六六二年郑成功时代的海外贸易和海外贸易商的性质》①一文，该文以郑成功时代的海外贸易为具体的个案，详细分析了郑成功时代的海外贸易发展情况，深入探讨了郑成功时代海外贸易的性质、贸易结构、商人组织等问题，再次强调了那个时代不存在资本主义的雇佣关系。

韩振华先生关于中国资本主义萌芽问题系列论文，以翔实的史料、缜密的逻辑推理、新颖富有创见的观点，引起了学术界的广泛关注，对于推进该项研究的深入发展，发挥了重要作用。

（二）对中外造船和航海技术的考察

对造船和航海技术的考察在韩振华先生海外贸易史研究中占用重要地位。通过考察韩振华先生的作品，我们发现，大约从20世纪50年代初期开始韩先生即关注这一问题。当时为回应彼岸粟在《千里船考》一文的观点——"祖冲之所'造的那件欹器，能够不藉风力可以发动，自由运动，而不费人力，将这件机械装入千里船上，不就是摩打装上轮船一样。'"②韩先生先后撰写了题为《千里船非火轮船辨》和《千里船考再辨》的文章，明确指出：千里船亦利用差别齿轮，仍以人力为发动力，非现今之火轮船。③

到70年代初，在泉州湾后渚港发现和发掘出一艘古船。在发掘期间，韩振华先生应泉州湾发掘领导小组之邀，曾到古船发掘工地进行参观。回来后，韩先生对古船表现出了浓厚的兴趣，先是撰写了名为《对泉州湾古船的一些看法》的文章，发表在1974年《泉州湾古船研究动态》第1期。

---

① 韩振华：《一六五〇——一六六二年郑成功时代的海外贸易和海外贸易商的性质》，载《郑成功研究论文集》，上海人民出版社1965年版。
② 彼岸粟：《千里船考》，《文史周刊》第5期，《广东日报》1937年6月1日第8版。
③ 韩振华：《千里船非火轮船辨》，《千里船考再辨》，《韩振华选集》第三卷《航海交通贸易研究》，香港大学亚洲研究中心2002年版，第308—313页。

文章中韩振华先生从史学家的视野对古船的年代、沉船时间和原因、出口船抑或入口船、海舶抑或海船、古船出土物等问题做了详细考证，认为该古船是宋元之际准备由泉州载运货物到庆元（宁波）沿海航行的大型海船，不是远洋航行的海舶；从载运的货物品种来看，可能是到宁波后为转贩日本而用。① 接着，韩振华先生以古船上的遗物——竹尺和一颗完整的椰子壳和椰子壳残片为考察对象，分别撰写了《我国古代航海用的量天尺》② 和《我国古代航海用的几种水时计》③ 的文章。后又于 1985 年在《海交史研究》第 2 期发表了《我国古代航海用的几种火时计》的文章。除此，还有《中国指南针罗盘针的起源》一文。这些文章为我国航海技术史的研究打下了坚实的基础，后来的研究也大多在韩先生的研究基础之上展开。

到 80 年代，尤其 1985 年后，随着纪念郑和下西洋 850 周年活动的展开，在全国范围内掀起了郑和研究的热潮。新的议题不断呈现，而一些老的议题则向广度和深度发展，再次成为学界研究的热点问题。比如，对郑和宝船尺度的探讨。该议题在 40 年代即出现了对郑和宝船尺度的质疑。管劲丞在 1947 年《东方杂志》发表了《郑和下西洋的船》的文章，对《明史》中郑和宝船"修四十四丈，广十八丈"的记载提出疑问。他认为郑和宝船的尺度太大，不可思议。到 20 世纪 50 年代，考古学研究得到了快速发展，一些学者利用其中的成就为郑和宝船的研究寻求新的方向。周世德根据 1957 年南京文管会在明代宝船厂遗址发现的一个巨型舵杆，于 1962 年在《文物》第 3 期发表了《从宝船厂舵杆的鉴定推论郑和宝船》一文，推定巨型舵杆是用于郑和宝船，从而论证了文献记载中宝船尺度的真实性。④

然而，80 年代关于郑和宝船的尺度问题又出现了新一轮的争论。杨㭎、杨宗英、黄根余在 1981 年《海交史研究》第 3 期发表了《略谈郑和下西洋的宝船尺度》一文，从造船角度再度提出宝船尺度不符合实际，而

---

① 韩振华：《对泉州湾古船的一些看法》，《泉州湾古船研究动态》1974 年第 1 期。
② 韩振华：《我国古代航海用的量天尺》，《文物集刊》1980 年第 2 期。
③ 韩振华：《我国古代航海用的几种水时计》，《海交史研究》1983 年第 5 期。
④ 周世德：《从宝船厂舵杆的鉴定推论郑和宝船》，《文物》1962 年第 3 期。

且估算宝船可能的尺度为长18丈，宽4.4丈。① 1983年杨槱、施鹤群再以《郑和宝船尺寸记载有误》为题，强调"从必要性和造船技术可能性来看，建造这样大尺度的宝船是不现实的"②。对此，庄为玑、庄景辉在《中国航海》1983年第2期发表的《郑和宝船尺度的探索》一文中，认为：宝船的尺度在几部著作中得以保留下来，这是十分难能可贵的。尤其是像出自马欢这样的第一手史料记录者与目击者的关系是直接的，因此，在没有发掘出更有力的史料之前，马欢记述的宝船尺度不应轻意否定或者随便修改。而且从当时的造船和社会生产力发展的水平来看，记载中的宝船尺度是存在可能性的。③ 程卿康在1983年《航海》第5期的文章《也谈郑和宝船尺度》中，表达了大致同样的观点，认可记载中宝船尺度存在可能性。其后，郑鹤声和郑一钧④、邱克⑤、文尚光⑥在1984年亦先后发表文章支持上述观点。

不过，1985年，郭之笃在《海交史研究》第2期发表《关于郑和宝船尺度问题的探讨》一文，他是一名从事造船30多年技术工作者，对我国的造船历史曾有过涉猎和研究，认为：（1）宝船的长度是四十四丈四尺，从历代造船技术发展，和明初造船高潮的情况看来。再为了"耀威异域"的需要，建造"气势巍然"的远洋巨舶，此长度有可能的。（2）就宽度而言，无论从任何角度分析，都难以置信，不仅超乎常识，也难符合造船理论，其施工技术确实有不少难解之处，对此持否定态度。⑦

显然，有关郑和宝船尺度的问题，仍莫衷一是，学界很难取得统一认识，这不仅在于必要史籍资料的缺乏，而且在于研究者的身份、地位和视角都不尽相同，因而得出的结论也难以统一。

面对纷争，韩振华先生在1988、1989年的《中国水运史研究》发表了《论郑和下西洋船的尺度》一文，文中韩先生根据大量史料说明四十四

---

① 杨槱、杨宗英、黄根余：《略谈郑和下西洋的宝船尺度》，《海交史研究》1981年第3期。
② 杨槱、施鹤群：《郑和宝船尺寸记载有误》，《航海》1983年第3期。
③ 庄为玑、庄景辉：《郑和宝船尺度的探索》，《中国航海》1983年第2期。
④ 郑鹤声、郑一钧：《略论郑和下西洋的船》，《文史哲》1984年第3期。
⑤ 邱克：《谈〈明史〉所载郑和宝船尺寸的可靠性》，《文史哲》1984年第3期。
⑥ 文尚光：《郑和宝船尺度考辨》，《武汉水运工程学院学报》1984年第4期。
⑦ 郭之笃：《关于郑和宝船尺度问题的探讨》，《海交史研究》1985年第2期。

丈四尺的长度，是长阔相乘所得积数，而长阔相乘所得的尺数，一尺为 10 料，如此可计算出一条船是多少料的船，以及其载重量。① 如此新颖的观点，不仅是对郑和船只尺度问题给以一个全新的解释，而且为学界在古船的研究中提供了新的思路，这对我国航运史及造船史的研究无疑起到了一定的促进作用。万明教授对此评价说："这是老一辈史学家向科学技术史领域的大胆探索。"②

三　重视培育拓展学科方向

韩振华先生从 1950 年开始在厦门大学历史系和南洋研究所从事科研和教学工作，他在致力于史学研究的同时，也对研究生的培养倾注了大量心血。

韩振华先生从 1980 年开始招收中外关系史方向硕士研究生，1984 年招收博士研究生。由于教学人员短缺，他不得不一人承担了《中国与东南亚关系史》《中外关系史中国史籍介绍》《中外关系史外国名著选读》等多门课程。先生不仅在教学中一丝不苟、循循善诱，传授知识，而且对研究生的研究方向给予把握，鼓励他们做海外贸易史的研究。受其影响，在专业是专门史（中外关系史）之下，韩先生的硕士和博士研究生大多以海外贸易史作为自己毕业论文的选题，而且在其今后的研究领域也以海外贸易史作为主要方向，这使海外贸易史研究成为厦门大学南洋研究所（1996 年以后升为南洋研究院）最具辨识度的学科研究方向之一。

韩振华先生先后培养出 12 名中外关系史硕士和 6 名博士。在硕士中，李金明 1982 年毕业，毕业论文为《明代后期私人海外贸易的发展及其性质》，1985 年毕业的有廖大珂，毕业论文是《宋代的海外贸易商》，同年毕业的还有聂德宁、钱江，硕士论文分别为《明代海禁时期的海外贸易私商》和《1570—1760 中国和吕宋的贸易》，1986 年毕业的是谢必震，硕士论文为《隆万以前以琉球为中介的明代海外贸易》，1988 年毕业的有俞云

---

① 韩振华：《论郑和下西洋船的尺度》，《中国水运史研究》1988 年第 2 期、1989 年第 1 期。
② 万明：《郑和下西洋研究百年回眸》，《中国史研究动态》2005 年第 8 期。

平，毕业论文是《十八世纪到十九世纪前期中暹海上贸易》，1989年，高崇明的毕业论文为《郑成功时代的郑氏五大商与对外贸易》。在博士中，1987年李金明的博士毕业论文为《明代官方对海外贸易的控制》，1988年毕业的廖大珂，毕业论文是《宋朝官方海外贸易制度研究》，1989年毕业的陈希育，毕业论文为《清代中国的远洋帆船业》，同年毕业的还有庄国土，他的毕业论文虽是研究晚清政府的华侨政策，但内容却涉及的是海外贸易管理的问题，1990年毕业的聂德宁，毕业论文为《明末清初的海寇商人》，1992年喻常森的博士毕业论文为《元代海外贸易》。

在这些硕博士中，绝大部分最终都选择了在高校任教，而且迅速成长为这个研究领域的顶级学者，并从事中外关系史学科的教学与科研工作，研究方向及其成果也以海外贸易史的研究为多。李金明任教于厦门大学南洋研究院，在海外贸易史方向的主要成果[①]有：《明代海外贸易史》（中国社会科学出版社1990年版）、《中国古代海外贸易史》（广西人民出版社1995年版）、《厦门海外交通》（鹭江出版社1996年版）、《漳州港》（福建人民出版社2001年版）、《海外交通与文化交流》（云南美术出版社2006年版）。庄国土任教于厦门大学南洋研究院，在海外贸易史方向的成果有《茶叶贸易和18世纪的中西商务关系》（厦门大学出版社1993年版）。陈希育曾任教于厦门大学南洋研究院，成果为《中国帆船与海外贸易》（厦门大学出版社1991年版）。廖大珂任教于厦门大学南洋研究院，成果有：《福建海外交通史》（福建人民出版社2002年版）、《闽商发展史·海外卷》（厦门大学出版社2016年版）、《中国传统海外贸易》（海天出版社2019年版）。聂德宁任教于厦门大学南洋研究院，成果如下：《明末清初的海寇商人》（台北杨江泉2000年版）、《近现代中国与东南亚经贸关系史研究》（厦门大学出版社2001年版）、《牵星过洋：福建与东南亚》（福建教育出版社2018年版）。谢必震任教于福建师范大学，成果有《明清中琉航海贸易研究》（海洋出版社2004年版）。喻常森任教于中山大学，成果有《元代海外贸易》（西北大学出版社1994年版）。钱江先后任教于香港大学和暨南大学，研究成果也有相当一部分是对海外贸易史的考察。

[①] 需说明的是，限于篇幅，由于论文数量较多，所以本文只将著作列出。

值得一提的是，韩振华先生培养的这些学生①，在自己的硕博士生培养中，也指导他们的学生将海外贸易史研究作为毕业论文选题，这体现出一种学术传承。兹将其列表如下：

导师	研究生姓名	毕业论文题目	硕士/博士论文毕业时间
李金明	冯立军	康熙雍正年间厦门海外贸易	硕士学位论文，2000年
	彭巧红	明至清前期海外贸易管理机构的演变：从市舶司到海关	硕士学位论文，2002年
	邹云保	十七世纪初中菲贸易的发展与文化交流	硕士学位论文，2002年
	陈菲	清初多口通商时期（1684—1757）的中英海上贸易	硕士学位论文，2004年
	徐淑华	清雍正时期的中日海上贸易	硕士学位论文，2004年
	芦敏	宋丽海上贸易研究	博士学位论文，2008年
	蒋国学	越南南河阮氏政权海外贸易研究（1600—1774）	博士学位论文，2009年
	赵文红	17世纪上半叶欧洲殖民者与东南亚的海上贸易	博士学位论文，2009年
	冯立军	中国与东南亚的中医药交流及其影响（秦汉—清末）	博士学位论文，2011年
庄国土	闫彩琴	17世纪中期至19世纪初越南华商研究（1640—1802）	博士学位论文，2007年
	黄素芳	贸易与移民：清代中国人移民暹罗历史研究	博士学位论文，2008年
廖大珂	邱旺土	清代（鸦片战争前）的海外贸易商人	硕士学位论文，2000年
	林晓画	清代（鸦片战争前）的通事与海外贸易	硕士学位论文，2004年
	刘晓峰	清代（鸦片战争前）英国与福建的海外贸易	硕士学位论文，2006年
	张健	论朱纨事件	硕士学位论文，2007年
	黄友泉	明代前期福建的海防体系	硕士学位论文，2009年

---

① 限于篇幅，本文只选取了任职于厦门大学南洋研究院的四位韩先生的硕博士生作为考察对象。

续表

导师	研究生姓名	毕业论文题目	硕士/博士论文毕业时间
聂德宁	李德霞	17世纪上半叶荷兰在中国东南沿海的贸易	硕士学位论文，2003年
	梁静文	阿瑜陀耶王朝末期暹罗与中国的海上贸易（1688—1767年）	硕士学位论文，2005年
	孙增阅	1775—1824年中国与爪哇的贸易往来：1775—1824	硕士学位论文，2005年
	刘俊涛	中越贸易关系研究（1600—1840年）	博士学位论文，2013年
	王丽敏	近代越南华商研究（1860—1940年代）	博士学位论文，2015年
	王杨红	从朝贡到早期订约交涉：中—暹关系的变迁（1782—1914）	博士学位论文，2018年

需指出的是，在上述表格中，仍然有部分毕业生在毕业后继续从事海外贸易史的研究，比如蒋国学、李德霞、王杨红、徐淑华和冯立军等。

不难发现，海外贸易史研究在韩振华先生的研究和推动之下，已成为厦门大学南洋研究院中外关系史专业的主要研究方向之一，即使与国内同类院校相比也更具特色，这无疑体现出韩先生在学科发展方向上的拓展之功。

结　语

2021年是我国著名的中外关系史专家韩振华先生诞辰100周年，为纪念先生的百岁诞辰，亦为缅怀先生在中国海外交通史、中国海外贸易史、中国南海主权以及华侨史研究等方面的丰硕成果，中国中外关系史学会与厦门大学南洋研究院，原定于2021年11月14日—16日，在厦门大学联合举办"中外关系史学会40年回顾与展望暨纪念韩振华先生诞辰100周年"国际学术研讨会，邀请国内外相关研究领域的专家学者与会，共襄盛举，以期推动相关领域学术研究事业的发展。然而，天不作美，新冠疫情肆虐厦门，研讨会无法按时召开，学会组委会不得不遗憾取消会议，将现场会议改为以纪念论文结集出版的形式，给予呈现。

纵观韩振华先生学术生涯，治学40载，辛勤耕耘，共撰写专著5部

（不含《韩振华选集》），论文150余篇。本文所考察者，是韩振华先生在海外贸易史研究上的学术贡献，虽然这只是韩先生整个学术天空之一角，但它所反映的却是先生一贯严谨的治学态度、深厚的学术功底、广博的知识、富于创见的学术观点以及锐意进取的精神。也正因如此，韩振华先生的许多研究成果具有很高的权威性，一直为中外同行学者所引用，也一直作为标志性的学术成果引领着后辈前进的方向，他在国内外学界享有很高的学术地位。

丝绸之路·中外互动

周祖后稷神话与中外文化交流

宋亦箫

（华中师范大学历史文化学院）

《诗经·大雅·生民》这首诗，一般认为是一首周人记述其始祖后稷从出生到创业的长篇史诗①，这是今天的学术界和社会大众的常规理解，由此理解出发，他们认为后稷是一位历史人物，至于围绕他的履迹感生、三弃三收等超自然现象，应是在他身上附会的一些神话色彩，也即"历史的神话化"。也有少数学者认为这是一首周人祭祀祖先神后稷的祭歌。② 此观点认为后稷是农神、麦神、社神、庄稼神等，③ 至于为什么周人和后人又将后稷看作是周人的始祖，则是神话的历史化。笔者赞同后一种观点，但认为有关后稷的神话和神格问题，还多有模糊之处，很有必要再梳理一番。在梳理的过程中，笔者又发现后稷之神格，竟然与大禹、帝喾、祝融等相同，且还可类比世界神话中的马杜克（Marduk）、奥赛里斯（Osiris）、宙斯（Zeus）等大神，便索性将这些神灵的神话和神格作通盘的比较，以窥探这背后可能存在的文化秘辛。笔者尝试就这几个问题讨论如下。

---

* 本文为2019年度国家社科基金冷门绝学研究专项"早期外来文化与中华文明起源研究"阶段性成果（项目批准号：19VJX039）。

① 王秀梅译注：《诗经》（下），中华书局2015年版，第623页。

② 杨公骥：《中国文学》（第一分册），吉林人民出版社1980年版，第55页；苏雪林：《屈原与〈九歌〉》，武汉大学出版社2007年版，第194页；萧兵：《中国文化的精英——太阳英雄神话比较研究》，上海文艺出版社1989年版，第217—272页。

③ 顾颉刚：《讨论古史答刘胡二先生》，《古史辨》第一册，海南出版社2005年版，第130页；萧兵：《中国文化的精英——太阳英雄神话比较研究》，上海文艺出版社1989年版，第503页；苏雪林：《屈原与〈九歌〉》，武汉大学出版社2007年版，第194页。

一　后稷的神话与神格

　　后稷神话的史料来源，集中于《诗经》中的"生民""思文""閟宫"诸篇，以"生民"前三章为大宗。此外，《天问》和《山海经》也有少量史料。对这些所谓"史料"的解读，顾颉刚先生做过很好的总结，他认为后人对这些"史料"的态度逃不出三种，一是信，二是驳，三是用自己的理性去做解释。顾先生对这三种态度下了一个总评，那便是：信它的是愚，驳它的是废话，解释它的也无非是锻炼。① 顾先生讲这段话是以姜嫄"履迹生子"为例的，说"这原是一段神话"，所以信它为史实的人，当然是愚蠢了，而驳它的人，因为认为它不合常理常情，这是因为他们心中只有历史这个概念，没有神话概念，因为神话本就非常理常情可比，因此驳它当然就是废话了。第三种要做合理化解释的人，同样也是没有神话概念，认为既然这是史实，就要尽可能从理性的角度去看待，所以他们认为这"履帝武"之"帝"，不是上帝，而是姜嫄的丈夫帝喾等等。这确实只是一种智力的锻炼而已。

　　顾先生对后稷是神还是人的判断是，后稷"在周人的想像中，为农神的分数多，为人王的分数少。……，后人想像中的创始者是不必真有其人的，故我们可以怀疑后稷本是周民族所奉的耕稼之神，拉做他们的始祖，而未必真是创始耕稼的古王，也未必真是周民族的始祖"②。

　　顾先生虽说得并不绝对，但他的倾向性是明显的。笔者秉承顾先生的观点，进一步对后稷的神话做一些考辨归纳，并随机与中外的相似神话情节做些比较，最后总结出后稷的各种神格。

　　在归纳之前，先将《生民》第一至四章转录如下：

　　　　厥初生民？时维姜嫄。生民如何？克禋克祀，以弗无子。履帝武敏歆，攸介攸止。载震载夙，载生载育，时维后稷。

　　　　诞弥厥月，先生如达。不坼不副，无菑无害，以赫厥灵。上帝不

---

① 顾颉刚：《我的研究古史的计划》，《古史辨》第一册，海南出版社 2005 年版，第 183 页。
② 顾颉刚：《讨论古史答刘胡二先生》，《古史辨》第一册，海南出版社 2005 年版，第 130 页。

宁，不康禋祀，居然生子。

诞寘之隘巷，牛羊腓字之。诞寘之平林，会伐平林。诞寘之寒冰，鸟覆翼之。鸟乃去矣，后稷呱矣。实覃实訏，厥声载路。

诞实匍匐，克岐克嶷，以就口食。蓺之荏菽，荏菽旆旆。禾役穟穟，麻麦幪幪，瓜瓞唪唪。①

先看履迹感生神话。即姜嫄履大（巨）人迹而致孕生子后稷神话。该神话文本集中于《生民》第一、第二章，用现代语体文转述如下：是大母神姜嫄生下了最初的人，她通过烟火和祭祀，以达到求子的目的。有一天，姜嫄行走于旷野，见有巨人足迹，姜嫄大感兴趣，自己踏上这足迹，因巨人足迹特大，她踩中的是巨人足迹中的拇指迹。这时她的身体若有所感，人也很兴奋愉悦，从而有了身孕。怀上的正是后稷。满月她生下来的却是个肉蛋，很像是羊胞胎，还劈剖不开。②

也有口传神话被记录下来，例如民国时崔盈科记有他的家乡山西闻喜县的姜嫄传说，说姜娘娘在一个冬天雪后去屋外拖柴，因大雪封路，她无处下足，适逢新雪中有一行很大的足迹，踩着那足迹应该不会使积雪淹没了她的脚，因此她履其迹而行。因为那是神人的足迹，从此她便怀了孕，无夫而怀上了神之子。③

口传神话跟文本神话比起来，更强调了事物发生的逻辑理性，显然是流传过程中的改写所致。文本神话的开头则有一点人类起源神话的味道。

关于履迹生子神话，古代学者都已具理性思维，当然不认为踩一下巨人足迹就可以怀孕，但他们也还没有神话意识，所以就产生了各种理性解读。现实化的版本是将所谓的巨人足迹解作姜嫄的丈夫、五帝之一的帝喾的足迹，④ 或者也承认"帝"是天帝，但踩天帝足迹跟致孕无关，能怀孕

---

① 王秀梅译注：《诗经》，中华书局2015年版，第623—626页。
② 杨公骥：《中国文学》（第一分册），吉林人民出版社1980年版，第55页。
③ 崔盈科：《姜嫄之传说和事略及其墓地的假定》，《古史辨》第二册，海南出版社2005年版，第77页。
④ 古人不知道的是，其实帝喾也不是历史人物，而是神话人物，是东夷族群的至上神。参见宋亦箫《由"喾""商""㢵（离、契）"构形论商祖"帝喾""契"之神话》，《殷都学刊》2021年第3期。

要么是其丈夫帝喾之功,①要么是无夫野合而致,②等等。总之,他们一定要给予一个合理、现实的解释,而不从神话的角度去理解。

所谓"履迹生子",萧兵先生作了原型意义上的追踪,那便是"圣足迹崇拜",即人类对自身和动物的手、足迹的崇拜,引申出对神之足迹的崇拜。而且这种崇拜遍及全世界古代人群,非中国所独有。萧先生还分析了圣足迹的原型,有"自然剥蚀之凹坑""人工制作之足迹画及伪托的神迹""动物的足迹或其化石""古人类足印半化石"等等,③古人正是在崇拜生物的手足和天然存在这些生物足印痕迹的基础上形成了"圣足迹崇拜"。

那为什么践履"圣足迹"就能致孕呢?萧先生也做了分析,认为这是将"圣足迹"当作神的代表,足迹同时还成为女阴或男根的象征,这主要是基于古人的相似联想,然后在交感巫术思维作用下,认为当人与圣足迹接触,便完成了神人的交配行为,从而怀上神子。④当然,这些分析有利于我们了解这些神话产生的社会根源,但它们已是另一个问题,我们这里更关心的是姜嫄履迹生子神话本身。

再看弃子神话。关于后稷出生后被三弃三收的神话,也最早出现于《诗经·大雅·生民》中,这个神话情节跟履迹生子一样流传很广,且后稷还因之得名为"弃"。具体情节有:因后稷生下来是个肉蛋蛋,好像羊胞胎,还劈剖不开,上帝又因姜嫄生子而不高兴,因此姜嫄便把这肉蛋蛋丢弃在窄路上,但过往的牛羊不仅不践踏他,还为他哺乳,姜嫄不免称奇,便打算转丢到平林,但平林里伐木人很多,便再次丢弃到沟渠里的寒冰上,结果有大鸟过来用羽翼为后稷取暖,还用嘴啄破肉蛋蛋,大鸟飞走后,后稷马上呱呱地哭了起来,声音之洪亮,响彻整个道路。⑤

关于弃子神话,萧兵先生研究发现,这也是一种世界性的神话母题,且被弃者往往具有太阳神神性,后稷也不例外,我们后面分析后稷的神格

---

① (西汉)毛亨传,(东汉)郑玄笺,(唐)陆德明音义,孔祥军点校:《毛诗传笺》,中华书局2018年版。
② (清)马瑞辰撰,程金生点校:《毛诗传笺通释》,中华书局1990年版。
③ 萧兵:《中国文化的精英——太阳英雄神话比较研究》,上海文艺出版社1989年版,第192—212页。
④ 萧兵:《中国文化的精英——太阳英雄神话比较研究》,上海文艺出版社1989年版,第212—216页。
⑤ 杨公骥:《中国文学》(第一分册),吉林人民出版社1980年版,第56页。

时再细论。这些被弃者中,既有神,也有英雄人物,前者有宙斯、赫淮斯托斯等,后者则有吉尔伽美什、萨尔贡、释迦牟尼、摩西等等。① 上古不同文明区这种神话情节和神格的类同现象,当然不能简单地看成是人类心理一致的结果。

后稷三弃三收神话中有些细节,还值得做一些分析。

关于被弃的原因,一方面跟后稷生出来是个肉蛋蛋,非同寻常有关,另一方面还因"上帝不宁"即上帝不安不高兴有关。后稷本当上帝之长子,上帝应该高兴才对啊,又为何"不宁"了呢?萧兵先生分析这也是一个世界性神话母题,即上帝因害怕人类掌握文化知识,例如用火、农耕、冶铸、射击、语言、文字之类的关键性知识,从而打破他全知全能、操纵一切的地位,因而对给予人类这些知识的神灵予以毒害和制裁,哪怕制裁对象是他的血裔、元子。世界神话里这样的例子很多,如巴比伦神话中的巴别塔神话,巴比伦人想修一座通天塔从而登天,上帝害怕他们成功,于是变乱他们的语言,让他们因语言不同而相互争吵,结果通天塔半途而废,这些人也四散而去,形成了今天世界上不同的语言云云。普罗米修斯(Prometheus)受罚更是一个明显的例子,他为人类盗得天堂之火,人类才开始有了熟食和照明,但天帝宙斯却怒而将他锁在奥林匹斯山上,让老鹰不停地啄食其心。中国古代神话中的伯鲧,为人类治水偷了上帝的息壤,结果遭到上帝处死的重罚。那么,后稷是因为什么被上帝制裁呢?可能跟他初生便掌握了语言、懂得耕稼、具有超人的智慧、能够"冯弓挟矢"有关。② 这些细节我们放到后面介绍后稷的神童神话和射手神话中再展开。

前面提到在"隘巷"中,后稷不但未被牛羊踩踏,还反被牛羊哺乳。这个被牛羊哺乳的细节,竟然同于希腊神话中迫于神父克洛诺斯(Cronus)的淫威而被弃之山谷的宙斯,山谷里一只母山羊阿麦尔特亚(Amalthea)做了他的乳母,把他喂大。③ 他们不仅被山羊哺乳的细节相

---

① 萧兵:《中国文化的精英——太阳英雄神话比较研究》,上海文艺出版社1989年版,第183—414页。
② 萧兵:《中国文化的精英——太阳英雄神话比较研究》,上海文艺出版社1989年版,第440页。
③ 萧兵:《中国文化的精英——太阳英雄神话比较研究》,上海文艺出版社1989年版,第320页。

同,连受到神父制裁从而被迫丢弃的情节也是相同的。

周人兴盛之地"岐山"也值得做些分析。《艺文类聚》引《河图》:"岐山在昆仑①东南,为地乳,上为天糜星。"②萧兵先生分析说,把岐山看作地乳,可能暗示女地神姜嫄曾乳养后稷之意。"岐"字本意为分叉,若指地乳,则可理解为从地上长出的、像人的双乳一样的两支乳状山峰。因此,笔者颇怀疑这"岐山"得名且成为周人的兴盛之地和圣山,当跟后稷的弃子神话有关。

神童神话和射手神话。这两个神话情节较短,放在一起介绍。神童神话仍本于《生民》,射手神话则见于《天问》。

《生民》第四章讲到,后稷生下来就头角峥嵘、骨表清奇,既能走,又能站,马上能用嘴来吃饭,还会匍匐在田畔。初生就掌握了语言,具有超人的智慧,从小就会播种庄稼。③这些天赋异禀遭到过上帝也是他的父神的妒忌和制裁。这种种神异之处,还与希腊大力神赫拉克勒斯刚出生时的非凡禀赋可比。

射手神话见于《天问》中的这一段话:"稷维元子,帝何竺之?投之于冰上,鸟何燠之?何冯弓挟矢,殊能将之?既惊帝切激,何逢长之?"④先做一个解读:后稷是上帝的长子,可上帝为何又要毒害他?丢弃后稷于冰上,为何大鸟用羽翼来温暖他?上帝为何又给予后稷秉弓挟矢的特异之能?既然让上帝感到震惊和紧张,后稷为何又能逢凶化吉福久绵长?这不愧是天问,因为看起来都是矛盾着的事物却能够发生,这背后正是神话的逻辑在起作用,用理性自然是分析不出所以然来的。后稷的幼擅弓矢,实际是太阳神性的表现,而太阳神善射,则是因太阳光线能穿透云层荡涤黑暗如同万箭齐发的样子,给了人类以联想。中外的太阳神,如侠马修(Shamash)、赫利俄斯(Helios)、阿波罗(Apollo)、东君、后羿,没有一

---

① 此处"昆仑",当指陇山,因岐山正在陇山东南,而不可能是今天的昆仑山。参见宋亦箫《昆仑山新考》,《丝绸之路研究集刊》第四集,商务印书馆2019年版,第1—19页。
② 萧兵:《中国文化的精英——太阳英雄神话比较研究》,上海文艺出版社1989年版,第256—257页。
③ 萧兵:《中国文化的精英——太阳英雄神话比较研究》,上海文艺出版社1989年版,第440页;杨公骥:《中国文学》(第一分册),吉林人民出版社1980年版,第56—57页。
④ (宋)洪兴祖撰,白化文点校:《楚辞补注》,中华书局2015年版,第88页。

个不善射的。如阿波罗曾射杀蛇怪皮同（Python），东君更是"举长矢兮射天狼"。

以上将后稷神话做了一些归纳和分析，下面讨论后稷的神格。神格是指神之职能，往往蕴含于他的神话故事中，我们经过分析排比，归纳出后稷计有农神、木星神（水星神）、智慧神、太阳神等诸般神格，下面做些扼要讨论。

农神。后稷的农神神格最为明显，直接体现在《生民》中的"诞实匍匐""蓺之荏菽""诞后稷之穑"等诗句中，"稷"之名也明显地指向了他的农神神格。《左传·昭公廿九年》记载："稷，田正也。有烈山氏之子曰柱，为稷，自夏以上祀之。周弃亦为稷，自商以来祀之。"[1] 这就将周弃为稷神的信仰追踪到了商代，实际上，周人建国前的先周文化及祖神信仰，正该在商代甚至更早，因此这种判断是有见地的。《逸周书·商誓》也说："在昔后稷，惟上帝之言，克播五谷，登禹之绩。凡在天下之庶民，罔不惟后稷之元谷用烝享。在商先誓王，明祀上帝，亦维我后稷之元谷用告和、用胥饮食。肆商先誓王维厥故，斯用显我西土。"[2] 这篇文字相传是周武王伐纣时的诰誓，清楚说明周之立国于西土，是因为后稷播百谷的渊源，因此在商时期，后稷就已是一位大农神了。

中国古代"社稷"连称，社有社神，稷有稷神，前者指大禹，后者指后稷。但按照《孝经纬》："'社是五土总神，稷为原隰之神'，原隰即是五土之一耳，故云稷，社之细。举社则稷从之矣，故言社不言稷也。"后代帝王祭社稷时，有时分社稷为二，有时以稷附于社。分合不一。[3] 这就很有意思了，后文我们将要论证后稷与大禹神格类同，这里已反映出二神的同一性，算是铺垫。

木星神（水星神）。木星神和水星神皆属五星神话中的星神，五星神话是指金、木、水、火、土这五大行星神的神话，苏雪林在解读《九歌》时，对五星神话做出了非常精彩的分析讨论，她发现九歌十神实际就是由日月五星神加蚀神、彗星神和大地之神构成。在《九歌》中的对应关系则

---

[1] 杨伯峻编著：《春秋左传注》，中华书局2009年版，第1503—1504页。
[2] 黄怀信等撰：《逸周书汇校集注》，上海古籍出版社2007年版，第452—454页。
[3] 转引自苏雪林《屈原与〈九歌〉》，武汉大学出版社2007年版，第194页。

是：东皇泰一为木星神，河伯为水星神，国殇为火星神，湘君为土星神，湘夫人为金星神，云中君为月神，东君为日神，大司命为蚀神、死神，少司命为彗星神、生神，山鬼为大地之神、酒神等等①。

五星神中的木星神和水星神，往往成为父子神，如巴比伦神话中的马杜克和尼波（Nebo）、希腊神话中的宙斯和赫尔墨斯（Hermes）、中国古代神话中的大禹和启、帝喾和契，这些父子神中的父神为木星神，子神为水星神②。但我们在后稷身上，看到了一种木星神和水星神混合的神格现象，下面试作分析。

先从汉代纬书称后稷为"苍神"或"苍神"之子说起。《尚书中候·稷起》："苍耀稷，生感迹，昌。"③ "苍"即苍神、苍帝，这是说苍神（帝）后稷是感迹而生，他的子孙绵延繁昌。这句话里认为后稷就是苍神、苍帝。《春秋元命苞》："苍帝稷精感姜嫄而生，卦之得震，故周苍代商。""苍神用事，精感姜嫄，卦得震，震者动而光，故知周苍代殷者为姬昌。"④这里后稷又成了苍神之子。

那么苍神、苍帝又是什么神呢？苏雪林已有考证，苍神即苍帝，又名青帝，是五星神话中的木星神，其方位在东，其色为青或苍，故称青帝或苍帝⑤。如《淮南子·天文训》："何谓五星？东方，木也。其帝太皞，其佐句芒，执规而治春。其神为岁星，其兽为苍龙，其音角，其日甲乙。"⑥"岁星"正是木星。同时点到了方位在东和颜色为"苍"。如此，则后稷有说是木星神，也有说是苍帝子即水星神。这种矛盾和混淆并非只发生在后稷身上。苏雪林分析过汉字创造神苍颉，他有四目，则当为同样也有双面四目的木星神马杜克一样的木星神，但他的笔神、智慧神神格，又说明他应是水星神，因世界神话中水星神正兼笔神和智慧神。笔者曾讨论过苍

---

① 苏雪林：《屈原与〈九歌〉》，武汉大学出版社 2007 年版，第 138—139 页。
② 宋亦箫：《大禹祝融一神考》，待刊；宋亦箫：《由"喾""商""禼（卨、契）"构形论商祖"帝喾""契"之神话》，《殷都学刊》2021 年第 3 期。
③ ［日］安居香山、［日］中村璋八辑：《纬书集成》之《尚书中候·稷起》，河北人民出版社 1994 年版，第 441 页。
④ （清）赵在翰辑：《七纬》，中华书局 2012 年版，第 424—425 页。
⑤ 苏雪林：《屈原与〈九歌〉》，武汉大学出版社 2007 年版，第 170 页。
⑥ 刘文典：《淮南鸿烈集解》，中华书局 1989 年版，第 105 页。

颉就是商契，而后者正是智慧神、水星神、笔神和始作书者。① 这种混淆的深刻原因要到西亚巴比伦神话中的马杜克、尼波父子身上去找，马是木星神，尼是水星神，但二者经常相混，例如本来是尼波骑乘混沌蟄龙遨游于海上，后来又演变为马杜克骑乘混沌蟄龙。② 这种久远的神话母题，传到古代中国后，曾经演变为良渚文化中其实是大禹骑龟的所谓神人兽面纹，也演变为过后代的魁星点斗和独占鳌头造型。③ 而大禹正是木星神和战神，魁星则是水星神和智慧神。苍颉也即商契可以兼备木星神和水星神的神格，后稷有这两种神格兼备的情况也就没什么好奇怪的了。

再以汉代灵星祠祭祀后稷之事为例。《史记·封禅书》：（高祖八年）"或曰周兴而邑邰，立后稷之祠，至今血食天下。于是高祖制诏御史：'其令郡国县立灵星祠，常以岁时祠以牛'"。《史记集解》引张晏曰："龙星左角曰天田，则农祥也，晨见而祭。"《史记正义》引《汉旧仪》云："五年，修复周家旧祠，祀后稷于东南，为民祈农报厥功。夏则龙星见而始雩。龙星左角为天田，右角为天庭。天田为司马，教人种百谷为稷。灵者，神也。辰之神为灵星，故以壬辰日祠灵星于东南，金胜为土相也。"④《续汉书·祭祀志》："言祠后稷而谓之灵星者，以后稷又配食星也。"⑤ 由《史记》及《集解》《正义》可知，灵星也就是龙星，东汉蔡邕《独断》也说，"灵星，火星也。一曰龙星"。火星似乎不对，但说灵星就是龙星，同于《史记集解》和《正义》。而龙星左角为天田，即天上之农田，它预示农祥，祠之可为民祈农报厥功，可教人种百谷等等，这显然是在论及后稷的农神职能。龙星之"龙"，对应于《淮南子·天文训》所言的"东方，木也。……其神为岁星，其兽为苍龙"之"苍龙"，也即是说，由后稷配食龙星，可知他应是木星神。上文还说到，"灵星祠，常以岁时祠以牛"，木星神都有牛形化身，如宙斯化牛诱拐欧罗巴、帝喾以牛为祭等等，

---

① 宋亦箫：《由"嚳""商""离（禼、契）"构形论商祖"帝嚳""契"之神话》，《殷都学刊》2021 年第 3 期。
② 苏雪林：《屈原与〈九歌〉》，武汉大学出版社 2007 年版，第 157、171 页。
③ 宋亦箫：《良渚文化神徽为"大禹骑龟"说》，《民族艺术》2019 年第 4 期。
④ （西汉）司马迁：《史记》，四"书"，中华书局 1959 年版，第 1380 页。
⑤ 转引自萧兵《中国文化的精英——太阳英雄神话比较研究》，上海文艺出版社 1989 年版，第 210 页。

这就再次将后稷指向木星神。但《史记正义》也说到，"辰之神为灵星"，辰星就是水星，它对应于水星神，因此这祠后稷的灵星似乎又该对应于水星神，接着还说"以壬辰日祠灵星于东南"，这壬辰日中的"壬"日，对应的也是辰星，如《淮南子·天文训》："北方，水也。其帝颛顼，其佐玄冥，执权而治冬。其神为辰星，其兽玄武，其音羽，其日壬癸。"① 即壬日、癸日，都对应于水、辰星（水星）和北方等。《史记正义》还提到"夏则龙星见而始雩"，"雩"指求雨的祭礼，这赐雨的职能，也该是水神和水星神的职事。分析至此，可见在灵星祠祭祀后稷之典中，后稷之神格仍具备木星神和水星神的兼容性。

智慧神。后稷的智慧神神格可对应于他的神童神话，而且也是他的水星神神格所带来，因为在世界神话中，水星神正兼有智慧神神格。智慧神是智慧的化身、人类文明的创造者，后稷正有这些方面的体现。如《生民》："诞实匍匐，克岐克嶷，以就口食。蓺之荏菽，荏菽旆旆。""岐""嶷"，有解作头角峥嵘、骨表清奇，毛传说是"岐，知意也；嶷，识也"。郑笺解为"能匍匐则岐岐然意有所知也，其貌嶷嶷然有所识别也"。总起来讲，就是后稷还在地上爬的时候就会讲话，张口就讨东西吃。打小就能播种植稼，给部族带来良种和生产好方法。这种"生而灵异""仡有巨人之志"的非凡表现，惹得"上帝不宁""惊帝切激"，因威胁到上帝的文化和智慧独断，乃至上帝震惊和不宁到要毒害和制裁他了，可见后稷的幼而智慧之高。

类似的智慧神迹也体现在帝喾和商契父子神身上，如《大戴礼记·五帝德》："（帝喾）生而神灵，自言其名。"②《帝王世纪》："（帝喾）生而神异，自言其名曰夋。"③ 商契的智慧神神格更为明显，尤其表现在他的发明文字上，因此以"契"为名。后稷跟商契有所不同的地方，是后稷的智慧并未体现在文字的发明创造上。如果再联想到古人将帝喾和后稷拉作父子关系，因在神格上往往父子相沿，这样的安排还真是够巧妙。

太阳神。后稷的太阳神神格体现于他的射手神话中，也源自其木星神

---

① 刘文典：《淮南鸿烈集解》，中华书局1989年版，第106页。
② （清）王聘珍：《大戴礼记解诂》，中华书局1983年版，第120页。
③ 转引自（唐）徐坚等《初学记》卷九，上册，中华书局1962年版，第197页。

的主体神格。因为木星神也被看作是初生的太阳,如西亚木星神马杜克,也被认为是太阳神,Marduk一名是由阿卡德文 Mar("子"之意)和苏美尔文 Utu(太阳)构成,合起来是"太阳之子"①。在《楚辞·天问》中,屈原发出"何冯弓挟矢,殊能将之?"的千古之问:对后稷心怀疑惧的上帝,怎么会将弓矢交给曾被他毒害过的弃儿后稷使用呢?或许就是因为后稷也是太阳神,弓矢是他的必备武器,上帝也不得不给了吧。太阳神的善射,也体现在了中国古代其他太阳神身上,如东君、后羿,都有善射的故事。关于太阳神为何善射,笔者在前文已做过分析,应是古人对太阳的光线和箭的飞驰之相似产生了类比联想之故。

二 后稷与中外诸神神格和神话类同所反映的族群分化影响和中外文化交流

后稷的诸般神格,已在上文作了归纳,在讨论这些神格时,也或多或少地与中外其他神灵特别是一些族群的祖神进行了一些比较。下面我们将重点对比后稷与中国古代夏、商、楚族群的祖神大禹、帝喾和祝融的神格相似所反映的族群神话分化交流现象,以及后稷与域外古文明区神话人物,如西亚神话中的马杜克、埃及神话中的奥赛里斯、希腊神话中的宙斯等,他们神格雷同所反映出的中外文化交流。

先看后稷和大禹。大禹的神格,苏雪林做过最好的归纳,她认为大禹是木星神,但又有水主、水神之神性,同时还指出大禹是西亚史诗主角木星神马杜克传入古代中国的衍形之一,其他衍形还有东皇泰一、苍帝、东王公等等。② 这里不仅揭示了大禹的神格有木星神、水神等特性,还揭示了马杜克与大禹的原型与衍形的关系。大禹还具农神神格,顾颉刚先生做过极好的总结:"西周中期,禹为山川之神;后来有了社祭,又为社神(后土)。其神职全在土地上,故其神迹从全体上说,为铺地,陈列山川,治洪水;从农事上说,为治沟洫,事耕稼。耕稼与后稷的事业混淆,而在

---

① 饶宗颐编译:《近东开辟史诗》,辽宁教育出版社1998年版,第3页。
② 苏雪林:《天问正简》,武汉大学出版社2007年版,第270—279页;苏雪林:《屈原与〈九歌〉》,武汉大学出版社2007年版,第167—171页。

事实上必先有了土地然后可兴农事，易引起禹的耕稼先于稷的观念，故閟宫有后稷缵禹之绪的话。又因当时神人的界限不甚分清，禹又与周族的祖先并称，故禹的传说渐渐倾向于'人王'方面，而与神话脱离。"① 顾先生在这段话里不仅总结了大禹的从事耕稼的农神特性，还分析了因他常与周族祖先后稷并称"社稷"或"禹稷"，因后者之故而渐渐脱离了神话而转变为"人王"。这种分析极有见地，大禹由天神转变为人王的过程，事实可能就是这样。但造成古人由禹稷并称而将大禹看作是人王的现象，一个重要原因是他们首先将后稷看成了人王，如果他们自始就知道，其实后稷也是神灵，那么禹稷连称就不至于将大禹拉下神坛了。顾先生在分析此事时，似乎也认为后稷是人王。

如此，大禹是农神，是木星神，还兼有水神、水星神的特性，这就跟上面分析过的后稷的主要神格完全一致了。特别是木星神和水星神（水神）这两种神格混为一体的现象，在大禹和后稷身上，竟完全一样。这是为什么呢？留待后面分析完后稷与祝融、帝喾的神格类同性后一并讨论。

祝融的神话，历来也有很多讨论，例如认为他是太阳神、火神等等。② 笔者曾作《大禹祝融一神考》，指出大禹和祝融明为夏人和楚人的祖先，实为一神。而且大禹和祝融的原型，当是西亚大神马杜克，马杜克的神格，也随之传给了大禹和祝融。只是，随着大禹和祝融的分化，他们在继承马杜克的神格上也有所分化，大禹更多继承了马杜克的木星神、水神、死神等神格，而祝融则继承了马杜克的太阳神神格等。至于大禹和祝融既为一神，为何又二分？笔者也做过一些分析，认为夏人和楚人原居于嵩山周围为同源之近邻，共同敬奉一神，后夏人北迁到伊洛平原，楚人南迁到鄂西北和江汉平原，随着二者的分道，其共奉的祖神也随之分化，从字形之变异——一称禹或禹，一称祝或融，到神格之分工，都有了各自的理解和推重，久而久之，便一神而二分，后人不识其源，便以流为源，将其传承至今而不辨。

商祖喾、契，其实是一对父子神。笔者也曾撰一文《由"喾""商"

---

① 顾颉刚：《讨论古史答刘胡二先生》，《古史辨》，第一册，海南出版社2005年版，第114页。
② 杨宽：《中国上古史导论》，上海人民出版社2016年版，第219页。

"禼（卨、契）"构形论商祖"帝喾""契"之神话》①讨论喾、契的神话和神格，发现过去以为的历史人物帝喾、帝俊、帝舜、高辛、太暭实为一神，商契、仓颉、帝挚、少皞、夔这五位所谓历史人物也实为一神，前后两组人物，实为父子神关系。且他们的神话和神格，与西亚巴比伦马杜克、尼波父子神，希腊宙斯、赫尔墨斯父子神有惊人相似。这相似是指，帝喾也和马杜克、宙斯一样，为天帝，为木星神、雷神、战神、风神等，他们都有鹰、天鹅、牛、龙等化身等等。如此，则帝喾的神格也同于大禹和后稷。

我们一般认为，夏族及其神话形成于嵩山南北，楚人则起于嵩山以南的"祝融之墟"，二者是同源之近邻。商人出于东夷，其族群和神话形成于山东。周人兴起于陕甘交界的西北，在东迁关中的过程中接触到夏人、楚人和商人的文化和神话，从后稷神话和神格与大禹最为近似来看，周人接受夏人的影响可能最大。这跟周人在构建他们文化时总是以夏人自居是相符合的。

从这四族的祖神神话和神格的类同来看，他们都已接受五星神话，五星神话本传自域外，进入东亚大陆也极早，且似乎率先分头传入两地，一地是陕甘交界的以陇山为中心的西北地区，一地是以泰山为中心的山东地区。②上述周人、夏人恰在西北，商人在山东，有地利之便，所以他们先接受了五星神话不是没有道理的。至于这具体所体现的中外文化交流，我们下面再分析。

总结一下就是，夏人、楚人祖神神话的相似和祖神的同一，应是族群分化的结果。夏人和商人祖神神话和神格的类同，应有二者间的交流影响，以及更早时候各自接受了同源神话影响的结果。周人与夏人、楚人、商人祖神神话和神格的类同，主要应是各族群在更早期接受了同源神话的影响，同时也包括族群间后来的文化交流和影响。

后稷作为周人的祖神，不仅与夏人、商人和楚人的祖神神话和神格有

---

① 宋亦箫：《由"喾""商""禼（卨、契）"构形论商祖"帝喾""契"之神话》，《殷都学刊》2021年第3期。

② 宋亦箫：《中国与世界的早期接触：以彩陶、冶铜术和家培动植物为例》，《吐鲁番学研究》2015年第2期；宋亦箫：《小麦最先入华的两地点考论》，《华夏考古》2016年第2期；宋亦箫：《昆仑山新考》，《丝绸之路研究集刊》第四辑，商务印书馆2019年版，第1—19页。

类同现象，还与世界神话中的古文明区神祖马杜克、奥赛里斯、宙斯等具可比性，下面笔者尝试比较他们之间神话和神格的类同，并略叙这种类同所体现的早期中外文化交流现象。

先看后稷和宙斯的类同。宙斯是希腊神话中的第三代神王，他的父亲土星神克洛诺斯用武力推翻了其祖父天神乌拉诺斯（Uranus）的王位，成为第二代神王，但乌拉诺斯因此诅咒克洛诺斯，咒他也将被他的儿子推翻。克洛诺斯因害怕这神谕的实现，就在他的妻子瑞亚（Rhea）每生下一个孩子时，他都吞入腹中以防不测。当小儿子宙斯降生后，瑞亚以襁褓裹石，哄骗克洛诺斯吞下，然后把宙斯暗中送往克里特岛的迪克特山中。从克洛诺斯和瑞亚角度，这实际上是弃子行为。宙斯在山洞里被一只母山羊阿麦尔特亚用羊乳喂养，一只雄鹰则给他带来仙酒，后来山羊和鹰都成为宙斯的象征和化身之一。这则神话揭示了宙斯被其父神天帝所不容、被弃山中和吃山羊乳长大等情节，这跟后稷的出生也导致"上帝不宁""惊帝切激"，然后被弃置隘巷而牛羊不仅不踩踏他还给他哺乳等情节，何其相似！宙斯也是木星神、太阳神和智慧神。其太阳神格体现在金雨神话中，这则神话说阿尔戈斯王听信了一位预言家的告诫，他将被自己的女儿达娜厄（Danae）所生的儿子杀死，阿尔戈斯王十分恐惧，便把女儿达娜厄囚禁在一座高高的铜塔之中，不让女儿与世人接触，以绝后患。但是，天帝宙斯爱上了达娜厄，便化作一阵金雨，透过塔顶进入达娜厄的卧室，顺着门缝穿落在达娜厄的身上。于是天雷滚滚，达娜厄怀孕了。最终，达娜厄生下了大英雄珀尔修斯，后者在掷铁饼时还是误杀了其外公，使神谕得到应验。此神话中宙斯所化之金雨，是太阳光的象征，这正是宙斯作为太阳神所具有的特长之一。宙斯曾从其头颅中生出智慧女神雅典娜，这实际也是对宙斯作为智慧神的隐喻。

因此，后稷不仅在某些神话情节上，还在木星神、太阳神和智慧神的神格上，与宙斯形成对应关系，当然还有后稷作为周人的始祖神，其实也是主神，与宙斯作为天界主神也成对应关系。

再看后稷与奥赛里斯的相似。奥赛里斯是古埃及的稷神（麦神）、河神（水神）、死神、太阳神等，大部分神格与后稷也是相同的。尤其是稷神神格，奥赛里斯被认为人类农业种植技术的发明者，他教导人们耕稼，使人类脱离蒙昧，走向文明，给埃及带来前所未有的繁荣局面。①

奥赛里斯神话中没有明确的弃儿事迹，但他却因其弟塞特嫉妒，被骗至箱子里闷死，并被抛进尼罗河支流丹乃河里，这实际有一种较为隐蔽的漂流型弃子母题意味。而且"奥西里斯的棺材（就是那美丽的箱子）被波浪冲到叙利亚的比勃洛斯（Byblos），搁在海滩上。那儿长出一棵神圣的树来，在棺材的周围生长，把已死的君王的身体包含在它的巨大的树干中"②。萧兵先生认为这树干便有了母体和子宫的象征，说明这位庄稼神是个树生儿，这就跟巴比伦农神旦缪子从没药树腹中诞生、商代名臣伊尹生于空桑等树生儿母题关联了起来，这些关联暂且不表，我们关注的是，奥赛里斯被抛弃于尼罗河支流所形成的"漂流型"弃子母题，既扣合了弃子神话，还因搁浅海滩被长出的圣树所包裹，而形成被弃于"平林"的效果。这就跟后稷被弃于平林神话有了玄妙的类同性了。

最后看看后稷与马杜克的类同。马杜克是巴比伦神话中的新一代神王，他有五十个尊号，"倍儿"是其一，苏雪林认为，《九歌》中的"东皇泰一"之"泰一"，还有《汉书·礼乐志·郊祀歌》中的"惟泰元尊"之"泰元"，都应是"倍儿"之意译。马杜克首先是五星神中的木星神，还是春神，也即农神，在马杜克五十个尊号中，有说他是"赐福麦壤，建设五谷仓库者；使青草茂苗者；为致云之雷使下民得食者；为丰年之神者；疏导泉流，使田野足水泽者"③等等，这都是跟他的农神神格相关的尊号。除此，马杜克也是水星神，因此有水神性、死神性，还有太阳神性，这些神格，尤其是木星神、水星神兼具的特性，跟我们分析过的后稷一模一样，其他神格也多有重合。当然，在中国古代神话人物中，更符合马杜克者不是后稷，而是大禹，马杜克和大禹不仅神格相同，而且有诸多相同的神话情节，这一点后稷是不具备的。下面我们梳理一些二者相同的神话细节比较一二。

巴比伦神话中，马杜克打败原始女怪后，将这个龟形庞然大物劈为两半，上半造天盖，下半造大地。并用女怪身体各部件造成天地万物。他还

---

① 时代生活图书公司编：《通往永恒的路——埃及神话》，刘晓晖译，中国青年出版社2003年版，第70页。
② 黄石：《神话研究》，上海文艺出版社1988年版，第89页。
③ 苏雪林：《屈原与〈九歌〉》，武汉大学出版社2007年版，第166页。

步天、察地、测深渊之广狭。在群神的提议下，马杜克建造巴比伦城，并成为该城的创始神和保护神，受到巴比伦人的建庙膜拜。① 大禹也有布土定九州，奠山导水，制定晨昏的功绩，他还以太阳行程为根据，测得空间有五亿万七千三百九里，这是步天。命太章、竖亥量东西南北四极的里数，这是察地。测鸿水渊薮，这是测深渊。② 大禹的"息土填鸿"，通常认为这就是治理洪水，其实不然。《淮南子·地形训》所言："凡鸿水渊薮，自三百仞以上，二亿三万三千五百五十里，有九渊。禹乃以息土填洪水以为名山，掘昆仑虚以下地。"③ 这个"鸿水渊薮"，实际是原始深渊（Deep）传到中国后的叫法，而不是大洪水。"掘昆仑虚以下地"是指大禹掘昆仑墟四周之土以堆成高山，供天神作为台阶下到地面。这都说的是布土造地及堆山为阶的神话。笔者甚至推断所谓鲧禹治水，恐怕也是"鲧禹是始布土，均定九州"的讹误。即将在原始深渊中创造大地误解成了在大地上治理洪水。因此，马杜克和大禹二神，是从神格到神话情节，呈多方面对应。

上述中外诸神，在神格或一些神话情节上，有诸多类同，其形成的原因是什么呢？传统的解释，要么认为这不过是人类共同的心理思维形成的巧合，要么认为这是文化传播影响的结果，这正是文化人类学中的文化进化论和文化传播论者所持的绝然相反的两种判断。在正式回答这一问题之前，我们先来引述新进化论学者朱利安·斯图尔德（J. H. Steward）的两个概念，即"文化内核（culture core）"和"第二性征（secondary sex character）"。

"文化内核"是指人类生活方式中那些保证人们能够有效地开发自然的要素。像居住形式、劳动分工、组织合作、配置资源等要素，这些要素主要是由技术与经济两者决定的。如果我们熟悉文化人类学中对文化结构的划分方式，就知道这里包括了文化三分中的物质（技术）文化和制度（伦理）文化。

斯图尔德所谓的"第二性征"是指人类生活方式里"文化内核"以外

---

① 苏雪林：《屈原与〈九歌〉》，武汉大学出版社2007年版，第157—158页。
② 苏雪林：《天问正简》，武汉大学出版社2007年版，第279页。
③ 刘文典：《淮南鸿烈集解》，中华书局1989年版，第159页。

的其他要素，如文学艺术之类，"第二性征"与环境、技术及"调适"的关系不那么密切。①

"文化内核"与"第二性征"的区分，我们认为能较好地回答社会文化要素中的发明和传播问题。文化内核与所在环境关系密切，不大容易从一个人群传播到另一个人群，除非这两个人群所处环境和调适方式有某种兼容性。因而文化内核多半是自己的发明。当然也不排除有共同生存环境和调适方式人群之间的借鉴。如果我们在世界不同地区发现相同或类似的"文化内核"，我们就要分析，如果这不同地区的生存环境和调适方式不同，则这"文化内核"应是各自的发明（这种情境应极少见，因为生存环境和调适方式不同，其文化内核也应不同），如果生存环境和调适方式有相同，则可能是独自发明，也可能是传播影响而致。文化的"第二性征"，则比较容易从一个人群搬迁到另一个人群，因为这些特征对人群的基本生存无关紧要。所以像神话故事、民间传说、文学主题、艺术风格等，可以在很广大的地区传播，被具有不同文化内核的人群所接受、模仿。反过来说，如果在不同地区发现有相同的"第二性征"，则它往往是文化传播影响的结果，因为这种精神创造产品，不同人群，是很难不谋而合的。

我们再看看萧兵先生有关文化比较的三原则观点，他说趋同性是可比性的前提，具体有三原则，即整体对应性、多重平行性、细节密合性。整体对应性是指进入比较的对象之间具有规律性的关系，不论它们表现为"对应""对列"乃至"对立"，都应该或明显或隐蔽、或紧密或松散地处在一定的系统之中，是整体结构的诸方面。换句话说，它们的相似、相关、相应、相连必须是规律的、整体的、必然的，而不是零散的、个别的、偶然的。

平行性是指比较对象在绝对或相对时空和其他条件上的相应性、关联性或对列性。平行线越多，可比性越大。

细节密合性主要指满足上列二条件而后建立起来的模子、母题、图式里某些因子尽可能严格的相应或类同。②

---

① 黄淑娉、龚佩华：《文化人类学理论方法研究》，广东高等教育出版社 2004 年版，第 301—306 页。

② 萧兵：《中国文化的精英——太阳英雄神话比较研究》，上海文艺出版社 1989 年版，第 50、341 页。

比较三原则虽然讲的是文化比较的可比性问题，但也能回答不同族群、区域的文化传播影响问题。我们认为，在前两种条件具备的情况下，不同族群、区域间的文化因子其细节越密合无间，它们之间存在文化传播影响的关系就越大。

上述中外族群的祖神或创始神，他们之间，神格多有雷同，神话多有重叠，这些类同的文化因子，皆属于文化的"第二性征"，它们属于既容易传播又不容易不谋而合，而且在比较的三原则中，它们既有整体对应性，也有多重平行性，在此二者的基础上，出现了多种神话因子的细节密合性，因此，我们认为它们之间存在文化的传播和影响关系。

那是谁影响到了谁呢？根据各地神话出现的早晚，我们认为，巴比伦马杜克神话是源，埃及、希腊、中国相关神话是流。当然，马杜克神话还可向前追溯，一直可追到苏美尔人的开辟神话①。至于传入中国的时空问题，我们初步认为，以马杜克神话为代表的五星神话率先传入古代中国以陇山为中心的陕甘交界地区和以泰山为中心的山东地区，跟马杜克神话一同而来的，还有昆仑神话和三皇五帝神话等等。其实考古学者已有关注到外来文化的传播时空问题，但他们关注到的主要是实物遗存和物质文化，如赵志军先生曾说："青铜器、绵羊和小麦，这三类物品最早都发现于西亚，在早期文化交流的过程中，它们很有可能是捆绑在一起向外传播的。这个捆绑在一起的文化包裹由西亚传入中亚后，在欧亚草原诸多早期青铜文化的接力作用下，由西向东逐渐传播，最终到达蒙古高原地区，然后，在长城沿线北方文化区的作用下，通过河谷地带，由北向南最终传播到了中国古代文化的核心区域，即黄河中下游地区。"② 其实在这种"文化包裹"捆绑传播的过程中，还不能忽略的便是一些精神文化包括神话、民间文学、宗教等的捆绑式传播，我们之所以推测马杜克神话最先传入地也是陕甘交界地区和山东地区，一方面有夏、商、周、楚这几个族群的形成中心正在上述两区域或其近旁，另一方面是这两个区域有更集中的三皇五帝神话也即五星神话和昆仑神话，再一方面则是，这两个区域是外来文化诸

---

① 饶宗颐编译：《近东开辟史诗》，辽宁教育出版社 1998 年版。
② 赵志军：《小麦东传与欧亚草原通道》，中国社会科学院考古研究所夏商周考古研究室编：《三代考古》（三），科学出版社 2009 年版，第 459 页。

如冶铜术、绵羊、小麦等的首入地，它们往往不单行，而是与神话、宗教、仪式等精神文化一起形成"文化包裹"结伴东来。

三 结论

后稷神话史料来源主要集中于两周文献《诗经》《天问》和《山海经》里，神话内容可归纳为"履迹感生神话""弃子神话""神童神话"和"射手神话"等。后稷的神格有农神、木星神（水星神）、智慧神、太阳神等诸般神格。其中木星神当是后稷的主要神格，由此引出农神和太阳神神格，后稷跟与他有相同神格的中外其他木星神一样，也具水星神性、水神性，因此出现木星神和水星神特性兼容于一体的情况，由水星神神格，又引出他的智慧神神格等。

后稷与中外诸同格神都有神话和神格类同的现象。先看与境内夏、商、楚等族群祖神的相似现象。夏祖大禹是木星神、农神，还兼有水神、水星神的特性，尤其是木星神与水星神神格兼容一体的情况，跟后稷完全一样。楚人祖神祝融是太阳神、火神，笔者曾论证过大禹和祝融是一个神，且他们的原型是巴比伦木星神马杜克，他们分化后，分别继承了马杜克的神格，大禹更多继承了马杜克的木星神、水神、死神等神格，而祝融则继承了马杜克的太阳神神格等等。商人祖神帝喾是木星神、雷神、战神、风神等，其子商契则有水星神、水神、智慧神、乐神等神格。

再看后稷与域外古文明区古老族群的祖神关系。后稷与宙斯都有刚出生时因"上帝不宁"而被弃神话、山羊哺乳神话等，二者都是木星神、太阳神、智慧神等，相似之处较多。再看与埃及祖神奥赛里斯的关系，后者是古埃及的稷神（麦神）、河神（水神）、死神、太阳神等，大部分神格与后稷也是相同的。奥赛里斯虽未有出生被弃的神话，但他成年后被其恶弟欺骗装在箱子里抛入了尼罗河支流，搁浅海滩后，被长出的圣树所包裹，形成了类似于被弃于平林的故事情节。所以二者的相似性也很强。后稷与巴比伦祖神马杜克在神格上也很相似，但更为相似的是大禹和马杜克，二者在神话情节和神格上都充分相似，因此苏雪林认为马杜克是大禹的神话原型。大禹、后稷神格上所体现的木星神和水星神交融的特性，其源头在马杜克。

我们认为，在青铜器、绵羊和小麦这些文化包裹捆绑东来的时候，同时捆绑在一起的，还有神话、宗教、仪式等精神文化。它们率先进入的地区是以陇山为中心的陕甘交界地区和以泰山为中心的山东地区。夏、商、周、楚人正处于这两地的中心或近旁，这是他们拥有以五星神话、昆仑神话为核心的祖神神话的原因所在，也是它们拥有更高文明、成为中华文明形成和发展的中流砥柱的原因所在。

香飘万里
——香文化的发展和影响

陆 芸

(福建社会科学院海上丝绸之路研究中心)

古代陆上丝绸之路和海上丝绸之路是连接亚洲、欧洲、非洲之间的重要通道，历史上，中国人、阿拉伯人、罗马人、印度人等都为两条丝绸之路的发展做出了贡献。香料是丝绸之路上贸易的重要商品，由于受到地理环境和自然因素的影响，不同国家出产的香料不尽相同，对于某些香料的爱好使进口香料成为一些国家或地区的选择。有些香料被引进栽培成功，从而使其种植到世界上许多国家。香水是在阿拉伯人使用蒸馏器后才逐步发展起来的，阿拉伯的香水曾出口到了古代中国、三佛齐国和其他国家。后来欧洲人改进了蒸馏技术，1370年的"匈牙利水"是首次制作出来含有酒精的香水，后来法国成为世界香水业的中心。伴随着香料、香水，香文化也应运而生，中国的博山炉、伊斯兰香水瓶是比较有代表性的香器。香文化渗透在社会的诸方面，我们可以在饮食、医药、香器、宗教仪式等方面发现各国在香文化上各具特色。

一 香料的使用和进出口

香料是能被嗅出香气或尝出香味的物质，根据有香物质的来源，可以分为天然香料和合成香料。天然香料大都是植物香料、少数是动物香料。自然界现已发现的香料植物有3600种，得到有效开发利用的芳香植物有400多种，植物的根、干、茎、枝、皮、叶、花、果实、树脂皆可散发香味。动物香料多为动物的分泌物或排泄物，常见的有麝香、灵猫香、海狸香、龙涎香。根据历史记载，埃及、中国、印度、希腊是世界上首先使用香料的国家。埃及使用熏香的历史可追溯到金字塔时代（前2700—前1750），埃及的木乃伊涂有香料，埃及艳后克利奥帕特拉（Cleopatra）曾花费巨资制作香油，埃及人从中东、非洲其他地区引进了香料，用于熏香或涂抹身体，还应用在宗教仪式中。中国早在黄帝、神农氏时代，就采集一些能发出香味的树皮、草根等用于敬神、祭祀、丧葬。春秋战国时期（前770—前221）兰花受到人们的喜爱。在唐代以前，中国已经使用龙脑、郁金香、苏合香油等外来香料。古印度人在宗教仪式和个人生活中，广泛使用香薰，在食物中添加香料。古希腊人将草药与花朵煮沸从中提取香精。罗马帝国居民受到希腊和中东的影响，也十分喜欢香料，他们在食物中添加胡椒、肉桂、豆蔻、丁香等。后来的欧洲国家继承了罗马帝国使用香料的传统，13世纪法国的烹饪书《塔耶旺的肉食》（*Le Viandier de Taillevent*）提到"制作卡梅林调味汁。姜磨碎，加入大量肉桂、丁香、摩洛哥豆蔻、肉豆蔻干皮"[①]。姜原产自中国，湖北江陵战国墓葬曾出土完整的姜块，湖南长沙马王堆汉代墓葬中也出土了姜。到南宋时，杭州有"姜行"，出售生姜、姜芽。后来姜的种植传播到了其他亚洲热带国家和东非。肉桂原产中国、印度、老挝、越南、印度尼西亚、斯里兰卡等国，有温中补肾、散寒止痛的功能。丁香在16世纪初以前只生长在摩鹿加群岛（今印度尼西亚的马鲁古群岛）和班达群岛，其在欧洲的贸易早先掌握在穆斯林手中，直到麦哲伦远航后西班牙人、葡萄牙人才了解到丁香产地的奥秘。摩洛哥豆蔻原生产在西非沿海地区，在中世纪的欧洲它因昂贵的成本而得名，主要因为它经历了漫长而艰辛的海上航行才从非洲来到了欧洲。摩鹿加群岛和班达群岛还是肉豆蔻的原产地，肉豆蔻具有杀菌和麻醉作用，可以缓解肠胃胀气和消化不良。这本法国烹饪书记载的香料几乎全部来自法国以外的国家，说明进口香料在中世纪的法国，乃至欧洲是常态。除欧洲外，阿拉伯半岛、印度、中国等国家的人们也喜欢在饮食中添加香料，阿拉伯人制作红肉菜肴时会添加乳香、孜然芹、肉桂和芫荽。印度的印度教教徒大量使用阿魏为食物调味。中国人使用花椒、姜、肉桂等调味品。

[①] ［英］约翰·奥康奈尔：《香料之书》，四川人民出版社2018年版，第13页。

除饮食外，香料还被运用在医学上。在古代中国医学、阿拉伯医学、印度医学上都有关于香料治疗疾病的记载。在中世纪的欧洲，人们认为香料可以医治许多疾病，还可以预防传染病和瘟疫，1348年黑死病发生时，欧洲当时提倡随身佩带装有混合香料的香盒。随着海陆两条丝绸之路的进一步拓展和延伸，丝绸之路沿线国家和地区之间的医学交流日益频繁。以中国为例，唐代以前，中国对外医学交流主要是印度、越南、日本等国家，唐代及其后逐步转向阿拉伯国家。唐、宋、元时期，海外贸易兴盛，大量外来香料进入中国。宋代专管海上贸易的市舶司对香料执行抽分、抽解，宋嘉祐二年（1057）仁宗皇帝下令修撰医书的诏令中说道："其蕃夷所产，即令询问榷场市舶商客，亦依此供析，并取逐味各一、二两，或一、二枚封角，因入京人差送，当所投纳，以凭照证画成本草图，并别撰图经。"① 外来医学知识也因此传入中国。宋代的《太平惠民和剂局方》中记载了"乳香应痛圆、乳香圆、乳香宣经圆、没药降圣丹"的方剂。②《太平惠民和剂局方》共十卷，由宋代太平惠民合剂局编写，宋代曾多次增补修订刊行。宋代的《圣济总录》"诸风门"下收录了乳香丸八种，乳香散三种，乳香丹一种；木香丸五种，木香汤一种；没药丸五种，没药散两种；安息香丸两种。

乳香（Frankincense/Mastic）是宋代进口的主要香料，它产于乳香木，采集方法是在树皮上割开伤口，流出乳状汁液，接触空气后变硬，成为黄色微红的半透明凝块。乳香的阿拉伯名字有两个，一是Luban（لبان），这词的词根是لبن，是乳、奶、乳状的，乳白色的，所以中文翻译很好地体现了乳香的特点。二是Mastic（مصطكا），在《回回药方》中有"麻思他其"的记载，③ 麻思他其是مصطكا的音译，《回回药方》有乳香膏子的记载。④ 在明代编著的《普济方·眼目门》中

---

① 转引自（宋）苏颂编撰《本草图经》，《本草图经奏敕》，安徽科学技术出版社1994年版。
② （宋）《太平惠民和剂局方》，人民卫生出版社2017年版，第29、31、36、250页。
③ 宋岘考释：《回回药方考释》上册，中华书局2000年版，第144页。
④ 宋岘考释：《回回药方考释》下册，中华书局2000年版，第39页。

有"乳香散、乳香丸"的记载。①

没药（Myrrh）产于阿拉伯半岛、非洲索马里、埃塞俄比亚，它的阿拉伯语为 مر，意思为苦的，别名末药。在《回回药方》中有"木儿汤"的记载，木儿就是没药。没药有活血止痛、消肿生肌、兴奋、祛痰、抗菌、消炎等功能，可以治疗瘀血、跌打损伤、心腹疼痛等症状。赵汝适在《诸蕃志》中提到没药出大食麻啰拔国，麻啰拔国指的是也门马里卜（Marib）。马里卜是古代示巴王国的首都，著名的马里卜水坝就是示巴王国的遗物。示巴王国在阿拉伯半岛历史上非常著名，在公元5—6世纪灭亡了。古代赛伯伊人（示巴王国居民）发展了也门与叙利亚的陆路交通。

乳香与没药是西方历史上最重要、最名贵的两种香料。有资料记载，早在2000年前阿拉伯人就开始使用乳香了。在犹太教和基督教中，乳香享有很高的地位，我们可以在《圣经》中发现对乳香的描写。在《马太福音》中记载，来自东方的三贤士带了黄金、乳香和没药去伯利恒朝圣，将上述三样东西献给降生于人间的耶稣。赵汝适在《诸蕃志》卷下《志物》中对乳香产地、品种和品质都做了介绍："乳香一名薰陆香，出大食之麻啰拔、施曷、奴发三国深山穷谷中。其树大概类榕。以斧斫株，脂溢于外，结而成香，聚而成块。以象辇之至于大食，大食以舟载易他货于三佛齐，故香常聚于三佛齐。蕃商贸易至，舶司视香之多少为殿最……"② 麻啰拔、施曷、奴发自古以盛产乳香而闻名，麻啰拔即米尔巴特（Mirbat），在今天阿曼苏丹国南部。施曷是席赫尔（Shihr），"席赫尔在近代和现代，是指乳香的整个产地而言，包括麦海赖和采法尔"③。采法尔现代的名称是佐法尔，奴发是佐法尔（Dhofor），在阿曼苏丹国南部。公元2000年阿曼的乳香之路被列入世界文化遗产目录，乳香贸易曾经繁荣了许多世纪。

宗教仪式上使用香料也十分普遍，最早人们向上天、土地、神灵祈祷时会通过焚香的方式。丝绸之路沿线的宗教有萨满教、祆教、摩尼教、道教、佛教、基督教、伊斯兰教，今天佛教、基督教、伊斯兰教是世界三大

---

① （明）朱橚编纂，肖国士、谢康明主编：《眼科普济方新编》，学苑出版社2006年版，第96、367页。
② （宋）赵汝适著，杨博文校释：《诸蕃志校释》，中华书局2004年版，第163页。
③ ［美］菲利普·希提：《阿拉伯通史》上册，马坚译，新世界出版社2008年版，第37页。

宗教，信仰者众多。佛教徒认为香与智慧是相通的，焚香有助于进入佛的境界，所以上香是日常佛事重要的环节，我们在浴佛法会、水陆法会等活动中都能见到使用香料的场面。由于佛教宗派众多，不同的宗派使用的香料有差别，例如禅宗使用的香汤以沉香、白檀香、甘松香、丁香、薰陆香、芎胡、郁金七种香料调制而成；密宗使用檀香、沉香、薰陆香、郁金香、龙脑香、零陵香、藿香等调制香汤。基督教认为天堂充满了香料的芳香，上帝、基督、圣母及圣徒身上都洋溢着香料的气息，在举行弥撒时会使用乳香，圣油礼是橄榄油中添加了麝香、玫瑰、茉莉、安息香等。穆斯林也十分重视香料的使用，他们用白檀、沉香、安息香、广藿香等制作熏香。宗教的传播使一些外来香料和焚香的习俗逐渐大众化，美国学者谢弗在《唐代的外来文明》中指出："佛教与外来的印度文化为中国寺庙带来了大量的新香料，而众多的有关焚香和香料的习俗和信仰也随之传入了中国，从而加强和丰富了中国古老的焚香的传统。"[①] 其他国家与中国的情况类似。

二 香水的制作和传播

历史上古埃及人将香料植物浸泡在水中或油中，古希腊人将草药与花朵煮沸后取得香精，在祭祀神灵之前喷洒在身上，据说这样可以取悦神灵。在埃及人和希腊人的影响下，古代罗马人也对这种原始的香水痴迷起来，罗马皇帝尼禄（Emperor Nero）会在宴会上将玫瑰香水洒向宾客。在阿拉伯人使用蒸馏提香后接近现代意义的香水才逐步发展起来，阿拉伯国家与东亚、东南亚、南亚和欧洲的贸易往来频繁，阿拉伯香水也传到了中国、三佛齐、意大利等国家。文艺复兴时期，意大利各城邦作为文艺复兴的主力，在香水制作方面走在前面，15世纪末意大利人已广泛使用香水。这种使用香水的习惯从意大利传播到其他欧洲国家，香水的制造中心从意大利转移到法国，直至今天，法国依旧是世界香水业的中心之一。

提到中世纪的阿拉伯香水，离不开蒸馏技术的运用。方心芳在《关于中国蒸酒器的起源》提及蒸酒器可以用于蒸制花露水，马承源认为汉代的青铜

---

① ［美］谢弗：《唐代的外来文明》，吴玉贵译，中国社会科学出版社1995年版，第343页。

蒸馏器不仅可以蒸馏酒,也可以提取花露或某些药物的有效成分。[①] 但中国唐宋以前的文献中没有发现蒸馏器提取香露、香水的记载。世界上较早采用蒸馏技术提取香水的是阿拉伯国家,阿拉伯炼金术改进了古希腊炼金术中使用的蒸馏器皿和方法,提取了酒精和香水。9 世纪肯迪(约 800—873)在《香料化学和蒸馏之书》(*Kitab Kimya' al-' Itr wa al-Tas' idat*)记载了制作香水的 107 种方法和配方,番红花、丁香、麝香、龙脑、沉香、蔷薇、素馨等都可以用来制作香水。13 世纪贾巴里在《揭密书》中提到了玫瑰香水的配制工艺,14 世纪,迪马什齐在《世界志》中介绍了大马士革的香水生产。[②] 美国学者希提在《阿拉伯通史》中提到:"用蔷薇、睡莲、橙子花、紫花地丁等香花制作香水或香油,在大马士革、设拉子、朱尔和其他城市,是一种兴旺的工业……朱尔出产的蔷薇水,大量出口,远销到东方的中国和西方的马格里布。"[③] 肯迪在《香料化学和蒸馏之书》展示了两种蒸馏器,其中一种为曲颈瓶式蒸馏器,如果连接的排水管足够长,曲颈瓶式蒸馏器冷却效果更佳,能产生更多的蒸馏液。

宋代中国与阿拉伯国家的交往比以前更加密切,当时进贡的物品中有蔷薇水,如大舶主蒲希密委托李亚勿在淳化四年(993)向宋廷进贡"蔷薇水百瓶",至道元年(995)蒲希密的儿子大食舶主蒲押陁黎来华进贡的货物中有"蔷薇水二十琉璃瓶"。[④] 蔷薇水是阿拉伯香水的一种,赵汝适在《诸蕃志》记载:"蔷薇水,大食花露也。五代时番使蒲诃散以十五瓶效贡。厥后罕有至者。今多采花浸水,蒸取其液以代焉。其水多伪杂,以琉璃瓶试之,翻摇数四,其泡周上下者为真。其花与中国蔷薇不同。"[⑤] 蒲诃散是占城的使者,于后周显德五年(958)来华,可见阿拉伯的蔷薇水在 10 世纪就已传入中国,装载蔷薇水的琉璃瓶即玻璃瓶,这种玻璃瓶"由球形的瓶身延伸出细长而扭曲的瓶颈连接漏斗形的注口,也许这样可以避免

---

　　① 马承源:《汉代青铜蒸馏器的考古考察和实验》,《上海博物馆集刊》第六辑,上海古籍出版社 1992 年版。
　　② [叙利亚]艾哈迈德·优素福·哈桑、[英]唐纳德·R. 希尔:《伊斯兰技术简史》,科学出版社 2010 年版,第 120 页。
　　③ [美]菲利普·希提:《阿拉伯通史》上册,马坚译,新世界出版社 2008 年版,第 352 页。
　　④ (元)脱脱等:《宋史》卷四九〇,中华书局 1977 年版,第 14119 页。
　　⑤ (宋)赵汝适著,杨博文校释:《诸蕃志校释》,中华书局 2004 年版,第 172 页。

一次流出太多的水"（图1）①。还可以防止水分蒸发，这在干旱的热带、亚热带气候地区十分实用。

宋代蔡绦在《铁围山丛谈》中进一步介绍了大食国蔷薇水的制作方法，"旧说蔷薇水，乃外国采蔷薇花上露水，殆不然。实用白金为甑，采蔷薇花蒸气成水，则屡采屡蒸，积而为香，此所以不败。但异域蔷薇花气，馨烈非常，故大食国蔷薇水虽贮琉璃缶中，蜡密封其外，然香犹透彻。闻数十步，洒著人衣袂，经十数日不歇也"②。蔷薇水不仅可以单独使用，还可以与其他香水搭配，变化出不同的香型。阿拉伯香水可以用于洗手、洒在衣服上、混合在饮料中。这种制作香水的方法被中国人效仿，蔡绦在《铁围山丛谈》提到当时五羊（今广州）效仿大食蔷薇水的制作，用素馨茉莉花制作香水，但效果不如大食蔷薇水。素馨又名耶悉茗，音译于波斯语 Yasmeen (ياسمن)，花外部粉红色，内部白色或黄色，香味浓郁。茉莉花与素馨一样，同属素馨属，所以波斯语名字也是 Yasmeen (ياسمن)，相传此两种花是汉代陆贾从西域引进在南海种植的。南宋张世南在《游宦纪闻》中介绍永嘉民间用甑具提取花露的情况："锡为小甑，实花一重，香骨一重，常使花多于香，窍甑之旁，以泄汗液。以器贮之。毕则彻甑去花，以液渍香。"③ 到明清时期中国民间已普遍用各种散发香气的植物制作花露（香水），周嘉胄在《香乘》引用了《墨娥小录》记载："取百花香水：采集百花头，放入甑内装满，上面用盆、盒之类盖好，四周封严。将竹筒劈成半截，用来接取甑下倒流的香水，储藏使用，称之花香。"④ 有学者认为《墨娥小录》写于元末明初。清代《农学纂要》记载了"制薄荷油脑器，甲鼋、乙釜、丙桶、戊己漏斗、庚木筒、辛磁瓶、壬水桶、癸藁输"⑤。赵学敏在《本草纲目拾遗》（成书于1765年）中介绍了金银露、薄荷露、玫瑰露17种香露的原料和治疗功效。《红楼梦》中贾宝玉被父亲贾政打后胃口不佳时，王夫人给了"木樨清露""玫瑰清露"。⑥ 木樨的花

---

① 王敏编著：《玻璃器皿鉴赏宝典》，上海科学技术出版社2011年版，第84页。
② （宋）蔡绦：《铁围山丛谈》卷五，中华书局1983年版。
③ （宋）张世南：《游宦纪闻》卷五，中华书局1983年版。
④ （明）周嘉胄：《香乘》卷一四《香典》，重庆出版社2009年版，第296页。
⑤ （清）陈恢吾：《农学纂要》卷二，http://www.bookinlife.net。
⑥ （清）曹雪芹：《红楼梦》第三十四回，中州古籍出版社1994年版，第194页。

是桂花，木樨清露就是桂花露。赵学敏认为玫瑰露气香而味淡，能和血，平肝养胃，宽胸散郁。桂花露气香味微苦，明目疏肝，止口臭。①

中世纪的欧洲与阿拉伯国家的政治、经济、贸易频繁。十字军东征（1096—1291）促进了欧洲自由城市的经济发展，扩大了意大利北部和西部地中海城市的贸易规模，十字军战争结束时，由东方运往西欧的商品比以前增加了10倍，东方的香料是比较重要的贸易商品。十字军骑士特别喜欢阿拉伯香水，如"大马士革所特产的各种香水和各种芬芳的挥发油，以及波斯的蔷薇油"②。欧洲人对蒸馏技术加以改进，1370年的"匈牙利水"是首次制作出来含有酒精的香水，它的成分主要是迷迭香精油和酒精。1690年意大利理发师费弥尼在"匈牙利水"的基础上添加了柠檬精油、甜橙精油、橙花纯露，将这一香水的配方传给了后代法丽娜，法丽娜在1709年制造出了科隆香水（Eau de Cologne），这是一种低浓度的香水。威尼斯、佛罗伦萨等是地中海上著名的贸易城市，美第奇家族是佛罗伦萨的统治者，16、17世纪萨美第奇家族与法国皇室联姻，出现了两位法国皇后，凯瑟琳·德·美第奇在1533年嫁给了法国亨利王子，她从意大利带来了调香师勒内·勒·弗洛伦丁（René le Florentin），这位调香师为凯瑟琳设计了Acqua della Regina香水，制作了带有香味的皮革手套。1536年亨利王子在哥哥佛朗索瓦去世后成为法国王位继承人，1547年凯瑟琳·德·美第奇成为法国王后，在丈夫死后凯瑟琳以王太后身份摄政。凯瑟琳对美的追求带动了法国香水业、服装业的发展，Acqua della Regina香水迅速风靡了法国宫廷，直至今天依然是畅销款，其名字改为圣塔玛莉亚诺维拉（Santa Maria Novella）。1600年玛丽·德·美第奇嫁给法国亨利四世，她喜欢珠宝、香水、漂亮衣服，丈夫死后玛丽·德·美第奇以王太后身份摄政。17世纪时，法国人不仅要在身体和衣物上喷洒香水，在家具和扇子上也喷上香水。法国的路易十四国王有"闻起来最香的国王"的称号，他每天会使用定制的不同香水。当时的法国贵族们也喜欢请人定制香水。19世纪出现了合成香料，丰富了香水制作的来源，合成香料和天然香料混合制成的香水在19世纪末推向市场，娇兰·姬琪（Guerlain Jicky）是世界上第一

---

① （清）赵学敏：《本草纲目拾遗》卷一，http://max.book118.com。
② [美] 菲利普·希提：《阿拉伯通史》下册，马坚译，新世界出版社2008年版，第667页。

款用人工合成法制成的现代香水，它奠定了现代香水具有前中后三段味道的基本模式，前调是香水最开始散发的香味；前调消失后，闻到的气味就是中调，也是香水的主调；后调持续的时间最久，闻起来没有前调、中调丰富。

三　香文化的发展和交流

香文化是指各个国家或民族在长期的历史发展进程中，围绕各种香品的制作和使用，逐步形成的能够体现本国或本民族的民族传统、价值观念、思维模式的一系列物品、技术、方法、习惯等，各大洲都有自己的香文化，亚洲以中国、印度的香文化历史最为悠久，欧洲古希腊、古罗马的香文化也不遑多让。古希腊人除在祭祀时使用香料外，香料也被认为可以治疗疾病和预防疾病。古罗马的皇帝和贵族酷爱使用香料，这一传统被后来的欧洲国家继承，"贵如胡椒"形象地说明了在中世纪欧洲，香料不仅是一种奢侈品，还是财富、地位的象征。美洲的古印地安文明中也有香文化的记载，印第安人将香料与烟草混合装在管状的香器中燃烧，向天空、土地祈祷，伴有巫师的吟唱。香文化渗透在社会的诸方面，我们可以在饮食、香器、宗教仪式等发现各国在香文化上各具特色。随着人类交往的频繁，香文化交流贯穿香文化的发展史中。

香料被广泛运用在饮食上，全球50大美食排行榜上有印度咖喱土豆卷饼、新加坡辣椒蟹、印度尼西亚干咖喱、泰国马沙文咖喱等，辣椒、咖喱被运用在许多美食上。辣椒原产于墨西哥、哥伦比亚等美洲国家，1492年哥伦布在伊斯帕尼奥拉岛上第一次尝到辣椒的味道，认为它是胡椒的一种，将它运回了西班牙，辣椒后来被传播种植到了欧洲、亚洲和非洲。咖喱是由多种香料调配而成的酱料，常见于印度菜、泰国菜等，咖喱首先在南亚和东南亚传播，17世纪欧洲殖民者将它带回欧洲，咖喱与不同的饮食文化结合。今天我们知道的著名咖喱有印度咖喱、泰国咖喱、马来西亚咖喱、日本咖喱、英国咖喱等，它们的原料不尽相同。上文提到印度咖喱土豆卷饼是先用米糊摊成甜美而光泽鲜明的脆皮，包上辛香的土豆泥，然后蘸着椰子酸辣酱、泡菜、西红柿扁豆酱等佐料。印度尼西亚干咖喱用椰奶和柠檬草、高良姜、大蒜、姜黄、姜、辣椒混合起来的佐料炖牛肉。泰国马沙文咖喱的原料有辣椒、大蒜、香茅、高良姜、柠檬叶、香菜根和籽、孜然、黑胡椒、丁香。日本咖喱是明治维新时期欧洲人传入日本的，与印度咖喱、泰国咖喱、马来西亚咖喱相比，日本咖喱甜味较重，不太辣，因为其中加入了浓缩果泥。

香器是焚香或盛放香水的器皿，有香炉、香囊、熏球、香盒、香水瓶等，它们的材质、形制各不相同。各国在使用香料的过程中，都制造了具有特色的香炉。埃及贝尼哈桑墓葬出土了有长柄的勺状的香炉，其时间约在公元前1900年。中国博山炉出现在西汉时期（公元前202年—公元8年），汉代中山靖王刘胜墓葬出土的错金博山炉是代表，以后历代仿制的博山炉层出不穷，博山炉成为中国香炉的代表。孙机先生指出博山炉的出现迎合了西域传入的树脂香料焖烧的需要，与早期的豆形熏炉相比，博山炉的炉盖增高，镂孔变小，炉身更深，便于下部的炭火缓慢地阴燃。[①] 英国考古学家、汉学家杰西卡·罗森（Jessica Rawson）认为博山炉的原型来自于西亚并经西伯利亚或中亚传入汉语区域，"带盖的香炉首先被亚述人使用，其后是阿契美亚德人。它们被表现在尼尼微和波斯波利斯宫殿的浮雕上……此传统从伊朗延伸到埃及，甚至进一步西传至希腊、伊特鲁里亚和罗马。东达斯泰基和印度次大陆西北部的部分地区。它们被沿用了数百年"[②]。斯泰基人是公元前8世纪—公元前3世纪在中亚和南俄草原上操东伊朗语族的游牧民族，中国的《史记》《汉书》称呼斯泰基人为"塞""塞种"。中西亚的香炉形状经过斯泰基人传到中国，汉代人把关于山的形状和中国古代升仙思想相结合，制造出了博山炉。在所有材料中，玻璃是最适合盛放香水的，玻璃器不会和液体产生化学作用而导致香水变调。埃及新王朝时期（约前1567—前1085）的绿色香水瓶是早期玻璃制品。公元1世纪左右，叙利亚人发明了玻璃吹制工艺，这种工艺后来传播到罗马帝国，罗马人制造出许多新型玻璃器皿，蓝色玻璃香水瓶是其中一种（图2）。"在7世纪的埃及，旧的罗马—埃及风格和式样让位给了新的类型——有点状背景并饰以暗痕或花边或雕刻的香水瓶"[③]，"公元9世纪及

---

① 孙机：《汉代物质文化资料图说》，文物出版社1991年版，第358—364页。
② [英]杰西卡·罗森：《祖先与永恒：杰西卡·罗森中国考古艺术文集》，邓菲等译，生活·读书·新知三联书店2011年版，第468—469页。
③ [英]查尔斯·辛格等主编：《技术史》第2卷《地中海文明与中世纪》，潜伟主译，上海科技教育出版社2004年版，第233—234页。

以后的几个世纪里，阿拉伯的刻制玻璃可以与最好的罗马玻璃和现代水晶玻璃相媲美"[1]。伊斯兰时期的玻璃器与欧洲玻璃器相比，各具特色。中国陕西省法门寺地宫出土的贴塑纹盘口瓶、河南洛阳唐墓出土的素面玻璃香水瓶（图3）、河北定县静志寺舍利塔地宫出土的素面长方形淡黄绿色小玻璃瓶（图4）、马来西亚伊斯兰国家博物馆收藏的玻璃瓶都是伊斯兰玻璃器。类似河南洛阳唐墓出土的素面玻璃香水瓶曾在巴基斯坦班伯尔（Bambhore）发现。随着香水的普及，香水瓶也加快了潮流更迭的频率。收集古董香水瓶成为一些人的爱好。2006年一款贝壳状的磨砂玻璃香水瓶（Tresor de la Mer）在新泽西的拍卖会上拍出216000美元，这款香水在1936年的售价为50美元，拍卖时里面的香水早已挥发。今天我们看到的香水瓶形状精致，色彩鲜艳，一些艺术家和名人参与了香水瓶的设计，如法国著名的玻璃艺术家和设计师勒内·拉力克（Rene Lalique）。勒内·拉力克先后为"Coty""Worth""Forvil""Houbigant"等法国香水品牌设计批量生产了250种香水瓶。

　　香文化在古今中外作品中有着丰富的描写。中国古代焚香、制香、赠香以及写香、咏香，成为一些文人雅士生活中必不可少的重要内容。战国时期屈原写的《离骚》中有一些描写兰、桂、椒等香草，他在《九歌·云中君》描写的兰汤，就是将兰花等香草泡在水中用于沐浴。笔者在唐宋著名文人王维、李白、杜甫、白居易、欧阳修、苏轼、陆游、李清照等人的作品中发现了各种描绘香料、香器的句子。例如陆游有多首以《烧香》命名的诗。这一传统为明清时期的诗词所继承，纳兰性德、袁枚等都有咏香的佳句，"红袖添香伴读书"至今仍为人们引用，成为文人的向往。宋代洪刍（1066—1128年）在《香谱》中记载了香料的产地、用香方法和合香方法。明代周嘉胄（生于1582，卒年不详）在《香乘》系统地介绍了各种香料的产地、特点，编入了与香料有关的史、录、谱、记、志等文献，比较全面地反映了古代中国香文化。香文化还反映在中国明清时期的小说中，在《金瓶梅》《红楼梦》等小说中有许多关于香囊、香炉、熏球的描写。

　　早期西方作家由于对肉桂、胡椒之类的香料不甚了解，所以在他们笔

---

[1] ［英］查尔斯·辛格等主编：《技术史》第2卷《地中海文明与中世纪》，潜伟主译，上海科技教育出版社2004年版，第238页。

下有关香料的描述与事实颇有出入。这一情形在 13、14 世纪后得到了有效改善。马可·波罗在其游记叙述:"德里王国出产大量的胡椒和姜,还有其他的香料……马拉巴出产大量的胡椒、姜、肉桂皮和印度坚果,还出产最为精致美丽的棉布……古者拉特王国出产大量的生姜、胡椒和蓝靛。"[1] 马可·波罗笔下的印度居民不再形象怪异,香料产地也不再是群蛇环绕,人迹罕至。摩洛哥旅行家伊本·白图泰在途经锡兰(今斯里兰卡)时发现当地盛产肉桂。随着 15、16 世纪地理大发现后,香料逐渐褪去其神秘的色彩,欧洲人对香料的认识也逐步清晰而准确。1563 年,在果阿工作的葡萄牙医生加西亚·德·奥塔在《关于印度草药、药物和医用产品的谈话》中,纠正此前关于香料的错误观点。类似的西方书籍还有许多,有的作者主要介绍香料的产地和历史;有的作者着重介绍香料在烹饪和医学上的运用;还有的作者从香料贸易出发,介绍了穆斯林商人、麦哲伦航海等一系列与香料历史有关的事例。

西方诗歌歌咏香料的历史悠久。《雅歌》(*Songs of Songs*)是《圣经·旧约》的诗歌,记载了良人和书拉密女的爱情,诗歌里对于香料、香膏的描写有很多,如"你的膏油馨香。你的名如同倒出来的香膏",(1:3)"我以我的良人为一袋没药,常在我怀中。"(1:13)"我们以青草为床榻,以香柏树为房屋的栋梁,以松树为椽子。"(1:16—17)"有哪哒和番红花,菖蒲和桂树,并各样乳香木,没药,沉香,与一切上等的果品。"(4:14)香料在《雅歌》中成为爱情表达的一种方式。在 13 世纪法国寓言诗歌《玫瑰传奇》中,玫瑰象征着美丽女性,爱人在梦中爱上了玫瑰,"它(玫瑰)的芳香,四处扩散,它散发出来的香味,弥漫在我的周围。当我闻到这股香气,我便再也不想远离"。英国小说家、诗人杰弗雷·乔叟(Geoffrey Chaucer,1343—1400)将《玫瑰传奇》翻译成英文。除诗歌外,戏剧、小说、影视作品有关香料、香水的描写也不少,英国剧作家威廉·莎士比亚在《麦克白》的台词"阿拉伯半岛出产的所有名贵香料绝不能根除残留在我手上的血腥味",说明麦克白认为自己杀人的罪恶深重。《香水》是德国作家帕特里克·聚斯金德(Patrick Suskind)的小说,讲述了主

---

[1] [意]马可·波罗:《马可·波罗游记》,梁生智译,中国文史出版社 1998 年版,第 260—263 页。

人公通过谋杀少女取得她们身上的香味，利用少女的香味制作香水。这部小说被译成近40种语言在世界多国发行，由梦工厂和百代电影公司改编成的同名电影，曾在第57届德国电影奖和第20届欧洲电影奖上获得多项奖项。

汉代张骞出使西域，陆上丝绸之路随之开通，几乎同时海上丝绸之路也初步形成，沉香、苏合香、龙涎香等外来香料输入中国。在两条丝绸之路上，中国人、印度人、波斯人、阿拉伯人等都做出了贡献，他们将自己的香文化传播到其他国家，也将其他国家的香文化带回了本国。日本香道曾受到中国文化和佛学影响，唐代鉴真东渡和遣唐使带着许多香料来到日本，后来中国的香席活动传播到日本。随着香料、香水的普及，沿线国家的香器日渐丰富，交流也更趋频繁，中国博山炉传入朝鲜半岛，百济金铜大香炉就受到博山炉的影响。清代珐琅技术从外国传入中国后，掐丝珐琅、画珐琅被运用在中国香炉的制作上。玻璃的制作工艺从古埃及传播到了希腊、罗马，伊斯兰玻璃器继承了罗马帝国和萨珊王朝的传统，以精致豪华和优良质地著称于世。香水瓶作为玻璃器皿的一种，在丝绸之路沿线国家都有发现。宗教传播和医学交流更进一步加强了香文化的交流，丰富了沿线国家的香文化。香文化的交流与香文化的发展交融、交汇，创造出了当今世界各国别具特色的香文化。

图1　伊斯兰长颈玻璃瓶

图2　罗马帝国早期蓝色玻璃香水瓶

图3　洛阳唐墓的素面玻璃香水瓶

图4　河北定县的素面长方形淡黄绿色小玻璃瓶

《金刚经》的传播和本土化*

张开媛

（河北师范大学外国语学院）

一 《金刚经》引介我国与佛学表义的本土化演变

《金刚经》是一部小部头的般若佛典，旨在讲"空"。5世纪初，后秦译僧鸠摩罗什大师首次将其译为汉文。这之后，我国译僧又译出五个版本，分别为元魏菩提流支本、南朝梁真谛本、隋达磨笈多本、唐玄奘本和唐义净本。《金刚经》被多次重译的原因，在于其佛学教义逐渐转向对大乘有宗思想的表达，受到了佛教中国化的影响。

罗什时代，后秦君主姚兴佞佛，时值小乘佛教盛行，中国人盛行以玄老之义解佛之道理，即格义解佛。为将印度佛学思想原汁原味传入中国，罗什将其所学之大乘空宗引介入西域之龟兹。《金刚经》作为讲"空"的不二之选，列入罗什译目，最终译出其汉文本，即罗什本《金刚经》。此版本以三段式"A者，非A，是名为A"表达循环否定，传达了大乘中观"空"的佛学思想。罗什后，胡僧来华传法渐盛，西域与中土佛教交流密切。元魏时，菩提流支为《金刚经》再出一译，流支本《金刚经》的佛学载义通过选词差异，体现"法有"转向。其词汇选择，如"福德聚""善法""相成就""阿耨多罗三藐三菩提心""法门"，均具"法有"观念。译者对译本的主体选择把控了佛学表述，通过译本选词造句来表达。这种

---

* 本文系2023年度河北省文化艺术科学规划和旅游研究项目"河北临济宗国际传播研究"（HB23—YB068）的阶段成果。

趋势并未至《金刚经》的第二译终止，南朝梁真谛所出第三部《金刚经》汉译沿承此势，使《金刚经》的表义渐倾向于印度的瑜伽行派佛学思想。真谛本采纳了流支本对词汇意义再构建的译法，创造性地把前二译中的"相"改译为"想"，并增补了部分表达"法有"的佛学内容，使词汇表义出现明显的"法有"色彩，如"菩提心行菩萨乘""法想""庄严佛土"等词，尔后通过这些带有"法有"色彩的词汇进行译句组合，以达到对《金刚经》经义向"法有"思想转旋的表义把控。笈多于隋代来华传法，隋时我国正式出现佛教宗派——天台宗和三论宗，二宗虽分属有宗和空宗，但成宗后的佛学思想并未完全划清"空""有"佛学思想的界限。笈多本的选词，保留了真谛本对"想"的表述，如"实想"。也加入了摄论思想的表述，如"菩萨摩诃萨顺摄""菩萨乘""无上正遍知证觉""福聚生"等，使《金刚经》之佛学表义的"法有"色彩比重更多。唐代，佛教完成中国化，与儒道合流，宗派林立。唐玄奘归国后，将所学之瑜伽行派思想带入我国，细致引介了这一系列的佛经，后从此佛学背景下，重译了《金刚经》。玄奘为将自己习得的瑜伽行派思想发扬光大，对其《金刚经》译本中的"发趣菩萨乘""少法""福德聚""有情想""命者想""士夫想""补特伽罗想""意生想""摩纳婆想""作者想""受者想""法门"等词汇的翻译体现出根性思想，使《金刚经》的佛学表义走向彻底的有宗化。最末汉译——唐义净本《金刚经》的译出背景与玄奘本类似，属义净归国后所译。义净本的佛学思想，也属大乘有宗范畴。义净本的选词，如"正等觉""法想""彼亦有我执""有情执""寿者执""求趣执"也体现出对《金刚经》佛学表义的有宗思想导向。

从后秦被首次译为汉文，至唐义净译出最末一译，《金刚经》先后完成了在我国新疆地区和汉地的本土化，此过程以禅宗将其树为立宗典籍宣告完成。《金刚经》的佛学载义经历了"毕竟空——空有结合——有宗化"的教义更迭。唐时，我国其他地区的佛教传播受益于政府的边疆政策，汉地佛教通过和亲政策的实施，传入藏地。此外，藏地也接受了印度佛教，使汉地佛教、印度佛教和西藏本土之苯教碰撞、融合，出现本土化后的藏传佛教。元代太祖初期，时值西藏各政教势力不统一，成吉思汗利用此时机进入藏地。① 佛教由此经藏地传入蒙古，最早传入蒙地的佛教宗派当属禅宗。至此，《金刚经》完成在我国的全覆盖及中国化传播。

二 《金刚经》的汉文关联作品

《金刚经》的汉文关联作品，包括汉文本的经疏、经疏译本、灵验记、讲经文、经变和仪轨类作品。现存历代佛教经藏主要为前三种，数量繁多。②

经整理，录于《大正藏》的《金刚经》汉文关联作品目录如下。

1510a25 P0757 金刚般若论（二卷）：隋·达磨笈多译

1510b25 P0766 金刚般若波罗蜜经论（三卷）：隋·达磨笈多译

1511 25 P0781 金刚般若波罗蜜经论（三卷）：元魏·菩提流支译

1512 25 P0798 金刚仙论（十卷）：元魏·菩提流支译

1513 25 P0875 能断金刚般若波罗蜜多经论释（三卷）：唐·义净译

1514 25 P0885 能断金刚般若波罗蜜多经论颂（一卷）：唐·义净译

1515 25 P0887 金刚般若波罗蜜经破取著不坏假名论（一卷）：唐·地婆诃罗等译

1698 33 P0075 金刚般若经疏（一卷）：隋·智顗说

1699 33 P0084 金刚般若疏（四卷）：隋·吉藏撰

1700 33 P0124 金刚般若经赞述（二卷）：唐·窥基撰

1701 33 P0154 金刚般若经疏论纂要（二卷）：唐·宗密述，宋·子璇治定

---

① 据《藏族万年大事记》记载：蒙古族最早接触到的佛教就是禅宗（这很有可能是受到辽代契丹的影响）。公元1206年（大蒙古国成立的第三年），时值西藏各政教势力不统一，成吉思汗利用此时机进入青海柴达木地区和甘肃一带。并致书后藏萨迦寺，表示愿信佛教，并同藏族建立良好联系。受蒙古兵力制约，西藏各地首领无力抵御，请求归顺蒙古可汗。元太祖九年（1214），成吉思汗召见禅宗临济宗的僧侣海云与其师中观，开始接触佛教。其实很早时期蒙古人的祖先鲜卑人、吐谷浑人都和藏羌族人接触过，他们不断从青藏高原北部挥师南下威胁到藏羌人的政权。藏羌人通常把北方蒙古血统的民族称为"霍尔hor"。为了更好加以利用，1219年成吉思汗下诏，命中观与海云统汉地僧人，免其差发。成吉思汗之后的蒙古诸汗，对佛教加以尊崇。故蒙古文《金刚经》或从藏地传入，从属中国禅。

② 《金刚经》的汉文关联作品虽被多部佛藏收录，但《大正藏》和《卍续藏》收录最为全面。故此处整理了来自《大正藏》和《卍续藏》的《金刚经》汉文关联作品目录。

1702 33 P0170 金刚经纂要刊定记（七卷）：宋·子璇录

1703 33 P0228 金刚般若波罗蜜经注解（一卷）：明·宗泐

1704 33 P0239 佛说金刚般若波罗蜜经略疏（二卷）：唐·智俨述

1816 40 P0719 金刚般若论会释（三卷）：唐·窥基撰

2201 57 P0001 金刚般若波罗蜜经开题（一卷）：日本·空海撰

2732 85 P0001 梁朝傅大士颂金刚经（一卷）：梁·傅翕纂

2733 85 P0008 御注金刚般若波罗蜜经宣演（二卷）：唐·道氤撰

2734 85 P0052 金刚暎卷上（一卷）：唐·宝达集

2735 85 P0066 金刚般若经旨赞（二卷）：唐·昙旷撰

2736 85 P0109 金刚般若经依天亲菩萨论赞略释秦本义记卷上（一卷）：唐·知恩撰

2737 85 P0120 金刚经疏（一卷）：唐·佚名

2738 85 P0129 金刚经疏（一卷）：唐·佚名

2739 85 P0132 金刚般若经挟注（一卷）：唐·佚名

2740 85 P0137 金刚般若义记（一卷）：唐·佚名

2741 85 P0141 金刚般若经疏（一卷）：唐·佚名

2742 85 P0154 金刚般若波罗蜜经传外传卷下（一卷）：唐·佚名

2743 85 P0156 持诵金刚经灵验功德记（一卷）：唐·佚名

收于《卍续藏》的《金刚经》汉文关联作品目录如下。

X02n0058：金刚仙论（十卷）：元魏·菩提流支译（T25n1512）

X24n0454：金刚经注（一卷）：姚秦·僧肇注

X24n0455：金刚经义疏（四卷）：隋·吉藏撰（T33n1699）

X24n0456：金刚经注疏（三卷）：唐·慧净注

X24n0457：金刚经略疏（二卷）：唐·智俨述（T33n1704）

X24n0458：金刚经赞述（二卷）：唐·窥基撰（T33n1700）

X24n0459：金刚经解义（二卷）：唐·慧能解义

X24n0460：金刚经口诀（一卷）：唐·慧能说

X24n0461：金刚经注（三卷）：宋·道川颂并著语

X24n0462：金刚经会解（二卷）：宋·善月述

X24n0463：金刚经采微科（一卷）：宋·昙应排

X24n0464：金刚经采微（二卷）：宋·昙应述

X24n0465：金刚经采微余释（一卷）：宋·昙应述

X24n0466：金刚疏科释（一卷）：元·徐行善科

X24n0467：销释金刚经科仪会要注解（九卷）：宋·宗镜述，明·觉连重集

X24n0468：金刚经注解（四卷）：明·洪莲编

X24n0469：金刚经补注（二卷）：明·韩巖集解，程衷懋补注

X24n0470：金刚经注解铁鋑錎（二卷）：明·屠根注

X25n0471：金刚经宗通（七卷）：明·曾凤仪宗通

X25n0472：金刚经偈释（二卷）：明·曾凤仪释，即 X25n0471《金刚经宗通》卷八、卷九。

X25n0473：金刚经释（一卷）：明·真可撰

X25n0474：金刚经决疑（一卷）：明·德清撰

X25n0475：金刚经鎞（二卷）：明·广伸述

X25n0476：金刚经统论（一卷）：明·林兆恩撰

X25n0477：金刚经正眼（一卷）：明·大韵笔记

X25n0478：金刚经笔记（一卷）：明·如观注

X25n0479：金刚经破空论（一卷）：明·智旭造论

X25n0480：金刚经观心释（一卷）：明·智旭述

X25n0481：金刚经略谈（一卷）：明·观衡撰

X25n0482：金刚经略疏（一卷）：明·元贤述

X25n0483：金刚经音释直解（一卷）：明·圆杲解注

X25n0484：金刚经大意（一卷）：清·王起隆述

X25n0485：金刚经如是解（一卷）：清·无是道人注解

X25n0486：金刚经会解了义（一卷）：清·徐昌治纂

X25n0487：金刚新眼疏经偈合释（二卷）：清·通理述

X25n0488：金刚经郢说（一卷）：清·徐发诠次

X25n0489：金刚经注正讹（一卷）：清·仲之屏汇纂

X25n0490：金刚经浅解（一卷）：清·翁春、王锡琯解释

X25n0491：金刚经疏记科会（十卷）：唐·宗密疏，宋·子璇记，清·大璸科会

X25n0492：金刚经疏记会编（一卷）：清·行策会编

X25n0493：金刚经部旨（二卷）：清·灵耀撰；附科文

X25n0494：金刚经注释（一卷）：清·溥仁乩释，子真乩订

X25n0495：金刚经演古（一卷）：清·寂毅述

X25n0496：金刚经直说（一卷）：清·迹删鹫述

X25n0497：金刚经石注（一卷）：清·石成金撰集

X25n0498：金刚经正解（二卷）：清·龚穊彩注

X25n0499：金刚经悬判疏钞（八卷）：清·性起述

X25n0500：金刚经注疏（二卷）：清·性起述

X25n0501：金刚经如是经义（二卷）：清·行敏述

X25n0502：金刚经注讲（二卷）：清·行敏述

X25n0503：金刚经注解（一卷）：清·孚佑帝君注解

X25n0504：金刚经汇纂（二卷）：清·孙念劬纂

X25n0505：金刚经心印疏（二卷）：清·溥畹述

X25n0506：金刚经注（二卷）：清·俞樾注

X25n0507：金刚经订义（一卷）：清·俞樾著

X25n0508：金刚经阐说（二卷）：清·存吾阐说

X25n0509：金刚经解义（二卷）：清·徐槐廷述

X25n0510：金刚经易解（二卷）：清·谢承谟注释

X46n0792：金刚般若经论会释（三卷）：唐·窥基撰（T40n1816）

X74n1494：金刚经科仪（一卷）：清·建基录

X87n1629：金刚般若经集验记（三卷）：唐·孟献忠撰；附拾遗

X87n1630：金刚经鸠异（一卷）：唐·段成式撰

X87n1631：金刚经受持感应录（二卷）

X87n1632：金刚经感应传（一卷）

X87n1633：金刚经新异录（一卷）：明·王起隆辑著

X87n1634：金刚经灵验传（三卷）：日本·净慧集

X87n1635：金刚经持验记（二卷）：清·周克复纂

X87n1636：金刚经感应分类辑要（一卷）：清·王泽泩编集

此外，李昉作《太平广记》所收录之《金刚经》灵验故事较佛藏更全，部分故事与佛藏所录存在交叉。

由上可见，《大正藏》和《卍续藏》收录的《金刚经》汉文关联作品

《金刚经》的传播和本土化   147

多为注疏，灵验记其次，多属唐代和明清作品。民国以来，两岸出版的《金刚经》注疏还包括①：《金刚般若波罗蜜经实说》②《金刚经解读》③《金刚经讲义》④《金刚经讲义撷录》⑤《金刚经释密》⑥《金刚般若波罗蜜经述记》⑦《金刚经般若思想初探》⑧《金刚经别讲》⑨《金刚般若波罗密经述义》⑩《金刚经现代读》⑪《金刚经名相解》⑫《金刚经浅释》⑬《金刚经今释》⑭《金刚般若波罗密经宗通》⑮《金刚经白话句解》⑯《〈金刚经赞〉研究》⑰《金刚经白话解释》⑱《〈八大人觉经〉〈八识规矩颂〉〈金刚经〉讲义》⑲《〈金刚般若波罗蜜经〉完全白话解说》⑳《金刚经导读》㉑《金刚经要义句解》㉒《金刚经略疏》㉓《能断金刚般若波罗蜜多经释》㉔《金刚般若波罗密经讲录》㉕《金刚般若波罗蜜经讲义》㉖《金刚般若波罗蜜经释要》㉗

---

① 本部分注释属于列举名录，无具体页码。
② 成学敏：《金刚般若波罗蜜经实说》，(台中) 国彰出版社 1993 年版。
③ 江支地：《金刚经解读》(第一版)，(台北) 圆明社 1998 年版。
④ 江味农：《金刚经讲义》，(台北) 台湾印经处 1957 年版。
⑤ 江味农：《金刚经讲义撷录》，朱宽郁撷录，(台北) 大乘精舍印经会 1982 年版。
⑥ 吴静宇：《金刚经释密》，香港道德善堂 1983 年版。
⑦ 李子宽：《金刚般若波罗蜜经述记》，(台北) 普门文库 1986 年版。
⑧ 李利安：《金刚经般若思想初探》(第一版)，(台北) 佛光文教基金会出版社 2001 年版。
⑨ 李淑君、南怀瑾、刘豫洪：《金刚经别讲》，海南出版社 1992 年版。
⑩ 周止菴：《金刚般若波罗蜜经述义》，(纽约) 美国佛教会 1965 年版。
⑪ 东方桥：《金刚经现代读》，上海书店出版社 2002 年版。
⑫ 东北编：《金刚经名相解》，第一版，宗教文化出版社 2005 年版。
⑬ 陈果齐：《金刚经浅释》，(香港) 明窗出版公司 1990 年版。
⑭ 陈高昂译：《金刚经今释》，(台北) 天华出版公司 1986 年版。
⑮ 曾凤仪：《金刚般若波罗密经宗通》，(屏东) 普门讲堂 1980 年版。
⑯ 菩提学社编：《金刚经白话句解》，(香港) 菩提出版公司 1986 年版。
⑰ 达照著：《〈金刚经赞〉研究》，宗教文化出版社 2002 年版。
⑱ 冯炳基注释：《金刚经白话解释》，中州古籍出版社 1993 年版。
⑲ 福严佛学院：《〈八大人觉经〉〈八识规矩颂〉〈金刚经〉讲义》，(新竹) 福严佛学院 2001 年版。
⑳ 刘栋雄编：《〈金刚般若波罗蜜经〉完全白话解说》，(台中) 中外论坛社 1986 年版。
㉑ 谈锡永主编：《金刚经导读》，(台北) 全佛文化 1999 年版。
㉒ 静寰笔记，孟颖校勘：《金刚经要义句解》，(台南) 青氣巨书局 1988 年版。
㉓ 释元贤：《金刚经略疏》，笠间龙跳注，(名古屋) 文光堂 1987 年版。
㉔ 释太虚：《能断金刚般若波罗蜜多经释》，(台北) 全佛 (阿含) 文化。
㉕ 释太虚：《金刚般若波罗密经讲录》，薰琴录，(台北) 大乘精舍印经会 1980 年版。
㉖ 释心空：《金刚般若波罗蜜经讲义》(初版)，(台南) 大新印书局印刷 1976 年版。
㉗ 释文晟：《金刚般若波罗蜜经释要》，1986 年版。

《月溪法师讲金刚经》①《圆觉经、金刚经、心经注疏》②《金刚经释要》③《金刚经集义》④《朗月星空〈金刚经〉讲记》⑤《金刚经发微》⑥《金刚般若波罗蜜经讲义》⑦《金刚经中道了义疏》⑧《金刚般若波罗蜜经注解》⑨《金刚经伯注讲义》⑩《金刚经讲解》⑪《金刚般若波罗蜜经集讲》⑫《金刚般若波罗蜜经讲话》⑬《得优游处且优游：金刚经演讲录》⑭《金刚经如是说》⑮《随身经典：金刚经》⑯《金刚经讲记》⑰《金刚经讲义》⑱《金刚经讲录》⑲《金刚般若波罗蜜经讲义》⑳《金刚般若波罗蜜经解义》（上卷）㉑、《金刚经释要二卷》㉒《金刚经略解·六祖坛经略解》㉓《金刚直解》㉔《金刚经真义疏》㉕。

除了注疏、注疏译本和灵验记，敦煌藏经洞也含有《金刚经》的汉文关联作品，包括未入藏注疏、讲经文（变文）、经变（变画）、注疏和仪

---

① 释月溪：《月溪法师讲金刚经》，（台中）瑞成书局1966年版。
② 释月溪：《圆觉经、金刚经、心经注疏》，（台北）圆明出版社1997年版。
③ 释月溪：《金刚经释要》，（台北）大乘佛教圆觉印经会1984年版。
④ 释白云：《金刚经集义》，（香港）白云出版公司2003年版。
⑤ 释明奘：《朗月星空〈金刚经〉讲记》（第一版），宗教文化出版社2006年版。
⑥ 释明慧：《金刚经发微》（初版），（香港）明珠佛学社1995年版。
⑦ 释圆瑛：《金刚般若波罗蜜经讲义》，（高雄）林隐寺。
⑧ 释慈舟：《金刚经中道了义疏》，（基隆）自由书店1958年版。
⑨ 释慈空注解：《金刚般若波罗蜜经注解》，（台北）瑞成书局1968年版。
⑩ 释慈空注讲：《金刚经伯注讲义》，（嘉义）镇德印经会印赠1993年版。
⑪ 释慈云述、释云照阅：《金刚经讲解》（第三版），（东京）鸿盟社1910年版。
⑫ 释会泉编：《金刚般若波罗蜜经集讲》，龙云寺1971年版。
⑬ 释圣印：《金刚般若波罗蜜经讲话》（初版），（台中）慈明出版社1990年版。
⑭ 释圣印：《得优游处且优游：金刚经演讲录》，（台北）圆明出版社1992年版。
⑮ 释圣严：《金刚经如是说》，（台北）法鼓文化出版社2003年版。
⑯ 释圣严：《随身经典：金刚经》，（台北）法鼓文化出版社1999年版。
⑰ 释圣严：《金刚经讲记》，载《法鼓全集》（第七辑第二册），（台北）法鼓文化出版社1999—2000年版。
⑱ 释道源讲：《金刚经讲义》，上海玉佛寺法物流通处2000年版。
⑲ 释道源讲：《金刚经讲录》，（台南）和裕出版社2001年版。
⑳ 释达理编：《金刚般若波罗蜜经讲义》，（台北）新文丰出版社1980年版。
㉑ 释慧轮编：《金刚般若波罗蜜经解义》（上卷），妙法藏菩提道场1994年版。
㉒ 释乐果：《金刚经释要二卷》，（台北）普航国际贸易公司1982年版。
㉓ 释觉开：《金刚经略解·六祖坛经略解》，（台北）大乘精舍印经会1998年版。
㉔ 释续法述：《金刚直解》，（台北）新文丰出版公司1978年版。
㉕ 释显慈述：《金刚经真义疏》，（香港）陈湘记书局藏版1975年版。

轨类作品。具体如下。

一、未入藏的唐代《金刚经》注疏如下。

1.《金刚般若经疏》，底本依次为斯6738、斯6021、北4443（始37）、北4444（闰28）、北4445（闰21）、北4444（闰28）下。

2. 伯2075《金刚旨赞疏抄》。

3. 湖北博14《夹注御注金刚般若波罗蜜经宣演》。

4. 伯2165、伯2165背《金刚般若波罗蜜经疏释》。

5. 伯4748《金刚暎》。

6. 斯2670《金刚般若波罗蜜经传外传》。

7. BD06937（翔037）、BD07737（始037）、BD02228A（闰028）、BD02228B（闰028）、BD02221（闰021）《金刚经注疏》。

8. BD02242、BD05815、BD07368、斯02068、浙敦069（浙博44）、浙敦102（浙博77）、浙敦103（浙博78）《金刚经注解》。

9. 浙敦177（浙博152）《金刚经要略》。

10. 北大D139《金刚经谘义》。

11. 斯07911背《御注金刚通》。

12. Φ167《金刚般若经义疏》。

13. 散187《报恩金刚经文十二段》。

14. 伯2039号背4、BD06550号背1、BD01901号、BD02242号、伯2184号2、津艺034v、BD06937号、BD07737号、BD02228号A、BD02228号B、BD02221号、斯3111号、斯3713号背、斯7634号、斯7930号、斯8393号《金刚经赞》。[1]

15. 斯2565号背《金刚经纂》。

二、伯2133《金刚经讲经文》一卷，残缺本。

三、《金刚经》经变17/18铺，部分学者认为有20铺，分别为盛唐31窟，中唐112、144、135、154、236、240、359、361等窟，晚唐18、85、138、145、147、150、156、198等窟，近年新发现3窟，为

---

[1] 董大学：《敦煌本〈金刚经〉注疏叙录》，硕士学位论文，上海师范大学，2009年。

1、143、217 窟。①

四、唐代《金刚经》仪轨类作品：《金刚般若忏文》（现收于《广弘明集》卷二十八下）、《金刚五礼文》（现收于《藏外佛教文献》第七辑）、《销释金刚经科仪》（现收于《藏外佛教文献》第七辑）、《金刚礼》（现收于《房山石经·辽代刻经》"覆"帙）。

三　国内外《金刚经》的本土化与接受

罗什将《金刚经》带入我国，经官方推广，佛学风尚现变迭之势，一改旧时格义之风，引发了历史上我国对《金刚经》的首次接受热潮。这之后，《金刚经》在国内的第二次接受高峰出现在唐代，与唐代佛学思想的有宗化转旋及其引发的《金刚经》信仰密切关联。受隋代佛教宗派立门风尚的影响，唐代佛教宗派较隋代增长迅速、派系林立。《金刚经》自出现汉文首译、至唐汉文末译问世期间，先后成为隋代三论宗和唐代禅宗的立宗经典。从翻译角度看，译者通过对译作的主体选择，隋唐时代传播之《金刚经》所表达的佛学思想之"法有"成分呈现增态。由于空宗一脉之三论宗于唐初式微，大乘有宗后来居上，《金刚经》的佛学思想渐被有宗主导。加之禅宗心性思想的填充，《金刚经》的中国化演变愈发彻底。此外，唐人虽秉承隋人的《金刚经》信仰，但对《金刚经》的有宗佛学思想表达做了深化，使其在唐的接受更加普遍，唐人对待《金刚经》的心态逐渐世俗化，促进了对《金刚经》的偶像化奉持，以致抄写经文成为风尚，写经数量庞大，敦煌写《金刚经》已达 3700 多号写本。受此影响，唐人对《金刚经》的注疏、灵验记重视有加，使得唐代成为《金刚经》有宗化和世俗化的标志性时代。

佛教版图扩张过大，唐之国本受到影响。唐武宗下令灭佛，佛教宗派元气受损，唯有禅宗恢复较快。宋及以后，禅宗与净土宗、华严宗融合，念佛法门进一步趋向简易化和仪轨化。宋代开始，禅宗思想漂洋过海，传

---

① 张媛：《敦煌莫高窟"金刚经变"研究综述》，载《2014 敦煌学国际联络委员会通讯》，上海古籍出版社 2014 年版，第 121 页。文字如下："施萍婷录有金刚经变，盛唐 2 铺，中唐 8 铺，晚唐 10 铺，合计 20 铺。王惠民也录有 20 铺，并声明第 31、143、217 窟为近年新发现，他在《敦煌莫高窟若干经变画辨识》一文中对第 143 窟金刚经变进行了辨识。"

至海外。禅风刮至东亚近邻，渐得信众。受益于《金刚经》和禅宗于唐完成了互摄，此期间《金刚经》的海外传播呈现出第一次高峰。

唐时《金刚经》的汉文关联作品数量较前数代增长迅猛，唐后减弱。宋明时期，新儒家理学思想进一步糅合释道，三者随势合流，对佛教的发展有所助益，使《金刚经》重回学人视野。由于明清来华传教士的推进，基督教逐渐进入国内的宗教版图。但明代内忧外患，王朝存续时间不长。基督教利用已有优势，注重发展宫廷路线，进入清廷。清初期国本不稳，加之少数民族当政，清初宗教政策有意打压汉地佛教，抬升藏传佛教，允许基督教的传播。但受东西礼仪之争的影响，康熙朝下令禁传基督教，传教士从而转向地下传教活动，使藏传佛教地位进一步提升。藏地显密仪轨受到关注，清代学人研读佛教经典之风再起，大量创作《金刚经》注疏，即国内对《金刚经》的第三次接受高峰。

清末国力衰退，佛教的彼岸清净出世思想难以救国于水火，随即进入前所未有的衰退期。新中国成立后，民生逐渐安定、生产秩序恢复，佛教思想由禅主导，逐渐转向人间佛教。宣化上人禅师赴美传禅，前承日禅宗在美传播之东风，助力中国禅宗在美生根发芽，出现了《金刚经》在海外的第二次接受高峰。

近年来，寺院不似古代般承载佛教研学功能，而是流于仪轨、祷告等外在形式，我国国内对佛教的研学由寺院转向专攻佛学的科研院所，佛学学者成为佛教的研究主力。现阶段，我国整体的佛教发展态势以马克思主义为主导，将中国特色代入佛教发展，着力打造新时代中国特色社会主义思想和马克思主义理论指引下的佛教发展新态势。《金刚经》及其他佛学经典再次回归大众视野，其"空"观转为修心的方法，助习人沉静省身。

四　宣化本《金刚经》与中国禅的在美宣推及影响

《金刚经》入华以来，被多位译师翻译成汉、蒙、藏、回鹘、满等文字，与禅宗于唐完成互摄。东亚来华留学僧学习中国文化，把《金刚经》和禅宗其他典籍带回属国，《金刚经》和禅宗在当地逐渐本土化，出现了在海外的第一次接受高潮。明清时代，受新儒家思想影响，禅宗之心性修习观念得到强化。19 世纪以来，禅宗的应世产物——人间佛教广泛流布，《金刚经》作为般若经典的地位再得认证。19 世纪末，日禅僧在美国成功传禅，我国禅师的目光也转向海外。20 世纪中后叶，宣化上人禅师在美建立万佛城道场，标志着中国禅宗正式传入美国，开启了中国禅宗在海外接受的第二次高潮。

宣化在美讲禅，部分美国人听讲后，请求宣化收其为徒，宣化便纳了美国弟子。他们跟从宣化学习中国禅，依照三十二分罗什本《金刚经》译出一部英译，即宣化本。[①] 宣化本《金刚经》的佛学思想基于中国禅的思想而发，与在美传播的其他英文版本《金刚经》的佛学表义明显不同。比如，在"空"观的架构上，宣化本将译句落眼于"to enter nirvàna without residue and be taken across to extinction"[②]，以涅槃"nirvàna"、灭度"extinction"分别构建彼岸"法空"的基调，奠定空宗的讲法基础。将"菩萨"译为梵文音译的"Bodhisattva"，属于已成道得果的佛学信徒，此处以"菩萨"论之，旨在教诫信众，菩萨的成道方式在于修习佛法、摒除执念，入得涅槃。对"根性"和福德观的构建方面，宣化本以归化方法，将"根性"的译文处理为"blessings"。将"庄严"以"adornment"译出，以示庄严佛土亦为假相，不可执着。而"清净心"在翻译中，对应前文之"涅槃"，指根性信众摆脱现世执念，获得解脱。而在《金刚经》核心理论范式之三段式结构"A 者，非 A，是名为 A"的翻译上，宣化本的忠实直译体现出对"中观空"思想的保留，使其指向"法空"的终极涅槃境，佛学表义呈现出"空""有"结合，以"有"之心性观为本、以"空"观作为修习方法。

影响方面，宣化赴美传禅之时，美国正值垮掉派盛行。他们对来自中国的宗教文化，特别是寒山和禅文化情有独钟。垮掉派对寒山的兴趣早于宣化赴美传禅，为宣化传禅做了文化接受的预热。宣化赴美传禅，是中国禅宗在海外流传的重要事件。宣化本《金刚经》从中国禅角度，讲说禅法之"空"，使之区别于在美流布的其他《金刚经》英译本的传禅倾向，为

---

① 此处之所以称之为"宣化本"，是因为汉地译经史上，所出佛经虽由多人合力译出，但通常于译出之后，以译场主持人命名。

② Hsuan Hua, *A General Explanation*: *The Vajra Prajna Paramita Sutra*, San Francisco: Buddhist Text Translation Society, 2002, p. 46.

在美传播的驳杂禅观厘清了溯源关系。① 宣化在美讲《金刚经》，除了中道思辨和心性本源思想以外，还为经本义理增添了适应美国思想环境的"平等"观念，如生佛平等、空有平等、诸法平等、一多平等和诸见平等。②

结　语

历史上《金刚经》的三次国内接受高峰和两次海外接受高峰均与这部佛经的本土化密切相关。

国内接受部分，第一次当属罗什将《金刚经》首次译为汉文的时段，一改当时的格义之风，使龟兹地区的佛学风向由小乘转旋为印度的大乘中观一系，接受了纯正的印度佛学之"毕竟空"思想。第二次处于唐代，唐代佛教的中国化使《金刚经》亦从"法空"之佛学载义转向彻底的"法有"，其代表即玄奘译出的《大般若波罗蜜多经》之《能断金刚分》。唐代禅宗完成了与《金刚经》的互摄，加之《金刚经》延续了前数代的"法有"倾向，佛学表达糅合了禅宗心性观、唯识宗根性观和净土宗往生观，也吸收了道教的无为观和儒家思想的如是观，完成了中国化。受此影响，《金刚经》的俗世传播又创接受高峰，唐人受《金刚经》信仰影响，盛行抄经。第三次处于明清时代，因基督教挤占国内宗教版图而影响国本，国内的宗教政策渐对基督教收紧，佛教抬头，《金刚经》重回学人视野。

正是由于《金刚经》的不断适应及在旅地的深度本土化，才能一直保有活力。海外接受部分，《金刚经》的第一次海外接受高峰处于唐宋。《金刚经》因与禅宗的互摄，来华学僧将所学佛教宗派思想和典籍带回东亚邻国后，在朝鲜半岛、日本及越南完成本土化，出现韩国禅、日本禅和越南禅。近代，日本佛教受神道教排挤，日本禅僧将《金刚经》和禅传入美

---

① 其他《金刚经》英译本作者的佛学学统多来自日本禅和越南禅，部分译者学习过印度佛教，还有一些译者的学统源自美国本土的基督禅。从学统溯源看，这些英译本的禅学学统虽均可追溯至中国禅，但因其在流播中转地与当地文化曾产生融合，故义理上并未保持中国禅的原汁原味。因此，这类从中国出发、经由中转地的禅观思想，经辗转流入美国后，其在美传播之禅观与中国禅存在义学差异。

② 宣化上人：《金刚般若波罗密经浅释》，宗教文化出版社 2008 年版，第 230—231 页。

国。承此东亚禅僧赴美传禅的热潮，宣化赴美，对《金刚经》和中国禅进行推介，确立了中国禅宗在美传播的地位，促成《金刚经》的第二次海外接受热潮。这是《金刚经》和中国禅宗被美国信众重新认知的过程。美国本土的耶稣信仰逐渐与中国禅碰撞融合，出现基督禅。此外，在美传播之驳杂东亚禅的溯源得以厘清，明确了中国禅宗是其他旅美亚洲禅宗的宗本源。

现阶段，《金刚经》的传播，无法离开中国禅宗这一主题。同时，也需要将其与传播目的地的本土化联结。保持《金刚经》的中国禅学内核不动摇，由中国学人"自说自话"，既可为海外本土化后的禅宗和《金刚经》追本溯源，又或为当代重塑中国文化国际影响力之方法。

从龟兹古乐到甘凉大曲

赵大泰

(武威市凉州文化研究院助理研究员)

一 引言

近日，读了张掖的任积泉、徐万福二位先生编著的《甘州古乐》，受益匪浅，收获颇多。据任积泉先生说，这本书记录了甘州古乐的起源、传承、影响以及189首曲谱，近40万字的书稿，至2021年方正式出版，他写了足足20年。

音乐是声音的艺术，而声音又是转瞬即逝的。在人类几千年的历史中，因为科学技术水平的限制，声音无法被记录和重放。直至1877年，爱迪生发明了留声机，人类才第一次记录下了自己的歌声："玛丽有只小羊羔，雪球儿似一身毛……"对于音乐的研究本身就繁杂艰难，对于古代音乐的研究更是困难重重。因此，《甘州古乐》一书的出版，在张掖文化特别是音乐发展史上具有里程碑意义，为从事中国古代音乐研究者提供了重要资料，也为从事音乐演奏演唱者带来极大方便。

敦煌研究院的杨富学教授，在看了甘州古乐的表演之后，欣然作诗曰："甘州古乐嘈切音，霓裳羽衣舞天人。此乐只应天上有，吾侪得有几回闻。"

作为非遗民俗方面的研究人员，难免有浓厚的地方情结，张掖人心系甘州，武威人则情在凉州。正如，在阅读陈玉福先生的小说《八声甘州之云起》时，张掖人看重的是杨嘉谟作为甘肃镇总兵在甘州建功立业，武威人则关注杨嘉谟晚年还乡养老，在凉州城有大将军府，有杨府巷。在读到《甘州古乐》中的甘州大曲、甘州乐舞时，笔者难免就联想到了凉州大曲、西凉乐舞。

我们重新梳理中国古代音乐史，就会发现甘州大曲和凉州大曲其实是同源异流，都是"西凉乐"的组成部分，是唐朝宫廷大曲的两个分支，有着密切的联系。

我们研究任积泉等先生对甘州古乐的挖掘、整理、研究、利用的过程，可以学到许多有用的方法，获得许多有益的启示，可以知道我们该如何去努力研究凉州古乐以及民间音乐。

二　甘州大曲与凉州大曲的渊源

那么，甘州大曲和凉州大曲从何而来呢？在此有必要梳理一下中国尤其是河西走廊古代音乐的历史。

音乐是用有组织的乐音表达人们的思想感情、反映社会生活的一种艺术。早在原始社会，已经有了音乐的雏形。在人类还没有产生语言时，就已经知道利用声音的强弱等来表达自己的意思和感情。随着人类劳动的发展，逐渐产生了统一劳动节奏的号子和相互间传递信息的呼喊，这便是最原始的"声乐"雏形。当人们庆贺收获和分享劳动成果时，往往敲打石器、木器以表达喜悦、欢乐之情，这便是"器乐"的雏形。

夏商两代是奴隶制社会时期，乐舞更多地为奴隶主所享用，更多地表现为对征服自然的人的颂歌。例如歌颂夏禹治水的乐舞《大夏》，歌颂商汤伐桀的乐舞《大蠖》。商代巫风盛行，于是出现了专司祭祀的巫（女巫）和觋（男巫）。他们为奴隶主所豢养，在行祭时舞蹈、歌唱，是最早以音乐为职业的人。奴隶主以乐舞来祭祀天帝、祖先，同时又以乐舞来放纵自身的享受，甚至死后还要以乐人殉葬。

据史料记载，在夏代已经有用鳄鱼皮蒙制的"鼍鼓"。商代已经发现有"木腔蟒皮鼓"和"双鸟饕餮纹铜鼓"，以及制作精良的脱胎于石桦犁的"石磬"。商代还出现了编钟、编铙、陶埙等乐器。

西周时期，宫廷首先建立了完备的礼乐制度。在宴享娱乐中不同地位的官员规定有不同的等级。总结历代史诗性质的典章乐舞，可以看到所谓"六代乐舞"，即黄帝时的《云门》，尧时的《咸池》，舜时的《韶》，禹时的《大夏》，商时的《大蠖》，周时的《大武》。

周代还有采风制度，收集民歌，以观风俗、察民情。赖于此，保留下大量的民歌，经春秋时孔子的删定，形成了中国第一部诗歌总集——《诗经》。它收有自西周初到春秋中叶五百多年的入乐诗歌一共305篇。在《诗经》成书前后，著名的爱国诗人屈原根据楚地的祭祀歌曲编成《九歌》，具有浓重的楚文化特征。至此，两种不同音乐风格的作品南北交相辉映。

周朝时期，民间音乐也丰富多彩。世传"伯牙弹琴，钟子期知音"的故事即始于此时。著名的歌唱乐人秦青的歌唱据记载能够"声振林木，响遏飞云"。更有民间歌女韩娥，演唱的歌曲"余音绕梁，三日不绝"。

周代音乐文化高度发达的成就，还可以1978年湖北随县出土的战国曾侯乙墓葬中的古乐器为重要标志。墓葬出土的124件乐器，涵盖"金、石、丝、竹、匏、土、革、木"八个种类即"八音"，反映了当时宫廷的礼乐制度。

在周代，十二律的理论已经确立。五声阶名"宫、商、角、徵[zhǐ]、羽"也已经确立。

秦汉时期，开始出现"乐府"。"乐府"继承了周代的采风制度，搜集、整理、改编民间音乐，也集中大量乐工在宴享、郊祀、朝贺等场合演奏。这些用作演唱的歌词，就被称为"乐府诗"。

汉代主要的歌曲形式是"相和歌"。它从最初的"一人唱，三人和"的清唱，渐次发展为有丝、竹乐器伴奏的"相和大曲"，并且具"艳—趋—乱"的曲体结构，对隋唐时的歌舞大曲产生重要影响。汉代在西北边疆兴起了鼓吹乐。它以不同编制的吹管乐器和打击乐器构成多种鼓吹形式，如横吹、骑吹、黄门鼓吹等等。它们或在马上演奏，或在行进中演奏，用于军乐礼仪、宫廷宴饮以及民间娱乐。在汉代还有"百戏"出现，它是将歌舞、杂技、角抵（相扑）合在一起表演的节目。

在三国时期，由相和歌发展起来的清商乐受到曹魏政权的重视，朝廷专门设置清商署。而吴国的周瑜，更是以精通音律而闻名，据《三国·吴志·周瑜传》记载："瑜少精意于音乐，虽三爵之后，其有阙误，瑜必知之，知之必顾。"

两晋之交的战乱，使清商乐与南方的吴歌、西曲融合，从而成为流传全国的重要乐种。魏晋时期，传统音乐文化的代表性乐器古琴已经趋于成熟。

汉代以前，河西走廊一代驻牧的是月氏人，其先王姓康，居驻于祁连山北的昭武城，即今张掖市临泽县鸭暖镇昭武村。后为匈奴所破，西逾葱岭至两河流域，子孙繁衍，分王九国，总称昭武九姓（康、安、曹、石、米、何、火寻、戊地、史）。昭武人能歌善舞，"胡腾舞""胡旋舞""柘枝舞"就源于"昭武九姓"中的石国。

匈奴击败月氏后占据了河西走廊，并时刻威胁汉朝边境。公元前133年，汉武帝发动了对匈奴的战争。元狩二年（前121），骠骑将军霍去病出击河西，匈奴浑邪王杀了休屠王，带领四万部众投降汉朝。汉武帝在河西设立了酒泉郡、武威郡。元鼎六年（前111），又分置了张掖郡、敦煌郡。这就是著名的"河西四郡"，加上敦煌以西的阳关和玉门关，史称"列四郡，据两关"。公元前110年，汉武帝封禅泰山，改年号为"元封"。元封五年（前106），汉武帝分天下为十三州，各置一刺史，史称"十三部刺史"。在大约今甘肃省疆域范围内置凉州刺史部，凉州之名自此开始，取义"地处西方，常寒凉也"，下辖陇西、天水、安定、北地、酒泉、张掖、敦煌、武威、金城、西海十郡，治在姑臧（今武威市）。

为了巩固边防，保障丝绸之路的畅通，汉朝从中原地区大量移民河西。随着移民的到来，歌舞、百戏、雅乐传入河西，成为本地音乐的形成基础。

东汉末年，天下大乱，三国争霸，最终统一于晋。短暂统一后，八王之乱叠加五胡乱华，西晋灭亡，司马氏在江南地区建立了东晋，在北方地区则群雄割据，史称"十六国"，其中就包括河西走廊的"五凉"。五凉时期，是河西走廊在历史上的"高光时刻"，五凉时期从公元301年西晋张轨出任凉州刺史开始，直至公元439年北凉沮渠牧健投降北魏拓跋氏而宣告结束。汉族张轨家族、氐族吕光、汉族段业及匈奴族沮渠蒙逊、鲜卑族秃发乌孤、汉族李暠先后建立了前凉、后凉、北凉、南凉、西凉五个割据政权。

五凉时期，河西走廊的音乐也步入了一段辉煌时期，完成了西域音乐和中原音乐的融合。据《隋书·音乐志》载："西凉者，起苻坚之末。吕光、沮渠蒙逊等，据有凉州，变龟兹之声为之，号为秦汉伎。魏太武既平河西得之，谓之西凉乐。"史书载，吕光灭龟兹后，被龟兹国瑰丽的文化艺术所倾倒，翌年，在班师东归时带回大批龟兹乐舞艺术及大批乐舞伎。由于西汉以前，羌族和匈奴族创造的角、笳、笛等早已传入内地。因此，吕光将从龟兹带回的大批乐舞伎和琵琶、筚篥、羯鼓等乐器，并汇集中原艺人，组成了一支庞大的乐舞队，并把大量的龟兹乐曲加以改编，又和河西地区原有的乐舞融合，形成了独具特色的"秦汉伎"。由于"秦汉伎"在一定程度上依附并迎合河西本地乐舞形式，所以发展迅速。吕光创建的后凉建都姑臧城，还从龟兹带回了高僧鸠摩罗什。鸠摩罗什在姑臧驻锡17年，推动了佛教以及佛教音乐在河西走廊的传播。

段业是北凉的开国之君，也是吕光征龟兹时的秘书郎，亲自参与过俘获龟兹艺人并带入河西走廊的全过程。因此，有理由相信他与沮渠蒙逊在北凉早期的都城骆驼城、张掖城推动了音乐的发展。在张掖、酒泉、嘉峪关等地的魏晋墓画像砖上就有大量的音乐歌舞场景。沮渠蒙逊最终统一河西走廊，定都姑臧。

439年，北魏灭掉北凉，基本统一了北方。北魏拓跋焘留下乐平王拓跋丕以及征西将军贺多罗镇守凉州。北魏在河西东部置有凉州，领武安、临松、建昌、番和、泉城、武兴、武威、昌松、东泾、梁宁等十郡，辖区相当于今甘肃兰州、武威、张掖以及内蒙古额济纳旗一带。

北魏灭了北凉后，将北凉都城凉州的大户、世族、学人、工匠近三万人迁往平城（今大同），凉州几乎成了一座空城。人口的迁移却极大地推动了河西文化的东传，促进了北魏经济文化的发展。北魏的都城从平城（大同）迁至洛阳后，西凉乐在中原内地得到了更加深入广泛的传播。北魏文学家温子昇（495—547年）曾作《凉州乐歌二首》："远游武威郡，遥望姑臧城。车马相交错，歌吹日纵横。""路出玉门关，城接龙城坂。但事弦歌乐，谁道山川远。"

北魏太武帝将"秦汉伎"改为"西凉伎"或者"西凉乐"。显然，此时的"西凉"并不是指李暠所建立的"西凉"，而是指"西方的凉州"。此时"西凉州"也还未设置。

北魏孝明帝正光五年（524），置西凉州，州治永平（今张掖市西北），领七郡：张掖、西郡、临松、建康、酒泉、梁宁、敦煌。张掖在凉州以西，所以叫"西凉州"。

534年，北魏分裂为东魏和西魏。550年，高洋代东魏自立，建立北齐。西魏废帝三年（554），天下由郡改州，张掖郡城有泉，甘甜清冽，于是更名"甘州"。有了"凉州"之名660年后，诞生了"甘州"之名。557年，宇文觉代西魏自立，建立北周。581年，杨坚代北周自立，建立了隋朝，北朝结束。

隋朝在前代基础上将音乐文化推向了一个新的高峰。据《隋书·炀帝纪》载：公元609年，隋炀帝西巡至张掖，在焉支山"盛陈文物，奏九部乐，设鱼龙曼延，宴高昌王、吐屯设于殿上，以宠异之。其蛮夷陪列者，二十余国"。"复令武威、张掖士女盛饰纵观，骑乘填咽，周亘数十里，以示中国之盛，帝见而大悦。"

《隋书》中所指的"九部乐"，就是在隋文帝开皇初（约581—585）所制定的《国伎》《清商伎》《高丽伎》《天竺伎》《安国伎》《龟兹伎》《文康伎》（即《礼毕》）等七部乐的基础上，于隋大业中（605—608）又增加《康国伎》《疏勒伎》而形成的。在制定九部乐时将《国伎》改名为《西凉伎》。

到了唐代，政治稳定，经济兴旺，统治者奉行开放政策，勇于吸收外域文化，加上魏晋以来已经孕育的音乐文化打基础，终于萌发了以歌舞音乐为主要标志的音乐艺术的全面发展的高峰。

唐代宫廷宴享的音乐，继承了隋朝的《九部乐》，后来废除了《文康伎》（即《礼毕》），加入了歌颂唐朝兴盛的《燕乐》，又加入了《高昌伎》，在唐太宗贞观年间形成了"十部乐"。

风靡一时的唐代歌舞大曲是"音乐皇帝"唐玄宗"开元盛世"时期音乐中独树一帜的奇葩。它继承了汉代"相和大曲"的传统，融汇了"十部乐"的精华，形成了独特的"散序—歌—破"三段式结构形式。在唐代崔令钦的音乐著作《教坊录》中著录的开元、天宝年间的宫廷演奏的大曲曲名共有46个，其中《霓裳羽衣舞》以其为唐玄宗所作，又兼有清雅的法曲风格，为世所称道。著名诗人白居易写有描绘该大曲演出过程的生动诗篇《霓裳羽衣舞歌》。

在46个大曲中，有《凉州》《伊州》《甘州》三个以地名为名的曲名。这三个大曲在史籍中多有记载。《新唐书·礼乐志》曰："天宝间乐曲，皆以边地为名，若《凉州》《甘州》《伊州》之类。"《新唐书·五行志》进一步说："天宝后，诗人多为忧苦流寓之思，及寄兴于江湖僧寺；

而乐曲亦多以边地为名，有《伊州》《甘州》《凉州》等。"

"上有所好，下必甚焉。"《凉州》《甘州》等曲谱是地方官对"音乐皇帝"投其所好进献上去的。开元六年（718），陇右诸军节度大使、鄯州都督兼任陇右经略使郭知运进献了《凉州曲》等乐谱。开元十五年（727），凉州都督杨敬述率乐工、舞伎、倡优，前往唐都长安进献了大型歌舞曲——"凉州"。杨敬述进献的《婆罗门曲》，经唐玄宗修改润饰成为《霓裳羽衣曲》。

据唐代郑綮所撰的《开天传信记》载："西凉州俗好音乐，制新曲曰'凉州'，开元中列上献之。"当《凉州曲》进入长安时，唐玄宗将凉州献乐人召进皇宫，又宣召在京的亲王、大臣、贵胄们进宫一同观赏。虽有大臣指出《凉州曲》有失"先祖乐律"，但酷爱乐舞的玄宗皇帝还是将《凉州曲》定为国乐。此后，《凉州》屡经加工提高，成为唐人歌舞大曲的领衔之作。

《凉州曲》自进入长安后，便立即得到唐社会各阶层的喜爱。唐诗人杜牧的《河湟》诗"唯有凉州歌舞曲，流传天下乐闲人"便是例证。《凉州曲》是宫廷中经常上演的重要节目之一。有关《凉州曲》在当时宫廷的演出盛况，唐代诗人王昌龄在《殿前曲》诗中有这样的描绘："胡部笙歌西殿头，梨园弟子和凉州。新声一段高楼月，圣主千秋乐未休。"

《凉州曲》不仅在宫廷和寺院中深受追捧，更主要的是，在民间的影响更为深远。唐诗人武元衡《听歌》云："月上重楼丝管秋，佳人夜唱古凉州。满堂谁是知音者，不惜千金与莫愁。"五代诗人花蕊夫人在《宫词》中也描写道："梨园弟子簇池头，小乐携来候宴游。旋炙银笙先按拍，海棠花下合梁（凉）州。"

随着凉州曲的风行，为《凉州曲》写歌词也成为一种时尚。唐诗中的明珠——《凉州词》由此诞生。王之涣、王翰、孟浩然、张籍等人的《凉州词》都成为千古名作。

凉州曲进献给皇帝，甘州曲也不甘示弱。开元二十八年（740），喜爱乐舞的河西陇右节度使盖嘉运入朝进献《甘州》等曲谱。《甘州》进入宫廷后，由教坊乐工改编、加工为大曲形式《甘州》，倍受时人青睐。

盖嘉运本是一位英勇善战的将军，因他在西域与突厥作战中立下赫赫战功受到唐玄宗的嘉奖，被任命为河西陇右节度使。但他受奖后居功自傲，接到任命时继续待在长安沉溺酒色，不思防务，一再拖延赴任时间，结果遭到左丞相裴耀卿的弹劾。唐玄宗很不高兴，催促盖嘉运上任。盖嘉运到任后为了讨好唐玄宗，就将当时流行于甘州民间的众多曲子敬献给了唐玄宗。岑参是唐天宝三载（744）的进士，曾在安西节度使高仙芝幕府任职，是著名的西北边塞诗人。他的《玉门关盖将军歌》当作为《甘州》大曲歌词在宫廷一并演出。

安史之乱时，大量的宫廷乐工流落民间，也把宫廷音乐带到了民间。唐代以后，《凉州大曲》《甘州大曲》的子曲陆续进入词乐、礼乐、器乐、戏曲音乐、宗教音乐、民间祭祀音乐、散曲、曲艺、民歌、宝卷音乐等领域，对这些领域的音乐发展产生了深远影响。反过来，通过对这些现存音乐的研究，加上对史籍文献的研究，我们又可以还原古代《凉州大曲》《甘州大曲》的历史风貌，就好比"从长江大河的下游来分析出中游、上游的水质"。

福清科仪本所见东土摩尼教史事

俞伦伦　杨富学

（福建省闽台历史文化研究院；敦煌研究院人文研究部）

学术界对福建摩尼教的研究大体可分为前后两个阶段，第一个阶段发轫于1911—1913年沙畹、伯希和合著之《摩尼教流行中国考》，由是而使福建摩尼教得以进入学界视野。[①] 1923年，陈垣刊出《闽书·方域志》中"华表山"一节中关于摩尼教与草庵的信息，[②] 嗣后，学人循此线索，于20世纪50年代在福建晋江发现了草庵遗迹，[③] 再后，围绕福建摩尼教传播情况与草庵遗迹考察成为这一阶段研究的重点。第二个阶段始自2008年福建霞浦、屏南、福州等地摩尼教文物、文献、寺院的陆续发现。[④] 尤其是福建各地发现的科仪本，使学界首度获知福建摩尼教本身流传的"教内典籍"，其中含有大量前所未知的摩尼教信息，被誉为吐鲁番、敦煌之后

---

* 基金项目：国家社会科学基金重大项目"敦煌中外关系史料的整理与研究"（项目批准：19ZDA198）阶段性成果。本文原名《福清摩尼教的输入流传及〈香空宝忏〉考论》，曾在"第二届敦煌与丝路文明专题论坛暨敦煌学视阈下的东北西北对话"会议上（敦煌，2020年10月）报告，在此基础上修改而成。

① Éd. Chavannes & P. Pelliot, "Un traite manicheen retrouve en Chine", *Journal Asiatique*, 1911 nov.-déc., pp. 499 – 617; 1913 jan.-fév., pp. 99 – 199 & mar.-avr., pp. 261 – 394；[法]沙畹、伯希和：《摩尼教流行中国考》，载冯承钧译《西域南海史地考证译丛八编》，中华书局1958年版，第43—100页。

② 陈垣：《摩尼教入中国考》，《国学季刊》1923年第1卷第2号；收入氏著《陈垣学术论文集》第1集，中华书局1980年版，第329—397页。

③ 林悟殊：《晋江摩尼教草庵发现始末考述》，《福建师范大学学报》2010年第1期。

④ 计佳辰、杨富学：《福建摩尼教研究的百年成就及存在的问题》，《世界宗教文化》2012年第5期。

中国摩尼教文献的第二次大发现。①

霞浦、屏南均属宁德市所辖，与福州一样，曾是东南沿海摩尼教的传播中心，但其摩尼教的活动踪迹长期隐于民间，直到2008年陈进国、林鋆、马小鹤差不多同时公布了霞浦摩尼教文献的新发现，②才引起各界重视。福清与霞浦、屏南的方言同属于闽语闽东区，宗教文化联系密切。由霞浦摩尼教文献问世为契机，屏南、福清摩尼教文献、文物也先后浮出水面。③关于福清摩尼教存在的信息最早见于文字披露的是2017年福州当地报纸的一篇报道，该报道中介绍了福清施孟铧先生及其世代传承的摩尼教仪式文献。④学界虽然已有所注意，但尚未见到相关的调查报告或研究论文。⑤有鉴于此，笔者不揣谫陋，仅就所获得的有限材料展开讨论，权做引玉之砖，冀引起学界的关注。

一　摩尼教在福清的世系传承

福清置县始于唐圣历二年（699），初名万安县，天宝元年（742），更名为福唐县。五代闽国龙启元年（933），改福唐县为福清县，从此福清县名沿用至今。⑥福唐作为福清的古称，也被当成文化遗产保留下来，今人仍旧用福唐指代福清。⑦福清地处福建省中部海滨，海陆便捷，对外交流便利，全境由大陆、半岛、岛屿组成，沿海海岸曲折破碎，港湾岛屿众多，地势从西北向东南倾斜，西北部山脉绵亘，东南部的龙高半岛地势徐

---

① 杨富学：《〈乐山堂神记〉与福建摩尼教——霞浦与敦煌吐鲁番等摩尼教文献的比较研究》，《文史》2011年第4期。

② 陈进国、林鋆：《明教的新发现——福建霞浦县摩尼教史迹辨析》，载李少文主编《不止于艺——中央美院"艺文课堂"名家讲演录》，北京大学出版社2009年版，第345—391页；Ma Xiaohe, "Remains of the Religion of Light in Xiapu County, Fujian Province"，载余太山、李锦绣主编《欧亚学刊》第9辑，中华书局2009年版，第81—108页。

③ 杨富学、李晓燕、彭晓静：《福建摩尼教遗存踏查之主要收获》，《宗教学研究》2017年第4期。

④ 李林洲：《福清发现摩尼教经典科仪文本文物》，《福州晚报》2017年6月19日第A14版。

⑤ 盖佳择、杨富学：《霞浦摩尼教历史文化研究述评》，《丝绸之路》2020年第1期。

⑥ 曹于恩、何爱先、林茂铨：《福清市志》，厦门大学出版社1994年版，第68—70页。

⑦ 俞达珠：《福唐漫笔》，海潮摄影艺术出版社2008年版。

缓，为全市人口密度最高的地区。① 相对独立的地理单元，及其远离政治中心的特点，成为保存摩尼教及其文献的天然土壤，使得这一宗教在此延续香灯1180多年。

福清古来宗教信仰兴盛，明代三朝阁老叶向高回乡后皈依天主教，成为天主教在福建传播的庇护人，明天启五年（1625）意大利传教士艾儒略（Giulio Alen）在福清县城水陆街建天主堂一座。明永历八年（顺治十一年，1654），福清黄檗山万福寺隐元法师东渡日本弘法，后来黄檗宗成为日本佛教的重要宗派之一。② 福清市石竹山道院是福建省规模最大的道教培训中心，海峡道教学院（筹）经国家宗教局批准于2018年设于福清石竹山道院狮岩堂，福清也成为福建道教活动的主要中心。目前，基督教（新教）在福清拥有六大教会，是福清影响力最大的宗教团体。福清民间称基督教教徒为"奉教人"，其余的民众一般无特定宗教信仰，多以信奉本社区的地方神为主，即属于民间信仰的范畴，日常宗教仪式活动则延请道士进行主持，"道士"作为一种职业称呼是指本土社会的"仪式专家"（ritual specialist）。③

在福清素有"三教六派"之说，即灵宝教、白目教、师教，"三教"又按地域各分为东、西二派，衍为"六派"。灵宝教为道教灵宝派在福清的分支，师教即是闾山教。④ 白目教是摩尼教在福清话中的俗称，主要分布于龙高半岛地区，其中三山镇、港头镇、江境镇、龙田镇所传者为西派，又称西班，高山镇所传者为东派，又称东班，两派经典仪式大同小异，主要在赞呗颂唱方面上存在一些区别。白目教除了分布在福清龙高半岛以外，在其他乡镇也有零星分布，形成以龙高半岛为中心、其他乡镇散点式分布的格局，具有较强的扩张性，目前白目教的从业人员数量为福清各教派之最。白目教坛班经常往来福清各乡村主持各类型仪式，其影响力

---

① 林一霁：《福山清水侨乡美》，载《闲心漫笔》，作家出版社2000年版，第45—60页。
② 曹于恩、何爱先、林茂铨：《福清市志》，厦门大学出版社1994年版，第33页。
③ ［法］高万桑（Vincent Goossaert）：《江南本土仪式专家授权及管控（1850—1950）初探》，收入王岗、李天纲编《中国近世地方社会中的宗教与国家》，复旦大学出版社2014年版，第32—53页。高万桑还用"本土神职人员"来定义所有不属于精英僧道的、不讲官话和不参与全国性宗教网络的神职人员。
④ 关于"师教"研究，可参考黄建兴《师教：中国南方法师仪式传统比较研究》，中华书局2018年版。

遍及福清全境，早年也经常应印尼、新加坡的福清籍华人邀请前往当地举行仪式。

平潭县与福清市隔海相望，主岛海坛岛为全国第五大岛，历史上隶属于福清管辖，民国元年（1912）置平潭县才从福清分离出来，① 平潭通行福清方言，其语言、风俗习惯与福清相同，道教流派分布与福清相仿。白目教在平潭的苏澳镇、平原镇一带也比较流行，这一区域与福清摩尼教传播的中心地区三山镇处于同一地理纬度范围。2000 年的《平潭县志》中出现了"白目教"，为该名称见于文献的最早记录：

> 苏澳、平原一带道士，多师承于长乐、福清等地的净明道，俗称"白目教"。不久，自立门户，传教布道。民国时，苏澳坪岚境村和平原东安村曾出过颇有名的道士，如陈桂良等。②

平潭摩尼教被误认为道教的一支"净明道"，可能与其常使用的"正明内院"印有关。在福清方言中，"净明"与"正明"在连读变调后均念为/tɕiŋ⁴⁴miŋ⁴⁴/，③ 同音同调，才致误会。当时《平潭县志》编撰者可能还未了解到摩尼教相关的信息，所以错将其归纳到道教派别"净明道"，《福清市志》却无相关记载，此一状况也表明福清、平潭当地的摩尼教长期与外界隔绝，不为外人所了解。

另外，福清《江阴宗教志》中也提及了"白目教"，江阴原为福清旧域范围内除平潭外的第二大岛，现已与陆地连接成为江阴半岛：

> 后庄坛，由庄革命、陈仕德等组成，由前华何金顺传授，俗称"白目教"，因道法怪异，后不传。④

江阴半岛主要为灵宝教、师教的流行地区，上述关于白目教"道法怪

---

① 平潭县地方志编纂委员会编：《平潭县志》，方志出版社 2000 年版，第 1—49 页。
② 平潭县地方志编纂委员会编：《平潭县志》，方志出版社 2000 年版，第 683 页。
③ 本文的福清方言 IPA 标音参考自［日］秋谷裕幸《闽东四县市方言调查研究》，上海教育出版社 2020 年版，第 466—610 页。
④ 严生明主编：《江阴宗教史》，福清《江阴宗教史》编委会 2001 年编印，第 13 页。

异"的评价，不免令我们想到历史上教外文献对摩尼教的偏颇评价。

"白目教"何解？

据薛明贵先生（经莫师）所称，他从前辈处听说"白目"为"法门灵相秦皎仙尊"的特征。在霞浦文献中也有"末秦皎明使"，泉州草庵附近的苏内村境主宫供奉"秦皎明使"，身着甲胄，双手执剑。霞浦本《兴福祖庆诞科》载秦皎明使："神锐持手若风生，宝甲浑身如电闪。"① 二者之护法形象相符，乃东土摩尼教的护法。② 张帆提到，屏南寿山乡降龙村将"摩尼光佛灵相尊公"（三尊）称为"闽清佛"，而外村人则称之为"暴目佛"或者"白目佛"，在临近的周宁县咸村镇上坂村亦有"大目佛"之称，③ 灵相尊公可能即法门灵相秦皎仙尊。据林志平先生（传琛师）言，除了"白目教"/pa$^{53-44}$ mø?^{5} kau^{211}/，还有另一种"胞目教"/pau$^{211-44}$ mø?^{5} kau^{211}/的说法，参考《福州方言词典》，书中释"胞"字含义为"眼球向外突出"④。综上，"白目"在闽东语（侯官片方言）中有"眼球突出"的含义。古籍中对于西域胡人的相貌特征，最突出的描述是"深目"，因为东亚人种的眼皮脂肪充盈、眼窝最浅，所以对于西亚、中亚人种眼睛较大且圆、眼窝凹陷的特征很敏感。观察出土的众多唐代胡俑造型，比如西安博物馆所藏的唐代彩绘抱犬骑马狩猎胡俑，⑤ 可见其人眼窝深陷，环眼圆睁，眼睛突出如球状，露出白眼珠儿，未免夸张，却是唐代用以表现胡人"深目"特征的常见艺术手法。如此看来，"白目"与"深目"都是对胡人眼睛特征的描述，"白目佛"与晋江民间称摩尼光佛为"番仔佛"⑥异曲同工，可能之前福清也有流传秦皎护法神或其他摩尼教神佛塑像为人所见。"白目教"即意为深目胡神（白目佛）的宗教，为外界对摩尼教的称呼，久而久之转为自称。

---

① 盖佳择、杨富学：《霞浦本摩尼教〈兴福祖庆诞科〉录校与研究》，《中东研究》2020年第2期；杨富学：《霞浦摩尼教研究》，中华书局2020年版，第524页。
② 马小鹤：《明教中的那罗延佛——福建霞浦民间宗教文书研究》，《欧亚学刊》新2辑，商务印书馆2015年版，第245页。
③ 张帆：《屏南摩尼光佛信仰习俗考探》，《文化遗产》2017年第3期。原文未指明"白目佛"或"暴目佛"是三尊中的哪一尊。
④ 冯爱珍编：《福州方言词典》，江苏教育出版社1998年版，第166页。
⑤ 王自力、孙喜福编著：《唐金乡县主墓》，文物出版社2002年版，图版72（91XYX:25）。
⑥ 粘良图：《晋江草庵研究》，厦门大学出版社2008年版，第88页。

在福清摩尼教《稽经道场》《香空宝忏》等科仪书中，称其教为"摩尼圣教""光明正教""明教"，为书面语境的称呼，称主持其仪式的人员为"明侣"，或者"光明众"，称其仪式为"明仪"。其中"光明众"一词又见于敦煌写本 S.2659《下部赞·普启赞文》："七及十二大舩主，并余一切光明众。"[①] 福清摩尼教保持较为独立的传承体系，目前所用的教名字辈为"一品真经传世德，九华妙理述圣言"，现在所传者从"真"字辈至"德"字辈皆有之。教内人士对自己的教派（称为"本教"）有自我认同感，称摩尼光佛为"本师"，明确知道自己的宗教来自波斯，属于明教，他们甚至知道"夷数和佛"为"奉教头"（耶稣）。

福清摩尼教所做的仪式分为"佛事"与"醮事"，教内人士都认为"佛事"是他们本教固有的仪式，醮事则从灵宝教、师教引入，是因应民间道场业务需求而从他教借来的，其形成时间据说当在晚清同治年间（1862—1874）。醮事与佛事是各自独立的两组科仪形式，泾渭分明，由于发生年代较晚，所以目前还未看到大面积互相渗透混融的迹象。在道场榜式方面，三教区别明显，灵宝教的榜式主要用"灵宝大法司""上清天枢院"等，但又兼有闾山教内容，亦用"闾山大法院"榜式。白目教的醮榜亦用"上清天枢院""闾山大法院"。师教通常表现为"瑜闾双轮"的形式，武科用闾山法科，文科用释教科仪，醮榜为"闾山大法院"，斋榜为"瑜伽三密院"。白目教的榜式自成一体，功德道场用"十莲净观坛"。"十莲"之号，很容易让我们想到霞浦摩尼教对莲花的崇拜，摩尼教道场悬幡"唵大圣莲花三变觉观九重我等导师摩尼光佛吽"，称为本师幡，赦书封皮上写"默罗师帝大明教主"，具有明显的标志。谢恩道场用"电光植福坛"，这一榜式也出现在霞浦摩尼教文献《祷雨疏·牒皮圣眼》中，其文曰："凡祈雨司额写：大云祈雨坛；谢恩即写：电光植福坛。"[②] 显示二者间存在密切关系。

根据具体的仪式敷演情况，还有"正明大斋坛""真天资度坛"等

---

① 林悟殊：《摩尼教及其东渐·附录》，中华书局1987年版，第241页；芮传明：《东方摩尼教研究·附录》，上海人民出版社2009年版，第396页。图版见《英藏敦煌文献》第4卷，四川人民出版社1991年版，第147页。

② 杨富学：《霞浦摩尼教研究》，中华书局2020年版，第412页。《祷雨疏·牒皮圣眼》中出现"福宁府福安县城隍大王"圣位，该文本可能源自霞浦的邻县福安。

榜式，道场职司表中出现"知唤引导"与"知应引揖"二职，可以联系到摩尼教中的"唤应"二圣。福清摩尼教也十分难得地保留了夷数和佛、电光王佛、摩尼光佛等神佛的画像，其中电光王佛为右手拈花等物件的女神形象（图1），在吐鲁番出土的绢绣残片 MIK III 中，也有右手拈花女神画像（图2），[①] 克林凯特（H. -J. Klimkeit）认为是电光佛。[②] 二者颇有近似之处。由是以观福清与吐鲁番两地摩尼教在图像上的关系可进一步探究。

图1　电光王佛画像，出自福清西利魏道坛（2015年俞伦伦摄于家宅）

图2　吐鲁番出土 MIK III 摩尼教女神

[①] Le Coq, A. von, Chotscho, *Facsimile-Wiedergaben der wichtigeren Funde der Ersten Königlich Preussischen Expedition nach Turfan in Ost-Turkistan*, Berlin, 1913, Taf. 6c; Zauzsanna Gulácsi, Manichaean Art in Berlin Collections. A Comprehensive Catalogue of Manichaean Artifacts Belong to the Berlin State Museums of the Prussian Cultural Foundation, Museum of Indian Art, and the Berlin-Brandenburg Academy of Sciences. Deposited in the Berlin State Library of the Prussian Cultural Foundation, Turnhout: Brepols, 2001, fig. 89. 2.

[②] 马小鹤：《光明的使者——摩尼与摩尼教》，兰州大学出版社2013年版，图版2—9、2—10，第40页。

福清摩尼教虽然化用科仪形式，但以上名目都显示出不同于佛、道二教的自身特色。即使在科仪中，福清摩尼教最主要的仪式特点是集体颂唱赞呗音乐，与道教科仪中注重"罡诀存想"等身体语言的仪式内核不同，也与佛教的"斋供仪式"有区别。福清摩尼教仪式的源头来自唐代北方摩尼教僧团，此后借鉴佛道二教的形式创制了基于摩尼教本位立场、具有自身色彩的"明仪"，由"明侣"历代继承发展。

二 唐代呼禄法师僧团避难入福清

摩尼教曾仰仗回鹘势力得在中国内地盛行。唐宝应元年（762），牟羽可汗助唐击败史朝义，占领洛阳，在洛阳时受到摩尼教法师的教化，皈依摩尼教。广德元年（763）牟羽可汗离洛阳回国，将睿思等四名法师带到漠北传教，并取代原来信奉的萨满教成为回鹘汗国的国教。摩尼教在漠北回鹘政权的支持下发展迅速，唐应回鹘要求而大兴摩尼教寺院，到了元和二年（807），不仅西京长安、东都洛阳、北京太原皆有摩尼寺之建，而且长江流域的荆（今湖北江陵县）、扬（今江苏扬州市）、越（今浙江绍兴市）、洪（今江西南昌市）等州各置大云光明寺一所。[1]

唐文宗开成五年（840），回鹘帝国土崩瓦解，翌年，唐政府开始限制摩尼教在江淮地区的活动，《赐回鹘可汗书意》曰："其江淮诸寺权停，往回鹘本土安宁。"[2] 可见，841年唐朝即关闭了回鹘在荆、洪、扬、越诸州所设摩尼寺，只保留西京长安、东都洛阳和北京太原的寺院。会昌三年（843）三月，没收摩尼寺庄宅钱物，"京城女摩尼七十人皆死。在回纥者流之诸道，死者大半"[3]。四月，"敕下，令煞天下摩尼师"[4]。回鹘摩尼教遭遇毁灭性打击。[5] 由是，呼禄法师带领摩尼僧团避难福清，事见《闽

---

① （宋）赞宁：《大宋僧史略》卷下，《大正藏》第54册，No.2126，第253c页。
② （唐）李德裕著，傅璇琮、周建国校笺：《李德裕文集校笺》卷五《赐回鹘可汗书意》，河北教育出版社2000年版，第67页。
③ （宋）志磐：《佛祖统纪》卷四二，《大正藏》第49册，No.2035，第385c页。
④ ［日］圆仁著，白化文等校注：《入唐求法巡礼行记校注》卷三，花山文艺出版社1992年版，第416页。
⑤ 杨富学：《回鹘摩尼教研究》，中国社会科学出版社2016年版，第149页。

书·方域志》：

> 会昌中，汰僧，明教在汰中。有呼禄法师者，来入福唐（今福建福清市），授侣三山（福州市），游方泉郡（泉州市），卒葬郡北山（泉州北郊清源山）下。①

由此记载可知摩尼教开教福建者乃呼禄法师。令人振奋的是，福清本《普度科仪》中就有关于呼禄法师的信息。该文献由薛明贵（经荚师）于1990年抄写并传用，每册都包含若干科目，诸如《稽师科》《请经科》《谢师科》皆是也。这是目前所知除《闽书》外对呼禄法师仅见的记载，其中透露的历史信息可以补充史书记载所未备，对于研究摩尼教入华史相当重要。兹录《普度科仪·稽师科》（图3）如下：

> 恭唯西国法王，十二大慕阇，为佛替身，修身证果，化游诸荫障国，流传七藏经文。
> 恭唯东土摩呼禄慕阇，灵源历代传教宗师，回光应世嗣法明人，拯华夏之生灵，阐苏邻之教迹。

《稽师科》记载的西国法王、十二大慕阇、东土摩呼禄慕阇，均是摩尼教传教史上的重要人物。西国法王指西亚、中亚的教会总领袖（总主教），② 十二大慕阇亦应指传播摩尼教"七藏经文"的教团首领。吐鲁番出土摩尼教残片M2里说，教团首领阿莫（Ammō）准备渡过阿姆河进入河中地的时候，受到了守护阿姆河的女神巴伽德（Bagārd）的阻挡，后来

---

① （明）何乔远著，厦门大学古籍整理研究所、历史系古籍整理研究室《闽书》校点组点校：《闽书》卷七《方域志》，福建人民出版社1994年版，第172页。参见 P. Pelliot, Les traditions manichéenns au Fo-Kien, *T'oung Pao* XXII, 1923, p. 205;［法］伯希和：《福建摩尼教遗迹》，载冯承钧译《西域南海史地考证译丛九编》，中华书局1958年版，第130—131页。

② 王媛媛：《唐代汉文摩尼教资料所见之"法王"》，陈春声主编：《海陆交通与世界文明》，商务印书馆2013年版，第215—228页。

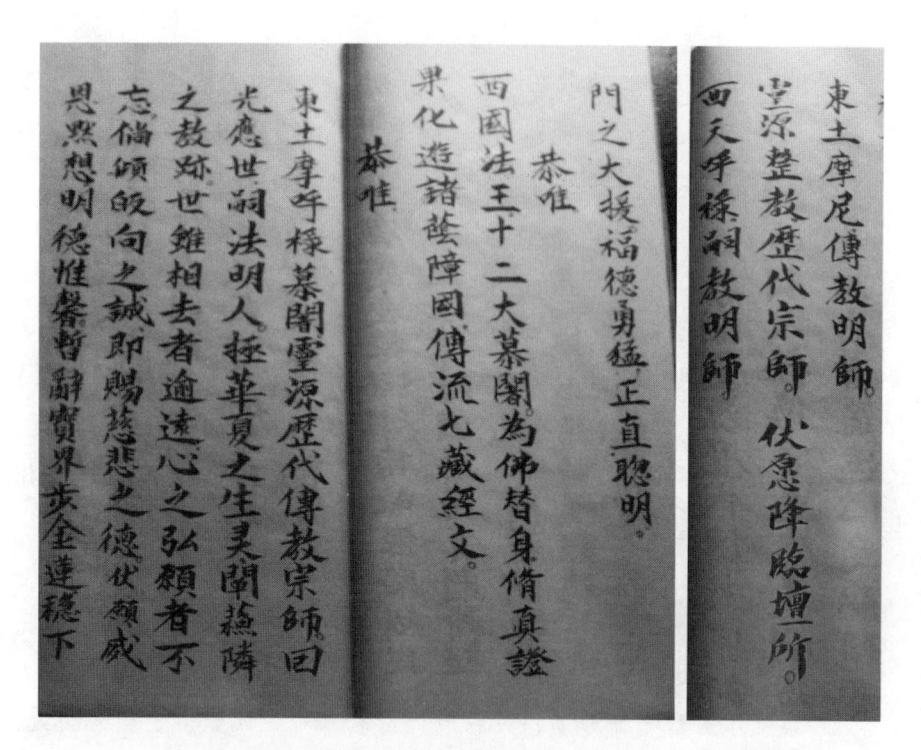

图3　福清摩尼教《普度科仪·稽师科》，薛明贵抄本（俞伦伦摄）

阿莫诵读《净命宝藏经》，说服女神，得以渡河。① 法王、慕阇在诸国传播七藏经文的说法可与上述记载相印证。"七藏经文"则指摩尼教的七部大经，经名见于敦煌本 S. 3969《摩尼光佛教法仪略》：《彻尽万法根源智经》（大应轮部）、《净命宝藏经》（寻提贺部）、《律藏经》或称《药藏经》（泥万部）、《秘密法藏经》（阿罗瓒部）、《证明过去经》（钵迦摩帝夜部）、《大力士经》（俱缓部）、《赞愿经》（阿拂胤部）。②

关于呼禄法师的身份，学术界多有考证。英国学者刘南强认为"呼禄"就是中古波斯语 xro͞-hxwa͞-n（呼嚧唤：译云教道首，专知奖劝，身份

---

① Mary Boyce, *A Reader in Manichaean Middle Persian and Parthian*, Leiden, 1975, p. 2.
② 林悟殊：《摩尼教及其东渐·附录》，中华书局1987年版，第231页；芮传明：《东方摩尼教研究·附录》，上海人民出版社2009年版，第381页。图版见《英藏敦煌文献》第5卷，四川人民出版社1992年版，第225页。

为使唤僧）的音译。① 此说既出，便得到学术界广泛的支持。② 笔者独不以为然，认为呼嚧唤作为使唤僧，地位不高，与"授侣三山"的法师地位不可同日而语。尤有进者，"呼嚧唤"既为法师称号，其后就不能叠床架屋，再加"法师"二字了。故而推定"呼禄"实当为回鹘语"Qutluɣ"即"骨咄禄"之对音，意为"吉祥"。骨咄禄，又译"骨禄""骨都""胡禄"，而"Qutluɣ"在回鹘又常被人格化为"保护神"，其用以对译"呼禄"无疑再合适不过。③

对笔者的这一见解，林悟殊先生不予认同，认为古来"叠床架屋"、音译意译合璧之译名并不鲜见，而且举了不少山名、水名等来证明自己的观点。④ 有幸的是，2017 年以来，在福建福清市高山镇又发现了一批摩尼教经典科仪文本，计有 35 本之多，其中《普度科仪·稽师科》就有"呼禄慕阇"，如果像林悟殊先生所言将"呼禄"解释为"呼嚧唤"，那么，"呼禄慕阇"岂不成了"呼嚧唤慕阇"。"慕阇"是摩尼教高级僧侣，"呼嚧唤"是低级僧侣，都是官名，何可连用。质言之，将"呼禄法师"解释为"呼嚧唤法师"无论如何都是解释不通的。⑤

唐代闽东地区"海夷日窟，风俗时不恒"⑥，有众多海外侨民聚居，这些侨民中可能有很多波斯人。在福州的五代闽国刘华墓也出土了三件波斯孔雀绿釉陶瓶，扬州也曾出土过唐代波斯绿釉陶壶，这是国内迄今仅见的

---

① Samuel N. C. Lieu, Precept and Practice in Manichaean Monasticism, *Journal of Theological Studies*, New Series 32, 1982, p. 163; ibid., *Manichaeism in the Later Roman Empire and Medieval China: A historical survey*, Tubingen, 1992, pp. 89, 264; Ibid., Polemics against Manichaeism as a subversive cult in Sung China, *Bulletin of the John Rylands University Library of Manchester* 1979/2, p. 138; Ibid., *Manichaeism in Central Asia and China*, Leiden-Boston-Köln, 1998, p. 86.

② Peter Bryder, *The Chinese Transformation of Manichaeism*, p. 10; 吉田豊「漢譯マニ教文獻における漢字音寫された中世イラン語について（上）」『内陸アジア言語の研究』（1986 年号），1987 年，註 93；森安孝夫『ウイグル＝マニ教史の研究』，大阪：大阪大学文学部，1991 年，第 61—62 頁；林悟殊：《宋代明教与唐代摩尼教》，《摩尼教及其东渐》，中华书局 1987 年版，第 124 页。

③ 杨富学：《〈乐山堂神记〉与福建摩尼教——霞浦与敦煌吐鲁番等摩尼教文献的比较研究》，《文史》2011 年第 4 辑；杨富学：《回鹘僧开教福建补说》，《西域研究》2013 年第 4 期。

④ 林悟殊：《唐季摩尼僧"呼禄法师"其名其事补说》，朱玉麒主编：《西域文史》第 11 辑，科学出版社 2016 年版，第 21—30 页。

⑤ 杨富学、熊一玮、俞伦伦：《开教福建摩尼僧呼禄法师族出回鹘新证》（待刊）。

⑥ 出自福州出土的唐宪宗元和八年（813）《毬场山亭记》石碑碑文，藏于福州市博物馆。

波斯绿釉陶器。如前文所述,唐代扬州曾建有摩尼寺,据《旧唐书·邓景山传》载,当时在扬州的波斯人达数千人,还有"波斯邸""波斯庄"相关的地名,并出土李摩呼禄墓志铭,似乎显示这些波斯人及其后裔与摩尼教渊源深厚。呼禄法师进入福清,可能先从北方南下扬州港,并得到了波斯侨民的保护,顺着这条海上航线直抵福清,这是相对安全且快捷的路线。

三 由福清本《普度科仪》看摩尼教入华年代

福清本《普度科仪》有言"灵源历代传教宗师"。同样的言语又见于霞浦本摩尼教文献《明门初传请本师》,《乐山堂神记》则作"灵源传教历代宗祖",可以证实福清与霞浦摩尼教之间的同源关系。"阐苏邻之教迹",与宋代温州摩尼教《选真寺记》所称的"其榜曰选真寺,为苏邻之教者宅焉"① 之说相类。摩尼佛出生于帕提亚(安息)巴比伦行省玛尔第奴地区的贵族家门,这一地区译作苏邻,有认为是苏利斯坦(Suristan)②,位于今伊拉克,即《周书》中的"宿利城",《隋书》中的"苏蔺城"。③

关于摩尼教传入中国的时间,传统看法认为在唐武则天延载元年(694),是年,《佛祖统纪》卷三十九记载:"延载元年(694)波斯国人拂多诞持《二宗经》伪教来朝。"④《闽书》对此事的记载更为详尽:

> 慕阇当唐高宗朝行教中国。至武则天时,慕阇高弟密乌没斯拂多诞复入见。群僧妒谮,互相击难,则天悦其说,留使课经。⑤

---

① 吴明哲:《温州历代碑刻二集》(下),上海社会科学院出版社2006年版,第917页。
② 陈凌、马健:《丝绸之路的宗教遗存》,三秦出版社2015年版,第162页。
③ 宋峴:《弗栗恃萨傥那、苏剌萨傥那考辨》,《亚洲文明》第3集,安徽教育出版社1995年版,第191—199页。
④ (宋)志磐:《佛祖统纪》卷五四,《大正藏》第49册,No.2035,第474c页。
⑤ (明)何乔远著,厦门大学古籍整理研究所、历史系古籍整理研究室《闽书》校点组校点:《闽书》卷七《方域志》,福建人民出版社1994年版,第172页。

但也有持不同看法，如蒋斧《摩尼教流行中国考略》，依据《长安志》的一则"大云经寺"的材料认为摩尼教可能在周隋之际已传入中国，[1] 柳存仁撰文指出唐代以前中国即有摩尼教的影响，[2] 林悟殊认为"延载元年"只是标志摩尼教在中国得到官方的承认，在 4 世纪初中国内地可能已感受到摩尼教的信息。[3] 有幸的是，在福清本摩尼教《普度科仪·谢师科》（图 4）中也有相关问题的记载：

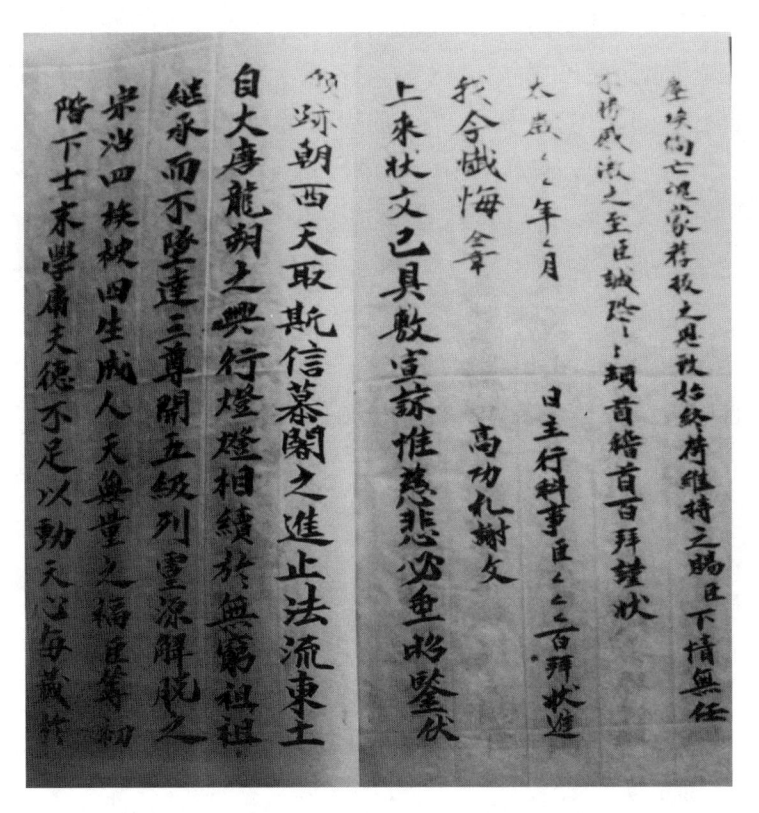

图 4　福清摩尼教《普度科仪·谢师科》，薛明贵抄本（俞伦伦摄）

---

[1] 蒋斧撰，罗振玉跋：《摩尼教流行中国考略》，《罗雪堂先生全集》第三编第六册，（台北）文华出版社影印 1970 年版，第 2290 页。

[2] Liu Ts'un-Yan, "Trances of Zoroastrian and Manichaean Activities in Pre-Tang China", *Selected Papers from the Hall of Harmonios Wind*, Leiden, 1976, pp. 3–55；柳存仁：《唐代以前拜火教摩尼教在中国之遗痕》，《和风堂文集》（上），上海古籍出版社 1991 年版，第 514—532 页。

[3] 林悟殊：《摩尼教入华年代质疑》，《文史》第 18 辑，中华书局 1983 年版，第 78 页。

迹朝西天，取斯信慕阇之进止。法流东土，自大唐龙朔之兴。灯
灯相续于无穷，祖祖继承而不坠。

东土摩尼教自西域而来，斯信慕阇当指敦煌写本 S.2659《下部赞·叹无常文》的作者末思信（Mār Sisim）法王，题首曰"末思信法王为暴君所逼，因即制之"①。末思信任法王10年，在瓦赫兰二世的迫害下殉道，② 其视死如归之气概成为后继者的取法对象。

据福清文献记载，中国摩尼教兴起于"大唐龙朔"，即唐高宗龙朔年间（661—663），这一资料可与前引《闽书》卷七《方域志》所载"慕阇，当唐高宗朝，行教中国"的说法相互印证。《闽书》又言"至武则天时，慕阇高弟密乌没斯拂多诞复入见"③。这里的拂多诞，乃粟特语 avtadan 之音译也，意为"主教"；密乌没斯，乃粟特语 Mihr Ormuzd 之音译，观福清本《普度科仪·请经科》，其中有祖师乃"土火罗国密无乌密师"之语。"密无乌密师"当即《闽书》所载之"密乌没斯"，明言其来自吐火罗，为"慕阇高弟"，可证唐代入华摩尼僧当来自中亚而非波斯。《佛祖统纪》所谓的"波斯国人拂多诞"实乃粟特人也。唐代在中国传摩尼教的几乎是清一色的粟特人，而彼时摩尼教在波斯早已销声匿迹了。

唐高宗龙朔年间先有慕阇"行教中国"，武则天延载元年又有来自吐火罗的密乌没斯拂多诞"复入见"。果如是，则摩尼教正式传入中国的时间应在唐高宗朝，稍早于《佛祖统纪》唐武则天延载元年（694）之说。

在《普度科仪》中还提到"东土过去阿罗缓僧众"，并赞颂摩尼教僧侣的精修苦行：

---

① 林悟殊：《摩尼教及其东渐·附录》，中华书局1987年版，第240页；芮传明：《东方摩尼教研究·附录》，上海人民出版社2009年版，第393页。图版见《英藏敦煌文献》第4卷，四川人民出版社1991年版，第145页。

② 马小鹤：《光明的使者——摩尼与摩尼教》，兰州大学出版社2013年版，第301页。

③ （明）何乔远著，厦门大学古籍整理研究所、历史系古籍整理研究室《闽书》校点组校点：《闽书》卷七《方域志》，福建人民出版社1994年版，第172页。

真诠众，具戒僧，行精进，道心隆，真妙性，会天官，遮夷但，伽度师（《谢师科》）。

光明正教清净修行人，日食长斋受苦辛，受苦辛，身贫道不贫，勤礼念，步步出凡尘（《请经科》）。

摩尼教僧侣以精严的戒行著称，《佛祖统纪》称"以不杀、不饮、不荤辛为至严，沙门有行为弗谨，反遭其讥"①。佛僧叹之弗如。陈垣称赞摩尼教为"道德宗教"。②摩尼教师僧、听者关系之密切，在福清《普度科仪·谢师科》中也有体现："僧听相依，寄类舟车，生死之中，永不相离，则我法门不可思议。"上述材料可以证实，福清摩尼教源自唐代呼禄法师及其僧团，大概9世纪中叶，摩尼教始传入福建。

四 福清本《香空宝忏》与回鹘本《摩尼教徒忏悔词》同源说

《香空宝忏》（图5），亦称《灵皇忏》，乃福清摩尼教在功德道场中所使用的一个核心文本，今存本子由俞经鑢抄录，现由俞云洵收藏。"香空"一词见于敦煌写本 S. 2659《下部赞·普启赞文》："又启奇特妙香空，光明晖辉清净相，金刚宝地元堪誉，五种觉意庄严者。"③《香空宝忏》文本字数近7千字，十五条忏文共分为上、中、下三卷，每卷五条，基本结构是开坛赞、序文、圣号、忏文、回坛偈，虽然在忏文开头结尾部分加入了佛教版本的赞词与往生咒，但与其他内容没有逻辑上的联系，很容易与其他文字识别，若将其去除也不影响全文的完整性。

《香空宝忏》在上卷序文中介绍了摩尼光佛因为怜悯男女听者，故而宣说十五条忏文令人忏悔：

---

① （宋）志磐：《佛祖统纪》卷三九，《大正藏》第49册，No. 2035，第370a页。
② 陈垣：《摩尼教入中国考》，《国学季刊》1923年第1卷第2号；收入氏著《陈垣学术论文集》第1集，中华书局1980年版，第370页。
③ 林悟殊：《摩尼教及其东渐·附录》，中华书局1987年版，第243页；芮传明：《东方摩尼教研究·附录》，上海人民出版社2009年版，第396页。图版见《英藏敦煌文献》第4卷，四川人民出版社1991年版，第147页。

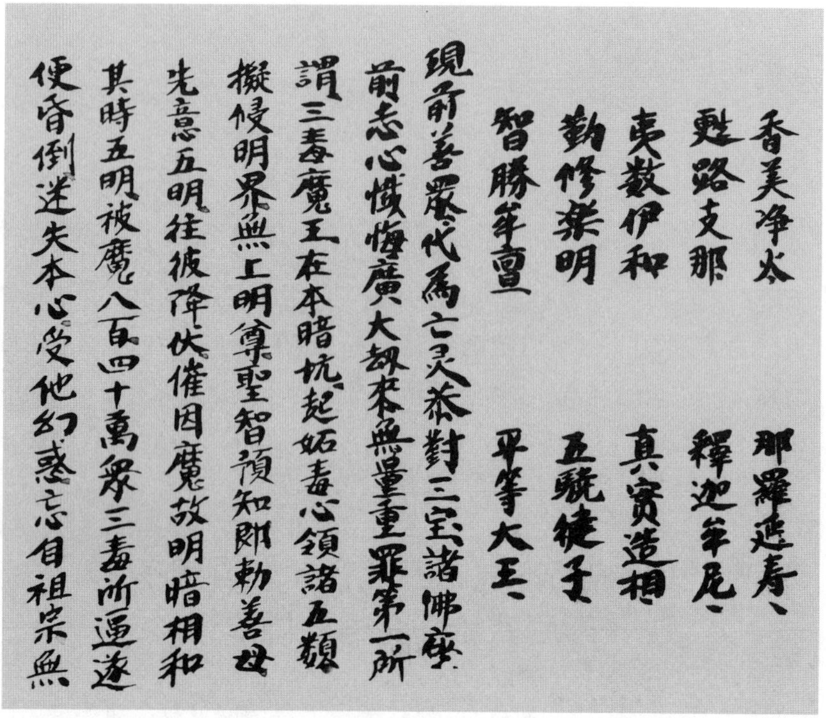
香美净火　那羅延寿、
甦路支那　釋迦牟尼、
夷数伊和　真實造相
勤修樂明　五驍徒子
智勝年豊　平等大王、
現前善眾代為亡灵恭對三宝諸佛座
前志心懺悔廣大劫来無量重罪第一所
謂三毒魔王在本暗坑起妬毒心領諸五類
擬侵明界無上明尊聖智預知即勅善母
先意五明往彼降伏催因魔故明暗相和
其時五明被魔八百四十萬眾三毒所逼遂
便昏倒迷失本心受他幻惑忘自祖宗無

图5　福清摩尼教《香空宝忏》（俞伦伦摄）

是故大尊，嗟法男女，所有愆殃，未解自悔。以怜悯故，为出一十五条真实忏文，令每莫日，对冥空诸圣，于佛法僧前，依此陈忏。

据此，灵皇当指摩尼光佛。这里提到听者在“莫日”① 时进行忏悔，在敦煌《下部赞》中也有“此偈凡至莫日与诸听者忏悔愿文”之语，② 那么《香空宝忏》应是摩尼教信徒在莫日（星期一）进行忏悔仪式时所依据

① 七曜历通过摩尼教传入我国，用以表示星期，汉字名称来自粟特语的音译，星期日为“密日”或“蜜日”（Mīr）、星期一为“莫日”（Māx），星期二为“云汉”（Unxān），星期三为“咥”“嘀”或“滴”（Tīr），星期四为“温没斯”（Urmazt）、星期五为“那颉”（Nāxid），星期六为“鸡缓”或“枳浣”（Kēwān）。参考［法］华澜（AlainArrault）《敦煌历日探研》，李国强译，邓文宽主编《出土文献研究》第7辑，上海古籍出版社2005年版，第214页。

② 林悟殊：《摩尼教及其东渐·附录》，中华书局1987年版，第262页；芮传明：《东方摩尼教研究·附录》，上海人民出版社2009年版，第418页。图版见《英藏敦煌文献》第4卷，四川人民出版社1991年版，第156页。

的文本。

在众多回鹘突厥语摩尼教文献中,以《摩尼教徒忏悔词》最有代表性。敦煌本《摩尼教徒忏悔词》(图6)是 1907 年英国斯坦因(A. Stein)在莫高窟藏经洞发现的,用摩尼文字母书写回鹘语,① 是现存回鹘语《摩尼教徒忏悔词》中保存最完好的一部。1908 年俄国迪亚科夫(A. A. Дяков)在吐鲁番阿斯塔那地区发现了另一件《摩尼教徒忏悔词》,用回鹘文书写。② 保存这一文献残片更多的是柏林。现已发现的写本就已超过 20 件,有的用回鹘文书写,也有的用摩尼文书写。③ 各抄本字数各异,长

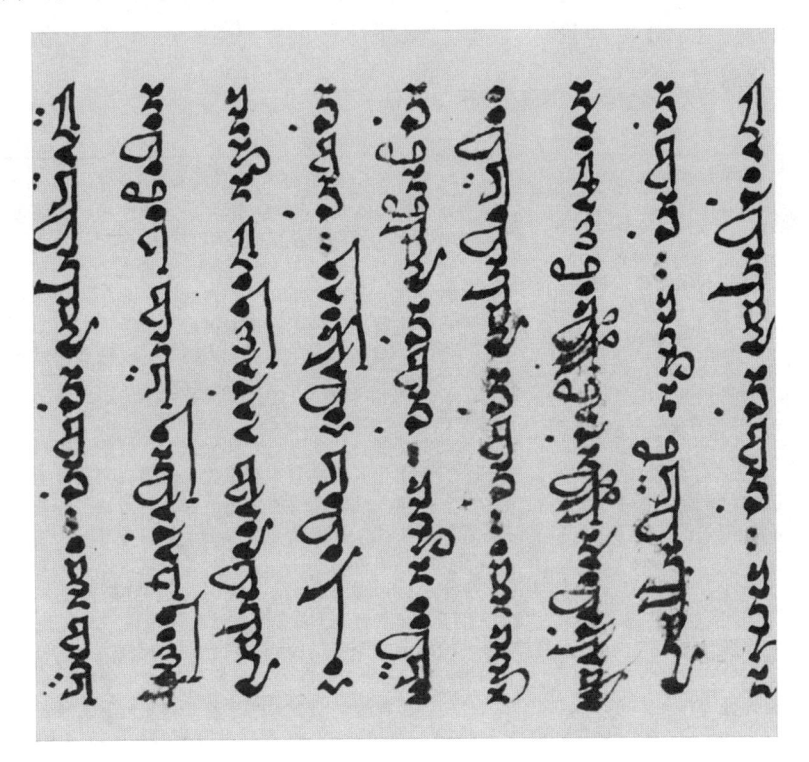

图6　敦煌本摩尼文回鹘语《摩尼教徒忏悔词》

---

① A. von Le Coq, "Dr. Stein's Turkish Khuastuanift from Tun-huang, Being a Confession-Prayer of the Manichaean Auditores", *Journal of the Royal Asiatic Society*, 1911, pp. 277 – 314.

② С. Е. Малов, Памятники Древнетюркской Письменности Тексты и исследования. М.-Л., 1951. стр. 108 – 130.

③ A. von Le Coq, Chuastuanift, ein Sündenbekenntnis der manichäischen Auditores, Abhandlungen der Preussischen Akademie der Wissenschaften, Phil.-hist. Klasse, Berlin, 1910.

短有别，可以互相补充所缺的内容，1963 年苏联季米特里耶娃（L. W. Dmitriyeva）将其整理得到一个相对完整的足本。① 1965 年丹麦学者阿斯姆森（J. P. Asmussen）出版了《摩尼教忏悔词研究》，② 芮传明依据该英译本整理出一份新的汉译本。③ 是后，美国学者克拉克（Larry Clark）又对现知的回鹘文《摩尼教徒忏悔词》进行了进一步系统的整理，既有转写，又有英译与详尽注释，足资参考。④

笔者发现，福清本《香空宝忏》中的十五条忏悔文与回鹘本《摩尼教徒忏悔词》能够一一对应，并且福清本保存下来的内容十分完整，兹据福清本《香空宝忏》与回鹘本《摩尼教徒忏悔词》（芮传明汉译）第一条内容进行比对：

福清本《香空宝忏》	回鹘本《摩尼教徒忏悔词》
第一所谓：三毒魔王，在本暗坑，起妬毒心，领诸五类，拟侵明界。无上明尊，圣智预知，即敕善母，先意五明，往彼降服。催囚魔故，明暗相合。其时五明，被魔八百四十万众，三毒所逼，遂便昏倒，迷失本心，受他幻惑，忘自祖宗。	奥尔木兹特神偕五明神一起降临，以率领一切诸神与魔战斗。他和具有恶业的兴奴以及五类魔作战。当时，神与魔，明与暗混合起来。霍尔木兹神之子五明神，即我们的灵魂，与魔鬼争斗了一段时间，受了伤；并与诸魔之首，贪得无厌的无耻贪魔的邪知以及一百四十万魔混合起来，他变得不明事理和意志薄弱。他全然忘却了自己所诞生和被创造的不朽神灵之境，从而脱离了光明诸神。
无上明尊，自是一切诸圣基址，亦是一切佛性根源。我缘和合，久染魔情。于是自他祖宗，都不分别。将明与暗，将命与死，将佛与魔，将善与恶，心思口说，总言不二，一体化生。常身真性，谤诈无常，及见无常，将非死灭。波旬之类，诚非魔徒，反却赞言，是佛兄弟。此之倒惑，迷执无穷。今对三宝诸佛座前，披诚发露，忏悔深愆。愿降慈悲，恕我等，捨亡性。第一所忏之罪。哀愍救拔，伏乞捨过。	我的明尊啊，从此之后，如果由于具有恶业的兴奴用邪恶行为诱惑我们的智力和思想，使得我们最终无知、无智；如果我们无意中得罪了圣洁和光明的楚尔凡神，一切明性的本原，称他兼为明与暗、神与魔之宗；如果我们曾说"若有人赋予生命，即是明尊赋予生命；若有人杀害生灵，即是明尊杀害生灵"；或者我们曾说"明尊创造了一切善良与邪恶"；如果我们曾说"他是创造了不朽诸神的人"；或者我们曾说"霍尔木兹特神和兴奴是弟兄"；我的明尊啊，如果我们无意中欺骗了明尊，曾经使用了极度亵渎神灵的言辞，从而犯下了导致毁灭的罪过，那么，明尊啊，我，赖玛斯特（Rāi mast-Frazend），就忏悔，祈求解脱罪孽，宽恕我的罪过吧！
吻哪嘫哆啰嘰哩嗯	福佑之始！

---

① Л. В. Дмитриева, Хуастунифт, Тюркологические исследования, М. -Л., 1963.
② J. P. Asmussen, *Xuāstvānīft—Studies in Manichaeism*（Acta Theol. Danica. 7）, Kopenhagen, 1965.
③ 芮传明：《摩尼教突厥语〈忏悔词〉新译和简释》，《史林》2009 年第 6 期。
④ Larry Clark, *Uygur Manichaean Texts*, Turnout: Brepols, 2013.

福清本使用文言书写，四字成句，与回鹘本比起来详略不同，但基本上能对应。第一条忏文内容介绍初际明暗二宗混合的因缘，由此导致了人类初祖"迷失本心"，而受到他魔诱惑，忘记了自己的明性根源。强调信徒要明确二元区别，不可将明性与魔情混淆，不可认为"波旬"（疑为"波旬"）与"佛"同源。在福清本中可看出，"明界"与"暗坑"相对，明界至尊神被称为"无上明尊"，暗坑的首领则是"三毒魔王"，福清本在首句提到了三毒魔王试图侵略明界的背景，回鹘本无此句，直接从无上明尊率领诸神与五类魔战斗开始。回鹘本的第一段与福清本可以逐句对应，差别处在于回鹘本中的暗坑魔众为"一百四十万"，而福清本则是"八百四十万"。回鹘本第二段的"我的明尊啊"与福清本的"无上明尊"对应，词句顺序略有差异，不过回鹘本的语句看起来更为通俗易懂，可作福清本的参考。

此外，在每条忏文之下，福清本还加了一段四句七字偈，概括了所应忏悔的罪行，比如第一条，在福清本里将其概括为"忘本生缘罪"。每条罪行都有一个这样的概括性称呼，分别为：忘本生缘罪、不敬二光罪、流浪五谷罪、轻慢三宝罪、杀害五类罪、心口意业罪、信邪倒见罪、不具四印罪、不持十戒罪、亏违礼忏罪、不行七施罪、不持斋戒罪、不求忏悔罪、亏违阇默罪、纵恣三业罪。这些名称在回鹘本中未见，可能是福清本新增的内容。福清本在保持十五条忏文完整性的前提下，扩充了一些内容，这些内容的制作者显然充分了解摩尼教的教义，才能恰如其分地进行命名概括。

在《香空宝忏》每卷中还有敬拜摩尼教诸圣名号的内容，一共分为三段分置于五条忏文之间，另外两卷也是同样做法。这份诸圣名单可以视为摩尼教的神谱，内容相当纯粹，没有杂入道教及民间信仰的成分。很多神名我们可以在《下部赞》《摩尼教残经》上找到，其中也有些神名并未出现在敦煌汉语摩尼教文献上，但其名称与其他外文记录能对应，应该来自早期汉语摩尼教文献。记载如下：

本师摩尼，无上明尊。净妙香空，涅槃诸圣。金刚宝地，日光大圣。善母如来，净风夷萨。光明圣使，七宝船主。活命净气，精进净风。再甦净明，微妙净水。香美净火，那罗延寿。甦路支那，释迦牟尼。夷数移桓，真实造相。勤修乐明，五晓健子。智胜牟亶，平等大王。

持世如来，十大天王。降魔圣使，地藏夷萨。催明大圣，殊胜光王。神化王子，骁勇明使。天乐诸圣，威力大圣。大慈夷数，神通电光。知惠善心，救苦观音，大悲势至，毘庐舍那。五妙相身，夷数移桓。贞明大圣，清净法身。

广大心王，大惠心王，微妙法风，收採惠明，庄严法相，四寂法心。阎默大圣，净活思惟，吉祥圣使，西国法王，十二慕闍，七二哆诞，三百悉德。阿罗缓僧，月光夷数，常胜先意，神通电光，收明圣使，大宝船主，净主法王。嚧缚逸天王，弥诃逸天王，喋啰逸天王，娑啰逸天王。

上文中的殊胜光王、神化王子、骁勇明使、天乐诸圣、威力大圣，似乎可以与拉丁语文献（英译）中的 The Keeper of Splendour（光辉卫士）、King of Honour（尊贵的王）、Adamas of Light（阿大姆斯）、King of Glory（荣耀之王）、Alas（持地者）相对应。[①]《香空宝忏》最后一段中出现的慕闍、哆诞、悉德、阿罗缓僧，分别对应于《摩尼光佛教法仪略·五级仪第四》所说的四级师僧：慕闍、拂多诞、默奚悉德、阿罗缓。[②] 四天王在霞浦文献中亦可以见到。[③]

福清本的最大价值是可以补充回鹘本使用略称而未展开说明的内容，比如十戒、七施，这些都是听者日常信仰生活所依据的重要法则。"七施"出现在福清本《香空宝忏》和回鹘本《摩尼教徒忏悔词》的第十一条，我们现在所看到的回鹘本译文并没有具体说明。敦煌本 S. 2659《下部赞·此偈你逾沙忏悔文》写道："于七施、十戒、三印法门，若不具修，愿罪销灭。"[④]

---

① 汉译名见马小鹤《摩尼教的"光耀柱"和"卢舍那身"》，《世界宗教研究》2000 年第 4 期。
② 林悟殊：《摩尼教及其东渐·附录》，中华书局 1987 年版，第 232 页；芮传明：《东方摩尼教研究·附录》，上海人民出版社 2009 年版，第 382 页。图版见《英藏敦煌文献》第 4 卷，四川人民出版社 1991 年版，第 225 页。
③ 马小鹤：《霞浦钞本明教"四天王"考辨》，余太山、李锦绣主编：《欧亚学刊》新 3 辑，商务印书馆 2015 年版，第 166—204 页。
④ 林悟殊：《摩尼教及其东渐·附录》，中华书局 1987 年版，第 264 页；芮传明：《东方摩尼教研究·附录》，上海人民出版社 2009 年版，第 419 页。图版见《英藏敦煌文献》第 4 卷，四川人民出版社 1991 年版，第 157 页。

"七施",顾名思义,乃是听者所要承担的七种布施义务,在回鹘本中并没有具体指明,《香空宝忏》则完整将七施内容一一罗列:

> 言七施者,一施法堂,安居善众;二施经图,于僧披展;三施男女,承奉正宗;四施饮食,以充斋供;五施衣服,串带师僧;六施迎送,运转移动;七施汤药,医疗病僧。如上七施,计合常为。

由于摩尼教师僧主要以修持礼拜等精神活动为主,所以需要听者提供建筑、经书、饮食、衣服、交通、医疗这些物质条件,并且还需要有信徒献身出家,以继承摩尼教法。

福清本《香空宝忏》对于摩尼教的教义、听者日常仪轨有着重要的研究价值。"十戒"是摩尼教徒的修持戒条,阿拉伯语著作《群书类述》转述了十戒的内容,即不拜偶像、不妄语、不贪欲、不杀生、不奸淫、不偷盗、不欺诈、不行巫术、不二见(怀疑宗教)、不怠惰。[①] 此为学界广为参考的对象,但将其与回鹘本内容相比,二者迥然有别。回鹘本十戒内容:口三戒、心三戒、手三戒以及全身的一戒。再看福清本的说法:

> 言十戒者,第一真实,断之虚妄;第二善言,断诸恶语;第三美行,断诸咒誓,此三戒口。第四慈善,断诸杀害;第五廉慎,断诸偷窃;第六忠信,断诸觗觯,此三戒手。第七正实,断诸邪见;第八诸佛,断诸投魔;第九真僧,断之外道,此三戒心。第十真确,夫已有妇,妇已有夫,断诸邪行,此以戒身。

不难看出,福清本的"十戒"与回鹘文本所载基本一致,只是回鹘文本未具体阐述,不若福清本内容详尽。福清本与回鹘本排序相同,文义相符,当自同一母本而来。

关于摩尼教信徒(听者)持斋的时间,有两则资料提及,《宣和二年禁约》:"每年正月内,取历中密日,聚集侍者、听者、姑婆、斋姊等人,

---

① B. Dodge, *The Fihrist of Al-Nadim*, New York, 1970, p. 789.

建设道场。"①《宿曜经》："末摩尼常以密日持斋，亦事此日为大。"② 如果上述两则材料所言不误，可能是比较重大的节会斋日选择密日（星期天）举行。在敦煌写本 S. 2659《下部赞》中有"此偈凡莫日用为结愿"与"此偈凡至莫日与诸听者忏悔愿文"的记载，可见，听者凡常以莫日（星期一）结斋忏悔。福清本《香空宝忏》要求听者在每个莫日进行忏悔，消除"六日以来俗务之罪"，将每年50个星期的持斋称为"五十旬斋"（第十二条）。每年七次的双日斋，在福清本中称为"年七加斋"，斋月时间在腊月，被称为"戒月"（第十四）。忏文中还提到"四时礼赞"及"朝夕精勤"（第十条），说明了听者日常要进行四次早晚礼拜。

福清香空道场开忏时，坛场两侧张贴有"灵皇"与"斋坛"字样的两幅字联，二位法师依次宣诵忏文，代为亡过听者乞求赦罪，这一传统可追溯到唐代《下部赞》时代。《下部赞》中记载有"亡没沉沦诸听者"与"此偈为亡者受供结愿用之"，为亡过听者祈祷解脱，登上明船赴常乐世界，也是摩尼教十分重要的宗教仪式内容。《香空宝忏》在历史上的可能也实际运用于日常生活中，陆游在福州曾亲见："至有士人宗子辈，众中自言：'今日赴明教斋。'"③ 从陆游转述的"今日赴明教斋"一语来看，此应是日常行为，那么"明教斋"应是每周莫日进行忏悔的斋会，因忏悔内容都是针对信徒日常行为，所以采用的必不是音译本，而《香空宝忏》核心内容的"十五条忏悔文"，可能在宋代福州"明教斋"中就已被使用。在福建摩尼教文献未出之前，连立昌曾认为福建明教是摩尼教的异化，所使用的经文与摩尼教无涉，故而推测宋代"福州明教所习经文是摩尼经的可能性就很难存在"④。这一论断显然与事实不符。

840 年，回鹘西迁，在新疆及河西走廊一带先后形成高昌回鹘、甘州回鹘和沙州回鹘政权，摩尼教继续流行，回鹘本《摩尼教徒忏悔词》在吐鲁番、敦煌都有发现。⑤ 关于回鹘本《摩尼教徒忏悔词》成书年代，苏联

---

① （清）徐松辑：《宋会要辑稿》刑法二之七八，中华书局1957年版，第6534页。
② （唐）不空译：《文殊师利菩萨及诸仙所说吉凶时日善恶宿曜经》卷下，《大正藏》第21册，No. 1299，第398a页。
③ （宋）陆游：《老学庵笔记》卷十，中华书局1979年版，第125页。
④ 连立昌：《福建秘密社会》，福建人民出版社1989年版，第21页。
⑤ 杨富学：《回鹘摩尼教研究》，中国社会科学出版社2016年版，第150—179页。

学者马洛夫（С. Е. Малов）认为当属 5 世纪作品,[1] 季米特里耶娃（Л. В. Дмитриева）不认同其说,认为"尚无证据说明属于 5、6 或 7 世纪"[2]。会昌年间（841—845），漠北摩尼教因回鹘失势而西迁，北方摩尼教因会昌法难而销声匿迹，呼禄法师带领僧团避难而南迁福清，保存摩尼教至今，并流传下《香空宝忏》等文献。回鹘摩尼教西迁与北方摩尼教南迁之后，在高昌、沙州与福清之间相距万里，交通阻隔，教团交流可能因此中断，所以回鹘本《摩尼教徒忏悔词》与福清本《香空宝忏》的发生关系史应在 9 世纪中期之前，可证这两部高度对应的摩尼教文献源自唐代母本。

五　东土摩尼教从教会式向坛班式的转变

不少学者延续沙畹、伯希和的思路，将中国摩尼教划分为真正摩尼教和华化摩尼教，认为真正的摩尼教灭于 843 年，此后为华化的摩尼教。沙畹、伯希和辑录了福建摩尼教相关历史材料，认为"其教在闽浙诸地，虽具有佛、道二教之外表，然尚不失为摩尼教，二宗三际，仍未变也"[3]。但有学者据此认为前者名为"摩尼教"，后者易名为"明教"，实则不合沙畹、伯希和氏之原意，而使认为"明教等名称属于摩尼教，显见而易明"[4]。回鹘故都（蒙古国后杭爱省浩腾特苏木鄂尔浑河西岸的哈喇巴喇哈逊遗址）所出《九姓回鹘可汗碑》记载了摩尼教初传回鹘的状况，碑文用汉、突厥、粟特三种语文镌刻，其中汉文部分保存最好，对摩尼教传入回鹘的来龙去脉有比较详尽的记载:

---

[1] С. Е. Малов, Памятники Древнетюркской Письменности Текстыиисследования, М. -Л. , 1951, стр. 108.

[2] Л. В. Дмитриева, Хуастунифт, Тюркологические исследования, М. -Л. , 1963, стр. 215.

[3] Éd. Chavannes-P. Pelliot, "Un traite manicheen retrouve en Chine", *Journal Asiatique* 1913 mar. -avr. , p. 377；［法］沙畹、伯希和撰:《摩尼教流行中国考》，冯承钧译，《西域南海史地考证译丛八编》，中华书局 1958 年版，第 100 页。

[4] Éd. Chavannes-P. Pelliot, Un traite manicheen retrouve en Chine, *Journal Asiatique* 1913 mar. -avr. , p. 375；［法］沙畹、伯希和撰:《摩尼教流行中国考》，冯承钧译，《西域南海史地考证译丛八编》，中华书局 1958 年版，第 100 页。

可汗乃顿军东都，因观风俗，□□摩尼佛师，将睿息等四僧入国，阐扬二祀，洞彻三际。况法师妙达名门，精通七部，才高海岳，辩若悬河，故能开正教于回鹘，以茹荤屏乳酪为法，立大功绩，乃曰汝偎悉德。于时都督、刺史、内外宰相、司马金曰："今悔前非，愿事正教。"奉旨宣示，此法微妙，难可受持。再三恳恻："往者无识，谓鬼为佛；今已悟真，不可复事，特望□□。"□□□曰："既有志诚，任即持赍。"应有刻画魔形，悉令焚爇，祈神拜鬼，并摈斥而受明教。薰血异俗，化为蔬饭之乡；宰杀邦家，变为劝善之国。故圣人之在人，上行下效。法王闻受正教，深赞虔诚。□□□□德（愿），领诸僧尼，入国阐扬。自后□慕阇徒众，东西循环，往来教化。①

其中内容，可与吐鲁番出土回鹘文写本 U 72—U 73（TM 276 a-b）《牟羽可汗入教记》残卷相补充，可以互证。② 最近，日本学者吉田丰重新翻译释读了碑中的粟特语内容，该文献第 8 至 9 行文字有言"火焚宗教以接受神一样的圣摩尼的宗教……将所有偶像付之一炬"③，使人很自然将之与该碑汉文部分所谓"应有刻画魔形，悉令焚爇，祈神拜鬼，并摈斥而受明教"等文字联系起来。揆诸回鹘文《牟羽可汗入教记》和《九姓回鹘可汗碑》之汉文与粟特文内容，可以看出，牟羽可汗放弃萨满教而皈依摩尼教绝非空穴来风，而是有案可稽的。④

碑文中将摩尼教称为明教。有人认为碑文中的"明门""正教""明教"，都是尊崇性的形容词，不是专门名词。⑤ 细察碑文，"二祀"与"三

---

① 程溯洛：《释汉文〈九姓回鹘毗伽可汗碑〉中有关回鹘和唐朝的关系》，《中央民族学院学报》1978 年第 2 期；林梅村、陈凌、王海诚：《九姓回鹘可汗碑研究》，余太山主编：《欧亚学刊》第 1 辑，中华书局 1999 年版，第 160—161 页；吉田豐「9 世紀東アジアの中世イラン語碑文 2 件——西安出土のパフラビー語・漢文墓誌とカラバルガスン碑文の翻訳と研究」『京都大学文学部研究紀要』第 59 号，2020 年版，第 237 頁。
② 杨富学、牛汝极：《牟羽可汗与摩尼教》，《敦煌学辑刊》1987 年第 2 期；杨富学：《回鹘改宗摩尼教问题再探》，《文史》2013 年第 1 期。
③ 森安孝夫、吉田豐、片山章雄「カラニバルガスン碑文」，森安孝夫、オチル編『モンゴル國現存遺跡・碑文調査研究報告』中央ユーラシア学研究會，1999 年，第 215—216 頁。
④ 杨富学：《回鹘改宗摩尼教问题再探》，《文史》2013 年第 1 期。
⑤ 连立昌：《明教性质刍议》，《福建论坛》1988 年第 3 期。

际"对举,"明门"与"七部"对举,前者指的是摩尼教的经典教义概念"二宗三际",而"七部"指摩尼教的七部经典,故而此处的"明门"应实指"光明法门",只有这样四个短句才能构成对偶。粟特语部分之βγym'rm'nyδynh(末摩尼佛的宗教)与汉文"正教""明教"相对应,① 以理度之,"正教""明教"概念指的就是摩尼教。既然前有"明门"之称,则"明教"当指"光明教法"即摩尼教无疑。明门、明教的用法,犹道教称"玄门"、佛教称"释教"一样,属于别称。粘良图先生认为"呼禄法师将摩尼教易名为明教",② 恐未安。由此可见摩尼教与明教实乃同实异名关系。马小鹤认为由于近年来摩尼教又有不少新发现,应对沙畹、伯希和当年的判断进行修正。③

　　福建摩尼教是什么形态的?霞浦、屏南及福清材料的增加有助于重新认识这一问题。学界对于霞浦、屏南摩尼教性质的质疑,主要集中在文献上面,较少注意到其教派本身的性质。屏南摩尼教文本《第二时科》是此前可见的最早的福建摩尼教抄本,书末题记:

　　　　崇祯四年(1631)辛未岁十二月吉日,侍教生黄明宇拙笔抄写夤朝文乙完,付与流传后学韩孙田,永远时习,万无一失也。④

　　屏南的摩尼教文献发现于降龙村的韩姓寿发坛,关于该道坛教派的属性,叶明生很早就指出其为"瑜闾双轮"的性质,即以文科释教(瑜伽派)、武科师教(闾山派)相结合的一种道坛形式,兼演傀儡法事戏。⑤ 瑜伽派的法名通常以"道"字为字辈,闾山派的法名均贯以"法"字为字辈,韩姓世传的道士皆为"法"字辈,可知该道坛的底子为闾山派。

　　崇祯四年(1631),《第二时科》继承自侍教生黄明宇,"明"字可

---

① 吉田豐「9世紀東アジアの中世イラン語碑文2件——西安出土のパフラビー語・漢文墓誌とカラバルガスン碑文の翻訳と研究」『京都大学文学部研究紀要』第59号,2020年版,第117—182頁。
② 粘良图:《晋江草庵研究》,厦门大学出版社2008年版,第28页。
③ 马小鹤:《光明的使者——摩尼与摩尼教》,兰州大学出版社2013年版,第359页。
④ 叶明生:《福建傀儡戏史论》(上),中国戏剧出版社2004年版,第233页。
⑤ 叶明生:《福建傀儡戏史论》(上),中国戏剧出版社2004年版,第233—237页。

能是摩尼教的字辈，草庵题刻落款记有"住山弟子明书"，① 亦出现"明"字，提示"明"字辈是不同于瑜伽"道"字辈、闾山"法"字辈的摩尼教传承。韩姓寿发坛又有"贞明坛"之号，"贞明"二字具有摩尼教属性，霞浦文献中已体现。② 在另一本《贞明开正文科》中，卷首题名右起第一行书写"贞明"二字，第二行才书写"开正文科"。③ 这里的"贞明"应是坛号，标明教派或坛班性质，即黄明宇处的贞明坛。④ 是故，可以推定贞明坛黄明宇的《第二时科》《贞明开正文科》流入韩姓寿发坛（瑜闾双轮）之中得以保留。简而言之，《第二时科》《贞明开正科文》及其仪式是屏南摩尼教遗存，而韩姓寿发坛本身不属于摩尼教。

另外，韩姓寿发坛有200多本各类道坛科书抄本，以闾山、瑜伽为主，兼有少量梨园教科本，而摩尼教科书仅有3本，除上述《第二时科》和《贞明开正文科》外，尚有《贞明开正奏》。⑤ 这个比例很能说明其本身的教派属性了。崇祯十三年（1640），韩姓寿发坛还从"僧本华"处继承了《供王科》一卷，⑥ 道光十二年（1832）韩法真抄写的《贞明开正文科》中出现了"我等瑜伽""合坛列位师公"等语，⑦ 体现瑜伽、闾山性质，可能是韩法真在黄明宇原本上后期增饰的，但该本的摩尼教内容仍较纯粹，无疑属于摩尼教文献。

霞浦的摩尼教文献亦保存于瑜伽、闾山坛中。⑧ 学界多认可《摩尼光

---

① 粘良图：《晋江草庵研究》，厦门大学出版社2008年版，第8页。
② 杨富学、包朗、薛文静：《霞浦本摩尼教文献〈点灯七层科册〉录校研究》，《陕西历史博物馆论丛》第25辑，三秦出版社2018年版，第121页。
③ 杨富学、宋建霞、盖佳择、包朗屏：《南摩尼教文书〈贞明开正文科〉录校并研究》，《中东研究》2019年第2期。
④ 叶明生：《福建傀儡戏史论》（上），中国戏剧出版社2004年版，第237页。其中还提到屏南古寺"贞明院"，黄明宇及贞明坛是否与该寺有关联，则尚待进一步调查研究。
⑤ 张帆：《屏南摩尼光佛信仰习俗考探》，《文化遗产》2017年第3期；杨富学、李晓燕、彭晓静：《福建摩尼教遗存踏查之主要收获》，《宗教学研究》2017年第4期。
⑥ 叶明生：《福建傀儡戏史论》（上），中国戏剧出版社2004年版，第236页。
⑦ 杨富学、宋建霞、盖佳择、包朗：《屏南摩尼教文书〈贞明开正文科〉录校并研究》，《中东研究》2019年第2期；杨富学：《霞浦摩尼教研究》，中华书局2020年版，第561页。
⑧ 陈进国、林鋆：《明教的新发现——福建霞浦县摩尼教史迹辨析》，载李少文主编《不止于艺——中央美院"艺文课堂"名家讲演录》，北京大学出版社2009年版，第345页。

佛》本身的摩尼教性质,①观其内容,虽在某种程度上有霞浦摩尼教经典的性质,②但又混合了大量道教、民间信仰成分。笔者认为,这些材料要结合具体的科仪进行解读。《乐山堂神记》本身不能反映摩尼教的神谱系统,《乐山堂神记》中出现大量"法"字辈的闾山师公法名,可知这是当地师公所使用的一本请神手册,内容包含摩尼教系统、瑜闾二教系统以及周匝社境寺庙所祀的一众地方神祇香火,不能认为后者是被吸收进摩尼教神谱的成分。同样,《明门初传请本师》也反映这个特点,若从"明门"标示来看,该书可能是经过瑜闾坛继承沿用,根据瑜闾坛的实际需要进行改动的,而加入了许多非"明门"的内容。

回过头来看,《闽书》所称的"今民间习其术者,行符咒,名师氏法,不甚显云",对于这条材料学界至今有争议。③在闽语中,称闾山教为"师教",称闾山法为"师法",称闾山法师为"师公","行符咒"正是闾山教最突出的特点。所以,何乔远在明代晋江所见的"师氏法",当指闾山师法。可知在明代何乔远(1558—1632)生活时期,泉州摩尼教文献也像屏南、霞浦一样流入师教坛(闾山),成为遗存保留下来,所以"不甚显"。

笔者认为,福建摩尼教的历史形态,主要分为教会式摩尼教、坛班式摩尼教,以明代中后期为分界点。

从宋代福州"明教斋"活动、元代泉州草庵及"明教会"瓷碗④来看,以及福清摩尼教至今保存的《香空宝忏》来看,宋元福建摩尼教应保持着由寺院、斋堂组织的教会式摩尼教形态。在明中后期,晋江、屏南的部分摩尼教文献仪式都流入师教坛了。若以《闽书》刊刻的万历四十四年(1616)时间为计,此时距离草庵题刻"正统乙丑年(1445)九月十三日住山弟子明书立"之文字来看,⑤仅历171年,如此短的时间就从教会式转变成坛班式形态。福清摩尼教尚处于早期阶段,这一阶段可能与明末屏南黄明宇的贞明坛是类似的形态,即仍然保持独立的传承系统、拥有纯正

---

① 包朗、樊连霞:《〈摩尼光佛〉的学术价值》,《中东研究》2019年第1期。
② 樊丽沙、杨富学:《霞浦摩尼教文献及其重要性》,《世界宗教研究》2011年第6期。
③ 包朗、杨富学:《摩尼教"师氏""师氏法"解诂》,《福建师范大学学报》2016年第6期。
④ 吴幼雄:《关于泉州明教几个问题的考释》,载林振礼编《泉州多元文化和谐共处探微》,厦门大学出版社2017年版,第314—321页。
⑤ 粘良图:《晋江草庵研究》,厦门大学出版社2008年版,第8页。

的摩尼教文献、以坛班形式存在的摩尼教，而明代晋江的"师氏法"转变时间更快，属于今天的屏南、霞浦类型。

对于这一转变我们应置于历史背景考虑，明初界定佛教为禅、讲、教三部，教僧就是应付世俗佛事需要的"应付僧"，① 道教也分化成了出家清修丹道的全真教、专做斋醮科仪的"正一教"。② 于是在这种世俗化背景影响之下，福建摩尼教也不能免俗自处，只好趋近潮流。福建摩尼教从教会式转向坛班式形态，原先由师僧主持或师听共同参与的仪式，都由听者你渝沙一部继承，这一阶段是属于自身内部的历史演化，福清摩尼教属于这一种类型。其后，这部分摩尼教仪式及文献再传授给外教坛班，如明代的晋江、屏南类型，则是以丧失自我本体为代价而保存了仪式及文献。

所以，摩尼教从教会式向坛班式转变，并没有产生摩尼教与明教两个宗教，只有依旧保持自身本体与流入其他教派坛班的区别。如果承认佛教化的中亚摩尼教是摩尼教的话，那么采取佛教及道教仪式化的福建摩尼教也应是真正的摩尼教。中国摩尼教只是模拟常用的佛、道仪式通用格式，并不涉及本质的改变，其嵌入科仪中的逻辑与说教仍旧清晰地表达出了摩尼教的核心教义。若将起源地的西亚摩尼教仪式以玻璃杯为喻的话，那福建摩尼教仪式可比作白瓷杯，在改变容器的过程中会有水量的损失，但其中的液体不会改变性质，不会从葡萄汁变成茶汤。相比印度佛教中国化之后，产生了融摄儒道思想的禅宗等流派，已属于"质的变化"。然而，福建摩尼教的教义思想在呼禄法师入闽之前就已"凝固"了，宋元时代并未有多大的发挥改易，而通过坛班传承的内容只是"照本宣科"，反而在仪式中将摩尼教的教义思想几乎原封不动的传承了下来。

在福清、屏南、霞浦摩尼教之外，闽东语地区还有福州浦西福寿宫遗存、霞浦《祷雨疏》指向的福安地区、屏南降龙村的"摩尼光佛"神像源于闽清的传说，③ 如此大面积的分布范围，结合宋元福州地区摩尼教的记

---

① 关于明代佛教禅、讲、教的研究，参见周齐《明代佛教与政治文化》，人民出版社 2005 年版，第 113—124 页。
② 周德全：《明初宗教政策对正一道的影响》，《西南民族大学学报》2009 年第 2 期。
③ "摩尼光佛灵相尊公"三尊佛像被称为"闽清佛"的缘由，可参见张帆《屏南摩尼光佛信仰习俗考探》，《文化遗产》2017 年第 3 期。其中所引的《韩姓宗谱》（2013 年修）记载：因是从闽清江中请来的，故又称为"闽清佛"。

载,可以勾勒出历史上摩尼教在闽东语地区的盛行,并且是处于传播中心的地位,以致到今日,还能够保存众多摩尼教仪式、文献、实物遗存,及其自身。去年,宁德蕉城区还发现了疑似元代摩尼教石刻,与晋江草庵石刻内容十分相似,石刻中间镌"佛"字,两边镌"劝念"二字,从右至左镌"清净、光明、大力、智慧"两行字,右侧镌"埔村黄翼舍",左侧落款镌"元统乙亥立",底座为莲花形。目前,该处发现仅发布于当地公众号网页上,未见官方记录,尚未引起重视。① 闽东语地区的摩尼教宝藏丰富,值得学界继续深入发现。

六　结语

福清摩尼教文献《普度科仪·稽师科》中祷请祖师们降临道场的内容,曰"暂辞宝界,步金莲;稳下葱山,泛蒲海"。此处的"葱山"即葱岭(帕米尔高原),"蒲海"即蒲类海(巴里坤湖),是唐代丝绸之路上的重要通道,由敦煌西北行,经葱山、蒲类海等通道可至中亚、西亚等地,这里道出了入华摩尼教的路线。沙畹、伯希和曾说14世纪(或此时之后)"尚有信徒高颂明使摩尼不已也"②。现在我们可以把这个时间点推进到21世纪,当波斯摩尼教于7世纪由中亚粟跨越"葱山蒲海",沿丝绸之路东传入中原后,再由回鹘摩尼教高僧呼禄法师于9世纪传入福建的第一站"福唐"——福清,直至今日,福清地区依然流传着摩尼教。从福清现存的摩尼教文献看,与回鹘关系密切,如《香空宝忏》中保留有十五条忏悔文,其内容与回鹘本《摩尼教徒忏悔词》(*Xuāstvānīft*)能够一一对应,并且福清本保存下来的内容十分完整。再如福清本《香空宝忏》所记载的十戒,与10世纪末阿拉伯传记作家奈丁(al-Nadim)著《群书类述》(*Kitab al-Fihrist*)迥然有别,却与回鹘文《摩尼教徒忏悔词》(*Xuāstvānīft*)的记

---

① "大梦蕉城"微信公众号文章:《大梦搜奇｜重大发现! 蕉城新发现一处元代摩尼教石刻》,2019年7月19日发布,网址 https：//mp.weixin.qq.com/s/WxD6eNLeDO29_Bw_d0ZWbQ,文中提到该处石刻是"市民马先生、李先生、林先生在野外徒步时发现"。

② Éd. Chavannes-P. Pelliot, Un traite manicheen retrouve en Chine, *Journal Asiatique* 1913 mar.-avr., p. 377；[法]沙畹、伯希和撰:《摩尼教流行中国考》,冯承钧译,《西域南海史地考证译丛八编》,中华书局1958年版,第100页。

载几无二致。这些都反映了福清摩尼教与回鹘的密切关系，值得引起关注。

《普度科仪·谢师科》提到摩尼教"法流东土，自大唐龙朔之兴"，可与《闽书》所载"慕阇当唐高宗朝，行教中国"相印证，表明摩尼教正式传入中国的时间应在唐高宗朝，稍早于《佛祖统纪》唐武则天延载元年（694）之说。福清摩尼教从源头上可以追溯到唐代的呼禄法师，至今保持独立的教派传承与仪式传统，大量的教内文献可以与敦煌、吐鲁番摩尼教文献相互印证，尤其是《香空宝忏》如此完整，能直接与回鹘《摩尼教徒忏悔词》对应的福清摩尼教文献更是首度发现，可以证实福清摩尼教与唐代北方摩尼教一脉相承，是唐代北方摩尼教南迁的嫡传一脉。另外，从福建摩尼教的演变轨迹来看，其历史形态主要体现为教会式和坛班式两种，分界点大致在明代中后期。

总之，可以看出，福清摩尼教世系不仅传承实践传统，还通过文本得以系统保存，从而为中国摩尼教史乃至世界摩尼教研究领域提供了一份珍贵的原始资料，值得特别重视。

本文在调查与写作过程中得到俞云洵、薛迫雄、薛明贵、林志平、余孔和、何贤琰、吴章瑞、陈浩、何军、李思龙、叶万木、林人喆、唐韩浩等诸位师友的大力支持与帮助，谨此致谢。

从《李陵变文》看敦煌多元文化的碰撞与融合[*]

屈玉丽[1]　杨富学[2]　齐嘉锐[3]

（1. 塔里木大学；2. 敦煌研究院；3. 塔里木大学）

　　《李陵变文》，现仅存一本，藏于中国国家图书馆，编号为 BD14666（北新0866），题目残失。① 原卷虽然没有标明是"变文"，但题材特征与其他标明"变"字的作品无异，故称之为《李陵变文》，并且学界多认为其是敦煌陷蕃时期的作品。② 至于敦煌陷于吐蕃的具体时间，学界众说纷纭，主要有大历十二年（777）、建中二年（781）、贞元元年（785）、贞元二年（786）、贞元三年（787）及贞元四年（788）等多种说法。在上述诸说中，笔者倾向于786年说。③

　　《李陵变文》作为敦煌陷蕃时期民俗变文中的一大代表，内涵丰富，既有中国境内不同民族文化的碰撞与融合，也有中华文化与外来文化之间的交流与冲突，更有敦煌民间文化与官方文化的对立统一，这些都通过李陵故事的承载，经由变文形式的改造，而在《李陵变文》中熔铸为一体，并于其字里行间散发着属于自己的光芒。

---

[*] 基金项目：国家社科基金青年项目"敦煌写本所见东西方文学交流研究"（项目批准号：19CZW031）；国家民委民族研究重点项目"敦煌历史文化中的各民族交往交流交融研究"（项目批准号：2021 - GMA - 004）。

① 中国国家图书馆编：《国家图书馆藏敦煌遗书》第31册，北京图书馆出版社2005年版，第262—266页。

② 伏俊琏等：《敦煌文学总论》（修订本），上海古籍出版社2019年版，第37页。

③ 陈国灿：《唐朝吐蕃陷落沙州城的时间问题》，《敦煌学辑刊》1985年第1期。

一 《李陵变文》所见敦煌民间文化与官方文化的对立统一

　　中华文化作为一个内容丰富的文化体系，蕴含着大量不同种类文化的碰撞与融合。中原文化与少数民族文化、官方统治阶级文化与民间文化等不同的文化之间都有着一定的差异和矛盾，而这也构成了冲突与融合的主体。唐朝时期的敦煌，不同文化之间的冲突与交融灌注了《李陵变文》，推动了《李陵变文》的形成与发展。

　　所谓民间文化，亦称下层文化，指一个国家或民族中由广大民众所创造、享用和传承的生活文化。它立足于民众生产、生活的具体背景，是广大人民通过自发创造所凝聚的精神内容及其产物，渗透在其生活的方方面面。敦煌民间文化作为敦煌地区人民劳动智慧的结晶，它包含了敦煌地区人民的生活经验、思想品格、审美倾向等一系列内容，在敦煌地区与中原官方文化和外来文化碰撞融合时，对其进行着敦煌式的解读与改造，使相关的文化内容变成敦煌人民更易于接受的形式。

　　而敦煌变文作为敦煌民间文学的重要组成部分，是中国俗文学发展史上的重要一环。所谓变文，最初是为了在底层人民中间宣传佛教思想，将枯燥高深的佛经义理以通俗易懂的说唱形式向普通大众推广。与之相应的另一种形式是"变相"，即以绘画形式将深奥的佛经展示出来，法师讲解时看图说话，使文化水平较低甚至完全不识字的百姓也能够理解佛经教义。这种"经变"适合于民间文化。

　　官方文化是指中原统治者治理国家、统治人民所运用的思想文化，即统治者所宣扬的正统文化，其中包含着礼法、忠孝等一系列与政治紧密相连、维护统治阶级的思想内容。与民间文化的人民创造不同，官方文化也可以称之为士大夫的文化、统治阶级的文化。而统治阶级文化与被统治阶级文化之间是存在着紧密联系的。统治阶级文化指导和控制着被统治阶级文化，被统治阶级文化一方面维护着统治阶级文化，另一方面又在其控制范围内自由生长，体现出一定的主观能动性。但二者之间并非只有统治与被统治的关系，一旦有外来思想文化侵入或是被统治阶级文化发展到一定程度，就会出现对统治阶级文化的挑战，产生冲突，甚至发生反叛。中原官方思想与敦煌民间文化之间即是如此，二者之间既有平和的交流与指导，更有激烈的碰撞与冲突。

《李陵变文》蕴含着民间文化与官方文化的对立与统一。该变文充斥着"忠"与"贰臣"的对立观念。① 所谓"贰臣"，即从属二主。作为被异族侵占的人民，敦煌人民在被迫接受吐蕃统治的同时，心中仍然保有对中原政权的认同，由是而衍生出如何看待"贰臣"的一种观念。"贰臣"意识与官方倡导的"忠孝"思想看似对立，实则相辅相成，其核心皆在"忠诚"二字。与之相偕产生的还有"流民"意识。当敦煌人民以中原政权为归属时，自然会视吐蕃政权为外族，由是而生出流离在外的流民情怀。只有在敦煌这一特殊地域和敦煌陷蕃这一特殊历史条件下，才能够产生独属于敦煌地区人民的"贰臣"和"流民"思想，才能够在敦煌人民创作的文本中得以体现。"孝"的思想亦复如是，李陵投降匈奴与听闻母妻被诛杀的消息时，均痛苦难当，其中不无对自己不能尽孝的悔恨，在官方文化"家国同构，君父同伦"的引导下，李陵之哀又何尝不是敦煌陷落后敦煌人民难以"尽孝"于故国的悲哀呢？孝文化在《李陵变文》中的融入可以看作是民间文化服从于官方文化，官方文化统治民间文化的一个体现。作为蕴涵敦煌人民群体思想感情的变文文本，无论是"贰臣""流民"思想的产生，还是孝文化在《李陵变文》中的宣扬，无不是民间文化与官方文化交融发展的结果。

其次，在民间文化与官方文化之间也存在着激烈的碰撞。李陵故事古来流传甚广，从司马迁的《报任安书》《史记·李将军列传》到班固《汉书·李广苏建传》后附的李陵和苏武传，再到萧统《昭明文选》选录的《李少卿与苏武诗三首》《苏子卿古诗四首》《李陵重报苏武书》和《艺文类聚》卷三十收录的《李陵与苏武书》《苏武报李陵书》等，均有记述。但在官方文化的叙述中，多将李陵与苏武的事迹进行对比阐述，歌颂苏武并贬低李陵，将李陵看作匈奴异邦的降臣，违背了君臣之道、忠孝之观，进而对其进行猛烈批判。而与李陵同时的苏武，因为持节不改，保持了官方文化所极力宣扬的行为和精神，自然而然成为英雄，李陵则成为叛臣。

---

① 罗翔：《从敦煌变文看敦煌人的寻家心结——从〈伍子胥变文〉〈李陵变文〉看流民的反抗哲学》，《宁夏大学学报》2012年第6期。

与官方记述不同,在《李陵变文》中,李陵是一个悲剧性的英雄。官方文化在肯定苏武的基础上否定了李陵,民间文化却在宣扬苏武的前提下亦对李陵进行了肯定。民间文化和官方文化之间的分歧和冲突在李陵形象的塑造以及对李陵个人价值的评判上产生了。

在此,官方文化与民间文化的冲突是不可避免的。身处沦陷区,敦煌人民与李陵有着相似的遭遇,为李陵正名亦是在对自己的处境进行说明与辩解,对官方文化的传统英雄观自然要相应地提出质疑,进行批判。《李陵变文》中既肯定了李陵投降前的"忠",亦对李陵的投降进行了辩护,说明李陵的屈节求存是为了以后能够继续为汉朝尽忠。这既是对李陵忠于中原汉王朝的肯定,亦是对传统死节思想的一种反思,由此颠覆了传统的李陵形象,将其塑造成一位忠于国家却又无法尽忠于国家的悲剧英雄。敦煌人民以一种感同身受的方式刻画出了李陵这一形象,这不仅是要为李陵平反,更是为了向中原统治者证明自己作为陷蕃人民对中原政权的认同和对回归的渴求。因此,这种英雄观上的冲突可以看作是更深层面上民间文化对官方文化和中央政权的认同,颜廷亮将这种认同称为敦煌文化的"中原情结":"所谓中原情结,就是思想感情上和中原腹地分不开、割不断的联系,就是视中原腹地为自己祖根之所在,能在敦煌地区安身立命的后盾所在,而心向中原腹地、心系中原腹地,就是中原本位观念。"[1] 正是在这样一种中原本位观与文化认同的引导下,陷蕃人民回归的渴望愈发激烈,对"忠"的思考愈发深刻。

继而,陷蕃人民从对李陵英雄性的认同中萌发了对官方传统价值评判的质疑,以及对儒家正统思想的反思。李陵与苏武行为的对比突出的是苏武"忠君死节"的思想。在这种"忠君死节"思想的指引下,士大夫群体在"忠君"和"苟活"之间是没有丝毫妥协和转圜余地的,即使是失去生命也要保全自己的名节,以此来体现对国家和君主的忠诚。而在《李陵变文》中,李陵投降匈奴的主观目的是保存生命以期找机会逃回中原继续为国效力,这是另一种价值层面的忠君思想,是对"忠君死节"的一种反思,更是民间文化对官方文化批判发展后的结果。

在审美方面,民间文化与官方文化之间也有着较大的分歧。从"子不

---

[1] 颜廷亮:《敦煌文化的灵魂论纲》,《甘肃社会科学》2000 年第 4 期。

语怪力乱神"到"诗言志"再到"经世致用",官方文化的叙事文学作品都是一以贯之的客观实用引导,注重的是教化作用,严谨而刻板,现实主义占据着主流地位,因此文本中离奇曲折的内容并不是很多,趣味性也较差。而在民间文化的审美观念中,异象、鬼怪等极具神秘色彩的内容和离奇的故事情节更能吸引人们的注意力。因而,在诸多变文作品中都散布着一些诸如天地异象、鬼怪、符箓、斗法等极具民间特色和传奇色彩的文化内容,以迎合普通大众的审美趣味。在《李陵变文》中,亦有着这类民间特色内容的描写:

> 下营来了,顿食中间,陵欲攒军,方令击鼓。一时打其鼓不鸣。李陵自叹:"天丧我等!"叹之未了,从弟三车上,有三条黑气,向上冲天。李陵处分左右搜括,得两个女子,年登二八,亦马在前,处分左右斩之,各为两段,其鼓不打,自鸣吼唤。庾信诗云:"军中二女忆,塞外夫人城。"更无别文,正用此事。①

在这段描述中,打鼓不鸣,"三条黑气"向上冲天,将女子斩杀后其鼓又不打自鸣等一系列具有夸张、神秘色彩的表达,是民间文化和民间审美直接发生作用的结果。与之相比,官方审美作用的主阵地则是对忠君孝亲行为的描绘,"赤胆明目,指誓山河"这类对忠君思想的渲染让人动容,但其对《李陵变文》审美趣味的影响与民间文化的影响力并不在同一层面,至少在故事情节的设计上,官方审美的影响是难以与民间审美的影响相提并论的。

二 唐蕃文化冲突在《李陵变文》中的反映

吐蕃作为中国历史上的少数民族政权之一,有着极具民族特色的文化。8世纪前后,吐蕃攻陷河西,中原政权与吐蕃政权的更替使得中原文

---

① 王重民等编:《敦煌变文集》卷一《李陵变文》,人民文学出版社1957年版,第86页。又见于潘重规《敦煌变文集新书》卷五《李陵变文》,(台北)文津出版社1994年版,第894页。"下营来了",潘书录作"下营未了",余皆同。

化和吐蕃文化在敦煌地区出现了激烈的碰撞。

吐蕃政权控制敦煌之后，在敦煌地区推行了一系列吐蕃化的政策，吐蕃文化大肆入侵并统治敦煌。据《张淮深碑》所载："河洛沸腾……并南蕃之化……赐部落之名，占行军之额。由是形遵辫发，体美织皮；左衽束身，垂肱跪膝。"① P. 4638《大番故敦煌郡莫高窟阴处士公修功德记》中也有"熊罴爱子，拆襁褓以文身；鸳鸯夫妻，解鬟钿而辫发"②之语。《新唐书·吐蕃传下》有言："州人皆胡服臣虏，每岁时祀父祖，衣中国之服，号恸而藏之。"③即使是后来推翻吐蕃在敦煌地区统治的归义军领袖张议潮也参与抄写藏文佛经。④由此可见，在文化领域内吐蕃实施了一次对中原文化的全面否定和冲击，胡服、文身、编发、抄写经书、通习藏语等一系列措施都是为了抹除敦煌人民的中原文化印象。而与之相对的则是中原文化在敦煌地区的固守。

《李陵变文》作为陷蕃时期的文学作品，其中所展现的对"忠孝观念"的认同和被迫成为"贰臣"的哀痛，都说明中原文化在敦煌地区的根深蒂固。唐代文学作品向来喜欢"以汉喻唐"，或是将唐皇比作汉皇，或是将唐朝与少数民族政权之间的关系类比为汉朝与匈奴之间的关系。观《李陵变文》文本，有几处同样耐人寻味的细节。其韵文部分有"李陵言讫遂降蕃，走至单于大帐前……倪若蕃王垂一顾"⑤之句，散文部分又有"单于左右闻语，便趁李陵，李陵即张弩射之，突骑施蕃王左眼着箭"⑥，"岁给极多，用之不足。汉家为言过分，默啜犹自不平"⑦的内容。默啜为东突厥汗国首领，突骑施为活动于中亚、西域地区的游牧民族，这里用以指代时常侵扰敦煌地区的西北诸族。这些民族对河西的入侵，常常与吐蕃

---

① 唐耕耦、陆宏基编：《敦煌社会经济文献真迹释录》第五辑《张淮深碑》，全国图书馆文献缩微复制中心1990年版，第198页。
② 上海古籍出版社、法国国家图书馆编：《法藏敦煌西域文献》第32册《大番故敦煌郡莫高窟阴处士公修功德记》，上海古籍出版社2005年版，第230页。
③ 《新唐书》卷二一六《吐蕃列传》下，中华书局1975年版，第6101页。
④ 张延清：《张议潮与吐蕃文化》，《敦煌研究》2005年第3期。
⑤ 王重民等编：《敦煌变文集》卷一《李陵变文》，第91页。
⑥ 王重民等编：《敦煌变文集》卷一《李陵变文》，第88页。
⑦ 王重民等编：《敦煌变文集》卷一《李陵变文》，第92页。

合谋。①《李陵变文》在创作流传的过程中直接将汉时的匈奴与唐时的吐蕃及其帮凶融为了一体,历史照进现实,在敦煌人心中,唐王朝与吐蕃政权之间的矛盾就如同汉王朝与匈奴之间的矛盾一样。再结合文本对李陵投降前夕的描述:"李陵弓矢俱无,勒辔便走,搥胸望汉国,号咷大哭。赤目明心,誓指山河,不辜汉家明主。"② 李陵陷入匈奴却依然心系汉室,汉心未死③,又何尝不是敦煌地区人们身陷吐蕃却依然心怀唐朝的一种寄托和暗喻?

不仅如此,吐蕃文化与中原文化的直接冲突在《李陵变文》中也有着相应的体现。李陵初降时,文本中给出了这样的一段描述:"封官立号,具着胡衣,与(卫)律同行,推挽左右。"④ 李陵此时的身着胡衣与敦煌人们的身着胡服是相互呼应的,都是少数民族文化加入和影响的体现。但结合下文李陵得知亲人死后所言:"身虽屈节匈奴下,中心不忘汉家城"⑤,可知即使李陵身着胡服,依然有一颗尊汉之心;虽然身受少数民族文化的影响,却依然坚守着中原文化。从文本回到现实,折射出的是敦煌地区人民对待吐蕃文化与中原文化的态度。

文学是现实的映射,《新唐书·吐蕃传下》所载唐使刘元鼎出使吐蕃时与敦煌地区人民的对话与《李陵变文》共同证明了中原文化在敦煌人民心中烙印的深刻:

> 至龙支城,耋老千人拜且泣,问天子安否,言:"顷从军没于此,今子孙未忍忘唐服,朝廷尚念之乎?兵何日来?"言已皆呜咽。密问之,丰州人也。⑥

白居易诗歌《缚戎人》也对这一境遇进行了深刻的描绘:

---

① 邵文实:《敦煌李陵、苏武故事流变发微》,季羡林等主编:《敦煌吐鲁番研究》第二卷,北京大学出版社1997年版,第74页。
② 王重民等编:《敦煌变文集》卷一《李陵变文》,第91页。
③ 邵文实:《敦煌李陵、苏武故事流变发微》,第77页。
④ 王重民等编:《敦煌变文集》卷一《李陵变文》,第93页。"具着胡衣",《敦煌变文集新书》卷五《李陵变文》,第901页作"俱着胡衣"。
⑤ 《敦煌变文集》卷一《李陵变文》,第95页。
⑥ 王重民等编:《新唐书》卷二一六《吐蕃列传》下,第6102页。

自云乡管本凉原，大历年中没落蕃。一落蕃中四十载，遣著皮裘系毛带。唯许正朝服汉仪，敛衣整巾潜泪垂。誓心密定归乡计，不使蕃中妻子知。暗思幸有残筋力，更恐年衰归不得。蕃候严兵鸟不飞，脱身冒死奔逃归。①

意在表现陷蕃汉人对于"归家"的渴望，对中原政权和中原文化的认同。试想，吐蕃政权在敦煌地区已经全面推行了胡服编发的政策，可即便如此，敦煌汉遗民还在询问中原军队何时前来收复失地，还在想着如何逃回中原，这般民族认同实际已经宣告了中原文化在与吐蕃文化碰撞中取得了胜利。即使吐蕃政权在政治上实现了对敦煌地区的统治，在文化上依然不能实现对敦煌地区的完全控制。虽然吐蕃文化对敦煌文化后续发展的影响不能忽视，但前者并不能真正成为影响敦煌文化发展方向的决定性力量。

吐蕃文化与中原文化的碰撞在当时的确可以看作中原文化捍卫其在敦煌地区的文化统治地位，但从更长远的角度来说，则是中原文化与少数民族文化相互了解、相互融合的机遇，是中华民族和中华文化形成和发展的一大推动力。

三 《李陵变文》与"援儒入佛"

《李陵变文》不仅体现出中华文化内部的交流冲突，还体现了中外文化的碰撞。敦煌古来为"华戎所交一都会"②，来自印度、波斯、中亚以及朝鲜半岛、日本等地的多元文化在这里汇聚，使得在敦煌诞生的文学作品都有着浓厚的文化交流的烙印。

敦煌民间文化凝聚了敦煌人民独特的思想与智慧，民间文化与外来文化的碰撞不仅促进了外来文化在民众中的传播，并且借助于同外来文化碰撞的契机，民间文化也吸收了外来文化中的养料，以促进自身的发展。

---

① （清）彭定求等编：《全唐诗》卷四二六《缚戎人》，中华书局1980年版，第4698页。
② 《后汉书》卷一一三《郡国五·敦煌郡》刘昭注引《耆旧记》，中华书局1965年版，第3521页。

从地缘角度来说，特殊的地理位置使敦煌地区在接受外来文化影响方面具备了一定的有利条件。敦煌地区中外经济文化交流枢纽的特点使得多种外来文化都混迹于此，与敦煌本土的民间文化和来自中原的官方文化相互交融，营造出了敦煌地区多元统一的文化氛围。而这种文化氛围也恰恰体现了外来文化在敦煌地区影响方面之广和影响程度之深。以印度佛教文化为例，佛教文化自汉朝传入中国开始，就与中原官方或是民间文化开始了源源不断的、形式各异的交流。经变的产生就是印度佛教文化与民间文化交流融合的一大明证。从经变的前身"俗讲"开始，便有了佛教文化与信徒的交流与接触，僧人开始为信徒讲解佛经。为了提高基层民众对佛经义理的接受程度，僧人在俗讲的过程中逐渐加入一些民间化的表达、一些与佛经义理相同的佛教或民间故事，"俗讲"由此发展为"唱导"，而"变文"即是"唱导"的底本。由此可以看出，敦煌变文在发展之初有着与外来文化与民间文化十分明显的交流，《降魔变文》中所体现的斗法故事情节在佛经中本是佛经义理的衬托，而到了变文中，为方便底层人民接受，文本中扩大了这一与民间审美相契合的内容叙述，减少了对佛经义理的述说，而这便是佛教文化在变文中的一大发展变化。

及至《李陵变文》，情况亦复如此。虽然在民俗变文中佛教文化的内容逐渐消减了，但是仍然有着独属于它的烙印。揆诸《李陵变文》，内有"皆是先叶薄因缘，新妇不须生怨悔"[①] 之句，作为佛教用语，"因缘"一词在《李陵变文》中的使用不正说明了佛教思想对变文创作者潜移默化的影响？无独有偶，在李陵投降匈奴前夕，文本也有"左右李陵，各自信缘"[②] 的叙述。"信缘"与"因缘"两大佛教用语的共同运用，更加明确了佛教文化对民间作品的深刻影响。

究其原因，便无外乎敦煌地区与佛教文化经久不绝的交流与融合。敦煌地区一直都存在着大量的佛教文化内容，并且还不断对民间文化、民间思想产生着影响和冲击。敦煌陷蕃时期，吐蕃统治者让敦煌的民众大量抄写由印度得来的梵文佛经，不断增加民众与印度佛教文化接触的机会，增进人民对佛教文化的了解。相较于中原佛教在更早时候对敦煌地区产生的

---

① 王重民等编：《敦煌变文集》卷一《李陵变文》，第94页。
② 王重民等编：《敦煌变文集》卷一《李陵变文》，第91页。

影响，吐蕃文化所携带的印度佛教文化因子在传入后对敦煌地区人民的思想产生了更新的影响，并与敦煌地区原有的佛教文化内容相融合，共同作用于敦煌人民的头脑，且与敦煌民间文化进行交流。由于吐蕃政权大力兴佛，归义军政权领导者张议潮自幼便接受了佛教文化的熏陶。他师从吐蕃高僧法成，而法成又是一个精通藏、汉、梵文的佛学大师，自然会向张议潮和其他人传授印度佛学经典，从而促成印度佛教文化对敦煌人民的直接影响。直到后来归义军政权收复敦煌，张议潮还极力挽留法成，希望他能够继续在敦煌地区传播发展佛教。从张议潮对吐蕃高僧法成的态度也可以看出，吐蕃文化与印度佛教文化的确在敦煌地区留下了深刻的印记。

在这一过程中，印度佛教文化与敦煌民间文化的碰撞大多是间接的，是在吐蕃文化侵入的背景下实现的交流碰撞。7世纪，印度佛教传入吐蕃，并在统治者的大力支持下迅速得到普及。吐蕃统治者赤松德赞迎印度密宗大师寂护和莲花生入藏，并兴建桑耶寺，请译师翻译大批梵文佛典，对印度佛教进行了深度的学习和继承，藏传佛教就是在印度佛教与藏区本土的苯波佛教融合发展下诞生的。吐蕃文化中含有大量的印度佛教文化因子，在吐蕃政权控制敦煌并对敦煌地区实施全面的吐蕃化政策时，印度佛教文化也随之再次进入了敦煌，出现了又一次与民间文化的碰撞。吐蕃文化的侵入，加之佛教文化与民间文化历史上的交流，《李陵变文》中体现出一定的佛教内容便不奇怪了，并且这也能够说明佛教文化对敦煌地区影响之深厚。

佛教文化在敦煌地区的发展历史是悠久且复杂的，但无论是中原所传来的佛教文化还是吐蕃所传来的佛教文化，其根源都在印度，都经历了一个外来文化传入的过程，只不过在时间上一前一后，一个成为敦煌地区佛教文化形成和发展的远源，一个成为近源罢了。除此之外，中原佛教在早前对敦煌人民的影响也为敦煌后期吸收融合由吐蕃传来的印度佛教文化提供了良好的文化环境，中原佛教与民间文化的融合降低了吐蕃所传印度佛教与民间文化融合的难度，民间文化与佛教文化的相互融合便在佛教文化内部的融合中得到了推动，在《李陵变文》中发挥作用的便是被敦煌人民吸收内化并与民间文化融合的佛教文化内容。无独有偶，与《李陵变文》创作于同时期的《王昭君变文》中亦有着相应的佛教文化内容的出现。王昭君劝谏单于不要发动战争："邻国者大而小而强自强弱自弱，何用逞雷电之意气，争烽火之声，独乐一身，苦他万姓。"① 其中就蕴含着一定的佛教"普渡众生"和"严禁战争"思想的意味，这亦是民间创作者受佛教文化影响的有力例证。

由此可见，在《李陵变文》中，民间文化与印度文化之间的交流的确存在。在民间文化与吐蕃文化碰撞的过程中，印度文化借助吐蕃文化的载体实现了向敦煌地区的传播，但与吐蕃文化不同的是，敦煌人民在对印度佛教文化的认可上，显然要高于吐蕃文化本身。究其原因，可能就是因为敦煌地区原有的佛教文化基础使得敦煌人民对于佛教思想能够有更好的接受，佛教文化内部的融合促进着印度佛教文化与民间文化的融合，进而也就产生了印度佛教文化对民间文化的影响。

仔细考量《李陵变文》文本可以发现，多种文化都在其中汇聚融合，造就了多元统一的结果。至于融合的产生，除却经济方面的原因，政治因素亦是不可缺少的。中原统治者提倡和推动的"三教合一"活动对官方文化与外来文化的融合就产生了极大的影响。中原的官方文化体系，多是儒家思想与其他本土思想融合的结果。佛教的逐渐传入和发展，道教的兴起使得中原王朝中出现了儒、释、道三种文化的鼎立。为了维护政权的稳定，统治阶层逐渐推动三种文化间的相互碰撞与融合。有唐一代，统治者就曾多次举行三教间的辩论大会，以促进"三教合一"的实现。"贞元十二年四月，德宗诞日，御麟德殿，召给事中徐岱、兵部郎中赵需、礼部郎中许孟容与渠牟及道士万参成、沙门谭延等十二人，讲论儒、道、释三教。"② 在统治阶级政策的引导下，整个唐王朝掀起了一阵"三教合一"的浪潮。冻国栋先生通过对《唐崔暟墓志》等史料的考释，认为："儒、释、道兼习乃是隋唐时代士人及其家族的普遍趋向。"③ 是知，在统治阶级思想与官方文化之中已经逐渐孕育出同外来文化融合的兼容并包意识，这种意识还会随着官方文化对民间文化的指引对民间文化的发展产生相应影响，促进敦煌民间文化对外来文化的兼容并包，促进敦煌地区文化多元统一局面的形成。职是之故，"三教合一"思想的兴起与敦煌文学中多元文

---

① 王重民等编：《敦煌变文集》卷一《王昭君变文》，第99页。
② 《旧唐书》卷一三五《韦渠牟传》，中华书局1975年版，第3728页。
③ 冻国栋：《〈唐崔暟墓志〉跋》，载氏著《中国中古经济与社会史论稿》，湖北教育出版社2005年版，第239页。

化融合统一的结果有着直接的联系，正是因为有了中原文化对外来文化的包容，"三教"才逐渐地合一，唐朝时期才会有许许多多的异邦人纷至沓来，并把他们的文化也带了过来，为敦煌地区多种文化的交流融合奠定了基础。彼时中原文化的兼容并包，也造就了敦煌地区对外来文化的包容，造就了敦煌地区文化多元统一、交融共生的盛况，《李陵变文》中才会出现多种文化交流融合的痕迹。因此，官方文化对佛教文化由来已久的接受在很大程度上促进了变文中中外文化的融合共生。

从《目连变文》①到《李陵变文》《王昭君变文》，大量的变文作品都渗透着"忠孝"观念，"援儒入佛"是《李陵变文》"忠孝"观念作为官方文化的一大内容，变文创作者的思想与佛教文化必然会发生冲突和融合，②只不过这种冲突主要发生在创作者的意识中，不容人们所窥探。但大量的作品可以证明，这样的交流的确是存在的。经变中的《目连变文》，重孝救母的思想与劝诫人们积德行善、宣扬佛教的思想并行不悖，故而张跃生指《目连变文》"最大特色则在与中国孝道的融合……与中国本土文化的互补及融合，也是其它佛教变文的共同特征"③。之所以会在佛教变文中加入孝文化的内容，还是为了迎合官方文化的审美，便于佛教文化在中原和敦煌地区的发展与传播。唯二者的融合并不是一蹴而就的，佛教文化与官方文化的融合早在汉朝时就已经开始，"三教合一"持续了几百年的时间，此时变文中所体现的不仅仅是当前阶段二者交流融合的成果，更是历史发展的成果。这样的结果在其他变文作品中都或多或少有所体现，只不过在经变到俗变的发展过程中，这样的体现在文本中逐渐消减了。

上至统治政策，下至民众思想，官方文化与外来文化的交流其实无处不在。尤有进者，二者的交流由来已久，自汉朝佛教始传入中原，接近千年的发展历史使得二者的交流早已融入人民的生活并演化为其中的一部

---

① 按：在敦煌地区现存的以目连为主角的13篇变文中，主要有《目连缘起》《大目乾连冥间救母变文并图一卷并序》《目连变文》三个代表版本，三种变文版本同源异流，其主要思想内容相差不大，本文将其看作一体，根据三种目连故事的共同特点进行阐述生发，以下合称为《目连变文》。

② 按：由敦煌出土文书及相关记载可知，陷蕃时期敦煌人民大多都有着抄写经书的经历，而这一经历无疑会使相关的佛教思想对抄写者本身产生影响。

③ 张跃生：《佛教文化与敦煌变文》，《华中理工大学学报》1999年第4期。

分，若非再往深处挖掘，其中交流融合的痕迹定然难以察觉。

四 结语

　　文学创作与文化交流总是息息相关的，文化间的交流碰撞会直接或间接地反映在相关的文学作品中，进而成为文学作品不可磨灭的印迹，展示着那个时代文化交流发展的盛况。而敦煌变文便是这样一类文学作品，敦煌地区纷繁复杂的文化环境为变文的形成和发展提供了良好的文化条件，官方文化、民间文化、佛教文化、吐蕃文化等各种各样的文化在此交流碰撞，此消彼长，使得变文自诞生之初就带有一定的文化交流冲突的痕迹。不仅如此，敦煌变文对各方文化精华的汲取，也使其呈现出许多优秀之作。作为变文代表之一的《李陵变文》即是如此，《李陵变文》中有着大量文化碰撞的体现，但这也只是敦煌地区多元文化交流融合的一个缩影而已。透过这一缩影，虽然不能够完全还原当时敦煌地区文化交流融合的盛况，但也能一窥当时文化交流的动态过程，能为后世文化交流发展的研究提供一定的启示。

后周文士双冀创立高丽科举与朝鲜"小中华"思想的根基[*]

黄修志

(鲁东大学文学院)

秦汉以降,当中原史家追忆东邻朝鲜的起源时,言必称箕子。在"二十四史"的书写中,从"前四史"到《明史》,皆视这位殷商之臣为朝鲜的人文始祖,尤其强调箕子"八条之教"对启蒙和塑造朝鲜的关键意义。大多数古代朝鲜史家也认可箕子乃"教化之君"[①],他可谓传播中国文化到朝鲜半岛的先行者。但鲜为人知的是,两千年后,即从商周之际到唐宋之际,又有一位中国人东赴朝鲜半岛,将科举制引入高丽,深刻地影响了此后一千年朝鲜半岛的政治进程和文化建设。他就是五代后周之臣双冀,一位神秘的中原来客。

为何神秘?因为与箕子不同,双冀之名,罕录于中国史料,只有《高丽史》对其行迹有寥寥几行的记载,但后世对其臧否评骘,充满争议。双冀在高丽前期的政治改革和文化建设中发挥了重大作用,其深远影响也延续至朝鲜时代。但双冀有着怎样的身世之谜?他为何来到高丽创立科举制?为何后世对其传记如此寡言少语、爱恨交织?如何对比衡量他与箕子对朝鲜半岛文化发展、制度建设的意义?更重要的是,双冀在高丽创立的科举制与朝鲜王朝的权力起源、"小中华"思想之间存在

---

[*] 基金项目:"泰山学者工程专项经费资助"项目(项目批准号:tsqn201812095)项目。按,夏威夷大学姜希雄教授在 2016 年 12 月对笔者的指点直接促成本文的写作,谨此致谢。

① 孙卫国:《传说、历史与认同:檀君朝鲜与箕子朝鲜历史之塑造与演变》,《复旦学报》2008 年第 5 期。

着怎样的关联？这一系列问题，国内外学界要么语焉不详，要么无人问津①。时至今日，由于人们对所谓的"混乱黑暗"的五代十国缺乏深入认识，学界对五代十国时期的中韩关系史研究异常薄弱，无疑遮蔽了我们对高丽政治逻辑和宋前中韩关系脉络的认识。因为北宋的政治局面正是从五代"走出"来的②，五代的政治改革也为高丽的政治改革提供了样板，且高丽与宋朝的外交关系直接延续了高丽与五代各政权的关系。此外，国内外学界对朝鲜"小中华"思想的研究，在研究时段上偏重于明清，尤其是明清易代后的朝鲜后期，在研究内容上偏重于文化交流、思想心态等，鲜见有人追问"小中华"思想的历史脉络和制度根基所在。换言之，朝鲜"小中华"思想的根基从何时、由何人、因何事而奠定？这一问题仍是学界的一大空白。

关于双冀，若夷考前后零星史料，放眼五代宋初的东亚，我们可以发现文本之外的历史。双冀的人生轨迹和高丽仕途，从移民史、科举史、制度史的视角，提供了一个审视五代中韩关系和东亚王权的政治性解读，也提供了一个从长时段理解朝鲜半岛"小中华"思想根基和朝鲜王朝权力起源的研究契机。

---

① 管见所及，中国学者只有黄约瑟分析了双冀的出身和在高丽的政治活动，提供了启发性见解，然限于史料和视野，其间颇多揣测，有待深入和明确（参见黄约瑟《仕高丽朝的后周官人双冀》，刘健明编《黄约瑟隋唐史论集》，中华书局1997年版，第139—164页）。韩国学者关注到双冀与高丽科举的关系，但对其生平和政治活动缺乏深入挖掘，考证失检且陈陈相因，如不少学者将双冀任职的邓州误认为登州，并据双冀担任"试大理评事"推测其曾任职大理寺［参见金龙德《高丽光宗朝的科举制度问题》（金龍德，《高麗光宗朝의科舉制度問題》），《中央大论文集》1959年第4辑；姜希雄：《关于高丽初科举制度导入之小考》（姜希雄，《高麗初科舉制度의導入에관한소고》），高丽大亚细亚问题研究所编：《韩国的传统与变迁》，首尔：高丽大学校出版部1973年版，第260—281页；蔡熙淑：《高丽光宗的科举制实施与崔承老》（蔡熙淑，《高麗光宗의科舉制實시와崔承老》），《历史学报》1999年第164辑；柳正秀：《高立时代的科举制度研究：以初期为中心》（柳正秀，《高麗時代의科舉制度研究：初期를中心으로》），硕士学位论文，中央大学校，1984年；全基雄：《高丽光宗代的文臣官僚层与"后生谗贼"》（全基雄，《高麗光宗代의文臣官僚層과「後生讒賊」》），《釜大史学》1985年第9辑，第139—169页；李基白编：《高丽光宗研究》，首尔：一潮阁1981年版，第142—150页；李成茂：《高丽朝鲜两朝的科举制度》，张琏瑰译，北京大学出版社1993年版，第10—12页］。

② 邓小南：《祖宗之法：北宋前期政治述略（修订版）》，生活·读书·新知三联书店2014年版，第80页。

一　双冀身世之谜与唐五代政治文化

"渔阳鼙鼓动地来,惊破霓裳羽衣曲","安史之乱"不仅扰乱了盛唐"九天阊阖开宫殿,万国衣冠拜冕旒"的东亚世界,也开启了从中唐到宋初的"一整个藩镇时代"①。因中原政治的强大影响和东亚世界的紧密联结,藩镇和豪族问题也波及东亚大陆,既为东亚各政权释放能量提供了契机,也使中原人才走向藩镇和周边。唐亡后,五代十国混战,"今中国纷纷,孰为天子?"② 国际秩序大变,契丹乘机崛起,渤海国灭亡,新罗分裂为后三国,高丽统一朝鲜半岛。政权的兴勃亡忽导致东亚人才环流,双冀即其中一位。关于双冀的生平,《高丽史》专立一小传:

> 双冀,后周人,仕周为武胜军节度巡官、将仕郎、试大理评事。光宗七年,从封册使薛文遇来,以病留。及愈,引对称旨,光宗爱其才,表请为僚属。遂擢用,骤迁元甫、翰林学士。未逾岁,授以文柄,时议以为过重。九年,始建议设科,遂知贡举,以诗、赋、颂、策取进士甲科崔暹等二人、明经三人、卜业二人。自后屡典贡举,奖劝后学,文风始兴。十年,父侍御哲,时为清州守,闻冀有宠,随回使王兢来,拜佐丞。此后史逸③。

此传记虽简略,却跌宕起伏,颇有传奇性,尤其是末尾的"此后史逸",更增添了来无影去无踪般的扑朔迷离感。后人说起双冀生平时基本依赖此段文字,再无更多推究。但是,关于双冀身世的关键信息却迷雾重重。

传记提到,双冀在后周任职"武胜军节度巡官、将仕郎、试大理评

---

① 于赓年语,转引自李碧妍《危机与重构:唐帝国及其地方诸侯》,北京师范大学出版社2015年版,第537页。
② (宋)司马光:《资治通鉴》卷二六九,后梁均王贞明元年十二月丁未,中华书局1956年版,第8799页。
③ [朝鲜]郑麟趾:《高丽史》卷九三《双冀传》,《四库全书存目丛书》史部161册,齐鲁书社1996影印本,第401页。

事",这三个官名看似只是平平淡淡的履历介绍,却隐藏着关于双冀前半生的重要线索。"巡官"是唐五代地方节度使的幕僚,位居判官、掌书记、推官之后,是幕府僚属正职中最低一级的文官。从中唐到五代,士人及第后一般先任巡官,且任此官的基本门槛是进士及第。① "将仕郎"是文散官,唐代自开府至将仕郎,文散官共有29阶,"将仕郎"是最低一阶,从九品下②。"试大理评事"是唐宋对幕职官与科举初及第者的一种加官,是"试秩"或"试衔"的一种。因唐代幕职官没有品秩,需带一个京官衔或"宪衔",用以秩品阶、寄俸禄,一般在京官名称前加上"检校""兼""试"等字。唐中叶后,"在方镇使府当判官、掌书记、推官和巡官的士人,全都带有这种试衔",一般由幕主为他们向朝廷表奏授予。③ 巡官、推官一般所带京官衔是"试校书郎""试大理评事"等,以示和京城真正的校书郎、大理评事等京官有所区别。④ 所以,"试大理评事"貌似与大理寺相关,但仅为虚衔,并不实任其事。以往学者根据此职判定双冀在中央大理寺有工作经验,实为望文生义的误解。⑤

唐代科举与明清科举不同,士人通过礼部科举考试后,只是取得为官资格,仍需经过吏部"身言书判"的为官能力考试后方可"铨注"入仕。⑥ 不少士人考中进士后,多先到藩镇幕府中担任僚属,历练后再到中央担任官职。尤其是自唐德宗以后,朝廷已成为一个自我封闭的体系,科举及第士子能在中央谋求一官半职异常艰难,只好以游走幕府、效力藩镇为出路。⑦ 这是唐五代士人宦海生涯的普遍特点。

五代干戈扰攘,文书往来频密,各地节度使延揽文士作为幕府掌书记、判官、推官、巡官等,五代宋初相臣如桑维翰、冯道、王朴、王溥、赵普等早年皆担任过节度使幕僚,负责文书工作。如冯道早年凭借文章才华担任节

---

① 赖瑞和:《唐代基层文官》,中华书局2008年版,第240页。
② (宋)欧阳修、宋祁:《新唐书》卷四六《百官志一》,中华书局1975年版,第1187页。
③ 赖瑞和:《唐代基层文官》,中华书局2011年版,第188页。
④ 赖瑞和:《唐代中层文官》,中华书局2011年版,第191页。
⑤ 如黄约瑟认为,"双冀虽然只是试官,但实际职务应无大别,他大概在地方吸收了一段时期行政经验被调中央"(黄约瑟:《仕高丽朝的后周官人双冀》,刘健明编:《黄约瑟隋唐史论集》,第141—142页)。
⑥ (宋)欧阳修、宋祁:《新唐书》卷四五《选举志下》,第1171—1172页。
⑦ 陆扬:《清流文化与唐帝国》,北京大学出版社2016年版,第27页。

度巡官、掌书记，后来担任翰林学士、端明殿学士。所以，唐五代时期不少进士文人因文翰之能，担任地方节度使的巡官。巡官虽是幕职中最低的正职，但负责的事务却很多样化，常奉使出外公干。① 结合双冀在高丽推行以进士科为中心的科举改革，我们可以断定：双冀是以五代进士的身份担任地方节度使的幕僚，虽官职低微，却有着突出的文章才干和政务能力。

双冀供职的武胜军，驻镇山南东道邓州。② 后梁时为宣化军，又管辖泌、随、复、郢四州，后唐改为威胜军，后周广顺二年（952）因避郭威之讳，始改为武胜军③。武胜军节度使常与邓州刺史合为一体，五代宋初名臣如冯道、折从阮、宋偓（宋延渥）、高怀德、赵普、冯拯、钱俶、钱惟演、寇准、韩琦等皆曾任武胜军节度使。邓州位于王朝腹地，无险关要隘，从上述武胜军节度使任职缘由看，多是朝廷笼络、奖励、安抚、惩戒名臣之用，可知武胜军所在的邓州并非战略要地，而是一个相对安稳的地区，多为中央宰辅晚年优游卒岁的地方治所。后汉邓州节度使一直是刘重进，但后周的邓州节度使屡次更换：广顺元年（951），张彦成代替折从阮；广顺二年为张彦成；广顺三年至显德元年为侯章。显德二年（955），田景咸代替侯章；显德三年，侯章复任邓州节度使；显德四年，刘重进代侯章；显德五年，宋延渥代替刘重进④。而双冀正是在显德三年（956年，高丽光宗七年）离开邓州前往高丽的。离开前，侯章、田景咸是他的幕主，但此二人皆是武人，且贪财卑鄙。侯章"居镇无善政，傲上剥下，以贪狠闻"⑤，田景咸则"性鄙吝，务聚敛"⑥。

面对如此幕主，双冀肯定对其恶政深恶痛绝，也为自身处境苦闷忧心。武胜军本非要地，双冀难施才华抱负，而幕职终非长远之计，更何况他所服侍的还是此等贪鄙武人，且幕主不断更换，更无可能让幕主有足够的耐心重用双冀了。当然，双冀在武胜军也会提供另一种可能：因武胜军节度使多为高层官员，双冀身在幕府，对高层政治较为熟悉，也较容易接

---

① 赖瑞和：《唐代基层文官》，中华书局2011年版，第246—247页。
② （宋）欧阳修：《新五代史》卷六〇《职方考》，中华书局1974年版，第737页。
③ （宋）王溥：《五代会要》卷二四《诸道节度使军额》，中华书局1998年版，第293页。
④ 朱玉龙：《五代十国方镇年表》，中华书局1997年版，第113—114页。
⑤ （元）脱脱等：《宋史》卷二五二《侯章传》，第8858—8859页。
⑥ （元）脱脱等：《宋史》卷二六一《田景咸传》，第9049页。

近高层官员而走上层路线被举荐到朝廷。但在五代乱世,双冀身为幕僚,有着强烈的不安全感,随时会有性命之忧,因"藩镇皆武夫,恃权任气,又往往凌蔑文人,或至非理戕害……士之生于是时者,絷手绊足,动触罗网,不知何以全生也"①。

双冀在高丽停留三年后,光宗十年(959),"父侍御哲,时为清州守"。据北宋元丰定制,清州是隶属河北东路的县级州,"本乾宁军,幽州芦台军之地。晋陷契丹,周平三关,置永安县,属沧州。太平兴国七年置军,改县曰乾宁隶焉。大观二年,升为州"②。北宋认为清州乾宁军与河北相关州军"皆要害之地,可以控制敌寇而不使得深入"③。可知清州临近中原与契丹的交战之地,大致范围相当于今天河北沧州青县。"侍御"在中唐以后是一种加官宪衔和使职官,双冀父亲双哲的本官和职事官是清州守,这说明双冀出生于官宦人家。当时的双冀,刚科举及第任职幕府没多久,且父亲正在州县任上,故我们推测此时双冀的年龄应在而立前后,最迟不应晚于不惑之年。据此推算,双冀大致生于后唐(923—936),年龄应与同为后周臣子的赵匡胤(927年生)和后来服务的高丽光宗王昭(925年生)相差不大。

综上,我们可以还原出双冀的成长轨迹:生于后唐,出身于官宦人家,进士及第后,在后周邓州寄人篱下,担任武胜军幕府小职。由于此地相对安稳,双冀平时难以施展才华,升迁之路遥遥无期,且幕主屡次更换,多为贪鄙武人,双冀人身安全也难以得到保障。所以,苦闷的他在等待一个另走他乡雄飞展翅的时机。这个时机,在显德三年终于到来,但促成这个时机的,不是后周,而是高丽。

二 双冀出使高丽与高丽人才政策

在后三国混战中,王氏高丽统一朝鲜半岛。但自立国始,高丽就面临

---

① (清)赵翼著,王树民校证:《廿二史札记》卷二二《五代幕僚之祸》,中华书局2013年版,第505—506页。
② (元)脱脱等:《宋史》卷八六《地理志》,第2125页。
③ (宋)李焘:《续资治通鉴长编》卷一五〇,庆历四年六月戊午,中华书局1985年版,第3641页。

着国外强大的契丹威胁和国内复杂的豪族压力。于是，从太祖王建到光宗王昭，高丽与五代中原政权保持着紧密联系，"王氏三世，终五代常来朝贡，其立也必请命中国，中国常优答之"①。在惠宗、定宗的宫廷政变中杀出血路的光宗，即位之时就面临着严峻的政治形势，得知郭威建立后周后，马上将自己的光德二年改为后周广顺元年，奉周之正朔。952年，光宗派遣广评侍郎徐逢赴周献方物，后周遣卫尉卿王演、将作少监吕继赟赴高丽，册封光宗为"特进、检校太保、使持节、玄菟州都督、充大义军使兼御史大夫、高丽国王"②。柴荣即位后，光宗又遣大相王融献方物，遣广评侍郎荀质贺即位。次年（956年，显德三年），柴荣派遣将作监薛文遇赴高丽，在郭威所册名号基础上加封光宗为开府仪同三司、检校太师，光宗令百官衣冠遵从华制③。正是在这样的背景下，双冀作为薛文遇使团中的一员来到高丽。

双冀是如何被选入薛文遇使团？无论是他努力争取还是经高层举荐，都离不开他的文学才华和应对能力。因六朝以来，交邻、事大之文均尚骈俪④，自唐代开创"东亚世界"后，使臣间的周旋应对已离不开诗文比拼，更何况对于高丽这个久慕唐风、崇文尊华的国家，后周肯定选择词章优异、能言善辩之士方不辱使命。当时陆路交通已被契丹阻隔，双冀跟随薛文遇使团应是经登莱渡海抵达高丽。

据前引《高丽史》记载，双冀抵达松京（今开城）后，因病滞留高丽，未能随团回国。病愈，"引对称旨"。光宗召见双冀，应是询问治国理政之策，双冀的回答让光宗很满意。显然，双冀不仅有文章之艺，还有经世之才，所以光宗上表周世宗，让双冀作为自己的"僚属"。后周批准后，光宗任用双冀，很快提拔他为元甫、翰林学士，不到一年又"授以文柄"。双冀成为光宗的政策顾问和政治心腹，起草文书命令，又"留授礼宾省使，诏为贡院主人"⑤。据北宋出使高丽的使臣徐兢记载，"礼宾省在乾德

---

① （宋）欧阳修：《新五代史》卷七四《四夷附录第三》，第919页。
② ［朝鲜］郑麟趾：《高丽史》卷二《光宗世家》，《四库全书存目丛书》史部159册，第72页。
③ ［朝鲜］郑麟趾：《高丽史》卷二《光宗世家》，第72页。
④ ［韩］李家源：《韩国汉文学史》，赵季、刘畅译，凤凰出版社2012年版，第85页。
⑤ ［朝鲜］金坵：《止浦先生文集》卷三《上座主金相国谢传衣钵启》，韩国文集丛刊第2册，首尔景仁文化社1990年版，第354页。

殿前之侧，所以掌四邻之宾客……翰林院在乾德殿之西，所以处词学之臣"①。即此知，礼宾省使相当于唐宋的客省使，为外交部门的长官。可知双冀进入了高丽中枢，成为负责高丽外交和政令撰写的股肱之臣。自唐玄宗开始，翰林学士对中央政治发挥了重要作用，尤其是因为密迩中枢，常伴君王，所以掌管四方进奏和中外表疏批答，可左右君王意志和朝廷决策，号为"内相"和天子私人②，成为宰相的储备人才。

就这样，双冀这个在故国怀才不遇的书生，淹留他乡成为外国君王的红人。从另一角度看，双冀渡海出仕高丽，反映出当时大陆文士海外求官的趋势和五代东亚的基本局势。五代十国纷争，中原、江南王旗变幻，从契丹、渤海到南汉、大理，天下皆是割据，对当时文士来说，高丽与其他割据政权相差无几，反因远离战乱而更为清静。且高丽建国伊始，为抵抗契丹威胁，巩固新生政权，积极吸纳各国人才，优待有加。契丹耶律阿保机率军攻灭渤海国，高丽主动接纳包括渤海王世子在内的大量渤海国遗民和官员③。为分化和瓦解契丹与后百济的联盟，纾解南北夹击的压力，高丽也积极笼络吸纳后百济的人才，降将陆续来投，甚至竟使曾经的强敌甄萱内附，并甘愿灭掉亲手创立的后百济。④ 即使是对两属契丹和高丽的女真部落，高丽也想方设法吸纳之。⑤ 可以说，高丽对周边异民族移民的吸纳和同化，不仅充实了人口和人才，还拓展了疆土，尤其是北方领土，⑥使高丽产生了"海东天子当今帝"的自信观念。⑦ 对于中原和江南，高丽更是开出优渥的人才待遇条件。于是，借海洋交通和贸易往来之机，江浙闽越各地人才，尤其是福建的文士和商人，争相赴海，涌至高丽，成为数量庞大的"归化人"或"投化人"，深深融进高丽社会，不少成为高丽政

---

① （宋）徐兢：《宣和奉使高丽图经》卷一六《官府·省监》，中华书局1985年版，第2册，第53页。
② （宋）马端临：《文献通考》卷五四《职官八》，中华书局1986年版，第489页。
③ 参见［朝鲜］郑麟趾《高丽史》卷二《太祖世家》，第62页。
④ ［朝鲜］郑麟趾：《高丽史》卷二《太祖世家》，第63页。
⑤ ［朝鲜］郑麟趾：《高丽史》卷二《太祖世家》，第59页。
⑥ ［韩］全暎俊：《高丽时代异民族的归化类型与诸政策》（全暎俊，《고려시대 異民族의 귀화유형과 諸정책》），《多文化内容研究》2012年第13辑。
⑦ ［朝鲜］郑麟趾：《高丽史》卷七一《乐志二》，《四库全书存目丛书》史部第160册，第710页。

局的中坚，这在宋代仍未断绝。其中，温州人周伫即是一个代表，他在穆宗八年（1005）来到高丽：

>周伫，宋温州人。穆宗时随商舶来，学士蔡忠顺知其有才，密奏留之。初授礼宾省注簿，不数月除拾遗，遂掌制诰。显宗避契丹南幸，伫扈从有功，由是大显，骤迁礼部侍郎中、枢院直学士，历内史、舍人、秘书监、右常侍，拜翰林学士、承旨、崇文辅国功臣、左散骑常侍、上柱国、海南县开国男，食邑三百户，寻进礼部尚书。十五年卒。性谦恭，工文翰，交聘辞命，多出其手，恩遇无比。①

周伫能在高丽飞黄腾达，一则有赖于其文翰之才对高丽内政外交发挥的作用，二则有赖于著名大臣蔡忠顺的推荐。作为策立显宗并扈从避难契丹的功臣，蔡忠顺进入高丽权力中央，成为内史侍郎平章事、门下侍郎平章事、西京留守、太子少师。但如此重臣，《高丽史》对其家世记载却只有四个字，"史失世系"②。所以，蔡忠顺很可能是移民的后代。夷考史料，我们发现高丽前期的一段墓碑铭文，墓主蔡仁范与蔡忠顺应有着莫大的关联：

>公姓蔡，讳仁范，是大宋江南泉州人也。随本州持礼使□□□□□□□□□寝东达扶桑以□□光宗朝御宇之乾德八年，觐我□□明庭应兹□□□□□□宗驻留，便赐官告一通，拜为礼宾省郎中，仍赐第宅一区并赃获田庄□□□□□□诸物等，凡其所须，并令官给□□。公以博通经史，富有文章，蕴王佐之大□□□□□□硕学，加之廉谨，笃以温良，历赞□□，累朝咸推，称职至□□。成宗朝授以合□□□□□，拜为尚书礼部侍郎至□□，穆宗朝继叨□□宠用之次。以统和十六年，岁在□□□月十五日，启手足于私第，享年六十有五矣。此际□□睿情是悼，遂赠为礼部尚□□赙赠尤厚，择以是月□晨，葬于五冠山也。初，有闰室崔氏，封为清河郡大

---

① ［朝鲜］郑麟趾：《高丽史》卷九四《周伫传》，《四库全书存目丛书》史部第161册，第423页。
② ［朝鲜］郑麟趾：《高丽史》卷九三《蔡忠顺传》，《四库全书存目丛书》史部第161册，第406页。

夫人，先公而卒，所生有一男，官为内史侍郎同内史门下平章事，监修国史……①

碑铭虽有残缺漫漶，却透露出一些宝贵信息。蔡仁范"是大宋江南泉州人也"，"随本州持礼使"出海，在光宗使用宋太祖年号的乾德八年（970 年，但蹊跷的是，宋太祖的乾德其实只使用了六年）觐见高丽光宗，被光宗挽留，"拜为礼宾省郎中"。后"以博通经史，富有文章"，"加之廉谨，笃以温良"，历任光宗、景宗、成宗、穆宗四朝要职，"累朝咸推"，"拜为尚书礼部侍郎"，于辽圣宗"统和十六年"（998 年，宋真宗咸平元年，高丽穆宗元年）去世，"享年六十有五矣"。蔡仁范有个儿子为"相国"，"嗣子持衡，勋高致主"，"官为内史侍郎同内史门下平章事，监修国史"②。

据以上信息，我们可以断定：蔡仁范生于 934 年（后唐），他的儿子就是蔡忠顺，因为稽考高丽史料，只有蔡忠顺担任过中央宰辅和"监修国史"的要职。

值得注意的是，蔡仁范的经历与双冀竟然出奇地相似。第一，两者都生于后唐，都跟随使团渡海至高丽。第二，两者政治履历相似，都因文章之才而被光宗留用，一开始都任职于礼宾省，后成为中央重臣。第三，两者初授官职实为一职。双冀为"礼宾省使"，蔡仁范为"礼宾省郎中"，虽表述不同，但"使""郎中"皆是官署的实际长官。③ 第四，根据朝鲜王朝的回忆，双冀与蔡仁范都是福建人。朝鲜世宗最后一年（1450 年），郑麟趾、成三问、申叔舟等与明朝使臣倪谦、司马恂有一番关于语音和科举的对话。

---

① ［韩］金龙善编著：《高丽墓志铭集成》，（春川）翰林大学校亚细亚文化研究所 2012 年版，第 13—15 页。
② ［韩］金龙善编著：《高丽墓志铭集成》，（春川）翰林大学校亚细亚文化研究所 2012 年版，第 13—15 页。
③ 高丽官制借鉴南宋，礼宾省相当于唐宋的主客司或客省。"主客郎中、员外郎，各一人，掌二王后、诸蕃朝见之事"［（宋）欧阳修、（宋）宋祁：《新唐书》卷四六《百官志一》，第 1195 页］。"客省使、副使各二人，掌国信使见辞宴赐及四方进奉、四夷朝觐贡献之仪"［（元）脱脱等：《宋史》卷一六六《职官志六》，第 3935 页］。

郑麟趾曰:"小邦远在海外,欲质正音,无师可学。本国之音,初学于双冀学士,冀亦福建州人也。"使臣曰:"福建之音,正与此国同,良以此也。"何曰:"此二子,欲从大人学正音,愿大人教之。"三问、叔舟将《洪武韵》讲论良久,使臣问科举之制曰:"亦有乡试会试乎?"答曰:"悉仿朝廷之制。"使臣曰:"为魁者,何以为号?"答曰:"乙科第一人。"使臣曰:"何不称甲科,而称乙科乎?"答曰:"朝廷称甲科,故不敢比拟也。"使臣曰:"然。"[1]

朝鲜大臣认为本国之音学于福建人双冀,故有福建音。不难推测,朝鲜半岛语音含有福建音,无外乎两个原因:一是双冀创立的科举制重视诗赋创作,所以高丽在诗赋音律上须有一定的规范标准,难免受到福建人双冀、王融、周佇等主持科举考试的官员的影响,很可能科举制的推行和高丽语音的规范是并行的;二是五代和宋代迁居高丽的中国移民中,福建人确实是一大主力,深深融入高丽社会中,必然导致福建话与高丽话之间的交流与融合。《宋史》:"王城有华人数百,多闽人因贾舶至者。密试其所能,诱以禄仕,或强留之终身。朝廷使至,有陈牒来诉者,则取以归。"[2] 陈弱水分析,中晚唐五代福建士人阶层开始兴起,北宋福建路考中的进士为全国之冠,可见福建人才之盛。[3]

我们不能轻易断定双冀和蔡仁范到底是一种怎样的关系。根据《高丽史》和蔡仁范墓碑的记载,两人到达高丽的时间相差十多年,如果不存在时间上的差距,很容易让人推测两人是否同一人,但两人如此相似的经历也说明了一个真相:当时不少五代宋朝文士凭借词章之才和对唐制的熟悉在高丽受到重视。然而,双冀、蔡仁范、周佇三位福建人,先后来到高丽成为重臣,在《高丽史》中的传记却是迷雾重重。《高丽史》没有任何关于蔡仁范的记载,《高丽史》写完高丽将双冀之父双哲接到高丽后,仅用"此后史逸"四字便结束了双冀一生,这对两位重臣来说异常蹊跷,而对于有着同样人生轨迹的周佇,《高丽史》则不吝笔墨。从双冀的"此后史

---

[1]《朝鲜世宗实录》卷一二七,世宗三十二年闰一月戊申条,《李朝实录》第9册,日本学习院大学东洋文化研究所1956—1967年影印本,第713页。
[2](元)脱脱等:《宋史》卷四八七《高丽传》,第14053页。
[3] 陈弱水:《唐代文士与中国思想的转型》,广西师范大学出版社2009年版,第357—391页。

逸"到蔡仁范之子蔡忠顺的"史失世系",高丽王朝或撰写《高丽史》的朝鲜王朝似乎在故意隐讳着什么,尤其是针对那些在某个激变时代中深刻影响高丽政局的外来移民。但无论怎样,后人为蔡仁范墓碑写的一段歌颂铭文,对双冀是同样适用的:

> 伯夷遗址,箕子故关,风传木铎,境压蓬山。
> 仲尼何陋,徐福不还,哲人君子,实所跻攀。
> 禀气嵩华,降灵中夏,越彼大洋,宾于王者。
> 时遇文明,道光儒雅,秩小宗伯,奄归泉下……

三 双冀创立科举与光宗振兴王权

不到一年,双冀从一介幕府文吏飞升为翰林学士,为高丽撰写中央文书,提供政策咨询,成为君王股肱心腹,积极谋划改革。光宗九年(958),双冀到达高丽的第三年,他建议设科取士,正式创立科举制。光宗命他主持科举,以诗、赋、颂、时务策取进士、明经、卜业等共七人。放榜日,光宗亲自驾临威凤楼,以示隆重[①]。

双冀创立的科举基本模仿唐制,虽设科众多,渐分进士科、明经科、杂科等,其中杂科包括医业、卜业、明书业、明法业、明算业、僧科等,但仍以进士科为尊。进士科又称制述科,主要考察诗赋和词章能力,为高丽选拔了大量优秀人才,多数进入朝廷中枢担当大任。光宗九年、十一年、十二年,双冀主持了三次科举考试("知贡举"),选拔了崔暹、晋兢、崔光范、徐熙、王举等进士。光宗十五年,赵翌主持科举考试,选拔了进士金策。此后从光宗十七年(966年)到成宗十三年(994年),基本上一直由王融主持科举考试,仅在光宗时代就选拔了崔居业、杨演、柳邦宪、白思柔、韩兰卿等进士。这些进士多成为高丽名臣,不少也像双冀、王融一样知贡举,在成宗时代主持科举考试,选拔出姜邯赞、崔沆等人。如成宗十年(991),翰林学士白思柔知贡举;成宗十二年,翰林学士崔暹知贡举;成宗十三年,白思柔知贡举;成宗十五年,崔暹为都考试官

---

① [朝鲜]郑麟趾:《高丽史》卷二《光宗世家》,第72页。

（知贡举）；成宗十六年，礼部侍郎柳邦宪知贡举。穆宗时，柳邦宪、崔沆、蔡忠顺等知贡举。显宗时，姜邯赞、周伫、崔冲等知贡举。① "知贡举"这一角色有多大能量？高丽晚期自恭愍王到恭让王时代，李齐贤、李仁复、李穑、郑梦周、郑道传、权近、成石璘、赵浚、偰长寿等先后知贡举②，皆是丽末鲜初的宰辅。由此观之，光宗确立的科举制为高丽的政治、文化建设培养了一批中坚骨干，尤其是进士及第人才在成宗时代成长为一批新兴的中央重臣。

对光宗来说，双冀推行的以进士科为中心的科举考试对巩固王权意义非凡，这与光宗所面临的政治环境紧密相关，同时也与其他改革举措互为一体，不可分割。

自肇建高丽始，面对盘根错节的功臣豪族，太祖王建多用怀柔政策，安抚、厚待各地豪族势力，他有29位妻妾便是与众多豪族广泛通婚联姻的结果。③ 但王建死后，各地豪族争相拥立自家女子所生王子继位，引发惠宗、定宗时期的多次政变。身为第四代国王的光宗，其母亦是太祖所娶的豪族之女，他是在豪族争权和王位更迭的漩涡中登上王位的，深知在豪族环伺的现实处境中，必须采取一系列渐进式的政治策略，削弱功臣贵族的威胁。继位后，光宗先是采取稳健政策，内外出击：在国内，他树立垂拱而治、修德好学的明君形象，避免直接触动豪族利益，同时为稳住和控制功臣豪族，光宗命令朴守卿等大臣考定建国以来的功臣，分四等赏赐；在国外，他主动向后周郭威朝贡，请求后周册封，借助中原政权争取王权合法性，扩大王权声势。随着王权逐步获得政治上的安全，光宗开始改变稳健政策，实行大刀阔斧的改革，向功臣贵族发起全面挑战。双冀的到来为光宗的全面改革增加了动力。

第一，在双冀到来的光宗七年，光宗实行"奴婢按检法"。其实质是重新认定豪族非法掳夺的奴婢身份，予以解放，转为良人。其结果是致使

---

① ［朝鲜］郑麟趾：《高丽史》卷七三《选举志一》，《四库全书存目丛书》史部161册，第7—9页。
② ［朝鲜］郑麟趾：《高丽史》卷七三《选举志一》，第23—24页。
③ ［韩］河炫纲：《高丽前期的王室婚姻》（河炫綱，《高麗前期의王室婚姻》），《韩国中世史研究》，首尔—潮阁1988年版，第130页。

"奴背主者甚众,陵上之风大行,人皆嗟怨"①。成宗朝名臣崔承老批评道:"逮至光宗,始令按验奴婢,辨其是非。于是功臣等莫不嗟怨而无谏者,大穆王后切谏不听,贱隶得志,凌轹尊贵,竞构虚伪,谋陷本主者,不可胜纪。光宗自作祸胎,不克遏绝,至于末年,枉杀甚多,失德大矣。"② 其实,这些批评恰恰反映了"奴婢按检法"既打击了豪族势力,又争取了底层人民对王权的支持。

第二,在双冀的帮助下,光宗实行科举制,将更多优秀人才吸收到以光宗为中心的统治集团。因为科举考试虽然表面上是一种人才选拔考试,其实是一种权力分配体系和利益分配机制。双冀创立科举制,其实是将中央人事权紧握在光宗和中央手中,改变过去以贵族为中心的人才选拔体制,促进地方寒族势力进入中央与豪族势力展开抗争,并从政治上稀释、分化、控制功臣豪族势力。光宗时代不少科举登第者如崔暹、崔亮等是新罗系的六头品官僚,成为强化光宗王权的重要力量。其实六头品官僚自新罗时代就承担了近侍文翰职责,这也是他们胜出的重要原因。③ 双冀模仿唐制推行的注重诗赋的进士科,成就了支持王权的新兴势力,且进士科"门生座主之礼甚重"④,易结成座主门生的同盟关系,推动新兴势力对抗旧势力。陈寅恪指出唐代贡举中,科举进士科是新兴阶级的新学,武则天借进士科提拔了支持皇权的新兴势力,使座主、门生及同门结成新兴政治联盟,打击了旧有的关陇贵族。⑤ 双冀推行的科举也为光宗的王权伸张和政治调整起到了同样效果。

第三,强化与后周之间的政治互动、贸易往来和文化交流,为国内改革壮大外交声援、经济基础和政治支持。光宗九年,后周派遣尚书水

---

① [朝鲜]郑麟趾:《高丽史》卷八八《后妃传》,《四库全书存目丛书》史部161册,第319页。
② [朝鲜]郑麟趾:《高丽史》卷九三《崔承老传》,《四库全书存目丛书》史部161册,第400页。
③ [韩]姜希雄:《新罗骨品体制下的王权与官僚制》(姜希雄,《新羅骨品體制下의王權과官僚制》),朝鲜时代史学会编:《东洋三国的王权与官僚制》,首尔国学资料院1999年版,第25页。
④ [朝鲜]郑麟趾:《高丽史》卷七四《选举志二》,《四库全书存目丛书》史部161册,第25—26页。
⑤ 陈寅恪:《隋唐制度渊源略论稿唐代政治史述论稿》,商务印书馆2011年版,第207、268页。

部员外郎韩彦卿、尚辇奉御金彦英赍帛数千匹赴高丽购铜。光宗十年，高丽频繁遣使后周：春季派佐丞王兢、佐尹皇甫魏光赴后周贡献名马、衣袄和弓剑；秋季遣使向后周进献《别序孝经》《越王孝经新义》《皇灵孝经》《孝经雌雄图》；后周遣左骁卫大将军戴交来高丽，不排除有结盟共同抵抗契丹的可能；冬季，高丽遣使赴后周献铜五万斤、紫白水精各二千颗。① 加强与宋金的外交与贸易，成为高丽重要的对外策略②，获利又自保。

第四，为整顿官僚制度和政治秩序，树立王权威严，光宗十一年（960）定百官公服，"元尹以上紫衫，中坛卿以上丹衫，都航卿以上绯衫，小主簿以上绿衫"③，并改开京（今开城）为"皇都"，西京（今平壤）为"西都"④，而"皇都"之称意味着光宗采用了皇帝之号。此举实受中原时局变化的影响。光宗十年（959），后周世宗柴荣在连胜契丹的征途中染病，很快去世，七岁幼子柴宗训登基。按照五代政治因循，无论中原还是周边，虽难测中原政治走势，但都会嗅到即将大变的政治气息。不久，赵匡胤陈桥兵变建立宋朝。这一连串事件也使光宗产生了强烈的不安全感。因后周册封是光宗王权合法性的重要来源，现在后周灭亡，且宋朝这个新兴政权是敌是友尚未明了。所以，光宗改两京也是为巩固王权威严和安抚两京势力，但经过观察，光宗最终确认了赵匡胤的友好态度，便向宋朝贡，奉宋朝正朔。

由此观之，光宗为振兴王权，同时采取多种内外举措。双冀身为中枢重臣，不可能只主持了科举改革，也应参与了其他改革，如奴婢、公服、两京等，但科举考试在诸多振兴王权的改革中处于枢纽地位，因为科举不仅争取到支持王权和推进各项改革的人才，使王权和新兴势力结成联盟对抗功臣贵族，还通过掌控人事权限制和分化了功臣豪族势力，这与其他改革举措的目的是一致的，因为改革的实质是权力格局的重整和利益的再分配。双冀是"投化汉人"等外来人才的代表，据学者考证，王融很可能来

---

① ［朝鲜］郑麟趾：《高丽史》卷二《光宗世家》，第72页。
② 参见［韩］姜吉仲《高丽与宋金外交经贸关系史论》，（台北）文津出版社2004年版。
③ ［朝鲜］郑麟趾：《高丽史》卷七二《舆服志一》，《四库全书存目丛书》史部160册，第719页。
④ ［朝鲜］郑麟趾：《高丽史》卷二《光宗世家》，第72页。

自吴越国①，所以双冀、王融及其选拔的高丽进士共同形成支持光宗的新兴势力集团，必然与功臣贵族产生各种矛盾。当时光宗"厚待投化汉人，择取臣僚第宅及女与之"，引起高丽大臣徐弼的不满："今投化唐人，择官而仕，择屋而处，世臣故家，反多失所。"②光宗在实行各项改革后逐渐积蓄了政治能量，开始诛杀功臣宿将和豪族门阀，不少重臣被贬，宗族不保，"囹圄常溢，别置假狱，无罪而被戮者相继"③。

光宗利用威权对功臣贵族开刀，如开国功臣朴守卿，几个儿子被诬陷下狱后，被活活气死，当初太祖娶其女为妃争取他的支持，光宗即位时曾倚重他稳固王权。成宗即位后，大臣崔承老在《时务策》中评价高丽几代国王治国得失，痛批光宗重用双冀和各项改革导致各种弊害：

> 及双冀见用以来，崇重文士，恩礼过丰。由是非才滥进，不次骤迁，未浃岁时便为卿相。或连宵引见，或继日延容，以此图欢。怠于政事，军国务要，壅塞不通，酒食燕游，联绵靡绝。于是南北庸人竞愿依投，不论其有智有才，皆接以殊恩殊礼。所以后生争进，旧德渐衰。虽重华风，不取华之令典；虽礼华士，不得华之贤才。于百姓则益消膏血之资，于四方则剩得浮虚之誉。因此不复忧勤庶政，而接见宾僚，故猜忌日深，都俞日阻，时政得失，无敢言者……况自庚申至乙亥十六年间，奸凶竞进，谗毁大兴。君子无所容，小人得其志。遂至子逆父母，奴论其主，上下离心，君臣解体。旧臣宿将，相次诛夷，骨肉亲姻，亦皆翦灭……况属光宗末年，世乱谗兴，凡系刑章，多是非辜，历世勋臣宿将，皆未免诛锄而尽。及景宗践祚，旧臣之存者，四十余人耳。其时亦有人遇害众多，皆是后生谗贼，诚不足惜。④

---

① [韩]李基东：《罗末丽初近侍机构与文翰机构的扩张》（李基東，《羅末麗初近侍機構와文翰機構의擴張》），《历史学报》1978年第77辑。
② [朝鲜]郑麟趾：《高丽史》卷九三《徐弼传》，《四库全书存目丛书》史部161册，第390页。
③ [朝鲜]郑麟趾：《高丽史》卷二《光宗世家》，第72页。
④ [朝鲜]《高丽史》卷九三《崔承老传》，《四库全书存目丛书》史部161册，第393—395页。

崔承老的上书，虽充满道德叙事的指责，但深刻反映出新旧势力之间的各种斗争和光宗肃清功臣贵族的实态。如他所谓的"文士""庸人""后生""奸凶""小人""后生谗贼"，其实多是双冀代表的外来人才和由科举而进的新贵。这真切地反映了在科举创立和王权振兴的过程中，光宗联合新进文臣官僚摧毁功臣贵族的激烈斗争。[①] 换言之，高丽前期的新兴势力是由华人和科举及第人才联合组成，两者因科举关系更加紧密地团结在王权周围。双冀、王融、周伫、蔡忠顺都主持过科举考试，不少国王也"亲试"进士，巩固了新兴势力的联盟。科举制为高丽引入了官僚制，使大量优秀人才成为王权的代理人和改革的生力军，有利于打破贵族制的笼罩，确立中央集权体制，巩固王权。

值得注意的是，光宗以科举为突破口实行全方位的改革，既借鉴了唐代治国理政经验，如光宗常读《贞观政要》，重视进士科，也借鉴了五代尤其是后周的改革方案。一方面，双冀身为后周文史，对后周改革方案自然熟悉，他对光宗改革提出的各项建议，不可能摆脱后周改革经验的影响。另一方面，高丽和后周在军事、政治、贸易、文化等各方面多有共鸣和互动。周世宗柴荣即位后，采取多种改革措施，其中包括恢复科举考试选拔人才，确立中央集权体制，编纂《大周刑统》，建立君王亲卫军等。柴荣巩固君权、富国强兵、连胜契丹的改革震动东亚，"威武之声震慑夷夏"[②]，必然引起光宗关注，而双冀是帮助他模仿和呼应后周改革的理想人选。

四　双冀创立高丽科举与朝鲜半岛"小中华"思想

双冀于光宗九年创立科举，《高丽史》称其"自后屡典贡举，奖劝后学，文风始兴"。然稽考现存史料，除了双冀于光宗十二年第三次"知贡举"外，再无任何关于他的信息传世。为何会出现这样的情况？史料的沉

---

① ［韩］全基雄：《高丽光宗代的文臣官僚层与"后生谗贼"》（전기웅，《高麗光宗代의 文臣官僚層과「後生讒賊」》），《釜大史学》1985 年第 9 辑。

② （宋）欧阳修：《新五代史》卷一二《周本纪》，第 125 页。

默却能清晰地表明政治的无常。除了前文推测人为抹除史料之外，我们可以肯定的是：在光宗时代险象环生的政治生态中，双冀作为国王青睐倚重的外来新贵，充当变法改革的骨干，肯定会遭受来自本土旧势力的攻击，徐弼和崔承老批评的背后实则反映出新旧势力之间的明争暗斗。在此情势下，不排除双冀会出现四种结果：登高跌重，急流勇退，英年早逝，改名易姓。虽然双冀信息寥寥，却留给后人许多爱恨交织的想象和议论。

《高丽史》认为，正是双冀推行科举，才使朝鲜半岛"文风始兴"，"累世子孙凭借而维持之，东方文物之盛，拟诸中华"①。此处"文风"当是以中华文化为中心的文化体系，包含文学、文化、人才、制度等。

高丽后期的重臣金坵热情洋溢地表彰双冀创立的科举对高丽人才兴盛的丰功伟绩，认为正是科举的完备，才使高丽博得"小中华"的美称：

> 粤我光朝，广辟贤良，增修制度。时有后周之帝，敕肤使以前来。我闻双冀之贤，奏靺鞨而上请，留授礼宾省使，诏为贡院主人。甫阅戊午庚申辛酉之春官，连擢崔暹、光范，举猷之甲第。峻丰之后，赵奭收金策而升进。开宝之初，杨演与思柔而继登。尔后王融之典场屋者十余，梦游之握铨衡者三次。景宗御东池之龙舰，亲策高凝。成庙临北极之螭墀，命抡邯赟。自兹以降，祗率厥章，儒道盛行，世不殊乎大上古。海邦虽僻，人皆谓之"小中华"。②

同样，高丽末年的名臣李穑高度评价双冀创立科举对于朝鲜半岛政治、文化的重要意义，将双冀、王融二人与箕子相提并论，认为科举对"一国政理之气像，益著而不可掩矣"：

> 双氏、王氏所以诱掖后生者亦至矣，所以荣华夸耀，耸动一时，使愚夫愚妇皆歆科举之为美，而勉其子弟以必得之，未必不自二人始也。是以熏陶渐渍，家家读书取第，至于三子五子之俱中焉。双氏、

---

① ［朝鲜］郑麟趾：《高丽史》卷七三《选举志一》，第1—2页。
② ［高丽］金坵：《止浦集》卷三《上座主金相国谢传衣钵启》，《韩国文集丛刊》第5册，首尔景仁文化社1990年版，第354页。

王氏之功大矣。①

这实则是从长时段的历史视野中将双冀东来的文化意义与箕子东来等量齐观。因此，虽然双冀创立科举在当时主要为了服务于光宗的王权振兴，但对高丽的政治制度、文学兴盛、儒学发展、人才培养等产生了深远影响。

首先，科举制改变了朝鲜半岛的权力分配体系，引进了官僚制，提升了儒学地位，催生了新兴的儒学士大夫阶层，为"小中华"思想的形成奠定了体制根基。高丽之前，新罗实行森严的"骨品制"世袭等级制度，有时以射箭或花郎取人，至8世纪晚期，新罗元圣王才模仿唐朝科举的明经科实行"读书出身科"（"读书三品制"）的取士制度，但贵族仍然把持着人才选拔大权。光宗借双冀引入科举制，培植新兴势力，推进政治改革，其实是将官僚制引入贵族制社会，打破了贵族对人才选拔的垄断，促成光宗时代学士政治的成立。经过景宗、成宗、穆宗、显宗、德宗的发展及与宋元科举的交流，高丽科举制度日益完备，形成了以乡试、会试、殿试为次序的"科举三层法"②，建立了国子监和地方学校。科举制引发新的权力分配体系，在土地关系上与田柴科制度紧密结合③，最终在成宗时代建立了中央集权的官僚贵族体制：以三省六部和中枢院为首的中央组织，以京畿、五道、两界为中心的地方组织，以中央二军六卫、地方州县郡为框架的军事组织。高丽通过科举和学校向地方各州派遣代理人④，尤其是十二州牧的设置，加强了地方治理和社会控制，强化了郡县制。科举制使高丽进入以王权为中心、依靠忠诚的文臣官吏治理国家的文治主义社会，完成了"由骨品制向官僚制转换，这在韩国历史上是一次具有巨大意义的变化"⑤。

---

① [高丽] 李穑：《牧隐集》卷八《贺竹溪安氏三子登科诗序》，《韩国文集丛刊》第5册，首尔景仁文化社1990年版，第62页。

② [韩] 曹佐镐：《丽代的科举制度》（曹佐鎬，《麗代의科擧制度》），《历史学报》1958年第10辑。

③ 关于高丽的田柴科制度，参见 [韩] 姜晋哲《高丽土地制度史研究：田柴科体制篇》，首尔—潮阁1997年版。

④ [朝鲜] 郑麟趾：《高丽史》卷七四《选举志二》，《四库全书存目丛书》史部161册，第37页。

⑤ [韩] 李成茂：《高丽朝鲜两朝的科举制度》，第10页。

因科举制的吸引力，地方私学也在"海东孔子"崔冲的倡导之下开始兴起。他设立九斋学堂，形成了"私学十二徒"的兴盛局面，进一步促进了科举文化的发展。所以，高丽科举在促进社会阶层流动、维持政治和社会安定、强化文治主义、强化郡县制、促进士大夫阶层的产生等方面发挥了一定的政治效力和社会功能。① 朝鲜前期，金宗瑞在《高丽史节要》中称赞高丽前期"立郊社，定章程，兴学校，设科举，置中书总机务，而体统有所系，遣廉使察州县，而贪污不敢肆。府卫之制得寓兵于农之法，田柴之科有仕者世禄之意，刑政举而品式备，中外宁谧，民物殷阜，太平之治可谓盛矣"②。细考之，科举制实为这一系列体制改革的枢纽和连接点。

科举制催生了士大夫阶层，"虽名卿大夫，未必不由科目进"③，这对高丽儒学和政治的发展至关重要。因为科举制"为高丽王朝走向文官政治、实行重文轻武的政策铺平了道路"，"促进了儒家思想的国家化"④。可以说，双冀引入科举制为高丽政治和社会播下了一颗种子，这颗种子最终成长为新兴儒学士大夫阶层。高丽中期名儒崔冲、李齐贤、安珦皆曾知贡举，高丽末年的儒臣接受朱子学后，在恭愍王改革时期又进一步完善并主导了科举制度，成为时代主力。当时李穑建议，出将入相者，必须是科举出身者。⑤ 新兴儒学士大夫最终与武将联合，推翻高丽王朝，建立了彻底儒教化和官僚制的朝鲜王朝。科举制实为高丽探索中央集权官僚制提供了人才准备和制度铺垫，成为朝鲜王朝权力的重要来源。⑥ 因此，高丽之于朝鲜，正如后周之于赵宋，李成茂曾指出："后周的中央集权化政策对此后的宋朝集权官僚体制的确立有重大影响，同样，高丽的中央集权化政

---

① 参见［韩］朴外鉉《高丽科举制度的政治社会的机能》（朴外鉉，《高麗科舉制度의政治社會的機能》），硕士学位论文，延世大学，1983 年。
② ［朝鲜］金宗瑞：《高丽史节要》卷首，首尔大学奎章阁韩国学研究院藏本。
③ ［朝鲜］郑麟趾：《高丽史》卷七三《选举志一》，第 1 页。
④ 李岩：《朝鲜文学的文化观照》，商务印书馆 2015 年版，第 160—161 页。
⑤ ［韩］李成茂：《高丽朝鲜两朝的科举制度》，第 30 页。
⑥ John B. Duncan 认为 1392 年朝鲜王朝的建立与其说是一场革命，不如说是四百多年后，自 10 世纪就建立中央集权官僚政治的努力的高潮（参见约翰·B. 邓肯《朝鲜王朝的起源》（John B. Duncan, *The Origins of the Chosŏn Dynasty*），西雅图：华盛顿大学出版社 2000 年版，第 278 页）。

策对朝鲜朝的中央集权两班官僚体制的确立也有极大的关系。"[1] 朝鲜世祖即位不久，名臣梁诚之上疏建议将"在前朝始设科举，以振文风"的双冀与崔冲、李齐贤、郑梦周、权近一起配享文庙。[2]

其次，科举制促成了高丽儒教体制的确立，促进了高丽人才的兴盛和文学的繁荣，缓解了来自契丹的军事和外交压力，巩固了与宋朝之间的联盟关系，为"小中华"思想的形成与发展奠定了文化根基。科举制直接服务于光宗的政治制度改革，"如果说光宗的功绩在于通过政治制度改革建立了儒教体制，那么到了成宗一代，则是在此基础上儒教思想的显著发展"[3]。科举推动人才兴盛，早在新罗时期，被封为"文昌公"和"东国文学之祖"的崔致远（孤云）就考中了唐代宾贡科的进士。新罗末年的崔彦㧑在唐朝及第，其子崔光胤于五代后晋及第后在契丹、吴越国、高丽都曾任职，其孙崔沆则在成宗时期考中甲科第一。[4] 康兆弑穆宗后，崔沆与蔡忠顺定策迎立显宗，辽圣宗以此为借口亲征，后萧排押又发军入侵，而同是科举甲科第一的姜邯赞则屡挫辽军，取得"龟州大捷"[5]。在双冀第二次"知贡举"时，徐熙进士及第，后为高丽外交做出巨大贡献。他曾出使宋朝，恢复了中断十多年的国交，建立宋丽联盟，"容仪中度，宋太祖嘉之，授检校兵部尚书"[6]；在契丹与高丽的第一次战争中，说服契丹主将萧逊宁退兵并退还鸭绿江以东旧地，巩固了高丽国防。[7] 所以，双冀创立的科举制因注重诗赋，使统治阶级和社会大众形成唱和之风，推动高丽文学繁荣，培养了如朴寅亮、金富轼、郑知常、李仁老、李奎报、崔滋、金坵

---

[1] [韩] 李成茂：《高丽朝鲜两朝的科举制度》，第13—14页。
[2] [朝鲜] 梁诚之：《讷斋集》卷二《便宜二十四事》，韩国文集丛刊第9册，首尔景仁文化社1988年版，第300—301页。
[3] [韩] 朴钟锡：《韩国政治思想史》，[日] 井上厚史、石田彻译，东京法政大学出版局2016年版，第230页。
[4] [朝鲜] 郑麟趾：《高丽史》卷九二《崔彦㧑传》，《四库全书存目丛书》史部161册，第384页。
[5] [朝鲜] 郑麟趾：《高丽史》卷九四《姜邯赞传》，《四库全书存目丛书》史部161册，第412页。
[6] [朝鲜] 郑麟趾：《高丽史》卷九四《徐熙传》，《四库全书存目丛书》史部161册，第408页。
[7] [朝鲜] 郑麟趾：《高丽史》卷九四《徐熙传》，《四库全书存目丛书》史部161册，第409页。

等一大批杰出文士，尤其是在"高丽中叶以后，事两宋、辽、金、蒙古强国，屡以文词见称，得纾国患"①，有助于高丽处理当时复杂的东亚外交形势。

随着宋丽联盟关系的深化，注重诗赋创作的高丽科举培养出越来越多精通诗文的人才，有些成为赴宋外交的著名使臣，如文宗时期的朴寅亮就是其中的一个典型。在朴寅亮生活的时代，高丽使臣与宋人酬唱之时所表现的汉文修养令宋人惊叹，以至于宋朝基于两国共抗辽金的需要和两国同文崇儒的共鸣，为高丽使臣建立"小中华馆"，编成《小华集》，使"小中华"成为高丽的代名词。② 而且，高丽科举也是一种教育体制，推动了高丽一代代人对儒学文化和中国典籍的崇尚和传承，激发出高丽使臣和商人购买宋朝书籍的热情，以致引起苏轼的忧虑，上疏建议禁止高丽人购买书册。③ 由此可见，双冀创立科举促成高丽文士之兴、文学之美、文献之盛和文化之昌，提升了"慕华""尊华"心理，为朝鲜半岛的"小中华"思想奠定了文化根基。

五　朝鲜王朝对双冀的批评与"小中华"思想的异质性

北宋宣和年间，徐兢出使高丽，称赞高丽这一"海隅侯伯之邦"因受宋朝影响，"文物之美，侔于上国焉"，但对双冀创立的高丽科举颇有微词："至王亲试官之，乃用诗、赋、论三题，而不策问时政，此其可嗤也。自外又有制科、宏辞之目，虽文具而不常置。大抵以声律为尚，而于经学未甚工。视其文章，仿佛唐之余弊云。"④ 其实，双冀创立的科举在高丽国内也引发了很多批评，后世有人把双冀定位为浮华罪人和始作俑者，认为正是双冀创立的注重诗赋的科举，才导致后世文风浮华，应为武臣之乱、

---

① ［高丽］陈澕：《梅湖遗稿》附录《评品》，韩国文集丛刊第 2 册，首尔景仁文化社 1990 年版，第 290 页。
② 黄修志：《高丽使臣的"小中华馆"与朝鲜"小中华"意识的起源》，《古代文明》2012 年第 4 期。
③ 参见（元）脱脱等《宋史》卷一七《哲宗本纪》，第 335—336 页。
④ （宋）徐兢：《宣和奉使高丽图经》卷四〇《同文·儒学》，第 4 册，第 139 页。

高丽衰亡甚至朝鲜科举之弊负责。高丽大臣李齐贤在总结光宗一生时，主要说到光宗与双冀的关系，认为双冀并非贤臣：

> 光宗之用双冀，可谓立贤无方乎？冀果贤也，岂不能纳君于善，不使至于信谗滥刑耶？若其设科取士，有以见光宗之雅，有用文化俗之意，而冀亦将顺以成其美，不可谓无补也。惟其倡以浮华之文，后世不胜其弊云。①

李齐贤的时代，是高丽融入元朝统治的时代。他历经忠宣王、忠肃王、忠惠王、忠穆王、恭愍王时期，在高丽享有崇高威望。李齐贤在高丽多次科举改革中都提出过改革建议，所以他对双冀的批评有着深刻的现实背景。他的这段评语确定了朝鲜时代批评双冀及高丽科举的基调，但后世对双冀的批评多基于不同的时代问题，表面上是在批评双冀，其实是在批评当时以科举制度为中心的国家体制，提出不少具体的科举改革主张，以求改革现实，再造国家。毕竟，朝鲜科举大体继承了高丽科举，柳馨远指出："本朝科目，大抵仍高丽之制。"他虽未直接批评双冀，却专门说到双冀开创的词科："词科、武科，作俑于隋炀、武后。此只如燕山荒淫，变乱贡案，至今不能改耳，无他意义也。"② 这反映出柳馨远在17世纪朝鲜经历"倭乱"和"胡乱"后再造家国、改革体制的诉求。

明清之际的沈光世，认为双冀创立的科举流弊后世，使"小中华"徒有虚华。③ 朝鲜后期的实学家李瀷，说双冀创立的科举囚困人才，使士人争学温庭筠，消磨智能，"汉氏始作俑，丽风遂转讹"④。李圭景则直接说双冀是朝鲜文风浮薄的始作俑者："愚以为东方躁竞之风，未尝不自双冀作俑也。"⑤ 肃宗时的尹愭多次批评朝鲜科举的歪风邪气，彻底否定双冀创

---

① ［朝鲜］郑麟趾：《高丽史》卷二《光宗世家》，第74页。
② ［朝鲜］柳馨远：《磻溪随录》卷十二《教选考说》，首尔大学奎章阁韩国学研究院藏本。
③ ［朝鲜］沈光世：《休翁集》卷三《海东乐府》，韩国文集丛刊第84册，首尔景仁文化社1992年版，第356页。
④ ［朝鲜］李瀷：《星湖全集》卷七《海东乐府》，韩国文集丛刊第198册，首尔景仁文化社1997年版，第175页。
⑤ ［朝鲜］李圭景：《五洲衍文长笺散稿》人事篇《科举》，首尔大学奎章阁韩国学研究院藏本。

立科举的意义:"双冀设科创我东,赋诗颂策试才公。莫道文风从此盛,后来流弊转无穷……双冀创行科举规,又名监试德宗时。弊俗至今那可救,儒生奔竞考官私。"①因为尹愭非常了解朝鲜科举的弊病,曾上疏国王,痛斥朝鲜科举各科皆已大坏,士风日下。18世纪的朴泰汉认为,双冀东来虽"稍变夷荒芜没之风而渐启儒士文明之运",但"有愧于箕子之教则多矣"②。一项制度创设之初是当时人事和局势使然,若随着时间推移而不加调整,必然弊端丛生,朝鲜对双冀创立的科举的批评,实源于对当时所行科举制的弊端及久不改革的不满与批评。

朝鲜从英正时代迈入势道政治时代之际,政治日益封闭。思想家和改革家丁若镛认为,文章风气已经大坏,其原因之一在于双冀创立的科举,"诚异端之最,而世道之巨忧也"③。他提到"双冀立科举法,在显德五年戊午,至嘉庆二十二年丁丑,为八百五十年",朝鲜科举并未学到科举精髓,"顾学焉而未详,效焉而未精",并举出朝鲜科举与明清科举的十大区别,导致"人才不作,国脉以伤"④。丁若镛希望在关键的周年节点上,以科举改革为契机达到全面振作朝鲜人才活力和国家气象的目的,他的《牧民心书》和《经世遗表》便是这一思想的体现。

19世纪晚期,朝鲜王朝内有党争祸乱,外有日欧侵扰,国家日薄西山,大臣批评双冀所创科举乃朱子所谓"文妖经贼,而作俑于杨广、武曌者也"⑤,"盖欲学朱子之学,而不徒为双冀者流也"⑥。大韩帝国时期信奉退溪学派的韩儒仍认为科举造成圣贤之道不明不行,"皆双冀为之祟也"⑦。

---

① [朝鲜]尹愭:《无名子集诗稿》册六《咏东史》,韩国文集丛刊第256册,首尔景仁文化社2000年版,第172、173页。
② [朝鲜]朴泰汉:《朴正字遗稿》卷三《时务杂录》,韩国文集丛刊续第55册,首尔景仁文化社2008年版,第230—236页。
③ [朝鲜]丁若镛:《与犹堂全书》第一集《诗文集》卷一七《为李仁荣赠言》,韩国文集丛刊第281册,首尔景仁文化社2002年版,第382页。
④ [朝鲜]丁若镛:《与犹堂全书》第五集《政法集》卷一五《经世遗表》,《韩国文集丛刊》第285册,第295、281页。
⑤ [朝鲜]柳重教:《省斋集》卷八《往复杂稿》,韩国文集丛刊第323册,首尔景仁文化社2004年版,第167页。
⑥ [朝鲜]崔益铉:《勉庵集》卷三二《缮工监假监役郑公墓表》,韩国文集丛刊第326册,首尔景仁文化社2004年版,第200页。
⑦ [朝鲜]郭钟锡:《俛宇集》卷一五〇《竹石尹公墓志铭并序》,韩国文集丛刊第344册,首尔景仁文化社2004—2005年版,第166页。

还有另一种声音，认为朝鲜能成为"小中华"，是崔冲而非双冀造成的。如崔溥认为，光宗虽委任双冀，但其"文辞病于浮藻，不足为后学模范"，而崔冲则历仕显、德、靖、文四朝，乃当时十二徒之首，开创东方学校之盛，"中国称为诗书之国，以至于今者，何莫非冲之赐也"①。俞汉隽也大力推崇崔冲："自双冀而骛华，于文宪而敦实。"②

在众声喧哗中，也有客观评价双冀的声音。18世纪末的李种徽一改李齐贤以来的论调，反驳光宗重用双冀才导致"旧人斥退，朝廷以荒"的观点，他认为，因光宗本人多疑，只好"引异国之人而举国听之"，光宗的政治生态实乃"王实为之，又何责于一文华之双冀哉？"而"双冀之进，光宗之盛德也"③。

朝鲜王朝对双冀创立科举的批判越激烈，恰恰反映了双冀创立科举对朝鲜王朝和"小中华"思想的基础性作用越深沉。为什么批评？第一，双冀创立的科举已经融入朝鲜科举中，朝鲜科举基本延续了高丽科举。第二，诸多批评表面上针对双冀创立的科举，其实是针对现实中的体制问题，通过议论古人来表达对现实的改革诉求，所以批评双冀者多为朝鲜后期欲改革现实制度的实学家们。第三，双冀帮助光宗振兴王权的活动，对朝鲜士林来说是难以接受的，因为朝鲜士林的理想是弱化限制王权，而双冀创立的科举是充满王权意志的。第四，朝鲜王朝已全面接受了朱子学，科举制也参照宋元明制进行了改革，而双冀创立的科举重诗赋自然已经不符合朝鲜的性理学主张。第五，随着朝鲜儒学的发展和对清朝的鄙视，朝鲜士林对本国人才越来越自信，开始日益推崇本国贤者对朝鲜文化的功劳（如对薛聪、崔致远、崔冲等人的推崇，直至建立本国五贤的儒学道统），有意忽视外来人的贡献。

不容忽视的是，朝鲜科举与明清科举相比，仍有重大差异，隐含了"小中华"思想有别于明清中国的异质性。这便是朝鲜科举对身份体系的

---

① ［朝鲜］崔溥：《锦南集》卷二《东国通鉴论》，韩国文集丛刊第16册，首尔景仁文化社1988年版，第400页。
② ［朝鲜］俞汉隽：《自著》卷一《广韩赋》，韩国文集丛刊第249册，首尔景仁文化社2000年版，第24—25页。
③ ［朝鲜］李种徽：《修山集》卷六《丽光宗论》，《韩国文集丛刊》第247册，首尔景仁文化社2000年版，第398—399页。

绝对维护，严格强调嫡庶之分，如对乡吏、庶孽、贱民、罪人后裔的绝对歧视，规定考试之前实行严格的出身鉴定和政治审查①，如应考时需提出户籍和保单讲求四祖（父、祖、曾祖、外祖）②。朝鲜太宗时期，司谏院上疏："我朝科举之法，非徒试才，亦以辨族属也。"③世宗时期，司谏院又上疏："设科举，所以取人才；明嫡庶，所以正名分，一或失宜，选用不精，而名分紊矣。"④世祖时期，大臣上疏："自古用人之际，不专以才，而必先考其家世门地。"⑤中宗时期，司宪府强调："科举，国家重事，必考四祖录名许赴者，所以辨别族类，以清仕路也。"⑥这种情况在朝鲜后期才有所松动。在此情势下，科举及第者基本是两班，良人只占极少数。朝鲜社会"虽说是标榜科举第一主义、考试主义的官僚制社会，但底子里却是有严格身份制的制约伴随着的"⑦。由此观之，在朝鲜两班主导的特殊体制下，科举资格、土地关系、身份制度、奴婢制度、政治地位等紧密联结，不可分割，这是中国任何一个王朝所没有的。

六　结语

唐朝虽亡，但以三省六部制、翰林学士制、科举制为代表的唐制，被五代东亚继承或引进，经过宋朝完善后又被周边各国借鉴。五代宋初是除日本之外的东亚大陆全面实行科举制的时代，标志着唐宋体制在东亚的确立，同时也反映出源自中国的唐宋变革波及周边，扩至东亚。东亚大陆实行科举制与藩镇豪族问题紧密相连，因五代十国开国君主皆是藩镇节度使，后三国和高丽是功臣豪族混战的产物，辽朝内部也充满着各种世家大族。辽太宗获得燕云十六州后在汉地实行科举制，辽圣宗则为稳固中央统

---

① ［韩］金敬容：《为理解朝鲜时代科举制度性格的史料批判考察》（金敬容，《朝鲜時代科擧制度性格의理解를위한史料批判의考察》），《教育史学研究》2001 年第 11 辑。
② ［韩］李成茂：《朝鲜初期两班研究》，杨秀芝译，（台北）韩国研究学会 1996 年版，第 84 页。
③ 《朝鲜太宗实录》卷三三，太宗十七年二月庚辰条，《李朝实录》第 5 册，第 409 页。
④ 《朝鲜世宗实录》卷五六，世宗十四年四月壬辰条，《李朝实录》第 8 册，第 171 页。
⑤ 《朝鲜世祖实录》卷四三，世祖十三年九月庚寅条，《李朝实录》第 14 册，第 246—247 页。
⑥ 《朝鲜中宗实录》卷八八，中宗三十三年八月癸亥条，《李朝实录》第 24 册，第 41 页。
⑦ ［韩］李成茂：《朝鲜初期两班研究》，第 484 页。

治和压制功臣贵族，全面实行科举制，改变统治架构，实现中国北疆社会由羁縻而治向中央集权统治的转型。① 这与后周世宗、高丽光宗的做法类似。西夏后期也设科取士，建立国学和翰林学士院，甚至尊孔子为"文宣帝"②。北宋屡次使辽的富弼上书仁宗，对契丹、西夏使用汉人和汉法忧心忡忡。③

各政权已经意识到，在列国并存、华夷交融的大争之世，只有集聚人才，改革原有制度，建立中央集权体制，方可对内稳固秩序，对外开疆拓土。而科举制便是改革体制和巩固王权的关键枢纽。于是，契丹、西夏、朝鲜半岛、越南皆实行科举制，形成"东亚教育圈""东亚科举世界"或"科举文化圈"④。日本在目睹唐末混乱后，以菅原道真为代表的主政者停止派遣唐使，科举制在日本昙花一现。日本相对松散的权力结构对科举制缺乏积极诉求，造成后世日本在政治体制、儒学观念、"小中华"思想等方面与明清中国、朝鲜、琉球、越南之间的各种差异。由于没有科举制，儒学很难在日本占据牢固的思想统治地位，社会上的知识分子也有更自由的思考空间⑤，在后来的维新改革上也不会像清朝和朝鲜有那么大的阻力。所以，科举制深刻地影响了东亚不同国家在近代面对西方的回应和卷入世界的命运。

五代的契丹、藩镇豪族是中原和高丽面临的共同问题，贵族政治虽近黄昏，但仍夕照强烈。东亚需要建立新的国家体系，既要继承唐代制度，又要克服唐代的缺陷。虽然自宋代儒学复兴后，五代的历史地位愈发低落，在史家笔下"陷入了万劫不复的境地"⑥，但唐代制度正是经过五代变革才演变为宋代的规模。王赓武指出，五代帝王本身都是掌权节度使，他们创造出新的权力中心，把其他藩镇的文、武成员吸收进来，由官僚和文人（如判官、书记和推官）点缀其间，且文官因在控制藩镇方面充当更重

---

① 参见高福顺《科举与辽代社会》，中国社会科学出版社2015年版，第324—329页。
② （元）脱脱等：《宋史》卷四八六《夏国传》，第14030页。
③ （宋）李焘：《续资治通鉴长编》卷一五〇，庆历四年六月戊午，第3640—3641页。
④ 参见高明士《东亚教育圈形成史论》，上海古籍出版社2003年版，第324页；刘海峰《中国对日、韩、越三国科举的影响》，《学术月刊》2006年第12期。
⑤ ［日］子安宣邦：《江户思想史讲义》，丁国旗译，生活·读书·新知三联书店2017年版，第173—175页。
⑥ 刘浦江：《正统与华夷：中国传统政治文化研究》，中华书局2017年版，第50页。

要角色而受皇帝垂青，为新型皇权和强大的中央政府做出了贡献。①

在此情势下，双冀的个人命运深刻反映出五代宋初东亚的时代问题。他前半生在中原默默无闻，后半生在高丽声名显赫，归因于他创立科举与光宗振兴王权的一拍即合。豪族是高丽建国以来的固有问题，创立科举成为光宗对抗豪族、强化王权的重要举措。光宗、景宗、成宗的科举改革，多服务于王权强化政策。② 作为王权调整和控制权力布局的重要手段，科举是建立儒学、官僚政治和中央集权制的关键和枢纽。光宗改革中，双冀是新兴政治势力的代表，是改革派和慕华派，正是双冀创立科举制，才使高丽的慕华意识有了体制性的根源，才为后世"小中华"思想奠定了制度性和文化性根基。因为科举系统地培养了儒学思想、儒臣势力，士大夫阶层正是借科举兴起，儒学也是借科举兴起，王权也是借科举而破除贵族制的笼罩。

高丽晚期政治结构中的新旧之争、儒佛之争、元明之争、华夷之争是融合在一起的，但新进儒臣掌控了科举，使新旧政治力量对比发生了根本性的改变，即高丽晚期的政权性质和权力构造已发生变化，于是，贵族制的高丽王朝最终转变为两班官僚制的朝鲜王朝。两个王朝之间的关系，更多的是延续而非断裂，因为从制度体系到政治主力，朝鲜王朝皆是从高丽王朝内部萌生出来的。不少学者往往注意到朝鲜王朝对高丽王朝的革新，而没有注意到继承关系，其实高丽王朝在内政、外交上的战略已经深深镌刻在朝鲜王朝的统治手法中。双冀创立科举后，科举改革贯穿整部高丽史，这使高丽形成了一套柔性体制，在北方强敌压境时仍能自保。在高丽晚期，科举培植的新兴儒学士大夫如李穑、郑梦周、李崇仁、朴尚衷等已成为改革主力，积极参与了恭愍王的科举改革，意在削弱亲元势力和权门世族。但当改革遭遇瓶颈或阻挠而难以进行时，推翻整个王朝的革命自然就成为时代大势。朝鲜王朝"汤武革命"的道德话语背后是新生王权的合法性焦虑和新旧势力的斗争。换言之，"小中华"思想已在高丽王朝萌生，而埋下种子、奠定根基的，正是双冀创立的科举。所以，科举实施是朝鲜

---

① ［澳］王赓武：《五代时期北方中国的权力结构》，胡耀飞、尹承译，中西书局2014年版，第5、154—156页。

② ［韩］朴龙云：《高丽时代史》（上），首尔一志社1985年版，第54—65页。

半岛划时代的事件,双冀可谓高丽再造家国的功臣,他创立科举一定程度上成为朝鲜王朝权力的重要起源,也为朝鲜"小中华"思想奠定了根基。

那么,如何对比箕子东来与双冀东来的意义?在讨论此问题之前,我们应明确箕子和双冀并非单独的两个人,实为商周之际、唐宋之际两波移民的代表。朝鲜对箕子的崇拜,除受中国正史的箕子书写影响外,还有着突出的政治诉求。明代朝鲜崇拜箕子是通过类比明太祖册封李成桂为周武王册封箕子,清代朝鲜崇拜箕子是类比鲁存周礼为朝鲜继承大明正统,皆是为了在内外危机中确立王权和政权的合法性。

"小中华"思想的实质不仅是思想意识上的慕华,更主要的是在统治体制上的靠近。箕子的八条之教和洪范虽被后世称颂,但毕竟原始而模糊,因朝鲜半岛部落众多,很难说贯彻程度如何,且土俗仍旧,"箕子东来,虽曰天开左海,然厥后沦胥,入于夷狄久矣。虽其八条,尚不得详其为某事,况其他乎?"① 秦汉时期的移民浪潮尤其是汉四郡的建立,是朝鲜半岛系统接受中原体制的开始,如北宋徐兢云:"自汉武帝列置四郡,臣妾内属,而中华政化所尝渐被。"② 但汉四郡最终被朝鲜半岛本土势力推翻,在唐代白村江之战后,"慕唐风"才成为朝鲜半岛和日本列岛的共同选择。但由本土贵族主导的新罗,仍延续着骨品制社会。直到五代以双冀为代表的移民传入科举制,高丽才进行全方位的改革,完成体制上的靠近,真正对宋朝产生制度和文化上的慕华,完善了自身的官僚制度。③ 主持科举的双冀、周佇都曾任职礼宾省,反映出科举、外交相互配合争夺人才。高丽形成一套吸纳周边人才尤其是华人的政策,通过各种手段统合多元人才,使高丽赢得"海东天下""海东天子""小中华"等称号④。科举还提升了儒学思想的地位,催生了儒学士大夫阶层。这个新兴阶层最终成为高丽王朝的掘墓人,将"小中华"由理想变为现实,建立彻底儒学化和

---

① [朝鲜]柳寿垣:《迂书》卷一《论东俗》,首尔大学奎章阁韩国学研究院藏本。
② (宋)徐兢:《宣和奉使高丽图经》卷四〇《同文·儒学》,第4册,第138—139页。
③ 参见[日]周藤吉之《高丽官僚制研究:有关其与宋制之间的关系》(周藤吉之,《高麗朝官僚制の研究:宋制との関連において》),东京法政大学出版局1980年版。
④ [韩]韩政洙:《高丽前期异邦人、归化人的入境与海东天下》(韓政洙,《고려전기異邦人·歸化人의입국과해동천하》),《韩国中世史研究》2017年第50辑;[韩]秋明烨:《高丽时期"海东"认识与海东天下》(秋明燁,《高麗時期"海東"인식과海東天下》),《韩国史研究》2005第129辑。

全面慕华的新兴政权——朝鲜王朝,后世仍依靠双冀传来的科举制继续塑造朝鲜王朝。所以,以双冀为代表的唐宋之际大陆移民传来的科举制,比箕子东来更具实质意义,奠定了"小中华"思想的根基,朝鲜王朝则是"小中华"思想的实体化。

因此,从移民史、制度史的角度看,历史上有三波中国移民对朝鲜半岛产生重大影响:第一个千年,即公元前11世纪的商周之际,箕子代表的移民;第二个千年,即公元前2—1世纪的秦汉之际,以燕人卫满、汉四郡形成的移民;第三个千年,即公元10世纪唐宋之际,双冀代表的移民。在这三波移民中,五代双冀代表的移民对于朝鲜半岛发挥了更为实质的作用,其影响力延续后世,未曾中断。

我们应如何看待后世对双冀的历史书写?一方面,《高丽史》是朝鲜初期所编,但朝鲜初期大臣又受到李穑等高丽末期儒臣的影响,因为李穑是丽末鲜初诸多儒臣的老师和领袖[①],所以《高丽史》对双冀基本持肯定态度。另一方面,后世对双冀的评价表面上针对双冀和高丽科举,但其实皆有明确的现实指向,反映了批评者面临的时代问题。崔承老《时务策》是对光宗改革的批评和矫正,其实也是在努力调和君臣之间的矛盾,缓解新旧势力的争斗,整备统治体制,为下一步的改革提供合理化根据。他希望建立中央集权的贵族政治,"宜法中华,以革卑陋"[②],成宗采纳了他的建议,进一步完善了高丽的中央集权制和儒学。[③]同样,李齐贤、李穑对双冀的一贬一褒,突出反映了两者所面临的不同的时代问题。李穑时代的高丽,需要在元明之间进行抉择,推进华化改革,所以他赞美双冀的功劳,这是丽末鲜初儒学士大夫的基本态度。而到了"小中华"成为事实的朝鲜时代,儒学已确立稳固的独尊地位,政府和士林对前朝体制充满苛责,以强烈的儒学正统主义批判诗赋。朝鲜后期以丁若镛为代表的实学家们主张全面改革,更借助批判高丽科举改革朝鲜体制。

---

① 黄修志:《高丽使臣的"小中华馆"与朝鲜"小中华"意识的起源》,《古代文明》2012年第4期。
② [朝鲜]郑麟趾:《高丽史》卷九三《崔承老传》,第398页。
③ [韩]申婷媛:《崔承老的时务策研究》(申婷媛,《崔承老의时务策研究》),硕士学位论文,檀国大学,1988年。

必须看到，光宗对王权伸张的诉求是高丽科举制得以确立的主要动力，也是"小中华"思想在根基深处蕴含的政治逻辑，因为科举进士和翰林学士的崛起都是对君权的加固和对相权的侵蚀。随着五代十国摧毁藩镇豪族和宋代全面实行科举制、官僚制，贵族政治荡然无存，地方活力被中央剥夺，再也难以对抗中央。经蒙元冲击和明清君主专制，君权取得绝对权威，且因唐宋破除了身份限制，各地优秀人才经过科举考试入仕而成为皇权的代理人，更无任何地方势力可以抗衡中央君权。阎步克认为，随着君主专制的日益强化，士大夫官僚政治是中国政治演进的最终定局，而科举制度是其主要支柱，在科举时代，士人"须主动投考辐辏朝廷，以冀在国家考试中获得士大夫身份"①。不仕意味着与政府的不合作，朱元璋刑戮"寰中士夫不为君用"者便是明证②。而反观朝鲜半岛，各地的名门世族和地方精英自新罗时代到朝鲜时代有着长期的连续性，通过实践儒家理论不断巩固了身份地位。③ 朝鲜王朝的科举制是把土地制、身份制与科举制捆绑在一起，形成儒学两班官僚贵族。且朝鲜身份制等级森严，科举考试对于身份有着严格的要求，不对全民开放意味着王权难掌全局。如此，两班贵族的利益和权力始终能得到保障，不仅使朝鲜王权始终面临地方贵族和士林阶层的威胁，也导致明清时期中国士大夫与朝鲜士大夫的政治气象各有不同，这就是科举制对权力结构的塑造而导致的"小中华"与"大中华"的区别所在。因此，若从科举角度透视朝鲜、日本、越南、琉球等东亚各国的政治生态和"小中华"思想，其实性质有异。

科举制乃中央集权制王朝的命脉，关系到权力分配和社会稳定。唐代黄巢、清代洪秀全皆是屡试不第的书生，被排除在权力体系之外，领导起义军加速王朝灭亡。同样，高丽的武臣之乱、朝鲜的洪景来之乱，很大程度上也是由科举造成的畸形政治生态所致。尤其是洪景来之乱，起源于19世纪安东金氏的势道政治对平安道的科举歧视政策，并引发壬戌农民起义

---

① 阎步克：《士大夫政治演生史稿》（第三版），北京大学出版社2015年版，第448页。
② （清）张廷玉等：《明史》卷九三《刑法志》，中华书局1974年版，第2284页。
③ Martina Deuchler 认为，与其说是儒家意识形态导致了朝鲜时期僵化的身份体系，不如说是这些地方土著集团的长期存在，保障了这个体系的存续。参见［美］玛蒂娜·达奇勒《先民眼中：前现代韩国的亲属关系、地位和地域》（Martina Deuchler, *Under the Ancestors' Eyes*: *Kinship, Status, and Locality in Premodern Korea*），坎布里奇：哈佛大学亚洲中心2015年版，第186页。

和东学党起义,导致清朝和日本的介入。日本于1894年推翻闵氏政权,废止朝鲜长达937年的科举,1910年吞并朝鲜。清朝则于1905年废止长达1300年左右的科举,1912年灭亡。要之,科举实乃隋唐以来东亚王权体制的关键,科举、王权的终结也宣示了"大中华"和"小中华"的封贡关系彻底无可挽回。

辽代与草原丝绸之路

薛正昌

（宁夏社会科学院）

草原丝绸之路，是一个历史厚重的概念。它是与绿洲丝绸之路不同的一种特殊走向，但又与绿洲丝绸之路有着千丝万缕的联系。草原丝绸之路，通常是指由中国内地经漠北蒙古草原，向西经中亚草原，再向南亚、西亚、欧洲和北非延伸的商贸大通道，是丝绸之路的重要组成部分。无论考古发掘，还是内蒙古、宁夏、新疆沿草原地带或边缘大量人类早期岩画的遗存，包括蒙古、俄罗斯、西伯利亚、中亚诸国类似的文化遗存，都折射出一种独特的草原丝路的文化信息。草原丝绸之路在历史上扮演着重要角色，其形成、发展和繁荣反映了特定时期中国历史的辉煌。其缘起的时间早于绿洲丝绸之路，分布的领域更为广阔，考古发掘资料显示，今俄罗斯阿尔泰州乌拉干区巴泽雷克墓中，出土了中国的丝绣之物，时间正当春秋战国时期，草原与中国内地已有丝绸贸易的关系，草原上早期游牧民族充当了草原丝路上贸易的中介。中国北方与欧亚草原的文化交往，早在商代已经存在，其中新疆天山以北的北疆地区，是中西文化交流的重要通道。[1]"在'丝绸之路'这个名称诞生约七千年前，商品贸易就已经在环绕中亚沙漠的绿洲城市和中国之间进行了。"[2] 草原丝绸之路，就是早期丝路贸易的通道，它缘起与发展过程经历过几个重要阶段。契丹族是活跃在我国北方草原上古老而强大的民族，契丹之名始见于《魏书·契丹传》，10世纪建立了契丹（辽）国后，凭借草原地域拓展并经营草原丝路，西

---

[1] 林沄：《丝路开通以前新疆的交通路线》，《草原文物》2011年第1期。
[2] ［英］吴芳思：《丝绸之路2000年》，山东画报出版社2008年版，第17页。

辽建立后，也继续经营草原丝绸之路。

一 草原丝绸之路

草原丝绸之路的走向，由中原历代王朝京都之地长安、洛阳北越长城、出塞外，或经山西大同、或经陕西北部，或由宁夏进入内蒙古，再穿越大漠而北上蒙古高原。早期游牧于敦煌一带的塞人，"为月氏迫逐"而沿天山西迁，散居于阿尔泰至巴尔喀什湖东南的草原上。"塞人部落通过他们的游牧方式，在中国和遥远的希腊城邦之间充当了最古老的丝绸贸易商。"① 草原地带，是一条从兴安岭西麓到东欧的狭长地带，这条草原路往往成为匈奴等游牧民族向西迁徙的途径。这条自蒙古高原延伸到西方的草原路，没有浩瀚的沙漠和众多的崇山峻岭，应该是沟通东西方世界联系的最早的通道。

草原丝绸之路东起大海，横跨欧亚草原，其纵横交错的岔路，南可达中原地区，北可与蒙古高原和西伯利亚连接。② 由蒙古高原向西可穿越三大通道，一是西北行可达贝加尔湖（古称瀚海），二是西行经西伯利亚进入东欧，三是由蒙古草原土拉河、鄂尔浑河一带向西翻越杭爱山，沿阿尔泰山西行，再折向南进入新疆天山以北草原，再沿天山北麓至伊犁河谷。之后，西行经锡尔河、咸海，过乌拉尔河、伏尔加河，直抵黑海北岸。北方草原地区以畜牧业为主，粮食、纺织品、手工制品等需要与中原交换，中原地区与草原地区在经济上的相互需求及其贸易关系，是草原丝绸之路形成和存在的基础。因此草原丝绸之路还有"皮毛路"和"茶马路"的称谓。

草原丝路是一条丝绸运输线，皮毛交通线路。隋唐时期，因途经回鹘境内，也称为回鹘道，它由参天可汗道、居延道两条支线构成，并与绿洲丝绸之路相接。耶律楚材当年随成吉思汗西征，即走这条丝路通道。

草原丝绸之路，是一条古老的通道。草原道上俄罗斯联邦戈尔诺·阿尔泰州乌拉干区巴泽雷克墓葬出土了与草原丝绸之路相关的文物，时间正

---

① 梁启超：《立宪法议》，《饮冰室合集》文集之五。
② 王大方：《草原访古》，内蒙古大学出版社1999年版。

当在春秋末期至战国初期，印证着草原丝绸之路历史之悠久。30 年前，日本学者西谷正发表过一篇名为《丝绸之路的考古学》的文章，从考古学的意义上追述了地处丝绸之路的西域（新疆）古代文化对朝鲜、日本文化的影响，鞍形石磨盘、铜镜、钱币、印章、壁画、黄金制品、玻璃容器等中西文化实物，在西域、朝鲜、日本不同地域皆有相应出土。[①] 通过出土文物的比对，揭示了草原丝绸之路早期所承担的中西文化交流的辉煌使命。苏联学者在俄罗斯南西伯利亚阿尔泰地区乌拉干河畔发掘的巴泽雷克墓地，出土了春秋战国之际中国的文物，如凤鸟纹刺绣，山字纹铜镜。同时，还出土有希腊化艺术风格的皮革、毛毡、木雕；还有古代波斯阿契美尼德王朝的文物，如野兽纹、翼狮图像等。[②] 20 世纪 70 年代，在新疆天山的阿拉沟墓地，也出土了凤鸟纹刺绣、链式绫纹罗、漆器等，来自于中原，与巴泽雷克墓出土的文物有相通之处[③]。从巴泽雷克墓发掘的文物，已经看到了这一时期西亚风格和中原风格丝织品。这些出土文物，见证了草原丝绸之路早期中国与亚洲西部、欧洲的联系，证明远在张骞通西域之前，途径蒙古高原的草原丝绸之路东西方国际贸易就已经开始。苏秉琦先生认为，国家起源可以概括为发展阶段的三部曲（古国、方国、帝国）和发展模式的三种类型（原生型、次生型、续生型），中原地区的文明形成属于"次生型"，红山文化属于"原生型"。在时间上，中原文明较之辽西地区的"北方原生型"要晚。同时，这种"原生型"已融入了多方的因素[④]，同时，奠定了草原丝绸之路的悠久历史，成为汉唐、辽宋金元草原丝绸之路中西文化交流的基础。

随着时间的推移，草原丝绸之路出现了新的称谓，一是草原丝路参天可汗道，一是草原丝路居延道，一是回鹘道。参天可汗道起于长安，渡黄河，过阴山，经大漠，至回鹘牙帐，前段名阴山道，后段称参天可汗道。唐贞观四年（630），东突厥汗国为唐王朝所灭，漠北各族纷纷入朝，尊奉唐太宗为"天可汗"。唐朝根据漠北各部的请求，开辟"参天可汗道"，

---

① ［日］西谷正：《丝绸之路的考古学》，《新疆师范大学学报》1992 年第 2 期。
② ［苏联］C. N. 鲁金科：《论中国和阿尔泰部落的古代关系》，潘孟陶译，《考古学报》1957 年第 2 期。
③ 王炳华：《丝绸之路新疆段研究》，《丝绸之路》，江苏人民出版社 2012 年版，第 223 页。
④ 苏秉琦：《中国文明起源新探》，文物出版社 2009 年版，第 130—167 页。

设68处驿站，此道成为中原与漠北往来的重要通道。居延道，是起于绿洲丝绸之路干道东段河西道以北，途经弱水流域居延海的一条通道。中亚往来翻越帕米尔高原抵达喀什，再沿塔克拉玛干沙漠东行至沙州，然后沿阴山山脉往东走绿洲丝路，至居延道与草原丝路相接，可达辽国首都上京临潢府。回鹘道，从蒙古高原西部的可敦城至伊塞克湖西岸的巴拉撒浑城，最便捷者莫过于走天山北麓通道。实际上，这是一条唐朝已经打通的古道，高昌回鹘国的夏都别失八里，即唐朝北庭都护府的治所庭州城以东的路名回鹘道；别失八里以西的路名碎叶道。这三条通道，既与绿洲丝绸之路相连，又与草原丝路相接，在不同的历史时期产生过不同的重要作用。草原丝路进入天山北路，自昌吉西北行，有两条路可以进入伊犁境内，一是自精河斜向南行入天山，进入贡乃斯河谷，继续西行即进入伊犁。二是自精河过赛里木湖，入天山果子沟，即进入伊犁河谷。[①] 成吉思汗西征大军、耶律大石进入伊犁，皆走这条通道。

公元10世纪后的辽、金、元时期，以契丹、女真、蒙古等游牧民族为中介，以大量的丝绸、皮毛、牲畜、漆器、茶叶、大黄等为主的商品在草原丝路上流通；西方的各种宗教如摩尼教、祆教、景教、伊斯兰教等宗教文化和科技文化也相继传入中国内地。同时，各游牧民族之间的交流及融合也在草原丝绸之路沿线进行。草原丝绸之路的背景很大，开拓历史悠久，贸易物资丰富，文化交融多元。

二　辽国的疆域与草原丝路

（一）辽朝缘起与消亡的轨迹

840年，回鹘帝国被黠戛斯摧毁。草原回鹘帝国灭亡之后，游牧于辽河上游的契丹摆脱了原领主的控制，得以快速发展，日益强盛。辽朝，是中国历史上由契丹族建立的朝代，共传九帝，享国209年。907年辽太祖耶律阿保机成为契丹部落联盟首领，916年建国，定国号为"契丹"，后因其居于辽河上游之故，遂称"辽"。辽宋澶渊之盟后，辽朝极盛时期的版图，东北至库页岛，北至蒙古鄂尔浑河、克鲁伦河一带，东至黄河，南

[①] 王炳华：《丝绸之路新疆段研究》，《丝绸之路》，江苏人民出版社2012年版，第243页。

至河北霸州、涿州、山西雁门关一线，与北宋交界，西至阿尔泰山。《辽史》记载，辽朝疆域"东至于海，西至金山，暨于流沙，北至胪朐河，南至白沟，幅员万里"①。东西达万里，南北广达五千里，占据着草原丝路的很大空间。辽朝政权的建立，即反映其社会生产力发展，也是其军事力量壮大的表现。萧太后、辽圣宗时期，辽朝社会政治相对稳定，经济社会繁荣。这一时期重用汉人，注重改革，加速了社会封建化进程。

辽国有200余年的建国史，从它的发展走向看，中间的历史进程推进很快。916年12月，契丹主耶律阿保机称皇帝。924年，太祖耶律阿保机大举西征，高昌回鹘国归附契丹。926年七月，灭渤海国建东丹国，以长子倍镇之，号人皇王。936年五月，石敬瑭请援于契丹并称臣，割燕云十六州（幽、蓟、瀛、莫、涿、檀、顺、新、妫、儒、武、云、应、寰、朔、蔚）与契丹，地域上原有的汉族农业人口逐渐成为生产的中心。同时，还要岁输帛30万匹。十一月，契丹册封石敬瑭为大晋皇帝。两年后，晋上尊号于契丹主及太后，向契丹称臣。契丹在经营本土的同时，注重政治经济文化发展。

11世纪60年代，是辽国最兴盛的时期，也是其走下坡路的开始。1114年九月，阿古打起兵反辽。1115年，阿古打称帝，国号金。1118年正月，金帝遣使入辽求册封，辽遣使如金议和。1120年，辽金和议不成，金帝自将攻辽，陷辽上京。1122年，金陷辽中京。三月，金兵西进，辽帝西走。辽留守燕京大臣耶律大石等立耶律淳为天锡皇帝，请和于金，被拒；结好于宋未成。四月，金陷辽西京，西路州县多降金。六月，辽天锡帝死，妻萧氏为皇太后称制。辽朝末年，社会矛盾加剧，社会经济解体。1124年正月，辽帝为金逼，奔夹山。七月，耶律大石西走。辽帝出夹山反攻大败。1125年，辽天祚帝奔党项，二月为金所俘，封为海滨王，辽亡。

辽朝神册元年（916），太祖即率军亲征西部地区，包括突厥、吐浑、党项、小蕃、沙陀诸部，"自代北至河曲逾阴山，尽有其地。遂改武州为归化州，妫为可汗州，置西南面招讨司"②。天赞三年（924）六月，辽太祖再次西征，"大举征吐浑、党项、阻卜等部，……九月丙申朔，次古回

---

① 《辽史》卷三七《地理志》，中华书局1987年版，第438页。
② 《辽史》卷一《太祖上》，中华书局1987年版，第11页。

鹘城，勒石纪功，……诏砻辟遏可汗故碑，以契丹、突厥、汉字纪其功……尽取西鄙诸部"①。辽太祖西征从上京出发，经由唐代漠北回鹘路草原道进入克鲁伦河、鄂尔浑河流域，沿阿尔泰山南下抵达天山以北的北庭一带，横跨草原丝路与绿洲丝路，将广大的草原丝路的地域空间纳入辽的版图，促进了北方边疆地区的民族融合。苏秉琦在《中国文明起源新探》里说："从全国范围来看，我们可以将现今人口分布密集地区的考古学文化分为六大区系，其中以燕山南北长城地带为重心的北方，就是一大区系。这个区域，正当辽宁朝阳、内蒙古赤峰市、京津和河北张家口地区共四块，这一地区自古以来就是亦农亦牧的地区。这里的考古文化，即以赤峰和朝阳为中心的两种新石器文化——红山文化和富河文化。"② 辽朝200余年间，在政治、经济和文化发展的根基就在这样一个有文化底蕴的地域空间，并凭借草原丝绸之路不断向外拓展，实力和势力不断增强，贸易和文化发展延伸到周边国家，包括道路的拓展。在那个特定的历史时期，极具影响力。

首先，注重文化教育，努力提升文化影响力。988年，契丹实行科举，开始科考取士，直到辽朝末期。起初为定期，之后为不定期。其次，随着空间的拓展，开始修筑官道。圣宗朝初期（984—989），马车道路的需求、邮传制度的确立，客观上要求辽朝修筑交通道路和桥梁，便于上传下达。③ 1027年，官道有新的要求，即在道路两边再辟出宽各30步的空间，以增强通道的安全感。实际上，进一步加强了草原丝路的输送能力。1005年二月，置榷场于振武军（今山西朔县），对外发展商贸经济。第三，外交空间不断增大。一是与宋朝的关系。二是注意与正在崛起的西夏结好关系。986年十二月，以宗女为公主，为李继迁之妻。1000年十一月，以李继迁之子李德明为朔方节度使。1004年七月，册封李德明为西平王。1010年九月，契丹册封李德明为夏国王。1012年，李德明贡马于契丹。1031年，契丹以兴平公主妻李德明子李元昊，封李德明为夏国公。1032年，册封元昊为夏国王。重要的是与中亚萨曼王朝和马赫穆德统治时期的伽色有着交

---

① 《辽史》卷二《太祖上》，中华书局1987年版，第19—20页。
② 苏秉琦：《中国文明起源新探》，生活·读书·新知三联书店1999年版，第35—40页。
③ ［美］魏特夫、冯家昇：《中国社会史：辽（907—1125）》，第164—165页。引自［德］傅海波、［英］崔瑞德编《剑桥中国辽西夏金元史》，中国社会科学出版社2007年版，第94页。

往，与大食有着经济联系和政治联姻。第四，拓展与高丽的关系，用兵高丽。高丽遣使契丹请罢兵，1011年正月，契丹自高丽班师，高丽遣使朝贺。1012年，契丹命高丽王来朝。1020年五月，高丽称藩纳贡于契丹。1023年，契丹遣使高丽，册封王太子，朝贺生辰成为常事。第五，注重与西域诸政权的关系。1019年正月，契丹封沙州曹贤顺为敦煌郡王。1049年三月，高昌国（新疆吐鲁番东南高昌废城）贡于契丹。1026年五月，契丹攻甘州回鹘。1052年十一月，回鹘贡马、豹于契丹。第六，推进的地域范围更大。如辽与大食帝国长期保持着频繁的商业贸易关系，包括物质与文化的输入与交流，考古发掘印证着文献记载。1021年二月，大食请婚于契丹，以宗女为公主妻之。蒙古高原阻卜，是与塔塔儿人（鞑靼）同种或者有密切联系的蒙古人[①]，其诸部亦是契丹的属下，已遣使贺契丹，1011年六月，契丹置阻卜诸部节度使。大西南的吐蕃，已于1054年起纳贡于契丹。

以上所列举的内容，可以看出辽国的缘起与发展过程，原本就在蒙古高原上活动，这些空间都在草原丝绸之路上，而且一直延伸到中亚、西亚，二百年间一直在经营着草原丝绸之路，地域空间很大。辽建立之初，就大举西征，高昌回鹘归附，草原丝路已连接西域。

（二）地域空间与草原丝绸之路

辽国的地域空间就在广袤的蒙古高原上，而且地当草原丝绸之路的通道。从整个草原丝绸之路地理空间看，辽都城上京临潢府和中京大定府，地理位置处于辽河上游，居草原丝绸之路东端，向西即进入西域、中亚、西亚。辽太祖耶律阿保机建国初期即远征西域，曾至鄂尔浑河畔的古回鹘城（今蒙古国杭爱省鄂尔浑河上游西岸剌巴尔哈孙）。同时，在回鹘牙帐修建可敦城（今蒙古国布尔根省哈达桑东）。辽统和二十二年（1004），在可敦城设置镇州治，与参天可汗道相接，将参天可汗道的一部分纳入辽的辖境，可敦城既是草原丝路漠北道上的边防重镇，又成为与西州回鹘间的互市之地。辽中期继续大力开拓西北边境，维护草原丝绸之路的畅通无阻。由这里向西北越阿尔泰山，过额尔齐斯河经斋桑泊、巴尔喀什湖等地

[①] 王国维：《鞑靼考》，《观堂集林》卷一四，第5b—12a页。

可西去；亦可由阿尔泰山南下至北庭（今新疆吉木萨尔），与绿洲丝绸之路中段西域北道衔接，再北上经伊犁流域至中亚，从里海和黑海以北西行进入欧洲、北非。辽代初年，波斯、大食等国先后朝贡于辽。随着辽王朝国际影响的日益增强，各国使节和诸多商旅纷至沓来。辽代通过草原丝绸之路进行的东西文化交流，其内容是多方面的。

此时的草原丝绸之路西段向东最远延伸至辽海，分为南北两线。北道东起于西伯利亚高原，经蒙古高原向西，再经咸海、里海、黑海，直达东欧。南道东起辽海，沿燕山北麓、阴山北麓、天山北麓，西去中亚、西亚和东欧。两线在可敦城会合，而后再往西域，通向亚洲腹地。

辽代，草原丝绸之路东端境内有多条通道，重要的有南北两道。东北道覆盖东北全境。契丹国初期的疆域在今辽河流域上游一带，在阿保机及德光时期不断对外扩张，阿保机时征服奚（今河北北部）、乌古、室韦（今内蒙古东部呼伦湖东南）、鞑靼、回鹘、渤海国。德光时取得燕云十六州，并一度占有中原。辽全盛时，疆域东北至今日本海黑龙江口，北至蒙古国中部的楞格河、石勒喀河一带，西到阿尔泰山，南部至今河北省霸州市、山西省雁门关一线与北宋交界，与当时统治中原的宋朝相对峙。随着地域空间的扩大，分别设置了五个都城，即上京临潢府（内蒙古赤峰市巴林左旗林东镇南郊）是辽国早期的政治、经济、军事以及文化中心，中京大定府（今内蒙古赤峰市宁城县），东京辽阳府（今辽宁省辽阳市），南京析津府（北京市），西京大同府（今山西大同市）。以五京为中枢，形成了北达室韦、乌古，东北至黄龙府（今吉林农安县）、渤海国（黑龙江省南部宁安市渤海镇）、奴儿干城（上京故城东北曰奴儿干城。在今俄罗斯尼古拉耶夫斯克西南提尔特林，西北至突厥、吐谷浑，西至丰州、朔州、夏州，南通北宋的道路网络。它不但护佑着草原丝路，而且是经营草原丝路畅通的大后方，是一个特殊的地域空间，尤其是覆盖整个东北亚的地区，包括与高丽的关系。

由于燕京析津府商贸地位的提升，草原丝路之南道西行线路与析津府相连接，出境以居延道为主，但呈现的是网状格局。南下至析津府，大致走向自上京临潢府南下，渡潢水（西拉木伦河），经广宁馆（今内蒙古翁牛特旗）、松山馆（今内蒙古赤峰市郊龙王庙村）等驿，至中京大定府。再南经泽州（今河北平泉县南察罕城）入古北口，抵达燕京析津府。之后，由燕京西北出居庸关，经儒州（今北京延庆区）、可汗州（今河北怀来县）、奉圣州（今河北涿鹿县）、蔚州（今河北蔚县）一线至西京大同府，再西经三受降城，即唐景龙二年（708）张仁愿主持修筑的受降城（今内蒙古包头市西）、东受降城（今内蒙古托克托县南黄河之北、大黑河南岸）、西受降城（内蒙古锦后旗乌尔加河北岸），与唐代参天可汗道相接。在这里，既可北至旧回鹘牙帐可敦城，亦可向西与居延海道相通。居延海又是一个枢纽通道，它既可直下抵达河西走廊甘州，也可去伊州或西州。此外，亦可由临潢府去往大同。契丹建立的辽朝，使草原丝绸之路更加贯通。辽在边境地区设置榷场开展贸易，互通有无，辽朝政府还在上京城内同文馆设置驿馆，为诸国信使提供方便的住宿条件。当时西夏占据河西走廊，辽朝与西方国家的往来主要依靠草原丝绸之路。

辽河是东北地区南部的河流，是中国七大河流之一。其在汉代以前称句骊河，汉代称大辽河，五代以后始称辽河，发源于河北省平泉县，流经河北、内蒙古、吉林、辽宁四省（区）。辽河孕育了辽河文明，也孕育了存在了200余年的辽国历史文化。契丹族，是中国古代游牧民族，发源于中国东北地区，半农半牧生活方式。辽河流域，是草原丝绸之路东端，也是辽国的富庶之地，无垠的大草原提供了中原没有的牧场，为骑兵部队的装备提供了大量的马匹。草原丝绸之路横贯东西，驰骋草原的马匹为草原丝路的畅通发挥了重要作用。

兴盛时期的辽朝，草原丝绸之路沿线及周边属国对其纳贡也有定例。马匹是一个国家的军事战略物资，仅以属国纳贡的马匹看，"厥后东丹国岁贡千匹，女直万匹，直不古等国万匹，阻卜及吾独婉、惕德各两万匹，西夏、室韦各三万匹，越里笃、剖阿里、奥里米、蒲奴里、铁骊等诸部三百匹"[①]。此外，还有辽国牧场的马匹、战争掠夺的马匹。大量的马匹装备了一支强大的"五十万"骑兵部队。这里，仅对属国征纳的马匹一项，每年可获得四五万匹马。马匹进入辽国境内，从另一个侧面显示了草原丝绸之路的繁荣。不但草原丝路繁荣，辽朝农业基础也支撑着国家向外拓展。幽、云一带原本是就是重要的农耕区，东北渤海故地，也是"编户口数十

---

① 《辽史·食货志》卷六〇。

万，耕垦千余里"①的农业区。

追溯历史，840年回纥汗国被黠戛斯人攻灭，回纥大部分人向西迁徙，其中一支迁至今葱岭以西，于10世纪建立了喀喇汗王朝。突厥与回纥汗国的建立，唐王朝对两大汗国的有效管理，使草原丝绸之路东段进一步得到了开发与拓展，并为辽朝草原丝绸之路的全面繁盛奠定了基础。

三 耶律大石与草原丝绸之路

（一）耶律大石建立西辽

耶律大石（1087—1143），字重德，西辽德宗，辽太祖耶律阿保机八世孙，西辽帝国的建立者。他通晓契丹、汉文字，精通汉文化。12世纪初，女真日益强盛并建立"大金"。1116年，金兵南下攻陷辽的东京（今辽宁辽阳市）。1122年，金兵西进攻陷辽中京（今内蒙古自治区宁城县），辽天祚帝西走逃入夹山（今内蒙古自治区武川县），辽留守燕京大臣耶律大石等立耶律淳为天锡皇帝，坚守南京（今北京市）。六月，辽天锡帝死，妻萧德妃为皇太后称制。金兵南下居庸关，耶律大石和萧德妃退出南京，投奔天祚帝。天祚帝杀死萧德妃，责问耶律大石，在抗金的主导思想上二人意见相左。1124年正月，辽帝为金所逼，奔夹山。七月，耶律大石率其追随者进入漠北，西往镇州（回鹘汗国时期的可敦城）建立了大本营，这里原本是契丹在这一地区的军事和政治中心，得到了这里成军的支持。耶律大石西征中亚后，建立了新的政权——西辽帝国，传5帝88年。

1132年，耶律大石率部西迁至中亚，向西开拓新的领土。耶律大石称帝后，定都虎思斡耳朵，史称"西辽"，其管辖领地直到中亚锡尔河流域，附属国有东西喀剌汗王朝、高昌汗国等。

耶律大石西征线路，大致是耶律楚材去往和林的路线，即出居庸关，往大同、呼和浩特、和林（可敦城）一线。出征时率所部精骑200余人，"北行三日，过黑水（今蒙古爱毕哈河），见白达达详稳床古儿。床古儿献

---

① 《续资治通鉴长编》卷二七，中华书局2012年版，第604页。

马四百、驼二十、羊若干西至可敦城"①。踏上草原丝路北大道。可敦城，在耶律大石西征过程中是一个重要支撑点，起过重要作用。镇州可敦城，是辽统治漠北的最高军政机构西北路招讨司驻节地，这里还有数十万马匹，为耶律大石所得。此外，还在可敦城召集 7 州、18 部地方势力，号召大家灭金复辽，得到了诸部支持，包括人力、物力的补充，具备了一定的军事实力。为积蓄力量，耶律大石在可敦城经营了 5 年多，直到天会八年（1130），金兵万余人北攻时，耶律大石才离开可敦城，沿草原丝路西行，大致走的是耶律楚材随成吉思汗西征中亚的路径。

北庭都护府（今新疆吉木萨尔），是草原丝绸之路与绿洲丝绸之路的交汇之地，也是重要通道。耶律大石进驻北庭之前，即遣使致书西州回鹘王毕勒哥，希望借道，因为回鹘王夏都正好在北庭，是必须要经过的地方。回鹘王把耶律大石请入夏宫，不但宴请，还给送上马匹、驼、羊等，更为重要的是，表示愿意成为其附庸。回鹘王夏都在吉木萨尔，冬都在吐鲁番。故在北庭请耶律大石入夏宫宴请招待。

耶律大石西行，投奔的目的地就是大食。这里的大食，不是阿拉伯伊斯兰国，而是西域喀喇汗王朝②。《辽史·天祚皇帝四》记载，耶律大石假道于高昌回鹘国。耶律大石由蒙古高原可敦城前往高昌回鹘国，其行走的路线既由天山北麓的古道，至高昌回鹘国的夏都别失八里（唐朝为北庭都护府治所庭州城）。至叶密立（今新疆额敏县），筑城暂住。随着军事力量的增强，1132 年（一说 1131）二月，耶律大石在叶密立自立为皇帝，按照突厥人的习惯，称为"菊尔汗"，意为"大汗"。同时，也有汉地尊号"天祐皇帝"，年号"延庆"，突厥人则称为"哈喇契丹"，即"大契丹国"之意。汉文史籍称"西辽"。之后，离开叶密立至虎思八里的八剌撒浑。

喀喇汗王朝，又称黑汗王朝，为突厥语族部落在今新疆与中亚建立的汗朝，有东西汉国之别。东喀喇汗国一度内乱，统治者一时难以平定局面，邀请耶律大石入境平叛，康里人和哈剌鲁人骚乱被快速平定后，趁机

---

① 《辽史》卷三〇《天祚帝附耶律大石帝纪》，中华书局 1987 年版，第 355 页。
② 钱伯泉：《大食与辽朝的交往和耶律大石西征：辽朝与喀喇汗王朝关系史探微》，《社会科学战线》1995 年第 2 期。

占领其都城裴罗将军城（虎思斡耳朵）。1137年，耶律大石兵分两路，一路西征花剌子模，向西渡过叶密尔河、伊犁河、楚河，直取喀拉汗王朝都城八剌沙衮。一路东征喀什噶尔、和田、高昌回鹘，取喀拉汗王朝东部疏勒等地区，使之成为附庸。最后，在寻思干（今乌兹别克斯坦共和国撒马尔罕）击败塞尔柱王朝苏丹和西部喀拉汗的10万联军，取得了中亚河中地区的统治。这样，天山南北和广大中亚地区纳入西辽帝国版图。耶律大石利用喀拉汗王朝的基业自立为皇帝，创建了近90年的西辽帝国。1134年，耶律大石建都于虎思斡耳朵（八剌沙衮，今吉尔吉斯斯坦共和国楚河南岸托克马克境内布拉纳城），改年号为"康国"，雄踞丝绸之路西段中亚的交通要冲。康国元年（1135），率大军东征金朝，"行万余里，无所得，牛马多死，勒兵而还"。东征的目的没有达到。

（二）西辽帝国东西文化传播

"后辽兴大石，西域统龟兹。万里威声震，百年名教垂。"西辽帝国横跨西域、中亚，地域"幅员数万里"①，其统治策略松散，赋税征收低，属国只表示臣服关系。凭借丝绸之路向西的文化传播，西辽人把从中国传统文明中所吸取的优秀传统文化，传播到丝绸之路沿线及中亚地区。西域、中亚地区考古发现，出土的文物印证着汉文化对沿线的影响。西辽帝国的建立者耶律大石，进士出身，精通汉文化，有较高的文化修养。在帝国统治与管理方面，实行中央集权制，有利于社会安定和生产发展，赋税收取低于之前中亚地区伊斯兰法典的规定，"颇尚文教，西域至今思之"②。耶律楚材随成吉思汗西征中亚时，仍感知当地人怀念耶律大石治理中亚时期的功德。

文化传播的影响至为重要。耶律大石的麾下有不少汉族文化人和各类工匠，有条件传播中原汉文化。中亚河中府撒马尔罕城中，"大率从回纥人，田园不能自种，须附汉人及契丹、河西（西夏人）。长官亦以诸色人

---

① （蒙古）耶律楚材著，谢方点校：《湛然居士文集》，《怀古一百韵寄张敏之》，中华书局1982年版，第260页。
② （蒙古）耶律楚材著，谢方点校：《湛然居士文集》，《怀古一百韵寄张敏之》，中华书局1982年版，第260页。

为之，汉人工匠杂处城中"①。不仅是耕种农业，手工业同样有着特殊的影响力。伊犁河流域的土著原以瓶取水，后见到中原传入的汲器（辘轳、水车之类），"喜曰：桃花石诸事皆巧。桃花石，谓汉人也"②。包括造纸业、先进的铁器使用等，"吉尔吉斯斯坦出现的高度发展的汉文化的新浪潮，归功于哈拉契丹"③。他们对中亚文化产生了重要影响。"当元人未据西域之先，大石林牙已将汉族文明炫耀于中亚大陆。"④

1208年，乃蛮屈出律投奔西辽，直古鲁收容了屈出律，并以公主下嫁。1211年，乃蛮屈出律汗废西辽主直鲁古，夺取了西辽政权。西部喀喇汗国1212年亡于中亚花刺子模。1218年，西辽政权为蒙古所灭。

（三）出土文物彰显草原丝路文化

辽代政权存在的时间长，积淀的文化丰厚。就考古出土的与草原丝路相关的文物十分丰富。1992年7月，内蒙古赤峰市阿鲁科尔沁旗苏木朝克山辽东丹国左相耶律羽之墓虽被盗，但仍出土了数量较多的金银器。其中的金银器与肃南河西大长岭唐墓出土的器物有相似之处，肃南唐墓中出土的一件金罐与苏联考古学家发掘的阿尔泰和乌尔苏尔河沿岸的突厥大墓的库赖第4地点1号墓出土的形制接近，是8世纪中叶内迁河西的原突厥统治下的回鹘部众从漠北带来的物品。同时，辽代墓葬习俗受到阿尔泰地区古代丧葬的影响。⑤地下出土文物印证着草原丝绸之路上中西文化的融合与影响。辽朝对草原丝绸之路的影响是深远的。奇台县，位于新疆东北部，地当天山北麓、准噶尔盆地东南缘，是阿尔泰入天山北麓草原丝路的重要通道。"奇台"得名，由"契丹"之谐音转换而来⑥，当为西辽之重镇，可见西辽时期草原丝路之影响。

辽朝二百余年历史，着力经营草原丝绸之路。耶律大石建立西辽的过

---

① （元）李志常：《长春真人西游记》。
② （元）李志常：《长春真人西游记》。
③ 苏联时代出版的《吉尔吉斯地区史》。
④ 陈垣：《元西域人华化考》卷1，北京师范大学出版社1982年版，第2页。
⑤ 李永平：《甘肃省博物馆收藏的辽代鎏金银冠》，载郑炳林、樊锦诗、杨富学主编《丝绸之路民族古文字与文化学术》（下），三秦出版社2007年版，第597—598页。
⑥ 王炳华：《丝绸之路新疆段研究》，《丝绸之路》，江苏人民出版社2012年版，第242页。

程中，穿越了草原丝绸之路。由蒙古高原南下翻越天山，由天山北麓进入中亚，草原丝绸之路随之往前推进，西域、中亚贯通，将天山北麓草原丝绸之路与绿洲丝绸之路衔接起来。耶律大石率部沿草原丝绸之路西迁至中亚地区，征服了高昌回鹘、喀喇汗王朝，建立西辽政权。西辽政权在保持正统的游牧民族文化的同时，还将东方的儒家思想、语言文字、典章制度及生产方式等带到中亚地区。西辽近90年的发展经历，成为草原丝绸之路经济文化发展的重要时期。从这个意义上说，耶律大石是有功绩的。

七河流域的白水城、塔拉兹和梅尔克

Mellat Dilnar

(哈萨克斯坦阿布莱汗国际关系与外国语大学)

中亚的七河地区亦称谢米列奇耶地区（Семиреченскаяобласть），即突厥语 jiti-Su（杰特苏），亦即"七河"之意，指横亘于伊塞克湖和巴尔喀什湖之间的草原及以西的区域①，具体是指巴尔喀什湖以南，以伊塞克湖及楚河为中心的周边地区，大致包括了今天哈萨克斯坦境内的阿拉木图州、江布尔州及吉尔吉斯斯坦北部。

图1 楚河—塔拉斯河流域的古城②

---

① ［俄］巴透尔德：《七河史》，赵俪生译，中国国际广播出版社2013年版，第7页。
② Каза Кстан аума Гында Гы «Ұлы Жібек жолы», https://ikaz.info/aza-stan-auma-ynda-y-ly-zhibek-zholy/.

七河流域的丝绸之路路线穿白水城、塔拉兹、库兰城、梅尔克城，同时辐射到流域范围内的各个古城。

一 白水城

（一）有关白水城的中文记载

白水城（Isfijab，伊斯比加布）是中世纪哈萨克斯坦南部最大的城市，也是当时农业区的首府。白水城在《西域地名》中记载为"Isfijab"，阿拉伯语，意思为"白水城"[1]，又称塞兰（Sairam），在今哈萨克斯坦南部奇姆肯特市以东十三英里的地方[2]。这座城市早在7世纪初就已在书面资料中有所记载，成为东西方往来的交通要道。中国的朝圣者玄奘大师称伊斯比加布为"白水城"。在他所著的《大唐西域记》卷一中记载："从此（呾逻私城南之小孤城）西南行二百余里，至白水城，城周六七里。土地所产，风气所宜，逾胜呾逻私。"[3]《新唐书·西域传·龟兹》中记载："（呾逻私城）西南赢二百里至白水城，原隰膏腴。"[4]《大唐大慈恩寺三藏法师传》卷二也有关于"白水城"的记载："自屏聿西百五十里至呾逻私城。又西南二百里，至白水城。"[5]

刘郁《西使记》中将白水城记载为"萨兰"："三月一日，过萨兰城，有浮图，诸回纥礼拜之所。"[6]《长春真人西游记》中记载为"塞蓝"："又渡石桥，并西南山行，五程至塞蓝城，有小塔，回纥王来迎入馆。"[7] 这里所记载的"小塔"就是当今塞兰市中心白水城遗址旁边喀喇汗王朝的小麻扎（伊斯兰圣徒的古陵墓）[8]。《明史·西域传》记载为"赛蓝"："赛蓝，

---

[1] 冯承钧原编，陆峻岭增订：《西域地名》，中华书局1980年版，第36页。
[2] 冯承钧原编，陆峻岭增订：《西域地名》，中华书局1980年版，第81页。
[3] （唐）玄奘、辩机著，季羡林等校注：《大唐西域记校注》，中华书局2000年版，第79页。
[4] （宋）欧阳修、宋祁：《新唐书》卷二十，中华书局1975年版，第6233页。
[5] （唐）慧立、彦悰：《大唐大慈恩寺三藏法师传》，中华书局2000年版，第29页。
[6] （元）刘郁：《西使记》，载杨建新主编《古西行记选注》，宁夏人民出版社1987年版，第239页。
[7] （元）李志常：《长春真人西游记》，载杨建新主编《古西行记选注》，宁夏人民出版社1987年版，第204页。
[8] 林梅村：《通往恭御城之路——兼论中亚历史上的讹答剌城》，《江海学刊》2016年第1期。

在达失干之东，西去撒马儿罕千余里。有城郭，周二三里。四面平旷，居人繁庶。五谷茂殖，亦饶果木。夏秋间，草中生黑小蜘蛛。人被螫，遍体痛不可耐，必以薄荷枝扫痛处，又用羊肝擦之，诵经一昼夜，痛方止，体肤尽蜕。六畜被伤者多死。凡止宿，必择近水地避之。元太祖时，都元帅薛塔剌海从征赛蓝诸国，以炮立功，即此地也。陈诚、李贵之使，与诸同。"①《西域番国志》中的注释详细记载了萨兰的地理位置："塞蓝，一作赛蓝，又做赛兰，为 Sairam 之音译，其方位多数学者认为在塔什干之东，据地圆测之，实在塔什干之东北。"②

（二）有关白水城的外文记载

波斯历史学家拉施特（Rashid Eddin, 1247—1318）认为白水城在古时称作"Qari sirm, 是一座古老而且非常大的城市。见过这座城市的人们说，它从头到尾需走一天的路程，城中有四十座大门。现在那里住着突厥伊斯兰教徒"③。

在麻赫默德·喀什噶里（Mahmud ibn Hussayn ibn Muhammad al-Kashgari）撰写的《突厥语大辞典》中的圆形地图中准确地标注了"白水城"的位置。中外学者一致认为。这幅圆形地图是中世纪历史地理学的伟大成就之一。④

古典阿拉伯地理学的鼻祖伊本·胡尔达兹比赫（Ibn Khurdādhbih，卒于公元912年）在他撰写的《道里邦国志》中记载"白水城"为"Isbijab"，"从石国至银矿为7法尔萨赫⑤，即伊拉格和比良坎克两地。再从银矿至铁门为2密勒（Mil），再至库巴勒为2法尔萨赫，再至鹤尔凯尔德（Gharkard）为6法尔萨赫，再至荒野白水城（Isbijab）为4法尔萨赫。从石国至白水城为13法尔萨赫，从白水城至塔拉兹为26法尔萨赫"⑥。

---

① （清）张廷玉等：《明史》卷二八，中华书局2011年版，第8603页。
② （明）陈诚著，周连宽校注：《西域行程记西域番国志》，中华书局2000年重印版，第94页，注译 [1]。
③ [波斯] 拉施特主编：《史集》第一卷第一分册，商务印书馆1983年版，第132页。
④ [喀拉汗] 麻赫穆德·喀什噶里：《突厥语大辞典》第一卷，校仲彝译，民族出版社2001年版，第5页。
⑤ 1法尔萨赫约等于6.24千米。
⑥ [阿拉伯] 伊本·胡尔达兹比赫著，宋岘译注：《道里邦国志》，华文出版社2017年版，第27—28页。

10世纪阿拉伯地理学家、旅行家、探险家、地图绘制师伊本·豪卡尔（Mohammed Abul Kassem ibn-Hauqal）记载过白水城："白水城是一座相当于宾凯塔（Бинкета）三分之一大的城市。"① 白水城由城市、堡垒和城郊组成。虽然堡垒被摧毁，但在城市和市郊中还有人在居住生活。城市的外围有护城墙围绕，城郊也有一堵圆形的墙围绕着。那里有花园和水源，城墙是用粘土在平原上建造的，城墙距最近的山脉大约有三法尔萨赫远。该城有四个城门，分别为：努贾克特（Нуджакет）门、法罕（Фархан）门、萨瓦克拉斯（Савакрас）门以及布哈拉（Бухара）门。城市和市郊都有集市、房屋、监狱、大教堂、清真寺。这是一个人口众多，地域辽阔的城市。②

10世纪的旅行作家和地理学家阿里·伊斯塔赫里（Abu Ishaq Ibrahim ibn Muhammad al-Farisi al-Istakhri）在自己的著作中也记载了白水城："白水城是一座面积相当于Tunket的三分之一的城市。它有堡垒和城郊地区构成，尽管堡垒被摧毁，但城内和市郊得到了良好的维护，城市外围约有一法尔萨赫的距离。市内有流淌的水源、花园等……从市内到山脚约三法尔萨赫的距离。城市有四个城门，分别是努贾克特（Нуджекет）门、法罕（Фархад）门、萨瓦克拉斯（Саракираса）门和布哈拉（Бухара）门。城市和市郊都有集市，清真寺、宫殿、监狱都在城市中。在呼罗珊和河中地区没有一座城市像白水城一样，可以不用纳税［哈拉吉（Kharāj）是根据伊斯兰教开发的农业用地及其产品的一种个人伊斯兰土地税］。"③ 他的记载与伊本·豪卡尔的相似。

10世纪末期的波斯文地理志中《世界境域志》也提到了白水城："白水城，是穆斯林和非穆斯林交界的一个地区，是突厥斯坦边境上一个广阔而美丽的地方。在突厥斯坦各地出产的所有东西都会运往这里。该地区有诸多城镇、州及区域，出产毛毡和羊。重点城市名叫白水城，它是一座巨大且受人爱戴的城市，也是当时政府所在地。该地富甲一方，聚集了大批来自全世界各地的商人。"④ 由此可见，当时的白水城是何等繁华与宏伟。

---

① 当今乌兹别克斯坦首都塔什干。
② Сайт：Восточная литература Абу-Л-Касым Ибн Хаукаль《Книга путей и стран》.
③ Сайт：Восточная литература ал-Истахри《Книга путей и государств》, перевод извлечений из персидской ［Китаб］ Масалик ал-Мамалик Истрахри.
④ 佚名著，王治来译注：《世界境域志》，上海古籍出版社2010年版，第115—116页。

(三) 白水城的兴衰

白水城在当时不仅是最大的政治中心，也是边境贸易点。城里有许多商贸建筑和商队篷车。这里有纳什布（Нахшеба）①、布哈拉、撒马尔罕商人。诸多商品从白水城运往其他地区，如：白布、武器、剑、铜和铁。这座城市以"奴隶交易"闻名东方世界，而这些奴隶都是在战争和突袭时所获得的俘虏。

锡尔河（Сырдария）流域的法拉布（Фараб）、沙夫加尔（Шавгар）、萨乌兰（Сауран）和沙吉尔詹（Шагилджан）；卡拉套（Каратау）北部斜坡上的巴拉吉（Баладж）；塔拉斯（Талас）河流域的塔拉兹（Тараз）、苏斯（Сус）、吉基尔（Джикиль）、阿特拉赫（Атлах）和加木卡特（Джамукат）；楚（Чу）河流域的库兰（Кулан）、梅尔克（Мирки）、得鹤·努吉克斯（ДехНуджикес）、巴拉萨衮（Баласагун）和许多其他地方的城镇和村庄都归白水城区域。因此伊斯比加布（Испиджаб）被视为10—12世纪南哈萨克斯坦和七河流域的主要城市。②

白水城及其周边地区和城镇是人口较为密集的地区之一，考古学家们推测，这座城市及其周边地区在11—12世纪一共约有4万人居住，以突厥人为主。③这一点在中世纪作家的作品中也得到了印证。麻赫穆德·喀什噶里在《突厥语大辞典》中，记载了6—8世纪期间移居这里的粟特人，在11世纪与突厥人同化："巴拉沙贡巴拉萨贡使用粟特与突厥语。怛罗斯、巴伊扎城的居民亦如此。白水城至巴拉萨贡之间，所有阿尔古诸城镇居民的语言互不相通。"④

白水城的人口增长持续到12世纪中旬，随后当地的突厥民族、喀喇契丹人、乃蛮人和花剌子模人之间产生了内战。起初是花剌子模人和喀喇

---

① 今乌兹别克斯坦卡尔希（Qarshi）。
② Байпаков К. Великий шелковый путь (на территории Казахстана). Алматы: «Адамдар», 2007, стр. 39.
③ Байпаков К. Великий шелковый путь (на территории Казахстана). Алматы: «Адамдар», 2007, стр. 39.
④ ［喀拉汗］麻赫穆德·喀什噶里：《突厥语大词典》第一卷，校仲彝译，民族出版社2001年版，第33页。

契丹人的斗争。随后，乃蛮人也加入了与花剌子模人的斗争中。战乱直接导致花剌子模穆罕默德下令摧毁了哈萨克斯坦南部的七河流域，以防那里的城市落入敌人之手。

中世纪著名阿拉伯地理学家、文学史家雅古特（Yāqūt bin-'Abdullah al-Ḥamawī）在他的著作《地名词典》（Mu'jam al-Buldan）中记录了白水城、塔拉兹、萨乌兰、乌斯巴尼基特和法拉比各地在战争中是被怎样攻击的。"这里的沧桑命运始于花剌子模的穆罕默德（Muhammad ibn Tekesh），他控制了河中地区，摧毁了喀喇汗王朝。喀喇汗王朝有好几座驻守国家边境的城市。当这些城市被战争所摧毁时，穆罕默德便无法再继续守护这片广袤区域了，于是他亲自摧毁了大部分边境哨所，并让他自己的部队进行了掠夺。居民们四散而逃，无家可归。而城市里到处都是空空如也的花园和房屋，目之所及，满目疮痍。随后而来的是前史未有的灾难（1218—1220）——蒙古帝国西征，入侵中亚。他们销毁了那里剩下的一切，那些美丽的花园和曾经辉煌的城堡无一幸存，尽数被毁，留下的只有残垣断壁和人类曾经生活过的痕迹。"[1]

可以推测，尽管在蒙古入侵前夕，这座城市已经被摧毁，但白水城仍在继续抵抗和生存。根据一些历史文献记录，蒙古人进攻白水城的堡垒时使用了弹射器。相较于其他城市而言，这座城市所遭受的破坏并没有那么严重。1221年，途径白水城的丘处机认为，这座城市状况良好，他还同他的学生在这里留宿了几天。在回乡途中，于1223年，丘处机再次经过白水城，并称这座城市为"大城市"，《长春真人西游记》中记载"三日至赛蓝大城之东南，山有蛇，两头，长二尺许，土人往往见之"[2]。

中世纪晚期，白水城仍然是自中亚到北部，哈萨克斯坦中部以及从东部到东察合台汗国路线的交界，不仅控制了贸易道路，还控制了中亚所有通往南哈萨克斯坦的主要通道。1681—1683年，准格尔入侵塞兰。1684年，这座城市被他们掠夺并摧毁，但很快就又被重建。后来，哈萨克人占

---

[1] Байпаков К. Великий шелковый путь（на территории Казахстана）. Алматы: "Адамдар", 2007, стр. 39.

[2] （元）李志常：《长春真人西游记》，载杨建新主编《古西行记选注》，宁夏人民出版社1987年版，第223页。

领了这座城市，白水城成了他们的堡垒，城市得以再次加固。①

（四）白水城遗址

白水古城的遗址被保存在塞兰市的中心，被称为"卡拉"，是一个高 6.5—11 米，南北长 500 米，东西长 550 米的矩形小山丘。其外围有一个城墙（前要塞残垣），四周遍布沼泽、沟壑式"护城河"。19 世纪末 20 世纪初，一些地方保留了带有圆形城垛的围墙残留，城堡位于东角。"卡拉"保留了典型的中世纪城市特有格局。该城有四个城门，彼此相对，通过主要街道相连。这座城市的地形是在中世纪晚期形成的，还保留了早期的痕迹。

古代和中世纪的白水城位于现代建筑之下，这使得考古研究变得更加困难。然而，无论是在城市内部还是在城市外围，都发现了可追溯到公元 1 世纪的古物。

苏联考古学家米哈伊尔·马松（Михаил Евгеньевич Массон）记录并描述了白水城。他确定了白水城的第二面墙建造于 9 世纪，其目的是保护庄稼和葡萄园免受游牧民族的侵扰。他还记录了城市郊区的直径大约为 18 千米。②

这里最大的古迹是乌鲁格墓（Улугтобе）和玛尔墓（Мартобе），以及许多位于白水城高处的古墓。在塞兰河谷和巴达玛（Бадама）河谷，一共有几十个定居点和城市，都属于伊斯比加布绿洲。

在现今塞兰市中心以东 5 千米处的玛尔墓（Мартобе）已经开始了挖掘工作。这座城市遭到了严重破坏，现在是一个面积为 20×30 米的中央小山丘，最高处可达 10 米，还保留了一个平面小山丘形状的相邻区域，长 60 米，宽 25 米，高 4 米。

地层学家认为，中央山丘的剖面良好。其中的出土物，特别是陶瓷，属于奥特拉—卡拉套文化的第一阶段和第二阶段，使玛尔墓（Мартобе）的历史可以追溯到公元 1 世纪上半期，初判就是在这一时期，绿洲就开始

---

① Бартольд В. В. Туркестан в эпоху монгольского нашествияю. Соч. т. 1. М. Л., 1963, стр. 232 – 233.

② Байпавков К. М. Средневековые города Казахстана. Алматы «Өнер», 2006, стр. 31.

了城市化。①

白水城与其周边的出土物，如：刻有库法体文字的柱子、突厥和喀喇汗王朝中世纪后期的硬币、10—12世纪以及13—18世纪极富艺术感的釉面陶瓷和玻璃、青铜器等，都证实了白水城的丰富物质文化。奇姆肯特博物馆收藏的从白水城遗址出土的伊斯兰艺术风格的石建筑构件中依稀可见白水城建筑昔日的辉煌。

二 塔拉兹

塔拉兹（Тараз，Taraz）是近二十年起的地名，在1936年前，称作奥利埃—阿塔（Ә улие-Ата）；1938年后，被称作米尔卓扬；在1997年前又被称作江布尔（Zhambyl），而现在是哈萨克斯坦江布尔州首府。其故址在现今塔拉兹市以西18千米的塔拉斯河畔。塔拉兹在中文文献中又称怛逻斯城，在《大唐西域记》称作"呾逻私城"，阿拉伯人称之为Talas，突厥人称作Taraz。

（一）有关塔拉兹的文献记载

塔拉兹是丝绸之路上商人在塔拉斯河流域见到的第一大城市，也是哈萨克斯坦历史悠久的城市之一，这座城市在6世纪就已经出现在书面记载的文献中了。

568年，为建立反对波斯军事联盟并解决丝绸贸易问题，拜占庭皇帝查士丁尼二世派遣外交大使蔡马库斯回访西厥，突厥室点密可汗曾在这里接见了他。据拜占庭史学家弥南德（Menander）在《希腊史残卷》中的记载："驱魔仪式完毕，使团随奉命前来迎接的人员前往可汗的住处。可汗居于一座名为艾克塔（Ektag）的山上，希腊语意为'金山'。蔡马库斯一行发现，室点密可汗当时的庭帐坐落在'金山'河谷中。"②《希腊史残卷》又载"蔡马库斯一行在突厥驻留时，室点密可汗决定让蔡马库斯率二

---

① Байпаков К. Великий шелковый путь（на территории Казахстана）. Алматы: «Адамдар», 2007, стр. 41.

② ［希］弥南德：《希腊史残卷》，见［英］H. 裕尔撰，［法］H. 考迪埃修订《东域纪程录丛》，张绪山译，云南人民出版社2002年版，第175页。

十人随他出征波斯……室点密率军队向前进发,宿营于怛逻斯,逢波斯使者前来求见,室点密邀波斯使者并蔡马库斯同进宴席。宴席之上,室点密对罗马使者礼遇有加,使其坐于上位;历数波斯人的过错及对自己的伤害,因此对波斯兴师问罪"①。西方相关研究的史料中,弥南德的《希腊史残卷》是最早提到怛逻斯的。

玄奘在贞观三年(629)沿沙漠之路西行印度取经,途经七河流域碎叶、怛逻斯等城镇。《大唐西域记》记载:"千泉西行百四五十里,至呾逻私城,城周八九里,诸国商胡杂居也。土宜气序,大同素叶。"② 玄奘对塔拉兹的记录应该是文献中对这座城市最早的记载。其后杜环在《经行记》记载了塔拉兹城:"敦达岭北行千余里,至碎叶川。其川东头有热海,又有碎叶城。其川西接石国。川中有异姓部落。有异姓突厥。其川西头,有城名怛逻斯。石国大镇。即天宝十年(751)高仙芝军败之地。"③ 这里记载的高仙芝军败之地指的就是众所周知的怛逻斯之战。10 世纪末阿拉伯作家穆塔海尔·麦克迪西(al-Mutahharal-Maqdisi)在《肇始与历史》也记载了怛逻斯之战,与中文史料记载相似:"艾布·阿拔斯掌权 3 年后(应是 751 年),布哈拉爆发起义,为首的是舒莱克·本·谢赫·菲赫利。他率 3 万名阿拉伯人和其他人对艾布·穆斯林展开报复行动,反抗他的血腥手段和滥杀无辜的行为。艾布·穆斯林前去镇压,派齐亚德·本·萨利赫和艾布·达乌德·哈立德·本·伊卜拉欣·祖赫利为先锋。双方交锋,舒莱克被杀。他再次征服布哈拉和粟特,并下令构筑撒马尔罕墙,以期在敌人进攻时成为一道防御屏障。他派齐亚德继续挺进,后者征服了河外地区的城镇乡村,一直打到怛逻斯和伊特莱赫(Itlakh)。于是中国人出动了,发兵 10 万余人。赛义德·本·侯梅德在怛逻斯城加固城防,艾布·穆斯林则在撒马尔罕的军营中镇守。大批将领和招募来的兵士聚集在赛义德那里。他们分几次将他们(中国人)各个击败,共杀死四万五千人,俘获两万五千人,其余纷纷败逃。穆斯林们占领了他们的军事要地,进军布哈拉,降服

---

① [希]弥南德:《希腊史残卷》,见[英]H. 裕尔撰,[法]H. 考迪埃修订《东域纪程录丛》,张绪山译,云南人民出版社 2002 年版,第 176 页。
② 季羡林等:《大唐西域记校注》,中华书局 1985 年版,第 77 页。
③ (唐)杜环:《经行记》,载《往五天竺国传笺释 经行记笺注》合本,中华书局 2000 年版,第 41—43 页。

河外地区的国王和首领们,将他们斩首,并掳走他们的子孙,抢去他们的全部财产。他们不止一次将俘虏五万人五万人地渡过河去。"① 但根据塔拉斯河流域的出土文物以及我国考古学家们收集的资料分析,我国科学院考古研究所认为,双方的交战地点是"阿特拉赫"市,因此,"怛逻斯之战"在我国也称之为"阿特拉赫之战"。

在 7 世纪塔拉兹已经成为一座巨大的城市,在丝绸之路上发挥着重要的作用。也是从这时起,塔拉兹开始广为人知。关于这座城市的信息在路线图、古代编年史和地理作文中常有记载。751 年怛逻斯战役后,塔拉兹和七河流域西南部的部分地区被阿拉伯人征服,但在 766 年,塔拉兹又成为葛逻禄领地的一部分。其后萨曼王朝统治时期,其首都是布哈拉,伊斯玛仪·本·艾哈迈德(ИсмаилибнАхмад)掌权,他在位的第二年(893 年)进攻喀喇汗国,在塔拉兹发动了一场战争。最终于 893 年攻下塔拉兹城,这里的人们从此皈依了伊斯兰教。这在许多历史著作中都有记载。如伊本·阿西尔(Ibn Athir)的《全史》、阿勒玛伊·喀什噶尔的《喀什噶尔》及萨姆阿尼的《世系书》(Kitab Ansab)、穆哈默德·纳尔沙赫的《布哈拉史》等书均有记载。《布哈拉史》中记载:"塔拉兹的首长带着许多迪赫坎(dehqân 是萨珊王朝和伊斯兰早期时期的一类拥有土地的权贵)接受了阿拉伯人的宗教。塔拉兹的大教堂被改成大清真寺,并在做礼拜时为哈里发穆阿台迪德祈祷。伊斯玛仪带着丰富的战利品返回了布哈拉。"②

10 世纪的地理学家马克迪西(Макдиси)写道:"塔拉兹是一座大城市,拥有许多花园,人口稠密,有护城河,四个大门和有居民居住的市郊地区。在城市的大门前有一条大河,城市的部分区域在这条河之后,河上有桥通往城市。市场的中心有一座大清真寺。"③

10 世纪末至 11 世纪,喀喇汗王朝统治了包括七河流域、哈萨克斯坦南部和中亚大部分领土,长期有效的控制着东起和田—库车、西至布哈拉、北自巴尔喀什湖、南抵兴都库什山脉范围内所有的中亚重要的城市。

---

① 葛铁鹰:《阿拉伯古籍中的中国(十四)》,《阿拉伯世界》2005 年第 1 期。

② Мухаммад Наршахи «История Бухары», перевель с персидского Н. Лыкошинъ, Ташкент,1897,стр. 108。

③ Бартольд В. В. Отчет о поездке в Среднюю Азию с научной целью 1893 – 1894 гг. // Записки императорской академии наук. С. -Петербург,1897,г стр. 15。

塔拉兹成了副汗博格拉（公驼）喀喇可汗驻扎的城市。在 13 世纪初，蒙古入侵前夕，在七河流域和中亚地区，喀喇契丹、乃蛮人、花剌子模穆罕默德的争夺中亚地区控制权斗争中，塔拉兹沦落到各种人士手中。1212 年花剌子模穆罕默德下令摧毁这座城市以及七河流域和哈萨克斯坦南部的其他中心城市。13 世纪下半叶至 14 世纪初期，政治上开始出现不稳定。七河流域，包括塔拉斯流域在不断的争斗中使城市和村庄被摧毁。在 14 世纪中旬，这里许多城市已经被摧毁，再无生活气息。

（二）塔拉兹遗址

古塔拉兹的遗址已完全被摧毁重建，仅根据 19 世纪 30 年代初期的资料可以想象得到该古城遗址当初的样子。

城市的北墙长度根据研究为 370 米，西墙长度为 160 米。而通过南墙，可俯视 200 米的剩余古城遗迹。城市的北墙与城堡衔接。城堡类似长方形的小山丘，北部边长是 175 米，西部边长是 117 米，东部边长是 115 米，南部边长是 125 米。城郊的遗迹位于城市的西部和东部，但它们的规模尚未确定。[①]

塔拉兹古城遗迹的挖掘工作于 1938 年由伯尔尼施坦（A. N. Bernshtanom）教授领导的七河地区考古堪查队开始。在 20 世纪 60 年代，考古学家阿格伊娃·叶·伊（E. I. Ageeva），赛尼古瓦·特·恩（T. N. Senigova），密尔谢夫·姆·斯（M. C. Mershiev）等人在这里工作过。

考古队在城市遗迹及城堡周围展开挖掘，勘测地层，为进一步开启城市之谜打下了基础。在发掘城堡和城市的西南部时发现了公元前几个世纪的地层。它的厚度为 0.5 米。它由灰层、土培砖碎片组成。第 4—6 世纪的地层，厚度为 1.5 厘米，同时发现了原始规模为 50×29.5×9.5 厘米的矩形砖块的残余部分。建筑物的墙壁保存至 1 米的高度，其厚度为 1—1.5 米。在该地层中挖掘收集了特殊陶瓷的物件，如：完好保存着的薄壁碗，外面覆盖一层白色，并带有粉红色的釉底料，有壶嘴的陶罐，火盆等等。在城堡的挖掘工作中，6—8 世纪的分层出现了两个敞开的房间和一个走廊，它们是用泥砖建造的。这层的陶瓷的物件与其他不同，拥有特殊的装

---

① Shakhristan excavations in Taraz. https：//silkadv.com/.

饰。在这里，发现了梨形水壶和红色杯子，形状类似于金属容器，带有雕刻饰品的盖子。在地层中发现了有叙利亚铭文用粘土铸造的头部模具。8—10世纪的地层展示了这个时期城市的生活。同时挖掘到了这个时期完好的突厥硬币。残余的烧砖地板（22×22×5厘米）和鹅卵石展示了建筑技术的变化。陶瓷分为两组：非抛光陶瓷和抛光陶瓷。红色的杯子、带有雕刻的水壶和带装饰的盖子被分为非抛光陶瓷。抛光陶瓷上覆盖着透明的白色，绿色和棕色釉料。陶瓷上的装饰由各种花卉图案和民族特色图案组成，还有阿拉伯字母。第10—12世纪的地层发掘了喀喇汗王朝的硬币。同时在这里发现了金属制品：铁刀碎片、青铜制品碎片；玻璃珠和彩色宝石碎片、玻璃器皿。最常见的玻璃制品有：餐具、碗、灯具。玻璃制品是透明和白色的。图画以棕色、绿色和红色油漆为主，有时还与雕刻相结合。装饰有植物状、几何状、动物形状的。非抛光的陶瓷有小孔的水缸，杯子，水壶等等。①

在塔拉兹不同地区的挖掘中发现了该城市不同时期的建筑物。在城市的东部挖掘出一个澡堂。塔拉兹澡堂的布局和施工技术的性质、加热系统的设置、壁画的装饰和着色、在挖掘过程中发现的陶瓷和硬币，所有这些证明了11—12世纪城市的鼎盛时期已出现了洗浴澡堂。塔拉兹澡堂类似于卡斯尔—阿勒海尔阿勒—噶尔比（Каср-алХайрал-Гарби）（约旦）中东城堡的中东澡堂。在挖掘过程中发现了建造澡堂时和城市的残余物。首先是自来水管道，管道被放在石头、鹅卵石或粘土制作的类似"枕头"的台子上。管子的顶部被平整的石头覆盖着。长度为0.25—0.8米，直径为0.21—0.22米。管子的一端为锥形孔，而另一窄端则插入其中。水是从塔拉斯而来的，可能是在大坝的帮助下，水被送入水渠，水渠的高度比城市供水的地平线高。因此，水通过重力从水渠流经陶器管道并流入城市的所有点。供水系统在13世纪停止运作。②

在塔拉兹西部的挖掘工作中发现了一个商队遗迹。现在这里是托特库尔（Торткуль），位于现代城市西部的边缘。这里现在有一个80×80厘米

---

① Shakhristan excavations in Taraz. https://silkadv.com/.
② Бернштам А. Н Баня древнего Тараза и ее датировка // ТОВГЭ. -М. 1940. Т. 2. -стр. 42–48.

的四边形的纪念碑,① 四周墙壁高 1.5—2 米,宽 6 米,它的西南墙完全被摧毁。这座城市被挖掘出来的只是所有建筑的一部分,其特点是将内部房间与防御墙建造在一起。第一个房间是 4×3.4 米的规格,这个房间东北方向的墙面也兼顾着防御墙的功效。东南墙的中间有炉灶。炉灶类似马蹄状,直径为 0.25 米。东南墙左边有两个高于地面的厨壁。第二个空间是 4×0.9 米的走廊,从北角通向南边。走廊宽 0.5 米,它和上方所说的第一个房间是相连的。东南角有一个 0.63 米的出口。这里的出土物较少。在底层发掘到陶瓷碎片和动物的骨头。与防御墙相连的其他房屋的布局相同。这里发掘出来的陶瓷挖掘品可以用来确定商队的存在时间为 11—13 世纪初期。②

三 梅尔克

梅尔克是楚河流域继库兰之后的另一座中世纪大城市,是一座至今保留着中世纪名称的城市,它坐落在江布尔地区,梅尔克区,梅尔克村以西的北阿拉木图—塔拉兹高速公路上。

最早记载梅尔克的应该是玄奘,记载为"千泉"。但是关于"千泉"的地理位置一直颇有争议,有学者认为千泉是伊本·胡尔达兹比赫记载的 Abarjaj,是错误的。伊本·胡尔达兹比赫记载 Abarjaj 与塔拉兹有 14 法尔萨赫的距离,在伊斯比加布与塔拉兹之间。③ 而玄奘记载"千泉西行百四五十里至呾逻私城"④。玄奘所记千泉则在塔拉兹东边,在吉尔吉斯斯坦托克马克市与塔拉兹之间。日本学者松田寿男认为,千泉在今哈萨克斯坦的梅尔克。⑤ 哈萨克斯坦历史学家 Nurzhanov A. 与俄罗斯地理学家 Kuzencova O. 在他们关于梅尔克的著作中也认为玄奘所提到的千泉在现今哈萨克斯

---

① С. Алипчеев, К. Байбосынов. Свод памятников истории и культуры Джамбулской области, г Джамбул Облтипография, 1982, стр. 171.

② Байпаков К. М. Городище Торткуль. Свод памятников истории и культуры Республики Казахстан. Жамбылская область, Алматы, 2002, стр. 71.

③ [阿] 伊本·胡尔达兹比赫著,宋岘译注:《道里邦国志》,华文出版社 2017 年版,第 28 页。

④ 季羡林等:《大唐西域记校注》,中华书局 1985 年版,第 77 页。

⑤ [日] 松田寿男著,陈俊谋译:《古代天山历史地理学研究》,中央民族学院出版社 1985 年版,第 344 页。

坦南部江布尔州梅尔克地区的山区中，与此同时他们提到吉尔吉斯斯坦阿拉套山脉南部和北部山坡上也有叫千泉的地方①。俄罗斯东方学者巴托尔德认为："伊本·胡尔达兹比赫记载的 Abarjaj 与玄奘所记载的'千泉'不是一地，玄奘所记载的千泉应在塔拉兹以东某地。"笔者认同巴托尔德的观点，玄奘所记载的千泉应在塔拉兹以东某地，即现今梅尔克一带。而玄奘所记载的千泉："千泉者，地方二百余里，南面雪山，三陲平陆。水土沃润，林树扶疏，暮春之月，杂花若绮，泉池千所，故以名焉。突厥可汗每来避暑。中有群鹿，多饰铃镮，驯狎于人，不甚惊走。可汗爱赏，下命群属：'敢加杀害，有诛无赦。'此群鹿得终其寿"②，这里南有雪山，三面陆地的地形与现在的梅尔克地区相对应。除此之外，《大慈恩寺三藏法师传》中记载为屏聿，"自此西行四百余里，至屏聿，此曰千泉，地方数百里，既多池沼，又丰奇木，森沈凉润，即可汗避暑之处也"③。

伊本·胡尔达兹比赫记载的白尔钦（Barkin）才对应于玄奘所记载的千泉，并非 Abarjaj："库亮（库兰城 Кулан）是个富庶的村庄。再至白尔钦（Barkin）为 4 法尔萨赫，白尔钦是个大村庄。"④ 古达玛的记载与伊本·胡尔达兹比赫相同，他将梅尔克记载为"富裕的白尔钦"⑤。可见当时梅尔克是楚河流域的一个大而富裕的城市。10 世纪末波斯文地理志《世界境域志》提到了梅尔克，"美尔克（Mirki），是葛逻禄人居住的一个村子，商人们也到这里来。在这两个村庄（俱兰语与美尔克）之间有三个葛逻禄部落，名叫 Bistan、Khaym 和 B. Rish"⑥。中世纪的地理学家马克迪西（ал-Макдиси）对城市进行了更为准确的描述："梅尔克是一座中等规模的设防城市，内有堡垒。"⑦

梅尔克中心的废墟地方是一座长方形的小山，从东向西延伸。北边

---

① Кузнецова О. В., Нуржанов А. А. Средневековыйгород Мерке (Мирки): Альбом.- Алматы, 2009, стр. 19.
② 季羡林等：《大唐西域记校注》，第 76 页。
③ （唐）慧立、彦悰：《大唐大慈恩寺三藏法师传》，中华书局 2000 年版，第 29 页。
④ ［阿］伊本·胡尔达兹比赫著，宋岘译注：《道里邦国志》，第 28 页。
⑤ ［阿］伊本·胡尔达兹比赫著，宋岘译注：《道里邦国志》，第 187 页。
⑥ 佚名著，王治来译注：《世界境域志》，上海古籍出版社 2010 年版，第 77 页。
⑦ Волин С. Л. Сведения арабских источников 9 – 16 вв. о долине реки Талас и смежных районах. Новые материалы по древней и средневековой истории //ТИИАЭ. 1960, Т. 8. стр. 76.

380米，东边275米，西边250米。在城市的西南部，可以看到内部堡垒的遗迹。它与市中心之间由高1.5—2米的坚固围墙隔开，现在被草覆盖。城墙的拐角处用圆形塔加固，在中心的入口处，从西南角开始又建了两座塔。内部堡垒是110×75米的矩形正方形。在其表面上有各种类型和大小各种结构的土堆。在挖掘过程中，发现了许多矿坑、废金属刀、青铜、玻璃、石材、首饰和农业设备。根据考古资料的揭示，该城市在7—12世纪曾有人居住。[1]

结　语

丝绸之路这条起始于古代中国，连接中亚、非洲和欧洲的古代商业贸易、文化交流路线，连接着古代东西方文明，而哈萨克斯坦恰到好处的地理位置，正处于这条国际大通道的核心，成为人类诸多文明的交汇处，造就了哈萨克斯坦多样性的文化景观。生活在哈萨克斯坦的游牧民族作为文化交流的开拓者，主要以游牧为传播途径，经济贸易为传播手段，不断加强着与中国、希腊和波斯之间的联系。哈萨克斯坦不仅是古丝路的中心纽带，如今，还致力于复苏这一古老的东西方政治、经济、文化、技术交流的通道，因此，研究哈萨克斯坦丝绸之路路线和城镇，也可以为"丝绸之路经济带"的实现提供历史借鉴，在很大程度上推动中国的"一带一路"建设。作为哈萨克斯坦学者，笔者发挥自身语言优势，使用了苏联、俄罗斯、哈萨克斯坦学者在白水城、塔拉兹、梅尔克遗址进行的考古研究资料，深化了中国学者在中亚段丝路路线的研究。同时笔者又参考了大量中国史料，以及汉译版阿拉伯、突厥、日本等地的史料与著作和当代中国学者在中亚丝绸之路研究上的著作和最新论文，为哈萨克斯坦的丝绸之路研究加入了新的内容。古文献与考古资料相互参照使得文献资料得到印证，从而使本研究更具参考性。

---

[1] Кузнецова О. В., Нұржанов А. А. Средневековый город Мерке (Мирки): Альбом. - Алматы, 2009, стр. 24 – 25.

试论明初西域、中亚、西亚诸政权朝贡明王朝的原因

张连杰

（唐山师范学院教育学院）

明代前期的太祖、成祖时期，特别是明成祖永乐年间，明王朝与西域、中亚、西亚诸政权建立了正常的友好往来和交往交流关系，并对西域、中亚、西亚等地的朝贡政权实行较为开放的政策，因此，明王朝与西域、中亚、西亚的诸朝贡政权的交往交流十分频繁，"往来道路，贡无虚月"[1]。其中尤为突出的是，在明成祖统治的永乐年间，明"朝廷接待了撒马尔罕和哈烈的20个使团、32个中亚绿洲国家的使团、13个吐鲁番的使团和44个哈密的使团"[2]。

有鉴于此，笔者虽学力有所不逮、但仍不揣浅陋，拟从利用传统的"朝贡"与"宗藩"关系的影响、永乐帝（即：明成祖朱棣）急于收揽民心、防范建文帝的可能复辟、希望明政权有安定的南方与西方、对西域、中亚、西亚诸政权使节实行优惠条件等五个方面，初步分析与探讨明朝初年西域、中亚、西亚等地的诸政权与明王朝形成频繁的朝贡关系的原因，并以此抛砖引玉且求教于学术界的方家们与同行们，望不吝赐教！不足之处，敬请批评与斧正！

---

[1] 《明仁宗实录》卷五（上），"中研院"历史语言研究所1962年校正本，第160页。
[2] ［美］牟复礼、［英］崔瑞德编，张书生等译，谢亮生校订：《剑桥中国明代史1368—1644》（上卷），中国社会科学出版社1992年版，第256页。

一 利用传统的"朝贡"与"宗藩"关系的影响

在中国古代历史上,传统的"朝贡"与"宗藩"关系,是中原王朝处理对外关系的常见的传统方式与固定方法,这种制度萌芽、产生并形成于先秦时代。在这里,"朝"是指臣下觐见君主,"贡"则是下人献纳物品给主人;"宗"也叫"宗主国",是指中原地区的正统和强盛王朝;"藩"也叫"藩国""属国",是指中原王朝周边的民族政权和藩国、属国。

由于"普天之下,莫非王土;率土之滨,莫非王臣"(《诗经》中的话语)的传统观念的影响以及华夏族相对于周边的非常发达文明的水平,因此,历史上便常常出现了这样的情况:中国历代封建王朝在对待周边地区的政权时,其统治者的根本动机是要造成"四海宾服,八方来仪"的宏大场面,以体现其"天朝至尊"的观念,而且还可以"羁縻外国""振威德于荒外"①,并怀柔远人来消除外部势力的冲击。这种情况在明初的对外关系中也依然存在着。这种根深蒂固的观念对明朝统治者的严重影响也不例外,明朝与西域、中亚、西亚诸政权的交往交流也因此取得了较为辉煌的成就。

洪武元年(1368),明太祖朱元璋一登上皇位,即向周边多国、诸政权遣使通好,"洪武初,海外诸蕃与中国往来,使臣不绝"②。明成祖永乐年间是中外友好交往的盛期,他一即位就遣使四出,对周边诸国广加招徕,"上(指明成祖)谕礼部臣曰:'……今四海一家,正当广示无外,诸国有输诚来贡者听。尔其谕之,使明知朕意。'"③

结果便是,"永乐时,成祖欲远方万国无不臣服,故西域之使岁岁不绝"④。更出现了这样的良好局面:"所未服之国,皇帝皆服之。……使站

---

① (唐)李延寿:《北史》卷九七《西域传》,中华书局1974年版,第3205页。
② 《明太祖实录》卷二五四(补编),"中研院"历史语言研究所1962年校正本,第3671页。
③ 《明太宗实录》卷一二(上),中华书局1962年版,第205页。
④ (清)张廷玉:《明史》卷三三二《西域传四》,中华书局1974年版,第8614页。

驿相通，道路无壅，远国之人咸得其济。"① 到了明成祖晚年时，"至其季年，威德遐被，四方宾服，受朝命而入贡者殆三十国"②。由此可见，这便是传统的"朝贡"与"宗藩"关系对明初特别是明成祖时期所产生的相应影响。

正所谓：在有明一代的历史上，"他（指明成祖即位后、迁都到北京城）讨伐蒙古人，并吞安南，和某些（西域）、中亚（以及西亚）国家建立外交（包括'朝贡'和'宗藩'等）关系，……以及去南洋和西洋进行伟大的探险（主要是指：明成祖统治时期的郑和六次下西洋等）——这一切都大大扩大了明国家的影响"③。

二 永乐帝通过"靖难"之役夺得皇位之后急于收揽民心

从传统来看，明朝的建文帝统治时期，永乐帝朱棣通过"靖难"之役来夺取其侄儿朱允炆的皇位是一种违背正常伦理道德的"篡逆"行为。因此，其自身皇位的合法性与合理性便受到广泛的攻击和极大的怀疑。惟其如此，他便派遣李达、陈诚、李暹等出使西域、中亚、西亚等地，广加招徕，以便形成"万邦臣服""祯祥毕集"的盛况，这就可以大大提高其作为明朝皇帝的声望，从而树立他本人"代天行命"的天子形象，以使西洋诸国（其中便包括中亚和西亚的国家）"莫不贡献臣服"④。从某种程度上也可以说，这对明成祖收揽民心应是十分必要的，更是大有益处的。

陈诚于永乐十二年（1414）、永乐十四年（1416）、十八年（1420），三次奉明成祖之命出使西域、中亚、西亚等地，据史载：陈诚一行每到一地时，都要首先交上玺书（相当于现在的国书），接着便献给当地国王文绮、纱罗、布帛等物。"成祖即位之冬，遣官赍玺书彩币使其（指西域、

---

① （清）张廷玉：《明史》卷三三二《西域传四》，中华书局1974年版，第8598页。
② （清）张廷玉：《明史》卷七《成祖本纪》，中华书局1974年版，第105页。
③ ［美］牟复礼、［英］崔瑞德编，张书生等译，谢亮生校订：《剑桥中国明代史1368—1644》（上卷），中国社会科学出版社1992年版，第202页。
④ （明）费信：《星槎胜览》序，中华书局1954年版，第1页。

中亚、西亚等地）国。"①"（撒马尔罕）自后，或比年，或间一岁，或三岁，辄入贡。"②

还有，明成祖"永乐间，李达、陈诚使其地（指沙鲁海牙），其酋即遣使奉贡"③。"陈诚、李贵之使（赛蓝），与诸国同。"④ 笔者认为，这个"同"字所包含的内容就是：明成祖派遣使臣出使西域、中亚、西亚某国，使臣交上玺书、并赐其国王文绮彩币等，其酋接着即遣使奉贡明朝廷。关于这一点，应是确定无疑的。

笔者曾根据相关的文献史料、对之作出过粗略的统计——明成祖等频繁地派遣出使西域、中亚、西亚等地的使臣有：侯显、白阿儿忻台、傅安、李达、陈诚、鲁安、郭敬、刘帖木儿、把太、李信、杨忠、李暹、金哈蓝伯、神忠母撒、尚衡、海荣、马全、马云和詹升等。由此可见：明成祖永乐年间的出使使节的次数之多，以及西域、中亚、西亚诸政权与明朝廷之间"朝贡"关系及交往交流之频繁。

总之，明成祖本人的相应主观目的确实是得到了满足，客观上也促进了古代中国与中亚、西亚诸政权之间的和平友好关系。自此之后，西域、中亚、西亚等地的诸政权，在某种的意义上和一定的程度上向明朝廷"纳贡称臣"，明王朝与西域、中亚、西亚诸政权的使节更是往来不断，"不绝于道""络绎于道"。甚至于终明一世，基本上保持着和平与友好的主流关系，结果便使得中西交通史和中西友好交往交流史进入了一个新境界并发展到一个新阶段。

三 防范建文帝的可能复辟

明成祖即位后，由于建文帝生死不明，因此就需要对其严加防范。惟其如此，明成祖遣使外出并与西域、中亚、西亚乃至于西洋诸政权的交往交流，便是出于这样的一种特殊的需要。燕王（指明成祖朱棣，当时还是燕王）的军队攻下并占领当时明王朝的都城南京后，"宫中火起，（建文）

---

① （清）张廷玉：《明史》卷三三二《西域传四》，中华书局1974年版，第8607页。
② （清）张廷玉：《明史》卷三三二《西域传四》，中华书局1974年版，第8599页。
③ （清）张廷玉：《明史》卷三三二《西域传四》，中华书局1974年版，第8603页。
④ （清）张廷玉：《明史》卷三三二《西域传四》，中华书局1974年版，第8604页。

帝不知所终"①。建文帝究竟是死于大火之中？还是借此掩人耳目后而偷偷地逃了出去？这在当时确实是一个谜，自然而然地这也就给明成祖的即位成为皇帝以及其合法的统治埋下了一个隐患。

因此，明成祖派心腹胡濙在明政府管辖下的全国范围内"隐查建文帝安在"，与此同时，"传言建文帝蹈海去，帝分遣内臣郑和数辈浮海下西洋"②。在郑和的使团中，有大批的锦衣卫官校随从；加之，"建文帝之出亡也，有言其在海外者，上命（郑）和踪迹之，且借以耀兵异域，示中国富强。……宣天子诏，因给赐其君长，使之朝贡。有不服者则以兵慑之"③。笔者认为：从某种程度上可以说，在郑和下西洋中，其主要的作用应有侦缉建文帝的因素和成分在内。有关这一点的合理推测，应是不言而喻的。

"（宦官）显（指侯显）自元年（指永乐元年）奉使西域，至是（指永乐十八年，即公元 1420 年）凡五出，与郑和相亚云。"④ 同样，出使西域、中亚、西亚的主使是宦官李达、鲁安等。现在，一般人都知道明代的陈诚出使西域、中亚、西亚等地，这主要是因为：他留下了和流传下来《西域行程记　西域番国志》这本极为珍贵的历史文献史料书，而实际上他多次是充当宦官李达的副使，真正的正使其实是宦官李达等人。这实在是一个较为奇怪的现象？这究竟是什么原因呢？

一般地说，明成祖重用被人们认为是"刑余小人"的宦官或者太监作为使臣出使外国并不适宜。据史载，明朝在明成祖时才开始信任并重用宦官的，后又使宦官成为皇帝的心腹和耳目。这是因为：明成祖在"靖难"之役中，宦官曾向明成祖透漏出建文帝宫中的虚实和其他有关的重要情况等，帮助明成祖成功地夺得了其侄儿朱允炆的皇位；因此，明成祖认为他们比较可靠、值得信任并可以依赖，于是便让他们担任使臣，表面上"轺车四出"，而实际上的目的之一却是暗中担负访查和侦缉建文帝的特殊任务。

关于这方面的因素，笔者认为既具有一定的可能性、又体现着相当的

---

① （清）张廷玉：《明史》卷四《恭闵帝本纪》，中华书局 1974 年版，第 66 页。
② （清）张廷玉：《明史》卷一六九《胡濙传》，中华书局 1974 年版，第 4535 页。
③ （清）夏燮：《明通鉴》卷一四，湖北官书处重刊本，光绪二十三年（1897）。
④ （清）夏燮：《明通鉴》卷一七，湖北官书处重刊本，光绪二十三年（1897）。

现实性。这是因为：据《明史》和《明通鉴》等相关文献中的记载，郑和下西洋肯定有这方面的原因和因素（即：正史《明史》等中有着明确的记载）。但另一方面，李达、鲁安等多次出使西域、中亚、西亚等地，虽然正史《明史》等中没有明确记载有这方面的因素，但推测起来，他们出使西域、中亚、西亚等政权，理应或多或少地与"访察建文帝"有着一定的密切关联，有关这一点应是基本上可以肯定的。

四　希望明政权有安定的南方与西方

有明一代，明王朝的北方（甚至于西北方）和东部沿海地区、东南沿海地区，分别存在着所谓"北虏"（指长城以北的蒙元势力）、"东倭"（即当时的日本）的压力，这种情况强烈地影响了明王朝的内外政策特别是对外政策。明成祖在北边屡次用兵与蒙元势力作战，在东部沿海地区或者东南部沿海地区与倭寇作战的同时，希望有一个安定的南方与西方环境。

明初，蒙元势力虽北走沙漠，但仍然保留有一支相当强大的军事威胁力量。为此，洪武五年（1372）五月，明太祖发兵十五万，大举远征岭北，号为"清沙漠"。其中委任"魏国公徐达为征虏大将军，出雁门，趋和林；曹国公李文忠为左副将军，出应昌；宋国公冯胜为征西将军，取甘肃"[1]。"纵观明成祖一生，除靖难之役外，他的军事生涯差不多都是和蒙元势力周旋。他曾亲自五征漠北，反击蒙元势力的侵扰。"[2]众所周知，明成祖迁都北京的目的之一就是为了防御漠北的蒙元残余势力；另外，明朝自成祖以后所发生的"土木之变""庚戌之变"等，均反映了北方的蒙古势力的强大。

还有，元末明初，日本的一些在国内失意的土豪与浪人，在当时中国的东南、东北沿海地区，武装走私、抢掠商民，他们在当时被称为"倭寇"。从辽东、山东到广东的漫长的海岸线上，倭寇不时出没，甚至登岸

---

[1] （清）张廷玉：《明史》卷二《太祖本纪》，中华书局1974年版，第26—27页。
[2] 晁中辰：《明成祖传》，人民出版社1993年版，第323页。

剽掠。"日本海盗（即：倭寇）自元代起就不断到中国沿海抢劫，明初亦然。"① 明成祖虽与日本修好，但仍继续加强沿海地区的防御。自永乐十七年（1419）的望海埚之战后，倭寇元气大伤，但此后百余年间，小股倭寇仍不时有闻，"滨海之区，无岁不被其害。至是，为（刘）江所挫，敛迹不敢大为寇。然沿海稍稍侵盗，亦不能竟绝"②。

永乐年间，明成祖用兵于北部边疆和东部沿海地区，而对南洋、西洋、西域、中亚、西亚等地则遣使通好。众所周知，在东南沿海海路方面，最出名的使节是郑和；在西北内陆陆路方面，最出名的使节是陈诚。明成祖时期的水陆两路的出使，均收到了异曲同工之妙，使得西域、中亚、西亚和西洋等地的使节从陆路和水路这两路均可向明王朝"朝贡"。

如："（永乐）十三年（撒马尔罕）遣使随李达、陈诚等入贡。"③ 很显然，当是陆路朝贡；"弘治二年，其（指撒马尔罕）使由满剌加（即：如今的马六甲）至广东，贡狮子、鹦鹉诸物，守臣以闻。"④ 这肯定是从海路朝贡明王朝。还有，"天方，古筠冲地……，其贡使多从陆道入嘉峪关"⑤。"成化二十三年，其（即天方）国中回回阿力以兄纳的游中土四十余载，欲往云南访求。乃携宝物巨万，至满剌加，附行人左辅舟，将入京进贡。抵广东……"⑥ 这是西亚的天方国（即明朝时阿拉伯半岛上的国家）由陆路、海路朝贡明朝的具体表现。

五 对西域中亚西亚诸政权使节实行优惠条件

明成祖永乐皇帝即位之后，由于他比较好大喜功以及雄才大略，对周边（即东、西、南、北四个方向）的诸国采取和执行了一条较为开明友好的睦邻对外政策，一直向周边诸政权遣使招徕，希望并要求他们来明朝朝贡，从而使得中外友好关系发展到了一个新的阶段，且达到了相当繁荣的

---

① 晁中辰：《明成祖传》，人民出版社1993年版，第314页。
② （清）谷应泰：《明史纪事本末》卷五五《沿海倭乱》，中华书局1977年版，第843页。
③ （清）张廷玉：《明史》卷三三二《西域传四》，中华书局1974年版，第8599页。
④ （清）张廷玉：《明史》卷三三二《西域传四》，中华书局1974年版，第8600页。
⑤ （清）张廷玉：《明史》卷三三二《西域传四》，中华书局1974年版，第8621页。
⑥ （清）张廷玉：《明史》卷三三二《西域传四》，中华书局1974年版，第8622页。

新水平。

明成祖对来华人员（不管他们的国家是大是小、是强是弱、距离中原地区的明王朝是远是近），均一概采取欢迎的友好态度，还为他们提供许许多多的方便条件，并给以很高的礼遇。中亚、西亚的诸国使臣由陆路来华之后，他们一般先到哈密卫，再由哈密卫派人护送至北京，其贡品也由地方官安排当地驿站的人员运送，"既入境，则一切饮食、道途之资，皆取之有司（也就是由明朝政府设在当地的驿站供给）"①。

进入明王朝境内的来华贡使见到明成祖并献上贡品之后，就得到了明成祖宽宏大量的赏赐，其赏赐的价值都远远地超过了贡使们所贡贡品的实际价值，这就是人们所常说的"厚往薄来"的对外政策。除此之外，贡使们都还附带着一些私物，明朝统治者也允许他们在京师（即北京）会同馆进行交易，这对贡使们来说确实是另一件极为有利可图的好事情。

正因为如此，许多的国外私商便冒充贡使（可称之为假"贡使"）来华朝贡。明朝廷对国外的诸政权情况知之不是甚详，就认为他们是真贡使，②对其的态度与做法总是来者不拒且"厚往薄来"。所以，西域、中亚、西亚等地的贡使们（包括真贡使们和假贡使们）便频繁地来到明朝进行朝贡，这正如《明史》卷三三二《西域传四》中所记载的那样："由是西域（这里是指广义的西域范围）诸国莫不稽颡称臣，献琛恐后。"

总之，通过以上的初步分析与粗浅论述，可以得出以下的结论和观点：明初特别是明成祖永乐年间，明王朝与西域、中亚、西亚诸政权之间的关系，主要就是一种"朝贡贸易""贡赐贸易"的双方交往交流关系。从实质上以及本质上来说，这种关系既显示了中原明帝国极力追求那种虚幻的尊严，同时也表明了中原明帝国对名义上臣属的周邻诸多政权所采取的一定的安抚方法与间接的控制措施，进一步地体现出了中国古代封建统治者一直以"天朝大国"自居、并全面维护"朝贡体系"的心理意识和传统思维，这便是这一问题的关键之点和归宿之处。

---

① （清）张廷玉：《明史》卷三三二《西域传四》，中华书局1974年版，第8602页。
② 笔者认为，有时候明王朝的统治者们也可能知道他们是假贡使，但由于受到传统的"朝贡"与"宗藩"的关系之影响，以便体现其"天朝至尊"的观念，从而造成"四海宾服，八方来仪"的宏大场面，因此，就把假贡使当作真贡使来对待。

马六甲"官厂"遗址考

陈达生[*]

(新加坡国际郑和学会　马来西亚马六甲郑和文化馆)

释　题

　　郑和是当时世界上最强大的舰队的大统领,也是明成祖官营外贸政策最重要的执行者。[①] 当时尚无现代高科技的电信技术,因此,郑和在下西洋期间是唯一的决策者。回航后才向明廷汇报及寻求指示。郑和每次下西洋需时二、三年不等,所以在漫长的航程上必须设立据点,以便贮存货物和让船队候风回航。郑和将其海外作业分成四区:马来半岛、印尼群岛(或称马来群岛[②]、努山达拉 Nusantara[③])、南亚及中东。他也在各区内选定下列五个重要海港作为其后勤行政中心:占城(Champa)[④]、满剌加(Melaka)[⑤]、须文答剌(Samudera/Pasai)[⑥]、古里(Kalikut)[⑦] 以及忽鲁谟斯(Hormos)[⑧]。这些海港之所以被选为后勤行政中心是因为它们皆为区域

---

[*] 本文原载于新加坡国际郑和学会 2005 年出版的论文集《郑和与东南亚》,廖建裕主编。由李培峰于 2021 年 11 月重新修订。

[①] 明王朝扩大官方的对外贸易的观点,可见韩振华《论郑和下西洋的性质》,《厦门大学学报》1958 年第 1 期。

[②] 地理区划上,马来群岛(Malay Archipelago)指由印度尼西亚 17000 多个岛屿和菲律宾约 7000 个岛屿组成的地区。东印度群岛(East Indias)有时被用作该群岛的同义词。该群岛的政治单位有印度尼西亚、菲律宾、东马来西亚(沙巴和沙捞越)、文莱和巴布亚新几内亚。——引自《大不列颠百科全书》。

[③] 努山达拉,Nusantara,印尼古爪哇名称"外岛"之意,通常包括马来半岛、印尼群岛。

[④] 古国名,又称占婆(Champa),今越南中南部。

[⑤] 今马来西亚马六甲州。

[⑥] 又称苏门答剌,须文达那,今印度尼西亚苏门答腊岛北部,位于马六甲海峡北部。

[⑦] 今印度卡利卡特(Calicut),今也译为科泽科德,位于印度南部西海岸。

[⑧] 位于今伊朗霍尔木兹海峡处。

贸易中心，有助于推行其外交和外贸任务。由于占城距离中国太近，郑和觉得无必要在占城设立后勤行政中心。满剌加位于东西航线必经的马六甲海峡，被郑和视为新兴的东南亚重要区域贸易及海权强国，是马六甲海峡的南门。须文答剌则位于马六甲海峡的北门，并且是印尼群岛香料贸易的门户。阿拉伯与印度穆斯林商人是香料贸易的创始者，印度也是主要香料生产国，因此，郑和在印度西岸的古里设立贸易据点。阿拉伯穆斯林商人控制印度和欧洲之间的贸易，他们是欧亚国际贸易中亚洲高值货品如陶瓷、丝绸、香料和欧洲市场关键的链接点。忽鲁谟斯位于波斯湾口，为阿拉伯贸易中心。① 郑和在这四个海港设立贸易据点作为海外贸易的后勤行政中心，并在各据点建"官厂"（货仓）。

中国史书中有数处注明郑和下西洋时曾经建立了最少两个"官厂"，如须文答腊（苏门达腊岛亚齐市附近）及满剌加（今马六甲）都有"官厂"的设立，最大者为马六甲官厂。② 但是它们真正的遗址何在？它设立的目的是什么？它的性质是什么？新加坡国立大学的韦杰夫博士说它是明朝的殖民地，是明朝向外扩张领土的军事基地。③ 到底他的论调的可信度有多大呢？马六甲"官厂"的设计与面貌如何？六百年后的今天，它又有什么新面貌与新任务？以上所提的这些问题是本文所要探讨的。

我们花了数年时间，结合文献、考古出土文物以及在修复官厂遗址的古建筑过程中所发现的新实物资料，从全方位来考证官厂的正确方位。

一 什么是"官厂"？

中文的"官"是指统治者或其雇用的人员或所设立的机构，如朝廷、衙门。现在通称政府（government）。它的反义词是"民"或"民间"，"老百姓"等。中国历史上有"官窑"，即为朝廷制造瓷器的窑口；相反

---

① Dr. Tan Ta Sen, "A Study of Cheng Ho's Guanchang Site in Melaka", Paper presented at the International Conference on Cheng Ho and Afro-Asian World, 5–8 July 2010, Malacca.
② 见明代茅元仪《武备志》卷二四〇《郑和航海图》。
③ 笔者撰文驳斥该观点，见陈达生《郑和是殖民者？是侵略者？》，郑和研究国际学术研讨会，2005年6月5日，吉隆坡，马来西亚华人文化协会、雪兰莪中华大会堂、华社研究中心联合主办。

的则为"民窑",即为民间生产瓷器的窑口。在古代,手工艺也分官手工艺和民手工艺。在明朝有"东、西厂"的设立,它是用来搜集秘密情报的部门。"厂"的另一个含义就是当今常用的生产各种器材或制成品的工作坊如工厂、货仓、仓库。这儿的"官厂"如照马欢在《瀛涯胜览》中的形容,应是后者,即仓库。工厂的英文是"factory",马来文是"loji"。这些词语当今多指工厂。但是,在早年殖民地历史中,它是指"仓库"(warehouse, godown, depot)。

二 设立官厂的目的

郑和随团通译员(通事)马欢在《瀛涯胜览》书中对马六甲官厂有如下的描述:

> 中国宝船到彼,则立排栅城垣,设四门更鼓楼,夜则提铃巡警,内有立重栅小城,盖造库藏仓廒,一应钱粮顿在其内。去各国船只回到此处取齐,打整番货,装载船内,等候南风正顺,于五月中旬开洋回还。①

巩珍之《西洋番国志》对满剌加官厂有更详细的描绘。巩珍指出中国下西洋船"以此为外府,立摆栅墙垣,设四门更鼓楼。内又立重城。盖造库藏完备"②。主舰队宝船已往占城、爪哇等国,较早去暹罗等国的分舰队船只完成任务后,都来满剌加停泊在海滨,一应钱粮皆入官厂库内贮藏。其他各路分舰队船只,如前往各土邦作买卖以后,先后不过五七日都齐集满剌加港湾。将各国诸色钱粮完成查点检验后,装封入仓,停候五月中风信已顺,宝船舰队才浩浩荡荡回航。

根据马欢和巩珍的描述,官厂显然就是仓库。那么,它就不是如韦杰夫所说的殖民地或军事基地。③ 由于须文答剌和满剌加都是控制马六甲海

---

① (明)马欢:《瀛涯胜览》,(明)陈于廷《纪录汇编》卷六二,第19页。
② (明)巩珍:《西洋番国志》,中华书局2000年版,第14—17页。
③ Dr. Tan Ta Sen, "Did Zheng He set out to colonize Southeast Asia?", in Leo Suryadinata ed., *Admiral Zheng He and Southeast Asia*, Singapore: Institute of Southeast Asian Studies, 2005, pp. 42 – 57.

峡的重要港口，一个控制北方，一个控制南方。葡萄牙人 Tome Pires 曾说：谁是马六甲的主宰，谁就扼住了威尼斯的咽喉。① 印尼历史学家默罕默德·雅明（Mohammad Yamin）也说马六甲海峡是印尼的咽喉。因此，这条海峡自古以来就是东西贸易航线上的命脉。郑和洞察了满剌加可以成为马来群岛区域政治、经济与文化中心的潜力，因此，满剌加被他定位为其船队在东南亚的外交和贸易基地。这是郑和的地缘政治的慧眼，与后世各家见解一致。

其次，郑和在外交事务方面也充分利用了人缘关系。首先，他在须文答剌协助王子把篡位的苏干剌赶走，② 恢复王子的王位。在满剌加，他更是无微不至地协助开国君主拜里米苏剌把满剌加从一个小渔村发展为东西贸易中心，消除了满者伯夷及暹罗对满剌加的武装侵略和威胁。这种恩人的关系，奠定了郑和与满剌加、须文达剌两国的极友好的合作关系。故两个知名的官厂也在上述地方设立，但满剌加的官厂最重要和规模最大。

满剌加与明朝中国的外交关系是建立在友好与互惠互利的基础上，刚立国的满剌加在当时区域地缘政治的左右下，屡受暹罗和满者伯夷的威胁，也向明朝政府提出援救的诉求。③ 明朝政府双管齐下，以实际行动给以政治庇护，协助满剌加崛起为马来群岛的新兴势力，来牵制满者伯夷与暹罗印度化旧势力，因此，明朝中国和满剌加建立密切的合作关系，对两国都是盛事，就满剌加而言更是历史的转折点，为满剌加立国之始。中国则需要一个郑和船队远航到印度洋的中途贸易基地。郑和与其船队从下西洋开始起，都以满剌加为基地。郑和在满剌加设立官厂，使满剌加成为其东南亚区域的贸易总部。郑和庞大的商船队不但为满剌加的转口贸易带来无限的商机，也大大提高了满剌加的国际贸易中心的地位。在明朝政府的政治庇护和经济提携下，满剌加很快一跃成为东南亚最强大的国家，成为东南亚的区域政治和经济中心。④

---

① Tome Pires, *Suma Oriental*, Vol. II, pp. 282–289.
② 《明史》卷三〇四《郑和传》。
③ 《明史》卷三二四《外国传六》，第 8417 页。
④ ［澳］王赓武：《中国与马六甲关系的开端 1403—1405 年》，《东南亚与华人——王赓武教授论文选集》，第 91 页。

三 满剌加官厂到底在何处?

首先,我们是根据《武备志·郑和航海图》所注明满剌加官厂的方位,它清楚地指出官厂是在马六甲河的北岸。没到过马六甲的人也许会说河的北岸这么大,又如何确定它真正的方位呢?

图1 《武备志》中《郑和航海图》的满剌加与官厂

其实,如果我们详读一下马六甲河的历史与走向,不难确定其正确的方位。它发源于巴都泊仁淡(Batu Berendam)①,是一条小河,向西流入马六甲海峡。在数千年前,河口由于长年的冲积而出现了沙洲。因此把河道分为二支流。大支流向南流约三千米,受到几座山的阻挡,又西流入海(见图1)。直到今日在沙洲上的那条班底街(Jalan Kampung Pantai)②依

---

① Batu Berendam,马六甲地名,位于马六甲州中部。
② 位于马六甲古城内,世界遗产保护区红线范围内的北部,紧邻马六甲河。

然存在，马来文"Pantai"为"海滩"之意，可见早期的海边就在那一带。由海边街到入海口并不太远，大约是一千米左右。因此，我们可以断定官厂的范围大约是在马六甲河的北岸，即今金声桥①的北端，因为它是河海出口，所以官厂南与东临马六甲河，西临马六甲海峡，其北为现在的古堡街（Jalan Kubu）以北，马来文"Kubu"意为古堡或堡垒，至今日还叫"古堡街"（见图2）。葡萄牙、荷兰、英国殖民者都没有在此建古堡，只有可能是郑和在此建城堡，故 Jalan Kubu 应指郑和时代的堡垒。在葡萄牙埃雷迪亚（Eredia）②

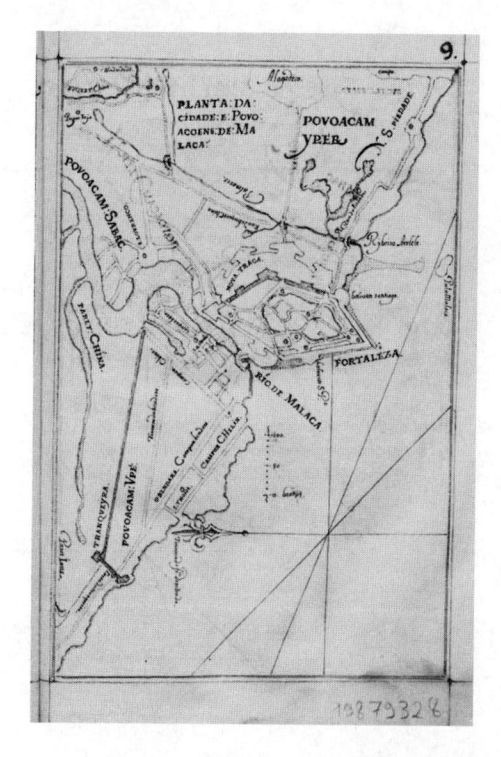

图2 埃雷迪亚绘制的马六甲城区地图③

---

① 金声桥，Tan Kim Seng 桥，位于马六甲古城入口处，是马六甲古城地标建筑之一。
② 曼纽尔·戈迪尼奥·德·艾勒迪亚（Manoel Godinho de Eredia），1563—1623，生于马六甲，13 岁前往果阿（Goa）继续接受教育，精通数学、宇宙学（Cosmography，即天文地理历史博物之学）。1600—1604 年，曾在马六甲居住。
③ Eredia, *Declaraçam de Malaca e Índia Meridional com o Cathay*, Bibliotheque Royale at Brussels, No. 7264.

的记录中也指出现在的古布街位置有中国城门（porta，Campon China）。① 这片土地面积约有二十公顷，三面有河海保护，北面有护城河（中国渠）来保护，所以四面有水，再加大木栅及内城墙的保护，城内的仓库固若金汤。与王宫②近在咫尺，可说是极佳地点。

吴志良等人认为"官厂"应作"官场"。③ 我不同意此说。盖"厂"为英文的"factory"，除了生产工作间外，有时都有货仓的含义。许多未到过马六甲的学者，都以为马六甲"官厂"就在三保山上，持此看法的有许云樵、钟锡金、韩振华等人。其实，三保山是殖民地时期才开发为坟山，其土地上从未发现一块明代瓷片。

近几年在官厂遗址发现下列出土文物，为我们确定官厂的位置提供了最有力的证据。

（一）"郑和瓮"的发掘

鸡场街8号的和记鸡饭饭店在2004年翻新装修时，在地底下挖掘出一个"郑和瓮"。在东南亚郑和到过的地方，都有此种大瓮的发现。砂捞越森林中的土人，唯一的传家之宝就是中国古代大小瓮。他们虽不知郑和是谁，但通称此大瓮为三宝瓮（Guci Sampo）④。在爪哇岛北岸许多明代的古庙中，至今还有收藏此瓮的传统，当地的回教徒则用它来储存圣水。⑤（见图3）

（二）将军井的发现

现今的郑和文化馆就设在官厂遗址上。我们于2004年在郑和文化馆

---

① 该文献葡文原名 *Declaraçam de Malaca e Índia Meridional com o Cathay*，现存于布鲁塞尔皇家图书馆（Bibliotheque Royale at Brussels, No. 7264）。葡语原文为 E a outraparte de S. Estevao, chamada Campon China, se estende da ditta praia do bazar de Iaos e embocadoro do ryo, pera o nordeste, por distancia de 400 bracas ao longo do mesmo ryo ate a porta e。

② 指满剌加王朝的王宫。*Eredia's Description of Malaca*, tr. by J. V. Mills, MBRAS Reprint 14, 1997, pp. 16 – 17.

③ 金国平、吴志良：《〈郑和航海图〉二"官厂"考》，《郑和研究与活动简报》卷20（2000.12.20），第21页。

④ 来源于作者在印尼留学考察以及收集南洋龙瓮期间进行的田野调查。

⑤ Boedi Mranata and Handojo Susanto, *Ancient Martavans*, *A Great Forgotten Heritage*, Himpunan Keramik Indonesia（印度尼西亚陶瓷协会），2012, p. 9.

图3 马六甲古城挖掘出的"郑和瓮"①

址内发现五口古井,它们都是用大块风化花岗岩石砌成,这种古井建材只有在郑和时代及葡萄牙统治初期时才用的。其中一口井当地人叫"将军井",除建材有以上所述的特色外,古井的结构更是奇特。一般井是井底小而井口大,但此井则相反,井底大而井口或井栏特小,连个子瘦小的人都不能下井去,井栏两边还有两个小孔。据来自北京的中国国家文物局罗哲文教授的意见,在中国古代也有此类型的井,其井栏上的两个小孔,是用来锁上井盖,以防人们投井自杀或下毒(见图4)。2005年5月笔者到云南郑和故居考察时,发现当地至今还有不少相同设计的井冠(见图5)。也许此井乃最高将领所用的井,必须加锁。因此,当郑和船队在官厂掘井,也就把故居的井冠设计引入马六甲。

---

① 笔者将其命名为"郑和瓮"。

图4 2004年，中国国家文物局罗哲文教授（中间）与陈达生博士（右一）在研究"将军井"

图5 云南建水古城保存的清代古井

（三）明代钱币及陶瓷碎片

2004年年初在将军井中层挖到三个"永乐通宝"，一些明代瓷片及一个铜香炉，注明"宣德年制"（见图6、图7）。2005年中，当我们在遗址挖地基建馆时，挖掘到大量明代瓷片及大量的海产如蚝的外壳，相信这些瓷片是仓库中破碎的瓷片及船员食用后遗留下来的蚌壳及蚝壳，郑和的船员很可能食用过大量海产。

图 6　将军井出土的明代宣德款铜香炉

图 7　将军井出土宣德款香炉底款

据一些在官厂附近有过挖掘经验的建筑商说，他们每次进行挖掘时都要非常小心，因为地底下还埋藏着许多宝藏与古董，如钱币、陶瓷器、铜银器等，就像在中国西安建筑工地时常出土文物一样。2004年，在金声桥畔筑河堤时挖掘到数千枚明代钱币，金声桥即当年的郑和码头所在地。2011年，金声桥旁的一片十米长的边坡坍塌，露出了许多古代铜币，引来许多人淘宝。

（四）陈祯禄街地形

官厂西边面海，即今日的陈祯禄街（Jalan Tan Cheng Lock）。15世纪时此地为海边低洼湿地，时至今日，沿陈祯禄街向海的地段或所有的地契，都呈齿形，凹凹凸凸，显然曾经是海边。同时，此地还发现旧海堤，旧池塘等。其次，郑和的货仓必须是在河口，船只可到之处。过去有人说官厂是在三千米外的三宝山上。此说很不合理。如在山上，那么郑和的随员终日都将在搬运货物，因当时并没有卡车，搬运是很不便的。再者，三保山是在马六甲河的南方，而《武备志》则注明官厂是在河的北方。一些人从未到过马六甲，只听说有三保山便断定官厂就在此，这是非常不科学的说法。

（五）官厂的面积和形状

官厂是郑和下西洋最重要的中转站，又是在王宫的对面，就这点，无疑说明郑和与拜里米苏剌的友好关系，是兄弟般的关系。这代表着明朝的"外府"，在一定程度上是代表明廷的颜面，郑和又是朝中监管大型建筑之人才，如紫禁城、武当山、南京大报恩寺塔等，他都有参与。官厂代表明廷，更不能随便从事。所以，郑和建成"官厂"应该以紫禁城为榜样，长方形，面对王宫。而建的内城应为三纵三横，外围为城墙。面向王宫为最大最宏伟的堡垒，前面有一河，直通王宫，河上有一大桥，桥上有店铺。这是个大工程，我想应该是郑和所建。此一堡垒应在现今的郑和文化馆前，它与王宫处在一条直线上。（见图8）

286 中国中外关系史研究的进程

图 8 马六甲郑和官厂位置想象还原图①
（官厂与王宫在一条中轴线上，内部为三纵三横的布局，四周有堡垒城门）

郑和船队由两百艘大小不一的船和两万七千多人组成。② 如以当时每艘船载一千吨来算，③ 船中有一半是用来装货物，则每次来到马六甲时的货物不少于一百万吨。如人员有一半会上岸整理货物的话，则一万四千人住在官厂内。如以马欢的形容，官厂有二道城墙，四边设钟鼓楼，有保安人员及巡警等看守，则此官厂不可能只有数间货仓。我们推测以 10 公尺

---

① 李培峰绘图。
② 万明：《明本〈瀛涯胜览〉校注》，广东人民出版社 2018 年版，第 5 页。
③ 唐志拔、辛元欧、郑明：《2000 料 6 桅郑和木质宝船的初步考证与复原研究》，《海交史研究》2004 年第 2 期。

乘 45 公尺的普通单层建筑物来看，它至少有百多栋货仓，再加上道路、空地等在内，则官厂面积当在二十公顷左右。

这样的面积，可说是包括了南以马六甲河为界（当时的河比现在的宽度大一倍）至汉则拔巷（Lorong Hang Jebat），西至陈祯禄街以西的海岸线为界；北以堡垒街为界，东以班底街为界。这一大片土地，即今日马六甲古城区的范围。

城垣外的空地皆为商贸及小船停泊地，在这三面环水，马六甲河至班底街向北弯曲，故官厂拥有天然护城河海，再加上四面有两层城垣，官厂的地理环境固若金汤，是最理想的天然港口及货仓所在地。这一大片土地，即在今日马六甲古城区的范围内。

四　十六至十七世纪的官厂遗址：富人及甲必丹[①]豪宅

由于马六甲地点非常好，交通四通八达，因此，从满剌加王朝开始有不少各国商贾来到马六甲经商。先后有华人、印度人、爪哇人等村庄和市场的建立。[②] 到了葡萄牙及荷兰殖民统治时期（16—19 世纪）也有许多宗教寺院的出现，如青云亭[③]、回教堂、印度庙、大伯公庙[④]等，华人的宗乡会馆更是林立。这些都代表着早期移民互相照顾以求生存的结社。

官厂遗址的地段后来发展成繁华的地区，最主要的地段是现在郑和文化馆所在地。它沿着马六甲河北岸，介于汉则拔巷（Lorong Hang Jebat）、打铁街（Jalan Tukang Besi）和汉则拔街（Jalan Hang Jebat）之间，是最早开发的繁华宝地。所以，一路来大多数甲必丹（葡萄牙与荷兰殖民地政府委任的华社侨领）都把豪宅建于此地区。它由八间古老房子组成，占地面积约二万多平方公尺。每座房子皆为二至三层楼房，所以总楼面积约有六

[①] 甲必丹制度为葡萄牙人占领马六甲后，设甲必丹为各族领袖，荷兰人占领马六甲后，沿用葡人制度。可参看姚枬《马来亚华侨史纲要》，商务印书馆 1943 年版，第 13 页。

[②] *Eredia's Description of Malaca*, tr. by J. V. Mills, MBRAS Reprint 14, 1997, pp. 16 - 18.

[③] 青云亭位于马六甲古城内，建于 1673 年或更早，是马来西亚和新加坡两地历史最悠久的华人古庙。

[④] 东南亚对土地神特有的尊称，来源于马来语 Dato（酋长，拿督）与客家话中对土地神的称呼"伯公"的融合。

千平方公尺。在这里现今还可见到四间，郑和文化馆就设在其中的两间，和第三与第四间豪宅比邻。

在现今官厂遗址所见到的四间甲必丹豪宅，以第二任甲必丹李为经（号君常）的豪宅最豪华与最古色古香。它是明式三进四合院。但两旁部分寝室已转售他人，今仅存中部的前殿、中殿与后殿，成为郑和文化馆的馆舍。

李君常，福建鹭江（即厦门）人，生于明万历二十四年（1614），清康熙二十七年（1688）在马六甲去世。少时受良好教育，熟读诗书，具有强烈的反清复明意识，自称逃难义士。所以，不愿在清政府的统治下过活，毅然漂洋过海来到马六甲，后经商成功，成巨富儒商，博施济众，献地作华人坟场，[①] 如三保山等地，后被荷兰殖民政府委任为华人甲必丹，治理华人事务，成为马六甲华人侨领。马六甲青云亭内的《李公济博懋勋颂德碑》就是纪念他为民服务而立的碑。其碑文如下："公讳为经，别号君常，因同之鹭江人也。因明季国祚沧桑遂航海而南行，悬车此国，领袖澄清，保障著勋，斯土是庆。抚绥宽慈，饥溺是兢。捐金置地，泽及幽冥，休休有容，荡荡无名，用勒片石，垂芳永永。"立碑年代为1685年，即康熙二十四年。青云亭内也有一幅他身穿明代服装的画像。他成巨富后建了这间豪宅。

此豪宅建筑设计特别，屋内雕龙画凤的栋梁、楼阁、门匾设计等都极富丽堂皇，充分表现了主人不只是个博学之士，也是一个有权势的富商，有雄厚的资金来建此金碧辉煌的豪宅。其实，也因为这间豪宅才引导我们进入官厂研究之门。

屋内有口大井，井口用了荷兰与葡萄牙时代的泥砖砌成，显然是在殖民地时代装修的。然而在这些泥砖底下，整个井栏全是用古老风化了的大块花岗岩砌成。每块长二尺，宽一尺和厚八寸。像这种设计的古井，在官厂范围内我们发现了五口，但都比较小。

李君常豪宅的设计与装饰，以及屋内的文物，充分凸显主人效忠明朝与崇拜郑和的精神。如大殿内门棚上的门眼，左边是郑和下西洋的船队与妈祖天上众神护航之木雕。右边的门眼则雕有象征郑和是明朝皇帝的使

[①] 即今天马六甲三保山。

者，有圣旨、王冠、玉玺、航海图等物。这些都是皇权的象征。殿堂中央另一个重要文物是"浪迹崇基"横匾，刻于清康熙年间（1685），它表达了李君常对郑和开拓海外精神的推崇。

更有趣的是大门上的一对门联，左联是"日月君"，右联是"永逸臣"。此门联可能是指他日夜思念明朝君主，而他则是浪迹天涯的永逸之臣子。有人认为南洋华人心目中的巨人是明成祖朱棣，所以"日月君"影射永乐皇帝明成祖，"永逸臣"则暗指他是永乐的臣子，"逸"与"乐"同义。

2004年某天早上，马六甲华社华人教育的先锋——95岁高龄的沈慕羽，在其儿子幕义的陪同下来参观，笔者也在场。当他步出豪宅时，向左邻右舍打听李伯伯的下落，因为他小时候经常在此殿前玩，经常见到一位李伯伯。以两老当时的年龄来计算（李伯伯80岁，沈老10岁），160年前的原屋主的李伯伯可能是李君常的后裔吧！

因此，我们相当肯定这一豪宅是李君常的故居。所以，郑和文化馆特别把大殿中的左厢房布置成李君常纪念厅，展示原豪宅的文物。

五　郑和文化馆：古为今用的计划

既然这是一块宝地，国际郑和学会同仁认为有义务把它修复原貌并加以发展。最佳的用途是把它发展为郑和文化馆及郑和文化研究中心，为郑和官厂开启新的生命。我们用文化馆而不用博物馆的原因，是取文化馆更广泛的教育意义。我们不仅作静态展览，还举办各种文化活动，积极推广与发扬郑和精神。他是和平、世界大同、种族友好和谐的使者，他也是中外文化与经贸交流的实践者。

郑和文化馆分下列几个部分，包括展厅：

1. 迎宾厅及售票处。
2. 宝船及影视厅。
3. 中国厅，有郑和身世介绍，郑和陪同永乐帝在南京奉天殿接见满剌加国王的场景。
4. 马六甲馆：包括15世纪马六甲农业、手工业、矿业、商业、渔业等（参观者由此展厅进入一条狭长的热带雨林通道到郑和宝船展厅）。
5. 郑和宝船馆。宝船分四层，底层为压舱石及重货物，第二层为仓库，第三层为随员的起居仓，第四层为甲板。甲板上有九桅十二帆，救生艇，鱼池等。另加三层的控制楼，它是船队的指挥中心，也是郑和及各国贵宾的舱房。

6. 郑和茶馆。
7. 妈祖庙，展示郑和随员所膜拜的妈祖与观音。
8. 李君常纪念厅。
9. 郑和木偶剧。
10. 南洋龙瓮文物展厅。
11. 郑和与东南亚回教展厅，展示郑和对回教传入东南亚的影响。
12. 郑和官厂模拟实景。
13. 郑和指挥室，展示中国航海技术。
14. 郑和下西洋全景模拟展示厅。
15. 西洋各国风物展厅。

结　语

马六甲官厂是海上巨人郑和所创立的贸易与航海基地。但是，郑和去世二百多年后，在官厂遗址上又出现另一个海外显赫的历史人物，他就是马六甲家喻户晓的李君常。现今郑和文化馆与郑和文化研究中心就设立在官厂的遗址上，为郑和在马六甲的官厂开启了一个新的时代。

从葡荷地图文献考马六甲郑和官厂遗址

李 峰

(马来西亚马六甲郑和文化馆)

一 背景：郑和与马六甲

欧亚大陆的贸易往来始于古典时期，随着汉帝国和罗马帝国的崩溃，跨大陆的商业贸易遭到破坏和削弱，到中世纪（7世纪）伊斯兰教帝国和蒙古帝国相继出现，使这一贸易再度兴盛。中国宋朝期间（960—1279），中国人在造船和航海业上取得了巨大的进步。12世纪末中国已取代穆斯林在东亚和东南亚的海上优势[1]，中国的航海活动在明朝（1368—1644）达到极盛，以15世纪初中国在太平洋和印度洋上获得的显著却短暂的海上优势为顶峰。1405—1433年，中国明朝的太监郑和奉皇帝命令下西洋，第一次就率两万七千多人的庞大船队，宝船六十二艘。七次航行遍及中国南海和印度洋周边，最远抵达非洲东海岸、波斯湾和红海，与沿途三十多个国家（或港口）开展外交与贸易往来。此时，葡萄牙人刚刚开始探索非洲西海岸，直到1445年才到达佛得角。郑和的七次航行，其规模和所取得的成就是史无前例的，足以证明中国的航海地位。[2]

郑和航行访问的国家（或港口）中，位于马六甲海峡的满剌加（今马来西亚马六甲州暨周边地区）的地位尤为特殊。彭慕兰等认为，15—16世纪，亚洲贸易就是世界贸易，马六甲则是"世界贸易"中非常重要

---

[1] ［美］斯塔夫里阿诺斯：《全球通史》（上），董书慧等译，北京大学出版社2005年版，第200页。

[2] ［美］斯塔夫里阿诺斯：《全球通史》（上），董书慧等译，北京大学出版社2005年版，第201页。

的节点。① 王赓武认为满剌加是接受永乐皇帝碑铭的第一个海外国家。②得到明王朝保护的马六甲与爪哇的港口贸易社团建立起联系，使马六甲成为对苏门答腊和爪哇贸易物资的集散中心，此后，要得到上好的香料不必再前往爪哇。马六甲港口发展迅速，在整个马六甲海峡地区重建起室利佛逝曾经拥有过的贸易地位。③ 与此同时，郑和下西洋在忽鲁谟斯完成了西洋与西域的贯通，中国对"西洋"即印度洋的认知已经成熟。④

在这个体系下，马六甲与中国的这种密切关系一直持续到1435年，那时明廷终于放弃了永乐帝的国家贸易政策。此时，马六甲的国际地位已坚不可摧。⑤ 马六甲也迎来其黄金时代，成为马来西亚民族永久珍视的民族记忆。

马六甲在东西方贸易和文化交流中，来自亚洲和欧洲的影响，赋予其一种有形和无形的文化遗产，荣膺世界文化遗产城市。⑥ 在这些影响中，郑和下西洋的影响至为深远，中国文献记录郑和船队在马六甲有仓廪库藏并在此分艅，《郑和航海图》中载有两处郑和"官廠（厂）"，何为官厂？遗址今天在哪里？

开展对郑和官厂的研究，寻找官厂遗址，对研究中国与马六甲的区域互动关系，对马中关系的塑造都是有意义的。探寻官厂遗址，古为今用，对文旅事业的发展，更是大有裨益。本文通过对葡萄牙和荷兰占领马六甲期间的历史地图进行考察，考证郑和官厂遗址位置和范围。

二 中国官厂史料与郑和官厂研究

（一）官厂史料

记录郑和下西洋时的航海档案在明代就已经荡然无存，丢失的过程至

---

① ［美］彭慕兰、［美］史蒂夫·托皮克：《贸易打造的世界——社会、文化与世界经济》，黄中宪译，陕西师范大学出版社2008年版，第29—31页。
② ［澳］王赓武：《东南亚与华人——王赓武教授论文选集》，中国友谊出版公司1987年版，第88页。
③ 《剑桥东南亚史》（第一卷），云南人民出版社版2003年版，第187—188页。
④ 万明：《郑和七下印度洋》，《南洋问题研究》2015年第1期。
⑤ ［澳］王赓武：《东南亚与华人——王赓武教授论文选集》，中国友谊出版公司1987年版，第90—91页。
⑥ UNESCO, http: //whc.unesco.org/en/list/1223.

今是一个未解之谜。目前可见的官厂史料主要有以下几种:

1.《郑和航海图》:两处官厂

明代末年的兵书集《武备志》中收录一卷海图,载有两处"官厂",一处在满剌加,一处在苏门答剌附近,均以方形线框将该名括于其中。满剌加的官厂,与满剌加隔河相望。该卷序文载:"明起于东,故文皇帝航海之使不知其几十万里。……当是时,臣为内监郑和,亦不辱命焉。其图列道里国土,详而不诬,载以昭来世,志武功也。"① 清楚地说明"其图"指的是作为使臣的内监郑和之图,后世将这卷地图称为《郑和航海图》。②

航海图中两处官厂均加口框标示,除南京龙江关的抽分厂和宣课司外,所有国名和州卫县等行政名称均以方形线框将地名括于其中加以标注。依中国古代制图的"计里画方"和"类从谱辨"之法③,两处官厂应属行政名称。

2.《瀛涯胜览》和《西洋番国志》:排栅和仓库

随郑和下西洋担任通事(翻译)的马欢著有《瀛涯胜览》,巩珍著《西洋番国志》,以亲历者身份记录了中国宝船在马六甲建立排栅城垣和仓廪库藏的情形,尽管二人没有直接记录"官厂",但其内容被一些学者视为官厂,后文详述。

> 中国宝船到彼,则立排栅城垣,设四门更鼓楼,夜则提铃巡警,内有立重栅小城,盖造库藏仓厫,一应钱粮顿在其内。去各国船只回到此处取齐,打整番货,装载船内,等候南风正顺,于五月中旬开洋回还。其国王亦自采办方物,携妻子带领头目,驾船跟随宝船赴阙进贡。(马欢《瀛涯胜览》)④

---

① (明)茅元仪:《武备志》,卷二四〇,清初莲溪草堂修补本,书格古籍电子图书馆。
② 原名《自宝船厂开船从龙江关出水直抵外国诸番图》,载于明代茅元仪辑录的兵书集《武备志》,全书二百四十卷,最后一卷为《航海》,收录40页海图和4页《过洋牵星图》,详细注明了针位航向航程,地名540余个,包括地理名称(如山名、水域名、港湾名、水道名、岛屿名、礁石名、岬角名)、行政名称(如国名、省名、州卫县所巡检司)、地物名称(如宫殿名、寺庙名、桥梁名、工厂名、城门名),是16世纪之前中国最杰出的航海地理图籍。
③ (明)罗洪先增补,(元)朱思本:《广舆图》,明万历七年(1579)海虞钱岱刊本,第3页。
④ (明)马欢:《瀛涯胜览》,(明)陈于廷《纪录汇编》卷六二,第19页。

> 中国舶亦至其地，梇木为栅①，辟四门鼓楼，夜巡以铃。内设重栅，有仓库可贮货。五月中方发舶。②（《瀛涯胜览》改编本）

巩珍《西洋番国志》对中国宝船驻泊满剌加的情形记载，在马六甲设有"外府"：

> 中国下西洋舡以此为外府，立摆栅墙垣，设西门更鼓楼，内石立重城，盖造库藏完备。大𥪂宝舡已往占城、爪哇等国，并先𥪂暹罗等国回还舡只，俱于此国海滨驻泊。一应钱粮皆入库内□贮。各舡并聚，又分𥪂次前往诸番买卖，以后忽鲁谟厮等各国事毕回时，其小邦去而回者，先后迟早不过五七日俱，各到齐，将各国诸色钱粮通行打点装封仓艕，停候五月中，风信已顺，结𥪂回还。③

3.《西洋朝贡典录》和《海语》的记录

成书于明正德十五年（1520）的《西洋朝贡典录》满剌加条中，对马欢所记郑和船队驻泊马六甲的情形，释为"立府藏仓廪，停贮百物，然后分使通于列夷……其区略也"④，高度评价郑和选择马六甲的区略意义。

搜集海客舟师见闻，成书于明嘉靖十五年（1536年）的《海语》满剌加条记有，"王居前屋用瓦，乃永乐中太监郑和所遗。余屋皆僭拟殿宇，以锡箔为饰"⑤。此段可有两解，一解为王宫内前部的房屋用的瓦是郑和时所遗留，也可解为王宫外，前面的房屋使用的瓦是郑和所遗留。伯希和认

---

① 此处的"栅"当为"栅"。
② （明）陈继儒《宝颜堂秘笈》刻本。（明）陶宗仪《说郛》本，日本早稻田大学藏本。（明）冯可宾《广百川学海》本。（明）陈于廷《记录汇编》卷六三，张昇删改本，均收本段。
③ （明）巩珍：《西洋番国志》，新加坡大学图书馆藏知圣道斋刻本。巩珍《西洋番国志》或为马欢《瀛涯胜览》的别本。
④ （明）黄省曾：《西洋朝贡典录》卷上，满剌加条，第12页，撰写于明正德十五年（1520），伯希和冯承钧依据本书校正了《瀛涯胜览》本的一些文字错讹和脱文。本文参考1890年粤雅堂抄本。
⑤ （明）黄衷：《海语》卷上，满剌加条，明万历绣水沈氏尚白斋刊本，第10页。黄衷生平可参考段立生刊于1984年第3期《东南亚》中的《黄衷及其〈海语〉》一文。

为郑和行后，满剌加王取其遗瓦以盖王宫。① 笔者认为应为第二解，王宫的余屋本为王家屋舍，不可能"僭拟"，非王宫建的殿宇才会产生"僭拟"之嫌，所以此条应解释为马六甲王宫之外的前面的房屋用的瓦是郑和所留，其他的殿宇用锡箔装饰，但有违反规制的可能，违反的是哪里的规制，难以确定。《海语》对郑和船队在马六甲遗存建筑的位置给出了说明，可资研究。

葡萄牙占领马六甲后在王宫和大清真寺原址修建的堡垒，完工的时间是1512年1月初②，所以，海客舟师们去马六甲的时间，至少是在1512年之前，距离郑和最后一次下西洋不到八十年。但由于作者并没有亲历下西洋，其记录的真实性待考。

（二）"官厂"和"官场"

笔者在明代之前的正史中没有找到"官厂"的记载，但在宋元时期记录海外诸番的笔记《诸蕃志》和《岛夷志略》中，有多处"官场"的记录，有指番国市场，"［麻逸国］官场者，其国阛阓之所也"③，有指番国政府，"［交趾］舶人不贩其地，惟偷贩之舟止于断山上下，不得至其官场，恐中国人窥见其国之虚实也"，"［古里佛］官场居深山中，海滨为市，以通贸易"④。

明代的官方记录中大量出现"官厂"，与"官场"通用，如五代出现的"铁场"，在明代记有"铁场"和"铁厂"，宋代出现的"抽分场"，在明代也被记为"抽分厂"。明代的官厂指官方矿场、官方土地、税收机构，也有官方仓储和官方仓库⑤之意。

（三）郑和官厂研究

前辈南洋史地学者许云樵、米尔斯（J. V. Mills）对官厂略有提及，并

---

① ［法］伯希和：《郑和下西洋考》，冯承钧译，中华书局1955年版，第116页。
② 张礼千：《马六甲史》，商务印书馆1941年版，第139页。
③ （宋）赵汝适原著，杨博文校释：《诸蕃志校释》卷上，"麻逸国条"，中华书局1996年版，第141页。阛阓，huan hui，街市，店铺。
④ 《岛夷志略》，中华书局1981年版。书中记录官场有七处。
⑤ 《大明会典》卷二四〇。官厂指仓库的原文为："凡兰州抽分。成化十七年设。……过河桥捉获者、尽数入官。俱送本处官厂、收贮公用凡各处抽分。"

没有专文研究。许云樵认为"官厂"与欧洲殖民者建立的贸易站"土库"①（马来语 Toko）相同，"中国使臣在满剌加所造的排栅仓库，遗址虽不可考，但在郑和的航海图上，的确在满剌加绘有官厂一座。这官厂就是和后来欧洲人所建的土库（factory）一样，有排栅、有仓库，不过郑和所建的，规模特大而已"②。陈达生也同意此说。③ 张礼千则认为官厂兼有仓库和行辕功能，"［郑和］不但筑官厂以顿钱粮，而且建行辕以寓随从"，并且认为《航海图》中两处官厂均为郑和所筑。④

官厂由何人所建，伯希和与葛路耐（W. P. Groeneveldt）意见不同，葛路耐认为排栅城垣是满剌加人所立，而伯希和认为是郑和所立，仅在一次航行中有之，而马欢在此次曾随行。⑤ 米尔斯（J. V. Mills）认为《航海图》中官厂是政府建筑（Official Building），可能是满剌加港口官员（Shahbandar）的办公室⑥，《瀛涯胜览》中的栅栏内建的是仓库和粮仓。⑦ 金国平和吴志良认为"官厂"应作"官场"。⑧ 沈瑞英认为官厂基地对维护海权意义重大，时平以文献资料证马六甲官厂区略说。周运中认为《宝日堂初集》中所载榜葛剌（今孟加拉）的官厂为郑和所建，起到管理贸易的作用，即《星槎胜览》所载的抽分所。⑨

对马六甲官厂遗址的研究较少，认为马六甲官厂遗址在马六甲三保

---

① 土库，闽南语"批发商店"之意。荷兰在东印度群岛设立的商店和贸易站称 Toko，名称沿用至今。明代以及之前的文献中，土库有两种含义，一意为仓库，如宋代洪迈《夷坚志甲》乙卷九，"张藏钱不胜多，至筑土库数十所作贮积处，平生享用自如"。明代《礼部志稿》四库全书本，卷四十五，"如民间所谓土库者收贮"。另一意为荷兰人设立的 Toko。《明史》列传第二百一十三，外国六，浡泥条，"万历时，红毛番强商其境，筑土库以居"。

② 许云樵：《明代载籍中的满剌加》，载许云樵译，《马来纪年》，新加坡青年书局1966年版，第355页。

③ 陈达生：《郑和与马六甲》，新加坡郑和学会、马来西亚国际郑和书院2020年版，第57页。

④ 张礼千：《马六甲史》，商务印书馆1941年版，第41页。

⑤ ［法］伯希和：《郑和下西洋考》，冯承钧译，中华书局1955年版，第116页。系伯希和1933年撰文。

⑥ J. V. Mills, "Malaya in the Wu-Pei-Chih Charts", *JMBRAS*, Vol. XV, pt. III, 1937, p. 19.

⑦ J. V. Mills, " Ma Huan Ying-Yai Sheng-Lan 'The Overall Survey of The Ocean's Shores [1433]'", *Hakluyt Society*, No. XLII, 1970, p. 113.

⑧ 金国平、吴志良：《郑和航海图二官厂考》，《郑和研究与活动简报》卷20，2000年。

⑨ 周运中：《明初张瑄下西洋卒于孟加拉珍贵史料解读》，《南亚研究》2010年第2期。史料出自《宝日堂初集》，收录在《四库禁毁丛刊》集部第76册，第352页。费信在《瀛涯胜览》榜葛剌条载："其国海口有港曰察地港，立抽分之所。"

山的①，有钟锡金、安焕然、韩振华、金国平等人。② 专文研究马六甲官厂遗址的，有陈达生的《郑和"官厂"遗址考》，他不同意马六甲郑和官厂位于三保山的观点，他认为货仓必须是在河口，船只可到之处，如果在三宝山上，因为当时并没有卡车，郑和的随员终日都在搬运货物。③ 提出官厂应在马六甲古城内的观点，并对官厂位置进行考证，大约在今马六甲河的北岸，东临马六甲河，西临马六甲海峡，其北为今古布街（Jalan Kubu，马来语"堡垒"之意），面积约十英亩左右。④

三 葡荷占领时期的马六甲地图研究

15世纪末，为寻找香料和黄金产地，欧洲人开始对世界进行探索和占领，葡萄牙人和荷兰人先后占领马六甲，留下的马六甲叙事和地图成为重要的历史文献，我们对三幅葡萄牙地图文献进行研究，参考荷属时期的地图进行比对，以此考察郑和官厂遗址的位置。

（一）艾勒迪亚⑤《马六甲、南印度和契丹》的马六甲地图

该书葡文原名《马六甲、南印度和契丹》⑥，约1613年完成，原稿现存于布鲁塞尔皇家图书馆，记录了1600年至1604年马六甲的历史面貌、

---

① 今马六甲市区内有一座三保山，马来文名称为Bukit Cina，山脚下有三宝庙，其中有一口淡水井，山上为华人义山（坟场），在马来人的叙事中，这里是嫁给马六甲苏丹的中国公主汉丽宝居住的地方。
② 陈达生：《郑和与马来亚》，马来西亚郑和文化馆、国际郑和学会2014年版，第66页。
③ 陈达生：《郑和与马六甲》，新加坡郑和学会、马来西亚国际郑和书院2020年版，第60页。
④ 陈达生：《马六甲"官厂"遗址考》，见本书。
⑤ 曼纽尔·戈迪尼奥·德·艾勒迪亚（Manoel Godinho de Eredia），1563—1623，生于马六甲，13岁前往果阿（Goa）继续接受教育，精通数学、宇宙学（Cosmography，即天文地理历史博物之学），因其对亚洲的探索发现，被称为"发现者"。1600—1604年，在马六甲停留。
⑥ 葡文原名 Declaraçam de Malaca e Índia Meridional com o Cathay，现存于布鲁塞尔皇家图书馆（Bibliotheque Royale at Brussels，No. 7264）。1882年，M. Leon Jassen法文本出版，书名 Malaca L'Inde Meridionale et le Cathay。1929年，J. V. 米尔斯据法文本译为英文，书名 Eredia's Description of Malaca，Meridional India，and Cathay，次年发表于《皇家亚洲学会马来亚分会学刊》（JMBRAS 1930，Vol. VIII Part I），1997年，MBRAS重印米尔斯英译本。本文引用的文字部分出自1997年重印英译本，以下注释引文均注为 Eredia's Description of Malaca，tr. by J. V. Mills，1997。地图部分引自布鲁塞尔皇家图书馆保存的原始文献，引文均注为 Eredia原始手稿。

地理区划、功能性建筑和居民区的情况。由于艾勒迪亚精通算学和宇宙学，文稿收录的地图绘制清晰，比例恰当，很有价值。

艾勒迪亚绘制了六幅马六甲地图，其中"马六甲城堡和乌贝区详图"（图1）详尽记录了乌贝区的中国村、排垒城墙和中国排水沟，并以详尽的文字介绍了乌贝区的方位、排垒与堡垒、人口位置、环境状况、村落和族群、房屋样式等，记录了堡垒和村落的距离，以及教区人口等，保留了17世纪马六甲城市格局的资料。

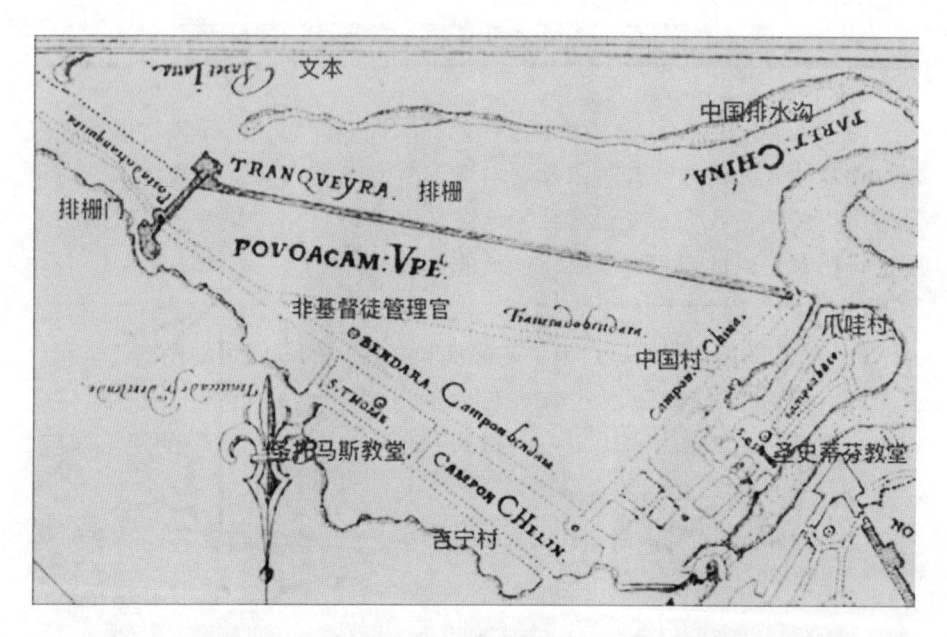

图1 艾勒迪亚绘"马六甲城堡和乌贝区详图"局部，双虚线标为道路

1934年《皇家亚洲协会马来亚分会学刊》（*JMBRAS*，No. XII，pt. II，pp. 1，24）发表了 Rev. Fr. Cardon 的论文，对艾勒迪亚地图中的地理名称进行了详细解读，并摹绘详图（见附录1），可供解读艾勒迪亚地图。

艾氏的地图有一个比例偏差，城堡区南北比例是正确的，但乌贝区南北长度只是东西长度的三分之二，或许是受限于纸张宽幅，法国东方学院皮埃尔·伊夫·曼古因也注意到这个问题。①

1. 马六甲早期地图

艾勒迪亚记录了马六甲国的起源和建城位置，绘制了一幅马六甲王朝第一位君主拜里迷苏剌（Permicuri）②建国时期的王宫位置图（图2），图中的王宫位于一座山上，前面是马六甲河，河口处有一座桥梁。与马欢《瀛涯胜览》记录一致："有一大溪河水下流，从王居前过入海，其王于溪上建立木桥，桥上造桥亭二十余间，诸物买卖俱在其上。"③

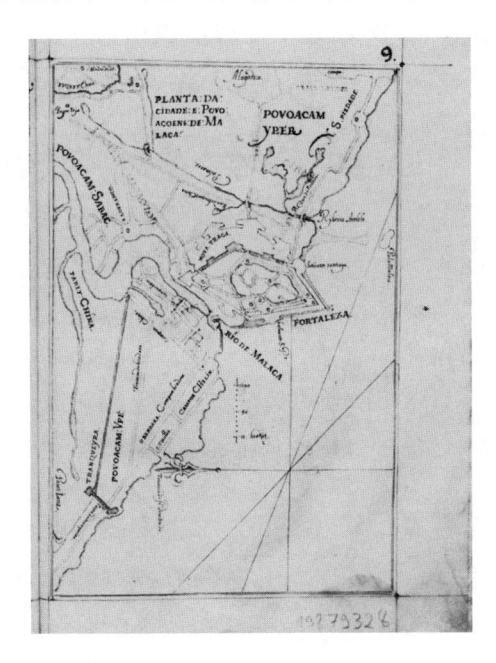

图2 艾勒迪亚绘制马六甲城区图

艾氏指出葡萄牙人修建的城堡，就位于马六甲苏丹王宫的原址处，并给出了马六甲名称的来历，他写道：

---

① ［法］埃尔·伊夫·曼古因（Pierre-Yves Manguin），"Of Fortress and Galleys: The 1568 Acehese Siege of Melaka, after a Contemporary Bird's-eye View"，刊于 *Modern Asian Studies*, 22, 3 (1988), pp. 607–628。

② Perimicuri，马六甲开国君主，马来语 Parameswara，中国文献中记为拜里米苏拉或拜里迷苏剌。

③ （明）马欢：《瀛涯胜览》序言，（明）陈于廷《纪录汇编》卷六二，第17页。

马六甲的原意是 Myrobalans，是一种生在在 Aerlele 河边的树所结的果实，这条河从中国山（Buquet China）流出，从 Ujontana① 海岸线流入大海。在这条溪流的东南侧，马来人的第一位国王 Perimicuri 建立了马六甲城，因此闻名于世。……1511 年 8 月 15 日，无敌船长② 攻陷马六甲城后，在河口东南方，紧挨着海边，苏丹 Mahameth③ 宫殿原址处的山脚下，建起了一座石砌堡垒。④

这份记录与《海语》所载的"王居前屋用瓦，乃永乐中太监郑和所遗"，可以互相参照，以资考证官厂的位置。

2. 艾勒迪亚记录的乌贝区：排栅区

艾勒迪亚记载，葡萄牙城堡之外有三片郊区，其中最重要的是乌贝区（Upe⑤），与城堡区隔马六甲河相对。这个区有木栅栏的土墙保护，称为"排栅区"（Tranqueira，葡语意为排栅壁垒），至今马六甲古城北侧的城区名称仍然是 Tengkera（或 Tranquerah）。

艾勒迪亚著作有两个英译本，1929 年 J. V. 米尔斯翻译的全本，1911 年乔治·麦克斯维尔（W. George Maxwell）在一篇论文后附录了节选译本。对两篇英译中的乌贝区的部分摘译如下：

［米尔斯 1929 年译文］⑥
（乌贝）的另一个名字是木排（Tranqueira）壁垒（Rampart）⑦：

---

① Ujontana，指马来半岛。
② 阿方索·德·阿尔布克尔克，Afonso Da Alboquerque，也记作 Afonso de Albuquerque，1453—1515 年，葡属印度殖民地总督，果阿和马六甲的征服者，奠定了葡萄牙在东方的殖民帝国的基础。张礼千《马六甲史》译为亚伯奎。
③ 马六甲末代苏丹。
④ Eredia's Description of Malaca, tr. by J. V. Mills, 1997, pp. 16 – 17.
⑤ 今马六甲有一个岛屿名为乌贝岛（Upeh）。
⑥ Eredia's Description of Malaca, tr. by J. V. Mills, 1997, pp. 19 – 21.
⑦ 葡文原文为 que por outro nome se chama a Tranqueira, por causa da tranqueira ou baluarte de pedra，米尔斯译为 It obtains its other name of "Tranqueira" from the Rampart。Tranqueira 葡文意为用木材排起来加固，多用于修筑堡垒和壁垒。较 Mills 更早的 Maxwell 译文将 Tranqueira 译为 Palisade（木栅栏）。

河口的西北方向 700 英寻①的海滩上，有一座石砌的堡垒，从这里开始，一道 60 庹长的土墙笔直向东，经过排垒中间有一道还在使用的大门，抵达一个土筑的炮台。接着，另一道土墙笔直向东南方向延伸，与有大门的土墙形成一个钝角，穿过陆上泥泞的花园，到达紧邻河边的中国村（Campon China）的大门。整个乌贝郊区以及里面的村居和街道被一道墙包围保护起来，使其免于受到海人②（Saletes）的袭击。……乌贝又分成两个教区，分别是圣托马斯（S. Thome）和圣史蒂芬（S. Estevao），前者被称为吉灵村（Campong Chelim），范围从海滨的爪哇集市（Bazar of Jaos）为起点，向西北方向到石头堡垒为止。这里居住着吉灵人（Chelim）③。…另一个教区是圣史蒂芬，叫中国村，范围从海滨的爪哇市场和河口为起点，向东北方向，沿河岸 400 英寻抵达（中国村）大门，有土墙构筑的部分壁垒，再次越过泥地，直到挨着中国排水沟的一片野生水椰林。中国村里居住着漳州人（Chincheos），外国商人以及本地渔民④。……这个区的房屋都是用木材建成，屋顶覆盖着瓦片，以防止失火。由于战争的原因，不允许用石材建房。一座石砌的桥穿过河口，通往海关办公室的平台，桥上有卫兵日夜巡逻。……海边的爪哇市场紧邻河口，每天清晨，爪哇商人带着从帆船和大船卸下的大米和谷物，驾舢板⑤来到市场，直接在船上卖货。

[William George Maxwell 爵士 1911 年译文]⑥

---

① Eredia 使用的长度单位为 baraç，是葡萄牙古度量单位，米尔斯英文对译为 fathmos（英寻），中世纪，这两个词常用于航海，指水手伸开两臂的长度，以快速测量，中文度量词为"庹"。今度量换算 1Baraç = 2.2 米，亦有 1.8 米的说法，笔者取此说。但笔者认为，中世纪，以法国为代表的南欧人身高平均为 1.6—1.7 米，人类伸开两臂的长度与身高基本相等，所以 16 世纪葡萄牙的 1 Baraç，应在 1.6—1.7 米间。艾勒迪亚书中注明 1baraç = 10 palm，张礼千认为是 10 掌，但仍需要更多计量文献的资料支持。

② Saletes，指来自海上的海盗或海上生活的族群。

③ Chelim 即 Keling，来自印度科罗曼德尔（Coromandel）地区的人，今 Keling 指生活在马来西亚和新加坡的印度人。

④ Chincheos，张礼千先生指为漳州人，或可指闽南人。

⑤ 葡文原文为 champenas，应是广东话舢板的对音。

⑥ W. George Maxwell, "Barretto de Resende's Account of Malacca, appendix A translation of Chapters I and XV. Of Gardinho de Eredia's 'Declaracam de Malaca'", Jounal of the SMRAS, No. 60, 1911, p. 21.

乌贝区也被称为木排壁垒或者木栅栏（Palisade），因为有一道木栅栏，或者说是木墙，与河岸平行而建。乌贝区从河口到1400码距离后，一道木栅栏向东，过一道栅栏门，延伸120码到达一处"Wooden Cavalier"，接着，另一道木栅栏墙与成钝角方向，穿过泥泞的湿地，直到邻河的中国村的大门。这样子，乌贝区的村居和花园，免受来自海人（Saletes）的进攻。……吉灵村的范围从海滨的爪哇集市沿河向西北展开，到石头壁垒为止。……中国村从爪哇市场的岸边，沿河边延伸800码到达位于河口①的木栅墙，越过河流泥泞的之处，到达生长着野水椰的小溪边，这条小溪叫做中国排水沟。

3. 解读乌贝区
（1）官厂位置
中国明代文献《海语》满剌加条所记"王居前屋用瓦，乃永乐中太监郑和所遗"，与艾勒迪亚著作中的王宫位置、葡萄牙城堡位置，可以互为参照来考证官厂遗址的位置。今天，葡萄牙城堡遗址的位置是非常清晰的，城堡内的地标建筑圣保罗山尚存遗迹，紧邻马六甲河的城墙遗址也经过挖掘出土。由此可以确定郑和官厂位于马六甲历史上的古乌贝区内，即今天的马六甲古城内。

（2）排栅壁垒、木构瓦屋
1600年，乌贝区西面和北面的土木排栅尚存，距离河口1280米的海边处有一座石堡垒，距离石堡垒108米处的转角处有一座土炮台，堡垒和土炮台之间设大门（图3）。东面的排栅残存了一部分，排栅内的中国村的大门紧邻马六甲河，村里住着福建漳州人。乌贝区内房屋是木制结构，屋顶覆瓦以防火。马六甲河口有一座石桥，桥旁边是爪哇市场和海关办公室，很多爪哇商人驾小舢板在水上市场卖货。

乌贝区的土木排栅与《瀛涯胜览》和《西洋番国志》中"立排栅、栫木为棚、立摆栅墙垣"很相似，开设城门与"设四门更鼓楼、设西门更鼓楼"也相似。此栅栏排垒是否是郑和驻泊时的遗存？乌贝区的覆瓦木屋是否是"永乐中太监郑和所遗"呢？

---

① 此处的河口，应当指马六甲河的河曲处，而不是河的入海口，应是译者误译。

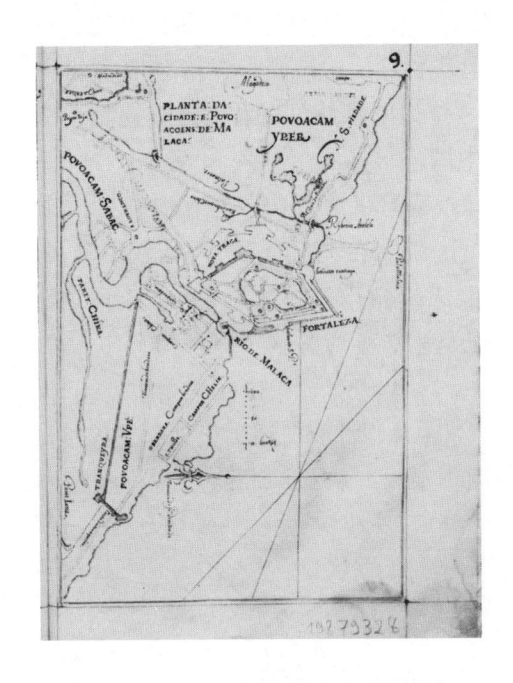

图 3 艾勒迪亚绘制马六甲早期地图

查阅史料，自 1511 年葡萄牙进攻马六甲到 1641 年荷兰围困马六甲，期间多次发生战争，攻防激烈，马六甲城市破坏严重。葡人留下的文献中有多处关于栅栏的记录。

皮列士的《东方志》中记录，"马六甲国王用强大的栅栏和枪支来加强力量。……［葡萄牙人］发现马六甲国有很多坚固的栅栏"①。在马来人建设村庄的传统中，也会使用栅栏保护村庄，"霹雳村（Perak）很穷，阿鲁（Aru）人经常袭击他们，而霹雳总是会有排垒"②。进攻马六甲的葡萄牙一方也建起栅栏进行攻防，"……竖起栅栏堡垒保护攻击这座桥的部队。……亚伯奎尝试守住已经控制的桥梁、清真寺和栅栏"③。

郑和驻泊期间的排栅，历经战事，马六甲又地处热带，高温多雨，到

---

① Tome Pires, *Suma Oriental*, Vol. 2, The Hakluyt Society No. XC, 1944, pp. 259, 279.

② Tome Pires, *Suma Oriental*, Vol. 2, The Hakluyt Society No. XC, 1944, p. 261。霹雳（Perak）村是向马六甲岁贡的属地。

③ R. O. Winstedt, A History of Malaya, *JMBRAS*, Vol. XIII, pt. I, 1935, pp. 64, 66.

1600 年艾勒迪亚回到马六甲，距离郑和下西洋已经超过 160 年，排栅保存下来的难度很大，但郑和官厂的排栅和建筑对地名和街道产生影响是有可能的。1750 年的马六甲地图依然可以看到这种影响，本文后面会详述。

（3）中国村、中国排水沟

乌贝区内距离马六甲河口约 730 米处有中国村，排栅大门紧靠马六甲河，居住着漳州人。这说明在 17 世纪初，马六甲乌贝区有相当数量的中国人定居。明代中国人垦殖南洋远胜前代，"人民之移殖，尤繁于前代。非特中国人士繁育于马来、苏门答腊……且握有伟大势力"[①]。郑和下西洋之功不可没。

乌贝区的排栅经过一片泥泞有花园的土地，艾氏地图上，排栅外侧有一条与之平行的"中国排水沟"（Parit China）[②]，排水沟外是沼泽地（Alagadico）（图 4）。

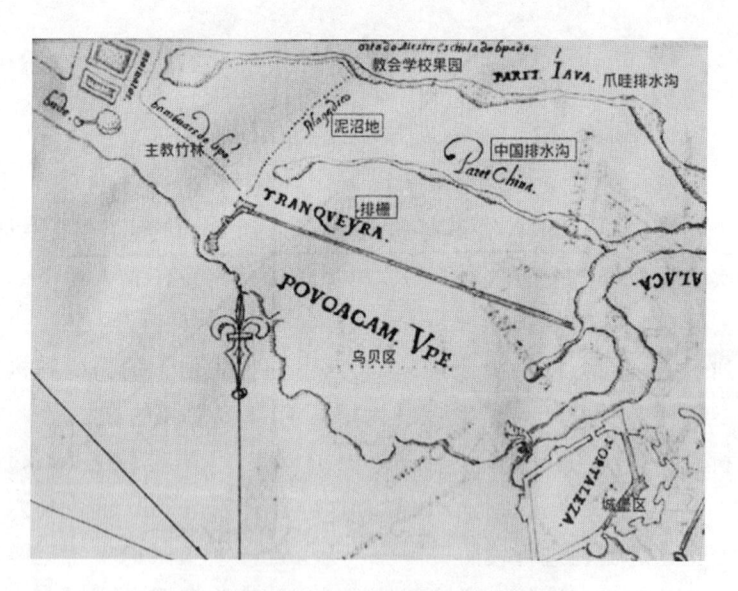

图 4　乌贝排栅壁垒与中国水沟和泥沼地

与排栅平行的"中国排水沟"很可能是护城河，此排水沟是修建官厂

[①] 刘继宣、束世澂：《中华民族拓殖南洋史》，商务印书馆 1934 年版。
[②] Parit China，parit，马来文排水沟之意。

所挖，还是天然河道，需要更多的考古证据了。这种地理环境是符合明朝的安营营规的，"营侧如无木者，以地生蒹苇水草之处，及有蚁坏之地，其下必有伏泉，可开水井"①。郑和驻泊马六甲时，所率大队军马中都指挥、指挥、千户、百户众多②，必深谙安营之道，选择靠近乌贝区的花园泥沼地形安营，很容易开凿水井。

艾氏记录的泥沼和树林区，直到1750年仍存在，说明自1600年起的150年间，乌贝区的城区格局没有发生大的变化。

（二）加斯帕·科雷亚绘制的马六甲地图③

马六甲的征服者亚伯奎的秘书加斯帕·科雷亚（Gaspar Correia）④著有《印度传奇》，其中收录了一幅马六甲地图，大致于1520—1530年间完成，非常生动地描绘了葡萄牙人占领马六甲初期的城市面貌，堪称马六甲城市风貌第一图（图5）。

此图与当时的真实面貌是否一致？马来西亚学者 K. A. 考斯曼和 N. A. 莫克塔尔通过图中的城堡区的研究，认为是符合历史事实的，并以此进行马来城市历史遗产研究。⑤里斯本大学的 R. M. 卢雷罗则认为城堡的形状与历史不完全符合，可能是科雷亚依据二手材料绘制。⑥昆士兰大学的佩德罗·盖德斯认为加斯帕尔·科雷亚是亚伯奎的秘书，这些插图与《印度传奇》可能是同一个人所绘，或者至少用当代的方式来表现这些不寻常的

---

① （明）茅元仪辑：《武备志》卷九五《军资乘营规》，第12页，明天启元年刻清初莲溪草堂修补本。

② 《影印原本郑和家谱校注》，晨光出版社2005年版，第22页。

③ Gaspar Correia, *Lendas da Índia* (1860 – 1866), Vol. II, pp. 250 – 251 (Lenda de Albuquerque, cap. 29).

④ 加斯帕·科雷亚（Gaspar Correia），1492—1561，是亚伯奎的五位秘书之一，1513—1514年到马六甲，著有四卷本《印度传奇》（*Lendas da Índia*），是记录葡萄牙在印度和东方早期历史的重要著作，是第一部提到麦哲伦探险旅程的历史著作。目前保存的为1860—1866年的版本，书中附有23幅石版画插图，收藏于里斯本国家档案馆（Arquivo Nacional Torre do Tombo）。

⑤ Kamarul Afizi Kosman, Noor Aisyah Mokhtar: Existence of Melaka Malay (Fort) City Based on First Painting of A' Famosa by The Portuguese, *International Journal of Innovative Technology and Exploring Engineering (IJITEE)*, Vol. 8, Oct. 2019, pp. 652 – 662. 马来西亚学者称此图为 Painting。

⑥ Rui Manuel Loureiro, Uma cidade cercada: Malaca durante a União Ibérica (1580 – 1640), e-Spania [Online], 25 | octobre 2016, Online since 01 October 2016, connection on 01 July 2021. URL: http://journals.openedition.org/e-spania/25971; DOI: https://doi.org/10.4000/e-spania.25971.

结构。① 笔者认为，科雷亚地图中城堡塔楼的层数与艾勒迪亚记录一致，乌贝区的道路格局与后来的地图也一致，此图的真实性是很高的。

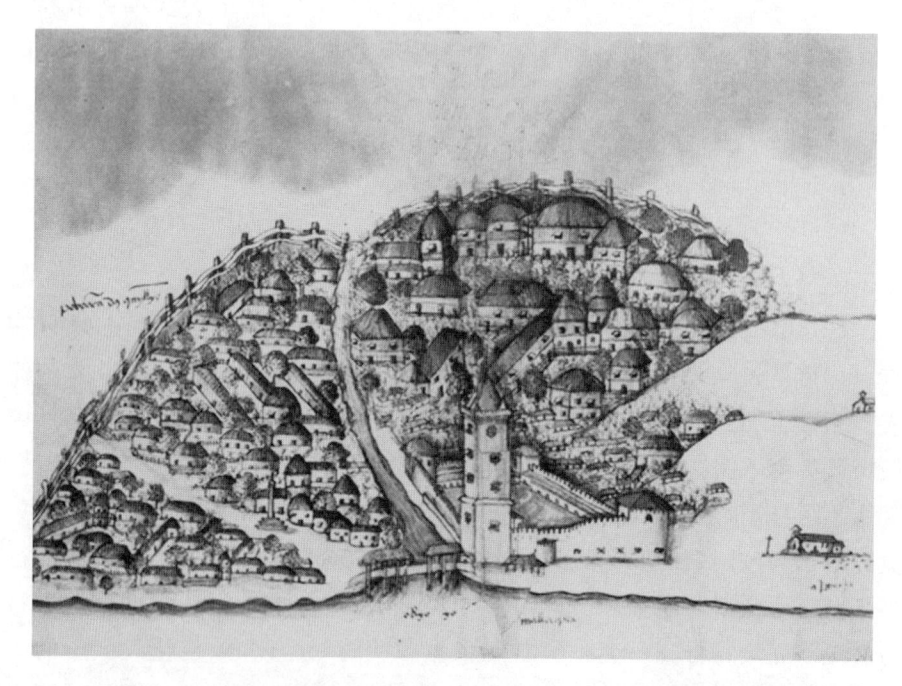

图5　1520年代，加斯帕·科雷亚（Gaspar Correia）绘制的马六甲地图

地图标注了几个地名，马六甲河（o Ryo）、马六甲（Mallagna）、异教徒定居点（Poboado dos Gentys②）。葡萄牙城堡位于马六甲山脚下，紧靠马六甲河河口。河口有一座桥，桥上有两座桥亭，与马欢《瀛涯胜览》所记"王于溪上建立木桥，桥上造桥亭二十余间，诸物买卖俱在其上"，是一致的。乌贝区被一道木栅栏围护起来，在西面的栅栏上有一座带檐单楹城寨门。区内有一条宽阔的主干道，将区域分成大小两部分，离桥不远的干道中心有一根纪念柱。河口处的房屋形制与该区其他房屋不同，多为两开间，窗口高开，带防护挡板，而其他房屋大多为单层三开间。

乌贝区近海滨处，有三处房屋围合的院落，坐北朝南，形成三进（图

---

① Pedro Guedes, *Becoming the Others* (2017).
② Poboado dos Gentys，葡语，异教徒定居点，即艾勒迪亚所说的乌贝区（Upe）。

6)。第一进正房两或三间,近海一侧有厢房,并建有一幢小型的两层碉楼。第二进正房三开间,有厢房、耳房,旁边另有一路。第三进正房四开间,有厢房、耳房,院落最大,房屋最多。此三进两路的院落与中国古代的官邸格局非常相似,乌贝区另有四排四至五开间的长屋,呈山字形排列(图7)。此两处建筑如果是《海语》所载郑和遗存,极有可能是官厂的外府和仓库。乌贝区很多房屋是三开间,屋前有篱笆围合的小院,类似中国家庭庭院。

图6 加斯帕·科雷亚马六甲风貌图局部,三进院落

地图中另一个区域房屋高大,有独栋建筑,也有联排建筑,多为两层,二层窗口均安装有防护挡板,建筑之间围合出较大但不封闭的院落,与乌贝区房屋风格完全不同。

(三) 1568 年亚齐进攻马六甲之战鸟瞰图

这是一幅描绘 1568 年亚齐海军进攻马六甲的场景,对城堡和乌贝区有着细致逼真的描绘。法国东方学家埃尔·伊夫·曼古因认为此图的精细程度以及对透视的掌握水准,是超过科雷亚和艾勒迪亚地图的,[1] 原始图版保存在葡萄牙里斯本军事历史档案馆和巴西里约热内卢国家图书馆。(图8)

---

[1] Poboado dos Gentys, p. 607.

图7 加斯帕·科雷亚马六甲风貌图局部，山字型长屋

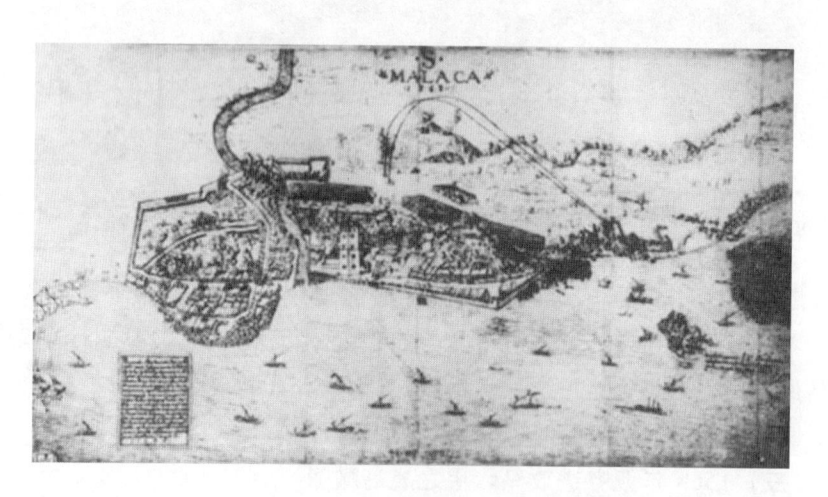

图8 1568年亚齐进攻马六甲之战鸟瞰图①

地图中乌贝区有四条主要道路，与今马六甲古城内的道路和走向非常

---

① 图片摘自埃尔·伊夫·曼古因（Pierre-Yves Manguin），"Of Fortress and Galleys: The 1568 Acehese Siege of Melaka, after a Contemporary Bird's-eye View"，刊于 Modern Asian Studies，22，3 (1988)，p.609。文中说原始图版保存在里斯本军事历史档案馆和里约热内卢国家图书馆。本文插图引自曼古因教授论文。

相似。外围有木栅栏式的围墙保护，乌贝区内有一片椰树林和沼泽地，与艾勒迪亚的地图一致（图9）。

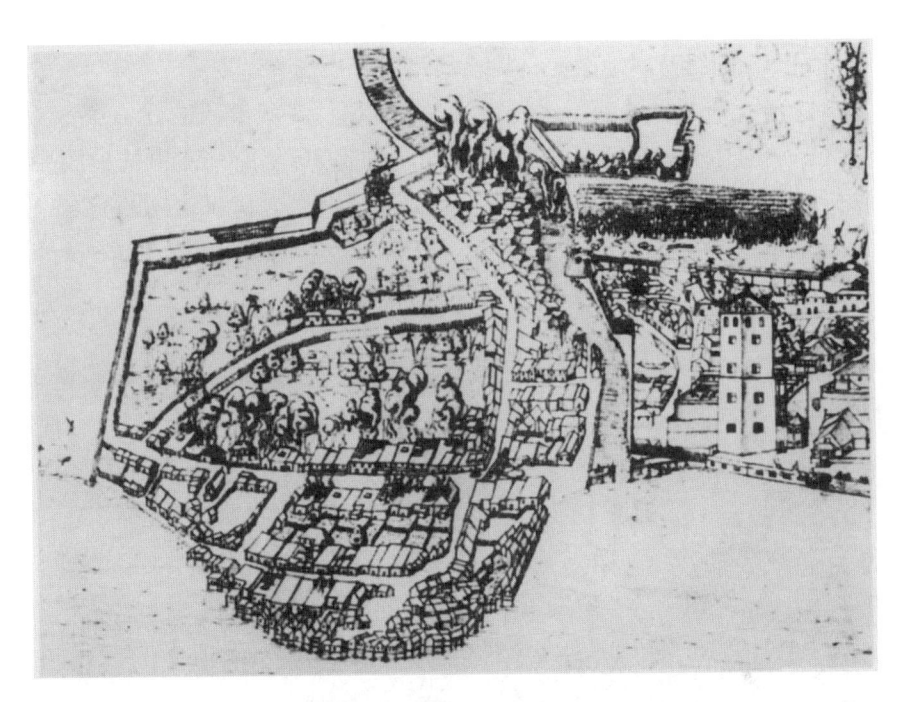

图9　1568年亚齐进攻马六甲鸟瞰图中的乌贝区

曼古因认为乌贝区主要街道两侧的房子，"显然是外国商人的房子，向北的主要街道上，一些较大的房屋的墙壁下部是由永久材料建成，可能就是中国和葡萄牙文献中的货仓的地基和下部的石墙"①，一些屋顶上覆盖着瓦片。沿河道路两侧的房屋多是硬山顶，非常稠密。近海的道路一侧，多处硬山顶式房屋围合而成的院落清晰可见，海岸线靠近河口的区域搭建了很多高脚屋，区内还有数量不多的马来式高脚住宅。由于亚齐的进攻，乌贝内陆区的房屋燃起了大火。

艾勒迪亚记录中的中国村位置，有密集的硬山顶房屋，栅栏围墙穿过椰树林和沼泽地，这与艾勒迪亚的记录是一致的。将此图与科雷亚的1520

---

① 埃尔·伊夫·曼古因（Pierre-Yves Manguin），"Of Fortress and Galleys: The 1568 Acehese Siege of Melaka, after a Contemporary Bird's-eye View",刊于 *Modern Asian Studies*, 22, 3 (1988), p. 609。

年代的地图比较，乌贝区主干街道走向和格局相似，但房屋形态有所不同。可据此两图对乌贝区的排栅位置和道路格局进行研究。

（四）18 世纪荷属地图：乌贝格局不变、中国将军府

1641 年，荷兰击败葡萄牙占领马六甲，荷兰对城堡区进行了修复，也对受损严重的乌贝区进行了修复，1744 年和 1750 年的马六甲的地图中可以看出，乌贝区主干道路格局与葡属时期保持一致，荷属时期的路名一直影响至今（图 10）。

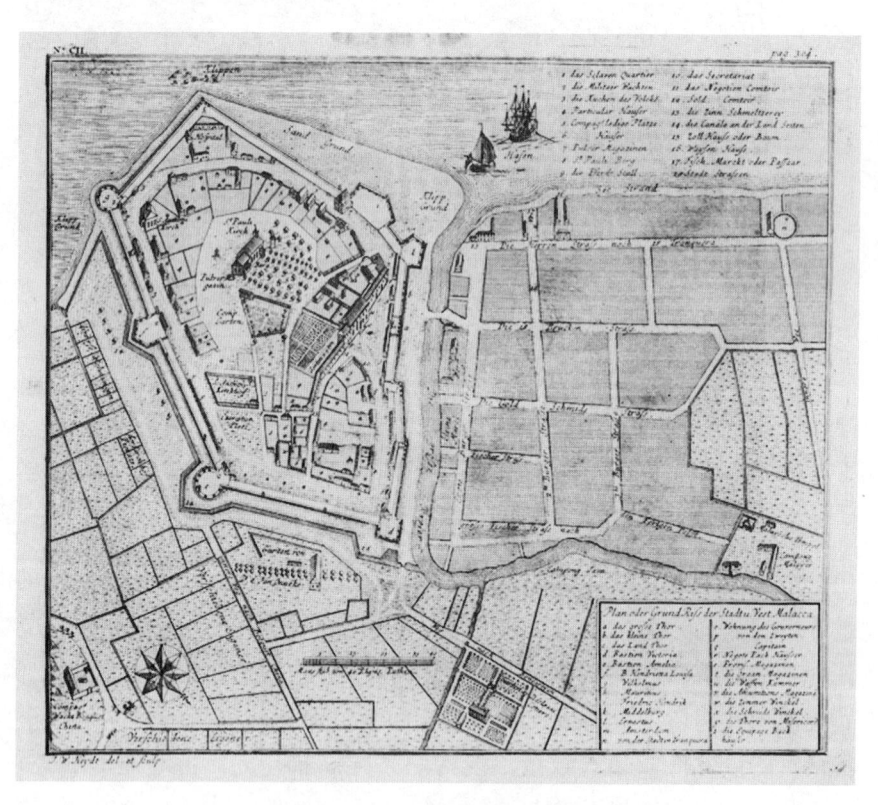

图 10　1744 年马六甲地图[①]

[①] 由荷兰画家、建筑师 Johann Wolffgang Heydt 绘图，Heydt 于 1733 年加入东印度公司（VOC），1734—1741 年在锡兰、非洲、巴达维亚担任绘图师和建筑师。原始文献名 *Allerneuester Geographisch und Topographischer Schauplatz, von Africa und Ost-Indien*，书中记录了大量殖民地城市的资料和插图。本文资料引自德国下萨克森州 Herzog August 图书馆（Herzog August Bibliothek Wolfenbittel）。

1. 中国将军府

1750年法国人雅克布·尼古拉斯·贝林绘制的马六甲地图中，对乌贝区几个重要地标做了说明，其中"中国将军府"引人注目，法语注为General（将军），荷兰语注为opperhoofd（领袖），是何人的府邸？（图11、表1）

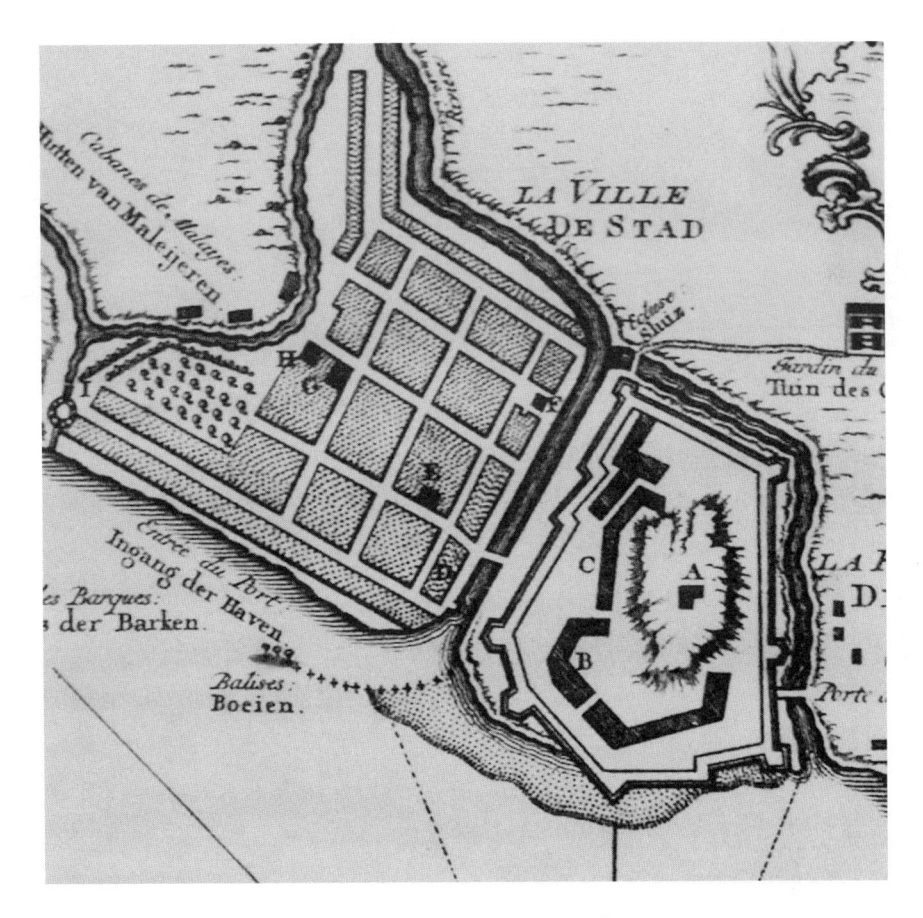

图11　1750年马六甲地图①

---

① 法国多卷本《旅行通史》(Histoire générale des voyages) 插图，由雅克布·尼古拉斯·贝林 (Jacques-Nicolas Bellin, 1703—1772) 绘制，贝林是水文地理学家，法国绘图师，加入法国海洋局，负责描绘标示海岸线的海事地图，贝林的地图重视科学准确性。1764年出版 Le Petit Atlas Maritime，包括581幅亚洲和非洲地图。

表1　　　　　　　1750年雅克布·尼古拉斯·贝林地图的地标

	法文名	荷兰文名	中文名	今位置
E	Maison du General des Chinois	Huiz van t opperhoofd der Chineezen	中国将军府	郑和文化馆和鸡场街和记鸡饭饭店
F	Bazar des Chinois	Markt der Chineezen	中国人市场	曾昆清桥（Chan Koon Cheng Bridge）与Lorong Hang Jebat路交界处
G	Mosquie des Moren	Moske der Mooren	摩尔人清真寺	Kampug Kling清真寺
H	Pagode des Chinois	Pagode der Chineezen	中国塔	青云亭附近

中国将军府是华人领袖甲必丹的府邸吗？

荷占马六甲时华人领袖称甲必丹（Captain），当局会称呼其为"将军"或"领袖"吗？笔者查阅《荷属马六甲总督1678年报告》，其中收录了79处花园名录，一处为中国甲必丹遗孀所有，一处为中国甲必丹Si Sia所有[①]，报告并没有称甲必丹为"将军"或"领袖"，这说明在荷兰殖民当局的官方文件中，并不称中国甲必丹为"将军/领袖"。若地点E是中国甲必丹的办公室，地图中完全可以标为"甲必丹公署"。

在马六甲历史中，中国将军非郑和莫属，直到今天，马来西亚和印度尼西亚的人们依然称郑和为"郑和将军"（Laksamana[②] Cheng Ho）（图12）。郑和的故事在马六甲乌贝区的中国村世代相传，此处的建筑或为历史遗存，为缅怀郑和，当地人称此处为"中国将军府"是完全有可能的。

---

① "Report of Governor Balthasar Bort on Malacca 1678"，收录于 *JMBRAS*, Vol. V, pt. I, 1927, p. 50。

② Laksamana，马来语上将。

中国将军府的旧址即今天马六甲古城一块由三条街区围合的地段，分别是西侧 Jalan Hang Jebat（即鸡场街），南侧 Lorong Hang Jebat，东侧 Jalan Tukang Besi（即打金街或甲板街），该区块内有郑和文化馆、郑和茶馆、和记鸡饭、三叔公、1673 餐厅等商业单位。在此址进行的工程翻新过程中，多次挖掘出与中国有关的历史文物。2004 年，古城内鸡场街 8 号的和记鸡饭饭店在整理地基时，出土一口酱釉大瓮（图 13），马六甲郑和文化馆馆长陈达生认为"在东南亚郑和到过的地方，都有此种大瓮的发现。沙捞越森林中的土人，唯一的传家之宝就是中国古代大瓮小瓮。他们虽不知郑和是谁，但通称此大瓮为三保瓮（Guci Sampo）"。陈达生判断此瓮应为明代旧物，将其命名为"郑和瓮"[①]。位于此址的马六甲郑和文化馆在施工时，从古井中挖掘出明永乐期的瓷片和宣德款识的铜香炉（图 14）。可资说明"中国将军府"遗址与中国明朝有一定的联系。

图 12　印度尼西亚郑和出版物　　图 13　马六甲古城和记鸡饭出土的酱釉大坛

---

① 陈达生：《郑和与马六甲》，马来西亚郑和文化馆 2020 年版，第 59 页。印尼陶瓷研究者认为此类酱釉类型属于缅甸型，命名为 Martavan 或 Tempayan，持此观点的有 Boedi Mranata & Handojo Susanto, *Ancient Martavans: A great Forgotten Heritage*, Indonesia, 2012, 以及 S. Adhyatman & Abu Ridho, *Tempayan di (Martvans in) Indonesia*, Indonesia, 1984。

图14 郑和文化馆施工时从古井内出土的"大明宣德年制"款铜香炉（陈达生供图）

四 郑和官厂遗址位置和面积考证

对中国文献和葡荷时期的马六甲地图进行研究后，我们可以确定郑和官厂位于葡占时期的乌贝区（即排栅区），排栅外围有一条中国排水沟。马六甲河口有一座带桥亭的古桥，连接城堡区与乌贝区。自1520年至今，乌贝区主要街道格局没有发生变化，1750年，中国将军府是古城内的重要地标。

考证官厂的位置，我们需要从几个方面来考察，首先，确定古乌贝区在今天的方位；其二，对古桥和古乌贝区古海岸线进行考察，以确定古乌贝区的河口和海岸线在今天的位置；其三，考察官厂四个边界。分别研究如下。

（一）古乌贝区即今马六甲古城区

尽管葡萄牙所建的马六甲城堡的城墙已不存，通过历史遗存、历史地图以及考古资料，城堡遗址的位置和范围是非常清晰的，以此确定城堡遗址隔河相对的马六甲古城就是古乌贝区，郑和官厂就位于今马六甲古城内。由于历史变迁，地理和地标可能发生的变化，需要进一步确定古乌贝区的范围。

（二）古桥即今陈金声桥

乌贝区重要地标马六甲河口的古桥，可以作为葡荷时期的地图与今天的地图进行比对的参照物，今天马六甲城堡遗址与古城区之间有一座陈金声桥（Tan Kim Seng Bridge），系南洋富商陈金声捐建。1980年发行的马六甲历史书籍中，是这样介绍的：

> ［陈金声桥］原为粗木建造，当1511年7月25日，亚伯奎首次进攻马六甲失利，8月15日再次进攻终于成功占领马六甲，在战争中大桥损坏严重，葡人重建了大桥，为防止敌人通过此桥发起攻击，重建时缩窄了桥的宽度。1613年，葡人以石材和灰泥重建新桥，设置了岗哨，并在桥头靠近马六甲山的山坡边建设海关办公室（Alfandega）。1641年葡荷战争时，马六甲桥再度受损并重修。①

陈金声桥的位置就是中葡文献中的古桥所在的位置，今天的桥面是缩窄后的桥面，马欢所记桥上有桥亭二十余间，进行买卖时的桥面更为宽大。

（三）古乌贝区海岸线

古乌贝区海岸线与今天的海岸线相比变动巨大，通过英国海峡殖民地当局1945年发行的一份马六甲城市规划图（图15）②，确定了马六甲历史海岸线的位置。地图绘制于1943年，涵盖1755—1830年马六甲城区的地理特征。与18世纪中叶荷占时期的地图比较，城堡区海岸线向海峡方向小幅度扩展了约130米，乌贝区河口处局部海岸线略有变动，其他海岸线基本保持原貌。通过与艾勒迪亚和科雷亚所绘制的地图的比对，可以确定1943年的马六甲地图中古城区的海岸线与古乌贝区的海岸线基本一致。而今天的马六甲城市海岸线，古城遗产保护区滨海的海岸线平均向外扩展了一千米，保护红线外的海岸线平均向外扩展达两千米（图16）。

---

① M. J. Pinto, *A Stroll through Ancient Malacca and A Glimpse at Her Historical Sites*, 1980, p. 56. 此桥缩窄的史料不详，待查。

② 地图原件保存于大英图书馆，可通过新加坡国家档案馆（NAS）的在线数据库进行查询（注册号SP006748），http://www.nas.gov.sg。

316　中国中外关系史研究的进程

图15　1945年马六甲城市规划地图

图16　今马六甲古城海岸线（谷歌地图）

由此，我们确定历史上的乌贝区最南端的位置①，就在古荷兰街（Herren Street）与马六甲河交汇处，古荷兰街今为敦陈祯禄街（Jalan Tun Cheng Lock），马六甲河口交汇处，艾勒迪亚记录的爪哇市场位于此，今天是一处民宿旅馆。

（四）中国将军府位于官厂核心区

通过研究1750年地图中的中国将军府，我们推测此位置应在郑和官厂旧址内，中国村（1600年）、中国市场（1750年）都位于郑和官厂核心区内，核心区的外府和仓库位于此处，紧邻马六甲河（见图17）。

该地块一侧临马六甲河，距离河口很近处有南洋富豪陈金声的货仓旧址，可见直到19世纪中叶，马六甲河口的市场依然繁荣忙碌，货仓今由郑和文化馆发展为朵云轩展览厅。

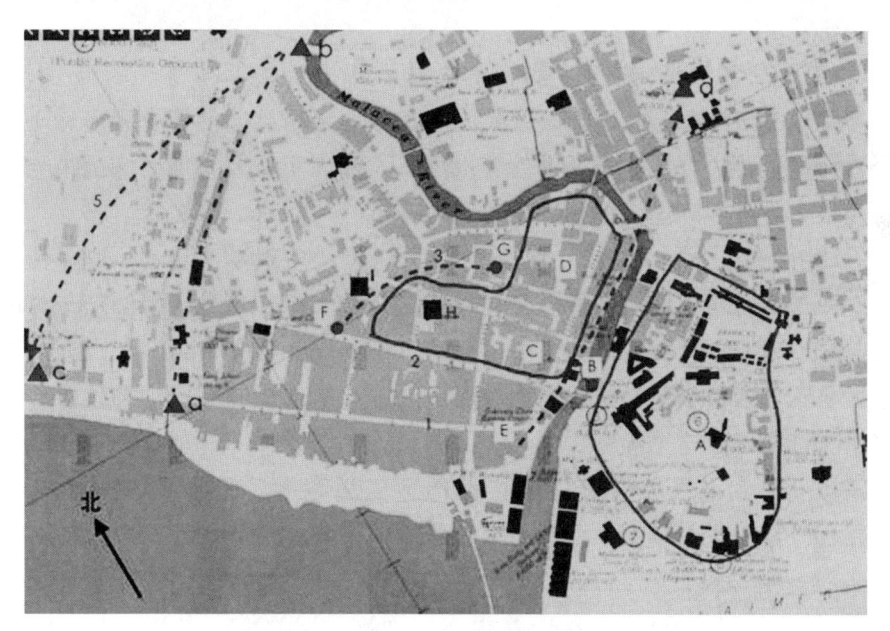

图17 马六甲官厂位置假想图

---

① 由于马六甲海岸线呈东南—西北走向，此端实为西南端，为方便读者阅读，此处简写为南端。

图 17	图例说明
A. 葡/荷城堡区 B. 马六甲古桥（今：陈金声桥） C. 中国将军府（今：郑和文化馆、三叔公、和记鸡饭） D. 中国市场、中国村（今：华人土产商街） E. 爪哇市场 F. Hang Kasturi 墓（今） G. Hang Jebat 墓（今） H. Kampung Keling 清真寺（今） I. 青云亭（今）	a. 堡垒（不存，今培风中学旧址） b. 堡垒（不存，今 Hang Tuah 桥） c. （艾勒迪亚）堡垒（不存，待考） d. （艾勒迪亚）中国村大门（不存，待考） 1. 荷兰街（今 Jalan Tun Cheng Lock） 2. 鸡场街（今 Jalan Hang Jebat） 3. 武士墓地连线 4. 荷占时期堡垒连线（今堡垒路，Jalan Kubu） 5. 艾勒迪亚排垒（不存）

中国村的位置紧邻中国将军府，东端①是曾昆清桥（Chan Koon Cheng Bridge），即艾勒迪亚记的中国村临河的大门处，此地在荷占时期为中国市场，直到今日，此处依然是经营粮油百货的华商货栈集中的街区。

（五）最难考证的是官厂北侧的边界

官厂一面临海、两面临河，我们已经考证出乌贝区的历史海岸和马六甲古河口位置，官厂核心区的位置也可以大致确定，但官厂北侧的边界在哪里最为难考。陈达生推测官厂北侧为古布街（Kubu，堡垒路）。

1. 排栅区

马六甲的北郊现代名称是 Tengkera 或 Tranquerah，源于葡语 Tranqueria（排垒），建于 1728 年的东纳街清真寺（Tengkera）位于北郊，距离陈金生桥 2 千米处。从艾勒迪亚地图看，中国排水沟或爪哇排水沟的位置应在这里。排垒位于这里吗？

马六甲今天已经没有任何排栅的历史遗存了，但在古城外围有一条路——堡垒路（Jalan Kubu），在荷属时期的地图上是一道壁垒。经过实测，堡垒路距离马六甲河口为 600 米（328 英寻），与艾勒迪亚所记录的 700 英寻（1280 米）差很多，而在 1280 米的位置，没有任何遗址留存。历次战争对排栅多有损毁，之后再重建，据此考证官厂外围难以获得满意的结果，只能期待未来出现排栅和中国排水沟的考古

---

① 实为东北端。

资料了。

今马六甲排栅区（Tranqueria）距马六甲河口1770米（1英里）处，紧邻古海岸线的位置，有一处五层八角白塔，四周空旷无任何建筑，当地记为1728年建。此塔是否与排栅有关，待考。

2. 马来武士墓可能是内栅位置

18世纪中后期马六甲地图中，乌贝的中国市场旁有一片农田，或者说是未发展为住宅的区域（图18），即今马六甲古城青云亭和苦力街一带，在艾勒迪亚记录中，此处有泥泞花园，外侧有水椰林，1568年的地图也非常清晰地记录了空地有椰树林。该区域内今存两座满剌加王朝时期的武士墓地，分别是位于鸡场街的Hang Kasturi墓和位于苦力街的Hang Jebat墓[①]（图17：F、G），两座墓距离中国将军府的直线距离分别是340米和140米，两位墓主人是马六甲王朝第六代国王芒速沙时期（1459—1477[②]）的著名武士。

苏丹芒速沙继位时，距离郑和最后一次下西洋（1431年）不到30年，此后马六甲与中国间互通使臣多有往来，如果官厂核心区就是后来的中国将军府的地块，为何在距离官厂核心区如此之近的地方，出现两座马来武士的墓地。笔者认为，此处可能就是官厂内栅的位置，1460—1780年，这片区域一直没有得到发展，所以有墓葬于此。陈达生认为官厂建筑于1433年第七次下西洋时，被大火烧光[③]，因此有墓葬在此地也是合理的。

笔者认为，郑和船队多数时间是在海上航行，在马六甲等候季风转换回航的时间也不会太久，有一些宝船要分艅行动，同一时间留在马六甲的船只和人员并不多，除外府和仓库需要比较坚固耐久外，不需要建设很多

---

① Hang Kasturi 和 Hang Jebat 是马六甲王朝著名武士，其故事来自马来叙事文学《汉都亚传》（*Hikayat Hang Tuah*），《马来纪年》中记录，Kasturi 被汉都亚杀后，尸体被丢入大海，妻子与儿子全部被处死，房屋被拆毁，连木桩都被拔出抛入大海。（许云樵：《马来纪年》，新加坡青年书局1966年版，第180页）。如此段属实，今马六甲古城内的 Kasturi 墓又属于何时何人之墓？今日马来西亚民众间，有汉都亚等武士均为华人的说法，本地有人称学者对几处墓葬进行了DNA检测，但笔者未见报告。自1999年起，马来西亚政府将汉都亚的故事从教材中撤下。

② 苏丹芒速沙，Sultan Mansur Shah，又名 Raja Hussin，1459—1477年在位，本文对芒速沙在位年代引自张礼千《马六甲史》中的考证，霍尔《东南亚史》也用此年代。

③ 陈达生：《马六甲"官厂"遗址考》，见本书。

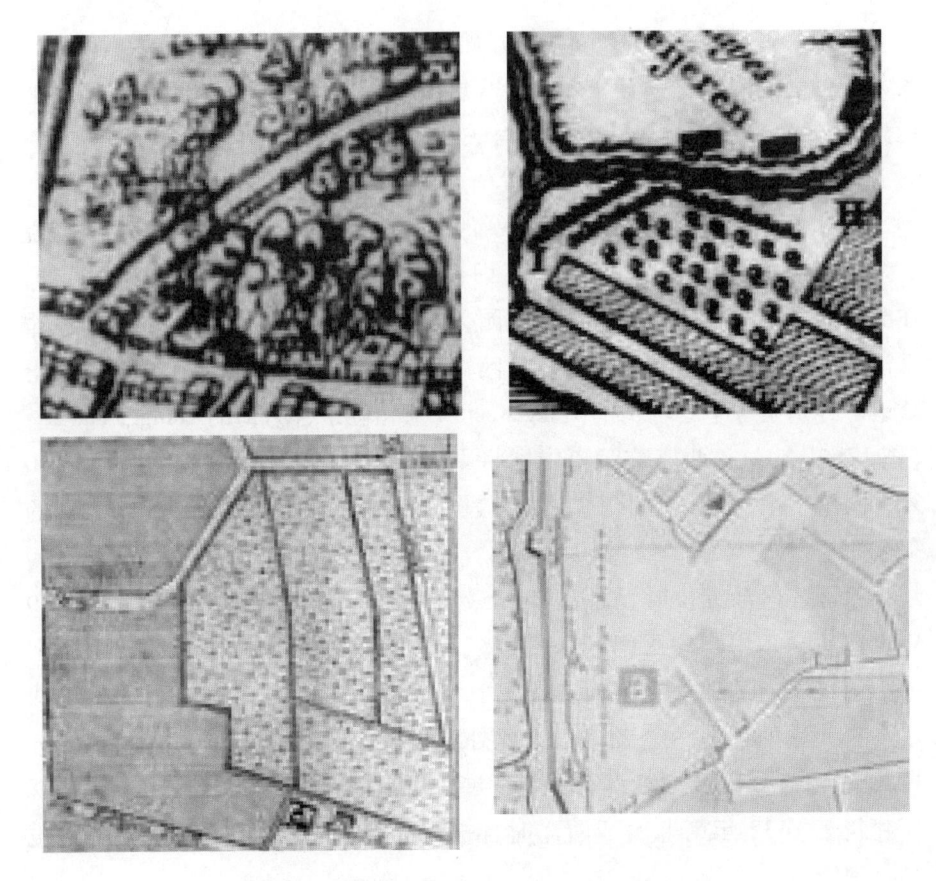

图18　葡荷时期的地图中乌贝区北部的空地

永久房屋，因此内栅里的房屋并不多，内外栅之间，应有大片的空地供搭建临时营地。随着中国船队离去，这些空地逐步荒废，埋葬两位武士也属正常。

据《宝日堂初集》载柳塘公葬于榜葛剌官厂东门外[1]，马六甲两处墓地均位于中国将军府的东北方向，即官厂的东门外，这种一致性是否与中国古代墓葬选址有关，待考。在马来西亚民间有汉都亚等以 Hang 为名的武士是华人的说法，如为华人，葬在此地也是合理的。

---

[1]《宝日堂初集》，《四库禁毁书丛刊》集部第76册，第352页。

(六) 官厂规模和面积

陈达生认为，郑和船队由两百多只大小不一的船和两万八千多人员组成。如以当时每艘船载一千吨来算，而船中有一半是用来装货物，则每次来到马六甲时的货物不少于一百万吨。如人员有一半会上岸整理货物的话，则一万四千人住在官厂内。如以马欢的形容，官厂有两道城墙，四边设钟鼓楼，有保安人员及巡警等看守，则此官厂不可能只有数间货仓。我们推测以 10 公尺乘 45 公尺的普通单层建筑物来看，它至少有百多栋货仓，再加上道路、空地等在内，则官厂面积当在五万平方公尺以上或五公顷左右。

如上文所述，郑和船队并非在马六甲永久驻泊，对永久建筑需求并不大，很多为临时建筑，所以官厂外栅区域的规模较大，但内栅里的外府和仓库的规模应该不大。

笔者推算，官厂核心区周长约 1000 米，面积 4 万平方米（10 英亩），与陈达生估算基本一致。但若以陈达生提出的堡垒路（Jalan Kubu）为官厂北端的边界，周长则为 2000 米，面积 22 万平方米（50 英亩）。若以艾勒迪亚记录的数据计算，乌贝区周长 3600 米，面积 50 万平方米（130 英亩）。

五 结语

六百年前郑和下西洋驻泊马六甲建立官厂，是一份珍贵的历史记忆，笔者承继陈达生博士开启的官厂遗址研究，通过文献比对与实地考察，确证了官厂的位置。结合历史地图，推测官厂核心区就位于今天马六甲古城内郑和文化馆所在的地块。这对于郑和研究、中马关系研究、马六甲古城文旅事业，都有重大意义。

六　附录

1. 陈达生考证的郑和官厂遗址示意图，陈列于马六甲郑和文化馆内。

2. 马六甲郑和文化馆，此址为1750年地图中的中国将军府。

3. 艾勒迪亚马六甲地图，1933 年英国学者摹绘

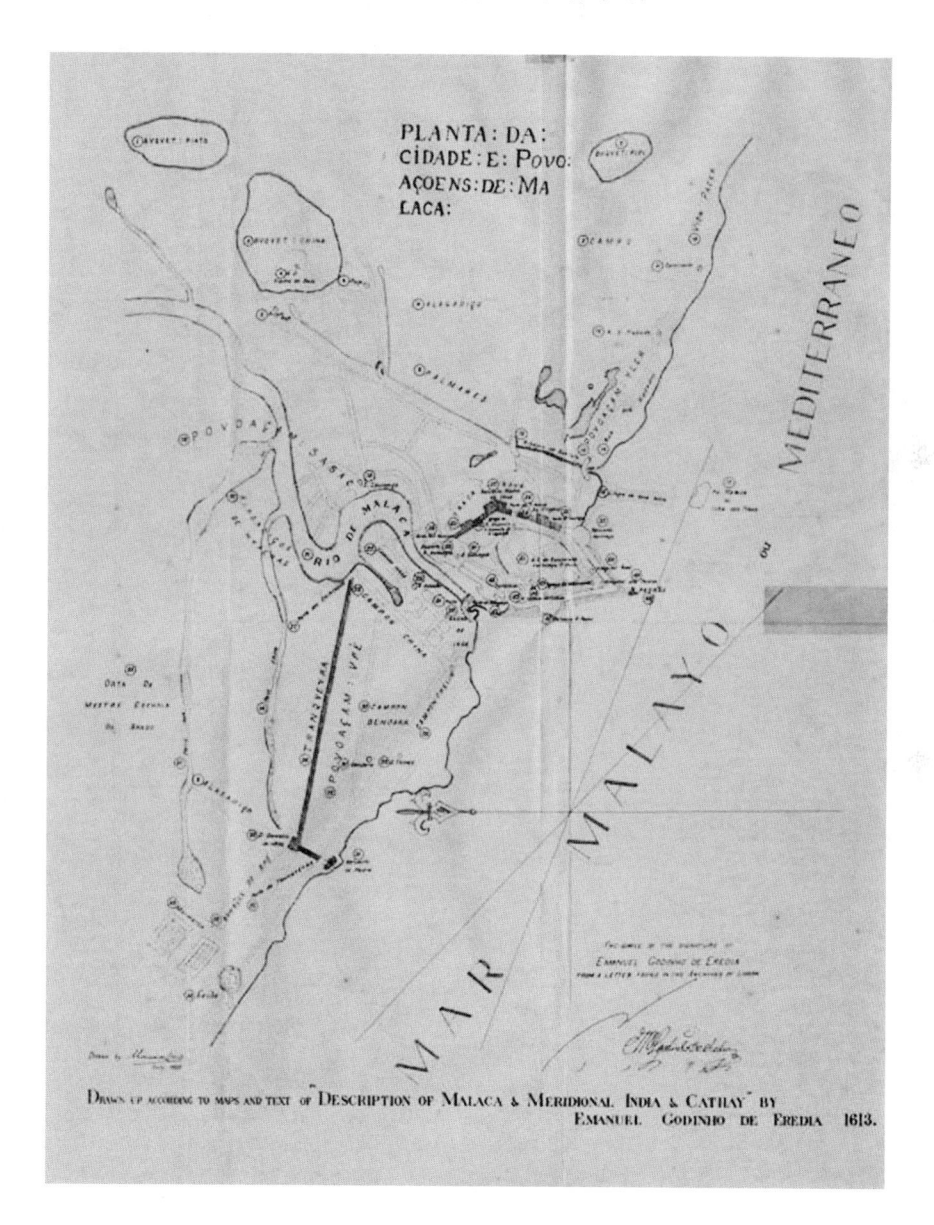

4. 1750年马六甲地图，雅克布·尼古拉斯·贝林绘

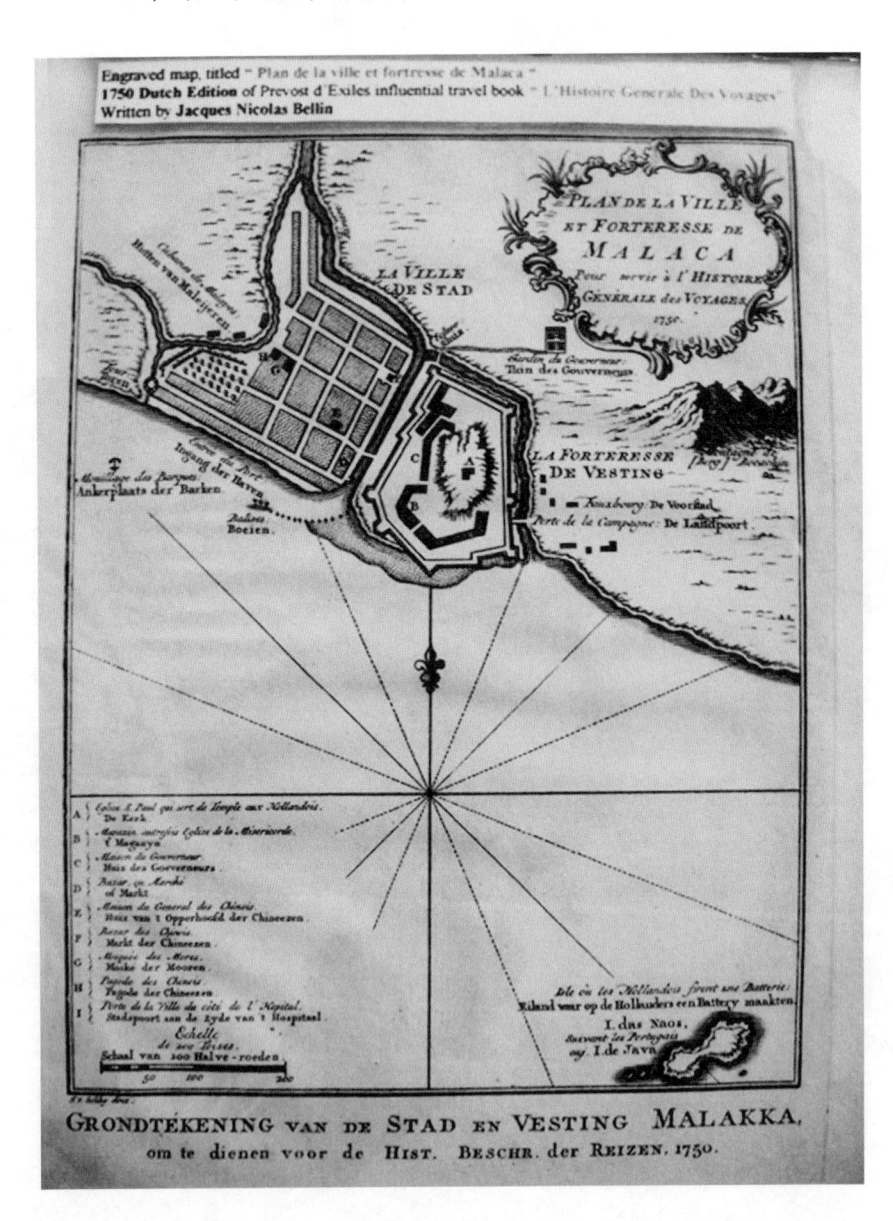

5. 艾勒迪亚《马六甲、南印度和契丹》书影

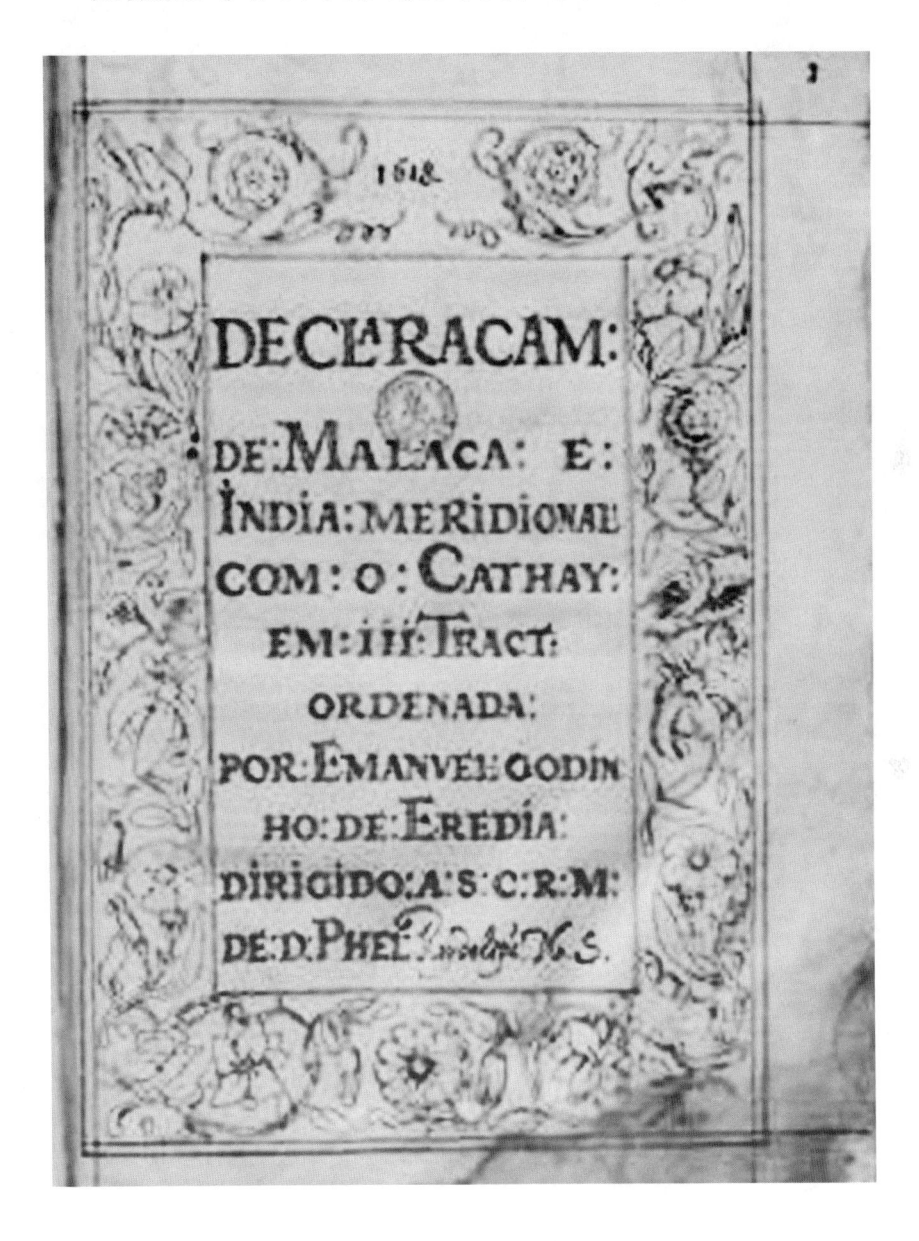

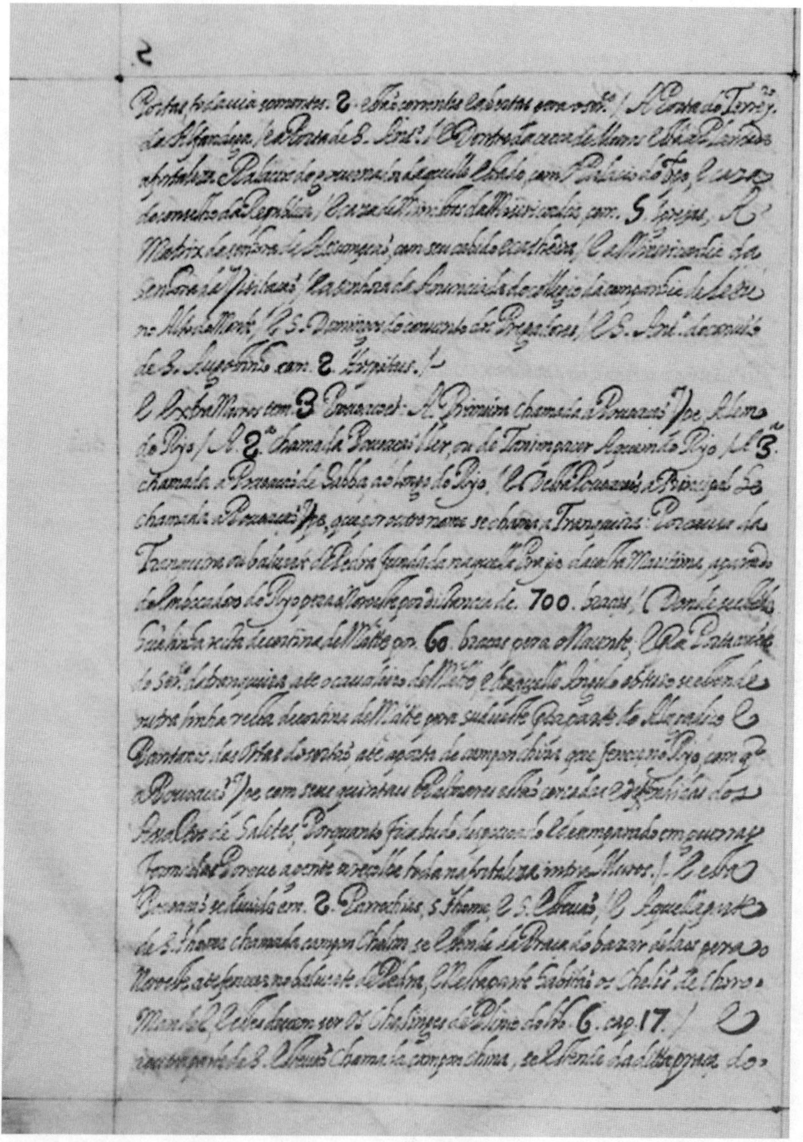

伊斯兰教什叶派在印度尼西亚的传播

廖大珂

（厦门大学南洋研究院）

印度尼西亚的穆斯林大多数是逊尼派，什叶派仅占极少数。根据官方人口普查报告，印尼的什叶派有 100 多万，[①] 但是印度尼西亚全国什叶派组织（IJABI）前主席摩诃衍那（Dimitri Mahayana）估计为 300 万，[②] 约占穆斯林人口的 1% 多。近年来，印度尼西亚穆斯林内部的教派暴力冲突不断升级，什叶派穆斯林越来越成为逊尼派激进分子的攻击目标，不仅加剧了穆斯林社会的分裂，而且也威胁着印度尼西亚社会的稳定。本文主要探讨印尼什叶派的传播、发展以及与逊尼派的关系，这有助于我们认识印度尼西亚的宗教与社会。

一 什叶派在印度尼西亚的早期传播

什叶派来到马来世界最早可以追溯到公元 8 世纪。当时阿拉伯倭马亚王朝发生教派斗争，占统治地位的逊尼派迫害什叶派教徒，尤其是哈加及（Hajjaj）担任伊拉克总督期间（694—714），他对伊拉克、波斯境内的什叶派进行严酷的镇压和屠杀，迫使大批什叶派教徒逃往东方。13 世纪阿拉伯人马尔瓦兹（Marvazi）记载："在（广州）城附近有一条河，它是世界上最大的河流之一，河中有一大岛，上有一大城堡，居住着塔里比德·阿

[①] Shia Rights Watch, *Shia Ethnic Cleansing in Indonesia*, Washington：2013, p. 11.

[②] Muhammad Haji, *The Shi'a Muslims of Indonesia*, London：The Centre for Academic Shi'a Studies, 2013, pp. 9, 11.

里派（Talibid Ali 是第四任哈里发阿里的兄弟）穆斯林。他们是中国人与外国商旅之间的中介人……他们来到该岛的原因是，由于他们是塔里比德氏族的成员，在倭马亚时代移居呼罗珊（Khorason），但是倭马亚人毫不留情地追击，要消灭他们，他们被迫逃难并开始迁往东方。出于对追捕的恐惧，他们感到在伊斯兰国家没有立足之地，因此逃入中国。"[1] 根据巴基斯坦历史学家法蒂米的考证，什叶派穆斯林大规模迁徙到东方发生于 8 世纪中叶，他们是乘船沿着中阿海上航线而逃亡的。[2] 印度尼西亚一些阿拉伯后裔的什叶派把他们的历史追溯到伊沙·穆哈吉尔（Isa al-Muhājir，820—924）[3]，他们的祖先迁徙到东南亚之前效忠于第六个伊玛目贾法尔·萨迪克（Ja'far al-Sādiq，702—765）的法律，[4] 也就是贾法尔·萨迪克创立的十二伊玛目派的法律。所以他们认为印度尼西亚最早的什叶派穆斯林是阿里的孙子，即贾法尔·萨迪克的儿子。[5]

在什叶派穆斯林前往中国的途中经过马来世界，有的人就滞留当地，从而形成了穆斯林聚居区。在东爪哇的利兰（Leran）曾发现一块阿拉伯文碑铭，它是一个穆斯林妇女的墓碑，立于 1083 年，"意味着已有相当人数的穆斯林居住于该地"。这些穆斯林可能是波斯人或阿拉伯人。[6]

随着东西方海上商路的繁荣，从 12 世纪开始，许多波斯商人来到东南亚，带来了什叶派信仰，什叶派首先在苏门答腊的亚齐地区传播。1292 年马可·波罗从中国返回意大利，途经苏门答腊，谈到八儿剌（Perak）时说："回回教徒时常往来此国，曾将国人劝化，归信摩诃末（Mahomet）之教，然仅限于城居之人"，其他地方还都是异教徒。[7] 据说八儿剌的第一

---

[1] V. Minorsky, *Sharaf al-Zaman Tahir Marvazi on China, the Turks, and India: Arabic text (circa A. D. 1120)*, The Royal Asiatic Society, 1942, p. 17.

[2] S. Q. Fatimi, *Islam Comes to Malaysia*, Singapore: Malaysian Sociological Research Institute Ltd., 1963, p. 63.

[3] 伊沙·穆哈吉尔出生于巴士拉，是贾法尔·萨迪克的第四个儿子，他从伊拉克迁移到也门哈达拉毛（Hadramawt）地区，被认为是整个亚洲地区的萨达（Sada）人的始祖。

[4] Chiara Formichi, Contemporary Patterns in Transregional Islam: Indonesia's Shi'a, Cornell University, Oct 30, 2014, http://www.mei.edu/content/map/contemporary-patterns-transregional-islam-indonesia%E2%80%99s-shi%E2%80%98.

[5] Shia Rights Watch, *Shia Ethnic Cleansing in Indonesia*, Washington, 2013, p. 11.

[6] S. Q. Fatimi, *Islam Comes to Malaysia*, p. 39.

[7] 冯承钧译：《马可波罗行纪》，商务印书馆 1936 年版，第 655 页。

位苏丹阿卜杜勒·阿吉斯·沙（Alaiddin Sayyid Maulana Abdul Azis Shah）是一位什叶派穆斯林，他在位的时间是 840—864 年。他所采用"沙"的称号就是波斯传统的王号。然而，在第三位苏丹穆拉纳·阿巴斯·沙在位期间（888—913），逊尼派信仰开始传播并影响了八儿剌的居民，① 什叶派与逊尼派展开了长期的残酷斗争。根据当地的史料，大约在 10 世纪末，经过 4 年内战，八儿剌苏丹国分裂为两个部分：什叶派的沿海八儿剌和逊尼派内陆八儿剌，各有各的苏丹。但是，随后发生了三佛齐的入侵，两个苏丹国联合起来抵抗三佛齐。经过战争，由于什叶派苏丹的死亡，结束了亚齐的什叶派政权。三佛齐停止进攻后，逊尼派八儿剌苏丹国一直存在到 1292 年。② 在什叶派苏丹国灭亡之后，什叶派信徒迁徙到其他地区，一些人来到了巴塞（Pasai）。巴塞是逊尼派统治的地区，这里的穆斯林属于沙菲仪教派，但也履行某些什叶派的仪式，如在回历 8 月 15 日纪念侯赛因③的殉难（Ashura，即"阿舒拉节"）。1345—1346 年摩洛哥旅行家伊本·白图泰经过亚齐地区时说，这里的苏丹和人民信奉沙菲仪教派，但许多来自波斯的穆斯林学者聚集在这里，经常举行宣教集会，④ 显示了什叶派的巨大影响。

15—16 世纪，伊斯兰教在印度尼西亚开始广泛传播，什叶派信仰也传入爪哇。据说对伊斯兰教在爪哇传播做出重要贡献的"九贤"（Wali Sanga）中的 2 人，苏南·卡利伽查（Sunan Kalijaga）和谢赫·西蒂·杰纳尔（Syaikh Siti Jenar）是什叶派传教士。苏南·卡利伽查原名佐戈·赛义德（Joko Said），1450 年出生于杜板，在东爪哇传教，大约 1550 年去世，葬在淡目附近。谢赫·西蒂·杰纳尔原名赛义德·哈桑·阿里·侯赛尼（Sayyid Hasan'Ali Al-Husaini），1404 年出生于波斯。当他 17 岁时，他的父亲带他从巴格达来到马六甲贸易和传教，1425 年举家移居井里汶。在他

---

① Wan Hussein Azmi, "Islam di Aceh: Masuk dan Berkembangnya hingga abad XVI", A. Hasjmy, ed., *Sejarah Masuk dan Berkembangnya Islam di Indonesia*, Bandung: Al-Ma'arif, 1981, p. 198.

② Wan Hussein Azmi, "Islam di Aceh: Masuk dan Berkembangnya hingga abad XVI", pp. 199 – 200. A. Hasjmi, *Syi'ah dan Ahlussunnah Saling Rebut Pengaruh dan Kekuasaan sejak Awal Sejarah Islam di Kepulauan Nusantara*, Surabaya: Bina Ilmu, 1983, pp. 45 – 47.

③ 公元 680 年，阿里之子侯赛因在推翻倭马亚王朝的战争中遇害于卡尔巴拉，卡尔巴拉由此成为什叶派圣城。

④ 马金鹏译：《伊本·白图泰游记》，宁夏人民出版社 2000 年版，第 531 页。

的父亲去世后，谢赫·西蒂·杰纳尔继续在爪哇传教。他是十二伊玛目教派的信徒，使爪哇的许多统治者及其臣民皈依了伊斯兰教。① 大约在1480年，谢赫·西蒂·杰纳尔被淡目苏丹处死，② 葬于淡目附近。另一个贤人苏南·波囊（Sunan Bonang）则试图把什叶派和逊尼派这两个对立的派别结合起来，形成"第三种宗教"——文化什叶派神学逊尼派，对爪哇的伊斯兰教形成产生了重大影响，促成了独特的伊斯兰社区的产生。③

但是，也有印度尼西亚学者认为是赛义德（Sayyid）④ 对什叶派在印度尼西亚的传播起了主要作用，指出亚齐的许多苏丹都使用赛义德的称号，他们大多数是什叶派信徒，或至少是倾向什叶派，在传播伊斯兰教时，自觉或不自觉地融合了什叶派的教义和世界观。九贤和其他伊斯兰教的主要人物也都是赛义德，因此最早在印度尼西亚群岛传播伊斯兰教是信仰什叶派的赛义德们。17世纪初，赛义德·贾拉努丁·艾迪德（Sayyid Jalaluddin al-Aidid）把伊斯兰教传入南苏拉威西。把伊斯兰教传入婆罗洲的是谢里夫·哈里法赫（Syarifah Halisyah），他是亚齐人赛义德·穆罕默德·瓦希德（Sayyid Muhammad Wahid），于16世纪末离开亚齐去马辰（Banjarmasin），所传的伊斯兰教带有浓重的什叶派色彩。⑤ 虽然学术界对上述的说法颇有争议，但可以肯定的是最早在印度尼西亚传播什叶派信仰的是阿拉伯—波斯人。不过，当时传入印度尼西亚群岛的主要是逊尼派，什叶派信徒人数不多，随着时间的推移，他们大多数逐渐融入逊尼派，到1979年伊朗革命前，什叶派的影响已经非常微弱。什叶派主要居住在亚齐地区，亚齐亚（Acheya）市是印尼什叶派中心。在科瓦尔（Kowal）市也有很多什叶派人口，印度尼西亚独立后，政府在科瓦尔设立了一所大学，称之为"什叶派科瓦尔大学"（Shia Kowal university）。⑥

早期印尼什叶派的另一个来源是南亚。1685年，英国东印度公司在苏

---

① Abdul Ghoffir Muhaimin, The Islamic Traditions of Cirebon: Ibadat and Adat among Javanese Muslims, PhD Thesis Department of Anthropology, Australian National University, 1995, p. 176.
② 关于谢赫·西蒂·杰纳尔之死有多种版本，此说仅是其中一种。
③ Abd Rachman, The Pesantren Architects and their Socio-Religious Aspect 1850-1950, Ann Arbor: UMI, 1997, pp. 56-57.
④ 指阿里同先知穆罕默德的女儿结婚所生的儿子哈桑和侯赛因的后裔。
⑤ Zulkifli, The Struggle of the Shi'a is in Indonesia, ANUE Press, 2013, p. 8.
⑥ Shia Around the World, http://www.alulbayt.com/home/ShiaAroundWorld/4.doc.

门答腊西海岸明古连（Bengkulu）建立商站与军事要塞，从此明古连沦为英国殖民地，直至1824年英国与荷兰签订《伦敦条约》，英国将此地让给荷兰。在英国殖民期间，带来了孟加拉国士兵，其中不少人是什叶派穆斯林，后来就定居下来。现在，在明古连和帕里亚曼（Pariaman）的居民还举行阿舒拉节的活动。①

二 19世纪后期以来什叶派在印度尼西亚的传播

19世纪后期以后，对什叶派的传播做出贡献的主要是阿拉伯人、库姆毕业生和大学校园团体。这三个主要群体是相互关联的，都用各种方法来传播什叶派教义和吸引追随者，促进了什叶派的迅速发展和现代什叶派社区的形成。

（一）阿拉伯人的宣教活动

阿拉伯人（包括波斯人）是印度尼西亚最早的什叶派穆斯林，占了什叶派穆斯人口的很大比例。印度尼西亚最著名的什叶派学者（ustadhs）都是阿拉伯人后裔，尤其是那些"赛义德"氏学者自称是圣裔，但是什叶派在阿拉伯人社区大量出现是在19世纪后期。从那时起也门哈达拉毛地区与马来世界发生了广泛的联系，由于经济压力和政治动荡，许多哈达拉毛人移民到东南亚，成为伊玛目和传教士。② 他们之中有一些是什叶派信徒，尤其是赛义德氏族。然而，许多赛义德氏不是什叶派而是逊尼派，他们在公开场合遵循逊尼派伊斯兰教法举行宗教活动，但内心却信仰什叶派的基本教义，③ 只有少数人公开履行什叶派伊斯兰教法。

在什叶派社区中，乌里玛（ulama）在社会、宗教和政治上都发挥主

---

① Chiara Formichi, *Contemporary Patterns in Transregional Islam: Indonesia's Shi'a*, Cornell University, Oct 30, 2014.

② Peter G. Riddell, "Religious Links between Hadhramaut and the Malay-Indonesian World, c. 1850 to c. 1950", Ulrike Freitag & William Clarence-Smith, eds., *Hadhrami Traders, Scholars, and Statesmen in the Indian Ocean, 1750s-1960s*, Leiden: Brill, 1997, pp. 224 – 225.

③ 什叶派教义允许教徒在遇到宗教迫害的情况下隐瞒自己的宗教信仰，这种做法称为Taqiya。

要的作用。在 20 世纪中叶之前，3 名著名的什叶派领导人代表着不同的赛义德氏族。第一位是赛义德·穆罕默德·本·艾哈迈德·穆赫达（Sayyid Muhammad bin Ahmad al-Muhdar, 1861—1926），他出于也门的 Qereh，24 岁时来到西爪哇的茂物，后来到东爪哇的文多禾梭（Bondowoso）和泗水，以及中爪哇的北加浪岸（Pekalongan）和雅加达传教，表达他对什叶派教义的热爱。他还参与雅加达一所慈善协会的创建，这所慈善协会在泗水和文多禾梭开办了伊斯兰学校。穆赫达被认为是一个杰出的学者，对伊斯兰教的传播作出了贡献。他不仅从事传教工作，而且还创作了大量含有什叶派教义的文学作品。[1]

第二位杰出的什叶派人物是赛义德·阿里·本·艾哈迈德·谢哈布（Sayyid Ali bin Ahmad Shahab, 1865—1944），他对印度尼西亚的教育、宗教、社会与政治发展作出了很大贡献。谢哈布出生于雅加达，父亲来自哈达拉毛，母亲是巽他人，他是一位学者，也是成功的商人，是印度尼西亚第一个穆斯林组织贾米阿特·海尔协会（Jami'at Khair）的创建人之一。贾米阿特·海尔协会成立于 1901 年，是一家从事伊斯兰教育的慈善机构，1905 年谢哈布当选为协会总主席。同其他印度尼西亚穆斯林领导人一样，谢哈布也受泛伊斯兰主义影响，他与奥斯曼帝国苏丹建立了联系，并访问土耳其，苏丹接见了他，同意为印度尼西亚的赛义德学生提供在伊斯坦布尔接受教育的机会。后来，3 名赛义德学生，包括谢哈布的儿子进入伊斯坦布尔的加拉塔萨雷大学（Galatasary Lyceum）大学学习。[2]

第三位著名的什叶派学者赛义德·阿齐尔·本·扎因·阿比丁（Sayyid Aqil bin Zainal Abidin, 1870—1952），属于朱夫利（al-Jufri）氏族。当他 7 岁时，他的父亲送他到麦加向沙菲仪派的乌里玛学习《古兰经》《圣训》和阿拉伯语法。1899 年，他来到新加坡，在著名的什叶派学者的指导下学习《古兰经注解》（al-Durr al-Manthur）和谢赫·萨杜格·库米（Shaykh al-Saduq al-Qummi）的《行为学》（al-Amali），以及伊斯兰教法学的著作。正是在这些什叶派学者的影响下，阿比丁皈依了什叶派。3 年后，

---

[1] Muhammad Asad Shahab, *Al-Shi'a fi Indonesia*, Najaf: Matba'a al-Ghary al-Haditha, 1962, pp. 43 – 45.

[2] Ulrike Freitag, *Indian Ocean Migrants and State Formation in Hadhramaut: Reforming the Homeland*, Leiden and Boston: Brill, 2003, pp. 210 – 211.

他回到麦加，加入了什叶派圣会。1921年他回到泗水，在爪哇致力于讲学、布道和写作。他往往采取公开的方式宣传什叶派教义，因此与逊尼派乌里玛发生争论，并受到威胁。他和谢哈布一样都参加了争取印度尼西亚独立的斗争。①

在20世纪后期，作为印度尼西亚穆斯林少数派的什叶派主要通过家庭或私人社交等非正规教育来传承。例如，穆赫达和阿比丁的亲信弟子穆罕默德·阿塞加夫（Sayyid Hasyim bin Muhammad Assegaf，卒于1970年）后来成为印尼什叶派的著名领导人。由于当时什叶派没有常设机构，阿塞加夫就把自己在泗水的住房作为庆典活动的场所。如每年回历12月18日泗水的什叶派穆斯林举行庆祝穆罕默德布道纪念日的活动，来自各城市和远方的大批什叶派穆斯林在阿塞加夫的住所参加庆典。②

亲属关系在什叶派的传承上发挥了重要作用。大多数的追随者是上述的乌里玛的后代和亲属，其中一些人后来也成为印度尼西亚许多城镇著名的学者，他们活跃在伊斯兰教育、宣教等领域，也在亲戚和小范围的熟人中传播什叶派信仰。最著名的是谢哈布的两个儿子迪亚·谢哈布（Muhammad Dhiya Shahab，卒于1986年）和阿萨德·谢哈布（Muhammad Asad Shahab，卒于2001年）。迪亚是传教士、记者和作家，像他父亲一样是阿拉伯裔社区的领袖人物，对协会的发展发挥了主要作用，从1935年至1945年担任该协会的主席，出版了大量的阿拉伯学术著作。阿萨德也是一名记者和多产的作家。1945年，他与其兄创立了阿拉伯新闻社（Arabian Press Board），后改名为亚洲新闻社，1963年并入国家的安塔拉新闻社。他还创办了《国家新闻摘要》（*National Press Digest*）杂志。③

在1960年代，兄弟俩成立了一个伊斯兰基金会"伊斯兰研究所"（Lembaga Penyelidikan Islam），出版《耕耘》（*Pembina*）期刊。目的是为主要的图书馆提供有关伊斯兰的书刊，尤其是什叶派教义书刊，并把外文书籍，主要是阿拉伯文翻译成印度尼西亚语的书分发给印度尼西亚的穆斯

---

① Muhammad Asad Shahab，*Al-Shi'a fi Indonesia*，p. 52.
② Muhammad Asad Shahab，*Al-Shi'a fi Indonesia*，pp. 26 – 27.
③ Solichin Salam，*APB Arabian Press Board：Sejarah dan Perjuangannya*，Jakarta：Panitia Sejarah APB，1986，p. 90.

林社区。伊斯兰研究所还选派学生到中东接受伊斯兰教育,[①] 努力与中东的什叶派学者建立密切的联系,以促进什叶派在印度尼西亚的传播。伊拉克和黎巴嫩的什叶派学者和机构给他们送来了大量有关什叶派法学、《古兰经》注解、《圣训》和伦理学等方面的书籍和刊物。[②] 这些著作对于人们学习什叶派教义非常有用,因此伊斯兰研究所成为印度尼西亚传播什叶派的一个中心。

不过当时什叶派学者是一个很小的集团,通过家庭、亲属关系和私人社交虽然维持了什叶派信仰的传承,并从印度尼西亚各地吸纳了一些新信徒,但对于普通的新教徒,无论是否阿拉伯裔直至伊朗革命后才有机会接触到什叶派教义。

(二) 库姆毕业生

伊朗库姆(Qum)伊斯兰神学院(hawza ilmiyya)毕业生对什叶派在印度尼西亚的传播发挥了非常重要的作用。库姆伊斯兰神学院是世界上最重要的什叶派伊斯兰教育中心,它的历史可以追溯到公元 10 世纪。[③] 印度尼西亚大多数什叶派学者都是从这里毕业的,所以他们往往自称是库姆伊斯兰神学院的校友(Qum alumni),即使其中一些人实际上是在埃及或沙特留学的。印度尼西亚学生到库姆留学始于何时虽不可考,但在伊朗革命之前数年已有十多名来自印度尼西亚各地的阿拉伯裔学生在库姆留学。当时库姆神学院还有来自巴基斯坦、阿富汗、印度、黎巴嫩、坦桑尼亚、土耳其、尼日利亚和克什米尔的外国学生,印度尼西亚学生只是少数。[④]

1979 年伊朗革命的胜利是印尼什叶派社区的发展非常重要的历史时刻。霍梅尼"输出革命",鼓励印度尼西亚知识分子和乌里玛学习伊朗的经验,伊朗政府和乌里玛加强了与印尼什叶派的联系,吸引印度尼西亚学生来伊朗学习,目的是在印度尼西亚传播什叶派主义。革命不仅推动了许

[①] Hasan Bin Shahab, *Jilbab Menurut Al-Qur'an dan As-Sunnah*, Bandung: Mizan, 1986, p. 322.
[②] Muhammad Asad Shahab, *Al-Shi'a fi Indonesia*, p. 55.
[③] Christoph Marcinkowski, *Thinking Ahead: Shi'ite Islam in Iraq and its Seminaries* (hawzah 'ilmiyyah), Singapore: S. Rajaratnam School of international Studies, 2007, p. 17.
[④] Michael M. J. Fischer, *Iran: From Religious Dispute to Revolution*, Cambridge, Mass: Harvard University Press, 1980, p. 78.

多人转向什叶派，而且也唤起了什叶派的觉醒和对他们历史的认识。尤其是霍梅尼本人是一个赛义德，这种谱系将什叶派与赛义德群体联结起来，使许多赛义德转向什叶派，其他非赛义德的穆斯林也把伊朗作为学习的榜样，纷纷赴伊朗留学。

1982 年，一批印度尼西亚学生，主要是伊斯兰寄宿学校（Yayasan Pesantren Islam，YAPI）的毕业生来到库姆留学。第一批 10 名学生几乎全是阿拉伯裔，有 6 人是 YAPI 的毕业生。在 1985 年至 1989 年，印尼什叶派领导人侯赛因·哈比西（Husein Al-Habsyi）也选派了 10 名学生去库姆留学，这些库姆毕业生后来大多数成为印度尼西亚重要的什叶派学者。[①]

虽然印尼什叶派社区中的阿拉伯裔学者率先派遣学生赴库姆伊斯兰神学院学习，但是后来印度尼西亚其他伊斯兰教育机构也选派毕业生到库姆留学，印度尼西亚学生数量显著增加。随着时间的推移，其他族裔的学生开始超过了阿拉伯裔学生，在库姆的学生的教育背景日益多样化。

据报道，到 1990 年，已经有 50 名印度尼西亚学生完成学业或正在学习。到 2000 年，回到印度尼西亚的库姆毕业生数量超过了 100 人。2001 年，有 50 名印度尼西亚学生被选派到库姆学习，2004 年则有 90 多名，[②] 2010 年代仍保持这个数字。

同时，伊朗政府努力通过伊斯兰研究国际中心（the International Centre for Islamic Studies，ICIS）来吸引外国学生。从 1994 年起，ICIS 每年派出代表到印度尼西亚的伊斯兰机构如雅加达的伊斯兰文化中心和万隆的阳光基金会（matahari foundation）选拔留学生。除了要求学业成绩，还要求阿拉伯语的知识，因为阿拉伯语是学习伊斯兰的国际语言以及库姆某些伊斯兰学院的教学语言。在抵达伊朗之后，还要求印度尼西亚学生接受为期 6 个月的波斯语培训计划，波斯语是大多数库姆伊斯兰教育机构的教学语言。

库姆的神学院有两种教育系统：传统的系统，这是最有名的和有影响力的，以及现代系统。传统的系统的课程包括传播宗教知识的学科：伊斯兰法学（fiqh）、法学原理（usul al-fiqh）、古兰经学（'ulum al-Qur'an）、圣训学（'ulum al-Hadith）、阿拉伯语语法学（nahw）、阿拉伯语词法学

---

① Zulkifli, *The Struggle of the Shi'a in Indonesia*, p. 29.
② Zulkifli, *The Struggle of the Shi'a in Indonesia*, p. 30.

（sarf）、修辞（balagha）、逻辑（mantiq）、哲学（Hikma）、神学（kalam）、苏菲主义与真知（tasawuf and 'irfan）。① 每个学科都有标准文本。教育计划包括3个等级：预科生（muqaddamat），学习3—5年；外国生（sutuh），通常学习3—6年；研究生班（al-kharij）或研究生（bahth al-kharij）。学生最后要向一名权威的教法学家（mujtahid）提交一篇有关伊斯兰法学或法学原理的论文，由他对该生及论文进行评价，合格后发予证书（ijaza），授权学生进行"创制"（ijtihad，指根据经、训的精神和原则，从事律例的推演和说明）。

库姆神学院对传统制度进行改造，在学位、课堂教学和规则方面采用现代教育制度。它的课程把传统的课程进行简化，将宗教和世俗的学科相结合。不同于传统的制度，学院的目的不是培养学生成为穆智台希德（mujtahids，伊斯兰教教法和教义的权威学者）而是成为伊斯兰学者和传教士。印度尼西亚学生通常先完成预科学习，一些研究生毕业后会留在那里继续从事研究。大多数学生回到印度尼西亚后成为传教士，早期的库姆毕业生后来大都成为著名的什叶派人士，对什叶派在印尼的传播以及教育和文化都作出了贡献。

（三）大学校园团体

另一个对什叶派在印度尼西亚传播起了重大作用的群体来自于大学校园，包括大学教师、研究人员和大学生。一般认为这个群体是1979年伊朗革命影响的产物，在此之前大学里只有少数人信奉什叶派。1978—1979年伊朗革命发生后，许多从伊朗和中东回来的印度尼西亚人了解了什叶派教义，现代伊斯兰什叶派思想不断通过各种方式传播并渗透到大学校园。穆拉·萨德拉（Mulla Sadra）、阿里·萨里阿提（Ali Shari'at）、穆尔塔扎·穆塔哈里（Murtaza Mutahhari）、侯赛因·塔巴塔巴（Allamah Muhammad HusaynTabataba'i），以及其他有影响的什叶派学者的著作被翻译成印度尼西亚文，受到青年学生的热烈追捧，许多印度尼西亚学者也开始研究

---

① Seyyed Hossein Nasr, *Traditional Islam in the Modern World*, London: Kegan Paul International, 1987, pp. 165 – 182.

什叶派思想。①

在 80 年代，大学出现了伊斯兰复兴运动的热潮，大量的教师和学生皈依了什叶派。其中一些大学教师已经是著名的学者，对什叶派的传播发挥了主要作用。其核心人物是万隆的巴查查兰大学（Universitas Pajajaran）教师加拉鲁丁·拉玛特（Jalaluddin Rakhmat），他于 1988 年建立了一个什叶派机构"穆萨哈里基金会"（Muthahhari Foundation）②，对什叶派信仰的传播起了显著的作用。例如，塔朱勒·穆卢克（Tajul Muluk）出生于马都拉三邦（Sampang）县一个逊尼派传教士家庭，他父亲受伊朗革命的影响，把塔朱勒送到 YAPI 学习。1993 年赴沙特留学，学习什叶派教义。1999 年回国，在穆萨哈里基金会工作，后被安排到三邦传教。在短短的三年内，就有数百名居民成为什叶派和塔朱的勒忠实信徒和追随者。③ 他曾担任 IJABI 三邦分会主席，是东爪哇什叶派的重要领导人。

巴查查兰大学另一名讲师穆达尔·亚当（Muchtar Adam）也成立巴布斯萨拉姆伊斯兰学校（Pesantren Babus Salam），他除了在伊斯兰教育机构开课外，还撰写了一些学术著作。另一名重要人物是穆罕默德·巴基尔（Muhammad al-Baqir），他的主要贡献是翻译了大量什叶派的著作，由米赞出版社（House Mizan）出版，其中影响最大的是《逊尼派和什叶派的对话》（*Dialog Sunnah Syi'ah*）。④ 但是当时苏哈托政府禁止这三人宣传什叶派教义，他们只能在万隆理工学院（Institut Teknologi Bandung）的萨尔曼清真寺讲授宗教课程。

当时在爪哇的几乎每一所大学，萨尔曼风格的宗教活动成为校园的显著特征。教师们开设宗教课程，向学生宣传什叶派教义，受老师的影响，一些学生皈依了什叶派。此外，许多教师和学生向人们分发什叶派的著作，热衷于研究什叶派教义，还出版了各种出版物，大量介绍伊朗革命。

---

① Majid Daneshgar, "The Study of Persian Shi'a ism in the Malay-Indonesian World: A Review of Literature from the Nineteenth Century Onwards", *Journal of Shi'a Islamic Studies*, Vol. 7, No. 2, Spring 2014, p. 197.

② Zulkifli, "The Education of Indonesia Shi'a Leaders", *Al-Jami'ah*, Vol. 47, No. 2, 2009, p. 258.

③ "Bagaimana Kronologi Syiah Masuk Sampang?", *Tempo Minggu*, 02 September 2012.

④ Zulkifli, *The Struggle of the Shi'a in Indonesia*, p. 37.

这些宗教活动推动了什叶派的传播，什叶派成为校园伊斯兰教的新品牌，吸引着全国各地著名的大学学生，万隆、雅加达、望加锡的大学校园都成为什叶派传播的中心。如在雅加达，来自印度尼西亚大学、教师培训教育学院（Institut Keguruan dan Ilmu Pendidikan）、印度尼西亚基督教大学和国立查亚巴雅大学（Jayabaya University）的学生经常举行宗教集会、举办讲座，讨论什叶派的思想和教义，参加校园清真寺活动。随着皈依什叶派的学生越来越多，各种读书会也开始出现，读书会举办讨论会、宗教培训和各种活动，目的是唤起学生的伊斯兰意识，介绍什叶派思想。在巨港、日惹、泗水和玛琅等其他城市的大学生也举办类似的活动。这表明，什叶派的教义很容易通过已有的网络迅速蔓延。[①] 大学生转向什叶派，主要原因是他们反对苏哈托政权的伊斯兰"去政治化"政策，而什叶派教义中"伊斯兰教长国"（imamate）为他们提供了一种选择。另外，印尼社会矛盾和经济危机也促进了人们拥抱什叶派，因为"什叶派反政府，呼吁反对压迫和暴政"。

一些当年万隆的学生积极分子后来成为著名的什叶派知识分子和活动家。例如，穆罕默德·巴基尔的儿子海达尔·巴基尔（Haidar Bagir）在1983年创办的米赞出版社是印度尼西亚最大的伊斯兰出版社；迪米特里·摩诃衍那（Dimitri Mahayana）曾任印度尼西亚先知后裔协会理事会（Ikatan Jamaah Ahlul Bait Indonesia，IJABI）主席；哈迪·斯瓦斯迪沃（Hadi Swastio）曾任 IJABI 秘书长。直至现在，他们不仅在万隆传播什叶派教义，而且宣教活动遍及全国，使什叶派信仰越出校园，走进全国各地寻常百姓之家。现在什叶派穆斯林主要聚居在雅加达、Bandanogh 和 Sowra。

三 逊尼派对什叶派的反应

逊尼派与什叶派的冲突已近1400年。在印尼大多数穆斯林是逊尼派，什叶派只占少数，但逊尼派穆斯林信奉的是沙菲仪教派，沙菲仪教派的教义与什叶派非常相似，甚至很多印尼人还不知道什叶派的存在，所以长期以来两派矛盾并不尖锐，没有发生激烈的冲突。然而，自伊朗革命之后，

[①] Zulkifli, *The Struggle of the Shi'a in Indonesia*, p. 40.

情况发生变化，大量的逊尼派穆斯林改奉什叶派，两派的矛盾逐渐激化。对于什叶派的扩张，逊尼派的反应是复杂的。逊尼派的保守派强烈反对什叶派的发展，认为什叶派是"异端"，主张禁止什叶派；温和派持较包容的态度，在一定程度上对什叶派表示同情；激进派则主张摧毁什叶派，用暴力来净化穆斯林社会，并制造了一系列的针对什叶派的暴力事件。

（一）保守派

反对什叶派最积极的是"印尼伊斯兰宣教理事会"（Dewan Dakwah Islamiyah Indonesia，DDII），成立于1967年，第一任主席是前马斯友美党领袖纳席尔（Mohammad Natsir），其宗旨是在印尼穆斯林中强化伊斯兰教信仰与价值观念，以积极反对什叶派的发展而著称。它认为，什叶派是异端的派别，是印尼内部的威胁，开展反什叶派的宣传是体现了伊斯兰"自卫"（difa）的思想。①

另一个反什叶派的组织是阿拉伯裔的"反赛义德组织"（Al-Irsyad），与中东的反赛义德组织有紧密的联系，并深受瓦哈比主义的影响。因为众多的赛义德信奉什叶派教义，是该组织由来已久的敌人。在1996年10月举行的反赛义德全国大会上，该组织呼吁政府禁止什叶派的传播，提案敦促政府部门采取坚决的态度：从法律上在全国禁止什叶派和其他违反《古兰经》和《圣训》的派别，禁止他们任何形式的活动，无论是举行仪式、印刷和出版等。因为从长远来看，令人担心的是，这些将导致印尼奉行逊尼派教义的穆斯林之间发生冲突。②

印尼伊斯兰学者理事会（Majlis Ulama Indonesia，NUI）在反什叶派运动中也起重要作用。UNI于1975年由苏哈托倡议而建立，是由政府资助，独立行事的半官方组织，主要由保守的顶级乌里玛组成。政府依靠它颁发的教令（fatwa）及法律意见使自己的一些行为合法化，"因为教令是一个

---

① Asna Husin, *Philosophical and Sociological Aspects of Da'wah: A Study of Dewan Dakwah Islamiyah Indonesia*, Ann Arbor: UMI, 1998, pp. 139–140.

② Pimpinan Pusat Al-Irsyad Al-Islamiyyah, Keputusan-Keputusan Muktamar ke-36 Al-Irsyad Al-Islamiyyah Pekalongan 10–13 Jumadil Akhir 1417/23–26 Oktober 1996, Jakarta: 1996.

有用的工具，而乌里玛则通过教令显示了他们的权威"①。

伊朗革命胜利后，随着信奉什叶派的穆斯林越来越多，印尼政府认为什叶派成为革命的代名词，担心伊朗革命会激发印尼穆斯林起来推翻政府。于是作为御用工具的 NUI 于 1984 年发布了一项教令，宣称什叶派与逊尼派有本质上的不同，呼吁印尼穆斯林对什叶派教义保持警惕。② 这个教令开启了印尼大规模反什叶派运动的先河，不过效果却相反，居然让什叶派更受欢迎，因为越来越多的人现在渴望了解它。

有鉴于此，一些激进的伊斯兰团体敦促 UNI 发布教令宣布什叶派是虚伪的，但遭到 UNI 的拒绝。UNI 理事会委员阿里·雅菲尔（Ali Yafie）申明，1984 年的教令仅仅是强调了逊尼派与什叶派有所不同。雅菲尔还发表文章论证什叶派是穆斯林的组成部分。③ 这表明，即使在 UNI 这样的保守派大本营也并非铁板一块，其中的温和派抵制了激进分子的压力。

UNI 的地方分会基本上遵从中央理事会的决定，只有个别的分会采取了激进的反什叶派的立场。如，2012 年 1 月，UNI 东爪哇分会宣布什叶派是"异端""亵渎了神明"，要求 UNI 中央理事会发布反什叶派的教令，声称东爪哇的什叶派制造了不稳定并威胁到"印尼的宗教和谐"。④ 总的来说，UNI 较之上述的保守派组织更为温和，这主要是 UNI 内部温和派的影响。不过，近年来随着逊尼派与什叶派的冲突加剧，UNI 的态度趋于强硬。

于此不能不提印尼宗教事务部（Ministry of Religious Affairs，DEPAG）。在 DEPAG 中，从部长到官员、职员几乎全是逊尼派，很自然把什叶派看成是对印尼宗教和谐的威胁，认为是一个需要解决的宗教问题，印尼政府还担心伊朗通过印尼什叶派输出革命。

早在 1982 年，DEPAG 就对一个什叶派传教士邦法齐赫（Abdul Qadir

---

① N. J. G. Kaptein, "The Voice of the 'Ulama': Fatwas and Religious Authority in Indonesia", *Archives de Sciences Sociales des Religions*, No. 125, 2004, p. 114.

② Human Rights Watch, *In Religion's Name*: *Abuses against Religious Minorities in Indonesia*, 2013, p. 21.

③ Bismillahirrahmaanirrahiim, Syiah, KH. Ali Yafie, dan Iran（什叶派、阿里·雅菲尔和伊朗），https: //abisyakir. wordpress. com/2012/02/05/syiah-kh-ali-yafie-dan-iran/. 阿里·雅菲尔是印尼著名的伊斯兰法学家，伊斯兰教师联合会领导人之一，后来曾任 UNI 主席。

④ Human Rights Watch, *In Religion's Name*: *Abuses against Religious Minorities in Indonesia*, 2013, pp. 60 – 61.

Bafaqih）在邦哥思利（Bangsri）的传教活动进行调查，后提交了一份报告，提出3点重要的建议：（1）从宗教观点来看，什叶派是不能禁止的，因为它得到伊斯兰世界的广泛承认；（2）必须采取行动，制止和禁止邦法齐赫在逊尼派穆斯林中传教；（3）建议各省的宗教事务办公室接近并引导什叶派穆斯林，以使他们能够适合大多数逊尼派社区的宗教生活。这份报告没有对什叶派是否是真正伊斯兰的派别做出结论，但是，1983年DEPAG在内部发表的文件称："什叶派教义不符合甚至违背了真正的伊斯兰教义，不能发展，也不能允许穆智提哈……普通民众与伊玛目之间存在巨大的鸿沟，因此成为偏离伊斯兰教义的各种迷信和异端的温床。"[1] DEPAG基本政策是极力限制什叶派的传播。尽管DEPAG对什叶派持反对的态度，但激进的逊尼派仍然认为过于温和，指责它为什叶派的传播铺平了道路。在激进派的压力下，DEPAG逐渐倒向激进派。

（二）温和派

"伊斯兰教师联合会"与"穆罕默迪亚协会"是印尼最大的穆斯林群众组织，是印尼穆斯林温和派的代表。

伊斯兰教师联合会（Nahdatul Ulama，NU）是印尼穆斯林传统派的组织，主张伊斯兰与爪哇神秘主义相融合，奉行中间道路，对什叶派持矛盾的态度。虽然它宣称遵循逊尼派的教义，但避免卷入反什叶派的活动。NU认为什叶派不同于逊尼派，但仍是伊斯兰的一部分。NU的领导人并非是铁板一块，在对什叶派的态度上分成两极。一派是一些乌里玛，持极力反对的态度，并参加了反什叶派的活动。另一派以前总统瓦希德（Abdurrahman Wahid）和NU主席拉迪吉（Said Agil Siradj）为代表，采取了温和的态度。拉迪吉甚至称他奉行什叶派教义，因此被一些地方的乌里玛指责是异教徒。然而，乌里玛集团利用什叶派问题作为武器来反对瓦希德的领导权，指责他企图废止NU自成立以来的传统主义的伊斯兰实践。以上是NU中央领导层的态度，但地方的许多分会强烈反对什叶派。例如，1992年在东爪哇，NU和穆罕默迪亚的一些乌里玛与伊斯兰学者理事会的分会合作，

---

[1] Zulkifli, *The Struggle of the Shi'a in Indonesia*, pp. 240 – 242.

共同反对什叶派的传播。①

穆罕默迪亚（Muhammadiyah）主张伊斯兰的宗教文化改革与社会改革，对什叶派似乎采取中性立场。就整体而言，穆罕默迪亚持比较温和的态度，没有卷入反什叶派的活动，尽管它的某些地方分会和个人参与了活动。穆罕默迪亚甚至没有派代表出席1997年反什叶派研讨会，那次会议规模很大。穆罕默迪亚领袖赖斯（Amien Rais）为这次研讨会论文集写的序言，②对会议的结论避而不谈，也不推荐这次研讨会。相反，他指出，穆斯林社会在变化中，出现分歧是不可避免的，什叶派是穆斯林共同体中一个有用的部分。不仅没有作出什叶派是错误的派别的结论，而是对它持同情的态度，呼吁全体穆斯林以《古兰经》和《圣训》作为标准，对什叶派作批判性的研究。穆罕默迪亚主席萨姆苏丁（Din Syamsuddin）还与什叶派一些领袖建立了密切的联系。

此外，在反什叶派的浪潮中，许多逊尼派自由知识分子反对迫害什叶派穆斯林，并为他们提供保护。其代表人物有：

努克立什·马吉德（Nurcholish Madjid）。他在70年代就创立了"自由伊斯兰网"（JIL），倡导民主化、人权、多元主义和宗教宽容，被誉为印尼"自由派伊斯兰"精神导师。对于什叶派与逊尼派的关系，他指出，每种都应该相互理解和尊重对方，都应该学会在平等和博爱的框架中认识到对方的存在；逊尼派和什叶派的合作将有很大的好处，尤其是对逊尼派。③2003年，马吉德被提名为总统候选人。

瓦希德。印尼第四任总统，曾任伊斯兰教师联合会主席，是著名的伊斯兰学者。在他担任总统期间（1999—2001），采取许多改革措施，为印尼的民主化作出杰出的贡献。他倡导宗教多元主义，强烈反对迫害什叶派。他在与著名的反什叶派机构贝因阿特基金会（Al-Bayyinat Foundatio）

---

① Zulkifli, *The Struggle of the Shi'a in Indonesia*, p. 234.
② Umar Abduh & Abu Hudzaifah, ed., *Mengapa Kita Menolak Syi'ah: Kumpulan Makalah Seminar Nasional tentang Syi'ah di Aula Masjid Istiqlal Jakarta 21 September 1997*, Jakarta: Lembaga Penelitian dan Pengkajian Islam, 1998, p. xii.
③ Robitul Firdaus, "Paham Dan Gerakan Syi'ah Di Indonesia"（理解印尼的什叶派运动），Islamic Studies Forum for Indonesia, https://isfimalaysia.wordpress.com/2012/12/27/paham-dan-gerakan-syiah-di-indonesia/。

两名议员对话时，劝告他们以客观的态度同什叶派领导人对话。当议员要求总统支持在东爪哇庞屹（bangil）反什叶派行动时，瓦希德非常悲伤，说："我的兄弟，我哭了。为了解决宗教问题，你为什么要与军事当局合作？你甚至已经把数据给了军方。这是如同你们要杀害我们自家兄弟，就像在荷兰殖民时代，许多乌里玛死于自家兄弟之手。"① 但是，瓦希德对什叶派传播最具意义的是，政府允许什叶派的全国性组织"印尼先知后裔协会理事会"（Ikatan Jamaah Ahlul Bait Indonesia，IJABI，成立于2000年7月2日）注册，承认它为合法组织。法律承认对于什叶派的发展极为重要，使他们能够在IJABI的主持下更好地开展他们的社会，教育和宣教活动。正如学者所言，瓦希德"争取将宗教多元化制度化。虽然他的改革没有成功，但创造了一种新的政治环境，什叶派被承认为合法的穆斯林团体"②。瓦希德对什叶派的宽容和保护遭到许多逊尼派人士，甚至他自己的教师联合会许多人的反对。

赖斯。国家使命党（PAN）领袖，曾担任印尼人民协商会议主席。他对伊朗革命给予肯定，因此对什叶派甚为同情，指出，当讨论什叶派时，逊尼派应当避免犬儒主义，反之亦然，双方应当互相尊重。他对什叶派的同情影响了穆罕默迪亚。1984年，他把伊朗学者阿里·沙里亚蒂（Ali Shari'ati）的著作《穆斯林学者的职责》（Tugas Cendekiawan Muslim）翻译成印尼文，他在序中写道："阿里·沙里亚蒂博士是什叶派，而译者是逊尼派。翻译这本书的动机不是为印尼提供什叶派思想的片段。对于译者来说，逊尼派和什叶派的区别是老式的历史遗留问题，导致了伊斯兰乌玛的作为一个整体的衰落。我们需要做的是不暴露过去的政治冲突，显然那是没有用的。"③ 该书的出版产生了很大的影响，在一定程度上促进了什叶派的传播。他还与一些什叶派领导人建立起密切的联系，共同创建了国家使命党。

---

① Zulkifli, *The Struggle of the Shi'a in Indonesia*, pp. 267 – 268.
② Chiara Formichi, "From Fluid Identities to Sectarian Labels", *Journal of Islamic Studies*, Vol. 52, No. 1, 2014, p. 113.
③ M. Amin Rais, "*Kata Pengantar*" in Ali Syariati Tugas Cendekiawan Muslim, Yogyakarta: Shalahuddin Press, 1984, p. ix.

(三) 激进派

自从1980年代以来，逊尼派的保守派和激进派开展了大量的反什叶派的活动，这些活动包括开研讨会、演讲、出版反什叶派的书籍和刊物，尤其是DDII及其相关的组织。他们宣扬什叶派教义是"异端邪说"，对印尼是危险的，什叶派穆斯林是"叛教者"，呼吁政府禁止什叶派。例如，1997年由伊斯兰研究所（Lembaga Penelitian dan Pengkajian Islam，LPPI）组办的反什叶派研讨会，与会者包括政府官员、军人、乌里玛、穆斯林领袖，伊斯兰组织领导人和普通民众。研讨会组委会主席雅玛鲁丁（Amin Djamaluddin）称，研讨会的目的是由权威的伊斯兰学者向政府、安全部门和相关的组织说明什叶派的本质，以便使他们"采取步骤制止什叶派在印尼土地上进行活动"①。会上所有的发言者都只有一个兴趣，即致力于禁止什叶派的发展。

不过，当时的反什叶派运动还只限于宣传煽动，妖魔化什叶派。但在1984年，马都拉的三邦（Sampang）县逊尼派传教士开展反什叶派的宣传，从那时起掀起了新一轮针对什叶派的迫害和暴力的浪潮，② 暴力攻击愈演愈烈，成为反什叶派运动的主流。

这一时期重要的事件有：2006年2月，三邦（Sampang）县的40名逊尼派教士和4名警官签署了一份声明，指责什叶派是异端。③ 2006年，5000名暴徒来到三邦县（Nangkernang）卡朗加亚姆村，在什叶派社区示威，要求什叶派领导人穆卢克关闭寄宿学校，强迫什叶派传教士签订不得讲习什叶派信仰和皈依逊尼派的协定，否则的话将烧掉寄宿学校。2011年，武装分子又袭击卡朗加亚姆村，迫使500多名什叶派教徒逃亡，包括穆卢克的住房和寄宿学校被烧毁。2012年8月26日，数百名暴徒袭击了三邦市的什叶派社区，造成2人死亡，35栋房屋被焚毁，数百人无家可

---

① Abduh, Umar and Abu Huzaifah, eds., *Mengapa Kita Menolak Syi'ah: Kumpulan Makalah Seminar Nasional tentang Syi'ah di Aula Masjid Istiqlal Jakarta 21 September 1997*, Jakarta: Lembaga Penelitian dan Pengkajian Islam, 1998, pp. xxv-xxvi.

② B. orers, *Indonesia: Pluralism in Peril*, UK: Christian Solidarity Worldwide, 2014, p. 79.

③ Human Rights Watch, *In Religion's Name: Abuses against Religious Minorities in Indonesia*, 2013, p. 82.

归。直至今日，仍有 300 名什叶派穆斯林仍然寄居在收容所。事件发生后，穆卢克被判刑 4 年，而暴徒没有受到惩罚。

在新一轮的暴力浪潮中，伊斯兰捍卫者阵线（Front Pembela Islam，FPI）充当了主力。FPI 是印尼最大的极端暴力组织，宗旨是在印尼实施伊斯兰法，严格遵循逊尼派伊斯兰教义，认为一切不符合伊斯兰原教旨的信仰都是异端邪说和罪恶的，宣称什叶派是异教徒，在印尼不受欢迎，必须被清除，公开向什叶派宣战，① 大多数针对什叶派的暴力事件都是它制造的。

此外，印尼圣战者理事会（Majelis Mujahidin Indonesia，MMI）、印尼伊斯兰宣教理事会（Dewan Da'wah Islamiyah Indonesia，DDII）、圣战者组织（Laskar Mujahidin）等臭名昭著的激进派组织都强烈反对什叶派，要求印尼政府查禁什叶派，并参加了针对什叶派教徒的暴力攻击。例如，2013 年 10 月圣战者组织成员在雅加达南部的 Smesco 举行示威，要求警方驱散什叶派庆祝开斋节。该组织的副埃米尔（Wakil Amir）阿布·贾布里勒（Abu Jibril）威胁说："我们已经告诫他们，他们不听，我们要求警方驱散，不要让我们使用我们的方式。"②

反什叶派的暴力活动之所以会愈演愈烈，是与印尼政府某些官员和保守的逊尼派组织的支持和纵容分不开的。如：2012 年 8 月的事件中，三邦市长特加哈加（Noer Tjahja）公开说："如果我不是市长的话，我会亲自去打击什叶派。"事件发生后，他竟称："我不关心人权，我只要保护那些为我投票的人。"③ 而印尼宗教事务部长阿里（Suryadharma Ali）也称什叶派是异端邪说，它偏离了伊斯兰教义的原则，并提议将什叶派穆斯林转变为逊尼派。他也是建设统一党（Partai Persatuan Pembangunan，PPP）主席。2014 年 4 月，印尼第一次全国反什叶派联盟（Aliansi Nasional Anti Syi'ah）在茂物举行成立大会，有数千人参加，参加联盟的有 FPI、印尼反邪教阵

---

① Barry Duke, "Islamic Defenders Front declares war on… Muslims", http：//freethinker.co.uk/2014/04/29/islamic-defenders-front-declares-war-on-muslims/.

② Siti Ruqoyah, Eka Permadi, "Laskar Mujahidin Tuntut Pembubaran Perayaan Idul Ghadir", http://metro.news.viva.co.id/news/read/454061-laskar-mujahidin-tuntut-pembubaran-perayaan-idul-ghadir.

③ "Sampang regent 'sides' with the ulema", *The Jakarta Post*, September 9, 2012.

线（Anti-Heresy Front）、人民论坛（Forum Umat）、印尼乌里玛（Ulama Indonesia）等极端组织，也有 NU 和穆罕默迪亚的一些地方机构。参加大会的还包括西爪哇省长阿赫马德（Ahmad Heryawan）、MUI 主席里德万（Cholil Ridwan）等官员。会上里德万呼吁"在全国清除什叶派少数民族"①。大会通过的《反什叶派宣言》，号召对什叶派发动"圣战"，要求政府立即禁止什叶派。②

然而，尽管印尼的逊尼派穆斯林普遍不认同什叶派的教义，但是大多数遵从非暴力、人道、包容的原则，激进派对什叶派极端暴力的行为非但没有得到广泛的支持，反而受到社会各界的强烈谴责。甚至连反什叶派联盟主席也承认，"他的组织不能代表大多数穆斯林"③。

结　语

伊斯兰什叶派在印尼的传播已有悠久的历史，对印尼政治、经济和文化的发展都做出了重要贡献。然而，近年来随着伊斯兰激进主义的崛起，逊尼派与什叶派之间的冲突不断升级，凸显了民主化时期印尼穆斯林社会的分化和意识形态分裂。如果中东的逊尼派与什叶派的冲突蔓延到印尼，无疑将严重影响地区稳定和印尼社会经济发展，这是我们推动"21 世纪海上丝绸之路"建设中应给予高度关注的问题。

---

① Ethan Harfenist, "Anti-Shia Sentiment Simmers Ahead of Indonesia's Election", https://news.vice.com/article/anti-shia-sentiment-simmers-ahead-of-indonesias-election.
② Barry Duke, "Islamic Defenders Front declares war on… Muslims".
③ Ethan Harfenist, "Anti-Shia Sentiment Simmers Ahead of Indonesia's Election".

清初来华传教士对世界地理知识的介绍
——以《坤舆图说》为中心的分析

汪太平

(澳门科技大学)

《坤舆图说》是清初来华比利时籍耶稣会士南怀仁编撰的一部介绍世界地理知识等的书籍,是书成于清康熙十三年(1674)。[1] 全书分为卷上和卷下两部分。其中,卷上部分先概括性地介绍了地圆说、五个气候带、五大洲及其四至,经纬度和如何用经线确定时间等内容。然后按照"地体之圆"(并配图解)、"地圆"(亦配图解)、"地震"、"山岳"、"海水之动"、"海之潮汐"、"江河"、"天下名河"、"气行"、"风"、"云雨"、"四元行之序并其形"和"人物"的次序介绍了地球不同地点的时差、地圆说、气候带和五大洲的分界,地震的成因,当时世界各地名山及其高度、海洋洋流、海潮的运动、江河的成因、天下名河及其长度、气的运行和分类、风雨等现象的成因,水、土、火、气等四元素的序列和其形貌,并分析了天下人物各国各地不同之原因。

卷下则分别介绍了亚细亚州(亚洲)、欧逻巴州(欧洲)、利未亚州(非洲)、亚墨利加州(美洲)和墨瓦蜡泥加(想象中的南方大陆,在地图上的位置大概在今天的南极洲及其周围地区)[2] 五个大洲的地理位置、历史概貌和风土人情等内容,以及海洋的相关知识。在全书之末,还附有异物图、海舶、七奇图和公乐场图,用图文相间的方式,分别介绍了无对

---

[1] [比]南怀仁编撰:《坤舆图说》,丛书集成初编本,商务印书馆1937年版。
[2] 关于墨瓦蜡泥加是何地,可参见[意]艾儒略撰,谢方校释《职方外纪校释》,中华书局2000年版,目录,第142页。

鸟等二十三种动物、海洋船舶的样式、当时世界七大奇迹，以及位于欧逻巴州意大理亚国罗玛府的公乐场（古罗马的斗兽场）等内容。

南怀仁《坤舆图说》一书对世界地理知识的介绍并不是首创，在他之前，已有耶稣会士利玛窦（1583年来华）、龙华民（1597年来华）、高一志（1605年来华）、熊三拔（1606年来华）和艾儒略（1613年来华）[①]等人编撰过类似的著作：如利玛窦刊印多次的《坤舆万国全图》、龙华民的《地震解》、高一志的《空际格致》，熊三拔的《表度说》以及艾儒略的《职方外纪》等等，这些著作不仅介绍了地理大发现以来的世界地理知识，还介绍了不少自然地理现象及其成因。南怀仁在编撰《坤舆图说》一书时，参考了上述著作，《坤舆图说》的《四库提要》中写道："是书上卷，自坤舆至人物分十五条，皆言地之所生；下卷载海外诸国、道里山川、民风物产，分五大州，而终之以西洋七奇图说。大致与艾儒略《职方外纪》相互出入，而亦时有详略异同。"[②]而南怀仁自己也在《坤舆图说》卷上开篇提到："《坤舆图说》者，乃论全地相联贯合之大端也。如地形、地震、山岳、海潮、海动、江河、人物、风俗、各方生产，皆同学西士利玛窦、艾儒略、高一志、熊三拔诸子通晓天地经纬理者昔经详论，其书如《空际格致》、《职方外纪》、《表度说》等，已行世久矣。今撮其简略，多加后贤之新论，以发明先贤所未发大地之真理。"[③]

除了对之前入华耶稣会士的著作有所参考之外，《坤舆图说》一书也介绍了与这些著作不一样的内容。尤其是利玛窦带来的世界地理学知识偏重于地图上的展示，艾儒略的《职方外纪》也仅介绍了地圆说和世界五大洲各国的风土人情及部分海洋的情况，而南怀仁的《坤舆图说》不仅介绍了《职方外纪》中所介绍的内容，还增加了对地质现象和世界奇迹等的介绍，并附有图画。因此，南怀仁的《坤舆图说》是这一个阶段西方地理学知识入华的集大成之作，研究此书，对于更为深入地了解以传教士为媒介

---

① 关于利玛窦等传教士来华的时间，详见［法］费赖之《在华耶稣会士列传及书目》（上），冯承钧译，中华书局1995年版，第32、64、88、107、133页。

② 《四库全书·卷首凡例（二）》，《景印文渊阁四库全书》，台湾商务印书馆1986年版，第397页。

③ ［比］南怀仁编撰：《坤舆图说》，丛书集成初编本，商务印书馆1937年版，第5页。此处标点为笔者所加。

的西方地理学知识的入华有重要意义。

一 学术史回顾及本文拟解决的主要问题

此前学界关于《坤舆图说》的研究，较早可以追溯至 20 世纪 30 年代，1937 年，日本学者鲶泽信太郎发表了《南［怀］仁の坤舆图说と坤舆外记に就いて——特に江户时代の 世界地理学史上に于ける》一文，文中除介绍了《坤舆图说》一书在日本的存藏概况外，还提出了《坤舆图说》对日本江户时代的世界地理知识的发展具有一定的影响。① 次年，日本学者秋冈武次郎也通过研究《坤舆图说》，发表了系列文章《南懐仁の坤舆圖說について》。②

1998 年，霍有光出版了《中国古代科技史钩沉》，其中对南怀仁《坤舆图说》一书的评价比较高。他认为，《坤舆图说》是继《职方外纪》之后的一部值得称道的传播西方科技文化的书籍，书中不仅引进了西方关于世界地理、地质、海洋学等方面的科学技术成果，更重要的是还反映了西方人在科学研究中的思维与推理方法，开阔了中国人的眼界。③

进入 21 世纪之后，中外学者对南怀仁《坤舆图说》的研究更加深入，也取得了更多的成果。

2001 年，林东阳发表《南怀仁对中国地理学和制图学的贡献》一文，点明了《坤舆图说》在中国地理学史上的重要地位。④

2003 年，崔广社发表《〈四库全书总目·坤舆图说〉提要补说》，提出《坤舆图说》一书是为了解说南怀仁《坤舆全图》而作。⑤

2004 年，邹振环发表《南怀仁〈坤舆格致略说〉研究》一文，对

---

① ［日］鲶泽信太郎：《南［怀］仁の坤舆图说と坤舆外记に就いて——特に江户时代の世界地理学史上に于ける》，载《地球》1937 年第 27 卷第 6 期。
② ［日］秋冈武次郎：《南懐仁の坤舆图说について》（一）、（二）、（三），《地理教育》第 29 卷第 1、2、3 号，1938 年。
③ 霍有光：《中国古代科技史沟沉》，陕西科学技术出版社 1998 年版，第 195 页。
④ 林东阳：《南怀仁对中国地理学和制图学的贡献》，收入［比］魏若望编《传教士·科学家·工程师·外交家：南怀仁（1623—1688）——鲁汶国际学术研讨会论文集》，社会科学文献出版社 2001 年版。
⑤ 崔广社：《〈四库全书总目·坤舆图说〉提要补说》，《图书馆工作与研究》2003 年第 1 期。

《坤舆图说》的版本、内容及成书经过等问题进行了讨论，并提出《坤舆图说》是《坤舆格致略说》一书的修订本，《坤舆全图》是南怀仁在《坤舆图说》和《坤舆格致略说》两书的基础上编绘而成的。①

2005年，日本学者内田庆市发表《南懐仁の坤舆图说と坤舆外记に就いて》一文，对于为什么尼德兰画家黑姆斯克（Marten van Heemskerck，1498—1574年）绘制的罗得岛人像的右手持火炬，而《坤舆图说》中绘制的"罗得岛巨人像"却是左手持火炬的问题进行了讨论。②

2006年，梁若愚发表了《南怀仁的〈七奇图说〉——兼论清人对〈七奇图说〉的排斥与接受》，对《坤舆图说》最后一部分"七奇图"进行了专门的研究，并对清代人排斥和接受"七奇图"这一问题进行了讨论。③

2008年，黄兴涛发表了《西方地震知识在华早期传播与中国现代地震的兴起》一文，对《坤舆图说》中的地震知识的来源进行了探讨。

2011年，邹振环又发表了《〈七奇图说〉与清人视野中的"天下七奇"》，对《坤舆图说》中所附的"七奇图说"这一内容及其来源进行了再探讨。④ 此外，在2014年邹振环还发表了《明末清初输入的海洋动物知识——以西方耶稣会士的地理学汉文西书为中心》一文，对《坤舆图说》中介绍的海洋动物进行了研究。⑤

同年，佛光大学的沈依安完成了他的硕士论文《南怀仁的〈坤舆图说〉研究》，对《坤舆图说》一书进行了更为全面的研究。在他的论文中，沈依安分别用五个章节的内容，论述了《坤舆图说》的写作渊源与内容架构；《坤舆图说》一书的资料剪裁与编撰的方式；南怀仁在编写《坤

---

① 邹振环：《南怀仁〈坤舆格致略说〉研究》，收入李孝聪主编《中外关系史：新史料与新问题》，科学出版社2004年版，第289—303页。
② ［日］内田庆市：《南［懐］仁の坤舆图说と坤舆外记に就いて》，《或问》2005年第10期。
③ 梁若愚：《南怀仁的〈七奇图说〉——论清人对〈七奇图说〉的排斥与接受》，收入《澳门历史研究》2006年第5期。
④ 邹振环：《〈七奇图说〉与清人视野中的"天下七奇"》，收入中国社会科学院近代史所、比利时鲁汶大学南怀仁研究中心编，古伟瀛、赵晓阳主编《基督宗教与近代中国》，社会科学文献出版社2011年版，第499—529页。
⑤ 邹振环：《明末清初输入的海洋动物知识——以西方耶稣会士的地理学汉文西书为中心》，《安徽大学学报》2014年第5期。

舆图说》时，主要选择哪些资料作为参考；与之前的传教士的地理学著作相比，《坤舆图说》一书的创新之处；以及《坤舆图说》的反应与价值。其中，对《坤舆图说》一书的资料剪裁与编撰方式这一部分，特别是对《坤舆图说》与《职方外纪》内容的对比研究尤其扎实。只是，在做关于《坤舆图说》研究的学术史回顾时，如能关注到邹振环的相关研究成果会使这个学术史的回顾更为全面一些。①

此外，2011年11月召开的十七、十八世纪（1662—1722）中西文化交流的两岸故宫第三届学术研讨会上，赖毓芝也发表了《知识、想象与交流：南怀仁〈坤舆全图〉之动物图像研究》一书，在这篇文章中，赖毓芝也以《坤舆图说》一书中所描绘的动物为中心，对书中的动物是什么动物，这些动物的图像来源于何处，以及这些图像如何向人们传达当时的欧洲地理与自然史知识等问题进行了探讨。

2012年，徐光宜又发表了论文《明清西方地震知识入华新探》②。是文在黄兴涛论文的基础上对《坤舆图说》中"地震"内容的来源做了更为深入的探讨，但无论是黄兴涛，还是徐光宜，对于《坤舆图说》中异于《地震解》和《空际格致》的内容来源于何处，均未做进一步的考察。

上述研究更多地关注南怀仁的《坤舆全图》的研究，也取得了不少的成果。而对南怀仁《坤舆图说》一书的研究还远远不够，书中的很多具体问题，还有待进行更为深入的研究。

比如：《坤舆图说》中来源于利玛窦《坤舆万国全图》《职方外纪》《地震解》和《空际格致》中的内容的另外几处重要的不同，如，为什么《坤舆图说》对忽鲁谟斯的记载内容上与《职方外纪》一致，但名称上却改为"阿尔母斯"？又为什么南怀仁没有参考《职方外纪》，把忽鲁谟斯的记载放在"百尔西亚"条，而是像利玛窦的《坤舆万国全图》的解说一样，单列一条，放在亚洲部分介绍？再如，《坤舆图说》对于亚洲四至的地点的介绍也与《职方外纪》不同，而是与《坤舆万国全图》的相关解释一致，南怀仁又为什么做了这样的处理？还有，《坤舆图说》中关于"地震"部分的记载，除了参考龙华民的《地震解》和高一志的《空际格致》

---

① 沈依安：《南怀仁的〈坤舆图说〉研究》，硕士学位论文，佛光大学，2011年。
② 徐光宜：《明清西方地震知识入华新探》，《中国科技史杂志》2012年第4期。

中的相关内容之外，还有关于气与地震的关系的一部分内容在上述两本书中难以找到，这些内容又来源于何处？

这些具体问题的研究，对于进一步认识明清经由耶稣会士带来的世界地理知识的全貌，耶稣会士在传播这些世界地理知识的取舍原则，以及用地理学知识传教的社会影响等问题亦具有重要的意义。

因此，本文拟在重新考察《坤舆图说》内容来源的基础上，探讨如下问题：

1. 《坤舆图说》与《坤舆万国全图》《职方外纪》《空际格致》等著作的相关内容相比有何异同？在参考这些著作时，南怀仁采取了怎样的剪裁原则？这样剪裁的目的是什么？

2. 《坤舆图说》中的地震部分内容是否还有其他的来源？

3. 通过对上述两个问题的研讨，考察《坤舆图说》中的内容是否为当时较为先进的世界地理知识。

二 《坤舆图说》与《坤舆万国全图》《职方外纪》《空际格致》等著作中相关内容的异同及其成因

（一）相同之处

对比《坤舆图说》《坤舆万国全图》《职方外纪》和《空际格致》，可以发现如下几种相同之处：

1. 目录顺序一致：从目录看，《坤舆图说》与《职方外纪》在对世界地理知识介绍的逻辑顺序上几乎完全一致，都是按照亚细亚、欧逻巴、利未亚、亚墨利加、墨瓦蜡尼加和关于海洋的介绍为顺序编撰的；并且，每一个大洲之下对洲内各国介绍的顺序也基本一致。

比如：《坤舆图说》中对欧洲各国的介绍是按照"总说[①]、以西把尼亚、拂朗察、意大理亚、热尔玛尼亚、拂兰地亚、波罗泥亚、大泥亚诸

[①] 《坤舆图说》对欧洲的介绍是从概述欧洲总体情况开始的，但在文中，南怀仁并没有写出一个题目，而是直接介绍欧洲的概况。而《职方外纪》中，艾儒略为欧洲概况写了个题目，叫作"欧逻巴总说"。两者的内容大致相同。

清初来华传教士对世界地理知识的介绍　353

国、厄勒祭亚、莫斯哥未亚、地中海诸岛、西北海诸岛"的顺序介绍的。①

而《职方外纪》也是按照"欧逻巴总说、以西把尼亚、拂郎察、意大理亚、亚勒玛尼亚、法兰德斯、波罗尼亚、翁加里亚、大泥亚诸国、厄勒祭亚、莫斯哥未亚、地中海诸岛、西北海诸岛"的顺序介绍的。②

2. 内容大致相同：从正文看，《坤舆图说》与《职方外纪》对世界地理知识介绍的内容也大致相同，只是有些地方，南怀仁用更为简略的语言介绍出来。

比如：《职方外纪》的非洲部分对埃及人宗教信仰情况做了这样的介绍：

> 其国未奉真教时，好为淫祀，即禽兽草木之利赖于人者，因牛司耕，马司负，鸡司晨，以至蔬品中为葱为薤炎类，皆钦若鬼神祀之，或不敢食，其诞妄若此。至天主耶稣降生，少时尝至其地，方入境，诸摩像皆倾颓。有二三圣徒到彼化诲，遂出有名圣贤甚多。③

而在《坤舆图说》的相应部分则简写成："前好为淫祀，继有圣徒到彼化诲，遂出圣贤甚多。"④

3. 部分内容相同：《坤舆图说》中有部分内容与《坤舆万国全图》和《空际格致》相同：如，在《坤舆图说》中，南怀仁将《坤舆万国全图》的日本部分抄录下来，单列于对亚洲部分的介绍中。再如，《坤舆图说》中对"山岳"的介绍，"今摘天下各国名高山里数，开列于左："⑤ 一句之前的内容，与《空际格致》之"山岳"篇的介绍完全一致。⑥

---

① [比] 南怀仁编撰：《坤舆图说》，丛书集成初编本，卷下，商务印书馆1937年版，第89—113页。
② [意] 艾儒略撰，谢方校释：《职方外纪校释》，中华书局2000年版，目录，第2页。
③ [意] 艾儒略撰，谢方校释：《职方外纪校释》，中华书局2000年版，第110页。
④ [比] 南怀仁编撰：《坤舆图说》，丛书集成初编本，卷下，商务印书馆1937年版，第118—119页。
⑤ [比] 南怀仁编撰：《坤舆图说》，丛书集成初编本，卷下，商务印书馆1937年版，第31页。
⑥ [意] 高一志编撰：《空际格致》，卷上，收入《天主教东传文献三编》，台湾学生书局1984年版，第883—884页。

（二）相异之处

当然，《坤舆图说》与《坤舆万国全图》等书籍并不完全相同，归纳起来，《坤舆图说》《坤舆万国全图》《职方外纪》和《空际格致》等图书的差异主要有三类：

1. 删除的内容

（1）南怀仁删掉了《职方外纪》中多处介绍天主教的内容。

如《坤舆图说》的"百尔西亚"篇中，对于《职方外纪》同样篇目中的"琐夺马"城被天主降火焚毁一事的介绍，南怀仁全部弃之不用。①

（2）南怀仁删掉了《职方外纪》中多处带有"奇"字的内容。

《职方外纪》书中介绍了很多"奇"事物，比如，其"以西把尼亚"篇中提到了以西把尼亚三奇："有一桥万羊牧其上，有一桥水流其上，有一城以火为城池也。"② 在《坤舆图说》的相应篇目中，南怀仁删掉了这个记载。③ 对照《坤舆图说》与《职方外纪》，《职方外纪》书中大部分带"奇"字事物的介绍都被南怀仁删减掉了。

（3）南怀仁删掉了《职方外纪》中关于世界五大洲各国所处的经纬度等位置信息。

《职方外纪》一书中，在介绍世界五大洲内各国的时候，多处标注了当地的经纬度等位置信息。如在"亚墨利加总说"部分的第一段就有这样的记载：

> 亚墨利加，第四大州总名也。地分南北，中有一峡相连。峡南曰南亚墨利加，南起墨瓦蜡泥海峡，南极出地五十二度；北至加纳达，北极出地十度半；西起二百八十六度，东至三百五十五度。峡北曰北亚墨利加，南起加纳达，南极出地十度半，北至冰海，北极出地度数未详，西起一百八十度，东尽福岛三百六十度。地方极广，

---

① 参见［比］南怀仁编撰《坤舆图说》，丛书集成初编本，卷下，商务印书馆1937年版，第71—73页；［意］艾儒略撰，谢方校释《职方外纪校释》，中华书局2000年版，第110页。

② ［意］艾儒略撰，谢方校释：《职方外纪校释》，中华书局2000年版，第77页。

③ ［比］南怀仁编撰：《坤舆图说》，丛书集成初编本，卷下，商务印书馆1937年版，第89—92页。

平分天下之半。①

在《坤舆图说》的相应部分，南怀仁将上段文字删减为：

亚墨利加，第四大州总名也。地分南北，中有一峡相连。峡南曰南亚墨利加，南起墨瓦蜡泥海峡，北至加纳达。峡北曰北亚墨利加，南起加纳达，北至冰海，东尽福岛。地极广，平分天下之半。②

在《坤舆图说》中，南怀仁把卷下部分世界各国的共十五位经纬度等位置信息全部删除。

无论删掉的是有关天主教的介绍，还是带有"奇"字的内容，又或者是世界五大洲内各国的位置信息，在南怀仁的这些剪裁中，我们都可以深刻地感受到南怀仁对待这些内容的谨慎态度。为什么南怀仁要这样的谨小慎微？恐怕我们还是要通过考察南怀仁在华的个人经历来寻找原因。

南怀仁1659年来华后，先被派至陕西传教。后来在1660年5月奉召入京，辅佐汤若望神甫纂修历法。③因为汤若望使用新历，与原来钦天监回回科的官员产生了矛盾。④后来，与回回科官员站在同一阵线的新安卫官生杨光先引起历狱，汤若望因而下狱。彼时汤若望"已中风疾，身体残废……对于（杨光先）诬陷事，皆未能答辩，（南）怀仁毅然为之代辩"，因此也遭牢狱之灾。⑤1669年，这场历狱案才真正结束，汤若望等人的名声才得以恢复。

经历了这次重大变故，再加上此前此后长时间在朝廷担任修历的工作，使得南怀仁十分小心谨慎。此后，在编撰上述内容时，对于仇教者比

---

① ［意］艾儒略撰，谢方校释：《职方外纪校释》，中华书局2000年版，第119页。
② ［比］南怀仁编撰：《坤舆图说》，丛书集成初编本，卷下，商务印书馆1937年版，第128—129页。
③ ［法］费赖之：《在华耶稣会士列传及书目》（上），冯承钧译，中华书局1995年版，第342页。
④ （清）赵尔巽等撰：《清史稿》卷二七二，中华书局1977年版，第10021页。
⑤ ［法］费赖之：《在华耶稣会士列传及书目》（上），冯承钧译，中华书局1995年版，第343页。

较敏感的天主教的内容，删掉了很大一部分。此外，再加上南怀仁本身从事修历、制图等工作，本来就具有科学精神，较为严谨，所以，去掉一些看似荒谬的"奇"事"奇闻"，也就在所难免了。但是，南怀仁去掉的世界各国的经纬度，是否因为这些经纬度不够准确而被删除，还须做更为深入的考察。

2. 有所改动的内容

（1）对于《职方外纪》提到的亚细亚的四至有所改动。

在《职方外纪》的"亚细亚总说"篇中提到："亚细亚者……其地西起那多理亚，离福岛六十二度；东至亚尼俺峡，离一百八十度；南起爪哇，在赤道南十二度；北至冰海，在赤道北七十二度。……"① 在《坤舆图说》的"亚细亚州"一篇中，上述内容被改为"亚细亚……其界南至苏门答喇、吕宋等岛，北至新增白蜡及北海，东至日本岛、大清海，西至大乃河、墨阿的湖、大海、西红海、小西洋。……"② 但其改动的依据是利玛窦的《坤舆万国全图》。③

（2）海洋部分的内容介绍次序有些微的不同。

《职方外纪》卷五（《职方外纪》谢方校释）中，按照"四海总说""海名""海岛""海族""海产""海状""海舶"和"海道"分别介绍了世界海洋的相关知识。但在《坤舆图说》中，则是按照"四海总说""海状""海族""海产""海舶"的次序介绍世界海洋知识。把"海状"部分的内容提前，使得《坤舆图说》的相关内容看起来更加符合逻辑。

（3）将"忽鲁谟斯"的相关内容从"百尔西亚"一节中摘出，并将"忽鲁谟斯"改为"阿尔母斯"。但具体介绍忽鲁谟斯的内容没有改动，还是参考了艾儒略《职方外纪》中的相关内容。

为什么南怀仁在对《职方外纪》相关内容进行剪裁时，要采用将忽鲁

---

① ［意］艾儒略撰，谢方校释：《职方外纪校释》，中华书局2000年版，第32页。
② ［比］南怀仁编撰：《坤舆图说》，丛书集成初编本，卷下，商务印书馆1937年版，第65页。
③ 朱维铮主编：《利玛窦中文著译集》，复旦大学出版社2001年版，第174页。但在提到墨阿的湖时，利玛窦用的是"河"或"何"字，而非《坤舆图说》中的"阿"字。但在高一志的《空际格致》中提到相关内容时，用的是"阿"字。不知道南怀仁是不是参考了高一志的说法。

谟斯（即今霍尔木兹甘省一带①，下简称霍尔木兹）单独摘出来，又变更名字的写法？

对比利玛窦的《坤舆万国全图》与艾儒略的《职方外纪》中的地图，我们可以看到，这两幅图中标示出的霍尔木兹的地点非常相近，唯一不同的是，利玛窦用"忽鲁谟斯"来称呼霍尔木兹，②但艾儒略的《职方外纪》中所附的地图上使用了"阿尔模斯"来称呼此地。③而在南怀仁的《坤舆全图》中，也在同样的地点进行了标示，所不同的是，南怀仁依照艾儒略的记法，将"忽鲁谟斯"改为"阿尔母斯"，同时，还在其对岸也标记了"阿尔母斯"一名，④这在利玛窦的《坤舆万国全图》和艾儒略的《职方外纪》中则是没有的。无论"阿尔模斯"还是"阿尔母斯"，都是葡萄牙人对霍尔木兹甘省一带的称呼的音译。

我们知道，艾儒略是意大利人，而南怀仁是比利时人，为什么他们不使用自己母语的音译来称呼霍尔木兹，而要使用葡萄牙语的音译来称呼霍尔木兹？翻检耶稣会东方传教史，我们可以看到，1493 年，葡萄牙从教皇亚历山大六世（Alexander VI）那里获得了其在远东传教的"保教权"，此后，凡是到东方传教的欧洲各国传教士都必须得到葡王的批准，他们不仅要乘坐葡萄牙的船只，宣誓效忠葡王；而且还要经过一番"葡化"的改造——其中包括传教士之间的交流与写作要用葡语等。⑤因此，在艾儒略的《职方外纪》和南怀仁的《坤舆图说》中，都使用了葡语的音译来称呼霍尔木兹（葡萄牙人称其地 ORMUCHO）。

那么，为什么同为耶稣会士的利玛窦没有使用葡语来称呼这个地方呢？我们知道，作为早期来华的耶稣会士，为了打开在中国传教的局面，

---

① ［德］廉亚明、葡萄鬼:《元明文献中的忽鲁谟斯》，姚继德译，宁夏人民出版社 2007 年版，前言，第 1 页。

② 利玛窦，《坤舆万国全图》（禹贡版），收入黄时鉴、龚缨晏《利玛窦世界地图研究》，上海古籍出版社 2004 年版，图版十九到图版三十六。"忽鲁谟斯"一名见此书图版三十二所附利玛窦禹贡版《坤舆万国全图》的分图 14。

③ 由于中华书局 2000 年版的《职方外纪校释》中所附地图较小，图中的"阿尔模斯"四个字看不太清楚，可参见美国国会图书馆藏明刻本《职方外纪》正文前的最后一张附图。

④ ［比］南怀仁:《坤舆全图》，收入曹婉如、郑锡煌、黄盛璋、钮仲勋、任金城、秦国经、汪前进编《中国古代地图集》（清代），文物出版社 1997 年版，第 4 图。

⑤ 李晟文:《明清时期法国耶稣会士来华初探》，《世界宗教研究》1999 年第 2 期。

利玛窦采取了"适应"中国文化的政策，他阅读了不少中国传统典籍，并力求在其中找到与天主教相一致的说法。同时，他努力结交士人，希望能够通过他们见到皇帝，并向皇帝介绍自己的宗教。在与士人交往的过程中，他发现这些人对他带来的世界地图十分惊异，并心生欢喜。于是，他便把世界地图进行了翻刻，并作为礼物送给士人们及皇帝。在翻刻的过程中，他将世界地图上的地理名词等都翻译成了中文。大概是为了使中国人对世界地图上的地理名词更有亲切感，他使用了一些中国域外地理著作的名词，比如，忽鲁谟斯的称呼最早见于元代汪大渊的《岛夷志略》一书①，利玛窦便借用了此名称。

利玛窦的"适应"政策虽然取得了成功，但在祭祀孔子和祖先的问题上却被同道认为是有违天主教教义的。由此引起了史上著名的礼仪之争。而他的"适应"政策后来也没有被所有同道追随。显然，艾儒略和南怀仁在对霍尔木兹的称呼上也没有继承利玛窦的说法。

同时，还有一点也可能可以说明艾儒略、南怀仁与利玛窦对此地的称呼不同。南怀仁之所以在他的《坤舆全图》上标示两处"阿尔母斯"，则是基于他对此地的历史更为了解的缘故。我们知道，历史上的"忽鲁谟斯"有两个首都，一个是旧的首都，位于伊朗大陆的米纳布附近，由于契丹人的多次入侵而被迫迁都。1300 年，加隆岛（Jarun）成了忽鲁谟斯的新首都——这个新首都相当安全，在商业上有优越的地位。但从前被称为"旧忽鲁谟斯"的地方则继续存在，作为主要的农业区和夏天的避暑胜地。② 南怀仁对新旧两个忽鲁谟斯的存在应当是了解的，这样，他才会在自己的地图上标示出两个"阿尔母斯"。

当然，还需说明的是，在利玛窦的《坤舆万国全图》中，除了忽鲁谟斯的地名外，并没有标示出"百尔西亚"这个地名，而艾儒略的《职方外纪》和南怀仁的《坤舆图说》中都标出了"百尔西亚"一地。"百尔西亚"即伊朗，1515 年开始，霍尔木兹一直处于葡萄牙人的统治之下，直到

---

① ［德］廉亚明、葡萄鬼：《元明文献中的忽鲁谟斯》，姚继德译，宁夏人民出版社 2007 年版，第 30 页。

② ［德］廉亚明、葡萄鬼：《元明文献中的忽鲁谟斯》，姚继德译，宁夏人民出版社 2007 年版，第 17—18 页。

1622年，霍尔木兹才被伊朗的萨非王朝从葡萄牙手中夺回。① 我们知道，利玛窦的中文著作，包括地图在内都是1610年他去世之前完成的，在那个时候，霍尔木兹还没有并入伊朗；而在天启三年（1623）《职方外纪》成书时，霍尔木兹已并入伊朗。因此，艾儒略才标出了"百尔西亚"，而利玛窦没有标出。至于南怀仁，则沿用了艾儒略的说法。

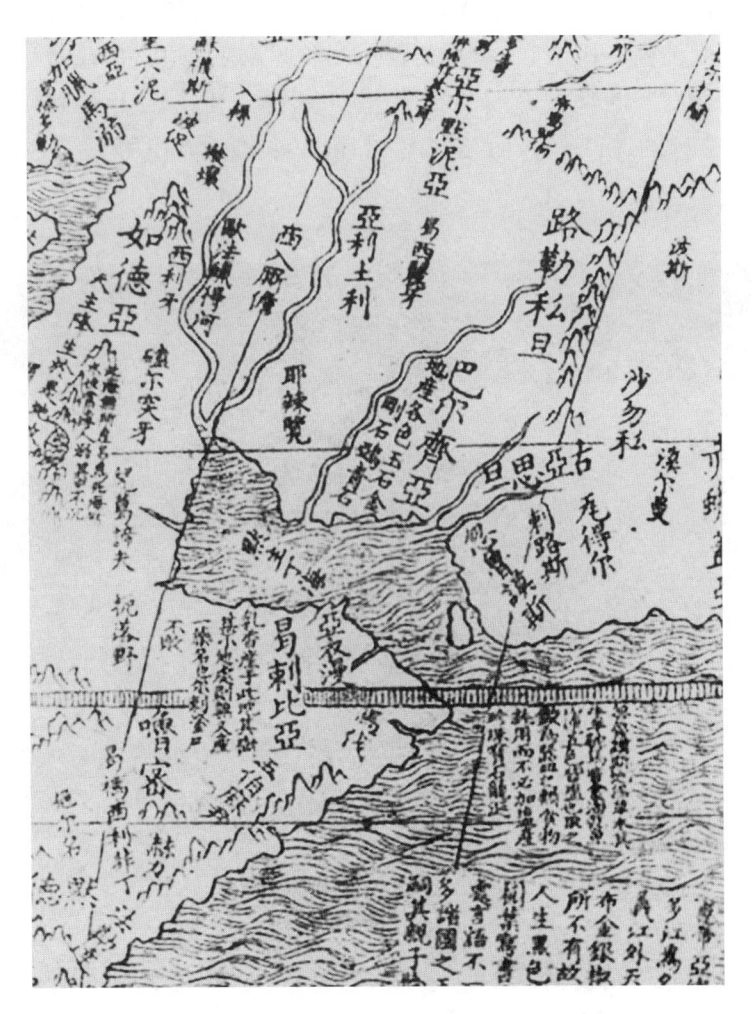

图1 利玛窦《坤舆万国全图》中的忽鲁谟斯

① Elton L. Daniel, *The History of Iran*, Grennwood Press, 2001, p. 91.

有趣的是，虽然南怀仁在《坤舆全图》中将霍尔木兹仍然标在百尔西亚之下——像《职方外纪》中标示的一样，只是标示的位置略低于《职方外纪》附图中阿尔模斯标示的位置，但在他的《坤舆图说》中，却没有把霍尔木兹放在百尔西亚条目下，而是像利玛窦一样，把此处单列。这种处理的方式，多少让人感觉南怀仁在对世界地理知识的认识方面，稍显混乱。但是，如果从这个角度来讲，可能艾儒略对这个地方的认识也不太清晰，因为在《职方外纪》的文字内容中，仍在对"百尔西亚"的介绍中，也简要介绍了霍尔木兹的情况，但他使用的称呼，不是附图中的"阿尔模斯"，而是仍然沿用利玛窦《坤舆万国全图》中的"忽鲁谟斯"。

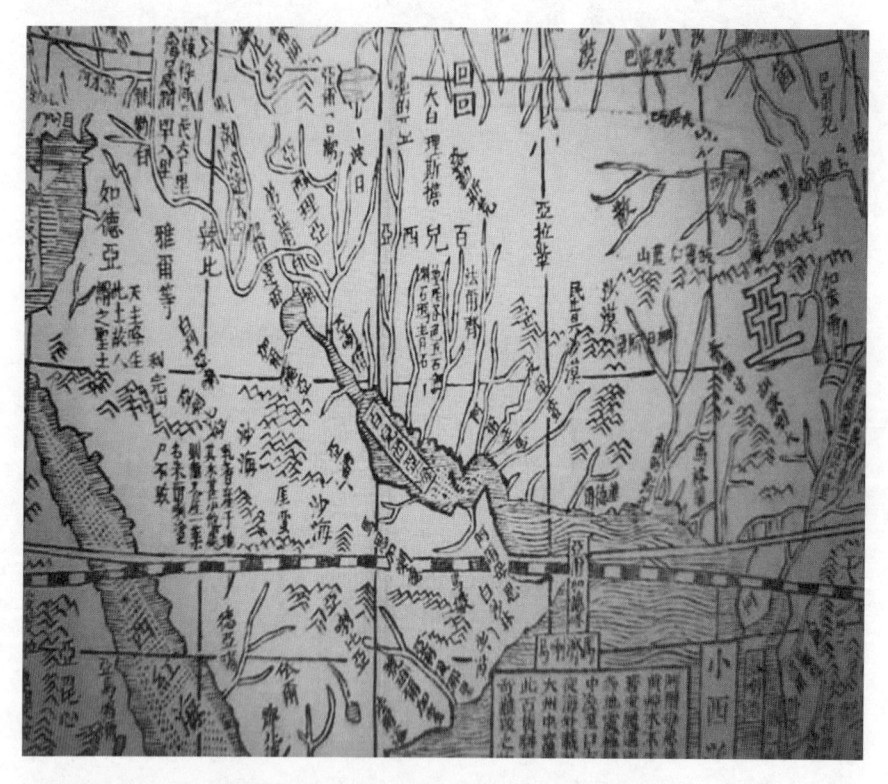

图 2　南怀仁《坤舆全图》中的阿尔母思

3. 新增加的内容

（1）加入对自然地理现象的描述。

在《坤舆图说》卷上中，南怀仁概括地介绍了五个气候带、"地震"、"海水之动"、"海之潮汐"、"气行"、"风"、"云雨"、"四元行之序并其形"等内容。将这些内容专列一卷进行考察，并与卷下的世界地理知识的介绍合为一书，这在此前同类介绍世界地理知识的书中是没有的。此外，在编撰卷上的内容时，南怀仁除了参考《空际格致》外，也增加了一些不同的内容。

比如，在"地震"一条中，南怀仁先参照《空际格致》，介绍了此前关于地震成因的种种谬论："或谓地含生气，自为震动；或谓地体犹舟浮海中，遇风波即动；或谓地体亦有剥朽，乃剥朽者裂分全体而坠于内空之地，当坠落时，无不摇动全体而致声响者；又有谓地内有蛟龙，或鳖鱼，转奋而致震也。"① 之后，他又提出了"正确"的地震成因——"地震者，因内所含热所而致也。……夫气之困郁于地，其奋发必力奋而震摇乎地体，理之自然者也。……"接着，对这一成因进行了解释。② 这些内容，与《空际格致》中"地震"条的相应内容完全一致。③ 此外，关于地震预兆和震之功效的论述是《地震解》第八章和第九章的内容。④

但是，文中还有"凡致地震之烈气，积在地内不过数十百丈之深，则遇低洼之处如江海山谷等，易出而散，因而震动不越一郡县或一山谷之地而止；若猛烈之气藏于地内至数百里之深，则既难发泄，必致四面冲奋，寻其所出之路，因而震数省之地，致数千里之远也"⑤ 的新增内容，不知源于何处。

此前传教士的相关著作中并未见上述内容，而在曾经讨论过地震成因

---

① ［比］南怀仁编撰：《坤舆图说》，丛书集成初编本，卷下，商务印书馆1937年版，第25—26页。
② ［比］南怀仁编撰：《坤舆图说》，丛书集成初编本，卷下，商务印书馆1937年版，第25—29页。
③ ［意］高一志编撰：《空际格致》卷上，收入《天主教东传文献三编》，台湾学生书局1984年版，第1016—1019页。
④ 徐光宜：《明清西方地震知识入华新探》，《中国科技史杂志》2012年第4期。
⑤ 黄兴涛：《西方地震知识在华早期传播与中国现代地震的兴起》，《中国人民大学学报》2008年第5期。

的西方著作中，亚里士多德的著作里也有与《坤舆图说》之"地震"成因篇中的气在地下空洞中积压而致地震的相似说法。①

除了亚里士多德，还有生活在公元前4—公元65年的塞涅卡，在他的《自然问题》(Natural Questions) 一书中，还辟有专章，收录了亚里士多德（Aristotle）、斯特拉托（Strato）和阿那克西米尼（Anaximenes）等人对地震成因的不同见解，如斯特拉托曾提到，地震的发生是由于"冷热不能共存"(Cold and hot always move away from each other; they can not coexist.②)。

在塞涅卡的著作里，他还曾经推测地震是空气进入地下通道的结果，当进入地下通道的空气受压缩时，会产生强烈的风暴，从而产生地震，并对地面造成很大的破坏。③ 这一段内容似可对《坤舆图说》中关于地震的那未知来源的一段内容做一呼应。

（2）加入了对世界七大奇迹等内容的介绍。

在《坤舆图说》一书的末尾，南怀仁附上了"七奇图"和"公乐场图"，以介绍当时世界的七大奇迹："亚细亚洲巴比鸾城"（巴比伦的空中花园）、"铜人巨像"（罗得岛的太阳神铜像）、"利未亚洲厄日多国孟斐府尖形高台"（埃及吉萨金字塔）、"亚细亚洲嘉略省茅索禄王茔墓"（土耳其摩索拉斯陵墓）、"亚细亚洲厄弗俗府供月祠庙"（土耳其以弗所的阿耳忒弥斯神庙）、"欧逻巴洲亚嘉亚省供木星人形之像"（希腊雅典奥林匹亚的宙斯神庙）和"法罗海岛高台"（埃及亚历山大港法罗岛灯塔）；以及"公乐场"（罗马斗兽场）。这些内容在南怀仁之前的世界地理著作中没有见到。④

三 小结

1. 通过参考《坤舆万国全图》《职方外纪》《地震解》和《空际格

---

① ［古希腊］亚里士多德：《天象论宇宙论》，吴寿彭译，商务印书馆2010年版，第127页。
② Seneca, translated by Harry M. Hine, *Natural Questions*, The University of Chicago Press and London (2010), p. 98.
③ Seneca, translated by Harry M. Hine, *Natural Questions*, The University of Chicago Press and London (2010), p. 102.
④ ［比］南怀仁编撰：《坤舆图说》，丛书集成初编本，卷下，商务印书馆1937年版，第217—232页。

致》等内容，南怀仁较为谨慎地剪裁出了《坤舆图说》一书。此书的内容与上述著作相比，有诸多异同点。

2. 与利玛窦、艾儒略、龙华民、高一志等人传入的世界地理知识相比，南怀仁的《坤舆图说》一书中的世界地理知识更加多样，尤其是对自然地理知识的描述，在书中专列一卷，读之，令人耳目一新。

3. 虽然从对世界五大洲地理知识介绍的内容来看，南怀仁的《坤舆图说》一书并没有加入太多的内容，仅对艾儒略的《职方外纪》一书中的相关内容进行了一些删改，并且，参考了此前利玛窦、艾儒略等人介绍的世界地理知识。但在《坤舆图说》一书的末尾，南怀仁增加了"异物图""七奇图"等内容，这对当时的中国人来说，亦是十分新颖的知识。

综上所述，明清时期伴随着基督教的第三次来华，传教士们，尤其是耶稣会士们带来了反映大航海时代成果的世界地理知识，以此作为知识传教的重要内容。他们的著作，无论是《坤舆万国全图》《职方外纪》，还是《坤舆图说》等，都冲击了当时士人的世界观，而且，这个冲击的过程是一步步加深的。从最开始的《坤舆万国全图》仅在图上附有一些文字介绍世界地理知识，到《职方外纪》在地图之外，更为详细的世界五大洲及海洋知识的介绍，再到《坤舆图说》除了介绍世界五大洲及海洋的知识，还介绍了自然地理现象及其成因，以及世界七奇等内容，我们看到耶稣会士传入的世界地理知识的不断更新。可以说，南怀仁是他之前来华传教士传入世界地理知识的总结和发扬者，他的《坤舆图说》一书，也是清初传教士带来的西方世界地理知识的代表作品。

白晋与礼仪之争

张西平

(北京语言大学　北京外国语大学)

一

白晋（J. Bouvet, 1656—1730），法国来华耶稣会士。1687年（康熙二十六年）11月26日他与洪若翰（J. de Fontaney, 1643—1710）、刘应（Claude de Visdelou, 1656—1728）、张诚（Jean Francois Gerbikkon, 1654—1707）、李明（Louis Le Comte, 1655—1728）等五人作为路易十四所委派的"国王数学家"来到中国，后他们从宁波启程前往北京，1688年（康熙二十七年）2月7日他们到达北京，但一个月前南怀仁已经去世了。在葡萄牙来华耶稣会士徐日升（Thomas Pereira, 1645—1708年）的引荐下法国传教士们见到了康熙皇帝。① 洪若翰在信中写道：

> 1688年3月21日，我们有幸觐见皇帝。这位伟大的君主对我们极其和善；在责怪我们不愿意全部都留在他的宫中后，他向我们宣布，他要把张诚神父与白晋神父留下为他服务，允许其他神父到各省传播我们神圣的教义。然后，他吩咐给我们上茶，并赐给我们一百金

---

① 法国传教士来华后受到了葡萄牙来华传教士的冷遇，因为，最初教宗授予了葡萄牙有东方传教的护教权，所有前往东方传教的传教士都要从里斯本出发，后由于英、法等国的崛起，教宗解除了葡萄牙在东方的护教权。法国来华传教士的到来显然是不受葡萄牙管辖的。这种矛盾自然产生。例如，入华后中国主教罗文藻同意免除了法国来华传教士的宣誓，而徐日升等葡萄牙传教士仍坚持他们应该宣誓。参阅魏若望《耶稣会士傅圣泽神甫：索隐派思想在中国及欧洲》，吴莉苇译，大象出版社2004年版，第46—47页。

币。对中国人而言，此举可谓是极高的礼遇。①

白晋和张诚留在京城后开始给康熙上课，讲授西方科学与哲学。白晋与张诚合作以《哲学原理》为主要资料来源，编撰西方哲学书。②

由于白晋的突出表现，他取得了康熙帝的信任，就委派白晋返回法国，招募更多的传教士来中国。在巴黎期间白晋完成了两部法文著作。一部是《中国现任皇帝传》，一部是《中国服饰史》。这两部书开启了法国来华传教士向欧洲传播中国文化的宏大文化交流运动。

白晋从法国返回中国最大的成绩就是促成了安菲特利特号前往中国。当时法国东印度公司没有能力派出一艘前往中国的贸易船只，白晋说服了玻璃制造商儒尔丹出面，与东印度公司达成协议，由他支付费用促成这次航行。③

从法国返回中国时，他完成了康熙交给他的另一个重要任务：招聘新的来华传教士。1698年3月6日，白晋乘坐"安斐特里特"号（Amphitrite）从法国出发，被他招聘来的新的传教士有：翟敬臣（Charles Dolzé, 1663—1701）、南国光（Louis Permon, 1664—1702）、利圣学（Jean-Charles-Etienne de Broissia, 1660—1704）、马若瑟（Joseph-Henri de Prémare, 1666—1736）、雷孝思（Jean-Baptiste Régis, 1663—1738）、巴多明（Do-

---

① ［法］杜赫德编：《耶稣会士中国书简集》（一），郑德弟等译，大象出版社2001年版，第269页。

② 白晋在《中国现任皇帝传》中写道："康熙皇帝研究几何学以后，还打算学习哲学。为此，旨谕我们俩用满语编写进讲哲学的草稿。皇上谕令我们以他很自然地想到的我们讲授几何学时所采用的方法，来编撰哲学讲稿。蒙上帝的恩宠，我们在以前的进讲中取得了成绩，所以我们希望能够把这项工作做得更为成功。我们有理由相信，这项工作将能够带来比做其他任何工作更大的效果，因为编写出优秀的哲学书籍，是教化中国人，特别是儒士，使他们接受福音书真理的最行之有效的方法。想到这些，我们不能不加倍努力去完成这项工作。在当时参阅的古今哲学书籍中，与我们的目的最吻合的是王室学者学会会员迪阿迈尔［迪阿迈尔（J. B. Duhamel, 1624—1706），法国祈祷协会会员——作者加］的《古今哲学》一书。从这位优秀哲学家令人信服的精辟论述来看，确实再没有比这本书更适合我们的意图的了。所以，这本著作是我们完成哲学讲稿时的主要资料来源之一。"［法］白晋：《中国现任皇帝传》，载［德］G. G. 莱布尼茨《中国近事》，大象出版社2005年版，第80—81页。

③ 关于这次中法之间的第一次贸易，意大利画家聂云龙（Giovanni Gherardini）有《1698年乘坐"安菲特利特号"前往中国的旅途》（Ralation du voyage fai à la Chine sur le vaisseau L'Amphitrite en L'année 1689）一书。

minique Parrnenin，1665—1741）、颜伯理（Philibert Geneix，1667—1699），以及建筑雕塑家卫嘉禄，意大利面家聂云龙（Giovanni Gheradini）。到达广州后，白晋受到了隆重的接待，因为，他是康熙帝的钦差大臣，仪式非常隆重。

> 10月31日将近傍晚六点时，我离开乘坐了8个月的船只，与白晋一同前往广州。岸上全副武装的士兵肃立，锣鼓声喧闹。我们登上小艇，就听到三声迎接神父的问候，接下来四周响起礼炮声。小艇上挂着两个硕大的灯笼，灯火通明，船体上还刻有"钦差"字样的中国字。在我们经过所有哨卡，都会响起三声炮响。①

白晋对这次中国和法国的首次贸易做出的另一个重要贡献就是，通过他的游说：

> 从总督和海关总管处获准，昂菲特利特号可沿珠江上溯行驶，距离不限。它还享有免受海关官员检查和计量的荣誉，不必缴纳任何税款，甚至可免交计量费和锚地费——这两笔款是任何船只均须向皇帝缴纳的。②

康熙在扬州接见了白晋和他带来的传教士。③

白晋的法国之行获得了成功，得到了康熙的认可。"康熙帝令新来的传教士中的五人在皇宫等候任用，其他人可以随意到各省传教。随白晋一

---

① 聂云龙（GiOvanni Gherardini）有《1698年乘坐"安菲特利特号"前往中国的旅途》（Ralation du voyage fai à la Chine sur le vaisseau L'Amphitrite en L'année 1689）一书，第77—73页。转引自解江红博士论文，第71页，感谢汤开建教授和解江红提供给我这篇博士论文。

② [法]杜赫德编：《耶稣会士中国书简集——中国回忆录》上卷，大象出版社2005年版，第145页。此处"安菲特利特号"被译为"昂菲特利特号"。学者研究，白晋这样顺利也是因为他熟知中国社会的特点，让法国人给中国的官员们送了重礼。"如黄埔海关监督曾得到300两白银的商品礼物，中国公司也向黄埔海关送礼600两。1698年1月17日，当白晋拜见两广总督石琳时，奉上了中国公司提供的丰厚礼物。"参阅耿昇《法国汉学史论》下册，学苑出版社2015年版，第578页。

③ 《白晋神父致拉雪兹神父的信》，载《耶稣会士书简集》第一卷，大象出版社2005年版，第146页。

起来的法国商人们也得到了可以在广东租屋营业的许可。白晋还向康熙皇帝呈献了法国国王路易十四的礼物，其中包括几张王室的画像。"①

1699年（康熙三十八年）康熙南巡，在杭州时于天主堂召见了潘国良，白晋、张诚作为陪康熙近臣也随同巡访江南。②

二

礼仪之争爆发后，白晋更是成为康熙帝所信赖的传教士，委以重任。

礼仪之争是明清之际中西文化交流史上最重要的历史事件，它不仅仅是来华传教士在华传教策略上的分歧，也是欧洲思想文化史上内在思想矛盾的体现，在一定意义上，这场文化之争源于西方自身，它本和中国并无关系。它是西方国家和基督宗教在全球扩张中，首次遇到一个在文化悠久于它，在国家经济实力上高于它的中国时，在宗教理解上所发生的分歧。原本是一个纯粹文化的问题，但当罗马教廷派遣使者前来中国宣布教宗的礼仪之争训令时，这就变成了一个清政府与罗马教廷之间的外交关系。③白晋由此作为康熙最信任的传教士自然也卷入了其中。

1701年12月5日罗马教宗任命多罗（Charles Thores Maillard de Tournon）为使华特使，1704年教宗克莱门特十一世（Clement XI，1700年11

---

① 柯兰霓：《耶稣会士白晋的生平与著作》，大象出版社2009年版，第28页。

② 参阅韩琦、吴旻校注《熙朝崇正集　熙朝定案》（外三种），中华书局2006年版，第189页。"二十六日，良同远臣张诚、白进等蒙皇上钦赐御宴湖舫，游览西湖，至晚偕诣行宫，谢恩而归。二十初三日，良同远臣张诚、白进等蒙皇上钦赐御宴，游览虎丘。"关于传教士参加尼布楚条约谈判，参阅［荷］伊兹勃兰特·伊台斯、［德］亚当·勃兰德《俄国使团使华笔记》（1692—1695），商务印书馆1999年版；［俄］尼古拉·班蒂斯—卡缅斯基编著：《俄中两国外交文献汇编》（1619—1792），商务印书馆1989年版；苏联科学院远东研究所编：《十七世纪俄中关系》，商务印书馆1973年版；［法］加斯东·加恩：《彼得大帝时期的俄中关系》，商务印书馆1989年版；郝建恒等译：《历史文献补编：17世纪中俄关系文献选译》，商务印书馆1989年版；北京师范大学清史研究小组：《一六八九年的中俄尼布楚条约》，人民出版社1977年版；［美］约瑟夫·塞比斯：《耶稣会士徐日升关于中俄尼布楚条约谈判日记》，商务印书馆1973年版。

③ 参阅［美］苏尔·诺尔编《中国礼仪之争：西文文献一百篇》，沈保义、顾卫民、朱静译，上海古籍出版社2001年版；张国刚《从中西初识到礼仪之争》，人民出版社2003年版；李天纲《中国礼仪之争：历史、文献和意义》，上海古籍出版社1998年版；张西平《欧洲早期汉学史：中西文化交流与西方汉学的兴起》，中华书局2009年版；张西平《儒学西传欧洲研究导论：16—18世纪中学西传的轨迹与影响》，北京大学出版社2016年版。

图 1　教皇特使多罗（Charles-Thores Maillard de Tournon）画像

月 23 日—1721 年 3 月 19 日）于 1704 年 11 月 20 日签署了关于中国礼仪的密令。由此，在中国礼仪上曾经来回摇摆动摇不定的罗马教廷有了一个明确的意见，以阎珰（Charles Maigrot）为代表的托钵修会意见占了上风，以利玛窦为代表的耶稣会适应路线没有被罗马教廷接受。①

1705 年 12 月 4 日多罗使团到达北京。12 月 31 日在北京的全体耶稣会士拜见了多罗特使，白晋在其中。

康熙得知了这消息，对此有明确的意见，他已经意识到多罗来华并非

---

① 1645 年 9 月 12 日教宗英诺森十世（Innocent X, 1644—1655）宣布了禁止中国教徒实行中国礼仪的通谕。但在卫匡国返回欧洲后的努力下，教宗亚历山大七世（AlexanderⅦ, 1655—1667）在 1656 年又发布了与教宗英诺森十世意见相反的通谕，允许中国教徒实行中国礼仪。

朝贡，这是一种新的外交形式。

> 多罗系奉教之人，来查其教，并非西洋王遣来纳贡，着穿我本地衣服，尔等咨会督抚，优礼款待，供给船夫，派人照料，从速遣王京城。此旨着令西洋人看，听其如何言语，若如谓如此好。赫世亨即用清文缮文，交付督抚之子弟，以面从速咨行，一面奏闻。再有他言，续行具奏侯旨。①

1705年12月31日（康熙四十四年十一月十六日）康熙第一次在畅春园接见了多罗特使。在会见了多罗后，康熙决定派特使到罗马给教宗送去礼物，以感谢教宗派特使来华。康熙就派人到多罗处询问，如果派一名特使到罗马，派哪位人好。多罗提出派沙国安（Mariani）为特使。但康熙得知后感到不妥，因为沙安国是多罗特使团成员，并不懂汉语，他认为既然是清廷派往罗马的特使自然要懂汉语。于是康熙给多罗提出，应派白晋和沙安国一起前往罗马，白晋为正使，沙安国为副使。康熙希望白晋和沙安国尽快前往广州，乘坐英国轮船Emuis前往欧洲。汉文文献证明了白晋奉康熙命，准备回欧洲之事。

满文老档存有一份关于白晋前往广州一事的文献：

> 总管内务府为给白晋等准备驿马船只到厦门出海赴欧洲事行文兵部（康熙四十四年十一月十八日）
>
> "总管内务府行文兵部，为知会事。本月十七日，据员外郎赫世亨、张常柱前来禀称：我等已奉有旨。谕曰，西洋人白晋、沙国安均骑马有宿疾，可于尔等属下人内选派一人，沿途择取驿马给予骑乘。若不能骑马时，可以准换乘车。若乘船前往较快，则准换乘船。抵闽之后，若海船泊于金门、厦门等地，则将西洋人送至泊船之地，而后可以返京。钦此。钦遵此谕，于当日将养心殿笔帖式佛保、布尔赛，武英属殿监造关保、常瑞、色楞、双丁、爱保、陶格、陈喜祥、高

---

① 中国第一历史档案馆、澳门基金会、暨南大学古籍所编：《明清时期澳门问题档案文献汇编》（一），人民出版社1999年版，第69页。

斌，南熏殿监造王凯、双玉、博和里、八十等人之名开列于单绿头牌奏览。奉旨：着养心殿笔帖式布尔赛去，着派兵部领催一人随同前去。钦此。钦遵。为给伊等签发勘合，先期准备驿马、车辆、船只，以期不误行程，特拟文咨行。为此知会内务府大臣何硕色咨行，笔帖式杨洪成送去后，已交付员外郎杨琳收讫。"（选译自"内务府行文档"卷二五）①

总管内务府为护送旭阳人白晋等搭船回国并派拨驿马送往赏物事致兵部咨文。（康熙四十四年十一月十九日，1706年1月3日）

"十九日，总管内务府咨行兵部，本月十七日，据员外郎赫世亨、张长柱告称，我等奏称，笔帖式怖尔赛、西洋人白晋、沙国安抵达福建后，若海船尚未起行，俟西洋人等登上海船，怖尔赛即行返回，倘若海船业已起航，怖尔赛或返回，或送至广州之处，请旨。等因奏入，奉旨：海船若已开行，则送至广东澳门。倘澳门有海船，俟登船即回；倘无返回海船，广州府有天主堂，可将西洋人等交付彼处巡抚安置于天主堂，怖尔赛自行返回，西洋人搭明年返回海船前往。返回之消息，由巡抚等转告尔等。钦此。查得，据称，赏赐西洋教化王之小件不计外，仅绸缎即有三七疋，请酌拨驿马买送，等因，故请尔部查照旨内事项，转行该巡抚，拨驿马齐送赏物。为此，总管内务府大臣赫硕色咨行。笔帖式萨尔格送往，交付郎中杨琳。"②

赫世亨奏为布尔赛已带白晋、沙国安并赏赐物品回京事朱批奏折（康熙四十五年十二月初九日）

"赫世亨谨奏，为奏闻事。

赫尔赛带西洋人白晋、沙国安及赏赐物品，于本月初八日夜回来，并将龙国安安置于徐日升所主教堂。初九日晨，布尔赛入内交付带回之赏赐物品，即行往迎皇上。

为此谨具奏闻。

---

① 中国第一历史档案馆、中国海外汉学研究中心合编：《清初西洋传教士满文档案译本》，大象出版社2015年版，第292页。
② 中国第一历史档案馆、澳门基金会、暨南大学古籍所编：《明清时期澳门问题档案文献汇编》（一），人民出版社1999年版，第68—69页。

（朱批）：知道了"
（选译自"满文朱批奏折"卷一五七）。"①

这三份文献都提到了康熙准备派白晋、沙国安带到罗马的礼物，以及如果登上船和登不上船如何处理和返回后的情况。白晋和沙国安赶到广州时英国船已经出发。

罗马耶稣会档案馆 Jap. Sin. 169 号文件记载了白晋前往广州一事。

此时，在北京的多罗特使听到康熙这个安排，大为恼火。1706 年 6 月 1 日纪理安同一清廷官员拜见多罗，多罗说有事要向康熙禀报，康熙回旨，令多罗前往他处觐见，多罗却说，自己身体不好，无法前往。

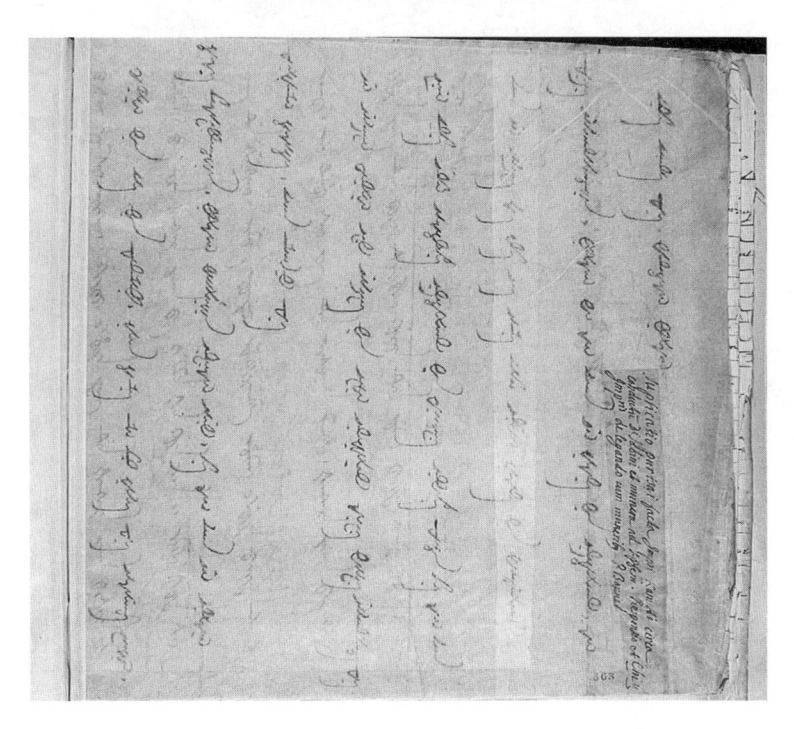

图 2 罗马耶稣会档案馆藏白晋前往广州的满文文献

---

① 中国第一历史档案馆、中国海外汉学研究中心合编：《清初西洋传教士满文档案译本》，大象出版社 2015 年版，第 309 页。

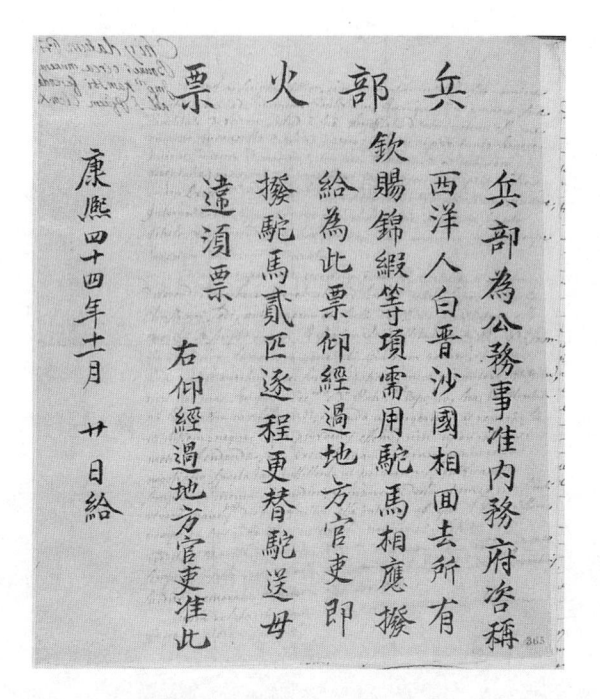

图 3　罗马耶稣会档案馆藏白晋前往广州的中文文献

　　六月二十日皇上遣官来听取多罗愿奏之事，多罗宗主教盛怒，大声喊说白晋不能充报聘使。……特使团员闻言都大敬失色，耶稣会士不敢翻译。多罗特使逼迫毕天翔逐句说明。①

　　多罗认为，派往罗马的特使正职应该由他所率领的特使团成员来担任，不应该由白晋来担任。

　　白晋和沙国安在 1706 年 1 月 4 日离开北京。在前往广州的路上，白晋作为皇帝的特使享有优先地位，这样自然和沙国安产生了矛盾。此时，多罗让白晋的上司张诚命白晋把礼物箱的钥匙交给沙国安。康熙皇帝得知了此事。②

---

　　① 罗光:《教廷与中国使节史》，台北光启出版社 1961 年版，第 120—121 页。
　　② 按照德国汉学家柯兰妮的看法，张诚由此失去了康熙的信任，在他去世时，康熙没有任何表示。参阅柯兰霓《耶稣会士白晋的生平与著作》，大象出版社 2009 年版，第 52 页。

白晋与礼仪之争　373

> 览多罗所奏，朕知道了，无用再谕。但白晋已与沙国安不和，叫回白晋何如？还有不尽之谕，等多罗好了陛见之际再谕，传与多罗宽心养病，不必为愁。①

当康熙这个御批送给多罗时，他十分高兴，但当他得知可以将白晋和沙国安从广州召回时，多罗听到后吓得眼泪流了出来。因为，他已经向教宗写信，说康熙将送礼物给教宗。如果现在康熙不再派人前往罗马这势必引起罗马教廷不满。得知这个情况后康熙让白晋在广州暂时待在广州。而当多罗听到这个消息后大哭起来。关于康熙派白晋回去给罗马教宗送礼一事所产生的风波，实际上是多罗犯的严重错误。因为，这是清廷代表中国

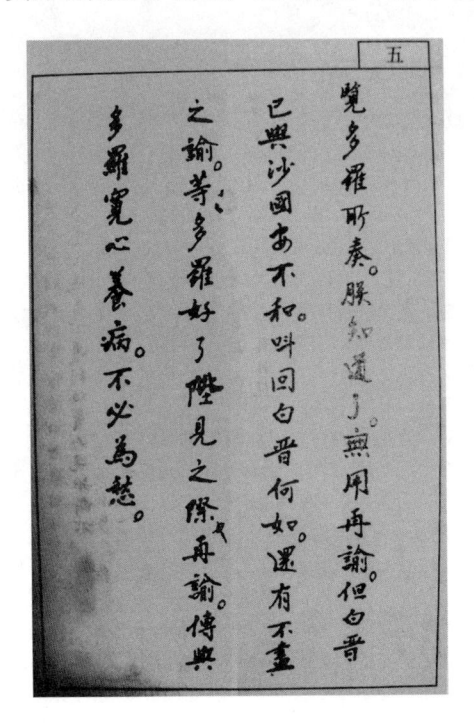

图4　康熙为白晋事致罗马教王特使多罗朱谕②

---

①　陈垣：《康熙与罗马使节关系文书》，见[意]马国贤《清廷十三年》，上海古籍出版社2004年版，第115页。
②　中国第一历史档案馆编：《清中前期西洋天主教在华活动档案史料》第一册，中华书局2003年版，第11页。

政府所送的礼物，自然应由康熙皇帝决定，而多罗却在此时要现实他的宗教权利，完全混淆了这件事的基本性质。从康熙对这件事的处理中可以看到康熙对白晋的信任。① 安多在寄给欧洲的信中详细记载这件事。②

多罗在召阎珰来京后他的访华使命就基本终结了。1706年8月待阎珰从热河回到北京后就被禁在北堂之中。多罗8月底离开北京，年底康熙就发布了领票的旨：

> 奉旨：凡愿永不返回之西洋人等，缮写印票，铃总内务府印发给。印票须写明西洋国籍、年龄、会别、来华年限。永不返回西洋，因来京谒见圣明，特颁印票。钦此。③

---

① 关于多罗使华研究可以参阅 D. E. Mungello《中国礼仪之争：历史和意义》(*The Chinese Rites Controversy: Its History and Meaning*), Netteal, Steyler Verlag, 1994；《多罗使华记述》Anecdotes sur l'État de la Religion dans la Chine, Tome Ⅰ (Relation de M. le Cardinal de Tournon Patriarche d'Antioche, VisiteurApostolique; avec pouvoir de Légat à latere à la Chine, écrite par lui-même)；柯蓝妮《纪理安：维尔茨堡与中国使者》，《国际汉学》2004年第2期；《阎珰在中国礼仪之争中的角色》，《国际汉学》2010年第1期。

② 主教的第四件事情是关于皇帝向教皇送礼事宜。陛下曾准他选派一人押运礼品并将其呈送教皇。多罗先生挑选了他的助理沙国安先生，皇帝则做了额外之事：他认为由他委派使者运送礼品要比由多罗先生的侍从押运并呈送礼品更为体面，因此，他把目光投向了宫中神父，并钦命白晋神父以他的名义前往罗马。礼品送到主教先生处后，人们便委托白晋神父和沙国安先生照管……但皇帝的传旨官只对白晋神父说话，因此宫中无人怀疑白晋神父是皇帝唯一代表，而沙国安先生只代表主教先生，因为说到底，若非君主委派，任何人都不得享有钦差头衔。皇帝召见白晋神父和沙国安先生时也只对前者说话且只嘱托他一人以其名义向教皇致意。更有甚者，沙国安先生请要国书，皇帝拒不给他，而只给白晋神父一人使节证书。……在遥远的国度，在一个猜忌其权力的宫廷中，主教先生打算运用自身的权威，甚至以越权的方式处理此事。礼品派人将礼品装箱后把钥匙只交给白晋神父一人。主教向神父要钥匙，神父服从，把钥匙交了主教阁下。后来，神父当着证人的面先后六次向主教讨要钥匙，但主教根本不予回答。最后，动身的日期到了，多罗先生把钥匙给了沙国安。主教先生而且不许他将其交给白晋神父，除非沙国安死于途中。到达广州后，为他们引路的官员准备返回宫中；这时，沙国安先生向官员索要原本为白晋神父颁发的使节证书，人们也向沙国安出示了证书。于是，白晋神父向沙国安先生表示，既然他已经从官员手中看到了证据，就不可能不知道自己的身份了，因此，如果沙国安先生担心官员会对宫廷作于他本人不利的证词，应当把礼品箱的钥匙还给自己。主教先生不久就知道了白晋神父的意图，为此十分不快，于是致信沙国安先生，要他宁肯把礼品扔到海里也不能把钥匙交给白晋神父，还说他将嘱咐白晋神父的上司张诚神父，让他命令前者辞去（皇帝交办的）差使。参阅《耶稣会士中国书简集》第六卷，大象出版社2005年版，第132—133页。

③ 中国第一历史档案馆、澳门基金会、暨南大学古籍所编：《明清时期澳门问题档案文献汇编》(一)，人民出版社1999年版，第77—78页。

按照内务府的统计，截至康熙四十七年（1708）共有 48 名传教士领票，领票的传教士中耶稣会士 39 人，方济各会 9 人。其中法国人 19 人，葡萄牙人 12 人，意大利人 10 人，西班牙人 5 人，德国 1 人，波兰 1 人。①

表 1　　　　　领"票"传教士一览（截至 1708 年）②

姓名	修会	国籍	居住地
高尚德（Charles de Rezende）	耶稣会	葡萄牙	直隶正定府
王义仁	耶稣会	德国	京城
康和子（Carolus Orazi di Castorano）	耶稣会	意大利	山东临清州
卢保罗（Jean-Paul Gozani）	耶稣会	意大利	河南开封府
伊大任（Bernardino de la Chiesa）	方济会	意大利	山东临清州
汤尚贤（Pierre-Vincent de Tarte）	耶稣会	法国	山西太原府
方全济（Jérôme Franchi）	耶稣会	意大利	山东济南府
艾若瑟（Joseph-Antoine Provana）	耶稣会	意大利	山西绛州
艾斯汀（Augustin Barelli）	耶稣会	意大利	浙江杭州府
郭忠川（Jean Alexis de Gollet）	耶稣会	法国	浙江宁波府
龚当信（Cyr Contancin）	耶稣会	法国	浙江绍兴府
郭纳弼	方济会	西班牙	山东泰安州
卞苏吉	方济会	西班牙	山东济宁府
景明亮	方济会	西班牙	山东青州府
南怀德	方济会	西班牙	山东济南府
巴廉仁	方济会	西班牙	山东临朐县
方西满	耶稣会	法国	湖广武昌府

① 中国第一历史档案馆、澳门基金会、暨南大学古籍所编：《明清时期澳门问题档案文献汇编》（一），人民出版社 1999 年版，第 80—82 页。

② 表中传教士外文名整理自［法］费赖之著，冯承钧译《在华耶稣会士列传及书目》，中华书局 1995 年版。其中部分华名有出入，笔者根据生卒年及传教地对应查出：高尚德（高嘉乐），卢保罗（骆保禄），方全济（记金），艾斯汀（玎），郭忠川（中传），戈维礼（里），赫仓弼（苍壁），孟佑（由）义，马安农（能），龙升（隆盛），顾多哲（铎泽），彭绝施（加德），晋辰（金澄），德启（其）善，孟正齐（气），布嘉年（卜纳爵），富升哲（傅圣泽），毕登永（庸）。

续表

姓名	修会	国籍	居住地
殷弘绪（François-Xavier d'Entrecolles）	耶稣会	法国	江西饶州府
马若瑟（JosephMarie de Prémare）	耶稣会	法国	湖广汉阳府
庞克修（Jean Testard）	耶稣会	法国	江西建昌府
戈维礼（Pierre de Goville）	耶稣会	法国	江西抚州府
聂若汉（François-Jean Noëlas）	耶稣会	法国	湖广黄州府
沙守信（Émeric de Chavagnac）	耶稣会	法国	江西抚州府
赫仓弼（Julien-Placide Herieu）	耶稣会	法国	湖广黄州府
冯秉正（Joseph de Moyriac de Mailla）	耶稣会	法国	江西九江府
聂若望（Jean Guarte）	耶稣会	葡萄牙	湖南长沙府
林安年	耶稣会	葡萄牙	江南江宁府
孟佑义（Emmanuel Mendes）	耶稣会	葡萄牙	江苏上海县
毕安	耶稣会	葡萄牙	江苏上海县
利国安（Jean Laureati）	耶稣会	意大利	江苏松江府
马安农（Dominique de Malgahæns）	耶稣会	葡萄牙	江苏嘉定县
杨若望	耶稣会	葡萄牙	江苏苏州府
龙升（Guillaume Melon）	耶稣会	法国	江苏无锡县
顾多哲（Étienne-Joseph le Couteulx）	耶稣会	法国	贵州贵阳府
彭觉施（Claude Jacquemin）	耶稣会	法国	江苏崇明县
张安多（Antoine de Magaihæns）	耶稣会	葡萄牙	江苏上海县
晋辰（Emmanuel Camaya）	耶稣会	葡萄牙	广东廉州府
德启善（Emmanuel Telles）	耶稣会	葡萄牙	广东雷州府
梅树生	方济会	意大利	陕西西安府
雅宗贤	方济会	意大利	陕西西安府
布嘉年（Ignace-Gabriel Baborier）	耶稣会	法国	陕西汉中府
孟正奇（Jean Domenge）	耶稣会	法国	陕西西安府
杨若汉	方济会	意大利	江西吉安府

续表

姓名	修会	国籍	居住地
穆岱贲	耶稣会	葡萄牙	江西南昌府
富升哲（Jean-François Foucquet）	耶稣会	法国	江西临江府
毕登永（Antoine de Costa）	耶稣会	葡萄牙	
薄维汉	耶稣会	波兰	
德玛诺（Romin Hinderer）	耶稣会	法国	

（注：此表内容整理自《总管内务府为核查发给西洋传教士印票事致兵部咨文》① 及《总内务府为知照颁给印票与西洋人等名单事致礼部咨文》附：《总管内务府开列领票与否西洋人名单》，② 参阅《康熙四十七年三月二十二日《总管内务府为部分在华传教士已领取信票事行文山东巡抚》③）

　　这些领票的来华传教士全部是在各地教区传教的传教士，白晋作为康熙的翻译也在京城参与了对一些传教士是否遵守利玛窦规矩的询问。后在随康熙南巡时，也作为翻译参与了康熙南巡途中对传教士是否遵守利玛窦规矩的询问，例如在山东临清对方济各会伊大任（Bernalino della Chiese）的询问时，白晋作为翻译。白晋自己在1707年5月28日领了票。

　　多罗被遣送澳门后，当地督抚将其严加看管，后因他在澳门不断发布教令引起葡萄牙方面不满，这样对其看管更加严厉。1710年6月8日，多罗死于澳门。④

---

　　① 《总管内务府为核查发给西洋传教士印票事致兵部咨文　康熙四十七年三月二十二日》，第一历史档案馆、澳门基金会、暨南大学古籍研究所编：《明清时期澳门问题档案文献汇编》（第一册），人民出版社1999年版，第73—77页。
　　② 《总管内务府为核查发给西洋传教士印票事致兵部咨文　康熙四十七年三月二十二日》，第一历史档案馆、澳门基金会、暨南大学古籍研究所编：《明清时期澳门问题档案文献汇编》（第一册），人民出版社1999年版，第73—77页。
　　③ 中国第一历史档案馆、中国海外汉学研究中心合编：《清初西洋传教士满文档案译本》，大象出版社2015年版，第313—316页。
　　④ 萨安东教授（António Vasconcelos de Saldanha）整理，金国平教授汉译文件目录：《葡萄牙及耶稣会参与中国礼仪之争及康熙皇帝与教廷关系研究及文献集》（DE KANGXI PARAO PAPA, PElA VIA DE PROTUGAL-Memória e Documentos relativos à intervenção de Portugal e da Companhia de Jesus na questão dos Ritos Chineses e nas relações entre o Imperador Kangxi e a Santa Sé），Instituto português do oriente，Instituto Português do Oriente，2002。

三

罗马教廷为挽回多罗来华后的局面，1719 年 9 月任命嘉乐（Carlo Mezzaborba）为特使，1720 年 3 月 25 日他从里斯本出发，当年 12 月 25 日抵达北京。在嘉乐第四次觐见康熙帝时，白晋作为助译员参加了觐见。①

由于嘉乐使华并未改变罗马教廷在中国礼仪问题上的基本立场，仍是贯彻教宗禁止中国教徒实行中国礼仪。这样与康熙的分歧是明显的，谈判中的冲突也是很激烈的。在批评嘉乐在《条约》中的观点时，康熙以白晋为例，说明传教士和中国教徒学习中国文化是应该的，嘉乐的条款是反对传教士和中国教徒学习中国文化的。康熙说：

> 在中国之众西洋人，并无一人通中国文理者，惟白晋一人稍知中国书义，亦尚未通。既是天主教不许流入异端，白晋读中国书即是异端，即为反教。尔系教王使臣，着尔来中国办事，尔即当看将白晋拿到天主堂聚齐。鄂罗斯国之人，并京中大小人等同看，着令尔偏信之德里格、马国贤动手，将白晋烧死，明正其反教之罪，将天主堂拆毁。②

从这里我们看到康熙是将白晋作为在华传教士的正面代表，作为执行利玛窦路线的代表，由此给予了他充分的肯定。白晋参与了多罗、嘉乐两次罗马教廷特使来华的重大事件，并在这两次重大事件中表现较好，受到了康熙的肯定。

康熙朱批删改《嘉乐来朝日记》（康熙五十九年十一月至十二月），西洋人中第一名是白晋。

礼仪之争并不能看成封建皇权和罗马宗教神权之间的斗争，似乎两者都

---

① 中国第一历史档案馆编：《清中前期西洋天主教在华活动档案史料》第一册，中华书局 2003 年版，第 34 页。

② 陈垣编：《康熙与罗马使节关系文书》。

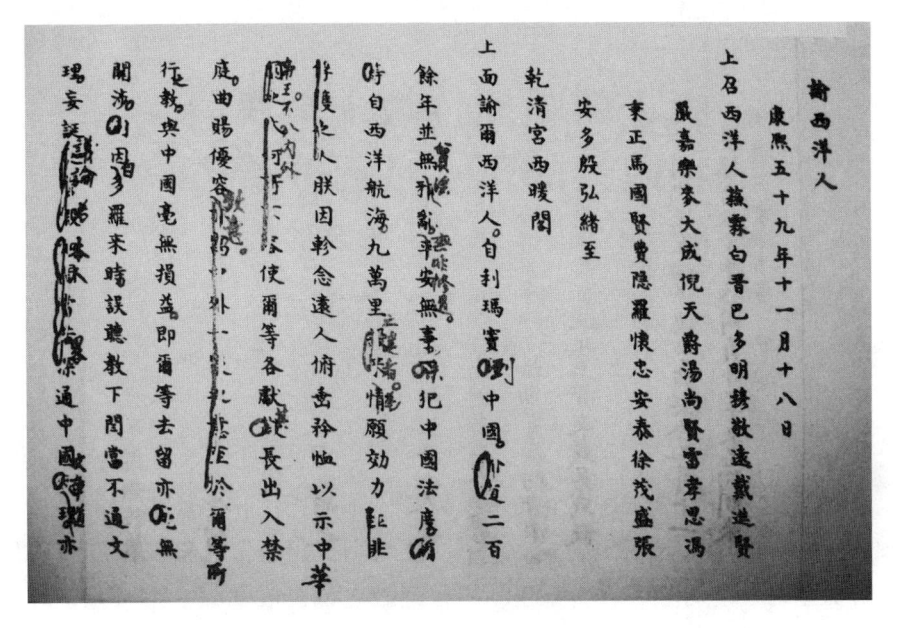

图5　康熙帝关于礼仪之争的朱批

是专制,没有正确的一方。① 显然,这样的看法是错误。近代西方社会的发展趋势就是神权逐步退出对社会权利的管理和制约,"凯撒的归凯撒,上帝的归上帝"。宗教回归精神世界的指导,不再干涉世俗政权。一部欧洲近代史就是神权与世俗政权不断斗争的历史,是世俗政权逐步突破神权的控制并最终完全主导社会生活的历史。在这个意义上,无疑罗马教廷的关于中国礼仪的决议是对中国清廷世俗政权的挑战,康熙的回应是完全正确的。从文明之间的相处来看,罗马教廷的决议也反映出基督教至上的文化傲慢。后来罗马教廷撤销关于中国礼仪之争的决议,也说明了这一点,而1962年罗马教廷的梵蒂冈第二次大公会议的决议则是对利玛窦路线的回归。正如德国神学家汉斯·昆所说,在罗马教廷的无数个错误中再没有在中国礼仪之争中所犯的错误更大了。从此,罗马教廷失去了东方,失去了中国。

---

① 德国的赫德说:"这里是专制与专制争斗,习俗与习俗抗争。在中国,罗马人自然敌不过那古老永恒的帝国传统,罗马教皇的权力敌不过中华帝国皇帝这位天子的威力。皇帝只需寥寥几笔诏书便了结了这场官司。"参见夏瑞春编《德国思想家论中国》,陈爱政等译,江苏人民出版社1995年版,第98页。

雍正朝驱逐传教士至澳门政策的落实过程分析
——兼论雍正对天主教的态度

陈青松

（江西省社会科学院《农业考古》编辑部）

雍正禁教是中西关系史上的重要事件，影响甚巨，也历来为学界所重视。郑天挺先生在《清史简述》[①]中，便将雍正驱逐传教士视作有清一代八件大事之一。时至今日，雍正朝严行禁教之说已成学界一致意见，对雍正一朝的天主教问题也进行了方方面面的研究。然而，对于雍正对天主教的喜恶问题，学界则有不同意见。由于文献的因素，西方学者的相关研究都认为雍正不喜西士、天主教，不同意见主要是因中文史料引起，也主要在国内学界之中。有的认为不喜[②]，有的认为并无恶感[③]，还有一些研究则依据雍正的两份批语作出叙述，但缺乏对具体语境的解析[④]，因此，相关的一些史料仍有必要进行深入分析。与雍正的天主教态度问题密切相关

[①] 郑天挺：《清史简述》，中华书局1980年版，第15页。
[②] 参阅徐宗泽《中国天主教传教史概论》，上海书店出版社2010年版，第155页；方豪《中西交通史》，上海人民出版社2008年版，第710页；张泽《清代禁教期的天主教》，光启出版社1992年版，第33、35页；林子昇《十六至十八世纪澳门与中国之关系》，澳门基金会1998年版，第176页；顾卫民《清初顺康雍三朝对天主教政策由宽容到严禁的转变》，（澳门）《文化杂志》第44期。
[③] 参阅冯尔康《雍正传》，人民出版社1985年版，第406页；张先清《官府、宗族与天主教：17—19世纪福安乡村教会的历史叙事》，中华书局2009年版，第113页。
[④] 参阅张力、刘鉴唐《中国教案史》，四川省社会科学院出版社1987年版，第156页；庄吉发《清世宗禁教考》，《大陆杂志》第62卷第6期；于本源《清王朝的宗教政策》，中国社会科学出版社1999年版，第206页；吴伯娅《康雍乾三帝与西学东渐》，宗教文化出版社2002年版，第174—175页；吴伯娅《关于雍正禁教的几个问题——耶稣会士书简与清代档案的比读》，《清史论丛》2003—2004年号，中国广播电视出版社2004年版，第170页；胡建华《百年禁教——清王朝对天主教的优容与厉禁》，中共中央党校出版社2014年版，第96页。

的，还有将传教士驱逐至澳门政策的具体施行过程，也是曲曲折折。① 笔者以为，雍正朝君臣之间围绕着澳门、洋船问题的前后几次讨论，一个重要目的就是要解决传教士的安插问题，而将传教士遣送澳门政策的最终完成，也端赖于后任广东大员对此进行的一番重新解释。本文即据此观点展开论述，并藉此对雍正的天主教态度问题做出解答。不当之处，敬请高明批评指正。

要论述雍正一朝的天主教问题，我们有必要先对康熙朝晚年的天主教政策略微做一点追述。康熙三十一年（1692），朝廷颁发了传教士梦寐以求的"容教诏令"，使得天主教在华可以自由传播。之后，因"礼仪之争"的爆发，朝廷又于四十五年（1706）颁发"印票"，其中规定："着给永不返回欧洲之西洋人颁发盖有印章的帝国执照（印票），注明其各自国籍、年龄、修会、入华时间及领票人许下的永不返回欧洲的承诺。着西洋人进宫见朕，领取以满汉两种文字书写的盖有印章的执照。此照可作为他们的证明。此敕令需严格遵守并存入档案。"② 也就是遵守利玛窦规矩，并发誓永不返回欧洲的传教士，领票之后方可在华传教，否则一律查禁驱逐。

因此，康熙四十六年（1707），浙闽总督梁鼐驱逐传教士，禁止传教。经过京中传教士的一番努力，礼部最终决议也只是要求查禁驱逐无票而又不愿领票的传教士。③ 康熙五十六年（1717），广东碣石总兵官陈昂疏言禁教。经过京中传教士的再次努力，这次兵部议覆所查禁的也是没有领票的传教士。之后，两广总督杨琳遵旨回奏陈昂奏折所言之事，到康熙五十七年（1718）二月，兵部议覆的结果仍是同前，而康熙的批

---

① 现有研究中，已有不少专门讨论雍正驱逐传教士的文章，特别是陈东林先生在《耶稣会士中国书简集》还未有中译本之前，就利用日译本进行了多语种的分析。只是，其文中对于前后两任广东督抚对遣送传教士至澳门的矛盾观点未做深刻分析，这无疑不能使矛盾得到解决。这样的问题在其他类似的研究中同样存在，而这恰恰可以说是探讨雍正朝禁教问题的一个关键点。参阅陈东林《雍正驱逐传教士与清前期中西交往的中落》，载《北京师范大学学报》1985年第5期。

② ［法］杜赫德编：《耶稣会士中国书简集》卷2，郑德弟、朱静等译，大象出版社2001年版，第191页。

③ （清）黄伯禄：《正教奉褒》，载《中国天主教史籍汇编》，台湾辅仁大学出版社2003年版，第558页。

示则是:"依议。西洋人之处,着俟几年,候旨再行禁止。"这段历史还被载入《清圣祖实录》,只不过由于实录纂修者对其中的一部分关键史料进行了删改,使得后来研究者对这段历史和其中人物的天主教态度往往发生误解。①

虽然反教的言论行动不断发生,但就康熙帝而言,其晚期对天主教仍是相当宽容的。哪怕是康熙五十九年嘉乐来华,康熙在朱批中不断有"西洋人在中国行不得教,朕必严行禁止""以后不必西洋人在中国行教,禁止可也"②这样的字眼,但并没有真正施行,其所禁的仍是没有印票的传教士。终康熙一朝,其对领有印票的传教士都未曾有多少约束,而康熙还一直在谋求与教廷的沟通并招徕西洋技艺之人,对此学界多有谈及。③可以说,就目前所见资料而言,康熙晚年的禁教言论,更多出现在中外交往文书中,类似于内部文件,并没有公开,也没有经过部议,更没有颁行全国。因而,当雍正初年福安教案刚刚爆发时,知县傅植在处理案件时,还会问当地西洋人"是否有朝廷发的准其传教的票"④之类的话。

---

① 相关研究参阅陈青松《关于康熙朝一条查禁天主教史料的重新认识——基于中西文献对比的研究》,《历史档案》2010年第2期。需补充的是,陈昂奏折除了原文中提及的耶稣会士的翻译文字,原折已为阎宗临先生所录,题为"碣石镇总兵奏折之一",分别见《传教士与法国早期汉学》(大象出版社2003年版,第204—207页)、《中西交通史》(广西师范大学出版社2007年版,第164—167页),不过两处整理文字于陈昂之"昂",一处做空格,一处作"昴"。

② 马国贤《清廷十三年》附录《康熙与罗马使节关系文书》(陈垣整理,李天刚点校),上海古籍出版社2004年版,第161、171页。《清中前期西洋天主教在华活动档案史料》(第一册,中华书局2003年版,第36—49页)亦收录,不过编目中的"教皇禁约译文"较之陈垣先生"教皇禁约译文并康熙朱批"略嫌欠妥。该史料汇编无疑是近年出版的天主教史重要文献,其功甚大,不过编排过程中却也不无遗憾。如第38件拟目有所未妥,第44/45两件拟目相同(有误的应该是第44件)等。而比较严重的则是第15件,有编目的却无正文(《康熙为探问艾若瑟去信消息给新来西洋人谕》,为《康熙与罗马使节关系文书》第9件),而正文第15件却又无编目(为《康熙与罗马使节关系文书》第8件"康熙谕广东巡抚调查费理薄等是否系教王差使")。

③ 冯佐哲:《清代政治与中外关系》,中国社会科学出版社1998年版,第204—226页;顾卫民:《清初顺康雍三朝对天主教政策由宽容到严禁的转变》,(澳门)《文化杂志》第44期;吴伯娅:《康雍乾三帝与西学东渐》,第157—158页;张先清:《官府、宗族与天主教:17—19世纪福安乡村教会的历史叙事》,第108页。

④ 《耶稣会士中国书简集》卷2,第316页。

一 雍正初年全面禁教政策的出台

雍正朝的全面禁教，实际上由福建福安地方教案引起。① 得知福安发生教案，闽浙总督满保在向福安知县傅植下达指示之后，就与福建巡抚黄国材于雍正元年七月二十九日（1723 年 8 月 29 日）联名上奏，针对当时他们所认为的天主教形势，提出了自己的解决办法，其中称：

> ……
> 查得，西洋人在各省大府县俱建天主堂居住，此等西洋人留居京城尚可编修黄历（朱笔涂抹：治病及制造器皿。朱改：用于杂事），今其恣意于各省大府县建天主堂或豪宅居住，于地方百姓（朱笔涂抹：并无益处，万一）力行其教，蛊惑人心，经年日久（朱改：于圣人治政之道及）地方毫无益处，（朱笔涂抹：招致事端，亦难逆料）。伏乞皇上洞鉴，将西洋人许其照旧在京居住外，其余各外省不许私留居住，或尽送京师，或遣回广东澳门。将各省所设天主堂，尽行改换别用，不得再建。
> 此乃关系地方人心之事，臣等谨具奏陈，应否之处，伏乞皇上明裁。为此，叩奏。
> （朱批）：尔此奏甚是，极为可嘉。着照此办理，如此缮本具奏。②

在陈述福安天主教形势之外，满保还对各省传教士、教堂提出了自己的处理办法。从雍正的朱改和朱批来看，当时他对天主教显然是没有好感

---

① 当然，在此之前朝廷内外就有不少禁教言论，这既可以看作是康熙晚年禁教言论的延续，也可以说是新君即位后的新作为。相关研究参阅吴伯娅《关于雍正禁教的几个问题——耶稣会士书简与清代档案的比读》，《清史论丛》2003—2004 年号，第 165—167 页；张先清《官府、宗族与天主教：17—19 世纪福安乡村教会的历史叙事》，第 113—114 页；张中鹏《雍正元年京官条陈禁教探析》，《暨南学报》2012 年第 1 期。

② 《闽浙总督满保奏闻西洋人在福安县传教惑众送往澳门安插外省严禁西洋人居留传教折》，中国第一历史档案馆等编：《明清时期澳门问题档案文献汇编》第 1 册，人民出版社 2000 年版，第 133—134 页；另参阅中国第一历史档案馆编《雍正朝满文朱批奏折全译》，黄山书社 1998 年版，第 257—258 页。

的，就是对在京服务的传教士也多不屑。这也就难怪传教士会说雍正厌恶天主教了，如马国贤、冯秉正等之说①。冯秉正根据后来满保所上题本，进而推测满保"收到过皇帝于我们不利的谕旨"②，也是非常正确的。正如吴伯娅所说："雍正不仅赞赏、支持福建的禁教行动，而且要把福建的方法推广到全国。"③ 于是，满保在收到雍正要他"缮本具奏"的旨意后，立刻遵旨再发一本，时间是雍正元年十月二十四日。十二月初五日该题本发礼部议奏，④ 题本的内容与前面的奏折并无多大差别。由于奏折的严密性，可以说，满保题本的入京才是朝中官员以及在京传教士参与这一事件的真正开始，一场地方教案就此演变成了关乎全国的禁教行为。不过也当明白，各地一直都存在着禁教的因子，据后来（1724年五月初六）允祥对冯秉正、巴多明以及费隐所说的，自"福安事件"以来，雍正收到文人反对传教士的奏章达二十余件，⑤ 反教势头可见一斑。

满保题本十二月初五日（12月31日）发到礼部，该月十四日礼部便有了结果，礼部的议覆从对传教士、印票、教徒以及教堂等多个方面提出了一个完整的方案。⑥ 与雍正朝之前的其他有关禁教的奏折、题本相比，处理细则更为详密。其中之一就是根据满保查禁全部传教士的提议，决定没收传教士印票，而印票恰恰又是传教士求请的有力凭据。十二月十七日（1724年1月12日），雍正在礼部议覆上批示："依议。西洋人乃外国之人，各省居住年久，今该督奏请搬移，恐地方之人混行扰累。着行文各省督抚，伊等搬移时，或给与半年或数月之限令其搬移，其来京与安插澳门者，委官沿途照看送到，毋使劳苦。"至此，礼部议覆的方案也就成为各地官吏遵循的标准，之后便是各地驱逐传教士的行动。而研究者也往往据

---

① 马国贤：《清廷十三年》，第109页；《耶稣会士中国书简集》卷2，第322页。
② 《耶稣会士中国书简集》卷2，第322页。要注意的是，冯秉正在这里所说的可能引起了研究者的误解，他似乎在暗示这次禁教是满保遵旨行事。而就目前我们所知，这里满保所奉之旨只是他上折以后雍正有关此事的朱批。
③ 吴伯娅：《关于雍正禁教的几个问题——耶稣会士书简与清代档案的比读》，《清史论丛》2003—2004年号，第166页。
④ 《闽浙总督满保题报饬禁愚民传习天主教本》，载中国第一历史档案馆编《清中前期西洋天主教在华活动档案史料》第一册，第56页。
⑤ 《耶稣会士中国书简集》卷2，第335页。
⑥ 《管理礼部事务多罗嘉郡王允裪题请转饬地方官严禁民人信奉天主教本雍正元年十二月十四日（1724年1月9日）》，载《明清时期澳门问题档案文献汇编》第一册，第138页。

此处朱批说明雍正对天主教并无恶感。

二 传教士的努力与康熙朝"印票"问题

除满保题本以外，之前的一些禁教文件恐怕并没有在廷臣中公开讨论过。满保于元年十月二十四日（1723年11月22日）所上题本公开之后，为之命运所系的无疑是众传教士，他们也很快就为此积极奔走。当年12月25日，京中传教士获知满保题本，并于12月27日见到了该题本。而这个时候，雍正都还没有把题本交给礼部。杨启樵曾称，题本的缺陷之一就是泄露机密，"题本须由通政司转送内阁，最后才上呈天子，过目者多，难免泄漏"①，诚哉斯言。

据耶稣会士的材料，传教士在获悉题本内容后，巴多明便托朝中官员以及内务府的朋友打听雍正的意图。当得知外省不再允许有教堂和欧洲人，皇帝已经将奏章交给礼部的消息后，传教士断定，"宗教事务已经无望，其破灭早已在皇帝和总督间秘密决定了"。他们还是通过贿赂送礼的手段请一些官员帮忙，这些官员也因此"草拟了两份议案：其中一份使我们对福建总督占了上风；另一份则准许有票的传教士留在各省"②。同时，当时主管礼部的多罗嘉郡王允䄉以及其他一些官僚也答应帮忙。而当传教士于1月4日得知礼部结果，知道了对礼部不能再有指望的时候，他们又开始向雍正本人求助，其中间人则康熙的皇十三子，雍正宠臣怡亲王允祥。③ 第二天，也即1724年1月5日，三传教士费隐、郎世宁和冯秉正来到亲王府寻求帮助，与允祥就福建事件、教士礼仪之争的问题以及康熙五十年礼部颁发的准许传教士住在中国的命令等事情展开了谈论。从中传教士得知这次负责他们问题的就是这位亲王本人和十六亲王允禄。④

就冯秉正的信来看，从这次开始到雍正二年五月十一日（1724年7月1日）呈递奏折期间，京中传教士为这件事先后七次会见允祥，并先后呈

---

① 杨启樵：《雍正帝及其密折制度研究》，上海古籍出版社2003年版，第156页。
② 《耶稣会士中国书简集》卷2，第324页。
③ 允祥生平及其与雍正的关系，可参阅冯尔康《雍正传》，第270—275页；杨珍《清朝皇位继承制度》，学苑出版社2001年版，第230—237页。
④ 《耶稣会士中国书简集》卷2，第324—325页。

交六份陈情书（最后一次的陈情书即传教士五月十一日呈递的奏折，允祥事先并没有看到）。1月7日，传教士第二次拜见允祥。这次传教士有备而来，已预测到了谈话内容，并呈交了一份早已准备好了的陈情书，对满保的指控一一做了辩解。由于传教士呈交的陈情书与教理入门是相互印证的，允祥的态度有所缓和，并要求查看传教士的印票。据传教士称，"亲王在上面惊讶地读到，持票的传教士是不得返回欧洲的"，并且传教士告知允祥是每张印票上都有这一条款的。最后，允祥对传教士说："这种票在外省无任何作用，如果你们的事情平息下来，就要给你们换一种更适当的票。至于福建总督的指控，你们不必担心，我虽做不了主，但会尽量为你们帮忙。"① 他这种说法显然与事实不相符，据康熙四十七年内务府满文行文档载："各省住天主堂修行西洋人等，持有总管内务府钤印印票者，其行止不予限制……"② 当时负责颁发传教士印票的主要是直郡王允禔，允祥不清楚票上的内容倒也合理。

然而，虽然允祥答应帮忙，但是一切都于事无补，传教士获悉的是前面提到的十二月十四日礼部议覆。礼部议覆过程中部分官员的态度，传教士给我们留下了比较细致的材料：

> 当天（1724年1月4日），礼部照常聚会，亲王（允祹）问有关基督教的决议草案是否已备妥。上文提到过的那名下级官员③居然放肆地递交了昨天的议案，而且一字未改。亲王十分惊讶，那名官员却傲慢地答道他没有任何其他议案可以呈递，还说亲王是主子，但他宁肯丢官也不会递交其他议案。在此情况下，或许亲王怀疑这位官员奉了皇帝密旨所以如此大胆，再或是因为我们不知道的其他什么原因，所以亲王提笔在议案上改了几个无关紧要之处便签署了事。鞑靼尚书和副手们跟着签了名，只有汉人尚书及与巴多明神父友善的那位副手拿着笔阅读议案，但皆未签名就把它退了回去。随后两天，人们向其

---

① 《耶稣会士中国书简集》卷2，第328页。
② 《总管内务府为知照颁给印票与否西洋人等名单事致礼部咨文》，载《明清时期澳门问题档案文献汇编》第一册，第79—80页。
③ 笔者注：这位官吏曾递交了一份批准满保行动的议案，其中没有涉及康熙时颁发的领票传教的御旨。

呈递同一份议案时他们又都照退不误。但到最后，亲王派人询问此事为何不能结案，这两名官员担心坚持拒签会招惹麻烦遂不再抵制，签署了礼部决议。①

这其中，允祹是康熙的皇十二子，据杨珍研究，允祹不曾介入众皇子的储位之争，始终保持中允不倚的立场，性格较为理智，处事善于把握分寸。② 显然，因储位之争，雍正诸兄弟已是人人自危的时候，允祹的性格决定他是不可能为了传教士而自冒政治与生命风险的。雍正行事，奉行的是一个"密"字，在他手中完善了密折制度以及秘密建储制度。③ 雍正与满保之间的情形，允祹等朝中官员很可能在事前也没有获得一点风声，所以才会答应给传教士帮忙，而事到临头却又爱莫能助，使礼部保持了一个符合皇帝意图的方案。巴多明在追述这段历史时说："十二皇叔（允祹）也是礼部尚书，知道此事。满保的指控也曾发到礼部的。他帮不了我们的忙，他知道指控是从上边来的，是有一道密令的。"④ 一如上文提及的冯秉正对满保的推测。

传教士对于这次朝廷的行动事先也是没有充分准备，也正因如此，当他们得知满保题本的时候，才以为凭借康熙三十一年的"容教令"以及朝廷颁发的印票即可无虞，还以为自己对福建总督占了上风，才会在允祹等人答应帮忙之后充满希望。

虽然决议已定，但是传教士并未放弃努力。13 日未能见到怡亲王，14 日因亲王不得空仍未能见到，不过这天传教士得以呈交了第二份陈情书。这份陈情书与五月十一日的奏折是传教士就此事保存下来的比较完整的资料，两相比较，这份陈情书主要是在对福安事件进行辩解外，对礼部规定的要求传教士交还印票的决议也做了辩解，恳请有票的传教士继续留在中

---

① 《耶稣会士中国书简集》卷 2，第 324—325 页。
② 杨珍：《清朝皇位继承制度》，第 214—215 页。
③ 关于前者可参阅杨启樵《雍正帝及其密折制度研究》，第 155—181 页，冯尔康《雍正传》，第 250—271 页，《雍正朝满文朱批奏折全译》"编译说明"；后者则可见杨珍《清朝皇位继承制度》第 4、5 章。
④ 《耶稣会士中国书简集》卷 3，第 161 页。

国。① 这时候传教士的要求与康熙晚年实际并没多大区别。16 日在宫中,当允祥来到传教士面前,谈到这份陈情书时,他对传教士说:"从你们的陈情书看,你们似乎想和皇上争辩。如原封不动递上去,我担心不会有好结果。你们应仅限于向皇上谢恩(亲王希望我们感谢皇帝让欧洲人留在北京,并感谢他给在外省的欧洲人留了六个月的期限。——原注)和祈求……"据后来冯秉正的记载:"从亲王的表达方式中我们断定,我们的陈情书曾密报过皇帝,因为他以确定的口吻而非仅凭猜测地向我们谈到过陛下的安排。"为此,传教士还按照亲王的意见拟成了第三份陈情书,并于第二天(17 日)交给了允祥。

有关第二份陈情书是否经雍正过目,无法确知,但是雍正看到了第三份陈情书却是千真万确。这两份陈情书对雍正的决策有什么影响呢?1 月 28 日,当传教士再次见到允祥时,允祥曾对冯秉正等京中传教士说:

> 你们要我做什么呢?难道要我也陷入你们的窘境,让我为了救你们而自己完蛋吗?何况皇上说了让你们留在这里以及广州。我曾向他提出异议,说有人照样会把你们从广州撵到澳门,但皇上说广东巡抚年希尧就此肯定会提出申请的。②

雍正开口让传教士留在"广州",③ 这是以前所没有的,就是在 12 日的朱批中他还只是称"其来京与安插澳门者,委官沿途照看送到,毋使劳苦",那时候的雍正,对于传教士除了让其来京效力以及安插澳门外,似乎没有其他考虑。是什么让他产生改变了呢?显而易见,虽然传教士开始还主要是从被遣送的传教士利害角度出发,而不像后来奏折中还强调的使得宫中传教士无法更好地为朝廷效力,但是他们谈到的"澳门非其祖国"肯定起了很大的作用。另外,传教士纠出的印票及印票上"永不复回西洋"的规定也一定使允祥等非常关注。

---

① 《耶稣会士中国书简集》卷 2,第 329 页。
② 《耶稣会传教士冯秉正神父致本会某神父的信(1724 年 1 月 16 日于北京)》,杜赫德编《耶稣会士中国书简集》卷 2,第 332 页。
③ 虽然后来传教士向允祥提到这件事的时候,允祥矢口否认(《耶稣会士中国书简集》卷 2,第 334 页),但传教士的记载应该是值得相信的。

从允祥与传教士谈话语气来看，允祥为传教士求情，因印票问题他可能是受到了雍正指责的。允祥甚至迁怒于礼部，把礼部的决议称作是"一文不值"。① 据此甚或可以推测允祥之于礼部的看法就是雍正的。

正因为看到了印票所起的作用，传教士才会在与允祥会面时几次三番地提到印票，并且在陈情书中还特别强调印票上关于不许返回欧洲的规定。冯秉正在他的书信中特别提到允祥在见到印票规定时的惊讶表情，也可看出印票问题在当时对人所产生的心理作用。传教士拿印票大做文章，恐怕雍正也始料未及。他现在也必须考虑印票这个问题，而传教士准许居留各地的请愿显然是不可接受的，因此这时他才有了让传教士暂留广州的想法。而之所以选择广州，自然是由广州的地位决定的。

之后，由于受到允祥等人的冷遇，礼部议覆又经准颁行全国，京中传教士也便暂停求援。当得知各地传教士在遣送途中遭到虐待，广东巡抚年希尧又要把传教士驱逐到澳门的不幸消息后，传教士于6月的时候，继续呈递他们的陈情书，即第四份陈情书。按冯秉正的记载，这份陈情书，传教士不光提醒允祥以前对传教士说过的皇帝要让传教士留在北京和广州的话，而且强调了如果传教士被遣送到澳门，不仅会给遣送的传教士带来不便，而且也将使留在宫中的传教士无法与欧洲取得联系，从而难以继续有效工作。

这次的陈情书，除了开头部分被允祥否认以外，其余的内容允祥并没有提出异议。之后，不管是传教士的第五份陈情书还是第六份陈情书即奏折，可以说完全是按照允祥的意图进行修改的，就是冯秉正也总是说按照允祥的意图而行。第五份陈情书与奏折内容上也是极为相似，这只要两相对比一下便可了然。② 既然是按照自己的意旨拟成，雍正其后的朱批也就显得很宽大了："朕自即位以来，诸政悉遵圣祖皇帝宪章旧典，与天下兴利除弊。今令尔等往住澳门一事，皆由福建省住居西洋人在地方生事惑众，朕因封疆大臣之请、庭议之奏施行。政者，公事也。朕岂可以私恩惠尔等，以废国家之舆论乎。今尔等既哀恳乞求，朕亦只可谕广东督抚暂不

---

① 《耶稣会士中国书简集》卷2，第332页。
② 第五份陈情书见《耶稣会士中国书简集》卷2，第335页；奏折见《西洋人戴进贤等奏请行令广东免逐西洋人并准其住澳门或省城折》，载《明清时期澳门问题档案文献汇编》第一册，第139—140页。

催逼，令地方大吏确议再定。"① 传教士从起初请求持有印票的欧洲人留在中国（各地），到最后乞求"容住广东（即广州）"，也算是为"传教会留一扇门，让传教士日后可以进入"。显然，传教士在这里所祈求的，并没有超出雍正所说的让传教士待在北京以及广州的许可范围。

礼部作出没收印票的决议，而传教士却凭借印票求援，使之成为绕不开的话题。作为一个自陈"诸政悉遵圣祖皇帝宪章旧典"的皇帝，雍正不得不考虑传教士手中那些由圣祖皇帝颁发的印票及其上面的规定。虽然他可以因"封疆大臣之请、庭议之奏施行"，将传教士遣送澳门，但要一下子就彻底改变康熙定下的规矩，对他的施政肯定是有所不利的，因而只能采取步步为营的策略。这时候他便想了解一下澳门、洋船的情况以及广东官员的看法。

三 广东官员的初步意见

当雍正有将传教士安插广州的想法、而允祥提到有人仍会将传教士遣送澳门时，雍正曾说广东巡抚年希尧会提出申请。显然，在孔毓珣履任广东之前，广东地方负责此事的主要是巡抚年希尧，而不是当时的总督杨琳。② 就此可以做一点简单解释，首先，总督驻地在肇庆，对广州事务毕竟不如巡抚反应便捷；其次，也可能是更主要的因素，就是雍正并不信任杨琳。据年希尧奏折，杨琳死于雍正二年二月二十二日，临终之际才把生前收受节礼等银还清。③ 杨琳死后不久，雍正在给孔毓珣的谕旨中称："杨琳总督任内，尚无贪酷形迹，念系熟练地方之人，未忍遽去。然其为人，不识大体，每好护其已往之咎，因循自便。任谆谆教诫，不肯倾吐肝膈，振作旧习。正在去留未定间，而遗本已至矣。"④ 杨琳是否接到雍正要求查

---

① 《西洋人戴进贤等奏请行令广东免逐西洋人并准其住澳门或省城折》，载《明清时期澳门问题档案文献汇编》第一册，第139—140页。
② 据蒋良骐《东华录》载："雍正元年八月，以两广总督杨琳专管广东总督事务，升广西巡抚孔毓珣为广西总督，仍管巡抚事。"齐鲁书社2005年版，第380页。
③ 《广东巡抚年希尧奏杨琳病故请简新督等事折（雍正二年三月五日）》，中国第一历史档案馆编：《雍正朝汉文朱批奏摺汇编》第2册，江苏古籍出版社1989年版，第668页。
④ 《世宗宪皇帝朱批谕旨》卷7之1《朱批孔毓珣奏折》，《景印文渊阁四库全书》史部第174册，台湾商务印书馆1983年版，第252页。

禁天主教的谕令不得而知，其本人对于传教士、最起码是持票的传教士在康熙朝时应该是认同的。康熙曾对传教士说："他（杨琳）曾对朕说，陈昂在奏章中对你们如此严厉，他很惊讶，因为他在宫中及其他地方见过许多西洋人，却从未见其干过任何坏事，也未见其挑起过骚乱。"① 一些研究者认为杨琳不喜天主教的那种认识，正是因被上文提及的《清圣祖实录》删改后的史料误导。

而巡抚年希尧则是众多传教士的好友，福安教案发生之初，多明我会的传教士还写信请他向满保代为说情；而他自己虽然也接到了雍正有关天主教的谕旨，可他并没有上言查禁天主教。年希尧有着深刻的西学背景，后来在郎世宁的帮助下，他还完成了《视学》一书。② 可以说，在雍正谕旨下达之前，以杨琳、年希尧为首的广东大员应不会对传教士的问题太过用意。因之，就是后来传教士回顾这段历史时，也说广东省的文武官员们当时"并不与我们对立"。③

但是，礼部有关满保题本的议覆下达地方以后，年希尧等并没有如雍正所设想的那样就遣送澳门事上奏，从传教士的书信中得知他只是在极力地驱赶传教士去澳门。④ 地方如此作为，其具体心思如何不得而知，我们暂且只好理解为奉议行事，即所谓的例行公事。杨琳去世后，1724年四月以孔毓珣为两广总督，雍正在给孔毓珣的谕旨中鼓励他不要因年希尧等人而在管理地方事务时有所顾忌。⑤ 可以说，自孔毓珣督粤，主要负责此事的便不再是广东巡抚年希尧了。

从所知材料看，孔毓珣接到有关西洋人问题的谕旨主要有两处，一处是见于雍正二年四月孔毓珣刚任两广总督时雍正发给他的朱谕，据《雍正

---

① 《耶稣会传教士冯秉正神父的信（1717年6月5日于北京）》，[法]杜赫德编：《耶稣会士中国书简集》卷2，第193页。

② 参阅[意]伊丽《年希尧的生平及其对艺术和科学的贡献》，《中国史研究》2000年第3期；樊洪业《耶稣会士与中国科学》，中国人民大学出版社1992年版，第198—199页。

③ [法]杜赫德编：《耶稣会士中国书简集》卷4，耿昇译，大象出版社2005年版，第76页。书中注明写信的时间是1755年，然而冯秉正此时早已离世，当是1733年之误。另外此书中还有多处类似的讹误，不知是原文如此，还是中译本出版过程中的失误。

④ 《耶稣会传教士冯秉正神父致本会某神父的信（1724年1月16日于北京）》，[法]杜赫德编：《耶稣会士中国书简集》卷2，第333页。

⑤ 《世宗宪皇帝朱批谕旨》卷7之1《朱批孔毓珣奏折》，《景印文渊阁四库全书》史部第174册，第252—253页。

朱批谕旨》的文字："目今合计直省地方之淳浇，广东为第一难治。且境接海洋，如西洋人之安插，亦未甚妥，外来之洋船，发放尤属不当，一切不可枚举。今命尔总督其地，尔其尽心竭力，一一料理。"①谕旨的文字自然是经过润色了的，后来孔毓珣于雍正二年十月二十九日回奏所引朱谕文字大概更接近原旨，即所谓"西洋人之安插，亦未甚妥，外来之洋船，总发放不当，可竭力尽心料理"②。另一处则是孔毓珣于二年六月二十四日（1724年8月12日）所上折（《两广总督孔毓珣奏陈梁文科所奏不许夷人久留澳门限定夷船数目等条切中粤东时事折》）上的夹批："前有西洋人乞恩一折，亦发尔等议奏"③，所谓西洋人乞恩一折，就是戴进贤等人于雍正二年七月一日所上的奏折。

据目前所知文献，对雍正所谕外来洋船之发放问题，孔毓珣在六月二十四日的奏折中就有讨论，奏中除了简单汇报了澳门葡萄牙船只的处理办法外，接着表示："至于外国洋船，每年来中国贸易者，俱泊于省城之黄埔地方，听粤海关征税查货，并不到澳门湾泊也。"之后，针对西洋人及洋船问题，孔毓珣于二年十月二十日（《两广总督孔毓珣题请准许西洋人在省城广州居住遇便回国本》）④、二年十月二十六日（《两广总督孔毓珣题报清查澳门西洋人数并请限定洋船数目本》）⑤ 递上两本，接着又于二年十月二十九日递上一折（《两广总督孔毓珣奏请准许西洋人在广州天主堂居住并限定澳门洋船数目折》）。从内容上看，孔毓珣的奏折其实就是两个题本的总结，也就是他刚刚莅任两广总督时雍正交代的西洋人以及洋船发放的全面汇报，这里不妨将全折及雍正朱批引述如下：

  两广总督臣孔毓珣谨奏，为恭缴硃谕事。
  雍正二年闰四月十六日，臣赍摺人回捧到硃谕一道，跪读之下，

---

① 《世宗宪皇帝朱批谕旨》卷7之1《朱批孔毓珣奏折》，《景印文渊阁四库全书》史部第174册，第252页。从目前所知史料，这也是雍正与广东地方大员之间第一次就洋船发放做探讨。
② 《两广总督孔毓珣奏请准许西洋人在广州天主堂居住并限定澳门洋船数目折》，中国第一历史档案馆等编：《明清时期澳门问题档案文献汇编》第1册，第145页。
③ 《明清时期澳门问题档案文献汇编》第1册，第141—142页。
④ 《明清时期澳门问题档案文献汇编》第1册，第143—144页。
⑤ 《明清时期澳门问题档案文献汇编》第1册，第144页。

蒙皇上训臣料理地方，修已（己）治人之道，无不备悉。并谕臣不要忙了，逐事筹划得当，再具奏闻。臣遵将所知所见事件，陆续回奏。恭读圣谕内：西洋人之安插，亦未甚妥，外来之洋船，总发放不当，可竭力尽心料理。钦此。查各省居住西洋人，先经闽浙督臣满保题准，有通晓技艺、愿赴京效力者送京，此外一概送赴澳门安插。嗣经西洋人戴进贤等奏恳宽免逐回澳门，发臣等查议。臣思，西洋人在中国未闻犯法生事，于吏治民生原无甚大害，然历法算法各技艺，民间俱无所用，亦无裨益，且非中国圣人之道，别为一教，愚民轻信误听，究非长远之计。惟西洋乃系总名分，有十余国，各人住籍不同。澳门滨海偏僻之地，欲回则无船可搭，欲住则地窄难容。经臣议，将各省送到之西洋人暂令在广州省城天主堂居住，不许出外行教，亦不许百姓入教，除有年老残疾者听其久住外，余则不限以年月，遇有各人本国洋船到粤，陆续搭回。此外，各府州县天主堂尽行改作公所，不许潜往居住，业会同将军抚提诸臣具题。其澳门居住之西洋人，臣委员查点，男妇共计三千五百六十七名口，各有家室生业，与行教之西洋人不同，住经二百年，日久人众，无地可驱，守法纳租，亦称良善。惟康熙五十六年禁止南洋之后，澳门西洋人非贸易无以资生，不在禁内，独占贩洋之利。近年每从外国造船驾回，连前共有二十五只，恐将来船只日多，呼其族类来此谋利，则人数益众。臣拟将现存洋船二十五只编列字号，作为定数，朽坏者（准）修补，此后不许再添造，并不许再带外国之人容留居住。亦经具疏请旨定例。此安插两种西洋人是否妥协，伏候圣裁。

再，外来洋船向俱泊于近省黄埔地方，来回输纳关税。臣思，外洋感慕圣朝德化，赍本远来，原为图利。臣饬令洋船到日，止许正商数人与行客交易，其余水手人等俱在船上等候，不得登岸行走，拨兵防卫看守。仍饬行家公平交易，毋得欺骗。定于十一、十二两月内乘风信便利，将银货交清，尽发回国，不许误其风信，致令守候，则远人得公平交易而去，即无不感恩慕义而来，于关税有益，亦不致别生事端。其查货收税系抚臣管理，臣所行发放之法，理合奏闻。

至于地方应行事宜，就臣识见所及，尽心料理。但臣智识短浅，惟恐所行不当，仰恳皇上逐事指训，俾臣不致错误，则感戴圣恩，益无极矣。

所有原奉硃谕，具摺恭缴，并绘香山澳门图恭呈御览。谨奏。

（硃批）：朕不甚恶西洋之教，但与中国无甚益处，不过从众议耳。你酌量，如果无害，外国人一切从宽好。恐你不达朕意，过严则又不是矣。特谕。①

结合题本和奏折，针对西洋人问题，孔毓珣将之分成居澳西洋人及原居各省之西洋人即传教士，并分别措施，加以处理，居澳西洋人许其照旧居住，原居各省之西洋人许其暂居广州天主堂，也就是传教士争取到的结果。同样的，对于洋船问题，也是分成澳门葡船和西洋他国洋船，澳门葡船最终因此形成了额船制度，他国洋船则许其照旧在黄埔地方停靠。这里，孔毓珣把戴进贤等人奏折中雍正的朱批"朕亦只可谕广东督抚暂不催逼，令地方大吏确议再定"，理解成"奉上谕行臣等暂止催往澳门，若与吏治民生无甚大害，可以容留"，而且其着意强调一个"就广东而论"，这与满保将福安事件扩大化有着明显不同。一来，全国禁教已行，传教士大多集中在广州，广东地方所要解决的就是传教士的安插，即传教士应否遣送回澳门的问题。二来，恐怕也与地方督抚孔毓珣、年希尧的态度有关。虽然有关孔毓珣对天主教认识如何不是很清楚，但他之前督抚粤西，对粤东情形虽有所了解，毕竟无法洞察②，初来之时其对澳门的情形肯定还要倚靠旧有官僚。而从雍正的朱批来看，孔毓珣的处理意见并不符合他的心意，而其所议事也为后来广东督抚鄂弥达等所诟病（详下文）。

---

① 《明清时期澳门问题档案文献汇编》第1册，第144—146页。《宫中档雍正朝奏折》中朱批略有不同，见台北故宫博物院编《宫中档雍正朝奏折》第3辑，台北故宫博物院1978年版，第393页。

② 在《两广总督孔毓珣奏陈梁文科所奏不许夷人久留澳门限定夷船数目等条切中粤东时事折》末，雍正还有朱批："尔等封疆大臣，料理地方一切事宜，当于远大处熟筹深计，凡出一令举一事，必期永久可行，有利无害方好，不可止顾目前小利，或被庸愚属员、无知小民一时谬论所煽惑也。要须酌量轻重，详审始终，必深知灼见，洞彻其微，然后施行，方免失误，慎毋造次轻举。勉之。慎之。"奏折共包括三款，分别是近海豪民霸占水域问题、开矿问题以及对澳门夷人的管理问题，已故学者韦庆远先生曾据此讨论过开矿问题（韦庆远：《有关清代前期矿业政策的一场大论战》，《档房论史文编》，福建人民出版社1984年版，第110—111页），冯尔康先生则据此讨论过雍正的海禁问题（《雍正传》，第410页）。从朱批看，孔毓珣等人所论显然并不合雍正之意，至于以上朱批因折中何事而发，则可见仁见智。

值得注意的是，就西洋人事，满保和朝廷交换意见的流程可能如下："（谕旨——）地方密折——朱批——地方题本——礼部议覆、朱批"，也就是说，满保将自己意见公开之前是先请示了雍正的；而广东地方孔毓珣等大僚与雍正、朝廷交涉的过程显然与之不同，其过程可分两种，分别是"雍正谕旨——地方题本——礼部议覆、朱批"和"雍正谕旨——地方密折——雍正朱批"，孔毓珣的题本稍先于奏折，题本和奏折可说是并行的。即是说，他将自己的处理意见公开之前并没有请示过雍正，这与满保题本的形成有很大不同。其原因除了文书运作方面的之外，恐怕也有广东地方运用制度漏洞来争取地方利益的嫌疑，地方与中央并不一定保持一致。

从上面朱批的文字看，其中的"外国人"指的就是西洋传教士。奏折中，孔毓珣就西洋人事及洋船发放做了具体汇报，而雍正的朱批对洋船发放问题则一字未及，就是西洋人问题，也仅仅涉及其中的传教士部分，且雍正竟还担心孔毓珣会有过严之处。当闽浙总督满保提出要将传教士驱逐到澳门时，雍正并不表示非议，而是极为赞成。两相比较，态度上发生了极大转变。个中缘故，一者是印票问题，再者，孔毓珣等人的题本已在朝中议奏，是亦为地方大臣之请，庭议施行，作为一国之君，雍正还要从大局着眼，为江山社稷着想，自然也是要尊重臣议的。雍正在两可的情形之下，对于地方奏折自然不会有过激的言语，朱批只能说是作为皇朝代言人的他在既成事实后的冠冕之词。① 而这道朱批，正是不少学者论述雍正天主教态度的一条重要史料。当然，这时候雍正也希望天主教在华传播就此有所收敛，还在戴进贤等人具折的当天，他就曾将传教士约束训诫了一番。②

最终，对于西洋人之安插，礼部针对孔毓珣对两种西洋人的处置方式表示完全同意，于二年十二月十八日具题，当月二十日奉旨"依议"。③ 对

---

① 同样的，雍正在满保题本经礼部议覆上的朱批、在教皇使节及之后葡萄牙使节面前的表态，也有类似情形，并不能说明其个人的态度。

② 参阅《耶稣会传教士冯秉正神父致本会某神父的信（1724 年 1 月 16 日于北京）》，[法] 杜赫德编：《耶稣会士中国书简集》卷 2，第 339 页。

③ 《礼部尚书张伯行等题为移咨两广总督孔毓珣严防澳门西洋天主教民事本》，《清中前期西洋天主教在华活动档案史料》第 1 册，第 61 页。礼部议覆《清世宗实录》（卷九六，雍正二年十二月庚寅"礼部议覆"条，中华书局 1985 年影印本）也有记载，只是删去了澳门西洋人的那段文字。需要指出的是，孔毓珣的两个题本中，雍正批下由礼部议覆的那个，其中有关西洋人事只是涉及各省西洋人。而礼部具题中，还涉及澳门西洋人的问题。所以肯定的是，礼部最终的结果并不仅仅根据孔毓珣的那个题本而来。

于洋船发放问题,其中的澳门葡船问题有雍正三年二月兵部议覆,认同了孔毓珣的意见,并获得雍正批准。① 只是限于史料,当时朝廷对于他国洋船发放的处理意见则不得而知。

孔毓珣对西洋人的措置,如吴伯娅所说:"他(孔毓珣)将天主教与传教士作了区别,认为天主教原非圣人之道,不可行于中国。但传教士在中国未闻犯法生事,应该妥善地安排迁移事务。"② 其处置是否符合雍正本意另当别论,得以留在了竭力争取的广州,对传教士而言,简直是不幸中的万幸。

随着孔毓珣的题本与奏折上达朝廷,传教士留居广州的决议也就最终确立下来。在雍正看来,各地的传教士集中在广东一区,虽然在一定程度上达到了自己的目的,但是外夷、天主教在华隐患并没有根除。而从天主教传教士方面来说,虽然得以"容住广东(即广州)",但是显然,对于旨在传播福音的他们而言,特别是随着基督教所代表的西方文明的逐渐强大,他们是不可能仅仅满足于留居广东一隅的,还是在当时,就有不少传教士从广州潜入内地。两者的矛盾性说明问题远没有得到彻底解决,随时都有爆发的可能,而雍正七年新的禁教活动的展开就是明证。这一回,澳门、洋船发放问题便成为解决问题的关键点。

四　澳门、洋船问题的讨论

(一) 雍正的西洋人安插与外来之洋船发放问题

如前所述,雍正二年四月,雍正给孔毓珣的朱谕中特别交代"西洋人之安插"与"外来之洋船"两事,即可看出两者在当时都为雍正所关注。孔毓珣在回奏中将西洋人分成澳门西洋人及各省居住之西洋人,分别措施加以处理。就广东地方而论,不论是居澳西洋人,还是居住各省而即将或已经到达广州的西洋人,对他们的处理都是必须小心的;而洋船问题本身就长期困扰着广东地方与清朝廷,其处置方式无可厚非。那么,雍正所指

---

① 《清世宗实录》卷二九,雍正三年二月己巳"兵部议覆"条。
② 吴伯娅:《关于雍正禁教的几个问题——耶稣会士书简集与清代档案的比读》,《清史论丛》2003—2004年号,第170页。

的"西洋人安插"是否将孔毓珣所说的两类西洋人都包括了呢？谕旨中，在广东这个"第一难治"之地的诸多问题之中，单单将外来洋船与西洋人问题举出是否别有深意呢？

雍正给孔毓珣的谕旨下于二年四月，当时朝廷禁教之令已经下达各地执行。而朝中，涉及广东地方的主要事情之一无疑是牵涉全国禁教大局的这个事件。因印票问题及传教士提出的"澳门非洋船常到之地"，使得雍正松口说可以安插到广州，并认为年希尧会就传教士的安插问题上奏。从目前的资料看，除了传教士信简中谈到的年希尧张贴告示遣送西洋人之外，并没有什么表示。而既然戴进贤等人提到澳门、洋船的问题，雍正自然也会有所想法，所以他在谕旨中将两事相联，其目的似在于希望孔毓珣解决后者以期为前者提供最终解决的可能。另外，在孔毓珣雍正二年六月二十四日的奏折中，雍正在孔毓珣谈到外来洋船时的夹批"前有西洋人乞恩一折，亦发尔等议奏"，也可以看出当时雍正是产生联想而成的，实际上也是希望孔毓珣针对传教士提出的观点有的放矢，可以看出雍正当时所指的西洋人主要就是各省传教士，只不过孔毓珣未能真正领会。其谕旨中所谓"未甚妥"，是根据传教士提出的"澳门非洋船常到之地"而言的。既然没有，那就给他们提供。雍正希望的是再来一次"封疆大臣之请，庭议之奏施行"，变更宪制，将传教士驱逐出内地。在雍正心中，两事相涉，雍正要将传教士遣送澳门的设想并没有停止。孔毓珣等地方官僚将雍正之"西洋人"理解成澳门西洋人及各省西洋人，恐有违圣意。而雍正最后在孔毓珣奏折所批之语，仅就各省西洋人做答，而不及澳门西洋人及外来洋船发放问题，也可看作是雍正于此中真正关心的还是西洋天主教即各省传教士的安插问题。甚至可以说，雍正当初给孔毓珣所下的谕旨"西洋人之安插"，针对的就只是各省传教士。

如果上文所谈的雍正了解澳门、外来洋船问题与他的禁教措施相关联还仅仅是揣摩之词，那么在雍正十年八月二十八日（1732年10月16日）的上谕中则是一览无遗：

> 澳门地方情形，朕不能知，戴进贤等所奏不能停泊大船之处，或系伊等托言亦未可定。尔等可寄信询问鄂弥达等，若澳门不能停泊大船是实，则伊等所奏量留二三人在省似属可行；若澳门可以停泊大

船,则不应(朱改:必)准其留人在省。总(朱改:但)在该督抚就近酌量据实办理。倘澳门不可停泊大船,而此时强令前往,将来或有疏虞,则该督抚之责也(朱改:朕必加以严处)。①

该谕编者拟目为"寄谕广东总督鄂弥达等着查明澳门可否停泊大船以定可否留西洋人在省城居住事宜",可说非常准确。是年七月,广东地方将传教士驱逐到澳门。当消息传到宫中后,戴进贤等人再次请求雍正,才有了这道谕旨。在谕旨中,雍正就直接将澳门、洋船情势与遣送传教士联系起来,要求地方官吏加以核实办理。上文中的猜测至此则可完全坐实,从此我们也可反推雍正初年禁教时的态度和想法。而终雍正一朝,洋船问题并没有从根本解决,也从侧面看出,利用洋船问题来解决传教士问题才是雍正的初衷。

(二) 澳门、洋船发放问题

就当时洋船实际停靠,由于保教权以及澳葡当局企图垄断广州外贸市场,并不希望别国船只停靠澳门,一旦有他国洋船混入,澳葡当局还会向粤海关提出申诉。据载,当时外来洋船往往停靠广州黄埔,其例在康熙二十五年已定。② 因此,戴进贤等人所言"澳门非洋船常到之地",除了有传教士希图留在广州的因素之外,也并无不对。

不过,从后来各方作出的理解来看,当时的澳门、洋船发放问题并非如此简单,最起码包含三层含义:1. 澳门是否真的非洋船常到之地;2. 若澳门不是,那么洋船现泊之地又是否合理,如果不合理又该如何;3. 若澳门不是,那么澳门该不该、能不能成为洋船常到之地。只有将外来洋船发放问题弄清楚了以后,朝廷、地方才能对传教士的安插做出最终安排。传教士所揭示的只是其中第一层的意思,指陈当时的事实。从孔毓珣安插传教士的题本、奏折来看,其所回答的也只是第一层的问题,对其他两层问题也未触及。而雍正谕旨中所言及的西洋人之安插、外来洋船之发

---

① 《明清时期澳门问题档案文献汇编》第 1 册, 第 173 页。
② 《署广东总督鄂弥达奏请外国船只仍照旧例在澳门海口拉青角地方湾泊折》,《明清时期澳门问题档案文献汇编》第 1 册, 第 174 页。在同折中, 广东右翼镇总兵李维扬称康熙五十年才移入黄埔。

放这个问题的解决，则不光是要了解澳门是否是洋船常到之地，也是要求对后两层的含义给予答复，而后来广东地方将传教士驱逐至澳门，也正因他们对后两层含义的重新解释。

虽然根据雍正二年孔毓珣的题本、奏折，朝廷最终决定让传教士留居广州，并没有驱逐到澳门，但是不管是西洋人安插问题，还是洋船的发放问题，都没有就此停休。到雍正七年以后，因为各地重新查禁天主教，当时的署理广东总督鄂弥达等人也于雍正十年六七月间决定将传教士安插到澳门，并于雍正十年七月初二日（1732年8月21日）向朝廷汇报，针对孔毓珣先前对澳门问题的观点进行反驳。其折内称："前督臣孔毓珣等未经查明澳门距省甚近，实系洋船之所必经，伊等家信往来，附船回国，原无不便，遂照戴进贤原奏，议覆容留居住省城……"① 雍正十年九月初三日，根据李维扬的奏折，鄂弥达等人在复奏中，除了简单回顾了一下洋船停靠历史，更是详细阐发了请求洋船停靠澳门海口的想法。为便于与上文提及的孔毓珣奏折比较，同样照录全文：

> 署理广东总督臣鄂弥达、署理广东巡抚臣杨永斌谨奏，为遵旨据实回奏，仰祈圣裁事。
>
> 雍正十年七月二十七日，臣等奉到内阁交出广东右翼镇总兵臣李维扬摺奏内称，外洋商舶从前皆在虎门口外湾泊，迨康熙五十年间移入番禺县之黄埔，距省城仅三四十里，其早晚操演铜铁大炮，省会之地，大非所宜，请饬令仍在虎门海口湾泊。等语。奉旨：李维扬奏折，着寄与署总督鄂弥达、署巡抚杨永斌阅看，其言可采与否，令伊等据实回奏。钦此。
>
> 臣等查得，虎门所属，巨海汪洋，风涛甚险，其口外口内，皆不可长久湾泊。若现在夷船停泊之黄埔，实系逼近省城，一任夷商扬帆直入，早晚试炮，毫无顾忌，未免骇人听闻。该镇臣所奏之言，实有可采。伏查，香山县之澳门河，下（衍字）上至沙篦头，下至娘妈阁，地阔浪平，可以长久湾船，现今澳夷各洋船，皆在此处停泊，实

---

① 《广东巡抚鄂弥达奏闻驱逐广州各堂堂主至澳门将教堂改作公所折》，《明清时期澳门问题档案文献汇编》第1册，第169—171页。

属安稳无虞。况查,从前洋艘原湾此地,缘康熙二十五年粤海关监督臣宜尔格图据澳夷目哩离哆等结称,澳门原为设与西洋人居住,从无别类外国洋船入内混泊。等因具题,经部覆准,故至今各洋船皆移泊黄埔地方。但臣等悉心详查,澳门原系内地,西洋人不过赁居,岂容澳夷视为己物。如云澳门为西洋人之地,不便容别国洋艘停泊,岂黄埔内地,顾可任其久停耶。臣等仰恳圣恩,请自雍正癸丑年(十一年)为始,凡各外国夷船,仍照旧例在澳门海口拉青角地方,与西洋澳夷船只一同湾泊,所有往来货物,即用该澳小船搬运,仍饬沿途营汛,往回一体拨驾桨船护送,炮位军器不得私运来省。如此,则内地防范周密,夷船亦无漂泊之虞矣。①

奏折上达朝廷后,雍正批下"九卿会议具奏",没多表明态度。雍正十一年三月二十八日,毛克明专门上了一份奏折,认为将洋船移泊澳门外洋之十字门有六不便。在这份奏折中,雍正朱批道:"汝所陈不便,皆税务钱粮之不便,未念及地方永远之便与未便也。"②从中也可以看出雍正对毛克明所陈之不满。但是西洋船的发放问题并没有就此结束,乾隆元年广东提督张溥仍在奏请外来洋船照旧泊于澳门海口拉青角地方,③鸦片战争后,这个问题又通过另一种形式继续着。④

八月二十八日,雍正之所以会有那种严谕,自然是因为前后两任广东督抚在此问题上的言论前后相悖,大相径庭,而传教士戴进贤等又总是拿

---

① 《署广东总督鄂弥达奏请外国船只仍照旧例在澳门海口拉青角地方湾泊折(1730年10月21日)》,《明清时期澳门问题档案文献汇编》第1册,第174—175页。
② 《广州左翼副都统毛克明奏请洋船不必移泊澳门外洋之十字门以免贻误税课折(1733年5月11日)》,《明清时期澳门问题档案文献汇编》第1册,第177—179页;另据黄启臣主编《广东海上丝绸之路史》(广东经济出版社2003年版,第739页)载:"雍正十三年(1736年),考虑到黄埔为广州外港,广州为省会之地,何得容他族逼近,清政府令外国船舶改泊澳门。该规定因遭到居澳葡人坚决抵制而未能实行。"
③ 《广东提督张溥奏请仍令外来洋船照旧于澳门内拉青角湾泊折》,《明清时期澳门问题档案文献汇编》第1册,第181—182页。
④ 洋船停靠问题也是十分复杂,据笔者浅见所及,对洋船停靠历史演变过程似乎还没有一个系统讨论的,这里只是简单列举事件前后的一些文献记载情况,若有可能,笔者拟另撰文探讨。相关讨论则可参阅费成康《澳门四百年》,上海人民出版社1988年版,第162—164页;林子昇《十六至十八世纪澳门与中国之关系》第10章"澳门与粤海关之关系";陈文源《清中期澳门贸易额船问题》,《中国经济史研究》2003年第4期。

着澳门、洋船问题作为话柄反复说事，使得内地传教士的安插问题不能一劳永逸地解决。

五　传教士安插澳门的最终落实

雍正初年的禁教，使各地传教士留居广州，但仍有传教士潜藏各地，一些地方对天主教的查禁也未停止。如雍正六年八月蒋洽秀巡察山东，在所上有关查拿邪教徒的奏章中，就将天主教与其他邪教相提并论。① 然而到了雍正七年，兴起的却是又一次的全国禁教。关于这次禁教事件，据当时在福安的多明我会士费若用说的，起因于南京地方三位耶稣会士与一位方济各会士在城中新建一座住处，一位参与施工者不慎致死，引发城中一场骚乱，当时江苏巡抚还上奏雍正。② 随后，雍正便有口谕传达各地，要求各地查禁本辖区内的天主教活动。就目前所见到的史料，当时山东、江西、浙江、福建、湖广及两广等地都有过查禁天主教的行动。其最终解决，又发生在广东。

雍正元年全国禁教后，大批传教士被驱逐到广州，使得广州教务发达，教民急剧增加。发现广州天主教发展的这种情况，观风整俗使焦祈年遂联合两广总督鄂弥达、广东巡抚杨永斌发起一场驱逐传教士的禁教运动。其作出的一个决策建议，便是雍正初年满保提出的方案——将在华传教士遣送到澳门。奏中在说明当地天主教状况之后，详细汇报了他们的处理意见。具折时间是"雍正十年七月初二日（1733年8月21日）"，其中对西洋传教士的处置方式便是驱逐到澳门。雍正朱批一个"是"字，算是肯定的了。③

除了记载中的官方因素外，从耶稣会士卜文气的信件中可知，这次教

---

① 《世宗宪皇帝朱批谕旨》卷二二〇《朱批蒋洽秀奏折》，《景印文渊阁四库全书》史部第183册，第804—806页。

② 详阅张先清《官府、宗族与天主教：17—19世纪福安乡村教会的历史叙事》，第119—120页。

③ 《广东巡抚鄂弥达奏闻驱逐广州各堂堂主至澳门将教堂改作公所折》，《明清时期澳门问题档案文献汇编》第1册，第169—171页。参阅杨文信《雍正年间天主教传教事业在岭南的发展与挫折——以1732年驱逐广州传教士往澳门之事件为中心》，赵春晨等主编《中西文化交流与岭南社会变迁》，中国社会科学出版社2004年版，第658—660页。

难还有回教徒从中作梗。① 而这次的遣送，还不允许传教士从广州直接搭船回西洋，卜文气曾言及：

> 巴黎神学院的三名法国教士对于在澳门的居留感到畏惧，于是便要求允许他们乘该年到达中国的船舶撤走……知县于他们所在的房间中同意了这项要求，但必须借助于使他们离开中国的可靠保证金，方可成行。正当他们寻找这笔保证金的时候，该案件报告给了上级的官吏们，后者却无论如何也绝不同意这些法国人如此撤走。上级官吏们拒绝的主要原因，是他们有关我们出发赴澳门而上奏皇帝的"本"已经准备好了，他们认为不宜对此作出任何改动。这样一来，三十名从此之后留在广州的传教士们的命运依然如故……②

三位法国传教士不希望居留澳门，自然有保教权所造成的葡法之间关系紧张的因素。卜文气记录的遭驱逐的传教士人数是30人，与中文档案《广州城守将毛克明奏报西洋人方玉章设教惑众逐往澳门情由折》③所称相同，后来荣振华的资料也有类似数据。④

毛克明奏折中所言的30人，是指当时住居广东省会新旧两城关厢内外，八处天主堂的西洋人。这个数据中，肯定包括了长期在广州而当时刚刚去世的张貌理（张尔仁）。据卜文气的书简称，张貌理去世当天是圣母升天节（8月15日），后来灵柩被中国官吏安放在东门外破庙中。⑤ 鄂弥达在六月二十七日（8月17日）发布的告示中，共公布14个西洋传教士名单，张貌理便赫然在列，而这个时候张貌理已经去世两天。⑥ 七月初二日（8月21日）鄂弥达给皇帝的奏折中还有其名，为上述天主堂中的一堂副堂主。因此，可以推断官方所说的30人是遣送之前的统计数字，并不

---

① 《耶稣会士中国书简集》卷4，第86—87页。
② 《耶稣会士中国书简集》卷4，第82页。
③ 《明清时期澳门问题档案文献汇编》第1册，第172页。
④ ［法］荣振华：《在华耶稣会士列传及书目补编》，耿昇译，中华书局1995年版，第852页。
⑤ 《耶稣会士中国书简集》卷4，第81—82页。
⑥ 《耶稣会士中国书简集》卷4，第77—78页。

是最后到达澳门的传教士人数。当然，卜文气信件中传教士 30 名的说法可能就是借用了官方的数据统计。而后来研究者中也有根据这个定数进行行文及论述研究的，这对荣振华所称的这次遣送澳门的传教士属于 10 名法国传教区，而其有名姓者却仅仅 9 名也可以作出很好的解释。

还有一个可疑人物朱耶芮（储斐理，Philippe Cazier），比利时人，传记载他 1722 年殁于广州。① 而官府在雍正十年（1732）统计的人名册中仍有一个叫做朱耶芮的传教士，但在费赖之、荣振华的研究中，都未见有第二个朱耶芮的文字，若不是漏载，显然这里的朱耶芮只是记名或者冒名而已。至于这次遣往澳门传教士的人数统计，由于当时的记述大多只是其中的一个片段，而后来整理者根据的资料又往往有所不同，时限也不一致，故而难免有所出入。②

而在地方官僚向朝廷奏报驱逐传教士至澳门的同时，地方上的传教士也向宫中传教士发出了求援信，于是又有了传教士在宫中与雍正的对话。其过程，冯秉正 1733 年 10 月 18 日信简中记载颇详。③ 而中文材料，则有雍正于十年八月二十八日发的谕旨为据。④ 据费赖之的研究："（1733）帝似已明反对宗教者之诬诉，曾谕曰：'诚如是，毫无妨碍汝等居留中国者矣。'并谕诸大臣曰：'可检查教中书籍，以证彼等所言是否属实，然后详细奏明。'检查结果，毫无可以降罪之处，由是遣发澳门之传教师三人得复还广州。"⑤ 费氏所依据的文献中有《传教信札》，当就是冯秉正 18 日的信简。不过费氏的理解恐怕是将传教士的提请当成了结果。据载，雍正这次曾为祭祖问题对天主教大为不满，但是当得知天主教义也有敬重祖先的规定时，他就让部院大臣及僧道人员等检查天主教书籍内容，然而书简中并没有说雍正准许让 3 名传教士返回广州。虽然后来雍正也曾行令让广

---

① ［法］费赖之：《在华耶稣会士列传及书目》，冯承钧译，中华书局 1995 年版，第 636 页；《在华耶稣会士列传及书目补编》，第 123 页。
② 最新的研究参阅汤开建《雍正教难期间驱逐传教士至广州事件始末考》，《清史研究》2014 年第 2 期。需要指出的是，汤文标题看似是对驱逐传教士至广州过程的考察，但内容上更多是对这一时期天主教流布状况的分析，这正如其文章摘要中所表明的。
③ ［法］杜赫德编：《耶稣会士中国书简集》卷 4，第 92—103 页。
④ 《寄谕广东总督鄂弥达等着查明澳门可否停泊大船以定可否留西洋人在省城居住事宜》，《明清时期澳门问题档案文献汇编》第 1 册，第 173 页。
⑤ ［法］费赖之：《在华耶稣会士列传及书目》，第 656 页。

东地方官吏讨论此等问题，但在当时也没有结果。1734年，雍正召见巴多明和新入京的赵加彼以及吴君三人。这次召见，据巴多明1734年10月的信称：

> 人们从所有这一切中只能得出如下结论：皇帝希望给予我恩惠，而不是针对我圣教的，因为我始终如一地相信这一问题。在此问题上的良好迹象，便是广州的官吏们未能理解皇帝的这种行为，他们在对待仍然留在澳门的传教士们方面很谨慎。那里的任何人都不能返回广州了，显然广州接受商船，但商船却不能进入和停泊在澳门小港，正如我们为反对鄂弥达总督的意见而向皇帝呈奏的那样，他在此问题上败诉，但在阻止传教士们返回广州时却依然很坚决。①

这也说明，至少在当时，传教士的请求还没有得到通过。从中我们也可以看出在洋船与安插传教士到澳门的问题上，当时雍正更在意的是遣送传教士的问题，洋船发放问题只是借口，近乎是借风生火。而雍正或许会对某传教士产生好感，如对郎世宁、德理格等，只能说是类似于于本源所说的"因人容教"②，却不会对天主教有所宽宥，哪怕在他统治下传教士还在北京建立了四堂之一的西堂。其继位之初对西洋使节及几位返回西洋的传教士的和善态度③，恐怕也有在西洋博取声誉的成分。

六　余论

对于雍正厉行禁教的原因，学界多有分析，如根据当时的中外环境、文化差异、政治、社会、经济以及雍正个人因素，等等。不过雍正厉行禁教是一回事，雍正喜不喜天主教又是一回事。雍正对天主教的态度，由于一些中文档案材料显得比较晦涩，致使有的学者据此认为其对天主教并无恶感，这与当时传教士所留下的西语文献记载以及西方学者所持的观点完

---

① 《巴多明神父致某神父的信（1734年10月29日于北京）》，[法]杜赫德编《耶稣会士中国书简集》卷4，第121—122页。
② 参阅于本源《清王朝的宗教政策》，第192—199页。
③ 参阅马国贤《清廷十三年》，第116页；顾卫民《中国与罗马教廷史略》，第86页。

全不合。从以上的文字，结合已有的研究，我们可以将雍正区别为作为个人的胤禛以及作为皇朝代言人的皇帝来进行解析。作为"私"的胤禛，他不喜天主教是明显的，作为"公"的皇帝，表面上则有一个由"随请"到严办的转变。虽然在行文中，我们很难明确界定其中的"公"与"私"，但是我们却可以凭着"公""私"观念对当时雍正的言行做一番具体想象。初年的禁教，因为印票、澳门以及洋船停靠等问题，作为皇朝代言人，雍正不得不屈从众议，未能将个人意志彻底实现；雍正七年教案再起，雍正要求在全国查禁天主教，随着事件的发展，到雍正十年的时候，广东地方官吏根据雍正的谕旨，否认了前任孔毓珣等人之说，最终实现了将传教士驱逐到澳门的目的。作为皇朝代言人的这种转变，既是其对天主教、对当时中外认识发展的结果，也是在皇权作用下，将个人意志转变成国家意志的结果。从中我们也可以看出澳门以及洋船问题在禁教过程中所起到的重要作用。

而根据满保奏折题本所形成的有关禁教的礼部部议，其影响则非常之久。乾隆时地方官吏查禁天主教就是援引此例，查禁天主教甚至成了地方官交接时候的一道手续：

> 雍正元年，礼部议奏，凡误入天主教者严行禁谕，令其改易。如有仍前聚众诵经等项，从重治罪。地方官不实心禁饬，查参议处等因。前件前任知县张耀璧巡过乡镇，自乾隆拾年起至十一年十二月，查无民人误入天主教。理合登明。[①]

可以说，一种政策的延续，不仅在于其表面化条规的因循，更在于对产生这种政策的思想认识的延续。康熙晚年施行的禁教政策，即已开始在全国查禁没有印票的传教士，康熙一度也认为领有印票的传教士也只能在一段时间内传教。虽然最后的几年仍是比较和缓，甚至对无印票的传教士的查禁也不是很严格，但不可否认的是，各地官吏都经历了一次有关禁教思想的洗礼。雍正朝的禁教政策，是在继承和变更康熙朝禁教政策的基础

---

① 全国图书馆文献缩微复制中心编：《稀见清知县上呈公文》，全国图书馆文献缩微复制中心2005年版，第515、517页。

上形成的。与康熙时候的禁教相比，两者之间最大不同点就在于对持有印票的传教士的处理上，而这也使禁教政策在通过过程中颇历曲折。正是由于这种变更，所以康熙的后继者在纂修康熙一朝实录时对天主教的相关记载进行了大量删改，使之符合自己的天主教政策，而也正可说明康熙帝和他的继任者之间对天主教政策的巨大差别。[①] 这次禁教在中外关系史上的影响特别是对此后中国历史进程的影响之大不言而喻。康熙及其后继者们所采取的这种对外方式，也体现了当时中外力量的变化，其心态由忧患到无知，再到鸦片战争之后不断增加的恐惧，这些都值得我们深思和警醒。

再有一点，不论是对天主教还是对传教士的认识，内外官员应该始终都存在着不同意见。雍正的继位，以及他所传达的一种偏见所产生的一个重大影响在于，这使得内外群臣中那些原本对天主教、传教士存有好感的一些人不得不选择沉默，而一些原本就对天主教存在不满的臣僚则可对之大加挞伐。我们当然不能否认其中有见风使舵之辈，但将臣僚禁教言论简单说成是奉承意旨也难免有失偏颇。与之相反，康熙因对天主教及传教士保有理解之同情，在他当朝之时一些人的禁教言论则得到压抑。在人治的社会，皇权的力量或许正体现于此。张国刚在谈到晚明士大夫对传教士的反应时，大致归结了三种立场，即接受者、排斥者及优容者，而认为优容者是比例最大的一群。其文称："从笔者所能查阅到的晚明士人对耶稣会士的记录来看，与传教士有过交往的士人中，态度居于奉教与反教二者之间的是比例最大的一群，其实他们更能代表作为一个整体的中国士人对西学西教的态度。"[②] 可以说清朝人臣之中也绝不乏此三类人的存在。

[①] 除了前文提及的康熙五十六年（1717）陈昂奏疏一例外，林子昇（《十六至十八世纪澳门与中国之关系》，第182页注9）、张先清（《康熙三十一年容教诏令初探》，《历史研究》2006年第5期，第84页注4）等还指出，三十一年容教诏令不见于《清圣祖实录》在内的康熙朝官书，乾隆朝修成的《东华录》同样未有记载。而据已有研究，《清圣祖实录》在雍正朝修成后，就没有进行过重修（谢贵安：《清实录研究》，上海古籍出版社2013年版，第192页），因此，我们甚至可以断定以上所涉及的实录文字就是雍正朝所定的。

[②] 张国刚：《从中西初识到礼仪之争》，人民出版社2003年版，第383—384页。

从盛京观感看朝鲜对清态度之变化
——以燕行使《北行日记》《入沈记》为中心

刘啸虎[1]　武颖晨[2]

(1. 湘潭大学碧泉书院·哲学与历史文化学院；
2. 山东大学东北亚学院)

一　引言

众所周知，随着明清易代，作为明代藩属国的朝鲜由"事明"而"事清"，经历了巨大转变。如日本学者夫马进指出，中国进入由满洲统治的清朝后，朝鲜对清有轻蔑之意，不称其为"天朝"，不将前往北京称为"赴京"，遂将"朝天录"改为"燕行录"，"赴京使"改为"赴燕使"。① 葛兆光同样指出，纵观清初近百年光景，朝鲜士人对清朝始终秉持复杂而疏离的态度，赴华使臣由"朝天"到"燕行"意识体系的转变即能深刻反映这种心理趋向。② 朝鲜对于清朝的认识和态度始终在变化，而这些变化就隐藏在《燕行录》的细节之中。学界对此已关注多年，如陈尚胜较早对相关问题进行了系统的研究③；孙卫国深入研究了朝鲜使臣的对华观，其观点已成为学界重要的理论来源④；徐东日主要关注朝鲜使臣所描述的中

---

① [日]夫马进：《朝鲜燕行使与朝鲜通信使》，商务印书馆2020年版，第3页。
② 葛兆光：《从"朝天"到"燕行"——17世纪中叶后东亚文化共同体的解体》，《中华文史论丛》2006年第1期。
③ 陈尚胜：《朝鲜王朝（1392—1910）对华观的演变：〈朝天录〉和〈燕行录〉初探》，山东大学出版社1999年版。
④ 孙卫国：《大明旗号与小中华意识——朝鲜王朝尊周思明问题研究（1637—1800）》，商务印书馆2007年版。

国政治与社会状况，对这一问题亦有所涉及①；杨雨蕾、王元周等学者同样对朝鲜王国华夷观的演变等问题进行过深入探讨②。

清旧都盛京（今沈阳）对于朝鲜使臣入华具有特殊意义。早在清军入关之前，朝鲜使臣已多次往来该地。1634年皇太极将"沈阳"改为"盛京"，作为大清兴盛之始。此时朝鲜使臣不愿接受"盛京"之名，如《沈行录》③等燕行史录中仍使用"沈阳"。但丙子胡乱后，朝鲜成为清的藩属国，清要求朝鲜将世子和陪臣子嗣（如昭显世子和凤林大君）送往盛京为人质，盛京的特殊地位凸显。威胁与恐惧之下，朝鲜开始将沈阳改称"盛京"。清入关后，朝鲜使臣的赴京路线大体由明时"汉阳—辽阳—北京"变为"汉阳—盛京—北京"。盛京作为必经点，意义更为重大。④ 清虽定都北京，但以盛京作为陪都，清朝皇帝常去巡幸，以凸显自己的政治权威。⑤ 朝鲜国王也须遣使赴盛京问安以示臣服，此举始于1671年（清康熙十年、朝鲜显宗十二年），后成惯例。⑥ 因此，盛京对于研究朝鲜和清关系不可或缺。但学界更多将其视作明清东北史研究的域外视角和文献补充⑦，较少将燕行使录中的朝鲜使臣盛京经历与其对清态度及中朝关系相联系。本文尝试以盛京为中心，围绕明崇祯年间罗德宪《北行日记》与清乾隆年间李田秀、李晚秀《入沈记》展开探讨。罗德宪与李田秀、李晚秀兄弟分别以燕行使身份于明末和清代中叶来到盛京，其观感有鲜明反差，

---

① 徐东日：《朝鲜朝使臣眼中的中国形象：以〈燕行录〉〈朝天录〉为中心》，中华书局2010年版。

② 相关研究可参见杨雨蕾《燕行与中朝文化关系》，上海辞书出版社2011年版；王元周《小中华意识的嬗变：近代中韩关系的思想史研究》，民族出版社2013年版；孙卫国《论事大主义与朝鲜王朝对明关系》，《南开学报》2002年第4期；季南《朝鲜王朝对清观解构分析》，《延边大学学报》2014年第1期；尤淑君《"华夷之辨"与清代朝鲜的事大政策》，《山东社会科学》2015年第4期等。

③ ［韩］佚名：《沈行录沈使启录》，林基中编：《燕行录续集》（第109卷），首尔尚书院2008年版。

④ ［日］夫马进：《朝鲜燕行使与朝鲜通信使》，商务印书馆2020年版，第3页。

⑤ ［美］张勉治：《马背上的朝廷——巡幸于清朝统治的建构》，江苏人民出版社2019年版。

⑥ ［日］夫马进：《朝鲜燕行使与朝鲜通信使》，商务印书馆2020年版，第421页。

⑦ 相关研究可参见王广义、许娜《朝鲜"燕行录"文献与中国东北史研究》，《学术交流》2011年第5期；刘铮《朝鲜使臣所见18世纪清代东北社会状况——以〈燕行录〉资料为中心》《郑州大学学报》2018年第2期；刘铮《燕行与清代盛京：以〈燕行录〉为中心》，九州出版社2019年版等。

颇具代表性。本文将努力对此种反差进行分析与诠释，从而试图进一步探求明清时期朝鲜对清态度的变化及其背后的实质。

二 《北行日记》与明末朝鲜使臣的盛京经历

明崇祯九年（后金天聪十年，1636）二月，皇太极借遣使吊祭朝鲜仁烈王后，要求朝鲜支持自己建元称帝，遭朝鲜激烈反对。三月下旬后金使团返回盛京，丁卯胡乱后已与清朝结为"兄弟之盟"的朝鲜，也被迫遣使往盛京朝拜后金大汗。遂有朝鲜春信使罗德宪、回答使李廓等人被后金以"交换国书"为由劫持入参贺班，在盛京参加皇太极称帝建元大典。典礼之上，以罗德宪和李廓为首的朝鲜使团不拜太庙，拒绝承认清政权。[①] 朝鲜使臣在回国途中发现所获国书封面有大清印玺与新改年号，甚至将国书掷于地踩踏。[②] 朝鲜使臣归国后，六月朝鲜国王仁祖向清朝发出"檄书"，强调"败盟"责任在清方，两国关系破裂。此事遂引发"丙子之役"，皇太极率军亲征朝鲜。[③] 朝鲜战败，被迫降清，从此实际由明藩属国变为清藩属国。[④] 朝鲜燕行使罗德宪先后亲历了在平壤接待后金使团和前往盛京参贺，其所著《北行日记》对上述事件有详细记载。

众所周知朝鲜原为明藩属国，"丁卯胡乱"后被迫与后金结为"兄弟之盟"，至丙子之役后方成为清之藩属。《北行日记》从朝鲜的视角出发，恰在明清与朝鲜关系发生巨大转变的这一关键节点上，就朝鲜对清帝皇太极、清旧都沈阳的态度观感作出了重要记录，投射出彼时朝鲜对于清的真实定位。对于研究清入关前朝鲜与清的关系及朝鲜对明清态度的变化，《北行日记》具有珍贵的史料价值。

---

① 《清实录》，《太宗文皇帝实录》卷二八，中华书局1986年影印本，第362页。
② ［韩］罗德宪：《北行日记》，林基中编：《燕行录续集》（第106卷），首尔尚书院2008年版，第707页。
③ ［韩］韩国国史编纂委员会：《仁宗实录》卷三二，首尔东国文化社1955—1948年影印本，第502页。
④ 相关研究可参见孙卫国《朝鲜王朝对清观之演变及其根源》，《廊坊师范学院学报》2017年第3期；魏志江《清鲜"丁卯胡乱"与"丙子之役"考略》，《韩国研究》2004年第七辑；桂涛《"崇德改制"与"丙子之役"：朝中交往中的正统性问题》，《清史研究》2017年第2期；王臻《"丙子之役"及战后朝鲜交涉的几个问题》，《韩国研究论丛》2011年第1期等。

朝鲜虽早在明天启七年（1627）的丁卯胡乱中即败于后金，但尊奉的宗主国依然是明朝。罗德宪认为，朝鲜与清只能"称以兄弟，当以礼义相守而已"①。清自知得不到朝鲜的认同，遂向朝鲜强调自己乃"天命所在"，努力塑造自身的正统地位。比如天聪四年（1630）五月皇太极在给朝鲜国王仁祖的信中言："惟天至公，不视国之大小，而视事之是非，以我为是，以明为非。"②皇太极表示，清取代明乃秉承天意，所以朝鲜应尊清而弃明。此番朝鲜拒绝后金使团要求，不支持大清建元，便是"不谅天命之所归"。③罗德宪等朝鲜使臣则坚信："我国臣事天朝，二百年于兹君臣之分、父子之伦炳如日月，是乃天地所不可泯之大义。而金国以此处为兄弟，则此外复有何望？而敢以如此傲慢之说，试之于我乎？我国虽甚凋敝，岂肯甘受听从耶？"在他们眼中，清即使建元，仍与朝鲜同为明朝附属，"诸王子虽贵亦是人臣也，君臣有分尊卑有序，遽然奉书于我国，而无端抗礼，少无敬重之道"④。清越过明朝与朝鲜通信，在朝鲜看来乃是无礼。如此，朝鲜使臣远未信服于清的"天命所归"之说。

众所周知，朝鲜王国对明朝秉承"事大之策"至此已有二百余年，双方往来密切。自明成祖而始，"每岁圣节、正旦、皇太子千秋节，（朝鲜）皆遣使奉表朝贺，贡方物，其余庆慰谢恩无常期。若朝廷有大事，则遣使颁诏于其国，国王请封，亦遣使行礼。其岁时朝贡，视诸国最为恭慎"⑤。《明史》称："朝鲜在明虽称属国，而无异域内。"⑥对朝鲜而言，"君臣之分，如天尊地卑之不可亲也；则事大之礼，固不可以不谨矣。大小之势，如白黑之不可以相混也；则事大之礼，亦不容于不谨矣"⑦。《仁祖实录》

---

① ［韩］罗德宪：《北行日记》，林基中编：《燕行录续集》（第106卷），首尔尚书院2008年版，第668页。
② 《清实录》，《太宗文皇帝实录》卷三，中华书局1986年影印本，第45页。
③ ［韩］罗德宪：《北行日记》，林基中编：《燕行录续集》（第106卷），首尔尚书院2008年版，第676页。
④ ［韩］罗德宪：《北行日记》，林基中编：《燕行录续集》（第106卷），首尔尚书院2008年版，第677页。
⑤ （明）申时行：《明会典》卷一〇五《主客清吏司·朝贡朝鲜》，中华书局1989年版，第571页。
⑥ （清）张廷玉：《明史》卷三二〇《朝鲜》，中华书局1974年版，第8307页。
⑦ ［韩］卞季良：《春亭集》卷六《永乐十三年六月封事谨事大》，《影印标点韩国文集丛刊》第8册，首尔韩国民族文化推进会1990年版，第89页。

载，仁祖元年（1623）朝鲜尚自认与明"义即君臣，恩犹父子"[1]。至于后金，素来遭朝鲜轻视。吴晗认为，渊源可追溯至萨尔浒之战前朝鲜与建州女真的关系。[2] 有论者更指出，从1393年（明洪武二十六年，朝鲜太祖二年）起朝鲜即对女真酋长赐予官职，并发给特殊印鉴（图章）使其用于外交文书[3]；朝鲜世宗世祖时代，朝鲜完全按照明与朝鲜的关系去理解朝鲜与女真的关系。[4] 长期以来朝鲜一直对女真以"胡"视之，因而拒绝对后金改变原有态度。

所以，彼时双方远未就关系定位达成共识。《北行日记》中，罗德宪描述了朝鲜使臣受胁迫前往盛京途中的一系列情景。如三月二十五日行至"山东青石岭"，黑云四塞，狂风大作；渡"三辽河"过"九烟台"之后风势渐止但大雨继下，又看到许多被掳的汉人，罗德宪等人都"面有悲戚之意"。[5] 天气恶劣，路途艰难，朝鲜使臣疲惫不堪，心态悲凉。至二十九日到达盛京，罗德宪言："胡将等马上辞别而去，仍使从胡等迫余等一行于馆中。"[6] 显然，朝鲜使臣将此番来到沈阳视为无奈之举。兼之鲜少有机会离开使馆自行活动，朝鲜使臣对盛京乃至清朝都抱有较强烈的抗拒心理。

在罗德宪着重记录的朝鲜使臣坚拒陪同皇太极出游一事中，这一点体现尤为鲜明。罗德宪一行驻于盛京使馆，皇太极派人来邀朝鲜使臣观光，朝鲜使臣以"无相见之礼"和"无前之举"为由拒绝。来人又以两国乃兄弟之国相邀约，朝鲜使臣坚辞曰："人臣之职，奉使出疆。非君命，则虽细微事不敢擅自为之。吾何畏国汗之命而反辱吾君之命耶？"[7] 来人将情况

---

[1] ［韩］韩国国史编纂委员会：《仁祖实录》卷一，首尔东国文化社1955—1948年影印本，第502页。

[2] 吴晗：《吴晗史学论著选集》，人民出版社1984年版，第524页。

[3] ［日］木村拓：《一五世纪朝鲜王朝对日本外交中图书使用的意义——探求与册封关系间的借点》，《朝鲜学报》2004年第191辑。

[4] ［日］夫马进：《朝鲜燕行使与朝鲜通信使》，商务印书馆2020年版，第32页。

[5] ［韩］罗德宪：《北行日记》，林基中编：《燕行录续集》（第106卷），首尔尚书院2008年版，第682页。

[6] ［韩］罗德宪：《北行日记》，林基中编：《燕行录续集》（第106卷），首尔尚书院2008年版，第686页。

[7] ［韩］罗德宪：《北行日记》，林基中编：《燕行录续集》（第106卷），首尔尚书院2008年版，第693页。

回禀皇太极,再以"不得还其国"相威胁,朝鲜使臣则仍以"宁死此不可易志"相拒绝。恰好皇太极经过使馆,得知此事遽然发怒,下令施刑责打朝鲜使臣。罗德宪描述当时情景:"头腰手足向其班次,余乃踊身挥手,尽力牢却。衣冠尽破,头发乱落,尘埃塞口,呼吸莫通,而犹自力拒,有若搏战者,亦不屈腰以示不屈之义。"① 如此,朝鲜使臣仍高呼:"今日之死实所甘心,岂以生还为幸!"在罗德宪笔下,当时朝鲜使臣"睁目视左右众胡等,盈发愤怒,胡又以鞭朴加之",最终竟被责打至"体无完肤、流血遍身而气息奄奄,若将尽矣"②。此情此景,令围观人群中叛投后金的明朝官员感叹:"本以明朝食粮之,臣惜命偷生,负此大罪于天地之间,今见尔使之不屈,悔愧至极,宁欲溘然而不自知也。"③

皇太极大为震怒,下令将朝鲜使团拘禁于馆内,四月二十五日将其"驱逐"出盛京,"押解"回朝鲜。朝鲜对明朝之忠义,对清朝之抗拒,在罗德宪等朝鲜使臣身上得到极为鲜明的体现。一如后来丙子之役中,朝鲜国王仁祖被清军围困于南汉山城,臣下就是否对清议和展开争论,有尹集论曰:"明天子,民之父母也。虏,父母之仇也。属国之义,固不可连和于虏也。今虏逼京师,辱先帝之陵,殿下兵弱力微,虽不能悉赋而从政,以报天子之仇,亦何忍复遣使者,与虏连和乎?"④ 绝境之下,犹多有朝鲜官员坚持不降"清虏",足见其心态。孙卫国指出,只因明朝乃中华之象征,必须尊崇;而朝鲜与清只是交邻关系,且清绝无"中华"之资格。⑤ 更何况清人举动"无礼",朝鲜使臣遂站在道德礼义的制高点上批判清朝。朝鲜使臣同样是借此强调自身的地位:"我国素以礼义闻天下,称

---

① [韩]罗德宪:《北行日记》,林基中编:《燕行录续集》(第106卷),首尔尚书院2008年版,第695页。

② [韩]罗德宪:《北行日记》,林基中编:《燕行录续集》(第106卷),首尔尚书院2008年版,第696页。

③ [韩]罗德宪:《北行日记》,林基中编:《燕行录续集》(第106卷),首尔尚书院2008年版,第702页。

④ [韩]黄景源:《江汉集》卷二七,《影印标点韩国文集论丛》(第225册),首尔韩国民族文化推进会1999年影印本,第29页。

⑤ 孙卫国:《大明旗号与小中华意识——朝鲜王朝尊周思明问题研究(1637—1800)》,商务印书馆2007年版,第72页。

之以小中华。"①

罗德宪《北行日记》中反复称清为"胡",认为其"礼极简颇有轻忽之态"②。而朝鲜使臣以礼义自持,一心尊奉明朝为正统。彼时明、清与朝鲜的复杂关系,由此可见一斑。张存武指出,从明万历二十年(1592)到崇祯十年(清崇德二年,1637),清朝与朝鲜是从无关系到非正式的关系,再到兄弟联盟,直至封贡关系;关系的转变,则只能诉诸战争。但在清朝征服过程中,朝鲜始终不改对明朝的忠心。即便臣服清朝以后,朝鲜还是想方设法与明朝潜通往来。③ 夫马进认为,这一复杂情形在一定程度上是由明朝统治附属国的高明政策所引发,即以"礼"交之。特别是明朝在对朝鲜外交中积极运用"礼",成功唤起其"服从"的自觉性;朝鲜在精神上完成了"礼"的同化之后,对于取明而代之的清朝始终持有敌视态度。④罗德宪《北行日记》所记明末朝鲜使臣在盛京的经历,正是对上述观点的极佳注解。

三 《入沈记》与乾隆年间朝鲜使臣眼中的大清

孙卫国指出,清朝深知以武力征服朝鲜不难,但令朝鲜真心臣服则殊为不易,故对朝鲜恩威并施;大体而言清入关之前以高压手段为主,入关后以施恩笼络为主,最终朝鲜遂有北学之倡议。⑤ 及至乾隆年间,清代统治早已稳固,国家臻于鼎盛。乾隆帝喜出游,一生多次巡幸盛京。朝鲜每次皆修朝贡之礼,派使臣赴盛京问安,乾隆帝对此大为高兴。⑥ 如乾隆八

---

① 韩国国史编纂委员会:《仁宗实录》卷三二,首尔东国文化社1955—1948年影印本,第624页。
② [韩]罗德宪:《北行日记》,林基中编:《燕行录续集》(第106卷),首尔尚书院2008年版,第685页。
③ 张存武:《清韩宗藩贸易,1637—1894》,台北"中央研究院"近代史研究所1978年版,第2页。
④ [日]夫马进:《明清时期中国对朝鲜外交中的"礼"和"问罪"》,《明史研究论丛》第十辑,故宫出版社2012年版。
⑤ 孙卫国:《大明旗号与小中华意识——朝鲜王朝尊周思明问题研究(1637—1800)》,商务印书馆2007年版,第372页。
⑥ 孙卫国:《大明旗号与小中华意识——朝鲜王朝尊周思明问题研究(1637—1800)》,商务印书馆2007年版,第396页。

年（1743）在盛京接见朝鲜燕行使，先授亲笔回书，又令给朝鲜国王礼物："各色彩缎十三匹，大纺䌷五匹，弓矢筒盖具一部，鞍具马一匹，豹皮一百张。"连遣臣及员译亦有赏赐，清室诸王皆道"前所未有"。① 有学者认为，此时清朝对朝鲜一改高压政策为德化政策，礼遇朝鲜使臣，给予朝鲜国王特恩，意在消除朝鲜对清的猜忌，将其感化。②

有学者指出，随着清朝国力的不断增强、统治的逐渐稳固与德化政策的日益深入，朝鲜对清朝的看法逐渐发生改变。③ 乾隆初年，朝鲜尚有部分士人认为"胡运不足百年"。乾隆八年（1743），朝鲜派往盛京的问安使赵显命仍认为清朝"外似升平，内实蛊坏。以臣所见，不出数十年，天下必有大乱"④。在乾隆二十九年（1764）朝鲜使臣金钟正的描述中，清人于盛京"寝食寝处，相混犬豕，言语动作全无模样，上下无章，男女无别"⑤。落后无状，仍与蛮夷无异。

自乾隆三十年（1765）洪大荣燕行开始，朝鲜逐渐改变对清的态度。在此之前，燕行使赴京主要为政治经济目的，文化交流稀少。一百多年间，朝鲜士大夫对清朝避恐不及。⑥ 而洪大荣的《乾净衕笔谈》则讲述了自己与中国文人的交往以及对清朝的重新认识。此后朴趾源、朴齐家、李德懋等北学派人物均受其影响。尤其朴趾源评价洪大荣的燕行让朝鲜真正打破了自身在满族征服中国后所设置的精神、文化上的锁国状态。⑦ 朴趾源在乾隆四十五年（1780）著《热河日记》，对清观感更明显不同。学界对《热河日记》的研究较为完善，认为朴趾源出使清朝更多抱有谦逊的态

---

① ［韩］佚名：《沈行录沈使启录》，林基中编：《燕行录续集》（第109卷），首尔尚书院2008年版，第404页。《沈行录沈使启录》，作者不详，本为清康熙二十一年（1682）燕行使见闻，却同时收录部分乾嘉时燕行使见闻。或因编者有所混淆，抑或因作者未详而收录一处。
② 杨昭全、韩俊光：《中朝关系简史》，辽宁民族出版社1992年版。该书将清代中朝关系分为威压时期、和缓时期与平稳时期，以清兵入关、乾隆即位为清代中朝关系改变的标志。
③ 相关研究可参见郑成宏、李敦球《华夷观三部曲——从"尊王攘夷"到"华夷一也"再到"师夷长技"》，《第三届韩国传统文化国际学术讨论会议文集》，山东大学出版社1999年版，第961—978页等。
④ ［韩］朝鲜史官：《李朝英宗实录》卷六〇，日本学习院东洋文化研究所1953年影印本，第386页。
⑤ ［韩］金钟正：《沈阳日录》，林基中编：《燕行录全集》（第41卷），首尔东国大学出版部2001年版，第222页。
⑥ ［日］夫马进：《朝鲜燕行使与朝鲜通信使》，商务印书馆2020年版，第269—270页。
⑦ ［日］夫马进：《朝鲜燕行使与朝鲜通信使》，商务印书馆2020年版，第371页。

度，试图以文字记录打破朝鲜的偏见，客观展现清朝政治稳定、经济繁荣、文化昌盛的真相，主张学习清朝。① 尽管如此，朴趾源仍以"清人入主中国，而先王之制度变而为胡"② 开篇，凸显出"视清为夷"的华夷观，明确道出朝鲜学习清朝并不代表认同清朝，只是以清之长来改变朝鲜社会经济落后的局面。③

几乎与朴趾源《热河日记》同时的李田秀、李晚秀《入沈记》，则记录了乾隆后期朝鲜使臣对盛京的全面观察，其对清观感同样颇值得玩味。乾隆四十八年（1783）清帝巡幸盛京，朝鲜以李福源为问安使赴盛京觐见，以李晚秀、李田秀为"正使军官"随行。李晚秀记其经历，取名《万全录》；李田秀录其见闻，取名《西游记》。两书合为《入沈记》，目前中国学界所用相对亦少。昔年罗德宪一行对盛京始终抵制，鲜少离开使馆，更坚拒陪清帝皇太极出游。此番李田秀、李晚秀则对盛京观察细致，多记直观感受。与以往的燕行使录相比，李田秀、李晚秀笔下的对清观感有明显不同。

如同样记录清人于盛京的居住情况，李田秀言："一室之内男女共宿，则对炕之间设一布幔而已，此外更无嫌避。"比之金钟正《沈阳日录》更显客观，但"嫌避"二字亦可见李田秀之态度。再如服饰，历代燕行使录对清人服饰的描述颇多。此前的朝鲜燕行使多对清人服饰大加鄙夷，认为清人失去华夏衣冠，而以朝鲜延续华夏衣冠为自豪。李田秀则相对客观细致，如观察到盛京之清人多穿"套裤"，所用"手套""风领"等御寒衣物亦与朝鲜不同，遂对原因进行分析，甚至试图吸收这些服饰的优点："裤子之于我国则紧狭，裤子曰套裤，比裤子尤紧，自膝下甚至大腿套至上口，作裤栓之腰带，所以便于骑也。"④ "手套则长至于肘，亦用疏衲而不套之内，套之外，褂袍之袖皆入套，比之我制似有胜矣。""风领以毡

---

① 相关研究可参见葛兆光《想象异域：读李朝朝鲜汉文燕行文献札记》，中华书局2014年版；朴莲顺、杨昕《〈热河日记〉中的康乾盛世》，《东疆学刊》2009年第3期；李丽《朴趾源〈热河日记〉初探》，《广东社会科学》2008年第5期等。

② ［韩］朴趾源著，朱瑞平点校：《热河日记》，上海书店出版社1997年版，第2页。

③ 陈尚胜：《朝鲜王朝（1392—1910）对华观的演变：〈朝天录〉和〈燕行录〉初探》，山东大学出版社1999年版等。

④ ［韩］李田秀：《入沈纪》，林基中编：《燕行录全集》（第30册），首尔东国大学校出版部2001年版，第350页。

毛即缎为之其大，上包帽顶而下结领下，只露半面，项腮及耳皆入其中。所见虽不雅，御冷则胜我制矣。"① 又如饮食，此前燕行使多以"膻臭每多袭人"而厌恶之，及至《入沈记》，描述已颇有变化。李田秀虽仍言："葱蒜之属不绝口，故近之皆荤臭。"但更有论曰："羊肉猪肉皆胜我国。羊肉甚为肥脆而小膻气，猪肉亦极软。巷间有宰牛者，而此则大逊于我国矣。鸡肉坚韧不佳，而鸭鹅卵，市上炒鸡鸭者味极佳，非但卵品之有胜也，炒法想有我国所不及者尔。"② 或"胜"或"逊"，较为客观公正。

《入沈记》中更多见朝鲜使臣对清朝的"好奇向往"之心。如李田秀、李晚秀与盛京本地名士颇多交流，其中以隐士张裕昆最为典型。张裕昆名又龄，字裕昆，号万泉居士，清朝官修史书及东北地方文献中无此人事迹。而李晚秀《入沈记》言："余观万泉翁三十岁写真，韶颜英风，蔼然芳华。方其品题图书，分列花石也，必有词朋墨徒、高释道流为之左右，如兰亭之群贤、竹溪之六逸也。"朝鲜使臣将时年五十七岁的清关外名士张裕昆赞为魏晋风流，足见其态度。李田秀、李晚秀曾向盛京当地下层士人请教清科举制度③，又与张裕昆讨论朝鲜与清科举制度之异同。张裕昆叹曰："贵邦则闻以论策取士，必有古意之余存。而此中人士泪没于八股中，更无可观，浩叹，浩叹！""官途甚难，学人出仕等三十年，犹难作州县官。词林出身虽清高，非家道殷富培植不可。"④ 张裕昆道出清朝科举制度的弊端所在，引起了朝鲜使臣的深思。

朝鲜使臣与张裕昆讨论清代制度颇为广泛。如李晚秀问："天朝官制如何？"张裕昆答："大概沿前明建官，至满洲则从本朝之制。"又问："本朝亦有科道否？"答："明十三科道，本朝十七科道。"再问："本朝不

---

① ［韩］李田秀：《入沈纪》，林基中编：《燕行录全集》（第30册），首尔东国大学校出版部2001年版，第355页。

② ［韩］李田秀：《入沈纪》，林基中编：《燕行录全集》（第30册），首尔东国大学校出版部2001年版，第372页。

③ ［韩］李田秀：《入沈纪》，林基中编：《燕行录全集》（第30册），首尔东国大学校出版部2001年版，第173页。

④ ［韩］李田秀：《入沈纪》，林基中编：《燕行录全集》（第30册），首尔东国大学校出版部2001年版，第203页。

立太子何也？"答："金匮几名阁老知其处，预立则恐臣下党附耳。"① 李晚秀还曾询问张裕昆："本朝庙制如何？"答曰："皇上九庙，王五代，大夫四代，士三代，余系庶人，只供二代。家祠高、曾祖祢，俱奉木主，颇觉借分，而因未有定制，故随意供奉。""忌日祭，元朝、中元上供，清明墓祭，十月初一、年终烧纸锭。"② 至于"冠婚丧祭""民俗礼乐"等，双方更有论及。③ 李田秀、李晚秀对清朝田制尤感兴趣，自张裕昆处得知清朝土地分为官地、旗地、民地三种后，又进一步详细了解，并从旗地引申到八旗制度。④ 显而易见，朝鲜使臣对清代制度颇多关注，在诸如科举等问题上似有意凸显朝鲜之优越，批判清朝之弊端。但同时朝鲜使臣也通过与清朝的比较看到不同，进而有意学习。

尽管如此，朝鲜在文化和礼仪等方面仍保持极强的优越感，以存续华夏文明的"小中华"自居，对清朝颇为不屑。比如李田秀对盛京人的言语大为批判："虽从文字，而话头轻佻，少无重厚雅典之意。"他认为中国古人语势自有徐缓安详者，现今却消失，甚至推测所见皆为"市井胥吏"而非"学士大夫"，进而讽刺清朝之末俗。⑤ 按照李田秀的理解，之所以出现此种现象，原因是汉人"专因清语"。其言："盖清人入帝之后，清为主而汉为客，凡系文字莫不牵汉而就清故。世称胡元乳华后所变亦有此类也。"李田秀感叹清人不能保存华夏根基，而身为"小中华"的朝鲜人"所读之音华人所不能者亦多如东冬江"。李田秀描述朝鲜使臣所说乃是纯正的华夏之语，却被盛京人认为是"方言"，需要同伴翻译。此种事件，在燕行使看来"已为笑资"。⑥

---

① ［韩］李田秀：《入沈纪》，林基中编：《燕行录全集》（第30册），首尔东国大学校出版部2001年版，第224页。
② ［韩］李田秀：《入沈记》，林基中编：《燕行录全集》（第30册），首尔东国大学校出版部2001年版，第268页。
③ ［韩］李田秀：《入沈纪》，林基中编：《燕行录全集》（第30册），首尔东国大学校出版部2001年版，第233页。
④ ［韩］李田秀：《入沈纪》，林基中编：《燕行录全集》（第30册），首尔东国大学校出版部2001年版，第237页。
⑤ ［韩］李田秀：《入沈纪》，林基中编：《燕行录全集》（第30册），首尔东国大学校出版部2001年版，第387页。
⑥ ［韩］李田秀：《入沈纪》，林基中编：《燕行录全集》（第30册），首尔东国大学校出版部2001年版，第390页。

礼仪方面，李田秀等朝鲜使臣的反应尤为强烈。他们认为满人风俗与汉人不同，更不尊礼法，所以满人统治下的清朝已风俗不纯；蛮夷之风侵入华夏之域，惟朝鲜始终坚守朱子以来之礼法正宗。① 朝鲜使臣批判盛京官员"礼数甚简，上下贵贱无甚严"，清人对此"非但自以为常，观者亦不以为怪矣"②。李田秀由此认定整个盛京乃至清朝皆不知"礼"，所谓"礼仪之邦"不过笑谈；进而以朝鲜的礼乐制度为自豪，言"我朝礼乐，牟拟中华"③。李田秀等人更认为，即便清朝以程朱理学治国，遵奉儒家伦理，"虽以元、清之入主中国，混一区宇者，不可与正统。律以邪正则邪而已，律以偏正则偏而已，下正字不得。盖其处于人与禽兽之间，不可拟伦于秦晋隋唐也。虽强如坚、盛如德光，不可与之以中国之礼"④。坚持不认同清为"中华"。从朝鲜燕行使对清代旧都盛京的褒贬，可见其心理之微妙。一面出于实际而予以肯定甚至愿意学习，另一面出于强烈的"小中华"情怀仍坚持将盛京视为"腥喧之所"。这体现出一种相当复杂的矛盾状态。

但与明末朝鲜使臣在盛京对皇太极的抗拒相比，此时朝鲜使臣对大清皇帝的看法已有天壤之别。李田秀自言觐见乾隆帝时的感受："帝王气象故自不凡，而平生伟观，此为上首，一举眼而不觉此心之诚服矣。"乾隆帝对朝鲜使臣"因远来久待而加赏"，李田秀等人诚心叩头谢恩。而且李田秀发现皇帝居然还记得乾隆四十三年（1778）来沈时朝鲜使臣中会满语者，即赞叹道："七十老人能思六年之事，于万机频扰之外，精力之过人亦可知也。"⑤ 同样是大清皇帝，遥想康熙十五年（1676）朝鲜使臣称"清皇（康熙帝）不恤国事，淫嬉日甚"；即使三藩之乱后依然评价康熙

---

① 葛兆光：《想象异域：读李朝朝鲜汉文燕行文献札记》，中华书局2014年版，第45页。
② [韩]李田秀：《入沈纪》，林基中编：《燕行录全集》（第30册），首尔东国大学校出版部2001年版，第395页。
③ [韩]韩国国史编纂委员会：《世宗实录》卷四九，首尔东国文化社1955—1948年影印本，第247页。
④ [韩]洪直弼：《梅山先生文集》卷二三，《影印标点韩国文集丛刊》（第295册），首尔韩国民族文化推进会2003年影印本，第554页。
⑤ [韩]李田秀：《入沈纪》，林基中编：《燕行录全集》（第30册），首尔东国大学校出版部2001年版，第256页。

帝"骄淫日甚""荒淫无度"等。① 康熙五十九年（1720）间《庚子燕行杂识》，朝鲜使臣李宜显仍称大清天子为"胡皇"，称清人"间有面目极可憎者，腥臭每多袭人，言辞举止，全无温逊底气象"②。甚至到乾隆十二年（1747），朝鲜官修史书《李朝实录》尚称"清皇帝荒淫喜巡游"③。在孙卫国看来，上百年的感化下，朝鲜已深受其益；乾隆帝本人对朝鲜所施特异之恩，尤不胜枚举。④ 所以此时乾隆帝获得朝鲜的尊重，也属自然。

四　结论

从《北行日记》到《入沈记》，朝鲜使臣的对清观感有鲜明变化，背后乃是朝鲜对清态度的转变。《北行日记》中对清朝的抗拒，来自其明朝藩属国的定位。如孙卫国指出，朝鲜王国的合法性源于明朝，明朝存在则朝鲜地位稳固；若承认以"蛮夷"身份建元开国的清朝，则朝鲜无异于自绝合法性，故尊明反清乃是必然。⑤ 到《入沈记》成书的清乾隆年间，明亡已近140年，清朝正处于康乾盛世，更对朝鲜德化怀柔。故朝鲜国内出现了主张学习清朝的北学派，对清态度也开始改观。尽管如此，从《入沈记》依然可见朝鲜在文化高度对"无礼"的清朝加以鄙夷。如夫马进指出，对于当时的朝鲜来说，对清朝在政治上不得不"事大"，但文化上拒绝引进所有清朝文化。⑥

孙卫国认为，朝鲜之所以慕华，因其最初自我定位是"夷"，慕华是为"以夷易华"。⑦ 明朝的"礼化"之下，朝鲜王国"教化大行，男有烈

---

① ［日］夫马进：《朝鲜燕行使与朝鲜通信使》，商务印书馆2020年版，第199—200页。
② ［韩］李宜显：《庚子燕行杂识》，林基中编：《燕行录全集》（第35卷），首尔东国大学校出版部2001年版，第460页。
③ ［韩］朝鲜史官：《李朝英宗实录》卷六七，日本学习院东洋文化研究所1953年影印本，第14页。
④ 孙卫国：《大明旗号与小中华意识——朝鲜王朝尊周思明问题研究（1637—1800）》，商务印书馆2007年版，第403页。
⑤ 孙卫国：《大明旗号与小中华意识——朝鲜王朝尊周思明问题研究（1637—1800）》，商务印书馆2007年版，第77页。
⑥ ［日］夫马进：《朝鲜燕行使与朝鲜通信使》，商务印书馆2020年版，第297页。
⑦ 孙卫国：《大明旗号与小中华意识——朝鲜王朝尊周思明问题研究（1637—1800）》，商务印书馆2007年版，第44页。

士之风，女有贞正之俗，史称小中华"①。朝鲜的"小中华"地位乃是明朝赋予，对明朝的认同即代表着对自身"小中华"地位的维护。所以及至清朝入主中原，朝鲜虽从实用的角度出发向清学习，却坚持不承认清为华夏正统，文化上崇明贬清，更有意彰显自身"小中华"的地位。② 同时夫马进认为，朝鲜对清的鄙视也有自身"文化"上的重大影响力。即使是在明朝，看到明末朱子学遭破坏，部分朝鲜士大夫也认为中国不再符合"中华"，意欲取代中华，何况是被朝鲜视为夷狄的满族统治下的清朝。作为朱子学的坚定信念者，清朝的文化走向与朝鲜有巨大的冲突，所以朝鲜原本拥有的"小中华"意识进一步增强。③ 这便是《入沈记》中朝鲜使臣对清观感与前代已有明显不同，但文化上依然对清表现出鄙夷的根源所在。

葛兆光指出，《燕行录》等域外汉籍对明清历史与文化研究的意义重大，从中不仅可以看到中国史籍遭删减之处，补充更多历史细节，更可以提供新的观察视角，不只是以天朝上国的立场看待四方藩属，从而为重新定义明清时期的中朝关系提供新的证据。④《北行日记》与《入沈记》正是其中颇具代表性的两件文本。前者如实记录下了朝鲜使臣对明朝的忠义和面临明清易代时的痛苦，后者则展现出朝鲜对清的真实认知，即一个以"夷胡"身份入主中原、经历漫长过程才逐渐昌盛的蛮夷之国。即便如此，朝鲜使臣笔下仍不时流露出对清的鄙夷，更不时以"小中华"自居。从朝鲜燕行使的视角出发，剖析其内心的想法，便可知朝鲜"华夷观"和"正统观"的根深蒂固，更可知今日东亚世界各国关系之复杂。而《北行日记》与《入沈记》正提供了分析这些问题的独特文本，此亦为本文的又一个意义所在。

---

① ［韩］朝鲜史官：《李朝成宗实录》卷二〇，日本学习院东洋文化研究所1953年影印本，第237页。
② 朱云影：《中国文化对日韩越的影响》，台北黎明文化事业公司1981年版，第249页。
③ ［日］夫马进：《朝鲜燕行使与朝鲜通信使》，商务印书馆2020年版，第169页。
④ 葛兆光：《想象异域：读李朝朝鲜汉文燕行文献札记》，中华书局2014年版，第285—286页。

茶叶、白银和鸦片：1750—1840 年中西贸易结构

庄国土

（厦门大学南洋研究院）

19 世纪前期，中国与西方国家的贸易正面临着重大的转折时期。18 世纪中西贸易的基本结构，是西方国家以其殖民地产品，主要为白银、棉花、胡椒等交换中国的茶、丝、瓷器等。当这种贸易结构能保持平衡时，西人仍然获得巨额利润，传统的贸易方式仍可维持。由于白银短缺和中国政府厉行鸦片查禁，传统的中西贸易结构难以为继。西人随即诉诸武力，导致鸦片战争的爆发。鸦片战争使以英人为首的西方国家以武力重组中西贸易结构，迫使中国接受鸦片。从此以后，西方对华扩张已从商务渗透转为军事入侵和政治控制。本文探讨以白银交换茶叶的中西传统贸易结构的失衡，以此探讨鸦片战争爆发的经济原因。

一 茶叶：18 世纪中西贸易的核心商品

在 20 世纪以前西人所寻求的中国商品中，唯有茶叶在中西贸易中长期居于支配地位。茶叶为西方贸易商带来了巨额利润，使他们认为："茶叶是上帝，在它面前其他东西都可以牺牲。"[1] 虽然早在公元前 2 世纪中国人就开始种植茶树，但直到 16 世纪中叶才为西方人所知。1559 年，威尼斯商人拉莫修（Giambattista Ramusio）在其出版的《航海记》（*Navigation-*

---

[1] Earl H. Pritchard, *The Crucial Years of Early Anglo-Chinese Relations*, 1750 – 1800, Washigton, 1963, p. 163.

eet *Viaggis*）才首次提到茶叶。① 1606 年，荷兰人首次从万丹将茶叶输往欧洲。② 在此后一百余年间，茶叶并未成为输往欧洲的重要商品。1704 年英船"根特"号（Kent）在广州购买 470 担茶叶，价值 14000 两白银，只占其船货价值的 11%，而所载丝绸则价值 80000 两。③ 1715 年，英船"达特莫斯"号（Dartmonth）前往广州，所携资本 52069 镑，仅 5000 镑用于茶叶投资。④ 1716 年，茶叶开始成为中英贸易的重要商品。两艘英船从广州携回 3000 担茶叶，价值 35085 镑，占总货值的 80%。⑤ 18 世纪 20 年代后，北欧的茶叶消费迅速增长，茶叶贸易成为所有欧洲东方贸易公司最重要的、盈利最大的贸易，当时活跃在广州的法国商人 Robert Constant 说："茶叶是驱使他们前往中国的主要动力，其他的商品只是为了点缀商品种类。"⑥

表1　茶叶在英国东印度公司从中国进口总货值中的比例（1722—1833）

年份	总货值（两）		茶叶	占总货值%
		数量	货值	
1722	211850	4500	119750	56
1723	271340	6900	182500	67
1730	469879	13583	374311	73
1733	294025	5459	141934	48
1736	121152	3307	87079	71

---

① 这位威尼斯人所知的"茶叶"并非目睹，而是从一位到过中国的威尼斯人处得知。*Thema Thee*, Museum boymans-van beun ingen Rotterdam, 1978, p. 13.
② 乌克斯（Ukers）则认为荷人在 1610 年从日本和中国输入茶叶。William Ukers, *All about Tea*, Vol. 1, New York 1935, pp. 23, 28.
③ H. B. Morse, *The Chronicles of the East India Company Trading to China 1635 – 1834*, Vol. 1, Oxford, 1926, p. 144.
④ Morse, *Chronicles*, Vol. 1, p. 148.
⑤ 其中"苏珊那"号（Susanna）所载货值 54000 两白银，茶叶 1565 担，价值 45000 两，见：Morse, Vol. 1, p. 157, K. N. Chaudhuri, *The Trading World of Asin and the English East India Company*, 1978, Cambridge, p. 538.
⑥ Louis Dermigny, *La Chine et l'Occident. Le Commerce a Canton au XVIIIe Siecle, 1732 – 1833*, 3 Vols, Vol. 2, p. 545, Paris, S. E. V. P. E. N. 1964.

续表

年份	总货值（两）	茶叶		占总货值%
		数量	货值	
1740	186214	6646	132960	71
1750	507102	21543	366231	72
1761	707000	30000	653000	92
1766	1587266	69531	1370818	86
1770	1413816	671128	1323849	94
1775	1045433	22574	498644	48
1780	2026043	61200	1125983	55
1785	2942069	103865	2564701	87
1790	4669811	159595	4103828	88
1795	3521171	112840	3126198	89
1799	4091892	157526	2545624	62
1817	4411340	160692	4110924	93
1819	5786222	213882	5317488	92
1822	6154652	218372	5846014	95
1825	5913462	209780	5913462	100
1833	5521043	229270	5521043	100

* 1 英镑 = 3 两，1 两 = 1.388 银元（西班牙银元）

资料来源：Chaudhuri, p. 538. Pritchard pp. 395 – 396. Morse, Vol. 2 – Vol. 4.

从 17 世纪 20 年代起，英国东印度公司（EIC）在绝大部分年份中，所购买的茶叶都占其从中国总进口值的一半以上。在 1765—1774 年十年平均每年从中国进口的总货值中，茶叶占 71%。在 1785—1794 年中，这一比例提高到 85%。[1] 虽然瓷器、漆器、丝绸和其他中国商品的需求由于欧洲"中国风格"（Chinoseries）的流行仍在增长，但公司宁可让这类商品的贸易由其船长和船员利用他们的"优待吨位"（Privilegetonnage）去经营，本身则集中全力经营茶叶贸易。[2] 19 世纪以后，英国东印度公司每年

---

[1] Pritchard, *Crucial Years*, pp. 395 – 396.

[2] Michael Greenberg, *British Trade and the Opening of China, 1800 – 1842*, Cambridge University press, 1951, p. 3.

从中国进口的茶叶都占其总货值的 90% 以上，在其垄断中国贸易的最后几年中，茶叶成为其唯一的进口商品。

茶叶贸易不但对英国东印度公司的存在生死攸关，而且对英国财政也至关重要。从 1815 年起，公司每年在茶叶贸易中获利都在一百万镑以上，占其商业总利润的 90%，① 提供了英国国库全部收入的 10%。②

荷兰是 18 世纪西方各国中仅次于英国的最重要的对华贸易国。荷兰人对中国商品的需求主要有五类：茶、瓷器、粗丝、纺织品（包括丝绸、南京布等）、药材杂货等。③ 虽然荷属东印度公司（VOC）最早将茶叶从中国运往欧洲，但直到 18 世纪 40 年代初，其输往欧洲的茶叶主要购自来到吧城的中国帆船。在 18 世纪最初的十年间，荷印公司在与吧城中国帆船的易货交易中每年尚有 10—50 万盾的盈余。④ 随着欧洲对茶叶需求的迅速增长，荷印公司已不满足于中国帆船运往吧城的茶叶数量。1728—1734 年，在吧城茶叶贸易继续进行的同时，荷印公司从荷兰派出 11 艘船，直接前往广州购买茶叶。其中两艘船中途遇难，另外 9 艘船运回总共 1350000 荷磅（1 担 = 125 荷磅）的茶叶，价值 1743945 荷盾，占全部货值的 73.9%，获纯利 2334459 荷盾。⑤ 由于用来购买茶叶的白银短缺，1734 年以后，荷印公司董事会放弃从荷兰直接派船到中国的努力，改为每年从吧城派两艘船到广州购买茶叶，同时仍鼓励中国帆船在吧城的茶叶贸易。1740 年，荷兰殖民者尽屠吧城华人，吧城华商贸易网络破坏尽殆，⑥ 茶叶贸易随之衰落。到 18 世纪 50 年代，吧城茶叶贸易停止。⑦ 1757 年以后，荷印公司重开对华直接贸易，直至 1795 年荷人因拿破仑战争而退出

---

① A. J. Sargent, *Anglo-China Commerce and Diplomacy*, Oxford, 1907; Prichard, *Grucial Years*, pp. 51, 163.

② Greenberg, *British Trade*, p. 3.

③ C. J. A. Jorg, *Porcelain and the Dutch China Trade*, The Hage, 1982, p. 217.

④ Kristof Glamann, *Dutch-Asiatic Trade*, The Hage, 1958, p. 215.

⑤ De Hullu, Over den Chinaschen handel der Oostindisc he Companie in de dertig jaar van de 18e eeuw, in Bijdragen tot de Taal-, Land-en Volkenunde van Nederlandsch Indie (BTLV), Vol. 73, The Hage, 1917, pp. 42 – 43.

⑥ 如：吧城华人甲必丹，大茶商连富光即于 1740 年被荷人逮捕流放。见：B. Hoetink, "Ni Hoekong, Kapitein der Chinezen te Batavia in 1740", in *BTLV*, Vol. 74, 1918.

⑦ Leonard Blussé, *Strange Company: Chinese Settlers, Me sizo Women and the Dutch in VOC Batavia*, Leiden, 1986, pp. 137 – 138.

对华直接贸易。从 18 世纪 20 年代到 90 年代，茶叶均是荷人从中国输出的最重要的商品。在这一时期的大部分年代中，茶叶占荷人输出的中国商品总值的 70%—80%，有些年份甚至超过 85%。

表 2　　　茶叶在荷兰在华输出货值中的比重（1729—1793）

年份	总货值（荷盾）	茶叶货值（荷盾）	比重（%）
1729	284902	242420	85.1
1730	234932	203603	86.7
1736	365036	201584	55.3
1740	1075001	590328	54.9
1746	1228130	875529	71.3
1750	1366760	960403	70.3
1756	2067312	1351450	64.5
1760	1803274	1614841	89.6
1766	2584402	2087036	80.8
1770	2405232	1777256	73.9
1776	2451597	1723870	70.3
1980	2471829	1738936	70.4
1786	4538034	3342391	73.7
1790	683971	367316	53.7
1793	2714789	2150192	79.2

资料来源：Jorg, *Prcelain*, pp. 217 - 220.

从第一艘美国船到达中国起，茶叶就是其寻求的最重要的商品。1784年，美船"中国皇后"号（Empress of China）首航广州，带回 3002 担茶叶，价值 66100 两白银，占该船总货值的 92%。[1] 然而，美船并不像同期的欧洲船只那样几乎主要从事茶叶贸易。1792 年，6 艘从广州回航的美国船的总货值为 317270 两白银，其中茶叶 11538 担，价值为 165440 两，略

---

[1] Morse, *Chronicles*, Vol. 2, p. 95.

高于总货值的一半。① 1840 年，美船在广州购买货物总值 2766240 两白银，茶叶价值 1411391 两，仍是略高于总货值的一半。② 在 19 世纪初到 30 年代的大部分年份，美船在华出口货物中，茶叶价值约占 30%—40%。至 1837 年，美船的茶叶货值首次超过 60%，达到 65%。③ 1840 年，美船购买 19333579 磅茶叶，占其在华购货总值的 81%。④

在 18 世纪其他欧洲大陆国家，如法国、瑞典、丹麦、美国的对华贸易中，茶叶所占的中国货值比率也高达 65%—75% 不等。⑤ 由于英国茶叶进口税高达 100%，欧洲大陆国家购买的茶叶历来靠走私进入英国获利。1784 年英国国会通过《抵代税条例》（Commutation Act），英国本土茶叶消费税由 100% 降至 12.5%。⑥ 欧洲大陆国家的白银来源逐渐枯竭，加上走私茶叶入英国已无利可图，他们在 1885 年以后逐渐退出茶叶贸易。广州的茶叶贸易为英人所支配，小部分为美国商人分享。鸦片战争前几年，广州每年出口茶叶 350000 担，价值 94450000 银元，占中国出口货值的 70%。⑦

二　白银：西方购买茶叶的主要支付手段

当 18 世纪 20 年代以后欧洲各东方贸易公司竞相从事对华贸易时，他们均面临同样的问题，如何来支付购买茶叶的费用？欧洲产品几乎在中国找不到销售市场！18 世纪的中国经济建立在手工业与农业紧密结合的基础

---

① Morse, *Chronicles*, Vol. 2, p. 204.

② 茶叶的数量与美国船货总值数字引自：Foster Rher Dulles, *The Old China Trade*, New York, 1970, p. 210. 茶叶货值系推算而出，从 19 世纪初到 30 年代，广州茶叶价值每担在 23—26 两之间，在此以中间价 24.5 两计算。

③ Yen-ping Hao, *The Commercial Revolution in Nineteenth-century China: The Rise of Sino-Western Mercantile Capitalism*, University of California Press, Berkeley, 1986, p. 16.

④ Timothy Pitkin, *A Statistical Ciew of the Vommerce of the United States of America*, Harford, 1816, Reprinted in 1835, New Haven, p. 301.

⑤ Zhuang Guotu, "International Trade in Chinese Tea in 18th Century", pp. 30 – 33, A Paper Presented to the 34th International Congress on the Asian and North Africa Studies, Hong Kong, 1993.

⑥ 该条款同时也规定，英国东印度公司必须供应本土足够的茶叶，并以不超过成本加法定利润的价值出售，见：Hoh Cheung and Lorna H. Mui, *The Management of Monopoly: A Study of the East Indies Company's Conduct its Tea Trade, 1784 – 1833*, University of British Columbia Press, Vancouver 1984, p. xi.

⑦ 姚贤镐：《中国近代对外贸易史资料：1870—1875》卷 1，中华书局 1962 年版，第 258 页。

上，发达的手工业和国内市场使中国在经济上高度自给自足。一百多年以后主持中国海关总税务司的英人赫德（Robert Hart）在其《中国见闻录》(The sefrom the Land of Sinim) 中仍写道："中国有世界最好的粮食——大米；最好的饮料——茶；最好的衣物——棉、丝和皮毛。他们无需从别处购买一文钱的东西。"① 经济上高度自给自足和相对较低的购买力使欧洲产品的中国市场非常狭小。然而，唯一例外的是中国对白银的需求。亚当·斯密（Adam Smith）说过，当社会财富增长时，对白银的需求有两个层面的动力，一是作为货币促进商品的流通，二是作为奢侈品的标志。② 在当时的中国，对白银的需求主要源于第一种动力，商品经济的发展使作为主要通货的铜钱越来越不能适应市场交易，世界上尚无第二个国家像中国这样如此迫切地需要白银。而欧洲人对茶叶的需求仅能用白银支付。大规模的中西贸易由此找到的支点：西人用白银交换中国的茶叶！

甚至早在古罗马时期，西方已需要用贵金属购买丝、丝绸与香料。③ 16 世纪末以后，葡萄牙人和西班牙人从日本、欧洲和美洲运来大量白银购买中国丝绸。④ 18 世纪 60 年代以后，英国成为最大的茶叶买主，18 世纪末，美国成为第二大茶叶买主。从 18 世纪 20 年代至鸦片战争前，流入中国的白银绝大多数由英、美人输入，主要用于购买茶叶。

17 世纪中叶以后直到 18 世纪末，银元一直是英国东印度公司输华的主要商品。也如其他西方国家一样，英人的银元源自西班牙的美洲属地。银元通常被装箱输往中国。每箱一般装 4000 个银元，1637 年英船首航广州，就携带 62000 西班牙银元（reals of eight）。⑤ 在 18 世纪初，中国贸易规模尚小，英人对华输出只相当于对印度输出的 1/12。⑥ 1674 年，英国东印度公司及其官员在对印度的贸易中投资 430000 镑，其中实物部分为

---

① Greenberg, British Trade, p. 5.
② Adam Smith, An Inquairy into the Nature and the Ca uses of the Wealth of Nations, New York, 1937, p. 188.
③ H. A. Crosby Forbes, John Devereux Kernan and Ruth S. Wilkins, Chinese Export Silver 1785 to 1885, Museum of the American China Trade Massachusettes, 1975, p. 22.
④ 参见庄国土《明季中国丝绸的海外贸易》，《中国与海上丝绸之路：联合国教科文组织海上丝绸之路综合考察泉州国际学术讨论会论文集》第 1 卷，福建人民出版社 1991 年版。
⑤ Morse, Chronicles, Vol. 1, pp. 21, 307.
⑥ Sargent, Commerce and Diplomacy, p. 49.

111000 镑，白银 320000 镑，其投资的利润率为 100%。① 在 1708—1712 年，英人每年对华出口商品值仅 5000 镑，而出口白银则高达 50000 镑。② 从 18 世纪中叶，白银占英国东印度公司对华输出货值的 90%。

表 3　　　　　　　东印度公司对华输出货值比例　　　　　　（单位：两）

年份	货物	白银	白银所占比例（%）
1677	2110	4778	65
1681	31350	37500	54
1682	43797	84000	66
1698	75000	60000	44
1699	16425	79833	82
1704	14898	139452	90
1707	8343	63000	88
1709	7905	93000	92
1717	9636	99000	91
1719	8064	96000	92
1721	5439	132000	96
1723	8664	102000	92
1729	12951	480000	97
1731	12747	657000	98
1733	30000	105000	78
1735	2568	144000	98
1738	3360	120000	97
1747	7407	105000	93
1749	1845	90000	97
1951	70476	412800	85

资料来源：Morse, *Chronicles*, Vol. 1, pp. 307 – 313.

---

① Morse, *Chronicles*, Vol. 1, p. 71.
② Sargent, *Commerce and Diplomacy*, p. 49.

表4　　　　　1760—1823年英国东印度公司对华白银输出

年份	两	年份	两
1760	765414	1787	1912320
1761	216000	1788	2094878
1762	322410	1789	1321920
1763	528690	1790	2106041
1764	338781	1791	172800
1765	1690479	1792	518400
1766	1930593	1796	120960
1767	620040	1797	626965
1768	521427	1798	1326830
1769	489186	1799	1623171
1770	822044	1800	421442
1771	879630	1801	7792
1772	574872	1803	1376886
1773	81452	1804	795062
1776	394016	1815	1048272
1777	230400	1816	2452511
1778	90720	1820	1898863
1783	8460	1823	659998
1876	2062082		
总计	33121032		

资料来源：1760—1799年的数字见：Pritchard, p.399；1800—1823年的数字见：W. E Cheong, *Mandarins and Merchants, Jardine Mastheson & Co., a China Agency of the Early Nineteenth Century*, Bangkok, 1979, p.19.

1700—1753年间，英国东印度公司共有178艘船前往中国贸易。我们已知其中的65艘船共载白银7099068两或每船平均携带白银109226两。[①]若以109226作为178艘英船每船携银的平均数，则在1700—1753年，英

---

① Morse, *Chronicles*, Vol.1, pp.307–313.

船共运白银 19440000 两到中国。

18 世纪中叶以后，英国东印度公司扩大对华的货物出口，主要是铅、锡和棉花，白银在总货值中的比例有所下降。然而，由于对华贸易，特别是茶叶贸易迅速增长，白银输华的绝对量仍持续增加。1758—1762 年，公司每年对华输出货物值 174000 两，白银 219000 两。[①] 1760—1770 年，公司对华输出总值中，白银约占 50%。到 1795—1799 年，这一比例下降到 13%。[②] 但由于每年对华输出总值高达 5373015 两，白银输出每年平均仍有 739994 两。

如果 1754—1759 年英人平均每年输华白银与 1758—1762 年相当，即每年 219000 两，则在 1754—1759 年，英人共输白银 1314000 两到中国。通过以上推算，我们可估计，1700—1823 年，英国东印度公司共输白银 53875032 两到中国。1823 年以后，英人已无需再运白银前往中国了。荷兰人在 18 世纪也输出大量白银到中国。但在 18 世纪 50 年代以前，相对于其他西方人，荷人是唯一无需主要依靠白银来购买茶叶的。虽然荷印公司也曾从事过荷兰与广州的直接贸易。由于荷兰开拓了大片东方殖民地，拥有在中国市场上畅销的热带产品，如胡椒、锡、香料等。荷兰人坚持对华易货贸易的战略，以热带产品与中国帆船交换茶叶，这一战略在吧城中国帆船贸易时期似乎实行得相当成功。随着欧洲市场对茶叶需求迅速扩大，荷人拥有的胡椒之类热带产品在中国市场之外也相当畅销，因此，荷人不得不从欧洲或亚洲其他地方商馆调运白银到吧城，其中一部分用来购买茶叶。[③] 从 18 世纪初到 19 世纪 30 年代，每年从荷兰运往吧城的白银多达 6800000—7900000 荷盾。[④] 1728—1734 年，有 9 艘荷船从荷兰直接驶往广州，其总货值为 2533359 荷盾，白银占 96%。[⑤] 1735 年后，荷印公司决定放弃荷兰与中国间的直接贸易，改为每年从吧城派两艘船到广州，购货资本为每船 30 万荷盾，[⑥] 其中部分资本用来在吧城购买胡椒等产品以便销入

---

① Sargent, *Commerce and Diplomacy*, p. 49.
② Prtichard, *Crucial years*, pp. 394, 396, 399.
③ C. C. F. Simkin, *The Traditional Trade of Asia*, New York, 1968, p. 231.
④ Glamann, *Dutch Asiatic trade*, p. 243.
⑤ Glamann, *Dutch Asiatic trade*, p. 69.
⑥ Jorg, *Porcelain*, p. 27.

中国，换取茶叶。在 18 世纪 30 年代后期，荷人每年在广州销售胡椒约 50 万荷磅，在 40 年代，每年在广州销售胡椒达 150—200 万荷磅。在 50 年代的某些年份，胡椒销售额高达 300 万荷镑。① 300 万荷镑胡椒约值 180000 两，相当于荷人在广州购买茶叶的价值。由于三角贸易使荷人在吧城购买的茶叶费时较长，茶质也差，难以在欧洲市场上与其他西方公司竞争。1757 年以后，荷印公司重开荷兰与中国之间的直航贸易。然而，正如其他西方公司一样，荷兰产品也无力在中国打开销路，因此公司决定，从荷兰出发的船只每艘携带 30 万荷盾的银元前往中国。② 从此以后，荷人也像其他西方人一样，主要以白银购买中国茶叶。

从表 5 可见，每艘到华荷船所携白银平均为 82697 两或 286959 荷盾，与公司董事会所决定的每船 30 万荷盾白银基本相当。1757—1794 年，共有 135 艘荷船到达广州，如每船平均携银 82697 两，共携银 11164095 两。1735—1756 年，从吧城共派到广州 85 艘船，如各船的 30 万荷盾投资中货物与白银各占一半，则这 85 艘荷船共带 3674380 两白银到中国。若以上推算成立，加上 1728—1794 年 9 艘荷船从荷兰携带 702855 两白银到中国，1728—1794 年，荷船可能携带 15541330 两白银前往中国。在 1720—1795 年间，荷船从欧洲运送 63442651 两白银到亚洲，其中 1/4 流入中国。同期购买的中国商品价值 33717549 两，近一半中国商品的货值是以白银支付。

表 5　　　　　　1776—1788 年间荷印公司运至广州的白银　　　　（单位：两）

year	ship	amount	year	ship	amount
1776	4	444000	1780	4	183000
1777	4	153000	1786	5	410000
1778	4	393000	1787	4	480000
1779	4	348000	1788	4	318000

按 1 两白银 = 3.47 荷盾换算。

资料来源：庄国土《十八世纪中荷海上茶叶贸易》，《海交史研究》1992 年第 1 期。

---

① Glamann, *Dutch Asiatic trade*, p. 243.

② Jorg, *Porcelain*, p. 35.

表6　1720—1795年荷船从中国购买商品货值及从欧洲运往亚洲的白银数量

（单位：千荷盾）

年份	中国货值	运往亚洲白银
1720—1730	300	8000
1730—1740	4800	16800
1740—1750	11500	13900
1750—1760	18300	23600
1760—1770	24800	37900
1770—1780	24400	35900
1780—1790	26300	40000
1790—1795	6600	13400
总计	117000＝33717549（两）	220146＝63442651（两）

资料来源：Gaastra, pp. 135. 147.

表7　欧洲船只所携带白银与茶叶数量比较　（单位：茶：担；银：箱）

年份	英国 船	英国 茶叶	英国 银	法国 船	法国 茶叶	法国 银	丹麦 船	丹麦 茶叶	丹麦 银	瑞典 船	瑞典 茶叶	瑞典 银
1776	8	41820	150	5	42893	132	3	18730	80	2	22868	70
1777	9	49962	77	7	27332	128	2	15737	31	2	21387	65
1780	12	69445	3		17560	96	3	30817	2			
1781	3	30889	90	2	30100	55						
1782	13	92130	3	8	31735	195	3	24030	94	3	36592	218
1786	29	157116	716	2	15190	59						
1787	29	82150	664	3	12967	238	2	19980	149	2	21682	129
1788	26	141218	728									
总计	126	633839	2338	23	114926	693	18	142116	599	16	82853	616

资料来源：Morse, Vol. 2.

其他欧洲对华贸易公司，如法国、丹麦、瑞典等公司，并未像英人、荷人那样拥有热带产品的来源地，他们的对华贸易自始至终建立在输出白银的基础上。此外，他们的对华贸易船舶比英船更大，每船携入中国的白银和运出的中国货物更多。

由上表可见，在 1776—1778 年期间，法国船每艘平均携银 90000 两，运出茶叶 4997 担。丹麦船每艘携银 100000 两，运出茶叶 7895 担。瑞典船每艘携银约 110000 两，运出茶叶 11428 担。英国船所携白银 55500 两，运出茶叶 5030 担。以法船所运的中国货物中茶叶数量较少。在 1719—1799 年，除荷船之外，其他欧洲大陆国家共派船 466 艘到中国，[①] 欧洲大陆国家船只与荷兰船吨位相当，如果我们估计，其他欧洲大陆国家的船只所携白银数量与荷兰船只相当，即每船载 82697 两白银到中国，[②] 466 艘欧洲大陆国家船只运到中国的白银达 38536802 两。19 世纪以后，这些欧洲大陆船多利用英人的期票汇兑机构，在广州以伦敦汇票结算，基本上不再运白银到中国。

表 8　　　　　　　　美船输入中国货值与白银数量　　　　　（单位：千银元）

年份	总货值	白银数	白银所占比例	年份	总货值	白银数	白银所占比例
1805	3842	2902	76	1824	5301	4464	84
1806	5127	4176	81	1825	5570	4523	81
1807	4294	2895	67	1826	2567	1653	64
1808	3476	3032	87	1827	3864	2525	65
1809	808	70	0.8	1828	4481	456	10
1810	5715	4723	83	1829	1355	602	44
1811	2973	2330	78	1829	1355	602	44
1812	2771	1875	68	1830	742	80	11
1813	1453	616	42	1831	1291	367	28
1815	572	—	—	1832	1261	452	36
1816	4220	1922	46	1833	1434	290	20
1817	5703	4545	80	1834	1010	376	38
1818	6777	5601	83	1835	1869	1392	74

[①] Dermigny, *Canton*, pp. 521–524.

[②] 18 世纪下半叶欧洲商船较以前大，但所携白银在输华货值中的比例也稍低，这两方面出入可能大体互相抵消。

续表

年份	总货值	白银数	白银所占比例	年份	总货值	白银数	白银所占比例
1819	9057	7414	82	1836	1194	414	35
1820	8173	6297	77	1837	631	155	25
1821	4291	3391	79	1838	1517	729	48
1822	5935	5075	86	1839	1534	993	65
1823	4636	3584	77	1840	1010	477	47
总计	80395						

资料来源：1805—1815 年的总货值数字见：Dulles, p. 210；1805—1815 年的白银数字见：Morse, Vol. 4, pp. 386；1816—1840 年的数字见：Yan-Ping Hao, p. 23。①

表9　　　　西属美洲白银经欧洲流到东方的白银　　　（单位：百万银元）

年份	西属美洲白银产量	运抵欧洲数量	经欧洲运到东方数量
1550	3	3	(2—3)
1600	11—14	10	4.4
1650	10—13	8—9	6
1700	12	10—12	8.5
1750	18—20	18—25	12.2
1780	22	18—20	14.7
1800	30	23—25	18

资料来源：Artur Attman, *America Bullion in the European World Ttrade*, 1600 - 1800, Goteborg, 1986, p. 33.

虽然美国商船迟至1784年才到中国，但不久之后，他们已成为中国第二大茶叶买主和最大的白银供应者。在中美贸易初期，美商提供的大量

---

① 在对美国 1805—1944 年对华商品和白银输出额估算时，各家所据资料不同，其结果也稍不同，Yen-Ping Hao 引用的是参议院档案（U. S. Senate Executive Document 31. 19th Congress, lst Session）以及 Homans 所著《历史统计资料》（*Historicaland Statistical Account*）。Morse 引用的是 K. S. Latourette 所著的《1784—1844 年美中早期关系史》（The History of Early Relations between the U. S. and China 1784 - 1844）载于 *Translations of the Connecticut Academy of Arts and Science*, Vol. 28, New Haven, 1927。Cheong 在其所著的 *Mandarins and Merchants*（p. 54）也引用相同资料。

洋参与皮毛在中国销路颇佳，其货值足以支付所购买的中国商品的货值，19世纪初以后，美商的皮毛来源逐渐枯竭，其在广州的皮毛市场也受到英人的激烈竞争，白银成为美国支撑对华贸易主要手段。美船在欧洲购买制成品销往拉丁美洲，换取白银后，绕南美合恩角前往广州购买茶叶、丝绸和瓷器。在1805—1840年，美商共运白银61484400两到广州，每年平均1607899两。

根据以上估算，在1700—1840年，从欧洲运往中国和美国人运往中国的白银共约17000万两。①

欧人和美人输华的白银都来自西属美洲。美洲白银生产集中于两个地区，即上秘鲁（Upper Peru，现玻利维亚）和新西班牙（现墨西哥）。从16世纪70年代到17世纪30年代，秘鲁所产白银占西班牙属美洲输出白银总量的65%。② 1581—1600年，仅是上秘鲁的波多士银矿（Potosi）每年就生产白银254吨，约占全世界产量的60%。18世纪初以后，墨西哥成为世界最大的白银产地。1803年，墨西哥所产白银占全美洲的67%。③从18世纪以后，80—90%的美洲白银都由西班牙的"银船"运往欧洲。由于欧亚贸易的迅速扩大，从美洲输往欧洲的白银大部分又转输到东方。研究美洲白银流通史的著名学者威尔逊教授（Charles Wilson）指出："毫无疑问，在相当长的历史时期，欧洲出口的白银至少与其接受的白银一样多。"④

欧洲对华贸易，特别是茶叶贸易的迅速发展导致西班牙银元大量持续流入中国，银元在中国，特别是在沿海地区，越来越多地取代银块作为通货使用。广州的商务交易主要用西班牙银元结算。美洲白银持续流入欧洲成为欧人对华贸易的基础。然而，西属美洲的白银产量与迅速增长的西方

---

① 这个数量不包括西班牙人经马尼拉输入中国的白银。

② D. A, Brading, *Mexican Silver-Mining in the Eighteenth Century: The Revival of Zacatecas*, Latin American series, No. 277. University of California, Berkeley, Reprinted from The American history Review, Vol. L, No. 4, Nov., 1970, p. 666.

③ A. Kobata, "The Production and Used of Gold and Silver in Sixteenth-Seventeenth Century Japan", in *Economic History Review*, Second Series, Vol. 18, No. 2, August, 1965, p. 247.

④ Charles Wilson, "Trade, Society and the State", in E. E. Rich and C. H. Wilson, eds, *The Economy of Expanding Europe in the Sixteenth and Seventeenth Centuries*, Cambridge University Press, 1967, p. 511.

对华贸易所需的银元数量并不同步增长。由于很多银矿枯竭，从1790年以后，美洲白银产量开始下降。1811年，西属美洲爆发独立革命战争。这场持续15年的革命战争摧毁了很多银矿，美洲的白银产量大为减少。

表10　　　　　　　　1650—1829年美洲白银产量

年份	产银量（银元）
1650	10—13000000
1700	12000000
1750	18—20000000
1780	22000000
1790—1799（平均每年）	23716784
1800—09	22147572
1810—19	11981312
1820—29	9683792

资料来源：Attman, p. 33; W. E. Choeng, "Trade and Finance in China: 1784-1834", p. 49.

另一方面，欧人的殖民扩张活动的费用也增加了白银的消耗。1784年以后的20年间，英人在印度扩张直接统治地盘，在美索尔（Mysore）以及和马哈拉特（Maharattes）的战争使英属印度政府财政支绌，对现金需求愈为迫切。[①] 1805年，英国东印度公司停止从伦敦运送白银到广州。白银的短缺使其他欧洲国家逐渐退出对华贸易，将地盘留给英国人和美国人。因为前者在19世纪初以后找到了以鸦片取代白银作为对华贸易的支柱，而后者除部分鸦片贸易外，依靠他们与西属美洲革命者的友谊，在西属美洲独立战争期间及以后仍可获得白银。

三　鸦片：取代白银交换茶叶

就如其他麻醉品如吗啡、海洛因一样，鸦片也是罂粟属植物果实（Pa-

[①] W. E. Cheong, "Trade and Finance in China: 1784-1834", in *Business History*, January, 1965, p. 40.

paver Somniferum）的制成品。鸦片种植的起源时间和地区尚未确定，但在欧洲出现之前很久，就已在中东种植。古埃及人保存了最早有关鸦片的记载：6000多年以前中东的苏美尔人（Sumerian）就已种植罂粟花作为观赏之用。公元1世纪，鸦片经希腊传入欧洲大陆。在小亚细亚，种植鸦片已成为一种行业。[①] 在中世纪，作为东西方贸易中介的阿拉伯商人将鸦片种植及其功能的知识传遍东方各个角落。鸦片于唐代经阿拉伯商人传入中国。中文"阿芙蓉""鸦片""芙蓉"等名称即源于阿拉伯语"Afyun"。在西方向中国的商务扩张过程中，葡萄牙人最先将鸦片作为商品输入中国。葡人以澳门为基地，将印度麻洼产的鸦片运入广州，葡人对华鸦片输出规模尚小，在1767年以前，每年输入中国约200箱。[②] 可以说在英人于18世纪60年代开始其鸦片贸易之前，中国稍具规模的鸦片贸易尚不存在。

18世纪60年代以后，英国对华进出口贸易迅速扩大，贸易逆差也日趋严重。1765—1766年度，英国东印度公司从中国输入的商品是对华出口商品值的302％。在1775—1776年度，这一比值是256％。英国国会通过替代税法后的1785—1786年度，从中国进口的商品值（主要是茶叶）比对华出口的商品多328％。[③] 尽管其间英人不断输入白银，但仍不足以弥补迅速扩大的中国商品进口造成的贸易逆差，导致公司在广州资金周转屡屡发生困难。1784年公司在广州的财库尚有214121两白银的盈余，到第二年，就出现了222766两的赤字。1786年，赤字高达864307两。1787年，更达904308两。[④] 为了平衡茶叶贸易造成的巨额逆差，公司不惜采取任何手段，无论其合乎道德与否。从英属孟加拉运送鸦片到中国的计划最先由英国东印度公司的高级职员华生上校（Colonel Watson）提交给公司的加尔各答董事会，并得到该董事会成员——公司重要官员惠勒（Wheeler）的支持。该计划的初衷原为增加税收以弥补英属东印度政府的财政。[⑤] 由于公司的广州财库日益支绌，公司驻广州监理委员会（Supercargos）要求英

[①] J. m. Scott, *The White Poppy: A History of Opium*, London, 1969, p. 5.

[②] *Chinese Repository*, Vol. 5, April, 1837, p. 546; Morse, *The International Relations of the Chinese Empire*, Vol. 1, Shanghai, 1910, p. 173.

[③] Prichard, *Crucial Years*, p. 143.

[④] Morse, *Chronicles*, Vol. 2, pp. 95, 100, 118, 135.

[⑤] M. D. Nathan Allen, *Opium Trade*, Reprinted in Boston, 1973, p. 12.

属东印度总督给予财政援助。其具体作法是：英属东印度政府将鸦片批发给有鸦片特许经营权的散商，这些散商在广州出售鸦片后将收入纳入公司的广州财库，广州财库支付散商伦敦汇票，后者可于英国将汇票兑换成现金。[1] 英属东印度总督和公司董事会接受了这个计划，东印度公司专门成立鸦片事务局（Opium Corporation），垄断印度鸦片生产和出口。

麻洼（Malwa）、比哈尔（Behar）和比纳莱斯（Benares）是印度主要的鸦片产地。比哈尔和比纳莱斯处于英国东印度政府的直接管辖地，因此英人较容易地建立起一套鸦片强迫种植制度。公司每年丈量种植鸦片的土地，确定其地界，再通过中介人和居住在鸦片种植区域的农民签订合同。根据合同，鸦片种植者可得到公司的预付款，收成时再将产品以合同确定的价格卖给公司。如当地农民未和公司签订合同就擅自种植和出售鸦片，其财产就立即被没收。[2] 农民交付公司的粗鸦片尚需在公司专设的鸦片工厂里精炼、干燥、称重、装箱，每箱约重140英磅。[3] 强迫种植制度使公司仅以每箱300卢比的价格得到鸦片。[4] 这两个地区所产的绝大部分鸦片都沿冈吉斯河（Ganges）运到加尔各答港，以便出口到中国。1779年，鸦片在广州的售价每箱为500—600银元，三倍于其最初的价格。[5] 鸦片运销中国原由公司船只进行。由于中国政府于1800年明令公司的广州监理会，禁止他们输入鸦片，公司船只遂不再直接经营鸦片在中国的运销。转而在加尔各答拍卖给向公司申请到鸦片经营特许权的散商，由他们具体经营运销鸦片往中国。[6] 麻洼则在印度土邦政府的管辖下，在其境内，鸦片就如稻米和棉花一样，可以随意种植与买卖。麻洼鸦片少部分由葡人运至葡属狄莫恩（Demaun）港出口中国，大部分由当地人运至孟买出口。孟买为麻洼鸦片的主要集散地，距麻洼约400—500英里，从麻洼到孟买须经过英属东印度公司政府的直接管辖地。公司在其管辖地实行一种"鸦片转运

---

[1] Prichard, *Crucial Years*, pp. 217-218.
[2] *Chinese Repository*, Vol. 3, Feb, 1837, p. 238.
[3] Carl A. Traocki, *Opium and Empire: Chinese Society in Colonial Singapore, 1800-1910*, Cornell University Press, 1990, pp. 53-55.
[4] Allen, *Opium Trade*, p. 10.
[5] *Chinese Repository*, Vol. 5, April, 1837, pp. 546-547.
[6] Dulles, *Old, China Trade*, p. 115.

税"缺席制度（Transitaduty），每箱鸦片过境需付 200—400 卢比。通过强迫种植和"转运税"制度，英国东印度公司不但基本上垄断了印度的鸦片生产和运销，而且也解决了在广州的金融问题：印度鸦片在中国销售的收入用于代替白银，支付购买茶叶的款项。

在 18 世纪最后十年中，每年从印度销往中国的鸦片约为 2000 箱。① 1800 年以后，每年输入中国约 4000 箱。1822 年以后，英人加速对华鸦片输出，当年输华鸦片 7773 箱。1832 年达 21605 箱，到 1838 年更高达 40000 箱。

美国商人也不择手段地为弥补其对华贸易逆差及与英国人竞争而努力，虽然美船在世界各个角落寻求能在中国销售的产品以便购买高利润的中国商品，但仍无法获得足够的商品来代替白银以平衡对华贸易。当美国商人获悉可带来巨额利润的鸦片后，也毫不犹豫地加入对华鸦片输出。印度是鸦片的主要产地，但却被其对手英国人牢牢控制，美国人因此转向土耳其的士麦那（Smyrna）——其地所产鸦片虽质量稍次，但仍为中国瘾君子所接受。在英国东印度公司于 1834 年解除对鸦片运销的垄断之前，是美国人获得鸦片的唯一地方。美国人何时开始对华输出鸦片尚不清楚，但至少不迟于 1805 年。当年三艘美船从士麦那携带 120 箱鸦片前往中国。② 两年以后，英国东印度公司已警觉美国人在鸦片贸易上的竞争。③ 1805—1808 年，美船每年从土耳其运出的鸦片不少于 200 箱。1816 年，美船"狮子"号（Lion）携带 11 万银元和 60 箱鸦片来到广州。④ 1817 年，土耳其出口的鸦片高达 1900 箱，次年的数量更多，主要为美国人贩运。⑤ 由于英国人垄断了鸦片主要产地，美国人输华鸦片数量远远落在英国人之后。1818—1833 年，美国人总共输入中国的鸦片价值 4925997 银元，平均每年 307875 元，只相当于对华出口的 10%，而同期英国人输入中国的鸦

---

① Morse, *International Relation*, Vol. 1, p. 238.
② Morse, *International Relation*, Vol. 1, p. 238.
③ Tyler Dennette, *Americans in Eastern Asia：A Critical Study of United States "Policy in the Far East in the nineteenth Century"*, New York, 1992, reprinted in 1963, p. 115.
④ Dulles, *Old，China Trade*, p. 147.
⑤ Dennette, *Americans in Eastern Asia*, pp. 115, 120.

片价值 104302948 银元，平均每年 6518934 元，[1] 等于东印度公司对中国的全部出口商品总值。[2]

表 11　　1817—1833 年英国东印度公司每年平均输华商品总值　　（单位：两）

年份	毛织品	金属	棉花	总计
1717—1719	1951267	110805	4527211	6589283
1720—1724	2042102	134156	2958249	5134507
1825—1729	1903266	202091	4307677	6413034
1830—1733	1584940	109255	4097030	5791228

资料来源：Morse, Vol.2-4；严仲平《中国近代经济史统计资料选辑》，中国社会科学出版社 2012 年版，第 11 页。

1800—1810 年，英国人和美国人运往中国的鸦片平均每年 4016 箱。1810—1820 年，平均每年为 4494 箱，比上一个十年略有增长。1824 年输入中国的鸦片第一次超过了一万箱，达 12434 箱。1832 年以后，每年超过 2 万箱，到 1838 年，更高达 40200 箱。

表 12　　　　　　　1795—1840 年输入中国的鸦片数量

年份	印度鸦片	土耳其鸦片	总计
1800	4570		4570
1801	3947		3974
1802	3292		3292
1803	2840		2840
1804	3159		3159
1805	3836	102	3908
1806	4126	180	4306
1807	4208	150	4359
1808	4208		4208

---

[1] Dulles, *Old, China Trade*, p.147.
[2] Dulles, *Old, China Trade*, p.148.

续表

年份	印度鸦片	土耳其鸦片	总计
1809	4191	32	4593
1810	4968		4968
1811	4891	200	5091
1812	4966	100	5066
1813	4769		4769
1814	3673		3673
1815	4230		4310
1816	4616	488	5106
1817	3692	488	4140
1818	3552	807	4359
1819	4006	180	4186
1820	4244		4244
1821	557	388	5959
1822	7743		7743
1823	8875	140	9035
1824	12023	411	12434
1825	9373		9373
1826	12175	56	12231
1827	11154		11154
1828	12612	1256	13868
1829	15542	715	16257
1830	18528	1428	19956
1831	16148	402	16550
1832	21605	380	21985
1833	19523	963	20486
1834	21885		21885
1835	30202		30202
1836	34033	743	34776
1837	34373		34373
1838	40200		40200

资料来源：More, *The International Relations of the Chinese Empire*, Vol. 1, pp. 238 – 240.

表 13　　　　　英国东印度公司从广州运出白银数量

年份	白银数量	运抵地
1807	2431000	加尔各答
1808	1342600	孟加拉
1809	1126553	孟加拉·马达拉斯
1810	926976	英国
1811	834253	英国
1818	288000	加尔各答
1830	1375874	英国
1831	845249	英国
1832	976362	欧洲

资料来源：Morse, Vol. 3, pp. 54. 100 – 101, 131, 157, 331, Vol. 4, pp. 233, 153, 324.

表 14　　　1817—1834 年英国散商从广州输出白银数量　　　（单位：两）

年份	白银数量	年份	白银数量
1817	2822400	1826	2939760
1818	1936080	1827	4388400
1819	619920	1828	3386160
1820	356400	1829	4792320
1821	346320	1830	3372480
1822	168480	1831	2048400
1823	1885680	1832	2761200
1824	1254960	1833	4735440
1825	3125520		
1826			

资料来源：Morse, Vol. 3 – 4, Greenberg, p. 218.

根据马士的统计，1800—1838 年，输入中国的鸦片达 422676 箱，每箱平均价约 750 银元。[①] 18 世纪最后十年共有 20000 箱鸦片输入中国。因

---

① 严中平编：《中国近代经济史统计资料选辑》，中国社会科学出版社 2012 年版，第 11 页。

此，1790—1838 年，输入中国的鸦片价值 239045040 两。

对于美国人，鸦片贸易收入可部分取代用于购买中国商品的白银。1827 年以后，美国人加紧对华输出鸦片。输华的白银随之剧减。1821—1830 年十年中尽管中美贸易有所扩大，输华白银则仅有 4064400 两，只相当于前十年的 21.5%。

对于英国人，对华鸦片输出使他们平衡了 50 多年以来持续的对华贸易逆差，再也无需运送白银到中国。相反的是鸦片贸易的收入不但扭转了对华商品贸易逆差，还有大量盈余可换成白银运出中国，正如当时一位美国商人抱怨："鸦片贸易不但使英人有足够的钱购买茶叶，而且使他们能把美国人运到中国的白银运回英国。"① 1807 年，英属印度东印度公司总督指示孟买、马德拉斯、槟榔屿的英国殖民地首脑，原先各地准备运往中国的白银都改运加尔各答，因为公司广州监委会已有足够财力应付交易。当年，从广州运抵加尔各答的白银有 2431000 两。② 此后公司不断从广州运出白银。

从 1812 年以后，公司为英国散商提供汇票服务，以转移其鸦片利润，运送盈余白银的事务主要由散商进行。

对于中国，鸦片非法输入导致严重的后果。首先是损害人民身心、财产和社会安全。19 世纪初以后的 30 年间，吸食鸦片恶习从沿海迅速扩展到内地，从城镇到乡村，从士农工商到达官贵人，无处不在。"一经嗜烟，刻不可离，中人之家往往破产。"③ 由此激发的罪案更不可胜数。其次，导致白银外流。这又引起银贵钱贱。19 世纪初银一两约合铜钱 1000 文，到鸦片战争前夕，银一两竟达钱 1600 文。农民、手工业者和商人平时所得为铜钱，缴纳各种赋税则需折成白银，负担大为加重，各省拖欠赋税日多，造成清政府财政危机。第三，破坏工商业的正常发展。吸食鸦片使社会购买力降低，白银外流引起金融混乱，这些都直接影响了市场交易。1838 年林则徐在调查苏州、汉口等商埠后上疏："近来各种货物销路皆疲，凡二三十年以前，某货约有万金交易者，今只剩得半数。问其一半售

---

① Morse, *Internatioal Relatios*, Vol. 1, pp. 238 – 240.
② Dulles, *Old China Trade*, p. 147.
③ Morse, *Chronicles*, Vol. 3, pp. 54 – 56.

于何货，则一言以蔽之曰：鸦片烟而已矣。"① 鸦片对中国的危害深为朝廷有识之士所悉，他们强烈主张朝廷应严禁鸦片。1839 年道光皇帝派湖广总督林则徐为钦差大臣，往广州禁烟。既然鸦片贸易提供了英属东印度公司政府七分之一的财政收入，既然鸦片能代替白银，维持每年给英国政府提供 300—400 万英磅财政收入的茶叶贸易，既然鸦片是英印中三角贸易的基石，英国首相鲍美斯顿爵士（Lord Palmerston）对中国政府禁烟的反应是毫不迟疑地诉诸武力。

结 论

在工业革命以前，西方人不能为其东方贸易提供除白银之外的任何有较大市场的产品。直到 18 世纪后期，英国人运往中国的印度棉花才在中国市场上有一定销路，然而，销售印度产品的收入远不足以购买中国商品。为了购买以茶叶为主的中国商品，从事对华贸易的西方国家都在 18 世纪运大量的白银前来中国。当西属美洲白银产量下降以及西方的殖民扩张费用增加时，欧洲大陆国家难以维持贸易平衡，纷纷退出对华贸易行列。只有英国人依靠印度的鸦片重建其对华贸易结构，在对华贸易中获取巨大利润。当中国政府厉行禁烟的措施使以鸦片为中心的中英贸易结构面临崩溃危险时，英国政府立即诉诸战争。鸦片战争并非像西方的中国学权威费正清所说的："是一场根源于中西方间不同的经济形态、政治制度与国际秩序观念的文化冲突"②，而是英国为追求经济利益强加给中国的战争，与西方在殖民扩张时期于印度、美洲、非洲发动的战争在性质上并无任何不同：从商务扩张到武力征服。当时的一位善品中国茶叶的英国人是这样评述这场用武力强迫中国接受鸦片交换茶叶的战争的："一场从一开始就是非正义的、不择手段的，使英国人蒙受长久耻辱的战争……。不列颠的旗帜从此成为保护无耻交通的海盗旗帜。"③

---

① 御使章沆奏折，《史料旬刊》第 9 期，天字，第 311 页。
② 《林文忠公政书》，《湖广奏稿》卷五，第 11 页。
③ John King Fairbank, *Trade and Diplomacy*, Vol. 1, p. 74.

论 1797 年洪良浩致函纪昀讨论"西学"问题的动机

石建国

(青岛科技大学马克思主义学院)

明清之际,西方文化东传,在中国为中心的儒家文化圈形成一股冲击力量。东西方文化相遇与交流关系的历史,历来是学术界关注的焦点问题。特别是同属儒家文化圈的中国与朝鲜,清代时期在面对西方文化时,到底持有何种立场与态度,是否相互之间沟通交流过看法,由于历史资料极少,或者对史料的解读不够深入,对相关问题的探究,一直存在误区和不甚清楚的地方。笔者在整理美国传教士在中国所办刊物《教务杂志》(*The Chinese Recorder*)[①] 资料时,却意外发现《教务杂志》(1914 年 6 月号)曾刊载朝鲜王朝名臣洪良浩与清朝著名官僚文臣纪昀来往的信件。一则该刊美国传教士编辑使用了"基督教出现在朝鲜文献中的最早记录"的标题,显然将其视为基督教在朝鲜传播问题的最重要证据;二则洪良浩与纪昀谈论了西方文化的传播问题,特别是如何对待基督教的问题。[②] 于是,洪良浩与纪昀有关西方基督教文化对话问题的书信,最早在西方英语世界得到传播。中国学术界则是直到 20 世纪 90 年代即洪良浩与纪昀通书信

[①] 1868 年 5 月,美国传教士保灵(Rev. S. L. Baldwin),在福州创办《教务杂志》(*Chinese Recorder and Missionary Journal*),出版至 1872 年 5 月停刊。1874 年,《教务杂志》(*The Chinese Recorder*)在上海复刊,以双月刊形式由上海美华书馆(Presbyterian Press)发行。1886 年,该刊改为月刊,一直发行到 1941 年 12 月停刊。——作者注。

[②] "Earliest reference to Christianity in Korean literature. A letter of Hong Yang-ho(洪良浩)of Korea to Keui Kyoon(纪昀)of China(1798). The reply of Keui Kyoon", *The Chinese Recorder*, June, 1914, pp. 399 – 340.

200 年后，才从中朝文化交流的视角，将纪昀与洪良浩交流交往的历史视为学术研究的焦点。迄今为止，有关纪昀与洪良浩关系研究的成果已有不少。① 但是，为什么洪良浩与纪昀的来往书信中会提出"西学"问题？其西学观点的根源、本质与影响是什么？而且，《教务杂志》为何提出洪、纪的来往书信是"基督教出现在朝鲜文献中的最早记录"的观点？如果不是画蛇添足、无中生有，那么其认知的依据又是什么？目前学术界的研究尚没有给出明确的答案和较为合理的阐释。② 显然，如何理解"西学""西方文化""基督教"之间的关系，也是解决上述问题与困惑的关键。

---

① 从笔者搜集整理的资料来看，20 世纪 80 年代以来中国学术界较有代表性的成果：一类是文献的整理与出版以及文献学的考订，由孙致中、吴恩扬、王沛霖、韩嘉祥校点的《纪晓岚文集》（河北教育出版社 1991 年版）；张升《纪昀致朝鲜使臣书信四通辑考》（《古籍整理研究学刊》2013 年第 5 期），其中依据洪良浩《耳溪洪良浩全书》（汉城民族文化社 1980 年影印本），对孙致忠等校点的《纪晓岚文集》未收录的一份往复书信做了考订。另一类是相互关系的研究，如贺治起、吴庆荣编《纪晓岚年谱》（书目文献出版社 1995 年版），首次将乾隆五十九年（1794）纪昀与洪良浩相识交游之事列出；孙卫国《纪晓岚与洪良浩初晤略考》（《学术研究》2013 年第 4 期）主要考察纪、洪首次见面的缘由与影响；孙卫国《乾嘉学人与朝鲜学人之交游——以纪昀与洪良浩之往来为中心》（《文史哲》2014 年第 1 期）系统阐述纪昀与洪良浩交往的历史、书信往来与学术探讨、互赠礼物及其意蕴、洪良浩的北学思想与纪昀交往的关系。应该说孙卫国的研究成果代表了目前学术界有关纪昀与洪良浩关系研究的水平，比较系统、全面和深入。韩国学者关注纪昀与洪良浩交游研究的论文不多，代表性的如陈在教《18 世纪朝鲜朝和清朝学人的学术交流：以洪良浩与纪昀为中心》（《古典文学研究》2003 年第 23 辑），主要围绕洪良浩与纪昀及其燕京学艺、纪昀与洪良浩及其汉城学艺、洪良浩家族与纪昀家族之交游展开，研究的视角与关注的问题和中国学术界不同。

② 目前相关研究如黄时鉴《纪昀与朝鲜学人》（收入其所著《东西交流史论稿》，上海古籍出版社 1998 年版），对纪昀与洪良浩交往的历史论述较多，特别论述洪良浩与纪昀探讨西学的问题；黄时鉴《纪昀与西学：从一篇佚文谈起》（《文史》1999 年第 1 辑）从洪良浩文集《耳溪集》中发现的不载录《纪晓岚文集》的书信即《教务杂志》报道的书信入手，分析纪昀与洪良浩对西学的讨论，进而研究纪昀对西学的认识及其根源；牛林杰、李学堂《17—18 世纪中韩文人之间的跨文化交流与文化误读》（复旦大学韩国研究中心编：《韩国研究论丛》第 15 辑，世界知识出版社 2007 年版）主要梳理了朝鲜丰山洪氏家族（即洪良浩家族）与纪昀家族间交往的历史，其中对纪昀与洪良浩交往历史的探究较多，曾提出"当时的朝鲜已经通过清朝和日本，对西洋的文物如天主教堂等有所了解。但对西洋的科学仪器、地理、历史、制度等所知甚少。为此，洪良浩专门写信给纪昀，了解这方面的情况"的观点；孙卫国《乾嘉学人与朝鲜学人之交游——以纪昀与洪良浩之往来为中心》（《文史哲》2014 年第 1 期）则提出洪良浩与纪昀书信探讨"西学"核心是"学术问题"；韩梅《洪良浩与纪昀眼中的西学》（《金桥》2014 年第 5 期）以韩文形式简要介绍洪、纪有关西学的观点。

一　1797 年洪良浩致纪昀书函内容

洪良浩与纪昀初次晤面于 1794 年。当时，洪良浩以判中枢一职出任朝鲜王朝"三节年贡兼谢恩行"正使，使团到达北京，清朝礼部尚书纪昀参与接待，于是二人惺惺相惜，结下友谊。此后，洪、纪互通书信，迄 1802 年洪良浩辞世，相互间通信 10 次，其中洪良浩致函 7 封，纪昀回函 3 封。[①] 前述《教务杂志》所载书信就是洪、纪二人通信中最重要的一次，富含政治意蕴和学术讨论的价值，在东西方文化交流史上占有重要地位。为弄清问题的由来，现将洪良浩致纪昀原函全文转录于此：

> 昨年贡使之回，郑同知赍来华牍，手墨累纸，精神灌注，诚意勤挚，无减昵近崇范，亲聆雅音也。推许之过情，期勉之隆厚，有非浅陋所敢当者。至于文房各种，个个珍美，盥手爱玩，益感中心之贶也。五绝诸篇，韵格逼古，庄诵不已。况教以前后拙笔，付诸令孙，使之藏筐而传家，此何等至意盛眷耶！贱孙祖荣，年方弱冠，粗解文墨，亦使此儿擎收盛迹，以修永世之好也。
>
> 书后岁已暮矣。远惟尊体，益膺祝福。良浩遘疾经岁，近寻生路，神魄衰落，殆成癃废之人，奈何？且告先生著述序书数篇之外，尚未得寓目，全集虽未及印行，如有诗文数卷别录者，幸乞投示，俾作偏邦指南，则受赐大矣。
>
> 不佞尝恨六书之学阙而不传，妄以謏见裒辑成书，名之曰《六书经纬》，而点画注解，支分缕析，不无穿凿之弊，未敢自信。谨写一册仰呈。若有可取，则置之书橱，以备一种文字，布示门生，俾此海外管见得传于中国书肆，则庸讵非大幸欤！妄恃盛谊，唐突至此，庶几恕其僭而笑其愚也。
>
> 从子乐游充书状官赴京，敢伸起居之仪，窃想欣然如见故人之子也。其行兼付近日所作数篇文，仰质高明。海内只眼，非执事谁也。

[①] 参见孙卫国《乾嘉学人与朝鲜学人之交游——以纪昀与洪良浩之往来为中心》，《文史哲》2014 年第 1 期。

附骥青云，昔人所荣，惟冀诸篇绳削，以发孤陋耳。

别幅所廪西学事，即区区所欲言者，而向时匆匆，未暇往复。今又病余手涩，不能做长笺，使孙儿替笔以呈。如赐洞劈源头，明示辨析，则大有光于辟异距诐之功也。惟执事留意焉。

千万意不尽而言，太长不复乙乙。伏惟神会。①

另附有极为重要的"别幅"，内容如下：

泰西之人，万历末始通中国。步天之法，最为精密，故置诸钦天监，至今用之。然其周天之度，不出羲和之范围，推步之术，全用黄帝之勾股，乃是吾儒之绪余也。所谓奉天之说，亦本于昭事上帝之语，则未可谓无理；而称以造物之主，裁成万物，乃以耶稣当之甚矣，其僭越不经也。况又灭绝人道，轻舍性命，斁伦悖理，非直释氏之比，实异端之尤者也。不佞于曩岁赴京，往见天主堂，则绘像崇虔，一如梵宇，荒诞奇邪，无足观者。而惟其测象仪器极精且巧，殆非人工所及，可谓技艺之几于神者也。近闻其说盛行于天下，未知中州士大夫亦有崇信其学者耶？至若水土火气之说，不用洪范五行，而伏羲八卦无所凑泊，噫其怪矣。第其十二重天、寒热温三带之语，日月星大小广轮，即是吾儒之所未言，而彼皆操器而测象，乘舟而穷海者，其言皆有依据，则不可以异教而废之。真是物理之无穷不可思议者也。愚未尝见其书，则不可论其得失，以执事高明博雅，必有权度于中者，愿闻其说。其国史记或有入中国者，而规模法制果何如也？其俗轻死生、遗事物，则何以维持上下耶？永乐时郑和遍游绝海，闻尝到西国之境云，其纪行之书必有印传于中国者，愿得一寓目焉。大抵异端之说，后出者愈巧，天地之生久矣，安得无惊怪非常之事？而倘圣人有作，必断之以经常之理而已。名物度数之至绩至广者，圣人亦有所不及知者，置之六合之外，存而不论可也。虽然，吾儒之五常四德乃天地之常经，万世不易之大道，无古今，无内外，彼虽有神奇宏阔之说，非先王之法言也。程子之论释氏曰："穷神极妙而不可与

---

① ［朝鲜］洪良浩：《耳溪洪良浩全书》，汉城民族文化社1982年影印版，第331—332页。

入尧舜之道者",正谓此也。为吾儒者,惟当取其才而斥其学,毋或贻害于世教可也。未知执事以为何?①

《教务杂志》英文选译登载的就是上述"别幅"内容,不过西方传教士却自"大抵异端之说"至文末一段没有翻译登载,其意图不难忖度。② 笔者认为,恰恰就是这段,反映了朝鲜儒学代表的洪良浩对于西学的真正态度与立场,是不利于西方基督教传播的,所以美国传教士采取了选择性删减的立场与态度。

从上述洪良浩的信函和别幅内容,可以明确得出以下几方面的观点与结论:

一是洪良浩撰写致纪昀信函,时间应是在1797年11月29日(丁巳年十月十五日)之前。由于《耳溪集》未明确记明时间,只标注是(丁巳年),故一般研究者都没有深究,因而时间问题一直没能解决,《教务杂志》标题甚至错误标示为1798年。实际上,依据"从子乐游充书状官赴京……其行兼付近日所作数篇文",洪良浩已明确告知了时间。查1797年11月29日(十月十五日),由正使判中枢金文淳率领的朝鲜"三节年贡兼谢恩行"使团,出使北京,书状官兼掌令正是洪乐游。③ 由此不难断定,时间当在11月29日之前。

二是洪良浩此番信函由两部分构成,第一部分是正函,是诉衷肠叙情谊,表明与纪昀关系非同寻常,两人是由相互切磋学问发展到私谊,相知相契引为知音。洪良浩期待自己的学问能够得到纪昀认同,且在中国书市传播,俩人情谊并由子孙世代传承续写。"别幅"是第二部分,也是真正有分量的内容。正函相当于"媒介",是为"别幅"作铺垫的。

三是洪良浩汉文造诣很高,熟知中国历史文化,具有深厚的儒家文化为代表的中华文化根基。同时,熟知中西文化交流的历史,也了解西方文化在中国传播的状况。由此不难看出,洪良浩是"中国通",代表和反映

---

① 少一字"第",应为"愿闻其说",而不是"愿问其说"。
② 参见[朝鲜]洪良浩《耳溪洪良浩全书》,汉城民族文化社1982年影印版,第331—332页;"Earliest reference to Christianity in Korean literature. A letter of Hong Yang-ho(洪良浩)of Korea to Keui Kyoon(纪昀)of China(1798)", *The Chinese Recorder*, June, 1914, pp. 399 – 340.
③ 参见杨雨蕾《燕行与中朝文化关系》,上海辞书出版社2011年版,第294页。

了朝鲜官僚士大夫追慕中华文化，朝鲜自诩"小中华"的"儒家化"或"汉化"文化倾向。

四是洪良浩与纪昀的通信往来是由朝鲜朝贡使团实现的。由此推断，清代乾嘉时期中国官僚士大夫与朝鲜朝贡使臣之间的书信和友谊，是藉由朝鲜朝贡使团建立和维系的。其来往信函或礼物馈赠，均可以找到依据确定大致的时间范围。

五是洪良浩使用"别幅"这一特别形式具有特殊的含义。笔者认为其是"机密件"的用法，表明所提之事特别重要，故极为谨慎。据信函可知，"别幅"所言"西学"之事，决不是如洪良浩所言"向时匆匆，未暇往复"这般简单。其未付诸行动，缘由就是因为"西学事"影响极大（后文将述及），如果不慎造成泄密，会造成巨大的政治影响和后果。洪良浩明白利害关系，深知往来信函的携带者是否可靠是关键，因而在其子洪乐游担任朝贡使团书状官，可以充当"信使"后，才由其孙祖荣代笔，撰写"别幅"，以求避嫌和保密。可见，"别幅"的问题非同寻常，不能以常理相待。

二　洪良浩致函纪昀讨论西学的根源

那么，洪良浩为什么要撰写"别幅"，向纪昀求证和求教"西学"之事呢？其缘由绝不是"对西洋的科学仪器、地理、历史、制度等所知甚少。为此，洪良浩专门写信给纪昀，了解这方面的情况"这么简单，也不是为了探讨"学术问题"。① 笔者认为，其动机绝不简单，其深层次的原因是：

首先，当时的朝鲜正面临"西学"的严峻挑战。

现有的学术研究已表明，朝鲜自17世纪开始从中国输入西方耶稣会士译著的汉文西学书籍，据统计总数已达350种之多。② 传入朝鲜的西学书大抵可分为两大类，一类为关于天主教教理、哲学、伦理、风俗、典礼

---

① 参见牛林杰、李学堂《17—18世纪中韩文人之间的跨文化交流与文化误读》，复旦大学韩国研究中心编《韩国研究论丛》第15辑，世界知识出版社2007年版，第342页；孙卫国《乾嘉学人与朝鲜学人之交游——以纪昀与洪良浩之往来为中心》，《文史哲》2014年第1期。

② 参见［韩］李元淳《朝鲜西学史研究》，中国社会科学出版社2001年版，第73—74页。

及与儒、佛、道教比较等宗教伦理的书籍，如《西学凡》《辨学遗牍》《二十五言》《涤罪正规》《西洋风俗记》等等；一类为关于历法、天文、地理、算数、医药等西洋科学技术方面的图书，如《天文略》《几何原本》《数理精蕴》《泰西水法》《律吕正义》等等。[①] 其传入的途径，在明清时期都主要是经朝鲜朝贡使臣所传入的。[②] 而且，在1785年之前朝鲜政府对于中国汉译西书的传入没有任何禁令。例如，1784年，因其父李东郁为朝鲜冬至使行团书状官，随团的李承薰回国时，便带回传教士所赠送的"数十种"教理书。[③]

汉译西学书传入朝鲜社会，震动朝鲜知识界，以致"名官儒生无所不闻，常时备置于书斋，视如诸子百家著作或道佛之书"[④]。于是，带来的影响便是产生了天主教信仰问题。有资料表明，1777年，权哲身、丁若铨等人就在天真庵、走鱼寺创办教理研究会，研读《天主实义》《性理真诠》《七克》等天主教教理书，随之笃信天主教，开展斋戒和默修活动。[⑤] 前述李承薰作为丁若铨的妹夫，不仅受其影响参加教理研究会活动，而且之所以随朝贡使团前往北京，也是因为教理研究会的授意和提供旅费，期望通过他造访西方传教士、得到指导和获取天主教教理书籍。在北京期间，李承薰与北京南堂方济各会（Franciscan）汤士选（Alexandre de Gouveia）神父笔谈，接受耶稣会神父梁栋材（Louis de Grammont）洗礼，赐以教名伯多禄（Peter）入教，成为朝鲜天主教会史上第一位接受洗礼的信徒，被视为第一任"主教"或"教主"。[⑥] 事实上，李承薰并非个例，长久研习天主教书目，在朝鲜士人中培养了天主教的潜在信仰者。回国后，李承薰为李檗、权日身代洗，并以汉城为中心在两班官僚士人中开始了传播基督教的活动。而权日身等人的入教，又使天主教传播至湖南和湖西的遥

---

① 参见杨雨蕾《燕行与中朝文化关系》，上海辞书出版社2011年版，第160—165页。
② 杨雨蕾：《燕行与中朝文化关系》，上海辞书出版社2011年版，第168页。
③ 参见［韩］金得榥《韩国宗教史》，社会科学文献出版社1992年版，第238页；［朝鲜］李熙弼《辟卫篇》卷二，《乙巳秋曹揭发》，汉城明文堂1987年版，第27页。
④ ［朝鲜］李熙弼：《辟卫篇》，金时俊译，汉城明文堂1987年版，第485页。
⑤ ［韩］柳洪烈：《韩国天主教小史》，汉城探求堂1971年版，第474—475页。
⑥ ［韩］李元淳：《韩国天主教会史研究》，汉城韩国教会史研究所1986年版，第364—365页。

远地方。①

天主教在朝鲜的秘密传播，很快被官府发现，此即1785年发生的"乙巳秋曹摘发"事件。②因事件所涉人员多为两班家族出身，在家族介入后以"大事化小、小事化了"方式得以平息。但是，李承薰等人传播天主教的活动终究无法掩盖，1787年十月，再次为官府发觉查禁，史称"丁未泮会事"。此次事件影响极大，由此引发朝鲜王朝朝堂围绕"西学"问题发生激烈争论，当时南人、老论、少论、少北都参与其间，随之各派系分化，两班政治形成相互对立的"僻派"和"时派"，即"攻西派"与"亲西派"。无论是"僻派"还是"时派"，都期望成为朝鲜国君的心腹，因而斗争极为惨烈，带来的后果就是官场倾轧，政治动荡。③

随后，1791年发生"辛亥珍山之变"④，导致的后果就是朝鲜王朝进一步强化禁止西书措施，甚至已经收入弘文馆奎章阁的西书也被焚毁。可是，朝鲜王朝采取的禁止西书传入的措施，仍旧难以阻止天主教传播的步伐。1794年12月，在朝鲜教友的帮助下，由北京天主教主教任命的朝鲜教会中国宣教师周文谟神父，装扮为驿夫，混入朝鲜朝贡使团，秘密潜入义州，后进入汉城传教。1795年（乙卯）5月，此事经教友韩永益进士告发，引起轩然大波。围绕周文谟神父掀起一系列抓捕行动，史称"乙卯迫害"。⑤结果，因周神父而起因的乙卯迫害，导致与周神父入境有关的"邪学罪人池璜、尹有一、崔仁吉"3人被打死，李家焕贬任忠州牧使、丁若

---

① [韩]国史编纂委员会编：《韩国史15：朝鲜民众的抵制》，汉城国史编纂委员会1983年版，第226页。

② 乙巳年（1785）春，李承薰、李蘗、权日身和丁若铨、丁若钟、丁若镛三兄弟在明礼洞金范禹家举行天主教信仰聚会时，为刑曹（秋曹）发觉，金范禹治罪刑配，成为最初的殉教者，史称"乙巳秋曹摘发"或"乙巳摘发"，又称明礼坊事件。

③ [韩]崔奭祐：《前近代传统知识人的对西洋认识》，《国史馆论丛》第76辑，1997年10月，第245页；[韩]国史编纂委员会编：《韩国史15：朝鲜民众的抵制》，汉城国史编纂委员会1983年版，第193页。

④ 辛亥年（1791）5月，湖南珍山郡班人尹持中母死，8月遵照北京主教指示烧毁祖上神主奉葬，其徒权尚然也为其姑母"焚主疗祭"。二人焚主疗祭的传闻扩散至汉城，引发朝野关注，遂为官府收押最终被判处死刑，并引发一系列的逮捕天主教徒的行动，史称"辛亥珍山之变"或"珍山之变"。

⑤ [韩]国史编纂委员会编：《韩国史15：朝鲜民众的抵制》，汉城国史编纂委员会1983年版，第234—235页。

镛贬任金井察访，李承薰遭流放于礼山县。① 虽然正祖受权臣蔡济恭的影响，对汉城的天主教传播采取了息事宁人的措施，但地方的镇压活动并未平息，由此也导致僻派和北学派活跃起来。行副司直朴长卨、馆学儒生朴盈源、修撰崔献重（后升为大司谏）、大司宪李义弼等相继上疏，指斥"西洋妖术"为"邪学"，要求将"（李）家焕辈，明正典刑"，甚至将矛头对准正祖，"隐然归咎于圣躬"，认为是"刑政之失"。一时舆论汹汹，正祖虽将朴长卨削名朝籍、放归田里，后"拿问定罪"，窜李义弼于端川府，贬大司谏崔献重为黄海道中军，又有内阁提学沈焕之上札，为李义弼鸣冤，请求"亟收前大司宪李义弼投北之命"。② 围绕"斥邪"与"卫正"，朝堂政治斗争十分激烈，洪良浩无法置身事外。

显而易见，西书传入和基督教传播已成为朝鲜王朝十分头痛的问题，如何应对这样的挑战？让朝鲜统治者殚精竭虑。洪良浩熟悉中国国情，深知朝鲜所遇到的挑战与问题，"天朝上国"的中国肯定遇到过。以他对纪昀的了解和交情，就产生了问计于纪昀的念头和行为，这是直接动因。

其次，与洪良浩的个人境遇与困境有关。

洪良浩，1724年出生于安东丰山，初名良汉，因避讳改名良浩，字汉师，外号耳溪。英祖二十三年（1747）进士及第，在京"历艺文馆检阅、待教、侍讲院司书、文学、弼善、吏曹佐郎、司谏院正言、司宪府持平、弘文馆修撰副校理"，外任"则江东、庆州、义州、洪州、庆兴及黄海、平安监司，使衔则督运、暗行御史、京试官、副上使"③。一生"屡踬屡起，主眷不替，上下三四十年之间，平陂往复"④。他跌宕起伏的人生与朝鲜王朝政治变化有关，"西学"问题是诱因和媒介。

1785年，天主教在朝鲜秘密传播引发的"乙巳秋曹摘发"事件，造成朝鲜政坛动荡。4个月内，洪良浩就演绎"V"字型人生戏剧变化，正

---

① ［朝鲜］《朝鲜正祖实录》卷四三，正祖十九年七月癸丑条、甲戌条、乙亥条。
② ［朝鲜］《朝鲜正祖实录》卷四三，正祖十九年七月丙辰条、癸酉条、甲戌条，八月己卯朔条、庚辰条、壬午条、癸未条、丁亥条。
③ ［朝鲜］郑元容：《经山集》，《韩国文集丛刊（第300辑）》，汉城民族文化推进会2002年版，第376页；［韩］金显植（抄）：《李朝人物略传》，《东亚日报》1921年10月30日第1版。
④ ［朝鲜］郑元容：《经山集》，《韩国文集丛刊（第300辑）》，汉城民族文化推进会2002年版，第378页。

祖九年七月为刑曹判书，八月就遭削黜，十月又再被任命为司宪府大司宪。① 正祖十六年（1792）十一月，在官场如履薄冰的洪良浩再次遭遇人生的重大打击，时任平安道观察使的洪良浩，在受命修建武烈祠时，因"敛钱于儒生"遂被罢职。不过，据《承政院日记》所载："所谓收敛于儒生钱货，回谕祗受曰，令道伯一一自备还给，若此则酬劳等说，自归乌有，而此道臣忠厚，必是误信人而然。然朝廷所知者，体貌而已，既如是下教之后，道臣不可无处分，平安监司洪良浩罢职。"② 十八日，李书九即启奏："即伏见平安监司洪良浩状启，则武烈祠营建时，儒生助役钱还给后，只当以举行形止状闻，而特教处分之下，费辞自引，揆以事体，诚计未安。推考警责，何如？传曰，允。"③ 于是，在正祖安排下，短暂罢职之后，次年（1793）一月二日，洪良浩又被重新启用，升任为"判义禁府事"。④ 由此可知，洪良浩的升迁是政治斗争所致。

1794年在复杂的政治选择中，洪良浩已成为主张接受清朝学问的北学派人物。他既是学者，可以说是18世纪朝鲜文化的代表人物，又是现实的政治家。⑤ 一月二十二日，正祖召见判中枢府事金钟秀，谈及人才举荐，金钟秀即指出："洪良浩之文学，即朝绅中第一，故臣之并举，出于惜人才之公心矣。此外亦有应猝副急之才，而以其在外，有难及时，故不得举论矣。"⑥ 同年十月，洪良浩以判中枢出任冬至使兼谢恩行，出使清朝。次年（1795）闰二月二十七日，回国后的洪良浩再任为判义禁府事。然而，两日之后即二月二十九日，就因"以李显道拟律不审也"，正祖下谕"削判义禁府事洪良浩职"，三月三日再下谕"命前判义禁府事洪良浩加施门黜之典"，理由是"不韪之者非一，而宜从目下现发者，先为处分，即当然之事。日前略施谴削之典，而年虽耆旧，外貌不至衰铄，则其中之神精，亦可推知。今番举措，太没严畏。彼重臣之柔善者，尚若此，今日朝

---

① ［朝鲜］《朝鲜正祖实录》卷二十，正祖九年七月丁卯条、八月乙酉条，十日庚寅条。
② ［朝鲜］《朝鲜正祖实录》卷三六，正祖十六年十一月乙巳条；［韩］《承政院日记》1711册（脱抄本90册），正祖十六年十一月十日。
③ ［朝鲜］《承政院日记》1711册（脱抄本90册），正祖十六年十一月十八日。
④ ［朝鲜］《朝鲜正祖实录》卷三七，正祖十七年一月丙申条。
⑤ ［韩］大韩民国学术院编：《韩国的学术研究：历史学》，首尔大韩民国学术院2006年版，第189—190页。
⑥ ［朝鲜］《朝鲜正祖实录》卷三九，正祖十八年一月庚戌条。

纲,可谓寒心。处分未免失之太宽,前判义禁洪良浩加施门黜之典"①。查李显道为义禁府司谏,洪良浩出任李显道上司不过两日,却因李显道上疏指诋吏曹判书尹蓍东举荐赵学敏一事,②遭削职门黜之重罚,实不合常理。此种变故根源何在?细究之下,却是洪良浩出使期间,发生了相互关联的两大事件:先是正祖因景慕宫追上尊号③一事,于十八年(1794)十二月七日竟"经宿于斋殿",胁迫群臣"闭宫定号",虽"议定景慕宫追上尊号曰隆范熙功开运彰休",但朝臣已可以抗拒君意;④随即以领中枢府事蔡济恭为首的权臣向正祖发起反击,正祖十九年(1795)一月十一日金知权裕上疏,历述正祖种种不是,隐晦指诋正祖恩宠簪笔郑东浚"出入迩密,官至宰列",造成"国不得为国,人不得为人。……世道益陷,民志逾惑,今至莫可收拾之境者,蔽一言曰贵近之罪也"。未几,郑东浚畏罪自杀。⑤围绕权裕上疏和郑东浚事,君臣几番博弈,左议政金履素、右议政李秉模被免相,委任领敦宁俞彦镐为左议政、领中枢蔡济恭为右议政。特拜尹蓍东为吏曹判书、李益运为吏曹参判、朴宗甲为吏曹参议、沈焕之为刑曹判书、李时秀为兵曹判书、李家焕为工曹判书。⑥这场朝堂重大变故,表明"南人"蔡济恭为首的"亲西派(或知西派)"取得完全胜利,掌握了朝政,此后正祖不得不依赖于蔡济恭一派。由此就不难理解,洪良浩支持属下李显道之举,就隐含北学派的不满,因此才招致正祖的严厉处罚。遭革职之后,洪良浩因"自陷大戾",正祖特旨"犯重罚轻","只从寻常岛配之例",后以戴罪之身,充任行司直,"爵秩如旧,至若参班之命"⑦。1797年四月再官复原职,充任"判义禁府事",十月时又是上护军。⑧如此跌宕起伏的人生,对洪良浩是极大的考验。

---

① [朝鲜]《朝鲜正祖实录》卷二一,正祖十九年二月丁巳条、辛酉条、甲寅条。
② [朝鲜]《朝鲜正祖实录》卷四二,正祖十年正月丁卯条。
③ 正祖为表达对生父庄献世子的孝心,对其祠堂——景慕宫上尊号。
④ [朝鲜]《朝鲜正祖实录》卷四一,正祖十八年十二月己未条、庚申条、辛亥条、戊寅条。
⑤ [朝鲜]《朝鲜正祖实录》卷四二,正祖十九年一月甲午条、乙巳条、戊申条。
⑥ [朝鲜]《朝鲜正祖实录》卷四二,正祖十九年一月戊申条、己酉条,二月甲寅条、庚辰条。
⑦ [朝鲜]《承政院日记》1745册、1748册(脱抄本92册),正祖十九年六月六日、七月十六日。
⑧ [朝鲜]《朝鲜正祖实录》卷四六,正祖二十一年四月癸未条;[朝鲜]《朝鲜正祖实录》卷四七,正祖二十一年十月庚午条。

再次，极大可能还是"奉旨行事"。1795年中国籍神父周文谟在汉城秘密传教一事暴露后，洪良浩与此事的勾连就无法撇清，因周文谟是在洪良浩"甲寅年冬至使入去时，乘其边门之开，而潜越以来"①。缉捕周文谟就牵扯到如何处理与清王朝的关系，尤其是清王朝对待天主教的政策与态度至关重要。这就有洪良浩官复原职，委任其子洪乐游为书状官，就为洪良浩与纪昀沟通"西洋事"搭好了桥梁。信函沟通实现后，洪良浩重获正祖信任，个人的境遇不断改善。已是耄耋之年，1798年七月升任艺文馆提学，② 1799年七月任议政府左参赞③，八月又兼任守宫大将④，十月被委任为辅国，⑤ 1800年一月任弘文馆大提学、艺文馆大提学。⑥

显然，上述事实表明，"西学"问题已成为朝鲜王朝政治的核心议题，如何应对天主教传播带来的挑战与困境，已是当时朝鲜国王与官僚士人无法回避的问题和当务之急，而且事关身家性命和政治前途。朝鲜是清王朝的藩属国，作为北学派人物的洪良浩，在苦思冥想良策之余，依正祖要求就将目光投向天朝上国的重臣和天下第一名士纪昀，以寻求解决之道。换言之，洪良浩致函纪昀探讨西学问题，其根本动机就是为了解决自己的困境和寻求朝鲜王朝应对西学挑战的良策。

---

① ［朝鲜］《朝鲜纯祖实录》卷二，纯祖元年三月辛卯条。
② ［朝鲜］《朝鲜正祖实录》卷四九，正祖二十二年七月辛未条。
③ ［朝鲜］《朝鲜正祖实录》卷五二，正祖二十三年七月己卯条。
④ ［朝鲜］《朝鲜正祖实录》卷五二，正祖二十三年八月丙午条。
⑤ ［朝鲜］《朝鲜正祖实录》卷五二，正祖二十三年十月壬辰条。
⑥ ［朝鲜］《朝鲜正祖实录》卷五三，正祖二十四年一月甲寅朔条。

论近代中国东北出口贸易的开创与犹太人卡巴尔金家族的贡献

张铁江

(黑龙江省社会科学院犹太研究所)

贸易在一个国家或区域经济生活中占有重要地位。在我们研究以哈尔滨为中心的近代中国东北地区的经济状况时,发现作为"北满"(今黑龙江省)特产之一的大豆贸易占有特殊地位,大豆的出口,特别是远销欧洲,促进了中国东北出口贸易的发展,同时,也刺激了进口贸易的增加,这样就把中国东北这个区域经济市场同世界经济的大舞台直接联系起来了,使中国东北这个区域经济市场出现了繁荣的发展局面。然而,渴望得到"满洲"(今中国东北)大豆出口贸易创始者这一光荣称号的人为数不少,但最有资格享有这一称号的应是哈尔滨犹太人罗曼·莫伊谢维奇·卡巴尔金。研究这段历史,不仅对东北老工业基地振兴,而且对于中国东部陆海丝绸之路经济带建设,构建人类命运共同体等具有重要的现实意义。

一 犹太人开创了中国大豆出口贸易之先河

犹太人移居中国,南从印度洋方面,北则通过天山南北路,其中有不少人是中国历史上的著名人物。如意大利旅行家马可·波罗也是著名的犹太人中的一位。但一向被中国视为关外的犹太人移民,则是经由另外途径进行的。这些犹太人大部分是居住在俄国的难民,也有的是商人,借助俄国东渐之机而来到东北定居的。在1894—1895年的中日甲午战争前后,陆路从西伯利亚方面,海路通过海参崴向东北移民。当时在向哈尔滨移居的陆路帮中有克伊盖里鲍姆、罗伊真等人;在海路帮中又有在日俄战争中的重要供应商列文·斯基德尔斯基等人。其后，在中东铁路通车以后自敖德萨经海参崴进入哈尔滨的有罗曼·卡巴尔金等人，这些犹太人均以中东铁路为生，利用世界犹太人的国际网络，或出口特产品，或者进口药品、食品、杂货等，或者开办现代企业，发挥犹太人特有的"商才"，不仅自己发家致富，还为哈尔滨及东北的出口贸易开辟了新的商路，进而推动了哈尔滨及东北经济的发展。

1852 年，罗曼·莫伊谢维奇·卡巴尔金（Роман Моисеевич Кабалкин, 1852—1933）出生在俄罗斯波洛茨克的一个一等犹太富商家中，他的父亲是一个大粮商。[①] 罗曼·卡巴尔金是在他父亲的指导下在商界迈出最初几步的。不久，他开始了独立经营，在俄罗斯格鲁博卡亚省开办了连锁店，收购粮食。在独立自主的工作中，卡巴尔金总是坚持用新的、较完善的经商方法。他把粮食业务与在铁路上建粮仓结合起来。因为建粮仓的建议往往由上边提出来，总是得不到因循守旧的商人们的赞同，因此铁路局对一贯坚持并重视创新的精力充沛且有见解的卡巴尔金非常重视。比如，梁赞—乌拉尔铁路局聘请他为顾问，他兼任此职达 14 年之久。根据他的建议，这个铁路局建了一批粮仓。而他首先用车皮散装发运了粮食，不用麻袋，只用闸板。这样既节省了费用，又方便了运输，推动了铁路货运的进步。

早在俄罗斯—土耳其战争期间，罗曼·卡巴尔金向铁路方面提出了新的发货方法，即把标签贴在车厢里的货物上。俄罗斯铁路网采用了这种发货方法，这对小的发货商非常有益。同时，罗曼·卡巴尔金还把运价折扣引进俄罗斯铁路网，即从增多的货物件数上扣除一部分运价作为奖金。通过运价折扣办法进行竞争的铁路局努力增加货物的周转。但是，在竞争中失败的铁路局上书彼得堡，认为运价折扣是一种不好的竞争方法。上层机关讨论了这一问题，甚至上报到铁道部。虽然这些办法是引自美国，但卡巴尔金的想法是超过了其同代人的。

此后，卡巴尔金还有幸结识了当时很有影响的国务活动家维特。除此而外，在铁路局长期的工作中，卡巴尔金还结交了一个对他以后的命运影响很大的人，即中东铁路最发达时期的贸易部长拉扎列夫。拉扎列夫非常

[①] П. Тишенко, "Пионер Маньчжурскаго Зкспорта", Харбинская Старина, 1936, pp. 63 – 67.

了解并十分器重卡巴尔金,也很关心为在"北满"新建铁路开辟运货的货源。由于罗曼·卡巴尔金是一个非常有创见的人,所以拉扎列夫请他作向远东市场出售西伯利亚油的输出者。此外,罗曼·卡巴尔金还受拉扎列夫委托阐明了通过在中国东北新建的中东铁路加强西伯利亚与远东贸易联系的可能性。

1903 年,为了向中国东北出口西伯利亚油,同时也想开展把中国东北商品销往欧洲的业务,他还酝酿了在远东建立一个大榨油厂的计划,于是,在哈尔滨组建了"罗曼·卡巴尔金父子公司"。① 但是,由于日俄战争的爆发,这些计划未能实现。不久,罗曼·卡巴尔金就离开了哈尔滨,转而经营西伯利亚油及牛奶的外销业务。罗曼·卡巴尔金是国际粮食贸易的大行家,那时他就已经认识到能榨油的大豆对东北的出口贸易具有重要的意义。在市场上,罗曼·卡巴尔金指着大豆充满信心地对儿子说:"这是满洲真正的金子。"应该指出,他的见解遭到许多人的强烈反对,包括华俄道胜银行行长加勃里耶尔。当时普遍认为最有前途的是东北的小麦。在哈尔滨已建立了几座大面粉厂,中东铁路局与华俄道胜银行对此都很感兴趣。许多在哈尔滨有影响的人认为卡巴尔金的意见是"歪门邪道"。

罗曼·卡巴尔金并没有灰心丧气,坚持同中东铁路局合作制定了在中国东北建立第一座榨油厂的计划。然而,日俄战争的结束对企业的大发展并没有带来有利的影响。于是,父亲罗曼·卡巴尔金去了埃及,儿子亚科夫·卡巴尔金则去西欧继续完成学业。

罗曼·卡巴尔金天生固执,一向坚持自己认为正确的看法。他固执地坚持从中国东北出口大豆和豆油的观点,并在西欧和彼得堡进行宣传。1906 年,罗曼·卡巴尔金又回到了哈尔滨。他同中东铁路理事会进行了谈判,旨在制定一个运价表。一旦谈妥,他就可以大规模的外销中国东北的谷物。而后,他把制订的由中国东北向欧洲出口大豆并在欧洲建榨油厂的计划呈递到彼得堡。然而,这些计划却遭到加勃里耶尔的强烈反对,中东铁路局未能参加建榨油厂,大豆的运费也未能给予优惠。

1907 年,哈尔滨犹太人比特克诺夫斯基,在罗曼·卡巴尔金坚持不懈

---

① З. М. Клиорин, "Акционериая АнчлоКимайская Торчовая Комиананчя", Иовости Жизэнс (1907—1927), 1927, p. 144.

的宣传和感召下，首次将大豆销往欧洲，开创了大豆出口欧洲之先河。①在比特克诺夫斯基首次将大豆试销欧洲后，于1908年2月，罗曼·卡巴尔金以圣彼得堡大出口商纳坦松公司的名义又将大豆销往伦敦，是为大豆"大量"输出欧洲之始。然而，开创新事业须做很多工作，在向欧洲出口的过程中也出现了许多难题。如按港口普通工人的建议在轮船底舱安装了通风设备，如若没有这种装置，经过热带时大豆就会发霉、燃烧。又如在消费品市场和欧洲各国也遇到了一些问题，欧洲养畜人初期不会用中国东北的豆饼喂养自己娇性的牲畜，有的牲畜病了，甚至于死了。经过罗曼·卡巴尔金耐心细致的解释和工作，这些问题都逐步地得到了的解决，中国东北大豆在西欧市场站稳了脚跟，成为"热销商品"，从而使其在世界上享有盛誉。

为了进一步向欧洲出口，罗曼·卡巴尔金于1909年在伦敦成立了"英华东方商业公司"总公司；同时，在中国东北的其他地方、日本、美国等地亦设有分支机构，继续经由俄罗斯符拉迪沃斯托克和中国的大连港向西欧出口大豆。初期该公司获得了很高的利润，因为作为向欧洲出口大豆唯一的公司，其售价1普特没有超出地产价18戈比。因此，许多犹太公司也仿效该公司经营大豆出口业务。如丹麦的瓦茨萨尔德公司、西伯利亚公司、法国的德列伊夫斯公司、在加拿大注册的索斯金公司、俄罗斯的奥西米宁公司等纷纷派代表来哈尔滨经营大豆生意。②形成了一条从中国东北向欧洲出口的通道和产业链条。

1914年，该公司在出口业务方面取得了骄人的成绩，获得了极大的成功，当时又吸纳了英国方面的家族资本，注册资金为17万英磅，使商行变成了股份制公司，即"英华东方贸易股份公司"。该公司的股份由卡巴尔金家族的父子兄弟所拥有，股份公司的董事会设在伦敦，由P. M. 卡巴尔金、P. P. 卡巴尔金、戈尔德、米斯金等人组成。罗曼·卡巴尔金的长兄出任伦敦公司的经理，主要业务为进出口贸易；罗曼·卡巴尔金全权负责哈尔滨等中国东北方面的事务。

---

① 张铁江：《哈尔滨犹太人开创大豆出口欧洲之先河》，《黑龙江日报》2001年1月4日第1版。
② А. И. Кауфман, "Евреи В Зкономи Ческой Жизни Маньчжурии", Евреиская Жизнъ, Vol. 4, No. 8–9 (1942), pp. 16–19.

由于罗曼·卡巴尔金等人坚持不懈的努力和勇于探索的精神，首次将中国东北大豆销往欧洲，开创了中国大豆出口欧洲之先河，建立了股份制进出口公司，促进了农产品的商品化，推动了中国东北进出口贸易的发展。

二 犹太人创办了现代一流的实业公司

1898年，以修建中东铁路为契机，哈尔滨进入近代工业滥觞期。因庞大的铁路工程全面开工，工业人口剧增，生产资料与生活资料需求急剧增长，导致哈尔滨残存的自给自足的自然经济迅速瓦解，以轻工业为主体的近代工业应运而生。特别是第一次世界大战爆发后，国际市场对食品需求急剧增加，哈尔滨生产的面粉、豆油供不应求，导致制粉业和制油业迅速发展。

为了向欧洲市场出口及与欧洲产品竞争，同时将中国东北地产的大豆就地进行精、深加工，1914年后，罗曼·卡巴尔金开始着手筹建榨油厂。由于罗曼·卡巴尔金的不懈努力，使其在哈尔滨等中国东北的同行业者中拥有一流的信用和资产，他曾任哈尔滨俄国商会的副会长，受到中外商人的推崇。同时，罗曼·卡巴尔金比较注重和善于同理解并重视其创造性思想的中东铁路局的领导们的交往。在他第二次来哈尔滨时，他将中国东北大豆出口欧洲的思想和此后的一系列创举已受到中东铁路局局长霍尔瓦特的支持与同情，在中东铁路局的大力支持下，使得罗曼·卡巴尔金的榨油厂购得了一块宽广而宝贵的地段，在上面可以绰绰有余地建筑工厂所需的所有房舍。

1915年，罗曼·卡巴尔金将他的公司由出口公司改为工业公司。在老哈尔滨（今香坊区）霍尔瓦特宅邸后身，中东铁路线附近建立了榨油厂并于同年投入使用。工厂占地1100余俄坪，仅仓库按当时的市价即值50万元以上，从欧洲购置了一流的设备。[①] 同时，罗曼·卡巴尔金还与中东铁路局协商给予榨油厂所谓优惠运费也具有很大意义，这以前在"北满"只

[①] 《哈爾賓に於ける外人巨商さ其の内幕——縱橫に蠢躍得る根元は何?》，《哈爾賓日本商業會議所時報》，Vol. 3, No. 2 (1924), p. 1.

有面粉企业才能享受到这一特殊政策。可以说该工厂按其规模与设备来讲是在哈尔滨乃至整个中国东北均居一流的模范工厂。该工厂在第一次世界大战期间获得了巨额利益，全部用于充实设备的投资。但是，随后在俄国爆发的内战，给罗曼·卡巴尔金本人带来了巨大的损失。

哈尔滨处在东北亚和"北满"经济中心的地位，自中东铁路修建以后，在交易上皆以羌贴为主币。"羌贴"即我国东北地区民间对俄币卢布的俗称。在此之前，哈尔滨地区尚未建有金融机构，市场也无纸币流通，一些商业往来，买卖收付，主要用宝银、锭银、银元、铜元等硬通货，但由于流通数量有限，一些殷实商号之间只能以相互记账，年终结算，凭据兑现的办法。自羌贴流入哈尔滨和中国东北地区后，却截然不同了。当时无论是铁路运费，异地汇兑、外贸结算、商店的标价，还是买卖交易，皆以羌贴为本位。据统计，到1914年第一次世界大战爆发前在哈尔滨一带流通的羌贴达4000万卢布，占整个"北满"的2/3，可谓数目巨大。[①] 1914年，尤其是1917年俄国十月革命开始以后，国内经济的紊乱，使纸币发行更滥。羌贴的不断贬值，使哈尔滨及其周边地区的金融、经济大受影响，工厂、商号、银行破产倒闭的比比皆是，广大商民更是深受其害。罗曼·卡巴尔金也没有逃脱此厄运，在他的思想中始终坚信俄国货币，这就导致了他的企业完全破产。然而，刚毅的罗曼·卡巴尔金于1921年在外国资本家的帮助下改组了自己的企业，从此才开始使用外币。罗曼·卡巴尔金在其企业改组中取得了一定的成绩后，于1922年决定退休，把工厂交给了儿子们。

亚科夫·卡巴尔金自欧洲留学后回到了哈尔滨，曾任哈尔滨市公议会议员、交易会会长。他不仅年轻、懂行、头脑灵活，而且把他在欧洲学到的先进的管理经验带回来，并在实践中得到了运用和发挥。他不但带领其兄弟们继承了父亲所开创的事业，而且在总结了其父辈的经验教训之后，将榨油厂的事业发扬光大。

1923年，工厂在建立9年以后，完全安装了加工豆油的最新设备，工厂有水压机22台，一昼夜可加工大豆88.4吨，年产能力3万吨，可生产

[①] 马宏伟：《羌帖》，陈绍楠主编：《哈尔滨经济资料文集》第4辑，哈尔滨市档案馆1991年版，第170—171页。

12%以上的豆油,即年产3700吨,豆粕2.5万吨。① 自1923年起,向市场供应精制豆油,该公司在中国东北试验精制豆油方面,可称执先鞭之地位。以前被视为最劣等的豆油,经该公司创始的精制法,现在在欧洲市场上,可以以"色拉油"的品牌同欧洲任何植物油产品竞争。此产品迅速赢得了市场。该公司工厂有四种产品:(1)过滤豆油;(2)精制油(Salad oil Acetee);(3)豆粕;(4)豆粕粉。上述产品是为适应对欧美市场出口而生产的,这种精制油,品质优良,纯度高,无色透明,完全没有粗制豆油的异味,经中东铁路局农事试验场1923年的分析化验获得证实。同时,根据研究可成为葵花籽油的代用品,也可与橄榄油媲美。欧洲和美国的优秀化学家对这种油做了各种化验分析,结果表明:这种油堪称欧美市场上出类拔萃的精品。

该公司还特在哈尔滨市内设一商店,经销精制豆油。在上海、天津、日本、美国亦有少量出口,在伦敦市场出口销售方面也制订了具体实施计划。该公司工厂生产的豆粕,呈薄板状,重量为7公斤,经过特殊包装,便于向国外等长途运输。过滤油销售市场,包括中国东北地区、华北地区、西伯利亚、日本及美国一部分。在1923年夏季召开的"满洲"文物研究会的纪念博览会上,审查委员会曾授予该公司生产的精制油以金杯奖。此后,该公司的工厂不断更新设备,其中压榨机已增加至30台,同时亦安装了生产食用豆粉的新式机器,其产品品种也得到了更新。1937年,中国东北市场有地产大豆412万吨,其中20%用于本地榨油工业,80%出口国外。在这方面最大的功绩应归属于罗曼·卡巴尔金及其家族的努力。

然而,随着日本的入侵及其经济渗透的加剧,使哈尔滨及中国东北的经济环境遭到破坏,致使许多企业经营状况不佳,经营额度连年滑坡。1939年,华英油坊的经营贸易额达350万元,但仍年年亏损,公司的资产已成为汇丰银行的抵押品。② 1939年7月,在日本人的逼迫下,经伪满州国大同酒精株式会社社长徐鹏志之手,以伪满洲国币130万元的价格将华

---

① [日]森田广之:《北满及哈爾濱の工業》,"南满洲"铁道株式会社哈尔滨事务所,1929年,第166—168页。
② 赵天:《英、美、德开办的公司》,方世军主编:《建国前外国人在哈尔滨活动简况》,哈尔滨市人民政府地方志办公室1992年版,第58—81页。

英油坊收购,使其更名为"满洲油脂株式会社"。产品不许内销,全部销往日本。哈尔滨解放后,其财产由国家没收,1948年,将其更名为东建油脂厂。

罗曼·卡巴尔金于1922年退休后,在巴勒斯坦无忧无虑、平平淡淡地度过了自己的晚年。1933年辞世,享年81岁。

三　结语

在罗曼·卡巴尔金从事出口贸易60年的经历中,可以发现是他不断探索的创新思想、丰富的实践经验和坚持不懈的努力,使他赢得了"满洲"出口贸易创始者的称号。笔者认为这一称号授予罗曼·卡巴尔金是当之无愧。首先是他最早发现了中国东北大豆的真正价值,并将他的这一创新理念在实践中加以应用,克服了重重困难,特别是冲破了许多思想观念上的束缚,最终才使得哈尔滨犹太人开创了中国大豆出口欧洲之先河,并使中国东北大豆成为欧洲市场的"热销产品",形成了一条陆海联运大通道,从而促进了整个中国东北地区出口贸易的发展,其意义是深远的。可以毫不夸张地说罗曼·卡巴尔金是哈尔滨和中国东北地区历史上最杰出的犹太出口商。其次,他创办的新式榨油厂——华英油坊,其设备先进,规模巨大,产品质量优良,包装上乘,从根本上扭转了中国东北榨油工业生产方法落后的局面,特别是其独创的制油方法能生产具有独特专利的精制豆油的品牌——色拉油,为哈尔滨和中国东北地区所独有,形成了农产品产业商品化链条,在欧洲市场上也极受欢迎。从这个意义上讲罗曼·卡巴尔金又是哈尔滨和中国东北地区历史上杰出的企业家。再次,作为哈尔滨和中国东北历史上杰出的犹太出口商、企业家卡巴尔金的经历对于今天中国的改革开放具有现实意义,特别是在后疫情时期,在高质量振兴东北老工业基地的发展过程中,借鉴和学习罗曼·卡巴尔金等犹太人如何科学创新发展理念,引进国际资本和高新技术,从而进一步促进"一带一路"建设,努力推动构建人类命运共同体。

近代爪哇茶业的兴起

刘 勇

(厦门大学东南亚研究中心)

印度尼西亚(以下简称"印尼")是世界主要农业生产国之一,茶叶种植则是该国农业中较为重要的组成部分。印尼是世界上最大的茶叶生产国和出口国之一,截至 2019 年分别位居世界第六位和第七位。①爪哇岛一直都是印尼最主要的茶叶种植区,该地区的茶叶种植面积及其产量分别约占印尼全国的 80% 和 84%。②而值得一提的是,茶叶并非原产于印尼,而是由荷兰殖民者统治印尼期间自域外引入,首先试种于爪哇,然后再扩种至诸外岛。故此,爪哇在印尼茶业发展史中占据着极为重要的地位。

16 世纪末,荷兰商人开通了亚洲贸易,同时开始殖民爪哇。1610 年左右,荷兰人首次将茶叶经万丹引入欧洲。③随后,作为利润丰厚的贸易商品,这一东方神奇饮料被荷兰东印度公司(以下简称"荷印公司")商船源源不断地运回欧洲。其间,欧洲对日茶叶贸易逐渐衰败,中国自 18 世纪初成为其唯一的茶叶进口来源地,并一直保持到 19 世纪 40 年代。④其所导致的直

---

① 此为国际茶叶委员会最新统计数据,可参阅 2019 年第三届国际(宜宾)茶业年会组委会发布的《全球茶情报告》(2019 年 3 月 19 日)或国际茶叶委员会发布的 2019 年《年度统计公报》(Annual Bulletin of Statistics, September 2019, pp. 48 – 50, 67)。
② 数据整理自:印度尼西亚茶叶委员会官网, http://indonesiateaboard.org/arealproduksiteh/。
③ William Harrison Ukers, *All about Tea*, New York: The Tea and Coffee Trade Journal Company, 1935, p. 28; Eelco Hesse, *Thee: De oogleden van Bodhidharma*, Amsterdam: Bert Bakker, 1977, p. 7.
④ 参见 Her Majesty's Office, *Reports on the Tea and Tobacco Industries in India*, London: George Edward Eyre and William Spottiswoode, 1874, pp. 13 – 14; A. Bierens de Haan, C. F. Bierens de Haan en L. L. Bierens de Haan, *Memorieboek van Pakhuismeesteren van de thee te Amsterdam 1818 – 1918, en de Nederlandsche theehandel in den loop der tijden*, Amsterdam: J. H. De Bussy, 1918, pp. 130 – 155; R. Jayaraman, *Caste Continuities in Ceylon: A Study of the Social Structure of Three Tea Plantations*, Bombay: Popular Prakashan, 1975, pp. 12 – 13.

接后果就是，在近一个半世纪的时期内中国茶叶供应商彻底垄断了茶叶的出口价格，极大地限制和削弱了欧洲商人在对华茶叶贸易中的利润获取。在此期间，为了打破这一长久存在的不利局面，在其与中国南方传统的产茶区有着相似或相近的地理环境与气候的南亚、东南亚殖民地引种茶叶则是一个切实可行的打破货源垄断的解决办法。作为西方最大的两个茶叶进口商，英国东印度公司（以下简称"英印公司"）与荷印公司分别在其南亚和东南亚殖民地即是如此践行的，并先后获得了成功。最终，印度、锡兰、爪哇等地先后于19世纪中后期开始向世界茶叶市场提供大量廉价的货源，致使中国茶叶出口遭遇巨大挑战，近代世界茶业史从而被改写。

然而，不管是英国殖民者在印度和锡兰，还是荷兰殖民者在爪哇，其茶业的兴起并非一帆风顺，而是遭遇了各种艰难曲折，尤其是荷印殖民政府在爪哇的茶叶试种经历体现得更为突出。相较于英国殖民者于18世纪80年代才开始提倡在印度开展种茶运动，并于19世纪30年代末就已向欧洲成功输送印度阿萨姆茶叶，荷兰殖民者早于17世纪80年代便在爪哇开始了茶叶试种，但迟至19世纪80—90年代才有能力向国际市场批量销售爪哇茶叶。

迄今为止，国外关于近代爪哇茶业如何兴起的相关研究成果基本为19世纪末至20世纪初荷印殖民政府下属茶叶研究、咨询和服务机构成员及其他相关人士陆续发表的少量荷文调查通讯报告、纪念性论文汇编及个案研究博士论文，[①] 以及1935年出版的美国人W. H. 乌克斯（William Harri-

---

[①] 上述相关荷文成果包括1898年C. 范·德·摩尔对阿萨姆茶在爪哇种植及制作的研究（Ch. van der Moore, *Assam-thee. Haar cultuur en bereiding op Java*, Indische Landbouwbibliotheek I, Batavia & 's Gravenhage：G. Kolff & Co., 1898）、1910年荷印殖民政府农业部所编有关西爪哇布林加（Preanger 或 Priangan, 即今 Parahyangan 帕拉扬甘）山区茶叶种植的报告性研究（*Het Department van Landbouw in Nederlandsch-indië, De theecultuur in de Preanger Regentschappen*, Batavia：Drukkerij Departement van Landbouw, 1910）、1912年Th. P. J. C. 奥珀·德·库尔关于荷印殖民地茶叶种植业及其对投资者的价值研究（Th. P. J. C. op de Coul, *Nederlandsch-Indische thee-ondernemingen en hunne waarde voor den belegger*, Amsterdam：J. H. de Bussy, 1912）、1917年J. J. B. 都斯调查爪哇与苏门答腊茶园的通讯报告（J. J. B. Deuss, *Over de thee gronden van Java en Sumatra. Eerste voorloopige mededeeling*, Mededeelingen van het proefstation voor thee, No. LV, Batavia：Ruygrok & Co., 1917）、1924年西爪哇茶叶试验场为该机构百年诞辰而出版的其成员及其他相关人士的纪念性论文集（*Het Proefstation voor Thee, Gedenkboek der Nederlandsche Indische theecultuur, 1824–1924*, Weltevreden：G. Kolff & Co., 1924）以及1928年L. J. 弗隆探析布林加西部居住区原生民茶叶种植的博士论文（L. J. Vroon, *De bevolkingstheecultuur in de residentie West-Priangan*, Proefschrift, Landbouw Hoogschool, Wageningen, 1928）。

son Ukers）所著百科全书《茶叶全书》部分章节，但所有这些研究都不同程度地缺乏系统性或综合性；国内也仅有陶德臣1996年发表了《荷属印度尼西亚茶产述论》一文，该短文基本是利用中文文献资料而对荷印殖民地种茶业演进过程的简略叙述。① 本文则力求对近代爪哇茶业兴起所涉及的茶叶种植、茶叶制作以及茶叶销售等方面的完整发展过程给予进一步的深入探讨，并详细分析爪哇茶业兴起过程中诸多重要影响因素所发挥的作用，以正学界对近代爪哇茶业的全面认识。

一 1878年前引入日本、中国茶种的尝试

1610年左右，荷印公司商船首次将茶叶经万丹输入欧洲。此后长时期内，荷兰人都未曾考虑过在爪哇种植茶叶，因为他们认为茶叶只能在中国、日本生长。直至1680年代，荷印公司职员个人才开始将茶籽先后从日本和中国输入爪哇试种，然而也只是零星地存活于自家花园，难以形成规模。

1728年，荷印公司最高领导层"十七绅士"（Heeren Zeventien）通过一项决议，建议荷印政府试用中国茶籽在爪哇种茶。② 该年也正是"十七绅士"决定收回荷印政府管理公司对华贸易的权力，继而开通荷兰—广州直航贸易的年份。如能在爪哇种茶成功，则将可以大大降低该公司在对华贸易中的不利地位。"十七绅士"认为，招募华工并以中国方法制作的爪哇茶，虽然品质上无法与华茶相提并论，但其低廉的价格必将有利于公司占领越来越庞大的欧洲茶叶市场。然而，荷印政府对此建议并不感兴趣，对在爪哇试种茶叶的成功抱以极大的怀疑态度。此后，荷印公司在欧洲对华茶叶贸易中的份额日渐加重，其地位仅次于英印公司而居于第二，就不再对在爪哇试种茶叶之事上心。

19世纪20年代，英国殖民者在印度阿萨姆成功发现土生茶树，荷兰人深受刺激，爪哇种茶问题被再次提起。但在此时期，荷印社会针对荷印殖民地的土地种植方式形成了两大对立阵营，一方主张继续维护殖民政府

---

① 参见陶德臣《荷属印度尼西亚茶产述论》，《农业考古》1996年第2期。
② Department van Landbouw in Nederlandsch-indië, De theecultuur, p. 2.

对土地的完全垄断，而另一方则希望政府开放殖民地和私营企业，双方僵持不下。当时荷兰政府指派首席专员 L. P. J. 杜巴什—德吉赛尼斯（L. P. J. du Bus de Gisignies）前往荷印殖民地，对殖民地土地种植问题进行改革。杜巴什—德吉赛尼斯抵达巴达维亚（Batavia，今雅加达）后不久就主持成立了农业委员会（Hoofd-commissie van landbouw，以下简称"农委会"）并出任主席，茶叶种植则受到其重点关注，为此还指示在克拉温（Krawang）和班乔万吉（Banjoewangie）成立了大规模农业实验场（landbouwondernemingen）。在其主政期间，倡导私人经营理念的杜巴什—德吉赛尼斯积极推行私人企业与荷印殖民地居民在农业种植上的自主活动。①

虽然在官方记录中未有明文记载，但据称早在19世纪20年代初即有茶籽、茶种自日本和中国传入。譬如，1822—1824年间种植督察员 P. 迪亚德（Pierre Diard）就已从中国运送茶籽到爪哇，然而茶籽在抵达时都已腐烂。1826年，P. 迪亚德曾建议农委会派人从日本运送茶籽到爪哇试种。② 再如，L. 阿姆赫斯特（Lord Amherst）也于1823年前输入中国茶树并栽于茂物（Buitenzorg）政府植物园内，而在1823年该植物园主任 C. L. 布卢姆（C. L. Blume）所编园艺目录中即已列有武夷茶树。③

截至1827年，茂物栽有1000株茶树，加洛特（Garoet）有500株。第二年，茂物存活的750株茶树开花结果，其余的因病虫害而死掉。农委会开始积极推广种茶业，并下令由当地华人制作爪哇第一批样茶。然而，因为缺乏必要的技术和工具，此批样茶采摘毫无规则，制作很不得法，既达不到就地消费的要求，也不符合外销欧洲的标准。因此，当务之急就是能够从中国输入急需的技术工人和制茶工具。④

与此同时，农委会向日本订购的大批茶籽茶树也运抵爪哇，并被下发给各省下属单位，尝试在不同的环境条件下培育。1829年，瓦纳亚萨（Wanajasa）率先建立起拥有2783株茶树的农业试验基地；1830年，又建

---

① *Department van Landbouw in Nederlandsch-indië*, De theecultuur, p. 2.
② Ch. Bernard, "De geschiedenis van de theecultuur in Nederlandsch-indië", *Gedenkboek der Nederlandsche Indische theecultuur*, 1824 – 1924, Weltevreden: G. Kolff & Co., 1924, p. 3.
③ C. P. Cohen Stuart, "Het begin der theekultuur op Java", *Gedenkboek der Nederlandsche Indische theecultuur*, pp. 23 – 24, 30.
④ Stuart, "Het begin der theekultuur op Java", p. 31.

造了一间小茶厂，内有四座炉灶以及爪哇最早的全套装箱设备，其所制样茶被送往巴达维亚展览会参展，此为爪哇种茶业的开端。①

爪哇茶业的开创者应首推德萨瑞尔（G. de Seriere）。自驻比利时公使之位退下后，德萨瑞尔作为杜巴什—德吉赛尼斯的属员跟随前往荷属东印度，先是任《巴达维亚时报》（Bataviasche Courant）主编，同时担任农业委员会秘书，其后担任克拉温副总督及其他数省总监，最后出任摩洛加群岛（Moluccas）总督和议员。19世纪20—30年代，德萨瑞尔对爪哇种茶事业的启动倾注了大量的心血，做出了巨大的贡献。他一方面积极推动和协助 J. I. L. L. 雅各布森（J. I. L. L. Jacobson）将中国茶籽输入爪哇，另一方面在任职克拉温期间精心管理该区首次建设的大规模茶园茶场。1867年，因为其最先促进爪哇茶树栽培的功绩，德萨瑞尔在巴黎世界博览会上荣获金奖。②

雅各布森在爪哇茶业史上的地位极为突出。荷印公司解体后被"荷兰贸易公司"（Nederlandsche Handelmaatshappij）所取代，后者继续开展对华贸易，仍以茶叶为大宗。熟练掌握品评茶叶技术的雅各布森受雇于该公司，并被派往爪哇和广州从事评茶师的工作。该职位在茶叶贸易中的作用相当重要，公司根据其品评结果判定茶叶品质的好坏，最终给出是否采购的相应决定。1827年9月2日，年仅28岁的雅各布森自荷兰随船抵达巴达维亚，随即接受杜巴什—德吉赛尼斯所指派的任务——在华期间收集茶籽茶种、种茶制茶的方法和工具以及招募工人，以便在爪哇开展规模性茶树试种，稍作休整后即前往荷兰驻广州领馆开展评茶工作。自此，雅各布森与另一位荷兰同胞一道尽心协助公司大班 A. H. 布赫勒（A. H. Buchler）操办业务，长达6年之久，其间每年往返于广州、爪哇一次，作为商业间谍专业搜集有关茶叶种植及制作的信息情报大批带回，计有：1827—1828年雅各布森首次来华，评茶之余多方留意，因此收集记录了大量关于种茶制茶方面的重要信息；1828—1829年他再次来华，并在福建茶区收集了11株茶树带回爪哇；1829—1830年他第三次来华，但未有多大收获；1830—1831年他第四次来华，带回150颗茶籽和243株茶树；1831—1832

---

① Stuart, "Het begin der theekultuur op Java", p. 37.
② Stuart, "Het begin der theekultuur op Java", pp. 27 & 35.

年他第五次来华，带回 30 万颗茶籽以及所招募的 12 名技术工人，但这些工人在其后的一次工人暴动中全部被杀害；1832—1833 年他第六次来华，除了带回多达 700 万颗茶籽和重新招募的 15 名工人外，还收集了许多相关材料和工具。因违反中国官府禁令进入产茶区被发现，当装载着其所收集茶籽和所招募工人的船只欲驶离时，遭到了中国官兵的追捕。其中一艘被拦截，船上的中国翻译被捕，而雅各布森则乘着另一艘载着茶籽和工人的船侥幸逃脱。此后，他就再未重返过中国。①

截至 1833 年，自中国、日本引入而存活于爪哇的茶树共计达 964000 株，茶树种植面积据估计已达 200 公顷以上。虽然在后世的评论中不被视为真正的种茶专家，但雅各布森自 1833 年开始了其长达 15 年之久艰苦的茶叶试种事业。其间，在积极吸取前人种茶制茶经验教训的基础之上，被荷印政府任命为种茶督察员的他足迹遍及 14 个省份，在茶籽、茶树、工人、树料以及制茶技术等方面对各省茶叶种植园给予极具价值的指导，还先后于 1843 和 1845 年撰写出版了《茶叶栽培与制作手册》(*Handboek voor de kultuur en fabrikatie van thee*, Batavia：Ter Lands-drukkerij) 和《茶叶筛分与包装》(*Handboek voor het sorteren en afpakken van thee*, Batavia：Ter Lands-drukkerij) 等茶叶技术专业性书籍。在其精心指导下，茶叶种植逐渐推广至整个爪哇西部和中部。为进一步规划扩大爪哇的茶叶种植，雅各布森于 1848 年返回荷兰，于该年年底逝世。

自 1835 年，爪哇茶叶开始少批量地输往阿姆斯特丹。由于当时种茶业在爪哇种植业中并未占据重要地位，荷印政府一开始只能在少数私人特约经营的种植场中生产茶叶，并交由私人按先收定金再按产量估价的方式特约制作，因此私营茶厂关注茶叶产量甚于茶叶质量，所制茶叶质量得不到根本保证。1841 年，荷印政府决定在巴达维亚近郊的梅斯特—考纳列斯 (Meester-Cornelis) 成立中央茶厂，对初制茶进行精加工。但由于工人薪资及运费等生产成本的高昂，这一措施成效并不明显。次年，政府最终关闭除布林加、井里汶 (Cheribon) 和巴加勒 (Bagelen) 各居留地出租给私营企业外的其他全部产业。当 1848 年雅各布森返回荷兰时，爪哇的评茶工作交由那些茶叶知识极其匮乏甚至一无所知的政府官员前往各私营茶厂完

---

① Stuart, "Het begin der theekultuur op Java", p. 34.

成，这就使得那些不法茶厂能够乘机以不法手段蒙骗过关。例如，有的茶厂主先是将评茶官视作贵族般款待一通，然后才让他评验其茶，结果可想而知。1849 年，中央茶厂被迫关闭，茶叶全部由当地茶厂生产及精加工，再将其以固定价格销售给政府。同年，克拉温政府也放弃了所有政府茶园。1851 年，瓦纳亚萨茶厂和仓库被公开出售。① 1859 年，荷印政府为弥补巨额的生产成本损失而将所有产业转让给私营公司。次年，不得不彻底放弃遭受多达 600 万荷兰盾亏损的政府专营爪哇—阿姆斯特丹茶叶贸易。②

1860 年，荷属东印度总督范登波什（J. Graaf van den Bosch）接替杜巴什—德吉赛尼斯出任农委会主席，更加大力推进强迫种植制度。按照该制度的规定，土著民将其所有土地的五分之一部分种植欧洲市场所需的作物，此部分土地上的工人由政府提供，算作地租的一部分；而地租的另一支付方式则是为在未开垦土地上种植出口作物提供劳工。强迫种植制度对于殖民政府以低价操纵主导咖啡、甘蔗、蓝靛、金鸡纳树等受当时欧洲市场热捧的经济作物的规模化种植基本可行，但在茶叶种植方面则较难实施，因为茶叶栽培和制作需要特别的专业性技术。1860 年代，还处于起步阶段的种茶业与正值繁盛时期的咖啡业之间形成了尖锐的竞争态势。由于担心茶叶种植可能影响到咖啡业的发展，再加上茶叶种植需要的劳力远多于咖啡业，以及茶叶垦种的所需资金极为短缺，茶业的发展因此客观上受到了阻碍。政府茶园面积从 1846 年的 4500 公顷以上降到 1864 年的 900 公顷以下，园中茶树从 2000 万株减至 600 万株，而产量则从 1860 年的 200 万磅变成了 80 万磅以下。至 1870 年，爪哇仅剩 15 个种植场有作物栽培，面积约为 150—200 公顷。一些地势较高的茶园所产茶叶可用于制作上等拼配茶，而其他地势较低的茶园所产品质极差的茶叶根本就竞争不过市面上的中国茶。

1870 年，杜巴什—德吉赛尼斯所倡导的私人经营理念开始在茶叶种植事业上再次占据上风。更令种茶从业者欣喜的是，爪哇新《土地法》（Agrarische wet）同年颁布。按其规定，土地租借期最长可达 75 年并可自

---

① Stuart, "Het begin der theekultuur op Java", p. 39.
② H. C. H. de Bie, "De Nederlandsch-Indische theecultuur 1830 – 1924", *Gedenkboek der Nederlandsche Indische theecultuur*, p. 41.

由延展，而与咖啡业有着利益关系的官员不得以任何借口阻碍茶业的发展。① 爪哇茶叶种植业开始缓慢好转。

二 1878年后引进印度阿萨姆茶种的成功

早在19世纪70年代初，爪哇曾有过短暂的引入印度阿萨姆茶籽试种的经历。1872年，荷印总督范登波什就经丹尼逊公司（Dennyson & Co.）尝试从印度订购了数百磅阿萨姆茶籽，并交代试种于芝邦哥尔（Tjiboengoer）种植场，然而试种工作只维持了短短数年。1876年，接手此种植场的新主人因不重视该试种工作而断然将其中止。

与此同时，源自中国茶种的爪哇茶开始尝试被销往伦敦。1877年，首批试销的爪哇茶运达伦敦。但是，英国茶叶中间商明确指出，此爪哇茶制法低劣、品质欠佳，远不及印度茶。获得此信息反馈的爪哇制茶人因而强烈地意识到，如要获得市场的认可，必须提高爪哇茶的品种质量和制作方法。就现实而言，中国茶种在爪哇的试种和制作显然是失败的，而引入与爪哇多少有着相似地理自然环境和气候条件的印度已繁荣生长的阿萨姆茶种或许是个切实可行的办法。②

在19世纪70年代末帮助指导改良爪哇茶业方面做出重大贡献的人当中，不得不提到一位关键性人物——J. 皮特（John Peet）。1878年，对英国市场需求十分了解且对印度、锡兰茶生产制作方式相当熟悉的约翰·皮特公司（John Peet & Co.）创始人J. 皮特开始从阿萨姆引入茶籽，并将首批茶籽交由A. 霍勒（Albert Holle）种于芝巴达（Tjibadak）——J. 皮特参股的辛那加尔—支罗哈尼公司（Sinagar-Tjirohani & Co.）的属地，同时在蒙特祖尔（Moendjoel）成立了一家种子园，其所产茶籽出售给爪哇各地茶园。次年，在索卡勃密（Soekaboemi）附近的辛那加尔又为范黑克勒（L. A. F. H. Baron van Heeckeren）所收到的第二批茶籽增设了一处茶园，培养更多的茶籽以供外销。1882年，J. 皮特再为A. 霍勒和E. J. 克霍温（Edward Julius Kerkhoven）等人从加尔各答购入80磅茶籽，其中最好的被

---

① Bie, "De Nederlandsch-Indische theecultuur 1830－1924", p. 42.
② Bie, "De Nederlandsch-Indische theecultuur 1830－1924", p. 43.

送往蒙特祖尔和登特乔祖（Tendjoajoe）两地茶园，前者所产茶籽再被大量销往爪哇各地栽培。E. J. 克霍温的侄儿 R. E. 克霍温同年还购入了印度贾普尔（Jaipur）茶籽，而此前他曾在蒙特祖尔栽培过 1877 年及其后几年从锡兰引入的阿萨姆茶籽但并未成功。通过上述引种再传播的方式，印度阿萨姆茶种逐渐取代了爪哇早先的中国茶种。至 19 世纪末期，爪哇茶园面积不断扩大，所产茶叶品质逐步改善并提升。[1] 相比于同时期因发展遭遇困境而不断走下坡路的爪哇咖啡业，爪哇茶业则开始走向繁荣。

1875—1890 年被视为近代爪哇茶业发展的最关键时期，而 1890—1914 年则是爪哇茶业的繁荣期，再经数年困难期后又于 1920—1922 年达到其顶峰期，其后继续发展直至 1929 年全球经济大萧条背景下呈现不景气。在此世纪交替的数十年关键时期内，霍勒、克霍温等家族茶业的发展引人关注最为成功，其中前者最先开发了芝巴达茶区，后者则最早开辟了万隆（Bandung）南部茶区。

1840 年代，A. W. 霍勒（Adriaan Walraven Holle）、J. 克霍温（Johannes Kerkhoven）分别娶了荷兰同胞 G. L. J. 范德胡特（Guillaume Louis Jacques van der Hucht）的两个妹妹。范德胡特于 1846 年放弃报酬丰厚的船长之职，率领亲属 30 多人在爪哇登岸转行种植茶叶。A. W. 霍勒曾经营波郎（Bolang）茶园，但不久即去世。其子 A. A. 霍勒（Alexander Albert Holle）受雇于巴拉甘—萨拉（Parakan Salak）茶园并任辛那加尔茶园的监理，又于 1878 年在蒙特祖尔创建了爪哇第一座阿萨姆茶种园，并于 1902 年为了提高茶园的阿萨姆茶种培植技术而亲赴印度考察。

J. 克霍温于 1859 年在荷兰去世，其幼子 E. J. 克霍温于 1861 年前往爪哇跟随其表哥 A. A. 霍勒供职于巴拉甘—萨拉茶园。随后，他接替后者监理辛那加尔茶园达 9 年之久。1865 年，R. A. 克霍温（Rudolph Albert Kerkhoven）于爪哇开创了阿乍沙利（Ardjasarie）茶园，后由其子 A. E. 克霍温（Augustus Emilius Kerkhoven）继承。1871 年，R. A. 克霍温次子 R. E. 克霍温（Rudolph Eduard Kerkhoven）抵达爪哇，在其叔父 E. J. 克霍温的辛那加尔茶园任代经理，同时也在甘邦（Gamboeng）茶园栽种茶树。

---

[1] C. P. Cohen Stuart, "Geschiedenis van de invoering der Assamthee op Java", *Gedenkboek der Nederlandsche Indische theecultuur*, pp. 181–183.

1882年,他力排众议决定将源自海平面附近平原的阿萨姆茶籽引入高海拔的潘加仑根(Pengalengan)高原。他历经艰辛多方筹资,再于1896年创立马拉巴(Malabar)茶园。而他的几个儿子也都子承父业,纷纷参与了该地其他各茶园的经营管理工作,如 E. H. 克霍温任甘邦茶园督导, K. F. 克霍温则任尼格拉(Neglar)茶园督导,都较为成功。①

19世纪末阿萨姆茶种成功征服潘加仑根高原的过程中,还出现了又一位重要人物——被尊称为"布林加农业大王"和"爪哇茶王"的 K. A. R. 鲍萨(K. A. R. Bosscha)。自1887年抵达爪哇,鲍萨就与其舅舅 R. E. 克霍温共事于辛那加尔茶园。在 R. E. 克霍温创建马拉巴茶园后,鲍萨协助经营此茶园30多年,指导了该茶园发展的每一个阶段。其间,他还发明了鲍萨式茶叶萎凋机,为严格监控茶树的生长成立了专业实验室,为茶园用电建立了一座3000匹马力的发电厂,为茶园用水更是兴建了包括一条一千米长水渠的水利工程。

在马拉巴茶园的成功带动下,新茶园不断涌现。随着栽种技术的成熟,土壤、气候及劳动力等因素限制的突破,茶园从爪哇西部山区逐渐向其他地区扩散。1912年,大部分茶园还是位于以布林加为主的西爪哇,数量为202座。② 截至1927年,全爪哇茶园数量增至269座,面积多达84984公顷,其中仅辛那加尔茶园面积在1906—1924年间就扩大了10倍。1930年代初,全爪哇茶园单位面积产茶量已达每公顷1—1.5吨。

在近代爪哇茶业兴起的过程中,曾先后出现了爪哇茶叶种植协会、爪哇茶叶试验场、爪哇茶叶评验局等三个非常重要的咨询和科研服务机构,它们在改良爪哇茶叶品种方面发挥了不可替代的作用。

为改进和推动爪哇茶业的发展, E. J. 克霍温、 A. 霍勒、 G. C. F. W. 麦德特(G. C. F. W. Mundt)等11位爪哇最主要的荷兰侨民茶园主于1881年12月20日创建索卡勃密农业协会(Soekaboeminsche Landbouw Vereeniging),首届会长是 A. 霍勒,秘书则为麦德特。1886年,该会即派麦德特前往考察锡兰茶业,并以《锡兰与爪哇》(*Ceylon en Java*)为册名汇编刊

---

① C. P. Cohen Stuart, "Een familie van Patriarchen", *Gedenkboek der Nederlandsche Indische theecultuur*, pp. 149 – 156.

② Op de Coul, *Nederlandsch-Indische thee-ondernemingen*, pp. 11 – 12.

发介绍考察结果。1924 年初，索卡勃密农业协会与橡胶种植协会（Rubberplanters Vereeniging）合并，用以发展西爪哇茶叶、橡胶、金鸡纳树、咖啡、油棕榈及纤维植物等各种农业，总部设在万隆；1927 年后，协会再被并入爪哇农业总联合会（Algemeen Landbouw Syndicaat），成为荷属东印度山地种植园领导机构，总部设在巴达维亚。该联合会除了负责处理地方事务及一般性农业事件以促进茶叶等种植业的发展及福利外，还得精心维护所经营的试验场的各类科学试验和研究工作。①

索卡勃密农业协会成立后不久，茶园主们即已意识到急需建立一个特别机构为茶叶种植提供各种专业性咨询和科研服务。协会创始人之一 E. J. 克霍温与茂物政府植物园主任 M. M. 特罗波（M. M. Treub）初步协商后，于 1894 年在该植物园内设立一个临时研究所，专门研究茶叶栽培问题，并得到了多家公司的资金赞助，其经费交由农业协会指定 E. J. 克霍温为主席的专门委员会管理。该研究所受特罗波直接领导，并聘请 C. E. J. 罗曼（C. E. J. Lohmann）为总经理，以从事实际科研工作，其首份茶叶研究报告于 1894 年 6 月 14 日出版。1898 年，C 罗曼之位由 A. W. 纳宁格（A. W. Nanninga）接任。1902 年，该研究所变更为茶叶试验所（Proefstation voor Thee），继续受特罗波直接指导，纳宁格仍任总经理。1907 年，纳宁格卸任，由 Ch. 伯纳德（Ch. Bernard）接替其位，具体指导试验所的科学研究工作。同年，该所即编辑出版了各种研究方面的小丛书。除试验工作外，该所还开始每年巡视各茶园，对茶园主们所遇问题加以解答并发表报告。1916 年，该试验所脱离农业协会成为独立的试验场，并拥有专门的理事部，由茶园主代表组成，为各茶园利益服务。试验场每年从荷印政府领取一定的津贴，以维持日常科研工作。作为当地茶业顾问，试验场负责主持各种关于茶叶的选种、栽培、剪枝、采摘，茶园土壤分析、病虫害防治、除草、耕作和施肥，以及茶叶制作和工厂设备的科学使用等试验，并于 1922 年出版了深受种茶者们喜爱的理论与实践相结合的研究成果。1932 年，规模不断扩大的茶叶试验场最终与橡胶试验场（Proefstation voor

---

① Bernard, "De geschiedenis van de theecultuur in Nederlandsch-indië", pp. 13 – 18；W. de Vos, "Geschiedenis van de Soekaboemische Landbouw Vereenging", *Gedenkboek der Nederlandsche Indische theecultuur*, pp. 157 – 164.

Rubber）合并，组成西爪哇试验场（Proefstation West Java）。①

1905 年之前，爪哇茶叶在运至阿姆斯特丹或伦敦后才能形成有关其品质的评价和鉴定报告。等到茶园主们获得相关报告，已是货物运出 8—10 周的时候了，因此即使他们想要改正产品的缺陷也已无济于事。为了能够在茶叶装船发货之前确保其品质，以维护其在海外市场的销售声誉，在爪哇当地成立一个相关的品质检验机构很有必要。1905 年，受巴达维亚经销商敦禄普—科尔夫公司（Firma Dunlop en Kolff）的 F. D. 考修斯（F. D. Cochius）先生之建议，茶叶评验委员会（Comité inzake Thee Expert）在万隆成立，并聘请了两名对海外各主要市场都非常熟悉的评茶师，其主要任务是：在茶叶出园前检验茶样，指出其制作缺陷并指导改进；测试茶样品质，与该园前期产品及其他茶园成茶做对比；及时汇报海外市场销量及价格信息；对茶园后期产品给出必要意见和建议。当年，该会共吸纳了 33 家茶园为会员，为其抽取 1353 件茶样检验。1910 年，茶叶评验委员会改名为茶叶评验局（Thee Expert Bureau），其总部迁至巴达维亚，所代理的会员增至 71 家，抽取茶样 6505 件；至 1923 年，会员数则变为 152 家，抽取茶样 18898 件。该评验局在改良爪哇茶叶品质方面做出了巨大的贡献，这主要归功于该评验局对茶叶出口进行严格把关；跟踪研究国际茶叶市场的形势变化，以提升爪哇茶叶的质量；设立专门的宣传基金，在爪哇各地宣传讲解制茶、饮茶方法，以及派专人前往澳大利亚、美国等新兴市场宣传爪哇茶叶并深入市场调研；以及在阿姆斯特丹、伦敦、加尔各答等地设立联络点并与殖民地保持经常联系，及时通知会员有关这些重要市场的情况信息。②

三　近代爪哇茶叶的栽培、制作及销售

爪哇岛位于南纬 6—9 度之间，东西长约 1000 千米，南北宽约 89—211 千米不等，物产极为富饶。全岛多山，其山脉绵延，多由休眠火山岩

---

① Ch. Bernard, "De geschiedenis van het theeproefstation", Gedenkboek der Nederlandsche Indische theecultuur, pp. 165 – 174.

② D. Lageman, "Het Thee Expert Bureau", Gedenkboek der Nederlandsche Indische theecultuur, pp. 83 – 87.

组成。火山之间分布着极其肥沃的大平原，近代爪哇茶园一般多兴起于这些火山的斜坡上或邻近的平原上，主要集中在爪哇岛的西部，中部次之，东部则最少。就整个爪哇岛而言，其茶园数量从1870年的种茶面积约150—200公顷的15家种植场，发展至1910年前后的种茶面积约8万多公顷的200家左右茶园。

爪哇西部茶园多分布于茂物附近的萨拉、格德（Gedeh）火山区。萨拉火山位于巴达维亚州内，格德火山位于布林加州内，两大山脉的广阔斜坡是开发茶园的理想区域。布林加州多数茶园皆位于格德火山的北坡，以茂物及克拉温区、巴达维亚区、井里汶区为主，仅有少数南方茶园在冲击平原上。爪哇中部茶园主要集中在潘加仑根、三宝垄（Semarang）、格都（Kedoe）、梭罗（Soerakarta）、文里芬（Madioen）及涧义里（Kediri）各州的山坡上。爪哇东部茶园不多，基本位于岩望（Passoeroean）及比索基（Besoeki）山坡上。

爪哇多数地区的土壤由火山灰构成。一般来讲，海拔越高火山土壤年龄越新，常呈灰色而多石，其地所产茶叶品质越优良。特别是位于海拔约1500米区域，由于土壤中所含腐殖质极为丰富，集中了多数优良茶园。反之，位于海拔约600—1200米的山麓处，火山土风化彻底而所含粘土量较重，其结合体呈棕红色，所含腐殖质很少，虽经耕耘可大量产茶，但品质较差，其味浓色暗，缺乏香气。总体而言，爪哇茶园大致位于海拔约200—1800米之间。①

爪哇属热带气候，四季温差小，深受季风影响。1—2月多西南季风，带来大量降水；7—9月为相对干燥的东南季风，雨水较少。靠近格德、萨拉火山的布林加州和茂物一带，山区海拔约1000—1500米地带降雨量四季分布十分平均，全年约为2500—4100毫米。上午多阳光普照，午后或傍晚常降雨。这形成了非常适合茶树生长的湿润气候条件，因而成为爪哇最主要的产茶区。东部地区则常年遭受干旱及热风的侵扰，如此气候条件很不利于茶树的生长，严重影响了茶园的拓展。至于在茶树种植过程中不太受欢迎的霜降问题，似乎只有在海拔约1500—2100米的潘加仑根高原上的几处茶园受此影响，而爪哇多数茶园所处的群山环抱区域则很少

---

① J. J. B. Deuss, *Over de thee gronden van Java en Sumatra*, pp. 6 – 16.

有霜。

如前所述，爪哇茶园多依山区斜坡开垦，主要在原始森林或次生林地带新辟而成。此外，改造旧的咖啡园或金鸡纳园也是较为便捷的途径，以及开辟生长灌木、土质疏松的平地。开发浓密的原始森林最为费力，但其含有丰富的腐殖质土壤；开辟次生林较易，但其土质也较次；垦殖虽遍布杂草和灌木但平坦的地域更易，但应先割掉草木且须清除其根。无论以何种方式开辟茶园，都得要防止表土的冲刷流失。斜坡如果过于陡峭，茶园基本上都要修筑成梯田式，每层阶梯旁需栽上用于保护表土的根部发达固土性强的豆科植物或绿篱；较缓的斜坡上，通常采取挖排水沟的方式来减少雨水的冲刷力度以保护多孔性表土，再种上适合的篱笆式作物。如土壤渗透性超强，则需挖水坑蓄水。总而言之，如何修筑梯田式茶园，须视具体地势情况和降雨量而定。

栽种茶树前，要先耕耘茶园土地。黏性土壤需多次耕耘，先要深耕并清除杂草根系，以便让空气和水分充分流通以及加速分解矿物质；水、气循环良好的疏松沙土以及腐殖质丰富的土壤则无需重耕，否则极易造成土壤过分干燥。①

茶树苗移入茶园前，一般需在土地肥沃的大苗圃里生长1年半至2年。在苗圃里，先将茶籽播种于发芽床上促其发芽。发芽床深挖15厘米，整平后盖上经筛选的细沙，然后将茶籽埋种沙中1厘米深处，再精心灌溉，直至种子破壳发芽。待长成幼树后，即可移入苗床继续培育。1年半至2年后，遂可挖出茶苗移植茶园，但此前须割断其主茎至15—20厘米处并去掉枝叶，同时小心修剪其主根和侧根，然后用剪下的枝叶将其包裹装入竹篮再运往茶园。茶苗的最佳移植时机为11—12月，此时正值雨季开始。当然，如果条件允许的话，种茶者更愿直接在茶园内进行播种，以便节约时间以及苗圃与茶园之间的运输成本。②

茶树移入前，茶园内需事先根据一定的间隔比例将以豆科植物为主的多年生绿肥种植妥当。待到茶苗入坑移植好后，豆科植物（及其落叶）可以作为绿肥为茶树提供生长所需大量氮素及腐殖质等效力持久的有机肥

---

① Moore, *Assam-thee*, pp. 9–14.

② Moore, *Assam-thee*, pp. 15–19; Ukers, *All about Tea*, p. 352.

料，可以用作遮阴物保持土壤荫凉而湿润，可以成为土壤改良物促使土壤成多孔性而易于透水和防止土壤硬结，还可以当作防风篱笆在茶园路旁抵御强风侵袭。诚然，人造速效肥料可与绿肥搭配使用，会对茶树的茁壮生长发挥上佳效果，如油饼、骨粉、盐基性火山灰以及木灰等，但只能适量使用，以免因雨水冲刷而造成无谓的肥力流失。①

此外，充足的施肥再加上轻度的修剪，还可以帮助茶树抵抗各种病虫害。对茶树杀伤力最大的害虫是属盲椿象科的蚊螨，其通过茶树嫩枝叶柄吸吮汁液，同时注入一种毒液破坏其茎叶细胞而形成坏死组织，以致茶枝嫩芽最终卷曲变黑而死。其他常见害虫还有介壳虫以及各种紫蜘蛛、绯红蜘蛛和更可怕的橙色蜘蛛。旱季多发的蜘蛛毒害常使茶芽变黄变红或变黑，直至脱落。同时，茶树的根、枝、叶还易遭受各种病菌侵害。危害茶根的最危险微菌为根腐病菌和红根菌，其多依附于各类腐殖物上而传染至茶树根部致其病死，甚至会传播给邻近茶树；而茶树枝叶所遭受的红锈菌害，会使健康的叶片上生成稀疏斑点并侵入其茎脉组织，最终导致叶片脱落枝干枯裂而死。抵御上述种种病虫害，对于那些位于斜坡且茶丛高的茶园来讲，最佳方法只能是选种茁壮健康的茶树以及伴种绿肥和做好排水措施，而采用喷洒药粉等直接防治方法较为困难，其主要适用于坡度缓面积广的潘加仑根高原等空旷区域的茶园。②

对受到蚊螨和红锈菌侵害的茶树进行剪枝可以很好地防止病虫害的传播，而对正常生长的幼壮龄茶树进行剪枝则可以控制茶树生长的高度以及增加茶树嫩枝的数量，从而方便茶叶采摘和增加茶叶产量。爪哇茶园的传统剪枝法为高剪，即使用手持大剪刀剪去过高过密的枝梢，此过程差不多按部就班地依次贯穿全年。其中，对壮龄茶树的修剪根据茶园的位置及高度可分为轻剪和重剪。轻剪间隔期通常为1年半至3年，每5到7次轻剪过程中再重剪一次，这样生长于肥沃土壤中温热气候下的茶树在修剪间隔期内正常情况下都会长势茂盛，有充足的茶叶可供采摘。③

在四季恒温的爪哇，全年每隔1—2周即可采摘茶叶一次，但需要注意

---

① Moore, *Assam-thee*, pp. 39-43; Ukers, *All about Tea*, p. 353.
② Moore, *Assam-thee*, pp. 43-46; Ukers, *All about Tea*, pp. 355-356.
③ Moore, *Assam-thee*, pp. 59-66; Ukers, *All about Tea*, pp. 357-358.

的是每剪枝一次后须停止采茶 2—3 个月，以便茶树有足够的时间恢复元气。最佳的通行采摘法为浅采茶丛外围和深采茶丛中央，如此方可促使各枝叶能够均衡获取养分并可保持良好的树形。切记的是，修剪完 2—3 个月后新生幼叶不可重采，只可待茶树恢复元气后再粗采茶丛中央。根据采摘季节的不同，爪哇茶叶在品质上大致分为两类：6—10 月摘得的茶叶为优等旱季茶，10—5 月收获的茶叶为次等雨季茶。摘得的生叶每天分两次由采茶工送往茶厂，梯田式或陡坡茶区直接采取人工或后期逐步推广的缆索运送，广阔平原或缓坡茶区则通过公路利用早期的各类牛马车或后期的汽车、窄轨电车运送。①

茶厂对收到的生茶首先进行萎凋处理。早期茶厂普遍使用自然萎凋法，其虽然花费时间较长，但也是最理想的萎凋处理法。最初，吸收水分作用明显且搬运方便的竹筐被广泛使用。萎凋室内，工人们将生叶薄摊在各竹筐上，再将其叠置于通风处。随着茶叶加工量的不断增加，竹筐逐渐被大木盆取代，成排的木盆支架规整地摆放于萎凋室内，工人们上下分摊生叶时甚至需要使用小梯子。随着风扇和热空气输送设备的普及，需要室内外来回搬运竹筐或木盆的自然萎凋法逐渐被室内人工萎凋法取代，整个萎凋过程也大大缩短。②

当生叶经萎凋处理后脱水率达到 30—50% 时即可进入揉捻工序。此工序从早期的纯手工作业逐步转化为全机械化操作，即将茶叶置入圆筒式等容器，再在平台上来回转动容器以实现揉捻茶叶的目的。近代爪哇各茶厂曾先后使用过"单动式"和"双动式"揉捻机。"单动式"揉捻，即仅转动容器或固定容器而转动其下方的平台；"双动式"揉捻，则按相反方向同时转动容器和平台，其收效更佳，使用更广泛。揉捻后经筛分的细叶被摊开发酵，粗叶则被回收重新揉捻，如此反复多次。③

茶厂一般使用专门的发酵室对茶叶进行发酵。首先将揉捻后的叶片分摊在浅盆中，再在其上面铺盖湿布以保证 95% 左右的湿度，然后将浅盆叠放在木架上，90—270 分钟后发酵工序即可完成。后期一些新式茶厂还尝

---

① Moore, *Assam-thee*, pp. 46 – 59；Ukers, *All about Tea*, p. 359.
② Moore, *Assam-thee*, pp. 67 – 72；Ukers, *All about Tea*, pp. 361 – 363.
③ Moore, *Assam-thee*, pp. 72 – 76；Ukers, *All about Tea*, pp. 363 – 364.

试将茶叶薄薄地摊放在干净的瓷砖地面上进行发酵，这在需要发酵的茶叶数量较大时被频繁使用，可解场地紧缺之急，但常常由于地面透气性差空气不能深入摊层内部而导致茶叶得不到充分发酵。①

发酵后的茶叶即可进入制茶的最后一道工序——干燥。早期的干燥法是，通过将茶叶摊放在容积小易于操作的干燥器中的数层方形穿孔大金属板框中，再使用人力将上下框定时交换，以使所有茶叶都能够充分暴露在干燥空气中。此操作法后逐渐被淘汰，更先进的方法是将板框层层叠加，先将茶叶放入上层板框，接着按照设想的速度来回移动板框，茶叶纷纷跌落至下层板框，当落至最底层时也已基本或完全干燥。干燥茶叶时，对干燥室内空气温度的控制十分讲究。先在加热器或锅炉内加热空气，待其温度升至90°—100℃时再通过"下抽式"或"上抽式"干燥机将之吸入干燥室的上部或下部与茶叶接触，从而达到干燥茶叶的目的。②

经过上述层层工序而制成的粗茶再经过筛分、去梗、分类，最终形成能够适应海内外各级市场需求的多达10个等级的爪哇红茶，依据其从低到高的品质分别为武夷、茶末、碎茶、小种、小种—白毫、碎白毫、白毫、白毫—碎橙黄、白毫—橙黄、白毫—嫩橙黄。

销往市场前，各品种的茶叶需要分类装箱，这是一项很重要的工作。早期的装箱习惯是让工人用脚在茶箱内踩踏充实，此踩踏过程既容易造成叶片的破损和其他杂质的混入，其间工人的汗水及脚部的不洁也容易对茶叶品质造成污染。为了避免这一弊端，各茶厂逐渐普及使用专业的装箱机。工人先利用漏斗将茶叶倒入装箱机，再通过震动该机器将茶叶灌入内衬铅或锌的茶箱——或是茶园自制的木箱或是专业定制的三合板箱，同时也可以利用压茶器使茶箱更充实。整个装箱过程中，茶叶基本不与人体接触，其卫生可以得到有效保证。③

装箱完毕后，各茶园的茶叶被运至就近的火车站，然后经铁路输往巴达维亚。除极少部分被本岛消费市场吸收外，近代爪哇茶绝大部分由茶叶公司经三种途径销往海外市场：一是被运往阿姆斯特丹拍卖销售；二是被

---

① Moore, *Assam-thee*, pp. 76 – 80; Ukers, *All about Tea*, pp. 364 – 365.
② Moore, *Assam-thee*, pp. 80 – 86; Ukers, *All about Tea*, pp. 365 – 366.
③ Moore, *Assam-thee*, pp. 97 – 101; Ukers, *All about Tea*, pp. 367 – 368.

运往伦敦拍卖出售；三是被销往其他消费国。因为爪哇茶叶的主要海外市场是英国和荷兰，所以这两国的茶叶公司垄断了整个爪哇茶的购销网络，其中英国公司集中精力在巴达维亚收购茶叶，而荷兰公司则操纵着其他地方的茶叶销售。爪哇的许多茶园由数家大茶叶公司拥有，茶园经理对茶叶的处置直接听命于公司的董事；如若公司在巴达维亚设有代理处，则由其向茶园经理转达公司董事的营销意见。

近代爪哇茶品质的提升与被认可经历了长达半个多世纪的一段曲折岁月。1835年首次少批量爪哇茶进入阿姆斯特丹市场时，因为品质低劣而销售价远低于其成本价。为了敦促提升茶叶品质和有效规范茶叶贸易，1850年5月1日巴达维亚茶商特意成立了巴达维亚茶叶贸易协会（Handels-vereeniging te Batavia），其虽为私营但始终与殖民政府保持着密切的联系，通过制定茶叶买卖的标准合同与仲裁规则规范管理当地茶叶市场，根据要求为当地银行、进出口商以及商品交易所制定规则。[①] 由于1870年代开始随着荷印政府支持力度的加大，茶园茶种品质的改良以及茶厂制茶技术的提高，爪哇茶的品质在1880—1890年间得到了极大的提升。1905年荷印殖民政府专门成立的茶叶评验委员会以及1910年由其改成的茶叶评验局，都极大地促进了爪哇茶品质的不断改进。爪哇茶的销售大多数采取预订制，茶叶流入市场前基本都会送往该局评验，过关后再贴上各茶园的商标，该商标为各国消费者所熟知。因此，茶园对茶叶质量非常重视，否则茶园的商业信誉一旦因茶叶质量问题而丢失将很难在数年内恢复。经此努力，至1910年代巴达维亚在国际茶叶贸易中取得了重要地位，成为当时世界重要的茶叶市场之一。

四 结语

近代爪哇茶业的兴起是一个较为漫长而艰难的过程，经历了先行试种日本、中国茶种失败再转而试种印度阿萨姆茶种成功的多番尝试，可谓一

[①] A. E. Carleton, "Activity of Java's Chambers of Commerce (Batavia, Dec. 11 1918)", *Commerce Reports*, Vol. 1, No. 53, Washington D. C.: The Bureau of Foreign and Domestic Commerce, Department of Commerce, 1919, p. 1027.

波三折。

19世纪20年代开始，荷属东印度殖民政府成规模地将日本、特别是中国茶籽茶种引入爪哇试种。然而，起先由于缺乏必要的技术和工具，致使早期茶叶种植、采摘及制作水准都难以符合欧洲市场标准，所售成茶质量并不被消费者所接受；其后，虽然优质的茶籽茶种、先进的种茶制茶技术和工具以及急需的技术工人被不断地从中国引入，最终却因为茶叶种植在爪哇种植业中被重视的程度始终不足，加之殖民政府力推的强迫种植制度，导致爪哇政府茶园面积及茶叶产量不断缩减，所产茶叶品质无法与中国茶叶竞争，并且深受货源充足价格更低的印度、锡兰茶叶的威胁，最终爪哇试种日本、中国茶种的尝试于19世纪70年代初以失败告终。

19世纪70年代，爪哇转而引入印度阿萨姆茶种试种并最终获得成功，其有着诸多原因和条件。首先，最基本的前提条件就是阿萨姆茶种所生长的地理自然环境和气候条件与爪哇极为相似，这非常有利于阿萨姆茶种在爪哇试种的成功推广。其次，19世纪末期爪哇咖啡业遭遇困境，爪哇殖民地土地政策重新修订，殖民政府对种茶事业逐渐重视，从而使得种茶业顺势崛起。在此过程中，一些农艺专家、试种者、殖民官员以及种植协会、试验场、评验机构等个人和团体扮演了重要的角色，发挥了积极的作用。在上述诸多因素的影响下，爪哇各地茶园规模不断扩大，茶园的经营管理模式也逐步得到改善，茶叶栽种技术随着越来越多的专业性支持而日渐成熟，土壤、气候、病虫害及劳动力成本等各种不利因素的限制被层层突破，以及制茶技术持续得到改良和提高，近代爪哇茶业遂于1890年代进入繁荣发展时期，品质得到极大提升的爪哇茶随即开始广受国际茶叶市场的重视及欢迎。

《闽游偶记》关于"海丝"之城高雄崛起的史地叙事

肖 成

（福建社会科学院文学研究所）

众所周知，"文学地理学"这一概念最早是由德国哲学家康德提出的。[①] 然而，在中国作为一门以文学与地理环境之关系为研究对象的学科，则是由近代学者梁启超首次提出的。梁启超对于文学地理学的贡献，并不只是首先提出或者使用了"文学地理"这个概念，而是引进和借鉴了西方近代人文地理学的理论和方法，指出了文学与地理环境的关系是一个互动关系，就是把文学作品放在地方、国家和世界的三种尺度环境中去分析；文学地理学的任务，就是对地理环境（包括自然环境和人文环境）与文学要素（包括文学家、文学作品、文学读者）之间的各个层面的网络般的互动关系进行系统的梳理，找出它们之间的内在联系及其特点，并给予合理的解释，从而在中国学术界开启了现代意义上的文学地理学研究。[②]

[①] 康德曾在其著《自然地理学》中指出："历史和地理学在时间和空间方面扩展着我们的知识。历史涉及就时间而言前后相继地发生的时间。地理学则涉及就空间而言同时发生的现象。后者按照研究的不同对象，又获得不同的名称。据此，它时而叫做自然地理学、数学地理学、政治地理学，时而又叫做道德地理学、神学地理学、文学地理学或者商业地理学。"［德］康德：《自然地理学》，李秋零主编：《康德著作全集》（第9卷），中国人民大学出版社2010年版，第162页。

[②] 梁启超1902年于《中国地理大势论》中不仅明确了文学地理学的研究对象，规定了文学地理学的研究任务，即通过作家与作品（包括文学家族、文学流派、文学社团、文学中心等）的地理分布及其变迁，考察不同的自然地理环境和人文地理环境对作家的气质、心理、知识结构、文化底蕴、价值观念、审美倾向、艺术感知、文学选择等构成的影响，以及通过作家这个中介，对文学作品的主题、题材、人物、原型、意象、景观、体裁、形式、语言、风格等构成的影响；同时还考察研究作家，以及由作家所组成的文学家族、文学流派、文学社团、文学中心等所完成的文学积累，以及文学作品、文学名胜与文学遗迹所形成的文学传统，所营造的文学风气，以及对当地的人文环境所构成的影响等。上述这段话参考了钟仕伦的《概念、学科与方法：文学地理学略论》一文，《文学评论》2014年第4期。

清人吴振臣，字南荣，小字苏还，江苏吴江县人。因其父流放于关外而生于宁古塔，喜好游历，终生未仕。撰有三部纪实之作《宁古塔纪略》，以及《闽游偶记》与《台湾舆地汇钞》。其中《闽游偶记》一著因考略翔实、文笔真实可信，自晚近经略台湾与筹划台海关系始，渐为重要参考史牍之一。该著尤以关于"高雄"的"地方"（place）和"区域"（region）之叙事之广泛、生动而为台海关系的早期研究者所重视。其于诸多史实之记载，因每每以人类学"田野调查"方式调研、考证而获得，在在印证了中国台湾历史上第一座城池——高雄建立和崛起的沧桑足迹，属于当时最具文学地理学价值的士人游宦著述之一。法国学者歇乐·科洛把文学地理学所讲的空间称为"风景"或"文学风景"，他这样说："我把'文学的空间'叫作'风景'。这个'风景'不是指一个地方，是指一个地方的形象，它由作者个人眼光构成。……我对'文学风景'的定义是：'风景'并不是指作家描写的地方，而是世界的形象，它与作家的风格、感受联系在一起。也就是说，不是指对地方的一种索隐，而是整体的风格、形式以及意义。……'风景'既是对世界形象的一种眼光，也是对自我的一种形象，两者相互关系而构建出来的东西。在'文学风景'中，不仅要看到地方的形象，而且要看到空间的形象，同时要看到作品与世界的形式。"[①] 本文拟以《闽游偶记》为考察研究对象，撷取其间关涉高雄的一些文字，尝试通过文学地理学的"空间网络"的经纬拆解性分析，将《闽游偶记》中那些貌似无意义的地名编织成若干脉络，构成一个由地名集合而成的文明遗产，以提升其文化价值，进而鉴证"高雄"崛起的多维面相。

　　当代高雄，又名高市、港都，旧称"打狗"，位于中国台湾岛的西南部。它不仅是台湾地区第二大城，更是一个从海洋出发的城市。是一座自然地理优越、交通发达、物产丰富、工商业繁荣的现代国际都市。然而从城市的角度来看，由于"台湾地极东南，孤悬海外，原无所谓凤山县也"[②]，因此高雄也并无久远的历史可考。台湾岛古称"夷洲"，高雄即为古夷洲之一部，有先住民平埔人居之。实际上，直到明末荷兰人在南台湾

[①] 据法歇乐·科洛《关于文学地理学的演讲》翻译整理，http://video.Chaoxing.Com/serie_400001067.shtml。

[②] （清）李丕煜修，陈文达等纂：《凤山县志》卷一〇《艺文志·诗》，台北大通书局1984年版，第275页。

建立起殖民据点之后，台湾南部才开始有了真正的城市建制，在此之前不过为部落的生活场域。①

就地形与地貌而言，高雄地理条件优越，乃东亚海上交通要冲，地势东高西低，东半部为山区，西半部则属于河流冲积扇平原，隔台湾海峡与厦门相望，既扼守台湾海峡南边的门户，又处于巴士海峡的北端，控制着南中国海出入太平洋和东南亚的海路通道，战略位置极为重要。清初靖海将军施琅即在《请留台湾疏》中向康熙帝奏陈务必要将台湾收入版图时，明确指出了其军事战略价值所在："窃照台湾地方，北连吴会，南接粤峤，延袤数千里。山川峻峭、港道纡回，乃江、浙、闽、粤四省之左护。"② 显然，正是由于看到了台湾岛对大陆具有极为重要的军事战略价值，以及在海路贸易和经济开发上的潜在价值，施琅才在奏折中提出即使亏本经营也要巩固中央政府对台湾的有效行政管理和系统的军事筹划。《闽游偶记》中也清楚指出了这一点："至若海道，周围错出；于南则有打狗，下淡水、凤山、鼻头诸港，北则半线港、竹堑港、上淡水港，支分流派，漾洄湍激，皆为水道之要津而不可忽者也。……况淡水港南北皆山也，据西来之门户。"③ 明确点出了高雄在战略位置上，既是祖国大陆的东南藩篱，也是出入西太平洋和南中国海的海峡孔道。对于台湾来说，其南部要冲高雄的战略地位实不亚于台湾之于大陆。高雄的重要性，在乙未割台时更为有识之士所深刻认识："中原门户扼瓯闽，棋布星罗百里津；轻弃东南天堑险，

---

① 据史料记载，明万历年间，海盗颜思齐盘踞鹿港，将之称为"台湾"。台湾之名由此始，并沿用至今。明天启二年（1622），荷兰殖民者联合东印度公司占领澎湖，并在主岛上建立堡垒作为拓展殖民地与长期贸易的基地。天启四年（1624），荷兰殖民者借口船只遭遇台风借居台湾鹿耳港，明崇祯年间进而侵占全台湾。清顺治十八年（南明永历十五年，即1661），郑成功赶走荷兰人，收复台湾，南明政府在台湾设置一府二县，高雄被划入万年县管辖；后又裁府改二县为二州，设安抚司，高雄划归万年州管辖。清康熙二十二年（1683），清军武力逼使郑克塽投降，统一台湾，并于第二年（1684）在台湾设置凤山县，高雄归其辖属。与今天高雄市相比，清初设置的凤山县的范围要大得多，管辖有台湾岛南部的广大范围，大致包括今天的高雄市、高雄县、台东县、屏东县全部和花莲县的一部分。后来随着人口发展和社会开发的深入，其他县相继从凤山县中分出，仅剩高雄市和高雄县的范围，今天的高雄县县治凤山市即原凤山县治。

② （清）高拱乾等纂：《台湾府志》卷一〇《艺文志·奏议·请留台湾疏》，台北大通书局1984年版，第231页。

③ （清）吴桭臣：《闽游偶记》，孔昭明主编：《台湾文献史料丛刊》（第2辑第21册），台北大通书局1984年版，第12页。

无谋竖子尔何人!"① 由此可见，控制高雄即可控制全台湾，而台湾又是大陆沿海的战略屏障，故高雄的战略地位可见一斑。

由于台湾与大陆之间隔有一道台湾海峡，宽阔的洋面使两地往来不便，致台湾本岛"孤悬海外"。而自古以来，从厦门、金门出海后须走澎湖这一指定的航路才能到达台湾各处，因此《闽游偶记》中说："今之往来船只，务必以澎湖为关津。从西屿头入，或寄泊峙内、或妈宫（二者北风寄泊最稳处）、或八罩、或镇海屿（二者南风寄泊最稳处），然后渡过东吉洋（即甘吉），凡四更，船至台湾，如鹿耳门。则澎湖乃台湾门户，而鹿耳门又台湾之咽喉也。"② 而高雄与厦门、金门对望，以澎湖列岛为中介，是两地往来的最佳航道。这样的海上航线的选择不是人们随意行驶的结果，而是千百年来经过无数探索之后，对所行航线上的洋流、季风和礁石、海沟等相关地理知识与经验累积的最佳选择，因而也是最便捷、最安全的路线。然而即便如此，在以帆樯航行的时代，横渡台湾海峡依旧是危机四伏的险途。譬如台湾岛和澎湖列岛之间有一道极其危险的"黑水沟"，《闽游偶记》中有对此有详细的描述：黑水沟"在澎湖之东北，乃海水横流处。其深无底，水皆红、黄、青、绿色，重叠连接，而黑色一沟为险，舟行必藉风而过。水中有蛇，皆长数丈，通身花色，尾有梢向上，如花瓣六、七出，红而尖；触之即死。舟过沟，水多腥臭，盖毒气所蒸也"③。这道"黑水沟"是由海洋暖流与寒流交汇形成的乱流。当船舶驶近台湾港口时，由于古代港口外没有经过疏浚，因此多暗藏危机，若要平安渡过"黑水沟"，就存在着很大风险。对如何航行穿过"黑水沟"的情形，《闽游偶记》中亦有详细记载："午间，进鹿耳门。两边有沙似鹿耳，水极浅；水底有铁板沙线，中如沟，沟底约宽二丈许。水面汪洋，莫识其下；略一偏侧，船粘铁线，不能行动，须用熟悉土人以小艇引之而入。进此即大

---

① 孔昭明编：《台湾诗钞》卷一六，林景仁《东宁杂咏一百首》（其三），台北大通书局1987年版，第288页。诗中所云"东宁"在明清时的诗文中常代指台湾，盖因郑成功收复台湾之后，曾将台湾称为"东都"，后来其子郑经又将"东都"改为"东宁"。
② （清）吴桭臣：《闽游偶记》，孔昭明主编：《台湾文献史料丛刊》（第2辑第21册），台北大通书局1984年版，第13页。
③ （清）吴桭臣：《闽游偶记》，孔昭明主编：《台湾文献史料丛刊》（第2辑第21册），台北大通书局1984年版，第14页。

港,周二十里。泊大马头,又名大井头;岸滩水浅,舟不能近,俱用牛车盘运上岸。"① 由《闽游偶记》作者的亲历亲见可知,明末清初台湾最大港鹿耳港外,由于沙线淤积隆起使航道低浅、港门狭窄,极易导致船只搁浅,故大多船只都在港外停泊并以小舟转驳。加之打狗山也位于打狗港外,即今之寿山,均为进出港的必经通道,港外海底左右暗礁丛生,就使得入港进一步增加了危险。当时同《闽游偶记》所述的这一情形可以相互印证的文学作品还有不少。②

实际上对于经常行舟于台海之间的船舶来说,最大的危险绝非上述之情形,而是台海之上难以预测的台风、飓风。由于古代没有现代科学系统的气象预报,无法精确预知台风、飓风何时形成,因而海上航行时遭遇台风、飓风时有发生,且一旦遭遇上,船舶若是恰好在大洋深处,前后又无岛屿可以抛锚躲避的话,后果不堪设想,常常是九死一生。海上遭遇台风这种惊心动魄的经历,更让渡海之人充满恐惧记忆。故为了顺利渡海出洋,古人就极为重视风信知识的积累和研究。《闽游偶记》中就较为详细地记载了台海上空的风信常识:"风信,清明以后地气自南而北,则以南风为常风;霜降以后地气自北而南,则以北风为常风。若其反常,则台飓将作,不可行舟。风大而烈者为飓,又甚者为台;飓或瞬发倏止,台则常连日夜或数日而止。过洋以四、七、十月为稳,盖四月飓风少、七月寒暑初交、十月小阳春候,天气多晴顺也。最忌六、九月,舟人视青天有点黑,则收帆严舵以待之,瞬息之间风雨骤至;若少迟,则收帆不及,或至覆舟焉。天边有断虹一片如船帆者,曰'破帆梢';海水骤变,水面多秽如米糠、有海蛇游于水面者:亦台风将至之兆。"③ 由此可见古代行舟渡海时,为何"必鸣金焚纸钱"以求平安,正因其间暗藏着许多不可知的风险。而从文学作品、文学事件和文学景观中发掘区域信息,这是"存在的

---

① (清)吴桭臣:《闽游偶记》,孔昭明主编:《台湾文献史料丛刊》(第2辑第21册),台北大通书局1984年版,第14页。

② 清人林豪诗作中就有这样的描绘:"海中异境无不有,春旦秋昏一年久;花明柳暗好鸟啼,月黑风青山魈走。仙人境、鬼门关,仙鬼变幻一岛间;灵山未许红尘扳,莫讶浮样去复还。"从此诗中对打狗港外暗礁的恐怖描写来看,这种碰运气闯鬼门关的经历足以令人有些心惊胆寒。参见孔昭明编《台湾诗钞》卷五,林豪《暗礁行》,台北大通书局1987年版,第106页。

③ (清)吴桭臣:《闽游偶记》,孔昭明主编:《台湾文献史料丛刊》(第2辑第21册),台北大通书局1984年版,第25—26页。

认知"的一种方式。可以通过旅行家的游记分析他们足迹所到之处的区域特征，从而了解相关的地理知识。尤其是发掘文学作品中作家、文学景观的区域信息，分析文学对区域意义的建构结果。

　　高雄的早期社会经济开发和城市创建，其实都与海盗活动和西方殖民者的入侵、贸易活动密切联系。据史料记载：凤山县的"县治，距府东南七十里，古荒服地，倭与琉球别种。自前明嘉靖末，流寇林道乾掠海上，都督俞大猷逐之，道乾遁附倭，舣舟打鼓山下，始通中国"[①]。就说明了当时海盗在加强台湾岛与中国大陆之间联系的作用。到明崇祯时，荷兰殖民者入侵台湾，为巩固其利益和长期占据而建造了"土城"和"赤嵌城"两座城池。

　　"赤嵌城"，荷兰语谓之"热兰遮城"，当地土著又称之为"红毛楼"。相传明天启年间，荷兰殖民者舰队于台湾海峡遭遇台风，在鹿耳港登岸之后，发现此处实为建立殖民据点的理想之地，遂向颜思齐为首的海盗提出暂时借居却遭拒。于是荷兰人欺骗说愿以重金仅租牛皮大小的一块地。海盗贪利应之。结果荷兰人将牛皮剪成细条绳，圈地数十平方丈，建造了赤嵌城。[②] 关于赤嵌城的故事，《闽游偶记》中不仅有叙述其来历的生动传说，更有关于其城池规模形制和内部构造、功能设计样式的详细记载："赤嵌城，在府治西二里许；下临大港。周广四十五、六丈，高三丈六尺；无雉堞。名为城，其实楼台也；土人皆称红毛楼。乃西洋制度，楼梯盘悬而上；窗户明爽，四望海山，俱在目前。红毛酋长所居之处；郑氏以贮火药军械，今仍之。"[③] 由于赤嵌城是作为荷兰殖民者意欲继续开拓殖民台湾的第一个据点，因此它必然是一座以防御功能为首位的军事堡垒，"四隅各置巨炮，驻兵以守，曰热兰遮"[④]。由《闽游偶记》所述的情景之中可以想知，赤嵌城确实是一座建立在当时台湾第一大港鹿耳港边上，设计极

---

　　① （清）王瑛曾纂修：《重修凤山县志》卷一《舆地志·建置沿革》，台北大通书局1984年版，第5页。

　　② 参见（清）吴桭臣《闽游偶记》，孔昭明主编：《台湾文献史料丛刊》（第2辑第21册），台北大通书局1984年版，第15页。

　　③ 参见（清）吴桭臣《闽游偶记》，孔昭明主编：《台湾文献史料丛刊》（第2辑第21册），台北大通书局1984年版，第19页。

　　④ 连横：《台湾通史》（上册），商务印书馆2010年版，第349页。

为精巧、内部功能设施完善便捷，建筑质量过硬，便于长期据守的防御堡垒，是荷兰殖民者用来开拓对中国贸易和侵占台湾的军事据点。

明崇祯八年（1635），荷兰殖民者又在台湾建造了另一座城，即"土城"，俗名"红毛城"。郑成功收复台湾后，将之更名为安平镇，曾驻扎于此。清初设凤山县，安平镇划入隶属，为镇治所地，故又将之称为安平镇城。安平镇是荷兰殖民者在台湾建立的第二个据点，不过不同于赤嵌城作为军事据点的森严，荷兰殖民者将安平镇城定位成贸易据点——"设市于台湾城外，遂成海滨一大聚落"，[①] 关于安平镇城的具体位置和形制，《闽游偶记》也有细致的记述："安平镇城，在凤山县辖一鲲身之上；红彝归一王所筑，全以油灰、大砖砌成。城基入地丈余，周无二里。高则两层，形如纱帽。第一层约高二丈余，直上；上用方砖平铺，阔七、八尺。又上一层，即内墙直上者；又高出丈余，亦铺方砖阔六、七尺许，至今分毫无损。西临大海，南俯鲲身；观海望月，无过于此。城内楼阁厅廊，悉仿西洋式造。郑成功率师至此，即就居焉；今为积谷之所。城外即安平协镇署名，倚鲲身之旁；离府治十里许。"[②] 据此史料可以判断，安平镇城地理位置位于七鲲身的一鲲身上，与赤嵌城隔鹿耳港对峙，互为犄角，可相互支援。这极为有利于荷兰殖民者巩固和保障其在台湾据点的安全。再者，安平镇城城市规模比较大，方圆达一平方里，城池也较为牢固和巍峨，城内格局如楼台也比较繁复，城市外又设有一定规模的交易市场，应该说是一个真正意义上的城市。清初，郑成功在大陆反抗清军形势日益不利，谋思寻找长久抵抗的稳固基地，于是把目光转向孤悬海外的台湾岛。收复全台湾之后，郑成功曾驻扎于安平镇城，并在台湾设置一府二县治理台湾。因此安平镇一度成为郑成功治理台湾的政治、军事中心。经过筚路蓝缕的垦荒开拓，台湾经济获得了长足发展。对此，清人林景仁曾作诗吟颂："七鲲高筑百重城，瓯脱东胡远见争；不料竟垂开创局，至今两宇尚标名！"[③] 的确如诗中所言，安平镇城的建造可谓开创了高雄乃至整个台湾岛的社会

[①] （清）高拱乾等纂：《台湾府志》卷一《封疆志·建置》，台北大通书局1984年版，第5—6页。

[②] （清）吴桭臣：《闽游偶记》，孔昭明主编：《台湾文献史料丛刊》（第2辑第21册），台北大通书局1984年版，第18页。

[③] 孔昭明编：《台湾诗钞》卷一六，台北大通书局1987年版，第288页。

经济的发展道路，使之步入了有城市建制的时代。不仅如此，它对于台湾还有另一重大意义，乃台湾这一名称的另一个命名来源——"明万历年末，荷兰据台湾，筑城于一鲲身之上，曰台湾城；台湾之名自此始"①。由此可见，文学地理学研究确实具有凝聚地方认同的论述和意义。倘若从美学的认知方式来看，文学地理学的研究对于植根地方的景观美学亦非常注重。毕竟每种文化圈都有自己的美学表达方式。它是人们在长时间内形成的一套经验和记忆，并通过各类文本传承而来的。文学作品就是重要的文本，它主动参与着地方建构，许多文学地理学家将之归纳为地理意象建构，而地理学更为强调这种地理意象的空间根植性。我们可以借助文本探究文学资源的区位特征、区域划分和空间网络组织之间的关联。这恰如荷兰学者布鲁索（Brosseau）所言"地方认同、景观标志、地方感、地方经验、居住空间、空间中的社会公平性评价、城市写作、城市未来、地理知识、话语认同和差异政治"②等所有研究文本空间的理解都应该可以和其他空间，不论是虚构的文学空间或者是真实的物理空间之间进行互文性对照和印证。"也就是说，地理现实是等待诗人/书写者赋予意义，透过艺术的创作使它有形有状，而显示出意义。"③"这些具有地方性地理特质的叙述，突破了以时间为架构的线性传承，承载了更为复杂的身份、历史和认同问题，因此具有想象、流动的意义符号，加之文化认同、族群记忆依附于其上，使诸多冲突互动的多元因素融汇于地景之中。"④

清统一台湾后，在台"设府一、县三：府曰台湾（统三县）"⑤。有趣

---

① 孔昭明编：《台湾诗钞》卷一六，《东宁杂咏一百首》（其注六），台北大通书局1987年版，第288页。
② Thrift N., Kitchin R., *International Encyclopedia of Human Geography*, Amsterdam, Netherlangs: Elsevier, 2009, pp. 212–218.
③ 李元贞：《从女性双重"他者"的观点阅读吴莹诗文》，第二届花莲文学研讨会执行小组编：《地志书写与城乡想象：第二届花莲文学研讨会论文集》，花莲县"文化局"2000年版，第105页。
④ 参见张羽、陈美霞《镜像台湾——台湾文学的地景书写与文化认同》"绪论"，福建人民出版社2014年版，第15页。
⑤ （清）高拱乾等纂：《台湾府志》卷一《封疆志·建置》，台北大通书局1984年版，第5—6页。

的是，清凤山县初设时却是有县无城，"凤山县城卜在兴隆庄。未筑"①。在清初的 30 来年时光里，凤山县官府办公地竟然不在本县官署，而是在府城中。究其原因是有县无城，官署府衙设施不完善。其实，不仅当时的凤山县无城，台湾府城也是无城墙的。《闽游偶记》中如此记述："府治无城郭，有东安、西定、宁南、镇北四坊，周约二十里；人居稠密，街市繁盛。"② 造成这一现象的根本原因是台湾初开时期，社会经济开发还很不够，经济承受力不足以支撑大规模的建城需要。一个城市竟然长期无城池自守，这在农业社会简直是难以想象的。且凤山县又是一个港口要隘之地，海盗侵扰和叛乱频发，不建城池、壁垒则根本无力应对随时可能爆发的危机和潜在威胁。在屡经劫难之后，民众不得不为凤山积极筹划城池建造，但受限于社会初期开发的影响，以及资源、技术、资金等的极度匮乏，当地民众不得不采取植刺竹用作城防的权宜之计。至清康熙统治中期，凤山县终于建成刺竹构成的绿色城墙。不仅如此，高雄名称的来源其实也与刺竹关系密切。据考证高雄旧名"打狗"，本意即"竹林"，平埔人发音为"TAKAU"。后来福建移民用闽南话将"TAKAU"转音为"打狗"，而"TAKAU"恰好又是日文汉字"高雄"的发音，日本殖民者侵占台湾后，在调整区划时遂将之改为"高雄"，因"高雄"近于闽南话"打狗"的发音，故后来渐为人所接受。③

高雄从南中国海边被遗忘的化外之地到成为著名的国际良港，其城市在洲际的海洋贸易的刺激下方得以飞速发展。因而它是一个与海上贸易紧密关联的城市，没有海上贸易就没有高雄的今天。它是一座离不开海上番舶的城市。早在唐代，著名诗人施肩吾之《澎湖》诗云："腥臊海边多鬼市，岛彝居处无乡里；黑皮年少学采珠，坐把生犀照咸水。"④ 即生动形象地描写了当时台湾、澎湖百姓采珠谋生之风俗，"海边多鬼市"也证明了

---

① （清）高拱乾等纂：《台湾府志》卷一《封疆志·城池》，台北大通书局 1984 年版，第 27—28 页。

② （清）吴桭臣：《闽游偶记》，孔昭明主编：《台湾文献史料丛刊》（第 2 辑第 21 册），台北大通书局 1984 年版，第 18 页。

③ 参见高文化的《雄壮刺竹护打狗》一文中的相关内容，台湾图书出版事业协会编：《作家笔下的高雄》，海峡文艺出版社 2010 年版，第 21—23 页。

④ （清）高拱乾等纂：《台湾府志》卷一《封疆志·城池》，台北大通书局 1984 年版，第 27—28 页。

该地区自古以来就有着较为发达的海上贸易，"地结诸夷成互市"，"惯从番舶征环宝"①，也说明了当时海上贸易历史之悠久与频繁。洪禖的《估客行》更是描绘了是时高雄海上贸易之盛况："曾闻海上蓬莱山，珊瑚之树翡翠环；贸易往往得奇货，千艘万舶任去还。"② 与此相关的史料还有不少，也都对此贸易繁盛之景象予以印证。如明末卢若腾《东都行序》云："澎湖之东有岛，前代未通中国，今谓之东番。其地之要害处名台湾，红夷筑城贸易垂四十年。"③ 清初施琅在《平台纪略碑记》中也特意指出明末时荷兰人开始"筑城与内地私相贸易"④。《台湾府治》同样说明"明季天启间，方有倭奴、荷兰屯处，商贩颇聚"⑤，"海滨巨商，常来往贸易"⑥。其贸易范围"外则日本、琉球、吕宋、荷兰、暹罗、噶留吧、安南、西洋诸番，一苇可杭；内则福建、广东、浙江、江南、山东、辽阳，不啻比邻而处、门户相通"⑦。上述作品，显然都与《闽游偶记》一样，清楚见证了这一地方由"打狗"到"高雄"的岁月沧桑中的地理、地貌变迁的容颜。这些"以山川地理和风物文化为素材的作品，经由作家的诠释，每个时代也都会呈现不同的美学符号和标志。城市的地理变迁日新月异，但作家可以藉文字作为见证，展现地理景观另一面的心灵风景，跟土地做微妙互动"⑧。而《闽游偶记》则在此之外，更是对高雄海上贸易发达的状况和有利条件做了分析性说明。

一方面，凤山县治"外系西南大海，内系台湾大港"⑨。台湾贸易的对象不仅遍及中国大陆的沿海省份，更是遍达西太平洋沿岸各国，甚至远至

---

① 孔昭明编：《台湾诗钞》卷六，台北大通书局1987年版，第129—130页。
② 孔昭明编：《台湾诗钞》卷一二，台北大通书局1987年版，第221—222页。
③ 孔昭明编：《台湾诗钞》卷六，台北大通书局1987年版，第23页。
④ （清）高拱乾等纂：《台湾府志》卷一〇《艺文志·杂记》，台北大通书局1984年版，第261页。
⑤ （清）高拱乾等纂：《台湾府志》之"杨序"，台北大通书局1984年版，第5页。
⑥ （清）高拱乾等纂：《台湾府志》卷一《封疆志·沿革》，台北大通书局1984年版，第3页。
⑦ （清）蓝鼎元：《覆制军台经理书（代）》，余文仪等纂：《续修台湾府志》卷二一《艺文（二）·文移》，台北大通书局1984年版，第751页。
⑧ 刘克襄：《打开地志文学的窗口》，《阅读文学地景》（小说卷）上册，台北联合文学2008年版，第9页。
⑨ （清）吴桭臣：《闽游偶记》，孔昭明主编：《台湾文献史料丛刊》（第2辑第21册），台北大通书局1984年版，第17页。

欧美。其优越的自然地理条件必然会使高雄成为台湾海上贸易的巨港：一是位处台湾海峡和巴士海峡的特殊地理位置，二是境内众多河流冲击形成了天然良港。凤山县有六大水系，均向西流入海，且水流量巨大，多在入海口形成冲积扇。而相关史料地图记载，清初高雄的港口就有：东港、中港、关帝港、茄藤港、鳖兴港、蛲港、万丹港、打鼓港、弥陀港、竹仔港、冷水港、前镇港、凤山港、硫磺港等沿海港口，其中尤以打鼓港为良港。① 此处所言之"打鼓港"即"打狗港"之别称。而"打狗港，在凤山西南。源出打狗山，西流由港入海。又西南为东港。皆通舟大港"②。至清中叶海禁解禁，加上鹿耳港淤塞无法使用，凤山县的打狗港遂取而代之，成为台湾第一大港。凤山县的地位也随着打狗港在海峡两岸经贸往来和西太平洋和南中国海贸易中的独特地位，逐渐成为"海外逸东属国，皆贸易于此"③的国际商业中心。另一方面，海上贸易的发展，又极大地刺激和推动了高雄的城市和经济的繁荣。其海上贸易量之大，有史料为证"台湾为宇内奥区，农矿虞衡，名蕴其利。商务之盛，冠绝南海。……出口之货，糖约十五万盾，米十万盾，羽毛齿革之属多售日本，年亦数万盾"④。而清初郑成功之所以能够依靠台湾岛这样一个未开发的岛屿抗衡清廷这个庞大帝国的原因，正因为其有大规模的海上贸易支撑之缘故。确实如时人所总结的那样："成功以海外岛屿，养兵十余万，甲胄戈矢罔不坚利，战舰以数千计；又交通内地、遍买人心而财用不匮者，以有通洋之利也。本朝严禁通洋，片板不得入海；而商贾垄断，厚赂守口官兵，潜通郑氏以达厦门，然后通贩各国。凡中国诸货，海外人皆仰资郑氏；于是通洋之利，惟郑氏独操之，财用益饶。"⑤ 换言之，以明末清初台湾尚不开化的社会和落后的生产力来说，无论是物资供给，还是战争经费都不足以供养十万之

---

① 参见余文仪等纂的《续修台湾府志》卷一《封域·山川·凤山县》，台北大通书局1984年版，第16—17页中的相关论述。

② （清）马冠群辑：《台湾地略》，孔昭明主编：《台湾文献史料丛刊》（第2辑第21册），台北大通书局1984年版，第111页。

③ （清）徐怀祖：《台湾随笔》，孔昭明主编：《台湾文献史料丛刊》（第2辑第21册），台北大通书局1984年版，第4页。

④ 连横修纂：《台湾通史》卷二五《商务志》，台北大通书局1984年版，第625页。

⑤ （清）《伪郑逸传》，余文仪等纂：《续修台湾府志》卷一九《杂记·楼堞》，台北大通书局1984年版，第666页。

众的军队，然而郑氏控制了台湾与内地与海外各国的贸易权，给其带来了巨额的财富，解决了与清廷长期抗衡所需的一切资源和资金。此外，《闽游偶记》中还详细记述了清代凤山县城许多商业街道的兴起都和海上贸易紧密联系着。如凤山县城小东门内的"打铁街"上生意兴隆的诸多"打铁店"；以及三凤中街，鳞次栉比的以贩卖源自海外的南北杂货而著名的商铺，等等。[①] 而至今遗存的凤山古城小东门（又叫东便门），依然是车水马龙，更能让人联想起昔日凤山县城的繁华景象。《闽游偶记》中还叙述了凤山星罗棋布的盐埕开发盛况，其规模和产量均蔚为大观。"鲫鱼潭、打狗澳，渔舟云集；濑口港，盐格星屯。"[②] 凤山盐埕可谓是清代台湾最大最重要的盐场，而且其产盐专门供给运售大陆和海外贸易之用。[③] 盐埕依靠晒制、运销海盐的贸易和打狗港的便利，自清代中期以来逐渐成为高雄最繁华的都市中心，而且至今仍然是台湾地区最大的工商港湾都市区和重工业基地。海上贸易不仅促进了盐埕区的都市化和繁荣，也促进了高雄其他区域的社会发展和商业化，将之紧密融入海上贸易的链条中。这一切均清楚地说明了，在高雄的城市发展史上，没有打狗港和海上贸易的兴起和极度繁荣，就没有高雄。而关于《闽游偶记》的这种研究，因此也具有了记录空间变迁、折射文化认同，以及展示社会演变的功用。

《闽游偶记》的作者吴桭臣以生动细腻的文字诠释了高雄独特的城市性格与生命活力。"高雄曾经只是一个无名的小渔村，曾被清朝纳入版图，也曾被异国统治；走过慢慢长路，高雄在每一次的蜕变中崭露新貌，然而历史记忆不曾被磨灭，城墙、庙宇、车站、灯塔……记录着曾经受过的历

[①] 参见（清）吴桭臣所著《闽游偶记》中的相关论述，孔昭明主编：《台湾文献史料丛刊》（第2辑第21册），台北大通书局1984年版，第19—21页。

[②] （清）吴桭臣：《闽游偶记》，孔昭明主编：《台湾文献史料丛刊》（第2辑第21册），台北大通书局1984年版，第21页。

[③] 据史料记载，乾隆二十八年（1763）统计数据显示，台湾盐课每年定额销售11万担（每担100斤），除完解台、凤二县盐埕计收入仓盐，每年约9万、10万、11万石不等；占其产量半数以上。且清中后期的外商投资则更加速了盐埕的开发。咸丰五年（1855），美商威廉姆斯（Williams）和罗维内特（Robinet）先后来盐埕贸易，并投资打狗港工程，设立灯塔、仓库、码头等，1858年清政府被迫开放打狗港，至1864年打狗海关和英国副领事馆设立，次年升格为领事馆，打狗融入近代世界贸易领域，盐埕也因此逐渐成为重要的商业中心。日据时代的崛江町，更是把盐埕的繁荣与海上贸易的密切关系生动形象地展现了出来。参见余文仪等纂的《续修台湾府志》卷四《赋役（一）·盐课》，台北大通书局1984年版，第264—265页中的相关论述。

史风霜，人们的生活野趣，也为每一代高雄人留下共同的记忆。"① 而今它是一个传播春天气息的城市，一个与西太平洋与南中国海亲密拥抱的美丽城市和战略要冲之地，一个记载与传承着中国海洋梦想的国际贸易大都市，确实让人不禁心生沧海桑田的慨叹。就文学地理学研究意义而言，吴桭臣的台海旅行，并非纯粹的一种时空转移过程中走马观花的随兴纪录，而是作为一个有鲜明历史文化意识的旅游者在遭遇陌生"他者"时体验、审视、反思自我的过程，故而他旅行时，面对与自身原有的环境截然不同的空间，在追溯历史和现实身份认同上往往会有更为深刻的体验产生。换言之，《闽游偶记》作为一种旅行文学，视野开阔，具有鲜明的文化考察的性质，因此它并不注重游览台海两地时中所产生的个人情绪的抒发，更多的则是关于两地独特的政治、经济、文化、地理、天文、气象、贸易、历史等人文景观的考察调研性记录，同当时台海两地，尤其是当时被视为"蛮荒、化外之地"的台湾社会的变迁和不同发展时期的脉动息息相关。"不同历史时期对同一片土地的'差异性描绘'，这之中隐藏着混杂多元的文化历史印痕。地景书写中所透露的地理空间，既来自作家本身的空间体验，也与其生存时代的文化情境密不可分。这些台湾地景书写成为我们今天解读当时台湾形象的重要文本。"② 而且这一时期绘制出的"文学地图"，也已成为今日解读台湾文化认同的符码。经由对高雄地理变迁之沧桑镜像的了解，我们或许可以窥见不同时代的台湾地区的风貌。

---

① 台湾图书出版事业协会编：《作家笔下的高雄》，海峡文艺出版社2010年版，第61—62页。
② 参见张羽、陈美霞《镜像台湾——台湾文学的地景书写与文化认同》"绪论"，福建人民出版社2014年版，第3页。

民族主义与现代化之间：论伍连德之中医现代性转型探索[*]

黄 丁

（暨南大学哲学研究所）

伍连德（Wu Lien-teh, 1879—1960），字星联，祖籍广东新宁县，出生在马来西亚槟榔屿。1902年4月，伍连德获剑桥大学医学博士学位，随后回到家乡开办诊所。1907年，应时任北洋大臣袁世凯的邀请，出任北洋陆军医校帮办（副校长）。1937年，由于日本全面侵华，因此伍连德假道香港回到家乡。在中国的三十年间，伍连德不仅在学术上提出开创性的理论，还在传染病宏观防治方法、海港检疫体系、医院建设、全面禁止鸦片和医学外交等方面做出卓有成效的贡献。在学术理论的创新方面，伍连德的贡献主要表现在如下两个方面：第一，"肺鼠疫"的提出、中间宿主和鼠疫自然疫源地的分析；第二，与王吉民合著《中国医史》(*History of Chinese Medicine*)，梳理了中国自周代以来的医政、疾病史和医学家及其学派，并对中医的现代性转型做了开创性的探索。在实践方面，伍连德扑灭三次爆发在中国境内的鼠疫，特别是在1910至1911年间东北的鼠疫；积极参与防治霍乱、猩红热和其他传染病的工作；率先在东北建立东三省防疫事务总处，并在厦门、上海等海港纷纷建立海港检疫管理处；积极投入中国的医疗事业的建设，如在哈尔滨、三姓（依兰）和拉哈苏苏（同江）建立防疫医院，在沈阳建立东北陆军医院，在北京建立中央医院（北京大学人民医院的前身），积极协调洛克菲勒基金会在北京筹建北京协和医院等；大力宣传鸦片等毒品的危害，代表中国政府前往海牙签署1912年颁

---

[*] 本文在写作过程中得到暨南大学本科生郑晓萱、王一帆和翁芝涵的帮助，在此表示感谢。

布的《海牙禁止鸦片公约》；在清政府的支持下，伍连德于1911年4月在沈阳举行鼠疫会议，被推举为大会主席，在大会上发出中国的声音；此外，在众友人的协助下，伍连德创立中华医学会，创办《中华医学杂志》。由是观之，无论在医学理论的创新和具体实践上，如现代医院的建立、医学杂志的创办、医学会的成立、现代医学实践和中国现代医学防疫体系的建立，还是在中医的现代性转型的探索方面，伍连德被视作"中国现代医学奠基人"是毋庸置疑的。因此，梁启超赞誉伍连德道："科学输入垂五十年，国中能以学者资格与世界相见者，伍星联博士一人而已。"[①]

一

有关伍连德的研究，大体可分为如下四种进路：第一，将伍连德的生平与事业置于进化史观视域下的研究，即以时间为线索，历数第一位剑桥大学的华人医学博士，第一位公共防疫专家，第一位被推举为医学会议主席的华人和"肺鼠疫"理论的首位提出者等，从而使得这一进路的研究"遁入庸常科学史固有的思维路径，去历数、归纳技术的递进，学说的成长，个体的荣耀，……姿态中还掺杂着浓烈的民族主义偏狭意气，映出辉格史学（所谓'爱国主义'的科学史）的愚昧胎记"[②]，以王哲的《国士无双伍连德》为代表。第二，以突出伍连德作为鼠疫斗士的研究，即将论述的重点置于勾勒伍连德扑灭东北鼠疫的过程和研究"肺鼠疫"的传染源、中间宿主和传播方式上，以马学博的《伍连德学术生涯中的开创性理论建树》[③]为代表。第三，或以伍连德扑灭东北鼠疫，或以伍连德收回海港建议权为切入点，分析以伍连德为代表的清末民初知识群体在中国现代性转型的大潮中的民族主义与世界主义之间的张力，以及分析哈尔滨鼠疫防疫领导权之争背后的包括主权之争，中西医之争和清末中央与地方之间角力，前者以李淑飞的《海峡华人知识精英的民族主义观念——伍连德与

[①] 梁启超著，胡跃生校注：《梁启超家书校注本》，漓江出版社2017年版，第355页。
[②] 参见王一方《历史过山车上的伍连德》，见氏著《该死，拉锁卡住了》，生活·读书·新知三联书店2016年版，第185页。
[③] 马学博：《伍连德学术生涯中的开创性理论建树》，《自然辩证法通讯》2007年第3期。

林文庆的比较研究》①为代表，后者以杜继红的《清季哈尔滨防疫领导权争执之背景》②为代表。第四，以伍连德主持召开的万国鼠疫会议为契入点，详述万国鼠疫会议的历史、报道与记录，以陈垣编撰的《奉天万国鼠疫研究会始末》③为代表。此外，汉语学界还陆续翻译出版了伍连德的系列论著《中国医史》（2009，英文影印本）、《鼠疫斗士——一位现代中国医生的自传》（2011）和《伍连德及东三省防疫资料辑录》（全三册，2019），以及出版了收录近年中国与东南亚两地区有关伍连德的多篇代表性学术与非学术类论述的综合性文集《发现伍连德：诺贝尔奖候选人华人第一人》（2010）。

由上观之，就研究主题而言，学界有关伍连德的研究主要集中在其扑灭东北鼠疫上；就研究目的而言，对伍连德的研究或通过史料的梳理尽可能还原清末东北鼠疫防疫过程中的中国与俄日间的角力以及中央与地方间的张力，或通过考究伍连德在海港检疫权中所使用的汉语（"争主权"和"雪耻"等）与英语（up-to-date）之不同来呈现以伍连德为代表的清末民初知识分子对现代性拥抱的混合型心态，即"对于民族主义保国和西化强国的双重诉求"④。伍连德绝非在真空中存在的个体，而是如王一方所总结的："伍连德的一生展示的是一位正直学人在大时代的转身之间，由技术专家（注重技术关怀）向公共知识分子（注重社会与公众责任）进发的心灵历史，在他的精神世界里打开的是一部社会与思想的甄别史，一部人性的蒙难史。"⑤鉴于此，本文以伍连德有关中医的论述为研究对象，着力阐释伍连德对中医现代性转型的探索，从而窥见以伍连德为代表的知识分子在近代中国思想的现代性转型的大背景中所呈现出的家国情怀和世界眼光。

---

① 李淑飞：《海峡华人知识精英的民族主义观念——伍连德与林文庆的比较研究》，《华侨华人历史研究》2009年第4期。

② 杜继红：《清季哈尔滨防疫领导权争执之背景》，《近代史研究所集刊》第78期；胡成：《东北地区肺鼠疫蔓延期间的主权之争（1910.11—1911.4）》，《中国社会历史评论》第9卷。

③ 参见陈垣《奉天万国鼠疫研究会始末》，载《中国荒政书集成》（第12卷），天津古籍出版社2010年版。

④ 杨祥银、王鹏：《民族主义与现代化：伍连德对收回海港检疫权的混合论述》，《华侨华人历史研究》2014年第1期。

⑤ 王一方：《历史过山车上的伍连德》，载氏著《该死，拉锁卡住了》，第185页。

二

由于近代中国遭遇"三千年未有之大变局",使得大量中国知识分子开始反思包括中医在内的中国传统文化,因而在近代中国医学界出现了中医存废之争:第一,以俞樾和余岩为代表的"废医存药"派,并推动国民政府颁布《废止中医案》;第二,以恽铁樵和丁福保为代表的中西汇通派,即主张中西医当"通其可通,而并存其异",以在我国形成"尽美尽善之医学";在此基础上,丁福保主张中医通过科学进行改造,以促进中医形成科学化的体系。伴随着理论上的争鸣,近代中国社会在实践上同样存在着"废除中医"派和"保全国医"派的角力。目睹中西医相互攻讦,加之深刻意识到"适者生存,物竞天择"的社会发展规律,伍连德开始对中医的现代性转型进行不自觉地探索。

伍连德有关中医的论述较为分散,除与王吉民合著《中国医史》外,散见于《医学现在之取缔及将来之挽救商榷书》(1915)、《论中国急宜谋进医学教育》(1915)、《论中国卫生事业之建设》(1916)、《对于中国医学之管见》(1934)、《中国医学之复兴》(1936)和《鼠疫斗士》(1958)等。由于系统地接受西医教育,加之目睹在扑灭东北鼠疫过程中中医医务人员的糟糕表现,因而使得早年的伍连德对笃定西医的同时,对中医有所批评。如,在论及中医医务人员在东北鼠疫中的表现时,伍连德批评道:"旧式医生在那次大灾难中表现得束手无策,在满洲的 200 名著名旧式医生中,至少有 80 人死于感染……"[①] 以及伍连德在自传中两次论及旧式医生在袁世凯病危期间的糟糕表现,即"1915 年袁世凯总统病重的最后几天,我作为主诊医师的那些经历就是证明"[②]。然而,对中医的批评并非伍连德的目的。随着对中医的认识愈加深刻和身处中国现代性转型的时代洪流中,伍连德不仅为中国第一部《中国医学史》作序(1921),而且与王吉民合著《中国医史》(1932),还在各种场合对自西周朝以来灿烂的中

[①] 伍连德:《鼠疫斗士》下,程光胜、马学博译,王丽凤校,湖南教育出版社 2012 年版,第 701—702 页。

[②] 伍连德:《鼠疫斗士》下,程光胜、马学博译,王丽凤校,湖南教育出版社 2012 年版,第 701 页。

医大加褒扬，甚至将中医诊断中的把脉赞誉为"在脉搏记录仪和心电图问世之前，上述那些脉搏的复杂临床表现显然已经有人描述过！"① 毋庸置疑，伍连德绝非口是心非、阳奉阴违之人，那么伍连德对中医的态度从早年的批评到后期的肯定的转变便当视作伍连德在中国推行西医遭遇中医顽强抵抗后，对中医的现代性转型不自觉地探索，以期实现中医的现代化转型和中国医学的长足进步双重目的。既如此，伍连德探索中医的现代性转型的尝试表现在哪些方面？在中医存废的时代，伍连德究竟属于废医存药派，还是中西汇通派？以及伍连德评价中医的判断标准又是什么？

首先，伍连德对中医进行了"把脉"，即指出中医存在的问题：不科学和未进化。在《陆海军参用中西医论》中，伍连德对陆海军中使用中医的现象批评道："中医既未涉猎此种科学，又未经历凡此效验，无裨戎行，确为不可掩饰之事实"②，将中医与西医间的关系总结为"中西两医之不相投合，犹如凿柄冰炭。新旧冲突，共济惟难"③，将中西医之特点分别归纳为："一者往前直追，欲造绝域，一则望后留恋，故步自封，背道而驰，优劣因之牵转"④，还将当时社会上呼吁留存中医的行为之目的斥为仅仅为了"保存国粹，或为习惯相沿"⑤，而不是遵循进化之理、具有科学精神之举。可见，伍连德对中医的"诊断"主要集中在如下两个方面：第一，在诊疗手段上不遵循科学，无法校验，即中医不"科学"；第二，在思维方式上强调"望后"，从而使得中医"固步自封，执迷不返，以致疾病时乘无法拯救"⑥，即中医未"进化"。也就是说，伍连德对中医的批判始终围绕着近代中国两大时代精神——"科学"和"进化"：其一，中医的诊疗方法不遵循科学，即"不是根据个人观察和研究写出来的独创性著述"⑦，而仅仅依照"前人的著作"，从而使得中医"不愧不学无术，以人命为草

---

① 伍连德：《鼠疫斗士》下，程光胜、马学博译，王丽凤校，湖南教育出版社 2012 年版，第 697 页。
② 伍连德：《陆海军参用中西医论》，《中华医学杂志》1916 年第 2 卷第 1 期。
③ 伍连德：《陆海军参用中西医论》，《中华医学杂志》1916 年第 2 卷第 1 期。
④ 伍连德：《陆海军参用中西医论》，《中华医学杂志》1916 年第 2 卷第 1 期。
⑤ 伍连德：《陆海军参用中西医论》，《中华医学杂志》1916 年第 2 卷第 1 期。
⑥ 伍连德：《论中国卫生事业之建设》，《大中华杂志》1916 年第 2 卷第 11 期。
⑦ 伍连德：《鼠疫斗士》下，第 705 页。

营"①；其二，由于中医从业者一方面"偶有所得，秘而不宣，则日久渐就湮没"②，另一方面"墨守旧法，不知变通，好古已非，又不敏求"③，所以"日益退步"。为此，伍连德不得不从理论解决中医所面临的上述问题，否则要么不能抚慰中医界的生存焦虑，要么无法实现医学在中国的进步。

其次，为了应对中医"不科学"的诘难，伍连德从理论和实践两个方面进行回应，以期实现中医的科学化。第一，通过对科技史的梳理，伍连德发现科学并非西方独有，且认为历史上的中医极具科学性。第二，将中医中的中药、中医从业者严格区分开来，并强调引入科学实验的方法将"土产药物"科学化，"藉以发明良药正确之作用"④；而面对中医从业者，伍连德建议一方面引入淘汰机制逐渐将庸医或江湖方士淘汰，另一方面创办正规的医学教育机构培养新医，并主张"引入一种经过修改的健康服务制度……这一制度将使医师责任感更强，并能在他们的职业中更好地领会医疗的理念"⑤，且这种健康服务制度并不隶属于西医，而是"较之经贝文在英国努力而通过的那个制度更简单易行和花钱更少"⑥。

关于中医的科学性问题。首先，伍连德认为"科学"与"经验"并未有严格的区分。伍连德对那些认为中医不具有科学性，其治疗效果"多系偶合，称之为经验医学"的观点回应道："此说似未尽然，盖经验与科学之界线甚难分清也"⑦，即伍连德认为在科技史上"经验"与"科学"并没有严格的区分。这一回应，于持中医不具科学性的观点无益于釜底抽薪，即依照现代科学之父弗朗西斯·培根（Francis Bacon，1561—1626）所总结的"经验"与"科学"在本质上确无严格区分，因为"科学"从其诞生之初来看，亦是从经验中抽象总结而来。虽然在此，伍连德并未援引培根或伽利略，而直接将他们的观点作为回应批评中医不具科学性的论点。随后，伍连德借助对中国科技史成果的梳理，如我国医学之发明"痘

---

① 伍连德：《论中国卫生事业之建设》，《大中华杂志》1916年第2卷第11期。
② 伍连德：《论中国卫生事业之建设》，《大中华杂志》1916年第2卷第11期。
③ 伍连德：《中国医学史序》，《中华医学杂志》1921年第7卷第2期，第1页。
④ 伍连德：《对国民政府医学前途之希望》，《中华医学杂志》1928年第14卷第4期。
⑤ 伍连德：《鼠疫斗士》下，第713页。
⑥ 伍连德：《鼠疫斗士》下，第713页。
⑦ 伍连德：《中国医学之复兴》，《科学》1936年第20卷第4期。

痂屑干吹入鼻中之种痘法"不仅在国内获得成功，而且经丝绸之路传播到西亚等地，还经门泰哥夫人（Lady Mary Wortley Montague）传入英国，并在欧洲治理天花时极为盛行，从而得出结论道："由上所述，可知中国曾为医学发源之地，且科学非为西方所独有，如称之谓西医，实属错误。"①最后，在以上论述的基础上，伍连德将遵照科学的医学称作"新医"，从而打破了近代中国有关中西医互相攻讦的窠臼。可见，在伍连德看来，医学只有一个标准——"科学"，而不当以地域来区分医学，从而造成将中医视作不科学的，而将西医视作科学的错误观念。

关于区别对待中药和中医从业者。通过对中国医学史的梳理，伍连德发现无论在淳于意的"录医案"，还是张仲景的《千金方》，抑或是李时珍的《本草纲目》中"所列之药品，已经中外科学家详细研究，冀发见新药，而造福人类"②。因而，对于中药，伍连德主张只要能够认真制造，便不仅能够造福国人，而且还可以"输售海外"，"只患不谋进步耳"③。也就是说，伍连德认为中药本身于治病救人而言大有裨益，只需将其科学化。既如此，那如何将中药科学化，以使中药不再"被发现者及其贴身弟子所密传"④呢？在写给国民政府发展医学的建议中，伍连德主张中药当"根据科学方法研究土产药物，藉以发明良药正确之作用……又宜将历代相传之秘术利用深奥生物理化之学理，以彰明其合理之作用"⑤，从而最终使"吾国之医术日益进步"。如此看来，伍连德不仅完全肯定中药的疗效，而且建议借助"生物理化之学理"将中药科学化，从而使得中药不再是一种秘传、经验之方，而是一种经实验科学论证过的，可普遍推行的药剂，进而实现中药的"进化"。

至于中医从业者，伍连德认为一方面当借助行政力量，运用考试的方法逐渐淘汰世袭儒医、神巫医、江湖医，即"举行旧医甄别试验，合格者准其开业，不合格者一律禁止开业"⑥；另一方面，广办医学教育机构，并

---

① 伍连德：《中国医学之复兴》，《科学》1936年第20卷第4期。
② 伍连德：《中国医学之复兴》，《科学》1936年第20卷第4期。
③ 伍连德：《医学现在之取缔及将来之挽救商榷书》，《中华医学杂志》1915年第1卷第1期。
④ 伍连德：《鼠疫斗士》下，第700页。
⑤ 伍连德：《对国民政府医学前途之希望》，《中华医学杂志》1928年第14卷第4期。
⑥ 伍连德：《对于中国医学之管见》，《中华医学杂志》1934年第20卷第1期。

"设中央医学统辖处,所有全国医学事务全归该处管核,由教育部许以特权,将全国医学教育,完全改组,力谋进行,以收整齐划一之效"①,从而"数年之后,劣者逐渐淘汰,优者逐渐培生,必有佳果之收获"②。运用考试的方式逐渐将"旧医"淘汰并非伍连德的原创,而是袭自日本明治维新时期的做法,但伍连德强调我国与日本国情不同,因而不能操之过急,而应当"分期变通办理,以资整顿"③。至于具体取缔之方法,伍连德援引国民政府颁发的中医条例道:"一面详请教育部急定甲乙两种普通医校课程及管理员、教员资格分行各省,分饬各道各县设立限期开办甲种纯用西法文字,用汉用英均无不可,乙种参用中医课程,以免执幻及售中药者借口……只准经考取者入而研究,余则作为无效。"④ 如此,此前从事诊疗的世袭儒医、神巫医、江湖医若不能通过考试,则政府不给其颁发执业证书,故而遭到淘汰;若能通过考试,则政府颁发执业证书,加之在由国家统一制定的培养大纲的正规中医学院接受学习的中医后辈力量的逐渐加入,便能实现中医从业者的现代性转型。

最后,关于中医的进化问题。与运用培根的"经验"与"科学"在本质上无严格区分驳斥持中医是非科学的观点不同,伍连德多次强调中医不仅未进化,而且是退化,因而原本历史上灿烂辉煌的中医逐渐丧失往日的荣光,而呈现为寻章摘句、为前人著作注疏的形态。对此,伍连德认为原因虽多,但中国医学史的缺乏乃其重要原因,正如其在为首部中国医学史作序时说道:"神农皇帝,实为世界医学家之鼻祖。于历史上最有荣光,乃延至今日,我国医学反居人后,其中原因虽多,而医史阙如亦其一也。"⑤ 缘何伍连德认为医史的缺失是导致中医难以进化的重要原因呢?伍连德论证道:"盍统系既不可稽,斯沿革莫由参考,年湮代远,可资科学之研究者,只有陈陈相因,各立门户之书籍耳,岂圣哲求新之本耶?"⑥ 也就是说,在伍连德看来,正是由于中医缺乏医史,从而使得后世无法参考

---

① 伍连德:《论中国急宜谋进医学教育》,《中西医学报》1915 年第 5 卷第 9 期。
② 伍连德:《医学现在之取缔及将来之挽救商榷书》,《中华医学杂志》1915 年第 1 卷第 1 期。
③ 伍连德:《对于中国医学之管见》,《中华医学杂志》1934 年第 20 卷第 1 期。
④ 伍连德:《医学现在之取缔及将来之挽救商榷书》,《中华医学杂志》1915 年第 1 卷第 1 期。
⑤ 伍连德:《中国医学史序》,《中华医学杂志》1921 年第 7 卷第 2 期。
⑥ 伍连德:《中国医学史序》,《中华医学杂志》1921 年第 7 卷第 2 期。

前人的研究成果,即不能站在前人的肩膀上更上一层楼,实现中医的进化,而只能陈陈相因,各立门户之见,甚至"墨守旧法,不知变通,好古己非"。另外,伍连德还援引日本正因为有医史,从而其能够"舍其旧而新是图,日新不已,进步不已,日本之善善从长,猛进维新如是"①。

既然伍连德认为中国缺乏医史是导致中医极难进化的重要原因,那么伍连德便一面鼓励同行撰写中国医史,另一方面还与王吉民共同撰写《中国医史》,以为促进后世中国医学的进化奠定基础。② 为了撰写出更好的中国医学史,以"为促进吾国医学之良导线也"③,《中国医史》将中国传统医学分为四个时期:古代或传说时期(BC2697—BC1122)、黄金时期(BC1121—AD960)、争鸣时期(AD961—AD1800)和现代或转折时期(AD1801—AD1936)。通过细致的梳理,《中国医史》发现"中医的思维和演进中的许多重要变化清晰可辨,也可以溯源"④,从而驳斥美国医学史家嘉里逊(Fielding H. Garrison, 1870—1935)在《医学史》(*History of Medicine*)中称"中国医学是完全静止的"⑤ 的观点。至于历代中国医学的特点,伍连德总结道:"周朝的特点是其理论思维。当时的医学尤其主要受到哲学教义的影响。公认中医史上最辉煌的时代——汉代——最浓墨重彩……他们强调直接观察,使医学更加科学化。迄今为止,中医可以说是完全本土的。但在唐朝,佛教的传入带来了印度的理念和治疗方法……发明了治病的符咒体系,就这样诞生了各种形式的治疗方式,人们也开始使用各种各样的治疗方法。"⑥ 最后,虽然《中国医史》总结了中国医学的发展变化及其特点,但伍连德并未将其称作"进化",即在《中国医史》中伍连德所运用的是"Change(变化)",即"shows that numerous important changes in medical thoughts and movements can be traced and distinguished",而不是"Evolve(进化)"。因此,伍连德梳理中国医史的目的并不是呈现

---

① 伍连德:《读日本医学史感言》,《中华医学杂志》1919年第5卷第1期。
② 王吉民、伍连德:《中国医史》,上海辞书出版社2009年版,第817页。
③ 伍连德:《中国医学史序》,《中华医学杂志》1921年第7卷第2期。
④ 王吉民、伍连德:《中国医史》,上海辞书出版社2009年版,第xxvi页。
⑤ 陈琦:《王吉民、伍连德的〈中国医史〉及其中译本》,载《虎门文史》第3辑,广东人民出版社2015年版,第365页。
⑥ 王吉民、伍连德:《中国医史》,上海辞书出版社2009年版,第xxvi—xxvii页。

中国医学的进化,而是为后世中国医学的发展奠定基础,以促进中国医学的进化和中医的现代性转型。

三

综上所述,由于面对着由船坚炮利和廉价商品叩关的西方文明的挑战,19世纪中叶至20世纪中叶的中国正经历着艰辛的外源性现代性历程,因此中国知识分子始终在调适中国传统文化与现代性之间的关系,以达到逐步实现中国传统文化的现代性转型和民族国家重新确立与强大的目的。中国传统文化暗含着所谓的"民族主义",寓意着对本土文化的自信;而后者即"现代化"[①],则寓意着与洋人合作(包括引入洋人的思想),从而实现西化强国的目的。作为当时中国医学界之代表的伍连德,同样在中国传统文化与现代性间的张力中寻找平衡,其对中医现代性的探索便是典型体现。为了实现中医的现代性转型,伍连德一方面肯定中医的价值,如承认中医辉煌灿烂的历史和肯定多数中药的临床治疗效果;另一方面竭力将促使西方列强和日本实现腾飞的"科学"引入中医,如"利用深奥生物理化之学理"将中药科学化和借助依据国家统一制定的培养大纲而形成的考题逐渐将"世袭儒医、神巫医、江湖医"剔除出中医从业者队伍。如此看来,伍连德对中医现代性转型的探索既不同于余岩之流粗暴地将中医彻底废除的做法,又不同于恽铁樵之辈以中医为本位,强调中医与西医在最初意义上是"理一分殊"的做法,而是另辟蹊径:不是以中、西医学的标准来评判对方,而是以科学为尺度,将符合科学的称作"新医",将不契合科学的称作"旧医"。且伍连德认为"科学"并非西方的专属,而是一种具有最大通约性的方法,即科学不问东西,是价值中立的。还需指出的是,伍连德借助中国医学史成为中医进化的"良导线"并非如某些学者所批评的是一种"庸俗进化论"[②]。恰恰相反,伍连德建议尝试着从中国医学内部挖掘促进中医进化的东西,而非"庸俗进化论"所秉持的"西方的总

[①] 杨祥银、王鹏:《民族主义与现代化:伍连德对收回海港检疫权的混合论述》,《华侨华人历史研究》2014年第1期。

[②] 张婷婷:《近代民族主义话语下的中医存废之争》,《南京中医药大学学报》(社会科学版)2014年第3期。

比中国的好"的观念。加之,在伍连德的"新医"中不仅涵盖着以科学为方法的"西医",而且还包括经科学化的"中医"。由此可见,在伍连德主张的以中国医史促进中医进化的尝试告诉我们:"进化"不分中西。惟其如此,方能理解伍连德自传书名中"现代"[①] 的内涵,以及其在"中西医的对立"一章中发出的"这种人是西医还是中医呢"[②] 的喟叹。最后,还需注意的是,伍连德对中医现代性转型尝试的探索就如其对医学的态度一样是向他者敞开的,因而并不是所谓"唯一"的。

[①] 关于伍连德的自传,中文标题为《鼠疫斗士——伍连德自述》,相应的英文为 *Plague Fighter: The Autobiography of A Modern Chinese Physician*。很明显,中文译本既剔除了"现代",又去掉了"中国"。不知是伍连德之女伍玉玲女士的要求,还是译者故意这样模糊处理。从伍连德撰写的英文标题来看,"现代"和"中国"正好是伍连德毕生的两个追求。

[②] 伍连德:《鼠疫斗士》下,第705页。

20世纪20至40年代法属印度支那与中国关系述论

——以中越通邮为中心

温长松

（重庆市档案馆中国抗战大后方研究中心）

一　概念阐述

"越南的国名几度变化，这主要是由越南历史发展过程的复杂性所决定的。"[①] "当法国占领越南后，对越采取分而治之的办法。即将越南分为南、中、北三圻，施行不同的控制政策、特使的法律，实为三个国家。……所谓圻，原为一国之内的地址，不含国家之意，然在法人治下既含有国家之意。南部交趾支那成为法国的殖民地，由法国直接统治。中部安南变成了法国保护下的王国，利用阮氏王朝的残余封建贵族作为统治安南的工具。北部东京在初期是法国的保护国，到1897年以后，就变成了法国直接统治下的殖民地。1887年，法国将这三部分和柬埔寨一起，组成所谓法属印度支那联邦。"[②]

本文主要以国民政府交通部邮政总局所管辖区域，作为中国与越南通邮的主要研究对象。

[①] 郭振铎、张笑梅主编：《越南通史》，中国人民大学出版社2001年版，第103页。
[②] 郭振铎、张笑梅主编：《越南通史》，中国人民大学出版社2001年版，第629页。

二 研究综述

20世纪20—40年代法属印支与中国关系的相关研究，近年来主要有：《国民政府对印支之政策及演变（1941—1946）》一文认为抗战前期，印度支那作为中国输入国外援华物资的主要交通要道，对国民政府起到了极为重要的作用；但当时国民政府对印支的关注是从纯军事角度出发的……随着战争形势的变化，中国对印度支那的政策也处于不断调整之中。[1]《近代中国与法属印度支那的贸易往来》一文利用旧中国海关数据分析了1864年至1941年中国与法属印支经贸往来。[2]

关于该时期中国对越南通邮，近年来中国学者研究成果较少。《印支通道的战时功能述论》略有提及。该文认为"抗战前期印支通道的功能……还有一些没有引起人们注意然而却相当重要的其他功能……其三，国际邮路……1939年4月，又在越南设立邮件转运处，并派法国人儒福立主持。滇越铁路每日也留出一定的吨位转运邮件，成为当时的邮件转运中心。抗战结束后，业内认识对印支通道的这一作用深有感慨：惟是时国内交通因长江封锁，铁路被占之阻断，赖以维系前方及后方之邮路，厥维法属越南之海防"[3]。但是，文中引用《中缅邮运回忆录》中关于越南海防在抗战时期对于中国对外通邮所起到作用的论述，未表述准确。战时任云南邮政管理局驻缅甸代表的朱景升在抗战后撰写的《中缅邮运回忆录》中明确指出"国都西迁……惟是时国内交通因长江封锁，铁路被占之阻断，赖以维系前方及后方之邮路，厥维法属越南之海防。……民国二十八年九月，德军首犯波兰，……法国自顾不暇……日军侵略越南占领海防，……海防之线既断，国际邮运仅赖港、桂间之航空线及广州湾之沙渔涌"[4]，因此，越南海防在抗战时期通邮方面所发挥的作用有限。而国内现有相关研究成果中，对于中国在越南其他地区如同登等设立的邮件转运处的研究极少。

---

[1] 穆键：《国民政府对印支之政策及演变（1941—1946）》，硕士学位论文，安徽大学，2005年。
[2] 聂德宁：《近代中国与法属印度支那的贸易往来》，《南洋问题研究》1997年第1期。
[3] 刘卫东：《印支通道的战时功能述论》，《近代史研究》1999年第2期。
[4] 舒福蓉：《中缅邮运回忆录》，《档案史料与研究》1990年第1期。

三　中越通邮概述

（一）通邮路线

中越曾开通多条邮路。

1. 通过滇越铁路经海防、河口、新街的邮路。此路线应是中越之间最早开通的通邮路线。"云南府邮局……至民国元年，昆明南城外之新式房屋落成，始迁入焉。局距滇越铁道车站甚近，故对处理火车运输之邮件，极其便利。……滇越滇段九百五十八里，于清宣统元年十二月二十二日，与越南海防直达通车……亦于民国十一年，开始营业，可载运往来邮件去。"①

2. 上海至海防的邮路。该路线是由越南海防经转中国的邮件，最初由香港转运海防，后直接通过轮船运输邮件。"上海寄往云南之包裹邮件，为数甚多，前系发由香港转往海防，我国应付香港邮政落栈费每袋国币6角。二十三年间，查的太古轮船公司有直接轮船于上海海防间，每星期开行一次。……自二十四年九月一日起，利用该项直接轮船运寄包裹邮件。"②中国1937年联邮开通海防至上海包裹类邮件业务。③

3. 经西贡邮递邮件的邮路。主要是中国通过西贡转运邮件而开通的邮路。1933年"且寄往欧洲等处之国际航空邮件，又兼用（甲）西贡至马赛航空线"④。

4. 广州至河内的邮路。此条邮路是通过两地通航航班运递邮件。民国"二十五年二月间，中国航空公司新辟广河航空线，与法国航空公司在河

---

① 谢彬：《中国邮电航空史》，上海三联书店2014年版，第85—86页。
② 中国第二历史档案馆编：《中华民国史档案资料汇编》第五辑第一编财政经济（九），《联邮处关于近两年来主管事务办理经过情形致邮政总局秘书室函》（1936年8—11月），江苏古籍出版社1994年版，第608页。
③ 中国第二历史档案馆编：《中华民国史档案资料汇编》第五辑第二编财政经济（十），《邮政总局1937与1938两年度邮政事务年报》（1939年），江苏古籍出版社1994年版，第720页。
④ 中国第二历史档案馆编：《中华民国史档案资料汇编》第五辑第一编财政经济（九），《邮政总局编1933年度邮政事务年报》（1935年2月16日），江苏古籍出版社1994年版，第561页。

内衔接……旋因该线暂停飞航,嗣又改由西南航空公司接办,已于二十五年七月间复航"①。1936年上半年广州至河内航班曾停飞,通邮路线随之关闭。"邮政总局二十五年五月一日常字第一三八九号通令闻:查广州至河内航空线暂停飞航,业由二十五年五月一日常字第一三八八号通令二参见局务局渝一五八四号饬知在案。"② 在西南航空公司接办广河航线的同一年,不仅恢复原有航线通邮,还在原广龙线基础上开辟新的路线。1934年"西南航空公司开办广州龙州线（即广龙线）,长六百四十三公里"③,"并将原有的广龙线展至河内,更名为广河线（西路）,复开办由广州经广州湾、北海至河内线,名为广河线（南路)"④。

5. 重庆至河内的邮路。此邮路的开通是因"七七事变"后,日本扩大了对中国的侵略；国民政府谋划并最终把重庆作为战时首都,重庆对外联系因此发展较快。"到民国二十六年（公元1937年）,由中国、中央、西南三家航空公司经营由重庆起飞或途径重庆的航线去全国各地……并有飞往河内、香港等国际航线。这些航线都带运重庆发出的航空邮件。"⑤ 一直到1940年6月"因欧战关系,渝河线及河内至马赛线先后停航"⑥。

6. 上海至西贡的邮路。中国1937年联邮开通上海至西贡包裹类邮件业务。⑦

---

① 中国第二历史档案馆编：《中华民国史档案资料汇编》第五辑第一编财政经济（九）,《联邮处关于近两年来主管事务办理经过情形致邮政总局秘书室函》(1936年8—11月),江苏古籍出版社1994年版,第610页。

② 《关于增加第1、2号内载西贡至马赛航空线之资率之谕》(1936年5月7日),重庆市档案馆馆藏档案,档号：034200010016900051。

③ 中国第二历史档案馆编：《中华民国史档案资料汇编》第五辑第一编财政经济（九）,《邮政总局编1934年度邮政事务年报》(1936年5月4日),江苏古籍出版社1994年版,第584页。

④ 中国第二历史档案馆编：《中华民国史档案资料汇编》第五辑第一编财政经济（九）,《邮政总局编1936年度邮政事务年报》,江苏古籍出版社1994年版,第626页。

⑤ 重庆市邮政局史志编辑室编著：《重庆邮政史略》,重庆市邮政局1991年印,第105页。

⑥ 中国第二历史档案馆编：《中华民国史档案资料汇编》第五辑第二编财政经济（十）,《邮政总局编1940年度邮政事务年报》(1941年),江苏古籍出版社1994年版,第751页。

⑦ 中国第二历史档案馆编：《中华民国史档案资料汇编》第五辑第二编财政经济（十）,《邮政总局编1937与1938两年度邮政事务年报》(1939年),江苏古籍出版社1994年版,第720页。

7. 昆明至河内的邮路。通过昆明至河内的航班邮寄邮件。"此线以昆明与河内为起讫站，全线共长五六零公里，委由欧亚航空公司经营，于二十六年十一月间开始飞行……"① 1940 年时曾经停航，"东川邮政管理局通令第一七四五号（邮件第四四九号）查昆明至河内航空线现已暂停飞航，惟寄往河内之普通信函仍可自昆明由铁路运到河内"②。11 月 29 日恢复通航，"电称昆明河内航线十一月二十九日恢复通航"③。

8. 广西凭祥至同登、河内的邮路。中国 1939 年联邮开通凭祥至同登、河内的直封邮件业务④。1940 年中断，1941 年恢复。1943 年 3 月开始，邮递到泰国、越南的邮件，由广西凭祥经由同登、河内转递。"邮政总局联邮处本年三月十九日通字第一一零/二四一一号公函闻：查后方寄泰国、越南、澳门等地邮件现时尚可收寄，除寄澳门之邮件应封广州局经转外，所有寄泰国及越南之邮件应按照本总局第二零零七号（本局邮件通令第六零九/二四二四号）通代电办法，发往广西凭祥局经由同登、河内转递。"⑤ 8 月 1 日以后，中国同法国维希政府断绝外交关系后，凭祥与同登往来邮件暂停。

9. 龙山至谅山、河内的邮路。中国 1939 年开通龙山至谅山、河内的邮路。⑥

10. 镇南关至海防的邮路。1942 年撰写的《抗战五年来之交通》一文提及"先后设置以资替换之通海邮路，不下数十条……此外，添辟……镇

---

① 中国第二历史档案馆编：《中华民国史档案资料汇编》第五辑第二编财政经济（十），《交通部编临时全国代表大会交通部政治报告》（1938 年 3 月 12 日），江苏古籍出版社 1994 年版，第 48 页。

② 《关于昆明至河内航线已暂停飞航的通令》（1940 年 10 月 16 日），档号：03420001001840000108。

③ 《关于恢复昆明河内航线之通航、撤销黄葛垭邮局的通讯》，重庆市档案馆藏档案，档号：0342000100222000037。

④ 中国第二历史档案馆编：《中华民国史档案资料汇编》第五辑第二编财政经济（十），《邮政总局 1939 年度邮政事务年报》（1940 年），江苏古籍出版社 1994 年版，第 735 页。

⑤ 东川邮政管理局：《关于转饬所有所寄泰国及越南之邮件应按照邮政总局第 2007 号通代电办法发往广西凭祥局同登、河内转运的通令》（1943 年 3 月 24 日），重庆市档案馆藏档案，档号：03420001003100000020。

⑥ 中国第二历史档案馆编：《中华民国史档案资料汇编》第五辑第二编财政经济（十），《邮政总局编 1939 年度邮政事务年报》（1940 年），江苏古籍出版社 1994 年版，第 736 页。

南关至海防……等线"①。

11. 越南至广州的邮路。1940年开通"阿姆斯特丹经由真涅斯、越南（Genes-Indo-China）寄广州转口"②直封邮件业务。

12. 由广东东兴至越南硭街的邮路。1943年8月，东兴与硭街往来邮件暂停。1944年8月开始，中国的邮件可由广东东兴互换局封交给越南硭街邮局。"东川邮政管理局通令 第三六三二号（邮件第九二九号）为寄交越南本转各地之普通邮件，现可由东兴互换局转发，无须再发澳门经转。令仰遵照由。……业经本局三十二年八月五日第二七五二号通代电邮件通令#836/3182 饬知在案。兹查案寄交越南本转各地之普通邮件，现可由广东东兴互换局进行封交越南硭街（Moncay）邮局 三十三年八月二十四。"③

13. 通过厦门的鼓浪屿邮寄至越南的邮路。由于鼓浪屿自清末成为多个国家的公共租借地，因此通过鼓浪屿与越南通邮的邮路在太平洋战争爆发后，仍保持畅通。"1941年12月太平洋战争爆发后的三年间，南洋侨汇断绝，仅泰国、越南仍有少量侨汇汇入，汇款用密码或秘密方法通知其在东兴或鼓浪屿的泰、越批信分局转知收款人并各地批信局。款项由各该处批信局私运当地货物到东兴售卖，将款转汇各处；或以当地钱币带至东兴兑换法币。"④

14. 由澳门经转邮寄至越南的邮路。此条通邮路线是为了保证与越南通邮而采用经转中立国家管辖地区而开通的一条路线。"案奉邮政总局本年八月二十二日第三一八号通代电闻：查交寄越南之普通邮件仍可照常收寄发由澳门经转。"⑤

15. 由香港经转邮寄至西贡的邮路。1947年6月开始，因航空航线停飞，中国邮递印支北部航邮改由航运至香港后由普通邮路运送。"案奉邮

---

① 中国第二历史档案馆编：《中华民国史档案资料汇编》第五辑第二编财政经济（十），《抗战五年来之交通》（1942年），江苏古籍出版社1994年版，第88页。

② 中国第二历史档案馆编：《中华民国史档案资料汇编》第五辑第二编财政经济（十），《邮政总局编1940年度邮政事务年报》（1941年），江苏古籍出版社1994年版，第752页。

③ 东川邮区永川邮局：《关于转发寄往越南各地普通刊件给永川邮政总局的通令》（1944年8月24日），重庆市档案馆藏档案，档号：03410001000660000087。

④ 泉州市华侨志编纂委员会编：《泉州市华侨志》，中国社会出版社1996年版，第174页。

⑤ 东川邮区永川邮局：《关于转发寄往越南各地普通刊件给永川邮政总局的通令》（1944年8月24日），重庆市档案馆藏档案，档号：03410001000660000087。

政总局训令各关：'中国航空公司由昆明至河内各班机暂停飞航。嗣后寄印度支那北部各地航邮，除已按寄西贡航邮资例付费者，发由香港再由航空运至西贡转运外，余均暂行航运至香港再由普通邮路运达'等因，奉此，合行，通告周知。此告。局长 华希伯 中华民国三十六年六月二十四日。"①

16. 由安南经转至中国国内的邮路。

（二）通邮区域

1928年9月，中国全国划分的邮界有25个。"故今共有二十五邮界。除西藏迄未恢复外，实仅24邮界也。"② 1931年10月1日中国与法属安南开始开办互换包裹、代收货价事务。中国有北平、河北、山西、河南、辽宁、吉黑、山东、四川、湖北、湖南、江西、苏皖、上海、浙江、广东、福建、云南、广西等省区能够办理互换包裹业务。③ 自1931年"九·一八"事变后，日本侵占中国的领土逐步扩大；国民政府交通部邮政总局管辖的邮界逐渐减少。

同一时期越南与中国通邮的区域变化较少。笔者考证1931年9月以后越南与中国通邮的地区至少有184个，老挝与中国通邮的有沙湾那吉（Savannakhet）、阿速坡（Attopeu）、琅玻拉邦（Luangprabang）、芒新（Muongsing）、丰沙里（Phongsaly）、他曲（Thakhek）、万象（Vientiane）、川圹（xiengkhouang）等地区，柬埔寨与中国通邮的有桔井（Kratié）、磅同（Cambodge）、上丁（Stungtreng）、巴南（Banam）、马德望（Battambang）、磅湛（Kompongcham）等地区。法属印度支那与中国通邮地区总数则不少于227个。其中，当时的安南（Annam）有边水（Benthuy）、平定（Binhdinh）、蓬山（Bongson）、大宁（Dalat）、都良（Doluong）、洞海（Donghoi）、顺化（Hué）、昆嵩（Kontum）、芽庄（Nhatrang）、蕃朗

---

① 东川邮政管理局：《关于嗣后寄往印度支那北部各地航邮资按寄西贡航邮资例付费的通告》（1947年6月14日），重庆市档案馆馆藏档案，档号：03420001002300000035。
② 谢彬：《中国邮电航空史》，上海三联书店2014年版，第87页。
③ 交通部邮政储金总局：《关于自1931年10月1日起开办中国与法属安南国互换包裹、代收货价事务给各邮政储金汇业局、邮政管理局的通饬（附译文）》（1931年9月4日），重庆市档案馆馆藏档案，档号：02900001006640100031。

(Phanrang)、藩切（Phantiet）、富丰（Phuphong）、归仁（Quinhon）、岑山（Samson）、涌桥（Songcau）、三歧（Tamky）、荣市（Vinh）等50个地区与中国通邮，交趾支那（Cochinchine）暨南圻有槟木知（Bentre）、边和（Bienhoa）、凯比（Caibe）、金瓯（Camau）、芹约（Cangioc）、库桥（Cantho）、高岭（Caolanh）、朱笃（Chaudoc）、堤岸（Cholon）、同登（Duongdong）、奠定（Giadinh）、鹅贡（Gocong）、乐善（Laithieu）、龙美（Longmy）、隆域（Longthanh）、龙川（Longxuyen）、模棋（Mocay）、美菲（Mytho）、迪石（Rachgia）、沙沥（Sadec）、西贡（Saigon-Cenreal）、朔庄（Soctrang）、三平（Tambinh）、新安（Tanan）、新洲（Tanchau）、新宁（Tayninh）、土龙木（Thudaumot）、茶温（Traon）、永隆（Vinhlong）、泳涟（Vungliem）等57个地区与中国通邮，东京（Tonkin）有贫安仁（Banyennhan）、保乐（Baolac）、高平（Caobang）、左坡（Chobo）、左朱（Chochu）、演市（Chodien）、奠边府（Dienbienphu）、同谟（Dongom）、涂山（Doson）、嘉林（Gialam）、河凤（Hadong）、河江（Hagiang）、海阳（Haiduong）、海防（Haiphong）、河内（Hanoi）、和平（Hoabinh）、红河（Hoanhson）、鸿基（Hongay）、兴化（Hunghua）、兴安（Hungyen）、建安（Kienan）、乐郡（Lacquan）、谅山（Langson）、陆岸（Lucnam）、硋街（Moncay）、南定（Namdinh）、广安（Quangyen）、三岛（Tamdao）、太平（Thaibinh）、七溪（Thatkhe）、汪比（Uongbi）、越池（Viettri）、永安（Vinhyen）、安沛（Yenbay）等80个地区[①]与中国通邮。

（三）通邮费用

该时期通邮多项业务费用发生变化。清末中越开始互寄包裹。"3、《互寄包裹章程》，1911年9月21日于北京。这是与法属越南之间包裹的邮递办法。"[②] 1931年10月中国与法属安南开办互换包裹及代收货价业务，"所代收货价数目应用安南钱币皮河斯脱尔，每张代收货价汇票最高

[①] 交通部邮政储金总局：《关于附发中国与法属安南国互换国际汇票及代收货价包裹事务修正表给各邮政储金汇业分局、邮政管理局、一等邮局的通饬（附表）》（1931年11月3日），重庆市档案馆馆藏档案，档号：02900001006640100025。

[②] 候中军：《近代中国的不平等条约》，上海书店出版社2012年版，第427页。

款额不得逾四百皮河斯脱尔"①。法属安南是和中国比较早办理直接互换代收货价包裹事务的国家,"我国与英国、法国、德国、日本、和属东印度及法属安南等六国,早经商定办理直接互换代收货价包裹事务"②,而到了1936年10月"在我国发往法属安南之包裹其代收货价亦自同日起用上海钱币,每张国际汇票或代收货价汇单之最高欠额现定为九百元"③。

1936年中越之间通邮因为广州至河内航空线停飞,对西贡邮路资费也产生了影响。"嗣后由西贡或河内经西贡至马赛航空线寄往亚洲南部、欧洲及由欧洲经转各地之航空邮件,除纳足国际普通邮资,如多挂号加纳国际挂号费。尚在国内须由航空寄送再加纳国内航空资费外,应仍按二十四年六月二十二日常字第一五八九号通令(参见局务局渝第一三五号)附件第一号及第二号内载西贡至马赛航空线之资率,加纳国际航空邮资,……局长贺美 中华民国二十世纪五年五月七日。"④

包裹类邮件和小包邮件1939年费用上涨。6月,经印度支那寄往国外的包裹费用上涨。"交通部邮政管理总局代电第四零六号 广西邮政管理局览 查后方各地寄往国外之包裹,现因交通情形变更特取道印度支那邮政寄送。所有寄费自应按照该邮政刊发之包裹资费表办理。兹将寄往重要各国之包裹资费开列清单随电发仰查收。嗣后该局对于取道印度支那运寄之国际包裹,除收取原寄与至龙州间国内包裹资费外,可照单内所开资费再加我国应得之数(系按照一公斤、五公斤及十公斤之重量单位寄往香港、澳门者,分别为国币二角、五角、一元。寄往其他各国者,分别为国币一元三角五分、一元七角五分及二元七角五分)向公众收取邮费发由龙州邮政局散寄印度支那互换局,龙州邮局对发包裹时,仅须将清单内载之资费登

---

① 交通部邮政储金总局:《关于自1931年10月1日起开办中国与法属安南国互换包裹、代收货价事务给各邮政储金汇业局、邮政管理局的通饬(附译文)》(1931年9月4日),重庆市档案馆馆藏档案,档号:02900001006640100031。

② 中国第二历史档案馆编:《中华民国史档案资料汇编》第五辑第一编财政经济(九),《联邮处关于近两年来主管事务办理经过情形致总局秘书室函》,(1936年8—11月),江苏古籍出版社1994年版,第609页。

③ 交通部邮政储金汇业总局:《关于抄送我国与法属安南互换汇票改订办法给各邮政管理局、储汇分局及一等邮局的通饬》(1936年9月23日),重庆市档案馆馆藏档案,档号:02900001006960000128。

④ 《关于增加第1、2号内载西贡至马赛航空线之资率的谕》(1936年5月7日),重庆市档案馆馆藏档案,档号:034200010016900051。

入包裹清单内，作为印度支那邮政应得之数。中华民国二十八年六月五日。"① 7 月，由安南经转邮递至中国国内包裹及小包邮件的费用增加。"东川邮政管理局通令第一零五一号（包裹第二五二号）案奉 邮政总局二十八年七月二十二日代电 第五九一号闻：自即日起，凡经由安南经转之国内包裹及小包邮件除通代电第六五七（见本局包裹通令第二五零/一零四四号及见六五三号……）规定加收之资费外，包裹应按每公斤加收额外资费壹元。又小包邮件每百公分加收二角……合行通令，仰即遵照，为要。局长周云东。"② 1940 年 8 月与安南恢复通邮后，寄往中国国内的包裹"惟运费增加，嗣后收寄经由该路寄递之国内包裹，仰按现行资费每公斤加收二角五分"③。

（四）邮汇业务

中国"1919 年通告自 1920 年 4 月起，加入国际邮汇总协约"④。"5、《互换汇票协定》，1923 年 1 月 26 日北京。中国邮政总局局长及邮政总局总办，代表中国邮政，与安南邮电总办，代表安南邮电总局，以各该邮政名义，订立互换汇票协定，侯由两国政府批准施行……6、《修正互换汇票协定条文》，1923 年 5 月 10 日于北京。中国与法属安南两国邮政部门订立。这是对原来互换汇票协定的修改，具体的业务性规定。"⑤ "1930 年 11 月，邮政储金汇业总局成立。"⑥ 1931 年"九·一八"事变爆发前，中越之间不仅开始通邮，并且开展了邮政互换汇票等业务。中国"国外已有坎拿大、荷属东印第斯、法国、法属安南、香港、澳门、脑威、英国及美国直接互换汇票。汇法属安南，限越币四百元……"⑦ "又与丹麦、法属安

---

① 交通部邮政总局：《关于核查后方各地寄往国外之包裹运送情形致广西邮政管理局的代电》（1939 年 6 月 5 日），重庆市档案馆馆藏档案，档号：02900005001280100142。
② 东川邮政管理局：《关于规定加收安南经转国内包裹寄小包邮件资费的通令》（1939 年 7 月 24 日），重庆市档案馆馆藏档案，档号：03420001001760000001。
③ 东川邮政管理局：《关于恢复收寄由安南转递之国内外包裹的通令》（1940 年 8 月），重庆市档案馆馆藏档案，档号：03420001001530000099。
④ 邮电史编辑室编：《中国近代邮电史》，人民邮电出版社 1984 年版，第 231 页。
⑤ 侯中军：《近代中国的不平等条约》，上海书店出版社 2012 年版，第 427 页。
⑥ 邮电史编辑室编：《中国近代邮电史》，人民邮电出版社 1984 年版，第 232 页。
⑦ 谢彬：《中国邮电航空史》，上海三联书店 2014 年版，第 143 页。

南、脑威、瑞典等国依据马德里协约，直接互换汇票。"①

从1931年9月开始，中国实行调整后的与法属安南邮政互换汇票邮局表。此次调整的原因是因法属安南办理汇票的各邮局变动较大。"为关于我国与法属安南互换国际汇票及代收货价包裹事务附该国办理汇票各邮局修正表一份，饬仰遵照由。为通饬事查邮政总局洋文通令第五百六十六号第三号附件第七号分附件，我国与法属安南邮政互换汇票协定之附表更动颇多，已不适用。兹特附发安南国办理汇票各邮局修正表一份，各区收到后即将旧表注销，另以新表代之。并自本年九月一日起实行该新表内所列各局。亦均办理代收货价包裹事务（参看本总局通饬第一百二十三号第二节）所有上述通合及通饬应即分别注明合行。通饬仰即。遵照办理此饬。附修正表 局长刘书蕃 中华民国二十年十一月三日。"② 修正表所列地区涉及的区域包括了当时属于法属印度支那的 Tonkin 北圻（东京）、Cochinchine 南圻（交趾支那）、Annam（安南）及 Cambodge（柬埔寨）、Laos（老挝）等。1936年10月1日前法属安南发给中国的国际汇票，或者中国发给法属安南的国际汇票，中国都需要用安南货币结算。10月1日后，中国与法属安南邮政互换汇票的结算货币发生了变化。法属安南发给中国的国际汇票结算改用中国货币结算。为此，邮政储金汇业局专门下发了通饬。"邮政储金汇业局通饬第三六八号（各一等邮局第二二七号）邮政储金汇业分局 饬 各邮政管理局 一等邮局 为我国与法属安南互换汇票改订办法饬 仰知遵照 查本局现已与法属安南邮政商定自本年十月一日起，凡法属安南开发我国之国际汇票概用上海钱币（即国币）不再照以前办法用安南钱币皮阿斯脱尔。……我国开发法属安南之汇票，以及由法属安南发来包裹之代收货价，则仍用安南钱币皮阿斯脱尔，并不变更。合行通饬，仰即知照，并仰转饬所属各局一体知照。此饬。 局长沈叔玉 中华民国二十五年九月二十三日。"③ 1943年8月因为中法两国断绝外

---

① 谢彬：《中国邮电航空史》，上海三联书店2014年版，第184页。
② 交通部邮政储金汇业总局：《关于附发中国与法属安南国互换国际汇票及代收货价包裹事务修正表给各邮政储金汇业分局、邮政管理局、一等邮局的通饬（附表）》（1931年11月3日），重庆市档案馆藏档案，档号：02900001006640100025。
③ 交通部邮政储金汇业总局：《关于抄送我国与法属安南互换汇票改订办法给各邮政管理局、储汇分局及一等邮局的通饬》（1936年9月23日），重庆市档案馆藏档案，档号：02900001006960000128。

交关系,中国与法属安南互换汇票业务随之停办。"邮政储金汇业局通代电渝汇字第九五号 为关于我国与法国及法属安南邮政互换汇票事务一律予以停办电仰遵照由 后方各邮政管理局、各办事处、各储汇分局均览查我国政府已宣布与法国维琪政府断绝外交关系,嗣后所有我国与法国及法属安南邮政互换汇票事务应一律予以停办,……凡法属安南邮政开至我国之汇票不论任何日期开发者均应不予兑换,……中华民国三十二年八月二十日。"①

该时期中越之间的邮汇,主要是越南华侨通过邮汇汇款到中国的侨汇。侨汇属于汇总业务,抗战爆发后,中国出口贸易创汇因战事影响受到阻碍,外汇需求剧增,因此侨汇成为当时国际收入的重要来源之一。1939年1月财政部公布《银行在国外设立分行吸收侨汇统一办法》,要求银行吸收侨汇,应由中国银行与邮汇局合作,充分利用中国银行和邮汇局在海外的分支机构。② 中国"邮汇局在1938年开办邮政侨汇。……增设海外机构,组织侨汇金融网。邮政储金汇业局在海外代理吸收侨汇的银行有菲律宾及马来亚等处的华侨银行、越南东方汇理银行、马尼拉交通银行、纽约中国银行、香港信行金银公司、西贡东亚银行"③。

(五) 通邮的停办与恢复

中越之间通邮停办与恢复,主要发生在1940年、1941年、1943年。1940年"重庆、成都、昆明、上海及广州寄河内及经由河内寄马赛及巴黎。河内寄重庆、昆明、成都、桂林、兰州及西京(长安)。西贡经河内寄重庆。曼谷、马赛经由河内寄昆明。河口、龙州、闽侯(福州)、厦门、汕头、北海、遂溪及海口(琼山)寄河内"④ 的直封航空邮件均停办。"陪都档案"中留存的东川邮政管理局第一三八六号(包裹第三零八号)

---

① 交通部邮政储金汇业总局:《关于停办中国与法国及法属安南局互换汇票事项致各邮政储金汇业分局、邮政管理局及办事处的代电》(1943年8月20日),重庆市档案馆馆藏档案,档号:02900001006820200049。
② 徐琳:《近代中国邮政储蓄研究》,上海交通大学出版社2013年版,第60页。
③ 徐琳:《近代中国邮政储蓄研究》,上海交通大学出版社2013年版,第61页。
④ 《邮政总局编1940年度邮政事务年报》1941年中国第二历史档案馆编:《中华民国史档案资料汇编》第五辑第二编财政经济(十),江苏古籍出版社1994年版,第754页。

通令记载了在 1940 年中国通过安南出海的邮件停办，只得改邮越南海防；恢复不久后又停办的事情。"案决云南邮政管理局第七八/一四一三号代电转来　邮政总局本年三月八日发该局第一七六七代电抄张译闻：查本国经由安南寄往沿海各处之邮件及包裹，现系由本总局驻海防办事处交与各订约轮船带运。所有川、云、贵或其他内地各省寄由安南出海之邮件及包裹，其相关清单副张概应寄与本总局海防办事处……仰转饬该局及河口局人员遵照。等因；奉此，合行通令，仰各遵照。此令。　局长周云东　中华民国二十九年三月十八日。"① 停办几个月后，经过安南邮递的包裹业务恢复，"东川邮政管理局：查暂停收寄沿海各地大宗包裹一节，业由本年六月八日已裹通令第三二五/五二五号饬遵在案。兹奉邮政总局二十九年八月十日第一二四六号通电译闻：安南一路复通，后方各区可既恢复收寄由安南一路转运之国内外包裹……等因；奉此，合行通令，仰各遵照。署局长　华希伯"②。但是，经安南邮递的包裹等，只恢复了一个月左右的时间，就再次停办。"寄往云南邮政管理局二十九年九月十一日电闻：请既停止对发寄由安南经转之重件及包裹'等由，准此……"③

1940 年 10 月开始停办的通邮业务，次年 5 月中下旬开始恢复。"东川邮政管理局通令　第一七一二号（包裹第三六二号）　查停止收寄经由越南转递之包裹及重件一节，曾由本局包裹通令第三五二/一六七九号饬知在案。兹准。云南邮政管理局本年十月五日第一二零/二五五二号代电通知，经由越南转递之小包邮件点应停止收寄，苟由准此。合行令御　遵照此令　署局长华希伯　民国二十九年十月八日。"④ 1941 年 5 月初，云南邮递越南的邮件，就可以由老街经转了。"广西邮政管理局第一号电悉，本案已据云南第二四七七/三七五零号代电（副份已抄寄该局）报称滇区

---

①　东川邮政管理局：《关于告知所有川、云、贵寄由安南出海邮件及包裹其相关清单复张应寄与海防办事处的通令》（1940 年 3 月 18 日），重庆市档案馆馆藏档案，档号：03420001001790000049。

②　东川邮政管理局：《关于恢复收寄由安南转递之国内外包裹的通令》（1940 年 8 月），重庆市档案馆馆藏档案，档号：03420001001530000099。

③　东川邮政管理局：《关于停止收寄由安南经转之重件及包裹的通令》（1940 年 9 月 12 日），重庆市档案馆馆藏档案，档号：03420001001530000112。

④　东川邮政管理局：《关于停止收寄经由越南转递之包裹及重件的通令》（1940 年 10 月 8 日），重庆市档案馆馆藏档案，档号：03420001001530000118。

去越邮件仍可发由老街经传等语,是不必绕道广西,仰即知照。邮政总局业滇　冬叩。"①广西等地"寄越南邮件向系按原寄局地域分别寄。由凭祥、邕宁、遂溪三个互换局转发。自越南发生变化,凭祥同登间交通困难。邕宁、凭祥两局逐停止对发越南总包所有邮区,寄越邮件一律由遂溪互换局转发"②。1940年凭祥寄同登、河内邮件停止封发③。从1941年5月开始,凭祥邮局与越南之间的邮政逐渐恢复。"为将凭祥局与越南邮政恢复通邮日期电呈察核由。昆明邮政总局钧鉴。案奉钧局本月寒日第十四日号电令敬悉,经电饬凭祥局遵照办理。兹据该局条电报称互封总包开始日期(一)凭祥至同登五月十九日起(二)同登至凭祥五月二十三日起。邮差自五月七日试行后,既正式成立等情。据此除已由2号电呈报外,理合将凭祥局与越南邮政恢复通邮日期电呈钧局鉴核……民国三十年六月十九日。"④

1943年"自八月一日我国宣布与法国维琪政府断绝邦交后,我国与法国及法属印度支那各地直接互换邮件事务均告暂停,所有昆明与河内、河口与老街、凭祥与同登、东兴与硭街往来之邮件总包均即停止互换"⑤。

1945年8月15日第二次世界大战结束后,中与越通邮没有马上恢复。1946年3月28日起,中国与法属印度支那开始恢复通邮。"案奉　邮政总局本年四月二十六日例联通字第一一二零号训令闻:查寄往越南、柬埔寨及南圻两省之挂号函件应恢复,照寄发往西贡投递。业经本局三十五年三月二十八日例联通字第三七九号训令(本局邮件通令第一零八五八/四零五三号)饬逐在案,业经西贡法方邮政来电,以寄往印度支那东京省(河内)及(海防)二地及寄往安南省顺化等地以及寄往老挝省等地之挂号函

---

① 昆明邮政总局:《关于告知云南邮区寄往越南之邮件可由老街道经转致广西邮政管理局的电》(1941年5月2日),重庆市档案馆馆藏档案,档号:02900005001280100119。
② 广西邮政管理局:《关于核示凭祥邮局恢复办理互换邮件事物各情致昆明邮政总局的代电》(1941年4月30日),重庆市档案馆馆藏档案,档号:02900005001280100121。
③ 中国第二历史档案馆编:《中华民国史档案资料汇编》第五辑第二编财政经济(十),《邮政总局编1940年度邮政事务年报》(1941年),江苏古籍出版社1994年版,第754页。
④ 广西邮政管理局:《关于核查凭祥邮局与越南邮政恢复通邮日期致昆明邮政总局的代电》(1941年6月19日),重庆市档案馆馆藏档案,档号:02900005001280100118。
⑤ 中国第二历史档案馆编:《中华民国史档案资料汇编》第五辑第二编财政经济(十),《邮政总局编1942年度邮政事务年报》(1943年),江苏古籍出版社1994年版,第820页。

件均可恢复。收寄所有寄河内及海防挂号函件应向河内或海防局直封总包。寄印度支那其他各地者则应封交西贡局。……三十六年四月二十日 局长 华希伯。"①

二战后中越之间邮汇恢复比邮政更延迟。1946 年 9 月 27 日中国外交部召开讨论中法关于中越关系协定实施问题会议时，中越之间汇兑仍未恢复。"八、其他……3 中越汇兑：A 财政部应设法从速恢复中越间之汇兑，俾大量侨汇得以内流。"②

四 通邮因素分析

中越之间通邮，实质上受到了当时中法关系、中国与法属印度支那关系、法国对法属印支管理政策、在越南的华侨、国际关系等多种因素的影响。

（一）受到当时中法两国关系及国际局势的影响

中法关系随着法国政局的变动及国际局势改变，发生了变化；对于中越之间的通邮也产生了一定的影响。华盛顿会议期间，法国代表首先支持中国撤废租借地。"撤废租借地案，在华会提议时，法代表首先赞成。"③但是，法国对于中国提出的修改《中法越南通商章程》《天津通商条约》等一直未重视。有学者认为当时中法关系"总的说，法国为在新的形势下，保有和扩大在中国的权益进行了努力。……总之，二十世纪二十年代，法国在中国的身影是飘荡而模糊的"④。中越在 20 年代正式开始通邮，一定程度上是法国为了维护其在中国的权益而采取的措施。30 年代开始国际局势日趋复杂，"由于越南是法属殖民地，……九一八事变之后，为了

---

① 东川邮政管理局：《关于寄往法属印度支那各地挂号函件应照西贡法方邮政通知之地名恢复后在寄的通令》（1947 年 4 月 20 日），重庆市档案馆馆藏档案，档号：03420001002090000017。

② 中国第二历史档案馆编：《外交部讨论中法关于中越关系协定实施问题会议记录》（1946 年 9 月 27 日），第五辑第三编外交，江苏古籍出版社 2000 年版，第 762—763 页。

③ 中国第二历史档案馆编：《驻法使馆关于法国交还广州湾案致外交部咨》（1922 年 3 月 18 日），第三辑外交，江苏古籍出版社 1991 年版，第 477 页。

④ 张雪永：《大革命时期的中法关系研究》，硕士学位论文，西南交通大学，2003 年。

应付不断升级的中日矛盾,南京国民政府努力改善国际环境,以争取欧美大国在道义上和经济上的支持,对法关系亦越来越受到重视……抗战爆发后,中法交涉主要围绕假道越南运输和中法军事合作等问题展开。在交涉过程中,由于中方有求于法方诸多,因此对法态度比较积极主动。法国对中国抗战则持同情态度,在不影响其对日政策的范围内尽量向中国提供援助,并进行了有限的合作"[1]。也有学者指出"而在远东地区,法属印度支那在二战期间也几乎沿袭了其在欧洲的道路,只不过日本取代了德国的角色,成为后者在远东地区合作的对象。当然,我们也应看到维希法国政府内部的冲突和矛盾,导致其在面对中日之时所出现的政策分歧。"[2] 国民政府"抗战前期,印度支那作为中国输入国外援华物资的主要交通要道,对于国民政府打破日军封锁和维持抗战,起到了极为重要的作用。但那时的国民政府对印支的关注,是从纯军事角度出发"[3]。1943年8月,中法两国关系降至最低点。"国民党中常会决议由国民政府宣布与法国维希政府断交案(1934年7月)本年七月二十六日中央常委会第234次会议,根据外交部报告,决议与法国维希政府断绝外交关系。函由本会转函国民政府,于本年八月一日正式宣布对法国维希政府断绝邦交。"[4] 中越之间通邮也随之受到影响。"邮政总局本年八月五日第二七五二号通代电闻:'兹因我国政府宣布与法国维琪政府断绝外交关系,嗣后我国与法国及法属印度支那往来邮务'除出口普通邮件仍可照常致寄(寄法国者发由他国经转,寄印度支那者发由澳门经转),进口邮件仍予投递外,均应一律停办其寄往法国及法属印度支那之挂号邮件等。亦应停止兑换所有邮票、公函、凭证、执据、查询单等件,并不得向该两邮政善发……仰即遵照立转饬 所属一体遵照……此令……华希伯 中华民国三十二年八月九日。"[5]

中越之间通邮,也受到当时国际局势影响。1939年11月德国与法国

---

[1] 罗敏:《中国国民党与越南独立运动》,社会科学文献出版社2015年版,第23页。
[2] 陈剑:《维希法国远东政策研究》,博士学位论文,华东师范大学,2011年。
[3] 穆健:《国民政府对印支之政策及演变(1941—1946)》,硕士学位论文,安徽大学,2005年。
[4] 中国第二历史档案馆编:《国民政府抗战时期外交档案选辑》,重庆出版社2016年版,第658页。
[5] 东川邮政管理局:《关于停止收寄法国及法属印度支那发售之国际回信邮票券、停止兑换邮票的通令》(1943年8月9日),重庆市档案馆馆藏档案,档号:03420001003090000018。

交战，中国通过越南邮寄德国物品则受到影响。"东川邮政管理局通令第一二零零号（包裹第二八一号）　案奉　邮政总局二十八年十一月三日第八零五号通代电闻：据本总局驻越专员署副邮务长儒福立报，现因越南总督府对于德国货物及发自或寄交国人民之各项物品，业已禁止转递。嗣后经由越南寄之包裹，概须随时报税清单等件，否则越南邮局不予通过等情。据此，各局对于是项越南转寄之包裹装有德国货物及发自或寄交德国务须通知寄件人勿予交寄。否则邮局……在经由越南转寄之国内或国际包裹，概随附报税清单及包裹发递单，将包裹内容……与收件人姓名、住址详细注明，以便越关查验……仰遵照并转饬所属一体遵照……。奉此，合行通令，仰各遵照。此令。　局长周云东。　中华民国二十八年十一月八日。"① 而法国在欧洲的战败，使得包括越南在内的印度支那地区国际局势发生变化。"在德国战胜法国之后，日本希望抓住这一有利机会，趁机南进，扩大战果，而印度支那无疑成了日本南进路上首先必须要解决的问题。然而由于日本此时对英美尚存顾虑，因此试图以和平谈判的方式达到其目的。在中日法三方的互相角逐中，日本最终占据了主动，与维希法国签订了《西原—马尔丁协定》，迈出了南进的第一步。这一时期维希法国的远东政策从与中国的合作走向猜疑，而迫于日本的压力，其对日合作之心也渐趋显露。"② 在太平洋战争爆发前"中日法三国的关系逐渐复杂化，中国与维希法国之间的关系由猜疑进一步向对抗转变。而维希法国之对日政策则自妥协走向全面合作，并最终与日本签订了《达尔朗—加藤协定》，使得日本驻军印度支那合法化"③。太平洋战争时期"日本再次对维希法国提出新的要求，维希法国面临压力最终又一次屈服"④。

（二）越南当局的态度直接影响到通邮

越南当局的态度也成为影响中越通邮的一个重要因素。越南为其自身利益，曾接受日本的无理要求，停止中国物资由滇越铁路运输，造成了中

---

① 东川邮政管理局：《关于告知停止通过越南转寄德国货物的通令》（1939年11月8日），重庆市档案馆馆藏档案，档号：03420001001790000024。
② 陈剑：《维希法国远东政策研究》，博士学位论文，华东师范大学，2011年。
③ 陈剑：《维希法国远东政策研究》，博士学位论文，华东师范大学，2011年。
④ 陈剑：《维希法国远东政策研究》，博士学位论文，华东师范大学，2011年。

国不能通过铁路运输邮件、包裹。后经中华邮政总局交涉，邮件等恢复邮递。"案奉　行政院本年七月二十三日阳肆字第 15595 号密令闻：案据交通部本年七月十一日邮字第一四六六号代电称据邮政总局报告，查自越南当局接受日方非法要求，停止我国物资假道滇越铁路内运以来，邮运亦曾一度停顿。嗣经本局依据邮政公约的规定，迭向越南邮政交涉，卒由越南当局免予恢复。现除包裹重件外，其他邮件已可照常经由越南转运。"①

太平洋战争爆发以后，与越南通邮的国家只有包括中国在内的三个国家。1942 年 4 月，"据报，经越南转发马来南洋等埠邮件停顿一案再电……昆明邮政总局钧鉴，查关于同登邮局不代转递马来南洋等地邮件情形，呈称：案接三月二十一日越南同登邮局第不列号公函声称，近顷敝国邮局规定只许中日泰越四国通邮，其他国家邮件则不许通过"②。当时越南受到日本的侵略，泰国因为与日本关系密切，后来泰日结成同盟；因此越南同日本、泰国之间可以相互通邮。但是，中国则在太平洋战争爆发后正式对日本宣战；越南仍旧保持与中国通邮，探究其深层次的原因，则是越南当局的态度所产生的影响。

（三）越南华侨对通邮产生了较大影响

根据"王文元《法属印度支那和中国的关系——经济地理研究》一书统计，仅广东福建等沿海地区从海路进入越南南部（交趾支那）的中国人，……从 1921 年到 1931 年间进入越南三邦（交趾支那、安南、东京；即南圻、中圻、北圻）的中国人平均每年增加 2700 人"③，"从广西及云南由陆路进入越南的中国人还没有计算在内"④。"另据 1921 年和 1931 年的《法属印度支那统计年鉴》，1921 年法属印度支那的华侨人口为二十九

---

① 重庆市政府：《关于告知邮件寄往越南给重庆市工务局的训令》（1940 年 7 月 24 日），重庆市档案馆馆藏档案，档号：00670001002030000006。
② 广西邮政管理局：《关于核示经越南转发马来南洋等埠邮件致昆明邮政总局的代电》（1942 年 4 月 9 日），重庆市档案馆馆藏档案，档号：02900005001280100111。
③ 黄国安等：《中越关系史简编》第五章，转引自朱杰勤《东南亚华侨史》（外一种），中华书局 2008 年版，第 167 页。
④ 朱杰勤：《东南亚华侨史》，高等教育出版社 1990 年版，第 223 页。

万，1931 年为四十一万八千人。"① 30 年代以前，越南华侨数量不断增加。"迩来我侨胞留越者日多，复以通海之故，本国人民假道于越者，亦年以十余万数。"②

越南华侨数量占法属印支华侨总数的比重较大。"法属印度支那的华侨在分布上，以交趾支那为最多，其华侨人口约占法属印度支那华侨总人口的一半左右。据 1931 年的调查统计，交趾支那的华侨人口约为二十万五千余人，主要集中在堤岸、西贡这两大工商业都市。柬埔寨的华侨人口据 1931 年的统计约为十四万八千人，占法属印度支那华侨总人口的三分之一以上，……东京（越南北圻）的华侨人口在 1931 年约五万二千人，华侨人口主要集中在河内、海防两大城市。安南（越南中圻）的华侨人口在 1931 年约一万余人。"③ "根据 1937 年的人口调查，华人人口有 227000 人，这只是指进口的移民人数。如果包括华裔，总数有 467000 人。"④ 由于在西贡的华侨数量逐渐增多，20 年代中国曾计划调整在越南设立领事的地点，希望在西贡设领事。"越南河内、海防设领载自光绪十二年《中法条约》，嗣因河、海二邑相去甚近，而西贡华侨日多，亦有设领之必要。"⑤ 1937 年 7 月 "当时越南华侨约五十余万"⑥。而 "在日军南进政策中……当时越南、柬埔寨、老挝的华侨约有 150 万"⑦。在越南的华侨数量较多，其中在大城市的华侨不易被当地人同化，并且同中国保持联系的人较多。这对于中越之间的通邮甚至双方关系都产生了较大的影响。"由于华人在越南主要城市内建立起较大的纯华人社区，特别在西贡（提岸），自然华人之同化于越南社会变得甚为不易，但对于那些散居于其他各省境内或乡

---

① 聂德宁：《近代中国与法属印度支那的贸易往来》，《南洋问题研究》1997 年第 1 期。
② 中国第二历史档案馆编：《中华民国史档案资料汇编》第五辑第一编外交（二），《张维翰拟陈改订中法商约与改善中法关系意见》（1928 年 12 月），江苏古籍出版社 1994 年版，第 1327 页。
③ 聂德宁：《近代中国与法属印度支那的贸易往来》，《南洋问题研究》1997 年第 1 期。
④ 《南洋年鉴》新加坡 1952 年，第 211 页，转引自朱杰勤《东南亚华侨史》，高等教育出版社 1990 年版，第 223 页。
⑤ 中国第二历史档案馆编：《中华民国史档案资料汇编》第三辑外交，《外交部关于越南设领案节略》（1926 年），江苏古籍出版社 1991 年版，第 550 页。
⑥ 黄晓坚编著：《抗日战争时期华侨人口伤亡和财产损失》，中共党史出版社 2016 年版，第 323—324 页。
⑦ 朱杰勤：《东南亚华侨史》（外一种），中华书局 2008 年版，第 208 页。

区的华人,仍很易于与越南女通婚,并融入越人社会之中。"[1]

以邮汇为例,中国通过吸收侨汇增加外汇资金,成为中国金融政策的一个重要举措。中国在海外代办邮政侨汇的银行中,在越南的银行就有两个,可见越南华侨为中国提供侨汇所起到的作用不可忽视。探究其原因则在于"第一次世界大战后,在印度支那的资本主义经济已经繁盛起来了。与法国资本家一起,华侨与印侨的资本家也获得了发展"[2]。越南史书曾指出:"第一次世界大战后的越南在印度支那,除法国资本家之外,我们还必须提到一些华侨和印侨的资本家。过去,华侨资本家在南圻出口稻米的贸易中占着优势。在堤岸、平东、平西以及分布在六省的碾米厂以及运输稻米的船只也几乎都掌握在他们的手中。一些华侨大资本家像张君火、郭谈等等,都在中法银行和东方汇理银行中有许多股本。在商业以及一部分小工业方面,在从南到北的市镇里,华侨资本家有着很大的势力。"[3] 有越南学者指出:"东方汇理银行的设立,各条铁路、水道的开拓,各种殖民公司的成立,垄断了我国的经济。"[4] "东方汇理银行代表法国银行掌握了指挥印度支那的各个工业、商业和农业的权力。"[5] 华侨资本注入东方汇理银行,表明华侨在当时越南社会经济发展中有一定的影响力。1923 年越南发生的反对西贡港口垄断事件,体现了当时华侨在越南所具有的比较大的影响力。

1941 年中国广西凭祥至越南同登之间通邮的恢复,越南华侨就起到了重要的作用。广西邮政管理局局长"代电第六六零/一九九零号 案奉本月钩局佳电闻:查越南邮件能否发由凭祥转往同登一案,已于第十九号呈

---

[1] Mary F. Somers Heidhues, *Southeast Asia's Chinese Minorities*, pp. 35 – 36. 引 Tsai Maw-Kuey, Les Chinois du Sud-Vietnam（Bibliotheque National, 1968）, Chapters Land2；Victor Purcell, *The Chinese in Southeast Asia*, 2nd Edition London：Oxford University Press, 1965）, p. 182 转引自李思涵《东南亚华人史》,东方出版社 2015 年版,第 501 页。

[2] ［越］陈辉燎：《越南人民抗法八十年史》,［越］范宏科、吕古译,越南文史地研究会 1956 年版,生活·读书·新知三联书店 1973 年版,第 308 页。

[3] ［越］陈辉燎：《越南人民抗法八十年史》,［越］范宏科、吕古译,越南文史地研究会 1956 年版,生活·读书·新知三联书店 1973 年版,第 307 页。

[4] ［越］明峥：《越南社会发展史研究》,权范宏科译,河内文史地出版社 1957 年版,生活·读书·新知三联书店 1963 年版,第 99 页。

[5] ［越］陈辉燎：《越南人民抗法八十年史》,［越］范宏科、吕古译,越南文史地研究会 1956 年版,生活·读书·新知三联书店 1973 年版,第 307 页。

文及本月元电呈复在案。查凭—同能否通邮，应视两地情势及对方是否肯予收受邮件而定。以故于本月十二日由凭起程赴同，沿途视察情势，逸于同登协商。得同登华侨邦长周君颂南之协助，并偕同赴同登邮局与该局局长阮文基君接洽。凭—同通邮事宜，兹据观察，所得现时。凭—同段内情势绝对安全。……至于与同登邮局长接洽结果，兹据该局长声称，彼亦极愿通邮问题早日实现；且通邮以后担保无危险及阻碍。惟在未得越南主管局核准之先，未便收受邮件等词。……代电第六八四//二零四九号……兹据龙州局本年五月十八日电称，据同登邮局函，已奉该当局令恢复换邮。以普通及挂号信为限，保险信、包裹不能转递"①。到了5月底，凭祥邮局与印度支那邮局就恢复了互换国际邮件。"滇一二四七/一零三四五……广西邮政管理局览。本年五月第六八四/二零四九号马代电悉，凭祥局与印度支那邮局互换国际邮件事务着即恢复。邮政总局联滇……"②

（四）中国为通邮采取的措施是一个重要因素

1. 利用航空公司航线通邮

"近年来各国对于航空邮运，日见发展。我国寄往……欧洲及亚洲南部与非洲中部、南部之邮件，先后利用西贡至马赛法国航空线……二十五年二月间，中国航空公司新辟广河航空线，与法国航空线在河内衔接，办理中法航空联运，又经利用该线运寄欧洲航空邮件。旋因该线暂停飞航，嗣又改由西南航空公司接办，已于二十五年七月间复航。所有由沪至欧洲之航空邮件，经由该线与法国航空线联运，约需12日即可到达，至为迅速。"③ 1936年7月至1937年6月"西南航空公司……并将原有广龙线展至河内，更名为广河线（西路），复开办由广州经广州湾、北海至河内线，

---

① 广西邮政管理局：《关于核示凭祥邮局恢复办理互换邮件事物各情致昆明邮政总局的代电》（1941年4月30日），重庆市档案馆馆藏档案，档号：02900005001280100121。

② 《关于恢复凭祥邮局与印度支那邮局互换国际邮件事务致广西邮政管理局的电》（1941年5月29日），重庆市档案馆馆藏档案，档号：02900005001280100120。

③ 中国第二历史档案馆编：《中华民国史档案资料汇编》第五辑第一编财政经济（九），《联邮处关于近两年来主管事务办理经过情形致总局秘书室函》，（1936年8—11月），江苏古籍出版社1994年版，第610页。

名为广河线（南路）"①。在广河线停航后，利用滇河线带运。"现广河线已暂停航，所有交由该法国航空公司运寄之国际航空邮件，则又改由欧亚公司之滇河（昆明至河内）线带运。"② 在重庆至香港、武汉至香港航线相继停航后，昆明邮政管理局曾急电交通部，称欧亚航空公司秘密计划借用德国汉莎航空公司名义开办河内至香港航线。为此，呈请交通部批准先利用法国航空公司河内至香港航线转运邮件。"译呈重庆交通部次长钧鉴密。现国内渝港、及汉港线均已停航。后方与沿海往来之航空邮件自宜利用法国航空公司之河内与香港线转运。但准欧亚公司密函略闻：现正密呈大部，请向英、法秘密交涉，由敝公司借用德国汉沙航空公司之标志及名义自行开办由河内至香港之飞行。尚此时还予法国航空公司载运昆港或河港邮件之希望，则深恐法方将因图谋保障其或可独得之权利，而对我自飞河港之事加以拒绝。查照等由。查国内与河内香港航线之联擎，仅有法航公司之河港一线。欧亚公司所拟自飞河港之事能否取得成功，尚难预测。此时，如各界自愿加纳该线资费以求快捷，而邮局叠置该线不用似与加速邮运宗旨不符。拟先利用此线以期快捷，是否可行敬请电示……"③ 欧亚航空公司是国民政府与德国汉莎航空公司 1930 年共同开办的航空公司，借用汉莎航空公司的名义对于开辟航线、保证通邮是一个有利的条件。

2. 在越南设立邮件转运处

中国为了减少战争对于通邮的影响，"1939 年 4 月，中华邮政在越南海防设立邮件转运处，则派法国人儒福立（J. Jouveiet）前往主持"④。儒福立被派往越南海防之前，是云南邮政管理局计划股的股长。1939 年 3 月中国为保障中越之间的通邮，专门派交通部邮政总局计核处副处长林镁替换儒福立；就是要在海防设立邮件转运处。"训七三七／三七三四八　云南该局计划股股长儒福立因公出差，所遗职务，兹派本总局计核处副处长

---

① 中国第二历史档案馆编：《中华民国史档案资料汇编》第五辑第一编财政经济（九），《邮政总局编1936年度邮政事务年报》，江苏古籍出版社1994年版，第626页。

② 中国第二历史档案馆编：《中华民国史档案资料汇编》第五辑第二编财政经济（十），《交通部编临时全国代表大会交通部政治报告》（1938年3月12日），江苏古籍出版社1994年版，第54页。

③ 《交通部邮政总局、儒福立关于利用法国航空公司河港航线转运国内航空邮件的代电》，重庆市档案馆馆藏档案，档号：03390001000440000。

④ 邮电史编辑室编：《中国近代邮电史》，人民邮电出版社1984年版，第197页。

林鋨暂行代理，薪水仍在本总局支给。"① 中国派遣儒福立的原因，一方面因为他是法国人，又在与越南接壤的云南邮政管理局工作；另一方面他曾在1939年1月按邮政总局训令与印度支那方面协商经海防转运的邮政公物免税费等事宜，有同法属印度支那方面协调的经验。"训 六八五/三六八零八 壬 三十 云南 令仰转饬该局计核股股长儒福立应迅与印度支那各主管机关商订邮政公物免费转运办法……民国二十八年一月七日。"② 为了充分发挥海防转运处的作用，儒福立晋升为在越南邮政专员兼副邮务长，被交通部实授为邮务长。"照录部长来电，昆明邮政总局郭局长鉴，敬电悉：密所请署邮务长儒福立实授为邮务长应予准照。部长张嘉璈。"③ 9月，为了加强海防邮件转运处的力量，邮政总局专门从广西邮区抽调章西瀚、从上海邮区抽调刘祥堃命令他们急速前往海防。"训八八九/三八五五七 辛 四 云南 兹调派广西邮区二等一级甲等邮务员章西瀚、上海邮区二等二级甲等邮务员刘祥堃二员，前往该区服务，派在海防办事。薪水自本年九月一日起在该局支洽，并准在海防办事期间，薪水按越币、国币各半发给。除分电桂沪两管理局，分别转饬该员等迅赴海防……此令 中华民国二十八年九月五日。"④ 抽调章西瀚是因为他在原来邮区办理过对印度支那的邮政业务，具有实际工作经验。海防邮件转运处成立后，最初转运邮件效果不甚理想。1941年1月张嘉璈专门发电报要儒福立加快转运滞留在海防的邮件。"查儒福立前次持予晋级并派驻海防，完全为应付越境运输。乃办理以来未见成效，致有如此大量邮包积滞在防，殊属过于懈怠。应责成该员以最大努力迅速清理疏运，勿再稍有因循贻误……民国三十一年一月六日"⑤

---

① 《交通部邮政总局关于暂派林鋨暂代儒福立职给云南邮政管理局的讯令》，重庆市档案馆馆藏档案，档号：03390001001370000109000。

② 《交通部邮政总局关于转饬儒福立迅与印度支那各主管机关商订公物免费转递办法给云南邮政管理局的讯令》（1939年1月7日），重庆市档案馆馆藏档案，档号：0339000100134000076200。

③ 《交通部关于准予儒福立实授为邮务长致交通部邮政总局的电》，重庆市档案馆馆藏档案，档号：0339000100004000022800。

④ 《交通部邮政管理局关于转饬章西瀚、刘祥堃从速前往海防向儒福立报到给云南邮政管理局的讯令》，重庆市档案馆馆藏档案，档号：03390001001410100172000。

⑤ 《张嘉璈关于责成儒福立迅予清理疏运滞防邮件致郭心崧的代电》，重庆市档案馆馆藏档案，档号：03390001000040000077000。

除了在海防设立邮件转运处外，为了加快中越之间邮件转运，中国1939年8月在越南同登设立了同登邮件转运处。"抄录同登邮件转运处公函第一号　为函请自二十八年八月十六日起广西区出入口包裹邮件，凡经印度支那转运者统交由同登中国邮局转运处……查同登中国邮局转运处业已正式成立，自二十八年八月十六日起，所有贵区出进口经由印度支那之包裹袋、信袋运交该处办理……广西邮区章代表西瀚　同登邮件转运处王以恭　二十八年八月九日。"① 同登中国邮件转运处的设立，也是为了减少海防邮件转运处的压力。实际上，在1939年1月交通部邮政总局已开始调整邮件由越南经转的路线；即不经过谅山改送同登。这为后来同登设立邮件转运处创造了条件。"广西邮政管理局览，俭代电悉。查越南经转邮件应改送同登（Dong dang）不经谅山转运。业由一月二十五日第二一九号代电饬知在案。包裹重件亦可经由同登转运。已向越南邮政函商。该局可同时载运。仰即遵照。"②

中国还在越南谅山设立了邮件代办处。1939年9月谅山邮件代办处因为龙州至谅山的邮线缩短而撤销。"代电第四五二//二三九八号，为呈报龙谅线缩短及谅山代办处撤销日期请察核准案由　昆明邮政总局钧鉴，兹据龙州局二十八年九月九日呈称，查龙谅段局车自本月壹日起缩短驶自同登止，驻谅山代办亦于同日起撤销，薪水支至八月底止等……越南云南以前设谅山之互换局现已移设同登　中华民国二十八年九月二十一日。"③

此外，在1940年9月日军开始侵占越南后，云南邮政管理局为抢运积存在海防的邮件曾在越南老街设立邮件转运处。

（五）法国在法属印支的管理政策对通邮产生了一定的影响

法国对法属印支各国不同的管理政策，是影响中越通邮的一个原因。

---

① 《王以恭关于1939年8月16日起广西区出入口包裹邮件凡经印度支那转运者统交同登中国邮局转运处办理致章西瀚的公函》，重庆市档案馆藏档案，档号：0339000100043000036500。

② 交通部邮政总局：《关于商议邮运邮件包裹致广西邮政管理局的代电》（1939年2月7日），重庆市档案馆藏档案，档号：0290000500033000031。

③ 《广西邮政管理局关于缩短龙州至谅山邮线并告知驻谅山代办撤销日期请准备案致交通部邮政总局的代电》（1939年9月21日），重庆市档案馆藏档案，档号：03390001000430000385000。

"法国殖民者在越南还发展了交通运输网络。1900—1930 年殖民政府投入公共工程的费用62％用于交通运输，尤其是铁路。公路和桥梁系统也得到发展。内河航运逐步现代化，西贡和海防成为印度支那地区的两大港口。"① 越南交通状况的改善，一定程度上有利于通邮。而有学者认为"法国统治五十二年之后，老挝没有多大发展……这个国家没有什么交通工具……法国殖民政府虽然多少修建过几条公路，但从来没有敷设铁路……乡村是全国的重要行政单位。由于交通梗阻，消息闭塞，通邮困难"②。因此，中国与法属印支通邮区域中，老挝和中国通邮的区域数量较少。

有学者指出"从1914年至'太平洋战争'爆发的1941年，是近代中国与法属印度支那贸易往来发展的第三个阶段。……1922年以后双方的贸易额增长迅速，当年的贸易额达到一千五三十八万六千海关两"③。"第一次世界大战后，法属印度支那在中国对外贸易中的地位有所上升，到1926年占中国对外贸易总额的3.53％，1932年增至3.56％，1933年又增至4.04％。其中法属印度支那对中国的出口，在1926年的中国主要进口贸易国别和地区中排序第六。……在1933年占中国进口总额的7％，名列当时各对华进口国的第七位，1935年跃进第五位。"④ 探究其深层次原因在于，"1928年法国殖民政府颁布一项新的关税条例……在这种外贸体制下，印度支那与宗主国及法属殖民地的贸易联系进一步紧密，而与其他国家，尤其是与它有传统经济联系的中国的贸易进一步削弱。由于新税则将从中国进口的商品的税率提高了3—26倍，中国销往印度支那的商品锐减。在越南的进口总额中，1913年中国进口商品总比重为36％，1932年进一步降为13％"⑤。法属印支对中国出口额的增长、进口额降低，使其更重视与中国的联系；而通邮是保持双方联系的重要举措之一。

1940年2月东方汇理银行外汇统制所制定《外汇统制法规之实施细

---

① ［英］V. 汤普森：《法属印度支那》，伦敦1937年，第205页，转引自詹小娟《法国的印度支那殖民经济政策（1887—1930）》，《东南亚研究》1989年第1期。
② ［泰］姆·耳·马尼奇·琼塞：《老挝史》（下），厦门大学外文系翻译小组译，福建人民出版社1974年版，第461—465页。
③ 聂德宁：《近代中国与法属印度支那的贸易往来》，《南洋问题研究》1997年第1期。
④ 聂德宁：《近代中国与法属印度支那的贸易往来》，《南洋问题研究》1997年第1期。
⑤ 梁志明：《论法国在印度支那殖民统治体制的基本特征及其影响》，《世界历史》1999年第6期。

则》，对于在越南开展外国现币贸易的规定中，所允许的例外情况就包括中国国币之特许情况。"外汇统制所发给越南境内各银行之通告第十一号 一外国现币之贸易……例外……1 总则……3 中国国币之特殊情况。在越南设立之中国银行得准买卖中国法币于中国之顾客及难民。此顾便利尤其指东京（河内海防）而言。各中国银行每日应将前一日所买卖中国法币之清单送交统制所，并注明每一顾客之数目。……东方汇理银行（外汇统制所）谨启。"① 而到了"1940 年 6 月，法国投降德国，战争蔓延到地中海和北非。印度支那和法国之间的经济联系从间断到完全被割断。日本帝国主义趁机逼迫在印度支那的法国统治者封锁北圻边境，印度支那与中国之间的通商被停顿下来了。这种局势打乱了印度支那的整个经济状况。一方面印度支那失掉了法国和中国两大顾客；另一方面印度支那不再依靠法国的法朗了，同时又没有黄金储备做保证，印度支那货币在国际市场上贬值"②。法属印支在与中国通商受阻的情况，通过通邮等来降低货币贬值的影响。

（六）越南的地理位置对于当时的中国有重要作用

越南所处的地理位置，正好处于欧洲、马来亚、新加坡等与中国之间。1939—1941 年，陈嘉庚等人在马来亚、新加坡等地招募华侨机工支援中国；招募的前九批机工基本上都是经越南进入中国。"径启者。查本会所募机工共四批，统由安南入口外"③，"宋子良主任：第五批五百二十九名昨出发，经越，希准备。……陈嘉庚。漾。……昆明西南运输处：机工一百二十四名皓搭丰平轮来越。陈嘉庚。……径启者。现本会征募之第八批机工三百四十名已于今日搭丰祥轮起程赴越返国"④。"昆明宋子良先生：寒（十四日）赴越机工四百余名，希准备。陈嘉庚。蒸。……第九批返国

---

① 东方汇理银行外汇统制所：《东方汇理银行外汇统制所编印外汇统制法规之施行细则》（1940 年 2 月 17 日），重庆市档案馆馆藏档案，档号：02880017001970000018000。
② ［越］陈辉燎：《越南人民抗法八十年史》（第二卷下册），北京大学东语系越南语专业译，生活·读书·新知三联书店 1974 年版，第 233—234 页。
③ 云南省档案馆：《陈嘉庚关于南洋华侨筹赈总会招募机工支援抗日的一组文电》，《民国档案》1988 年第 2 期。
④ 云南省档案馆：《陈嘉庚关于南洋华侨筹赈总会招募机工支援抗日的一组文电》，《民国档案》1988 年第 2 期。

机工（连同军政部所募在内）已于今日（十四日）乘丰庆轮首途由越北返，总计五百零九名。"① 实际上，由仰光等也可进入中国，但颇为不便。"除各批募往外，尚需一百七十名。兹决定于本月十四日搭丰庆轮由越前来，其中尚加有百余名，原系财部贸易委员会所托募，要由仰光入口。此间认为长途跋涉不便，故概由安南入口。"② 可以说"法属印支和中国接壤，是南洋各国中离中国大陆最近的一个地区"③。

五　中越通邮对于中国与法属印度支那及法国关系的影响

中越通邮促进了中国与法属印度支那及法国关系的发展。当时中国需从法属印支进口货物，并通过法属印支通道保持对外联系和交往。"近代中国与法属印度支那长期以来存在着巨大的贸易逆差，从1864年至1939年的七十五年间，中国对法属印度支那的贸易仅有六年为出超，其余都是入超。……如此巨额的贸易逆差，说明当时中国有赖于法属印度支那进口的货物甚多。"④

从30年代开始，中国采取多种措施力争保证与越南通邮，探究深层次原因则是其更有利于对抗日战争。第一、有利于保障中国国内的通讯联系。战时中国国内部分地区通邮需要经转越南。为尽量保证国内各地之间通信联系等，1938年底交通部邮政总局同越南协商，中国广东、广西、湖南、湖北等地的邮件通过越南转运至云南、贵州、四川、陕西、甘肃。"邕宁邮政管理局览电悉。已电越邮将粤、桂、湘、鄂邮件发由谅山转滇、黔、川、陕、甘。邮件发由河口转车照应。尽速与对方公署洽领并应尽现省汽车速向谅山邕宁路衔接新车。已商准海防入口司机与管理局矣，车到

---

① 云南省档案馆：《陈嘉庚关于南洋华侨筹赈总会招募机工支援抗日的一组文电》，《民国档案》1988年第2期。

② 云南省档案馆：《陈嘉庚关于南洋华侨筹赈总会招募机工支援抗日的一组文电》，《民国档案》1988年第2期。

③ 詹方瑶、李郑钢：《日本入侵印支与太平洋战争的爆发》，《郑州大学学报》（哲学社会科学版）1995年第1期。

④ 聂德宁：《近代中国与法属印度支那的贸易往来》，《南洋问题研究》1997年第1期。

越接驶邕谅路。"① 第二、增加了战时中国邮政的收入，吸收了沦陷区的物资。日本占领中国大片领土，基本上切断了中国通过东南沿海对外联系的通道，也夺得了沦陷区的大量物资。中国通过与越南通邮，不仅可以加强战时的对外联系，还可以与沦陷区维持通邮，获得汇款、获取物资。1942年12月交通部邮政总局局长徐继庄在《维持陷区邮政经过及今后应付方针》中明确指出"就邮政立场而言，维持陷区邮政，在安南未沦陷之前，曾获到下列利益。（一）每月由上海等陷区盈余接济后方款项约一百万元，后方邮政营业收入不敷开支时，赖以挹注。（二）上海等地收寄之包裹，可以大量经越南运至后方，不但增加邮政收入，且可吸收陷区物资。太平洋战事爆发以来，一切情形顿告变动。"② 部分地区即使"太平洋战争爆发后，南洋侨汇断绝，只有泰国、越南的少量侨汇汇入。"③ 在整个抗战时期，越南华侨的邮汇等一直未曾中断；在一定程度上起到了支持抗战的作用。第三、保持了与国外的通讯联络。中国经转越南的邮件，可以通过越南发往欧洲、美洲、亚洲等多个国家或者地区。在一定程度上，是打破了日本对中国对外联系的封锁。

中越通邮对于法属印度支那及法国的影响，主要是：首先，通邮能够给法属印度支那及法国带来巨大的经济利益。税收一直是法属印度支那财政收入的重要来源。"1926年，法国海军殖民部的阿尔伯特·勒布伦（Albert Lebrun）向参议院提交殖民地财政报告，指出印支联邦政府的'最主要财政收入是海关产品、专卖税、登记税、邮政税'。"④ 邮政税是当时法属印支的重要税收来源之一，同中国保持并扩大通邮，有利于法属印支增加税收。

其次，中越通邮有利于法国扩大对中国、对东亚的影响。法国曾在19

---

① 交通部邮政管理局：《关于告知粤桂湘鄂邮件发由谅山转运等致邕宁邮政管理局的代电》（1938年12月14日），重庆市档案馆馆藏档案，档号：033900010043000669000。

② 中国第二历史档案馆编：《中华民国史档案资料汇编》第五辑第二编财政经济（十），《维持陷区邮政经过及今后应付方针》（1942年12月21日），江苏古籍出版社1994年版，第696页。

③ 泉州市鲤城区地方志编纂委员会：《鲤城区志》（下），中国社会科学出版社1999年版，第1082页。

④ A. Lebrun, Le budget de l'Indochine 1926（suite）, *L'Asie française*, 1926（5）, pp. 276 - 277. 转引自郭丽娜、谭欣欣《法属印度支那税收体制特征剖析》，《南洋问题研究》2006年第3期。

世纪末20世纪初在中国租借广州湾作为租借地，但是广州湾所起到的作用有限。"租借地难以融入法属印度支那联邦经济体系"①，甚至"在商业最为兴旺的二三十年代，广州湾财政的实际收入并不算多，基本介于10万至35万皮阿斯特之间。在许多年份，广州湾法当局仍难以通过地方税收来开展公共工程建设，还需依赖河内总财政的拨款来维持收支平衡"②。而越南同柬埔寨、老挝相比，在经济、文化、宗教等方面与中国更接近。而中国邮政自从海关分离开后，法国则希望能掌控中国邮政。同时期，法国通过在中国交通领域诸如铁路等方面的投资等，进一步扩大其对中国、对东亚的影响。"盖自法人得越南为根据地，划定两广、云南为其势力范围，其进行之利器则铁路是也。……而侵略政策志不在小，……据最近调查，法国在吾国有关系之铁路合已成未成达一万八千里，投资合已交未交为五万五千九百五十八万佛郎。其路线之长，投资之巨为列强第一……说者谓使一千九百十四年至十八年间无世界大战，法人倾其全力，则中国不宛转就缚于此十字架上者几希矣。"③ 因此，中越通邮有利于法国在中国等东亚地区扩大影响。

　　再次，有利于中国与越南的经济合作。法国一直希望中国能够与越南加强经济合作。清末中法签订《越南边界通商章程》等条约，即反映了法国的观点。中国"乃自条约签订设关征税而后，所有进出口之洋土各货减收税率我方业已照约履行，而土货过境，越关则任意苛征，……民国以来，迭经交涉，越政府始以命令公布。（查越政俯对于《越南边界通商章程》自订约后从未公布，后经法报登载，始行宣布其中之一部分），对于中国邮包过境得享受特殊待遇，按照越关普通税则缴纳过境税，即按进口税额缴纳百分之二十之过境税。照此计算，仍合货值百分之四以上"④。对于中越通邮的邮包一直未收取重税，一定程度上是有利于双方的经济合作。即使在1939年9月第二次世界大战爆发后，法国在欧洲战云密布、

---

① 郭丽娜：《论广州湾在法属印度支那联邦中的"边缘化"地位》，《史林》2016年第1期。
② 郭丽娜：《论广州湾在法属印度支那联邦中的"边缘化"地位》，《史林》2016年第1期。
③ 中国第二历史档案馆编：《中华民国史档案资料汇编》第五辑第一编外交（二），《张维翰拟陈改订中法商约与改善中法关系意见》（1928年12月），江苏古籍出版社1994年版，第1333页。
④ 中国第二历史档案馆编：《中华民国史档案资料汇编》第五辑第一编外交（二），《张维翰拟陈改订中法商约与改善中法关系意见》（1928年12月），江苏古籍出版社1994年版，第1320页。

自身无力更多地顾及法属印支的形势下，仍希望中国与越南经济合作。1939年10月，曾任中国驻巴黎总领事的黄正赴法国与法国方面协商时，法国殖民部部长蒙岱希望中国"与越南经济合作"[①]。

结　论

20世纪20—40年代中越通邮，从法属印支角度是其具体执行"法国殖民部部长艾博特·沙罗开发各殖民地，包括法属印度支那的计划"[②]的一个方面，也是第一次世界大战后中国同法属印支经贸发展迅速的一个缩影；同时期复杂的国际局势使得中法两国、中国与法属印支之间通过通邮进一步加强彼此的联系与合作，以维护各自的利益。中国抗日战争期间中国与越南通邮曾有多条邮路开通，通过航空、铁路、公路、航海等多种运输方式邮递邮件、包裹，开展邮政业务。邮汇业务自开办以后发展速度较快，而邮政业务则时断时续；探究其原因是受到了多种因素共同作用的结果。即受当时中法两国关系的影响，又有越南华侨的因素；同时，中国经济对越南的影响和越南当局自身的态度等一定程度上也影响到了彼此之间的通邮。中国因战时对外联系的需要，采取在越南设立邮件转运处、通过中立国家管辖地区转运邮件等多种举措维持通邮。

---

① 中国第二历史档案馆：《抗战时期杨杰等赴法寻求军援与孔祥熙等来往文电选（下）》，《民国档案》1999年第2期。

② 梁志明：《论法国在印度支那殖民统治体制的基本特征及其影响》，《世界历史》1999年第6期。

国际移民·华侨华人

潮汕侨批中所见的民国年间暹罗华侨托寄物品现象分析

张 钊

(世界图书出版广东有限公司)

近代以来,为了改善家庭生活,闽粤两省沿海地区的乡村居民大规模地前往南洋各地谋生。他们往往会将在海外的微薄积蓄汇回家乡以支持侨乡侨眷的日常社会生活开销,侨汇这一历史产物应运而生。事实上,除了汇款外,许多华侨也会直接汇寄物品回乡。这一任务通常会托付给意欲回乡省亲的海外亲友。托寄物品的现象在早年华侨寄回家乡的书信中非常普遍。近年来,随着潮汕侨批资料的整理出版,相关的研究成果层出不穷,但大多集中于对汇款和潮汕侨乡风俗礼仪的描述和介绍[1],对华侨托寄物品的现象缺乏足够的关注和分析。究竟当年的华侨们托寄回乡的物品主要有哪些?个中情形如何?这一现象背后反映出了什么问题?诸如此类的问题其实都可以在侨批中找到答案。本文就以民国年间暹罗华侨寄回潮汕侨乡的侨批为基本资料,对相关现象和问题进行细致的分析,以便对华侨与侨乡之间的关系有更为深刻的认识。

---

[1] 陈嘉顺:《务实、谦谨、崇礼的潮人民性——潮安东凤博士林乡林氏一家侨批所见》,王炜中主编:《首届侨批文化研讨会论文集》,潮汕历史文化研究中心2004年版,第294—302页;陈丽园:《情系家计——澄邑山边乡陈宅家批为例论侨批的本质》,王炜中主编:《首届侨批文化研讨会论文集》,潮汕历史文化研究中心2004年版,第232—240页;陈丽园:《社会变迁与跨国华人家庭的建立——以陈遗恩家庭为例》,《暨南学报》(哲学社会科学版)2013年第5期;陈子:《20世纪以来泰国华侨华人与澄海侨乡互动研究》,博士学位论文,暨南大学,2015年。

一 生活用品和食物药品

在侨批中，托寄各式生活用品的例子为数不少。一位澄海籍华侨在寄给母亲的信中就表示："另者去年寄武远兄带去剃刀一支，水布一条，未知尝否收到，请示知，免远介。"① 同样家在澄海的陈松锦则在寄给曾祖母的信中表示："又云寄去剃刀并口锅杂物。"② 也有家在潮安的华侨在寄给父母的信中说道："另者寄藩舅雨伞一支，国币五元，岂有接着否？兹有承轮之便奉上国币二元，到时查收。回示来知。"③

一位名叫黄喜吉的华侨则在寄给侄子的信中表示："兹逢轮之便寄上国币十二元，到日查收家用。上日尝寄去铁桶三只并蚊帐一领，谅亦收到。"④ 也有潮安籍华侨在寄给儿子的信中说道："此次永喜回唐为父尝寄他带去抱木山佛祖派五个，并大符一片，木龙筋一个，到时查收。"⑤ 他在另一封信中又再次强调："另者元月中旬朱永喜回唐，为父尝寄他带去抱木山佛祖派五个，并大符一片，木龙筋一个，谅必收到可知矣。"⑥

除了日常家居生活中的生活用品外，各式各样的食物也是许多华侨托亲友带回乡的物品。香蕉糕是一种美味的甜品，以潮州粉、食用香蕉油为主要原料，以白砂糖粉、熟猪油等为辅料，最后经烘烤而成。寄香蕉糕在侨批中是较为常见的现象。如一位家在澄海的郑姓华侨就在寄给家中母亲的信中表示："前日付与振谓兄去香蕉糕一罐，未悉尝否收到。"⑦ 同样家

---

① 《暹罗曾哲坤寄澄海图濠乡慈亲》（1949年2月7日），潮汕历史文化研究中心、侨批档案馆：《潮汕侨批档案选编（一）》上册，香港天马出版有限公司2011年版，第4页。
② 《暹罗陈松锦寄饶平本都居美后陈家曾祖母》（1932年4月28日），潮汕历史文化研究中心编：《潮汕侨批萃编》第一辑，香港公元出版有限公司2003年版，第32页。
③ 《暹罗郑芳茂寄潮安鲲江乡双亲》（1938年8月18日），潮汕历史文化研究中心编：《潮汕侨批集成》第43册，广西师范大学出版社2010年版，第246页。
④ 《暹罗黄喜吉寄潮安岗湖乡黄锦涛》（1936年7月4日），潮汕历史文化研究中心编：《潮汕侨批集成》第107册，广西师范大学出版社2015年版，第401页。
⑤ 《暹罗黄璧臣寄潮安东边乡黄津桂》（1947年1月15日），潮汕历史文化研究中心编：《潮汕侨批集成》第101册，广西师范大学出版社2015年版，第7页。
⑥ 《暹罗黄璧臣寄潮安东边乡黄津桂》（1947年1月19日），《潮汕侨批集成》第101册，第8页。
⑦ 《暹罗郑阿耳寄澄海樟林永兴街香泉号慈亲》（年份无，6月7日），《潮汕侨批萃编》第一辑，第30页。

在澄海的黄其赐也在寄给家中父亲的信中说道:"自元月十九日枫溪乡春辉头家回塘,儿付去香蕉糕三盒,转交在潮城下水门,由春兴出店,未卜敢有付下否?如尚未付下,请有暇时前往他号领妥。"①

类似的例子还有很多。如澄海籍的陈御贞在寄给母亲的信中说道:"另者去年寄炎记百的香蕉糕未知大人食着岂好否?若是好者,回音来知。候有友自当寄去多少。"② 一位身为舅父的华侨则在寄给外甥的信中这般询问:"兹寄庆安叔带去香蕉糕六盒,到祈查收是要。前寄与二姐之白鱼油,彼用后岂有见效否?亦望示晓。"③

常言道:民以食为天!托寄各种食品回乡的现象在侨批中可谓屡见不鲜。如林文远在寄给家在澄海的岳父的信中就表示:"外付克合兄带去鱼干十四尾,牛乳粉一矸,牛乳二矸,饼干一盒,并御心又寄二元,西天碟二个,一个岳亲收,一个家母收。"④ 一位潮安籍华侨则在寄给大嫂的信中说道:"至于暹猪肉,今愚已捐十份,计送四婶母二份,大二三嫂每人各一份,余五份家中三份,送诗阳吾姐二份,祈照信分妥为荷。"⑤

家在澄海的林锦臣也在寄给母亲的信中表示:"附表姐带去清酒一樽,系鑑清所寄。保心安油表姐此时买有,如有要用,可向她取。"⑥ 一位名叫徐兆临的华侨则在寄给曾代他购物回乡的叔父的信中表示:"兹付去国币六万元到时查收。内计三万元还你代买银鱼大蜜桃等物之费,余存之费以充家用可也。"⑦ 一位身为舅父的华侨在寄给外甥的信中则说道:"是此寄

---

① 《暹罗黄其赐寄澄海凤岭乡黄炎记》(1948年2月10日),潮汕历史文化研究中心编:《潮汕侨批集成》第3册,广西师范大学出版社2007年版,第24页。

② 《暹罗陈御贞寄澄海下岱美乡陈宅母亲》(1937年10月16日),潮汕历史文化研究中心编:《潮汕侨批集成》第30册,广西师范大学出版社2007年版,第247页。

③ 《暹罗王木有寄澄海外砂乡谢文宽》(年份及日期无),潮汕历史文化研究中心编:《潮汕侨批集成》第36册,广西师范大学出版社2007年版,第138页。

④ 《暹罗林文远寄澄海下岱美乡陈国藩》(1935年4月24日),《潮汕侨批集成》第30册,第292页。

⑤ 《暹罗郑芳茂寄潮安鲲江乡四嫂》(1948年2月29日),《潮汕侨批集成》第43册,第263页。

⑥ 《暹罗林锦臣寄澄海樟林南社宫母亲》(1931年6月11日),潮汕历史文化研究中心编:《潮汕侨批集成》第31册,广西师范大学出版社2007年版,第500页。

⑦ 《暹罗徐兆临寄澄海东陇乡萃锦街徐科泉》(1946年12月27日),潮汕历史文化研究中心编:《潮汕侨批集成》第32册,广西师范大学出版社2007年版,第140页。

交大洋二元，白米半包，送你收用之。"①

除了食品外，各类被托寄的药品在侨批中也很常见。家在澄海的曾哲坤在寄给母亲的信中就说道："日前付武养兄带去万金油一罐，现尝有收到否？"② 也有华侨在寄给叔父的信中表示：

> 前叔台回乡，侄曾劳代带伤风香精二瓶，交给侄之岳母。现接岳母来函，云未收到。此系侄将岳母地址说错了，原来侄之岳母在城住址系西门大江西巷里仁坊三号，前尝说四号，那是错的。③

类似的例子还有很多。一位华侨在寄给儿子的信中同时对妻子说道："买有肉桂一块，候有妥友寄去，妻汝冲食。"④ 也有华侨在寄给祖母的信中表示："孙曾寄有痢疾药回家，另者椰油及山羊角。祈知之。"⑤

生活用品也好，食品和药品也罢，均是普通人日常家庭生活中必不可少的支出。华侨通过亲友托寄物品回乡的现象无疑突出地体现了"下南洋"这一移民潮的本质——传统宗族社会中的青壮年劳动力为满足家人的物质生活需求而远走他乡。

二 服饰布料

与托寄生活用品和食物药品相比，侨批中托寄服饰回乡的例子在数量上毫不逊色。一位身为弟弟的侨眷就在寄给暹罗的哥哥的信中主动提出："近尝观到斯耀兄所买皮鞋一双，甚为合意。请代购一双乌皮鞋，以合弟

---

① 《暹罗温鉴清寄澄海樟林南社宫林锦臣》（年份无，12月16日），《潮汕侨批集成》第31册，第500页。
② 《暹罗曾哲坤寄澄海本里乡曾宅慈亲》（1947年11月4日），潮汕历史文化研究中心编：《潮汕侨批集成》第6册，广西师范大学出版社2007年版，第331页。
③ 《暹罗黄崇治寄潮安岗湖乡黄喜吉》（1938年5月12日），《潮汕侨批集成》第107册，第417页。
④ 《暹罗黄先长寄澄海凤岭乡黄策勋》（1928年7月9日），《潮汕侨批集成》第3册，第117页。
⑤ 《暹罗陈万安寄澄海下岱美乡陈宅祖母》（年份及日期无），《潮汕侨批集成》第30册，第378页。

脚度为准。购价若干，并鞋寄斯耀兄带来款候奉还府上。"①侨眷主动提出服饰方面的需求是比较常见的现象。一位身在暹罗的叔父就在寄给侄子的信中提及："欲暹绸裤一事，候有便友，自当寄去。文深侄儿言前寄之衫穿不得，欲大至第几号，切回来知。"②显然，这位名叫陈文深的侨眷曾在上一封回信中向身在暹罗的叔父提出了对衣服的需求。

也有家在隆都的赵姓华侨在寄给母亲的信中表示："又贱内欲买金耳钩一事，一同知悉。惟刻下暹中金价高昂，且行情冷淡，谋生维艰。须候近前有利可取，方能购付可也。"③家在澄海的杨惟良则在寄给双亲的信中说道："据云良枝要皮鞋。但于皮鞋需要脚度大细，理该用一条绳子将尺寸量下，然后配入信内同来才可买去。"④显然，身在海外的他们也收到了类似的请求。

华侨们托寄回乡的服饰类物品有很多种。首当其冲的是布。一位姓谢的女性华侨就在寄给父亲的信中表示："兹奉上五万元……内抹一千元五姈，带去花布二条，交到查收。"⑤一位身为舅父的华侨则在寄给外甥的信中吩咐道：

> 另者此次凤声回塘，付去花布一大包，内折三包，内计乌川绸裤老祖叔收，花布一块交彬盛收，又一包小方布、二个乌番布、小花布一块福畅姆收。又花布六块、乌川绸袜二个交淑贤胞妹收……见信之时，与他交妥，然后回音示知。⑥

---

① 《澄海银砂乡陈耀辉寄暹罗陈惟耀》（年份无，1月20日），潮汕历史文化研究中心编：《潮汕侨批集成》第29册，广西师范大学出版社2007年版，第418页。
② 《暹罗陈佳荣寄饶平隆都溪尾居美乡陈文深》（1934年3月28日），《潮汕侨批萃编》第一辑，第20页。
③ 《暹罗赵炳足寄饶平隆都南溪乡赵宅慈亲》（年份无，10月13日），潮汕历史文化研究中心编：《潮汕侨批集成》第19册，广西师范大学出版社2007年版，第376页。
④ 《暹罗杨惟良寄澄海凤岭乡杨宅双亲》（1941年7月5日），潮汕历史文化研究中心编：《潮汕侨批集成》第1册，广西师范大学出版社2007年版，第452页。
⑤ 《暹罗谢秀春寄潮安井尾乡父亲》（年份无，2月3日），潮汕历史文化研究中心编：《潮汕侨批集成》第77册，广西师范大学出版社2015年版，第225页。
⑥ 《暹罗王淑森寄澄海凤岭乡黄彬盛》（年份不详，6月21日），潮汕历史文化研究中心编：《潮汕侨批集成》第2册，广西师范大学出版社2007年版，第447页。

类似的例子还有很多。陈松锦在寄给父母的信中就说道:"今夹上手布一条,祈查收。将来五条如是寄齐,计分吾妹二条,亚卿一条,才雕一条,玖粧一条,可也。"① 他在同时寄给曾祖母的信中同样表示:"今夹上手布一条,祈查收。将来五条如是寄齐,计分吾妹两条,亚卿一条,才雕一条,玖粧一条可也。"② 他在另一封寄给曾祖母的信中又说道:"今奉上二十元,到祈查收为是。并夹去手巾一条,亦照查收。"③ 也有华侨在寄给祖父的信中说道:

> 是日付亚婵带来亦属三块,又布三块,内计红青色布二块……此布二块交南畔周姨母家。布一块计金圆券二万元,另外一块给表妹收用。见札向姨母收一万元便妥。④

相比之下,托寄衫裤等物品的现象就更为常见。一位澄海籍华侨在寄给父亲的信中就表示:"日前浔辉叔回塘,曾托他带去衫裤及布料二块,未卜祈有收到否?见信回音来知是盼。"⑤ 同为澄海籍的黄仁盛则在寄给儿子的信中表示:"今寄回塘板绫袜二条,无缺头,一介分吾妹,一介自己收用,又白川绸一介衫多,收到后日回音来知。"⑥

类似的例子在侨批中还有很多。家在澄海的陈御心在寄给家中母亲的信中就这样说道:"是帮轮付克合兄带去乌裤二条,影相二张,并大白银六元,其余各转交梅州妈亲勿误。"⑦ 同为澄海籍的刘寿春也在寄给家中母

---

① 《暹罗陈松锦寄饶平本都居美后陈乡陈宅双亲》(1948年7月3日),潮汕历史文化研究中心编:《潮汕侨批集成》第21册,广西师范大学出版社2007年版,第42页。
② 《暹罗陈松锦寄饶平本都居美后陈家曾祖母》(1948年7月3日),潮汕历史文化研究中心编:《潮汕侨批萃编》第二辑,香港公元出版有限公司2003年版,第36页。
③ 《暹罗陈松锦寄饶平本都居美后陈家曾祖母》(1948年8月28日),《潮汕侨批萃编》第二辑,第38页。
④ 《暹罗蚁开艺寄澄海银砂乡蚁宅祖父》(1949年1月30日),潮汕历史文化研究中心编:《潮汕侨批集成》第29册,广西师范大学出版社2007年版,第525页。
⑤ 《暹罗陈勋苞寄澄海夏塘乡陈勋振》(1948年5月4日),潮汕历史文化研究中心编:《潮汕侨批集成》第9册,广西师范大学出版社2007年版,第95页。
⑥ 《暹罗黄仁盛寄澄海凤岭乡黄仕臣》(1936年9月20日),《潮汕侨批集成》第2册,第418页。
⑦ 《暹罗陈御心寄澄海下岱美乡陈宅慈亲》(1936年3月2日),《潮汕侨批集成》第30册,第275页。

亲的信中如此表示："俺乡亚松此帮回梓，儿付与带去乌九串裤一条，到可收入交李氏收用。"① 他在另一封寄给母亲的信中又说道："亚松回梓，儿所托寄之乌串裤并罗衫各一件，谅亦收到可知。"②

有华侨在外买好鞋子寄回家乡。家在澄海的谢娘赐在寄给母亲的信中表示：

> 儿与炳正两人付信局带去英银二十六元，到日查收。内中计六元交还炳正伊母收为家情之用，并付前美心搭买番鞋一只，至切叫他正度前来。该价比前不同，现着四元龙银。如喜欢，勿回音来知。③

同样家在澄海的黄礼信也在寄给父母的信中说道：

> 上日寄钦明兄带去之物，计鞋五双……盒仔又二条，脯十三个。至回信言收到鞋四双而已，谅一双定被钦明兄失落无疑。盖吾妹及弟妇之鞋款色一样，大人可往询问钦明兄查看。倘已失落，亦无何问题。回音来知可也，另行寄上可也。④

同时托寄多种此类物品回乡的现象也不少见。一位曾孙在寄给曾祖母的信中表示："同时并寄局内同人带去金耳钩一双，又毛衣一对，共三钱半，交才雕收，想定先已收到。"⑤ 他在多年之后一封寄给父母的信中说道："适此帮船期有人回塘，已寄他带去耳钩一双、毛衣一对，届时候至后沟领取可也。"⑥ 他在另一封寄给父母的信中又说道："木端叔本帮回唐，

---

① 《暹罗刘寿春寄澄海月窟乡母亲》（1932年1月7日），《潮汕侨批集成》第31册，第33页。
② 《暹罗刘寿春寄澄海月窟乡母亲》（1932年2月12日），《潮汕侨批集成》第31册，第34页。
③ 《暹罗谢娘赐寄澄海金砂乡谢宅慈亲》（1931年4月8日），潮汕历史文化研究中心编：《潮汕侨批集成》第36册，广西师范大学出版社2007年版，第92页。
④ 《暹罗黄礼信寄澄海凤岭乡黄宅双亲》（1947年2月16日），《潮汕侨批集成》第2册，第2页。
⑤ 《暹罗陈松锦寄饶平本都居美后陈家曾祖母》（1937年7月3日），《潮汕侨批萃编》第二辑，第36页。
⑥ 《暹罗陈松锦寄澄海本都居美后陈乡双亲》（1948年6月5日），潮汕历史文化研究中心编：《潮汕侨批集成》第21册，广西师范大学出版社2007年版，第41页。

男寄去镇隆衫二个，裤一个，鞋一双，帽二顶，蓝布一块，白布一块，至祈查收。镇隆之衫裤合身与否，下信回音来知。"①

这样的情形在侨批中还有很多。一位澄海籍华侨在寄给妻子的信中就说道："日前寄永吉兄带去乌川绸二介衫多，并青布羽二介衫多，青红柳布二介衫多并花布仔一块，如收到，则回音来知。"② 同样来自澄海的郑芳兰则在寄给母亲的信中如此交代道："此次炳赐弟回塘付去枕头二个，外套二个，白手巾一条，到时检收。"③ 也有黄姓华侨在信中对婶母说道："另者是日寄后沟亲姐带上花被二条、裤带一条、被单一领，岂有送到否。"④

从以上内容不难看出，侨乡侨眷对服饰布料等物品的需求比较旺盛。床上用品、衣衫鞋袜、布匹手巾乃至首饰都要依靠海外的亲属供应。侨乡侨眷在不事生产的情况下对海外华侨的严重依赖体现得再明显不过。

三　同时托寄多种物品

由于家人在日常生活用品和服饰布料等方面严重依赖海外亲属，故华侨为了尽可能地满足他们的需求，有时不得不一次性托寄多种不同类型的物品回乡。如一位澄海籍黄姓华侨就在寄给母亲的信中说道："国有表兄回塘，寄他带去鞋托一双，童子白通帽一顶，美人牌数张，柴炳刀仔二枝，谅亦收到。"⑤ 也有华侨在寄给家中妻子的信中表示："前帮船二十日永兴兄带去曼谷无铁参炖一支，脚屐四双。该各件若有收到，

---

① 《暹罗陈松锦寄饶平本都居美后陈乡双亲》（1949年1月7日），《潮汕侨批集成》第21册，第47页。
② 《暹罗黄仁盛寄澄海凤岭乡黄宅王氏荆妻》（1934年9月18日），《潮汕侨批集成》第2册，第404页。
③ 《暹罗郑芳兰寄澄海程洋冈乡薛宅慈亲》（1931年7月29日），潮汕历史文化研究中心编：《潮汕侨批集成》第27册，广西师范大学出版社2007年版，第203页。
④ 《暹罗黄汉深寄澄海前溪头乡黄宅婶母》（1948年11月25日），《潮汕侨批集成》第27册，第511页。
⑤ 《暹罗黄钦恭寄澄海凤岭乡黄宅慈亲》（1932年4月22日），《潮汕侨批集成》第2册，第352页。

回音来知。"① 他在另一封信中又对妻子交代道："兹日期寄托永吉兄带去香蕉一铁盒并屐三双，又乌番布约二付衫裤之度，谅先收到，祈回音来知。"② 家在澄海的曾哲坤则在寄给母亲的信中嘱咐道：

> 是天付本里新磐社圆江叔（即银来婆之子）带去红毛薄荷水二支……铁盒装万金油十盒。圆江叔如抵家，可至领取。同时表兄店之股东陈头家亦是天乘航荣归他家乡，在外砂乡。儿付去首饰两件，计香黄金耳钩一双……该物候外砂乡如城嫂代领取，然后送至俺家交母亲收……儿付去之香黄金耳钩一双送母亲收用，金耳鑝一双送内助收用。③

相同的例子在侨批中比比皆是。一位身为侄女的华侨就在寄给叔父的信中说道："日前寄振孝兄带去万金油二罐，又水布二条，花布一块，查收示知。抹万金油一罐交婶母收，又抹二元吾妹收。"④ 陈松锦则在寄给曾祖母的信中说道："孙尝寄后沟老丈大人付去鞋拖五双，雨伞一支，红毛锅三个，衫仔一个，谅定查收。"⑤ 他在另一封信中又对曾祖母言道："另寄后沟六叔付去各物，花色布三块，水壶一个，铜匙大小计四支，两支送清林叔。"⑥

家在澄海的王和生则在寄给母亲的信中表示："此次付耀明兄带去鞋仔二双，万金油二罐，可向耀明兄领取。"⑦ 他在另一封给母亲的信中又说

---

① 《暹罗黄仁盛寄澄海凤岭乡黄宅王氏荆妻》（1934 年 3 月 25 日），《潮汕侨批集成》第 2 册，第 386 页。
② 《暹罗黄仁盛寄澄海凤岭乡黄宅王氏荆妻》（1934 年 8 月 19 日），《潮汕侨批集成》第 2 册，第 403 页。
③ 《暹罗曾哲坤寄澄海图濠乡慈亲》（1949 年 5 月 19 日），《潮汕侨批档案选编（一）》上册，第 16 页。
④ 《暹罗陈亚蕊寄澄海夏塘乡陈勋振》（1948 年 11 月 15 日），潮汕历史文化研究中心编：《潮汕侨批集成》第 9 册，广西师范大学出版社 2007 年版，第 102 页。
⑤ 《暹罗陈松锦寄饶平本都居美后陈家曾祖母》（1932 年 4 月 28 日），《潮汕侨批萃编》第一辑，第 32 页。
⑥ 《暹罗陈松锦寄澄海本都居美后陈乡曾祖母》（1935 年 5 月 22 日），《潮汕侨批集成》第 21 册，第 24 页。
⑦ 《暹罗王和生寄澄海外砂乡慈亲》（1947 年 3 月 2 日），潮汕历史文化研究中心编：《潮汕侨批集成》第 24 册，广西师范大学出版社 2007 年版，第 218 页。

道：" 前者所言付松豪叔寄来银锅一只，布两块，橡鞋托四双，万金油六盒。此次家批大约近月可到乡，到时可向他领取所寄之物。"① 也有华侨在寄给母亲的信中说道：

> 添昇伯带下又万金油三盒，计给老姑母一盒，母亲一盒，四婶一盒，又毛被被格二领，甲仔青色二个，白色一个，青色布衫裤二件，乌钮条衫一件，西衣裤一件，大袜一件，茄花色衫一件，洗浴衫一件，白色内衣一件。合共十五件旧衣分给四婶收，给荣浩可穿青色衫二件，茄花色衫一件，洗浴衫一件，青色甲仔一件。②

与上述华侨志同道合者不在少数。潮安籍的王赵来就在寄给母亲的信中说道："东风客头速来日下欲回唐，曾寄他万金油两大樽，又鞋拖二双，碟式细内一双给细妗，而碟一个与万金油一樽送交姑母收，余者大人收为应用。"③ 同为潮安籍的黄璧臣则在寄给儿子的信中询问道："上月付永喜带去花布一块、皮鞋仔一双并打牛角二个，谅必收到否？回示来知。"④ 他们的潮安同乡陈作丰则在寄给父亲的信中汇报道："英琨本月十六日飞港转汕，并寄他带去衣服四件，强心药片一盒与作腰吾弟。寄卷纱布一件与吾姐，如意油一矸以备家居之需。"⑤

从某种程度上讲，同时托寄各种物品堪称这些华侨的一致举措。潮安籍的陈御叶在寄给母亲的信中也说道："兹付客头桂乳带去鹤毛羽裤三个，虎骨胶三两，水布二条，柳布一块，花布一块，到祈查收。"⑥ 同样家在潮

---

① 《暹罗王和生寄澄海外砂乡慈亲》（1948 年 12 月 27 日），《潮汕侨批集成》第 24 册，第 220 页。
② 《暹罗郑藻荣寄慈亲，地址不详》（1947 年 2 月 16 日），《潮汕侨批集成》第 43 册，第 403 页。
③ 《暹罗王赵来寄潮安东里村慈亲》（1949 年 3 月 12 日），潮汕历史文化研究中心编：《潮汕侨批集成》第 75 册，广西师范大学出版社 2015 年版，第 410 页。
④ 《暹罗黄璧臣寄潮安东边乡黄津桂》（1947 年 10 月 5 日），《潮汕侨批集成》第 101 册，第 9 页。
⑤ 《暹罗陈作丰寄潮安鹤塘乡父亲》（1949 年 1 月 19 日），潮汕历史文化研究中心编：《潮汕侨批集成》第 103 册，广西师范大学出版社 2015 年版，第 1 页。
⑥ 《暹罗陈御叶寄潮安鹤塘乡慈亲》（年份无，11 月 20 日），潮汕历史文化研究中心编：《潮汕侨批集成》第 104 册，广西师范大学出版社 2015 年版，第 179 页。

安的黄喜吉也在信中对侄子说道："前帮亚九回塘，寄去皮鞋一双，并熨斗一支，到祈查收。"① 他在另一封给侄子的信中又说道："前次财成回唐尝寄去鹤毛羽一块，此帮亚九回塘又寄去运动衫一件，到日检收。"② 家在隆都的吴甲崇则在寄给双亲的信中说道："上月十二号寄松强叔付去虎标万金油半打，酸桔子二罐，又旧衫四件，收到否？复知。"③

有的时候华侨会和其他海外亲属一起合力寄物品回乡。家在隆都的潘两喜在寄给双亲的信中就嘱咐道："儿寄保松叔去虎骨胶四块，寄水泉伯四件旧衣服，到祈查收勿误！虎骨胶是姑丈寄的，因儿来暹有个余月才与姑丈见面，故至今才寄。"④ 一对谢姓兄弟也在寄给母亲的信中表示："对如池兄寄来花布一件，麦穗花篮一件，又贡菜布锡浩寄二件，收致无误！对寄友人物件事，该朋友住西畔横陇乡，谅来他有暇时，定有来家中坐谈。"⑤ 澄海籍的陈御贞在寄给母亲的信中则这样说道："另者前月付克合兄带去各物，谅有收到否？内有板连裤二件是姐付的，余者万金油一大筐，并两件分大人收用。"⑥ 她在另一封信中又说道：

> 女约本月二十四日寄上岱美克合兄带寄去电光丝裤三件，此是店中所买，诸人全无知……另者胞姐御心寄去乌板连裤三件，一件大人收用，余存二件并电光红花油一块、脚踏车一只、万金油半箩带去还她妈亲收启。⑦

---

① 《暹罗黄喜吉寄潮安岗湖乡黄锦涛》（1934年4月14日），《潮汕侨批集成》第107册，第394页。
② 《暹罗黄喜吉寄潮安岗湖乡黄锦涛》（1935年3月20日），《潮汕侨批集成》第107册，第395页。
③ 《暹罗吴甲崇寄澄海隆都沟墘乡吴宅双亲》（1947年12月8日），潮汕历史文化研究中心编：《潮汕侨批集成》第17册，广西师范大学出版社2007年版，第424页。
④ 《暹罗潘两喜寄饶平隆都福洋乡双亲》（年份及日期无），潮汕历史文化研究中心编：《潮汕侨批集成》第15册，广西师范大学出版社2007年版，第359页。
⑤ 《暹罗谢忠胜谢忠书寄潮安井美乡慈亲》（1947年4月15日），《潮汕侨批集成》第77册，第315页。
⑥ 《暹罗陈御贞寄澄海下岱美乡陈宅母亲》（1937年5月26日），《潮汕侨批集成》第30册，第244页。
⑦ 《暹罗陈御贞寄澄海下岱美乡陈宅母亲》（1935年3月24日），《潮汕侨批集成》第30册，第230页。

上述这些出现在侨批中的各式物品可谓琳琅满目，令人目不暇接，几乎涵盖了日常生活的方方面面。这一细节也充分证明，侨乡侨眷在物质上对海外亲属的依赖可谓无孔不入、无所不包。

四　未能及时寄出

然而，也有许多华侨因故无法将家人所需物品寄回乡。这其中，没有合适的人选可供托付是最为常见的理由。家在澄海的曾哲坤就在寄给母亲的信中解释道："母亲来书言要寄万金油一事，儿当如命。莫奈无便人回塘，故未付上一用。大人见札万金油可在唐购买便可是幸。"① 他在另一封信中又对母亲解释道："逢便奉上金圆券十万元，至时查收家用。收后即买米谷为要。母亲言要寄万金油，本当如命。苦无便人回塘，致不能奉上应用。可在唐购买便可。"② 黄仁盛则在寄给妻子的信中表示："另者要白番布并香蕉糕者，祈知盼咐永吉兄到暹带去，现下无挚友可寄搭，祈知之。"③ 也有姓洪的华侨在信中对母亲解释道："东乾之耳环已做好，惟无人可寄耳。今年儿往抱木山下一游，并手绘母亲一碟，候有妥人一同寄去也。"④

同样的例子在侨批中再常见不过。家在隆都的赵炳足也在寄给家中母亲的信中表示："兹奉上中央银二元，到请查收家务之用。前来信云寄布与小光做衫裤之事，寄无妥友可寄，就剪买可也。"⑤ 也有华侨在寄给祖父的信中表示："连寄二信专讨白布一丈，无有知心之良友可搭，故而一延两月有余。内抹三元可自己往城市购用，祈知之。"⑥ 一位家在潮安的林姓

---

① 《暹罗曾哲坤寄澄海图濠乡慈亲》（1949年2月7日），《潮汕侨批档案选编（一）》上册，第4页。
② 《暹罗曾哲坤寄澄海图濠乡慈亲》（1949年3月13日），《潮汕侨批档案选编（一）》上册，第5页。
③ 《暹罗黄仁盛寄澄海凤岭乡黄宅王氏荆妻》（1934年6月14日），《潮汕侨批集成》第2册，第401页。
④ 《暹罗洪笃友寄澄海上外都东林头宅慈亲》（1949年3月6日），潮汕历史文化研究中心编：《潮汕侨批集成》第10册，广西师范大学出版社2007年版，第410页。
⑤ 《暹罗赵炳足寄饶平隆都南溪乡赵宅慈亲》（1927年7月29日），《潮汕侨批集成》第19册，第385页。
⑥ 《暹罗逢昌寄祖父，地址不详》（1931年9月18日），《潮汕侨批集成》第77册，第484页。

华侨则在寄给双亲的信中这样说道："对吾弟绍海讨旧衣服事，候有便即行寄上。祈先将前次寄去布剪一副与绍海勿误。"①

也有身为女儿的华侨在信中对父亲解释道："我严亲大人所患之恶疾，须宜请医调治为要。而托买虎骨胶一事，候待年尾有人回家，女儿自当奉上以应吾大人之用也。"②陈松锦在寄给曾祖母的信中则表示："至于欲寄剃刀，候有邻人回梓，自当寄去备用。"③洪顺维则在寄给儿子的信中表示："塘中物价刻谅稍平定，有便告我。山羊角现已买妥，候我回归时带去。"④

回乡一事对于早年的普通华侨来说并非易事。他们如果打算返乡省亲，往往既需要积攒路费，也要承受暂时告别海外事业所造成的损失。因此，一般华侨通常无法做到频繁地往来于海外与故乡之间。由于物品需要交付给意欲返乡探亲的亲友才能顺利寄到家人手中，因此暂时找不到合适的人选无疑是最正当的理由。

此外，相关货物的价格和供应情况也会成为华侨的理由之一。一位名叫周宝兰的华侨在信中以暂无新货为由向兄长解释道："今奉上国币八万五千元，内二万元送分大嫂收用。绸裤宜等新货上市，自当寄去可也。"⑤来自潮安的陈贤锦也在寄给双亲的信中以相似的理由解释道："前日大人来函叫儿买万金油鹿角以作补药。候儿往山巴觅有，自然寄上。现今曼谷无货，特此禀明。"⑥潮安籍的王赵来也在寄给母亲的信中说道："对于万金油，现今暹中所用之虎标万金油甚多，请在塘中找买为是。"⑦澄海籍的

---

① 《暹罗林绍河寄潮安前溪乡双亲》（年份无，8月1日），潮汕历史文化研究中心编：《潮汕侨批集成》第82册，广西师范大学出版社2015年版，第80页。
② 《暹罗李碧森寄潮安上社乡李木盛》（1930年5月20日），潮汕历史文化研究中心编：《潮汕侨批集成》第99册，广西师范大学出版社2015年版，第467页。
③ 《暹罗陈松锦寄澄海本都居美后陈乡曾祖母》（1932年4月28日），《潮汕侨批集成》第21册，第7页。
④ 《暹罗洪顺维寄澄海樟林南社宫洪名益》（年份无，3月4日），《潮汕侨批集成》第31册，第353页。
⑤ 《暹罗周宝兰寄澄海冠山乡周清泉》（1949年4月28日），潮汕历史文化研究中心编：《潮汕侨批集成》第5册，广西师范大学出版社2007年版，第104页。
⑥ 《暹罗陈贤锦寄潮安官塘乡双亲》（1947年10月4日），《潮汕侨批集成》第104册，第206页。
⑦ 《暹罗王赵宝寄潮安东里村慈亲》（1949年2月6日），潮汕历史文化研究中心编：《潮汕侨批集成》第75册，广西师范大学出版社2015年版，第430页。

黄礼信则在寄给母亲的信中表示：

> 日前钦明兄返梓，寄他带上数物，谅已收到可知。拙荆言知，双亲大人
>
> 要用寒衣或布衣，可将其箱内应时所存先家行应用可也。钦旺兄返梓，儿托他与双亲言知，缘此刻暹中布价何其高故也。①

无论是为了推脱还是如实相告，华侨搬出上述理由的目的无非是尽量安抚家人的失望情绪。因为汇款是如此之重要，故乡村间会不时传出有关未汇款回乡的儿子或丈夫的流言蜚语。② 可以想见，华侨一旦无法汇寄款项或物品回乡，严重依赖海外亲属的家人往往会失望透顶，甚至自己的名声也会受损。

小　结

托寄物品回乡与寄款回乡一样，目的是为了满足侨乡侨眷的基本物质生活需求。在近代闽粤两省的侨乡地区，侨眷对海外的依赖已经到了无以复加的地步。陈达在民国年间经过实地调查后认为："华侨社区的生命线，大概是寄托于南洋的批款……中等以上的华侨的家庭，大概没有生产的职业。每月生活费，尽预算在南洋的汇款里面。"③ 在这样的情况下，侨眷连生活中的各种日用品都要依赖海外华侨的供应。侨批中琳琅满目的各式物品的背后则是历史上"下南洋"的华侨们身上背负的巨大经济负担和压力。近代华南地区移民潮的本质也在字里行间溢于言表。家人在故乡的每一笔消费都能在很大程度上支配和左右他们在海外的生活。这些出身传统宗族社会的海外移民尽管已在空间上与故乡远隔万里，却实际上仍处于一种"离土不离乡"的状态。

---

① 《暹罗黄礼信寄澄海凤岭乡黄宅慈亲》（1947年4月1日），《潮汕侨批集成》第2册，第3页。

② James Watson, *Emigration and the Chinese lineage*: The Mans in Hong Kong and London, Berkeley: University of California Press, 1975, p. 137.

③ 陈达：《南洋华侨与闽粤社会》，商务印书馆2011年版，第72页。

20世纪初期至70年代新马闽南籍华人橡胶行业研究

王付兵

(厦门大学国际关系学院/南洋研究院)

橡胶，东南亚华人社会一般称之为"树胶"，乃继锡矿之后英属马来亚（含新加坡，下同）经济的又一个支柱。橡胶在20世纪20年代至70年代的马来亚农业作物中，占有首要的地位，因为其种植的普遍，故当地的经济繁荣与否，全靠橡胶之生产与销售。① 截至1960年年底，马来亚的橡胶种植面积约2100万亩，占作物总栽培面积的65%，占世界橡胶种植总面积的30%；1961年生产干胶约74万吨，占世界天然橡胶总产量的35%，居世界第一位。马来亚每年出口的橡胶，在其出口总值中占60%左右；全国620万人口中，有150万，约24%的人口直接或间接依靠种植橡胶事业维持生活。② 在20世纪初期至70年代的新马，从事橡胶种植及其加工贸易业主要为闽南人。除新加坡学者叶钟玲对闽南人橡胶业对厦门大学办学有重要影响之研究③，以及马来西亚学者戴渊在研究近代马来西亚华人资本主义经济时论述到海峡华人在近代马来亚橡胶种植历史上所起作用④之研究外，学术界对新马闽南人橡胶业的专门研究至今仍严重不足。

---

① 郁树锟主编：《南洋年鉴》，新加坡南洋报社有限公司1951年版，第三篇《马来亚》，丙，第87页。
② 埃德格尔：《马来亚橡胶栽培手册》，华南亚热带作物科学研究所译，农业出版社1963年版，中译本说明，未标明页码。
③ 参阅叶钟铃《陈嘉庚与南洋论文集》，马来西亚陈嘉庚基金工委会（TTK Cultural Sdn Bhd）2013年版，第150—152页。
④ 参阅戴渊《英属马来亚华人资本主义经济（1900—1941）》，南大教育与研究基金会2018年版，第114—119页。

在搜集相关中英文文献资料基础上，本文对 20 世纪初期至 70 年代新马闽南籍华人橡胶行业形成与发展作扼要之论述，希望能对近现代新马华人历史及新马经济史之更好理解起补充之作用。

一 闽南籍的海峡华人在近代马来亚橡胶种植历史上扮演举足轻重的角色

闽南籍的海峡华人①在近代马来亚橡胶种植历史上扮演举足轻重的角色。马来亚第一位橡胶种植人即祖籍福建海澄的海峡华人陈齐贤（Tan Chay Yan，1871—1916）。1896 年陈齐贤接受了里德利先生（Ridely）② 的意见开始种植橡胶。陈氏把新加坡经济作物园（Singapore Economic Gardens）免费给他的橡胶树苗，种在马六甲武吉林丹（Bukit Lintang）40 英亩的园地上。经过三年的试验之后，他发现橡胶树生长得很茂盛。他受到鼓舞在武吉阿沙汉（Bukit Asahan）的 3000 英亩园地，从事大规模的橡胶种植。这块种植园后来售给伦敦一家联营企业所有。陈齐贤时常到新加坡来劝告和鼓励他的朋友在新加坡从事橡胶种植，他在新加坡若干最早的橡胶园拥有大部分的股份。③ 里德利和新加坡华人社会领袖林文庆（祖籍福建海澄县，今龙海，新加坡出生）推崇陈齐贤为新马橡胶种植的奠基人，陈氏也是新马橡胶王国的四大功臣之一。④

20 世纪初期，橡胶供不应求，华人与欧人资本纷纷购地栽种。新马的

---

① 海峡华人，或称海峡土生、海峡华人和侨生，系对英文 Straits born 或 Straits Chinese 的称呼。男性海峡华人俗称"峇峇"（Baba）。"峇峇"，原指男性华人与马来女子或其他异族女子通婚而生下的混血儿（混血女性则称"娘惹"〈Nyonya〉）。葡萄牙占据马六甲以后的几个世纪里，峇峇多不再与异族女子通婚，而是选择娘惹为配偶；亦有娘惹嫁给中国男性移民。1826 年英属海峡殖民地成立时，海峡华人与异族女性通婚已很少。19 世纪末，来自马六甲的海峡华人在经济地位上开始没落。1911 年英国殖民当局统计新马人口时，取消"海峡华人"这一普查项目，其原因可能是因为该群体多为闽南人，而将其归入福建人（Hokkiens，这里的福建人指"闽南人"）来统计。19 世纪海峡华人情况的较详细论述，可参阅崔贵强《新加坡华人——从开埠到建国》，新加坡宗乡会馆联合总会、教育出版私营有限公司 1994 年版，第 98—102 页。
② Ridely，也有学者翻译为"李德利"。
③ 宋旺相：《新加坡华人百年史》，叶书德译，新加坡中华总商会 1993 年版，第 244 页。
④ 柯木林主编：《新华历史人物列传》，新加坡宗乡会馆联合总会、教育出版私营有限公司 1995 年版，第 75 页。

福建籍华人也不甘落后。新加坡华人社会领袖林文庆、李浚源（新加坡华社领袖李清渊之子，祖籍福建永春，海峡华人）、邱雁宾（祖籍广州府南海、顺德一带，新加坡出生）、陈若锦、曾江水（祖籍福建思明，今厦门，马六甲出生）等与陈齐贤合作，将胶树移植于新加坡的杨厝港。①

郑成快，又名郑快（1974—1929），出生于福建永春的一个贫穷家庭，年轻时来到马六甲，稍有积蓄后，便仿效陈齐贤，买了10英亩土地，开始种植橡胶和木薯。橡胶长大后，他卖掉橡胶业，购买100亩土地，重新种植橡胶和木薯。1903年他回乡结婚，返回马六甲后出售了一半橡胶园，和朋友合作在柔佛州拉美士购买1000英亩土地，开辟橡胶与木薯种植园。他的朋友后来退出，他于是成为该种植园的园主。他以种植园所得利润扩大生产规模，在柔佛州拉美士以北的丁郎开辟两个大橡胶园：泉兴山园面积4000英亩，泉成山园占地3000英亩。这些橡胶园由郑氏家族共同拥有。他接着在柔佛州丰盛港以北的沉香港购入7000英亩土地，可能也是把它开辟成为橡胶与木薯或其他经济作物种植园。②

在陈齐贤带领下，马六甲的海峡华人纷纷跟随他的足迹，进入橡胶种植的行列。马来西亚华人政党马华公会创始人陈祯禄（1883—1960）即是典型一例。陈祯禄曾在马六甲中学接受英文教育，后来在新加坡莱佛士学院肄业。1912—1922年，他任马六甲市政局议员。1923—1934年，他任海峡殖民地议政局的非官方议员。陈祯禄投身于橡胶种植业之始，就担任他亲戚李深端创办的武吉加迪树胶有限公司的经理助理，同时也是李深端任董事长之岭叻树胶园有限公司董事和视察专员。陈祯禄获得丰富的橡胶园管理经验之后，在1909—1910年得到李深端的一万元资助，与其他商人合作组建马六甲品达塑胶园有限公司，在证券交易所上市。他也是武吉日落洞树胶园有限公司董事长、彭莪树胶园有限公司和武吉布拉树胶园有限公司的董事、国泰树胶园与Kew树胶园的董事经理、同发树胶园东主。陈祯禄凭借着他所拥有的橡胶种植经验和权益，成为英属马来亚华人橡胶

---

① Song Ong Siang, *One Hundred Years' History of the Chinese in Singapore*, London, 1923, pp. 292—294；柯木林主编：《新华历史人物列传》，新加坡宗乡会馆联合总会、教育出版私营有限公司1995年版，第75页；崔贵强：《星马史论丛》，新加坡南洋学会1977年版，第44页。

② 戴渊：《英属马来亚华人资本主义经济（1900—1941）》，南大教育与研究基金会2018年版，第115—116页。

种植界的代言人。① 陈楚楠（1884—1971），新加坡同盟会的一位领袖，也是参与早期种植橡胶的知名华商。他的父亲陈泰是19世纪在新加坡经营木材的富商，给他留下一笔可观的遗产。1903年他和弟弟陈连亩向陈齐贤购买橡胶种子，开始种植橡胶。他自己在新加坡汤申路旁开辟一个300英亩的种植园，兼种橡胶与黄梨，还和林义顺合伙经营一个600英亩的橡胶园。后来他把出售合伙经营橡胶园所得收入购买1400英亩土地，用来种植橡胶和黄梨。②

二　陈嘉庚对形成闽南人垄断橡胶行业的重要影响

1906年，橡胶实业家陈嘉庚（福建同安县集美人）从陈齐贤处购得橡胶种子18万粒，种于新加坡实里打淡水港福山园。1909年，他再于福山园邻近添置了500亩地以种植橡胶，福山橡胶种植园面积由此增至1000亩。陈嘉庚与其族人和马来亚橡胶业"长期的、财源广进的渊源由此开始"③。在20世纪20年代，陈嘉庚开始往橡胶制造业发展，并着重于产品的多元化。除了轮胎，他也大量生产雨衣、雨伞、胶鞋、胶靴、运动鞋、网球、玩具等。这些产品都印上"钟"标。以"钟"为商标，含有警醒大众，图强救亡的政治含义。④ 到了1925年，陈嘉庚的橡胶事业总共拥有橡胶园6070公顷和橡胶厂逾30间，聘请员工32000人，在马来亚、印尼等东南亚地区设有80个办事处。在20世纪30年代初期的经济大萧条之前，他享有马来亚（含新加坡）"橡胶大王"之美称。⑤ 橡胶业是当时闽南籍新马华人在经济上支援厦门大学的主要经济来源。详见表1和表2。

---

① 戴渊著：《英属马来亚华人资本主义经济（1900—1941）》，南大教育与研究基金会2018年版，第111页。
② 戴渊著：《英属马来亚华人资本主义经济（1900—1941）》，南大教育与研究基金会2018年版，第116页。
③ 杨进发：《陈嘉庚：华侨传奇人物》，李发沉译，新加坡八方文化企业公司1990年版，第49页。
④ 《头路——新加坡福建人的行业》编委会：《头路——新加坡福建人的行业》，新加坡福建会馆2008年版，第124页。
⑤ 文平强编：《马来西亚华人与国族建构：从独立前到独立后五十年》（上册），马来西亚华社研究中心2009年版，第51页。

表1　1926年为厦门大学医院捐款的有橡胶业行业背景的闽南籍华人

姓名	籍贯	捐款额（国币）	行业背景
林金殿	福建同安	10000元	经营驳船业、胶商
陈文确	福建同安	1000元	胶商
李光前	福建南安	1000元	胶商、银行家
蒋德九	福建安溪	1000元	胶商
陈齐贤	福建海澄	1000元	橡胶种植商
李振殿	福建海澄	500元	胶商及土产出入口商
张崇崧	福建南靖	500元	胶商及土产出入口商
谢天福	福建海澄	500元	胶商
陈文展	福建同安	200元	树胶店司理，曾任职陈嘉庚公司

资料来源：《南洋商报》1935年2月22日。

表2　**具有橡胶业行业背景的1935—1937年厦门大学闽南籍华人主要捐款者一览**

姓名	籍贯	捐款额（国币）	行业背景
陈文确	福建同安	15000元	新加坡橡胶业巨子
刘玉水	福建惠安	10000元	槟城橡胶业巨子
王振相	福建南安	9000元	怡保锡矿商及橡胶种植商
陈延谦	福建同安	8000元	新加坡银行家、胶商
蔡汉亮	福建南安	5000元	新加坡胶商、土产贸易商
许生理	福建惠安	5000元	槟城金商、橡胶种植商及工业家
黄重吉	福建永春	5000元	吉隆坡橡胶品制造商
郑奕定	福建永春	5000元	怡保锡矿商、橡胶种植商
胡重益	福建永定	3500元	怡保锡矿商、橡胶种植商
白仰峰	福建安溪	3000元	太平胶商
刘治国	福建安溪	3000元	吉隆坡锡矿商、橡胶种植商
洪进聪	福建永春	2500元	吉隆坡胶商

续表

姓名	籍贯	捐款额（国币）	行业背景
叶祖意	福建南安	2000元	槟城白糖及胶商、银行家
丘明昶	福建海澄	2000元	槟城橡胶种植商
黄宗迎	福建南安	2000元	太平胶商
谢天福	福建海澄	1000元	新加坡胶商
王景成	福建同安	1000元	槟城胶商
王文蚶	福建惠安	1000元	槟城胶商
杨兆琰	福建仙游	1000元	吉隆坡锡矿商、树胶种植商
许炳南	福建惠安	1000元	江沙胶商
黄铅	福建永春	1000元	文冬胶商

注：本表根据叶钟铃《陈嘉庚与南洋华人论文集》第八章附录四《厦门大学主要捐款人一览（1935—1937）》整理而成。

资料来源：叶钟铃：《陈嘉庚与南洋论文集》，马来西亚陈嘉庚基金工委会（TTK Cultural Sdn Bhd）2013年版，第150—152页。

陈嘉庚的谦益公司是一个庞大的机构，对形成闽南人垄断橡胶这一行业有很大的影响。由于闽南人从事橡胶业和有关行业的人数逐渐增加，闽南话也就成为新马橡胶行业的共同语言。1919年闽南人橡胶商发起成立新加坡树胶公会①，初期会员人数约为50名。到20世纪20年代初，橡胶行情大好的时候，胶商人数大增。到1928年，树胶公会的会员人数急剧增加到104名。陈嘉庚的谦益号是团体会员。因谦益在20世纪20年代初是新马名气很大的胶商，因此被选为新加坡树胶公会1924年度的理事。1941年之前，新加坡树胶的活动大多操纵在陈嘉庚及亲近和同乡手中，包括侯西反、李振殿、陈延谦、李俊成、周献瑞、谢天福、庄丕树、蒋骥甫、李光前、陈六使、陈文确等。自1937年起，新加坡树胶公会的业务与领导，完全操纵在其前雇员陈六使、陈文确及李光前手中。日据时代台湾总督府政府部门在20世纪30年代的调查报告显示：为促进橡胶工业发展，新加坡树胶公会的当时理事者（即负责人）乃陈六使（1897—

---

① 东南亚华人称"橡胶"为"树胶"。

1972，出生地福建同安集美，今厦门集美区）和蔡河珊（1904—1960，广东潮安人）。① 为促进商业发展，而于1931年成立的新加坡树胶厂工会理事者有三位，即李光前（1893—1967，出生地福建南安芙蓉，今南安市梅山镇芙蓉村）、陈六使和蒋骥甫（1862—1944，福建同安马巷下澳头，今厦门市翔安区新店镇澳头村），② 他们中绝大多数是闽南人。由于新加坡橡胶业向来是闽南人的天下，因而新加坡树胶公会成为闽南人掌控的一个商会，这个特色一致保持到当今。③

生平急公好义、敢于仗义执言和陈嘉庚很有关系的侯西反（1883—1944），福建南安刘林乡人，20岁侨居马来亚。最初在吉隆坡的米行工作，三年后移居新加坡经商。受开源兴号之聘担任总司理约七年，及嘉美号米较④经理，在见到当地的经济繁荣与橡胶有密切的关系后，他便和友人合资创办振美、荣美、福利、裕益等号，专营橡胶业，还倡议组织橡胶公会，以联络同业的感情。之后，他在柔佛和彭亨等处，先后购买了不少胶园，大力种植，几年之间业务突飞猛进，赚了不少的钱。后来因为1929年的世界经济危机，新马经济也不景气，他的生意也受到影响，转而投奔陈嘉庚，协助陈氏的橡胶厂业务。侯氏也担任过南洋商报经理及亚洲保险经理。⑤

胶业巨子与南洋大学创办人陈六使（1897—1972），出生于福建省同安县集美乡，于1916年到新加坡，先是在堂叔陈嘉庚、陈敬贤兄弟的谦益公司旗下的马来亚树胶园工作。1925年，橡胶市场大好，陈六使和其三哥文确创立益和树胶公司。1938年益和已跻身新马大胶商行列。它也是勇于突破洋行的控制，直接把橡胶运销欧美消费国的少数华资大胶商之一。随着业务的扩张，益和于1938年10月改组为益和（私人）有限公司，注

---

① 杨建成主编：《三十年代南洋华侨团体调查报告书》，台北中华学术院南洋研究所1984年版，第117页。
② 杨建成主编：《三十年代南洋华侨团体调查报告书》，台北中华学术院南洋研究所1984年版，第117页。
③ 《头路——新加坡福建人的行业》编委会：《头路——新加坡福建人的行业》，新加坡福建会馆2008年版，第126页。
④ 米较，即碾米业。
⑤ 新加坡南安会馆：《新加坡南安会馆六十周年纪念特刊》，新加坡南安会馆六十周年纪念特刊编辑委员会1987年版，第196页。

册及缴足资本①为一百万元。两年后，益和的注册资本增加到两百万元，但实缴资本仍为一百万元。为了筹集资金发展橡胶出入口贸易，益和自1938年起多次向英资的有利银行贷巨款。1940年贷款150万元。二战期间，陈六使避难印尼廖内，益和业务停顿。1947年元旦，英政府恢复自由买卖橡胶，胶价逐渐回升，益和于1949年将缴足资本由100万元增加到200万元。1950年6月25日，朝鲜战争爆发，作为战略物资的橡胶受欧、美、苏竞相争购囤积，造成空前的橡胶黄金时代。益和在朝鲜战争时获利巨大，成为世界级的大胶商之一，和当时李光前的南益，称雄于世界胶坛。自1937年起他历任新加坡树胶公会主席。进入20世纪60年代，因为印尼对抗马来西亚的成立，加上陈六使和新加坡的摩擦，益和集团开始收缩橡胶业务。到1972年陈六使过世后，益和的橡胶王国也垮了。②

以商养儒兴学之典范的李光前（1893—1967），出生于福建省南安县芙蓉乡（今称南安市梅山镇），于1916年加入陈嘉庚的谦益公司。他在主持谦益橡胶出口业务期间，恰逢橡胶的需求在国际市场节节上涨，因此为公司赚取了丰厚的利润。李氏的才学和见识，受到陈嘉庚的赞赏。陈氏在1918年委任李光前为橡胶部总经理，并且在1920年将长女陈爱礼嫁给他。在谦益公司任职的十一年当中，李光前从陈嘉庚那里学习到许多经营橡胶业的知识，这为他日后在国际橡胶市场上长袖善舞奠定了基础。1927年，李光前与朋友在马来亚柔佛州的麻坡创建了一间小烟胶厂，次年在其正式离开谦益之后，李光前成立了"南益树胶厂"，专门从事橡胶买卖。1931年12月9日，南益树胶公司正式改组为"南益树胶有限公司"（Lee Rubber Co. Pte Ltd），简称"南益"，注册资本为50万元，由李光前与潮州人林义顺之子、陈嘉庚的二女婿林忠国联名注册。20世纪20年代末是新马橡胶业的巅峰期，李光前出掌南益之后，一开始便从小户着手，在向当地的小园主收购橡胶时，总是以现金支付，因此深得人心；接着以实买实卖为原则，不做市场投机，因而其公司不会受到胶价起降的影响。进入30年代，世界经济危机，导致橡胶价格持续降低，陈嘉庚、林义顺等大企业

---

① 在新加坡，缴足资本是公司一种资金的证明信息，证明该公司确实有董事投资。
② ［新加坡］林孝胜：《陈六使：胶业巨子与南洋大学倡办人》，载林水檺主编《创业与护根：马来西亚华人历史与人物儒商篇》，马来西亚华社研究中心2003年版，第50—55页。

纷纷倒闭，李光前因为事先采取降低承租机器设备和生产的成本，而使其企业能免受影响。1933年，李光前将南益的注册资本增加到100万元，实缴资本56万元，除经营橡胶园和橡胶厂外，接着他不断地扩充与橡胶有关的业务，包括装配胶片、胶液，运往欧、美、中、日等国，最终每年出口达50万吨橡胶。自1942年起，当三大华资银行——华侨、华商、华丰合并为华侨银行后，银行的融资业务成了李光前的第二重心。20世纪30年代末期，李光前事实上已经进入新马华人社会甚至东南亚橡胶业和金融业巨子的行列。1929—1933年的世界经济危机虽然也使南益的业绩遭受打击，但由于该公司善于向银行融资及分散投资业务，因而使得它终于能迅速摆脱困境，逐渐取代谦益而成为世界上最大的橡胶集团。1941年12月，太平洋战争爆发，不久，新马相继沦陷，由于李光前曾积极支持中国的抗日救援活动，因而其资产大半遭日军没收和破坏。二战结束后，李光前于1945年11月从美国返回新加坡，刚好碰上国内外经济逐渐复苏和欧美先进工业国对橡胶的需求量倍增的时期，橡胶价格回升至相当平稳的水平。在这样的背景下，李光前增加橡胶加工的生产量，随后遇上了朝鲜战争的爆发，橡胶由此成为重要的战略物资，他在新马及印尼等地的橡胶生产，因此得以迅速恢复元气，很快便成为世界最大的橡胶贸易商，南益机构日渐壮大，李光前进一步抓住机遇扩展其他行业的投资，包括大量种植黄梨和开办加工制造罐装出口，并且涉足航运、木材、印刷、工程、贸易和金融业等，进而成为华侨银行（OCBC）和大东方人寿保险公司最大的股东。李光前遂享有新马"橡胶大王"和"黄梨大王"的美誉。①

李延年（1906—1983），出生于福建永春县。1926年初，跟随已先几年到南洋的大哥李世通到南洋。他先是在吉隆坡待了两个月，却没有找到工作，于是转到新加坡，在乡亲开设的商店振兴栈找到一份书记员的工作。1929年年底成家不久的李延年跟随其二哥李家耀重回吉隆坡，在乡亲洪进聪店中当书记员。不久，他转而就职于英国人的橡胶公司——夏霸义利洋行（Harper Gilfillan），月薪40元。在夏霸义利洋行工作期间，李延年勤奋好学，表现非常出色，深得英国籍老板赏识与信任，两人后来还成为

---

① 胡兴荣：《李光前：以商养儒兴学之典范》，载林水檺主编《创业与护根：马来西亚华人历史与人物儒商篇》，马来西亚华社研究中心2003年版，第98—107页。

好友。几年后，李氏被升为买办，负责橡胶买卖，待遇大大改善，并由此对橡胶业有了更深入的认识。1935年是李延年事业上重要的一年，29岁的他以其数年来的积蓄，再向其大姨商借一千元，创立了万利有公司，专营橡胶贸易。在公司的初创阶段，他并没有辞去夏霸义利洋行的工作，公司的事务交由其大哥李世通管理，由李世通任经理。他自己则身兼二职。当时他不愿辞去英籍公司的买办，是因为当时万利有限公司的橡胶收成，需要欧洲大商团的协助才有市场，通过他作为英籍公司买办的关系，万利的产品自然更容易销售出去。直到40多岁，他的公司发展得越来越好，而他的大哥也打算退休，他才向夏霸义利洋行辞职，亲自负责万利有限公司的业务。至少在1950年以前，他还没有成为殷商巨富，他的事业还处于上升期。太平洋战争时期，他的公司业务几乎陷于停顿状态。1945年日军战败，退出马来亚，39岁的李延年在事业上重新开始。1950年，朝鲜战争爆发，美国为囤积战略物资，需要一百多万盾的树胶，使树胶价格大涨，从每担四五十元涨到每担百多元。李延年和许多胶商因此赚了很多钱。至1956年因为主要经营橡胶生意的缘故，他毫无疑问已挤入富豪之列。李延年对橡胶业的经营，有其独到的方法，因而被称为"大胶商"。他在橡胶业的成就，除了他个人的因素，以及时机与运气之外，他的永春籍贯极有可能也帮了他很大的忙，因为从事橡胶行业的永春人为数不少，全马的橡胶收购商，永春人就占有一个很大的比例。①

被称为"马来西亚华教之光"的李成枫（1908—1995），是李光前系的老乡和得力助手，生于南安梅山镇蓉溪村。他在1927年只身来到马来亚。先在新加坡华人领袖陈嘉庚开办的鞋厂当卫生稽查员，后转入一家酒庄信汇小店任职。1930年加入李光前创办的南益树胶公司任书记员。是年，南益树胶有限公司在吉隆坡设厂，他便派到吉隆坡南益树胶有限公司任经理。他在南益精心开拓橡胶、植物油、饼干及机械工程等业务。随着南益集团业务的发展，他成为该集团属下的南益油厂有限公司、联兴树胶有限公司、南益饼干有限公司的董事主席。因为弟弟、内弟没有工作，他由此独资创办连成有限公司和南风工程有限公司。他还兼任马来西亚《南

---

① 莫顺宗：《李延年：从商人到华团领袖》，载林水檺主编《创业与护根：马来西亚华人历史与人物儒商篇》，马来西亚华社研究中心2003年版，第231—241页。

洋商报》副董事长，1983年升任董事长。南益在印尼和马来西亚的分行职员大部分是李成枫亲自挑选录用并加以训练的。李成枫的领导能力相当强，27岁时大家便称其为"老人家"，当时他已是十多家橡胶公会的会长，必须领导同业讨论橡胶价格的设定。他是个十分忠诚的人，从来没有离开过南益，在南益总行做了五十年的总经理。[1]

新加坡是东南亚最大的橡胶转口贸易中心。九八行是生产者与大批购买者之间的中介人，指收取佣金的土产贸易代理行。他们接受其他商家的订单，在马来群岛各地收购土产，按照售价收取佣金，一般以2%为准，而土产买价保险与运输费用都由买家负担。九八行所经营土产，包括橡胶、椰干、胡椒、硕莪粉及甘蜜等，大部分交给本地洋行，转销欧美市场。据1938年的统计，新加坡的九八行，多达383家，主要集中在源顺街（Telok Ayer）、中街（Market Street）、丝丝街（Ceil Street）、克拉码头（Clarke Quay）与潮州巴刹一带。经营者多为闽南人及潮州人。[2] 九八行帮助华人橡胶种植人以及马来群岛各地种植橡胶的农民进入世界市场，成为世界橡胶贸易市场中的一个重要环节。[3]

三 永春人是近现代半岛马来西亚华人橡胶行业链的控制者

在近现代的西马，从事橡胶业的永春人不少。按籍贯来说，永春人是西马[4]华人橡胶业产业链的控制者。永春人自20世纪初即投入种植树胶业的拓殖工作。许多拥有百亩以上的大园主，过去都曾是由胶工、小园主而不断发展而来的。在雪兰莪州，整个州的橡胶业的产业链几乎为永春人所控制。以永春籍为主的橡胶商在1946年组织了雪兰莪、彭亨树胶商会，

---

[1] 龚宜君：《李成枫：马来西亚华教之光》，载林水檺主编《创业与护根：马来西亚华人历史与人物儒商篇》，马来西亚华社研究中心2003年版，第307—312页；何启良主编：《马来西亚华人人物志》，2014年。

[2]《头路——新加坡福建人的行业》编委会：《头路——新加坡福建人的行业》，新加坡福建会馆2008年版，第22页。

[3] 戴渊：《英属马来亚华人资本主义经济（1900—1941）》，南大教育与研究基金会2018年版，第117页。

[4] 西马，指马来半岛部分的马来西亚。

该会在1953年改名为"吉隆坡、雪兰莪、彭亨树胶商会"。它为马来西亚橡胶业的发展做出了重要的贡献。据马来西亚学者郑名烈的统计，1960年已入会的183名会员中，吉隆坡就占56名，其中绝大多数业主是永春人。自20世纪50年代至80年代，吉隆坡永春会馆前会长郑棣和李延年先后领导过树胶商会，并且还担任过马来西亚树胶总会会长。而颜德尧不仅从事橡胶种植及贸易业，亦曾担任马来亚树胶生产者总会主席、马来亚树胶翻种委员会主席、树胶业协会副主席、马来亚树胶园主公会会长、马来西亚树胶交易所主席及马来西亚树胶出口商注册局主席等职，在1956年被委任为马来亚对中、日贸易团秘书长。1963—1964年又任马来西亚对东欧贸易团秘书长，对马来西亚的橡胶业发展做出不少贡献。[1]

四 近现代新加坡和半岛马来西亚橡胶业大型种植家和橡胶制造业者主要是闽南人

在英殖民政府倡议在霹雳曼绒县的实兆远种植短期粮食作物如粮食的做法失败后，当局便于1904年向垦民介绍转种橡胶。在永定籍富商胡子春大力鼓励于实兆远种植橡胶后，实兆远由此成为马来亚的一个重要橡胶产地。而以古田人为主的福州人正是这一促成者，他们是1904—1905年间在实兆远最先种植橡胶的人们。第一次世界大战后，陆续有包括古田人在内的福州人新客迁入实兆远，这使得土地的需求急剧增加。幸运的是，1917—1919年间，位于安顺的土地局采取开放的土地政策，人人由此都可申请土地以从事耕种。结果，实兆远外围地区，如爱大华、双溪万宜、甘文阁、福清洋等地均被开发为橡胶种植园，其中甘文阁是当时福州人垦荒者的活动中心。[2] 据统计，从1903年到1930年，古田人为主的福州人在实兆远开拓了约有三万英亩胶园。到20世纪80年代初，实兆远橡胶园的总面积有所增加，但福州人所拥有的胶园面积却没有什么变动。[3]

---

[1] 郑名烈：《海外桃源：吉隆坡永春社群史略》，马来西亚华社研究中心2014年版，第88—91页。

[2] 钱进逸：《从山区到橡胶园：古田人移民拓土路》，曼绒县古田会馆2010年版，第31—33页。

[3] 曼绒县古田会馆：《曼绒县古田会馆暨40周年庆典特刊（1954—1994）》，曼绒县古田会馆1994年版，第288页。

20世纪20年代起，橡胶产业成了柔佛州的主要产业。如1927年柔佛的橡胶业为柔佛贡献了46.9%的税收。①

自1905年起，古田人江佳桂、许桂红和闽清人李立钿等陆续带领古田人和其他福州人在柔佛永平港开辟垦场种植橡胶。在柔佛苏丹的允许先种植橡胶后纳税的优惠开垦永平的政策下，古田人在永平共发展胶园约1万亩。在1987年左右，永平有约2万名祖籍古田的华侨华人。这种优惠开垦永平的政策也吸引了其他籍贯的福州人。永平镇由此被开辟成为一座榕籍城镇。②

可明确知道的是，1914年在新山的士古来（Sekudai）的6个华人橡胶种植园中，其中有一个是福建南安籍的富商卓亚文（Toh Ah Boon）开垦的。卓氏出生于新加坡，自小受英文教育，曾在新加坡担任英商板厂员工、饷码公司征税员、鸦片公司掌柜。他在19世纪80年代前来新山发展，初时，他开设杂货店，过后与其弟弟卓亚荣开设"文荣号"。"文荣号"所经营的领域甚多，除了粮食买卖之外，主要经营石材物料等建材供应，许多政府及民间建筑工程的所需材料都由卓亚文供应。亚文在20世纪10年代将所得的利润积极投资橡胶园及房产，是当时的新山最大的胶园投资者之一。卓亚文的产业遍布士古来（Sekudai）至淡杯（Tampoi）一带等许多地区，投资面积超过4000英亩，淡杯现今有一条以他命名的街道。在新山长期的经营中，他与柔佛皇室及欧洲人维持良好的关系。③

表3是二战爆发前在新山从事橡胶业的闽南籍商人一览表。

从表3可以看出，在新山从事橡胶业的闽南籍商人来自新加坡的占绝大多数，有五位，真正是新山出生的，仅一位。

---

① 白伟权：《柔佛新山华人社会的变迁与整合：1885—1942》，新纪元学院2015年版，第78页。
② 钱进逸：《从山区到橡胶园：古田人移民拓土路》，曼绒县古田会馆2010年版，第134—135页；郑永顺整理：《古田人在南洋》，载《古田文史资料》第7辑，1987年4月，转引自《职业与经济》，载http://www.fjsq.gov.cn/ShowText.asp?ToBook=174&index=21&，福建省情资料库—地方志之窗，2016年11月12日引用。
③ 白伟权：《柔佛新山华人社会的变迁与整合：1885—1942》，新纪元学院2015年版，第78、106—107页。

表3　　　太平洋战争爆发前在新山从事橡胶业的闽南籍商人一览表

姓名	商号	经营项目	原落脚处	活跃于新山的时间	其他活动地区
史联对	南益有限公司	橡胶业	槟城、新加坡	20世纪30年代	峇株巴辖、昔加末、新加坡
石焕章	不详	橡胶业	在新加坡出生、马六甲	20世纪30年代	新加坡、马六甲
吴声晴	华筹号、裕美号、裕美公司	京果杂货、橡胶业	不详	19世纪90年代	新加坡
卓亚文	文荣号	食物、建材、石山业、建筑业、橡胶业	新加坡	19世纪90年代	新加坡、居銮
林采为	南源号	橡胶业	新加坡	20世纪20年代	新加坡
徐文治	荣泰公司	橡胶业	新加坡	20世纪20年代	
黄菊	不详	橡胶业	新山	20世纪20年代	
黄庆云	瑞春号	橡胶业	在新山出生	20世纪30年代	
谢福锡	源和号	种植园管理员、杂货、电油业、橡胶业	新山	20世纪20年代	

资料来源：白伟权：《柔佛新山华人社会的变迁与整合：1885—1942》，新纪元学院2015年版，第111—112页。

在1942年以前，柔佛新山市街的各家华人商号有204家，从事橡胶收购的商号都是闽南人，共6家，他们分别是：位于伊布拉欣街（今华侨银行楼上）的南益；位于伊布拉欣街67号的泰昌公司；位于伊布拉欣街的荣泰公司；位于阿福街的和成公司；位于纱玉街的东川树胶公司；位于陈旭年街 10—11 号的瑞春号。①

新加坡马来人文化研究者杨贵谊，原籍福建福清，1966—1999 年在新加坡树胶公会担任执行秘书。他指出，新加坡树胶公会的理事大部分是闽南人，小部分潮州人，其他方言群很少。他说，1959 年新加坡自治前后，新加坡的橡胶业就逐渐没落了。②

上述可见，新加坡和西马的橡胶业大型种植家和橡胶制造业者主要是闽南人（同安人、南安人和永春人），福州人从事橡胶种植者也不少，但其规模和影响没法和闽南人相媲美。至于橡胶收购的商号，也是以闽南人为多。

从 20 世纪 50 年代末到 20 世纪 70 年代初，外国种植园园主撤出大约 146000 公顷的橡胶园并离开马来西亚，一些具有商业头脑的小规模业者乃趁机收购这些种植园，然后再分割成小块转授予小园主。出生于槟城、祖籍福建古田县大桥镇梅坪畲族村的雷贤雄（1937—）正是这样的收购者，他从收购和分割买卖中赚取了大量的财富。但是，截至 1973 年，52% 的种植园仍属外国人所有。③

五　橡胶出口贸易通常被认为是沙巴州闽南人主要从事的一项生意

在东马的沙巴州，闽南人通常被认为从事杂货业和橡胶出口贸易生意。闽南人在早期（in the early days）就主导当地橡胶贸易，和新加坡橡胶进出口代理商由闽南人主导有关系。④ 祖籍龙岩，出生于沙巴州亚庇的许秋木（1923—2004），童年在亚庇受教育，20 世纪 30 年代同弟弟移居保佛，在乡村创立金兴杂货店，经营糖、油、盐、米、咸鱼等货物的零

---

① 白伟权：《柔佛新山华人社会的变迁与整合：1885—1942》，新纪元学院 2015 年版，第 239—240 页。
② 《头路——新加坡福建人的行业》编委会：《头路——新加坡福建人的行业》，新加坡福建会馆 2008 年版，第 133 页。
③ 甄义华：《华人经济活动与马来西亚国族建构进程》，载文平强主编《马来西亚华人与国族建构》，马来西亚华社研究中心 2009 年版，第 247—248 页。
④ Han Sin Fong, *The Chinese in Sabah East Malaysia*, Taibei: The Chinese Association for Folklore, 1975, p. 109.

售。许氏为人和善，讲诚信，乐于助人，甚得乡村土著的爱戴，他们乐于向许氏购物。在许氏兄弟的努力下，杂货店生意兴隆。出生于福建安溪的周玉明，1948年迁移沙巴州，初到沙巴时在商店当店员，1958年前往吧吧创设明发号，开始时先经营食品杂货，后来转售洋货，经营得法，业务蒸蒸日上。① 二战结束后，许氏把生意扩大到保佛市区，除从事杂货生意外，也经营收购橡胶，运送到亚庇出口到新加坡，其橡胶收购生意不断发展，他由此成为保佛数一数二的橡胶商。许氏亦投资于橡胶种植业。20世纪50年代朝鲜战争爆发，橡胶的需求量大增，其价格大涨，许氏经营的橡胶事业获利甚丰。② 1970年的保佛（Beaufort）华人社会，橡胶出口商，有3人，均为闽南人。③ 可见1970年时闽南人独占当地橡胶进出口生意。

六　橡胶出口是二战结束后初期闽南人在砂拉越州从事的一项主要职业

在东马的砂拉越州，祖籍福建金门的黄庆昌1890年生于古晋，童年回家乡受教育，1905年小学毕业后重返古晋，就读于圣托马斯英文中学，毕业后在英资商行任职，后转入王长水的公司，与王长水的女儿结婚。在王长水的资助下，他创立黄庆昌公司，经营橡胶、甘密、胡椒等土产贸易。1920年创立联昌银行，1935年与亲友合作在新加坡创立大华银行，并出任董事长。④

二战后初期，闽南人在一段时期内仍然是砂拉越华人社会经济上最强势的方言群，其中橡胶出口商是这时期闽南人从事的一项主要职业。据人类学家田汝康于1948—1949年对古晋华人商店拥有权以及古晋方言群所从事行业的调查：在古晋的663间华人店铺中，闽南人占据了古晋20名

---

① 吴则荣等编：《沙巴州暨纳闽直辖区福建社团与乡贤录》，沙巴福建社团联合会2008年版，第137页。

② 吴则荣等编：《沙巴州暨纳闽直辖区福建社团与乡贤录》，沙巴福建社团联合会2008年版，第168页。

③ Han Sin Fong, *The Chinese in Sabah East Malaysia*, Taibei: The Chinese Association for Folklore, 1975, p. 107.

④ 李龙：《砂拉越闽籍华人社会结构的变迁（1900—1977）》，硕士学位论文，厦门大学，2017年，第22—23页。

大橡胶出口商中的 11 人，另有 8 名潮州人和 1 名客家人。在砂拉越第三省，26 名华人橡胶大出口商中，闽南人占了华人橡胶出口商总人数的 46%，同样处于优势地位。① 但若是以砂拉越第三省二级、三级橡胶经销商而言，则是福州人占优势。田汝康于 1948—1949 年的调查显示，在砂拉越第三省，730 名三级橡胶经销商（third rank dealers）中福州人占 85%，162 名二级橡胶经销商（second rank dealers）中福州人占 57%。②

至于砂拉越的橡胶种植，闽南人不占优势，它在砂拉越福州人的经济生活中占有重要地位。1950 年爆发的朝鲜战争刺激了橡胶价格的上涨。福州人为了寻求新的土地发展机会，以诗巫为中心，向砂拉越境内的各个市镇扩展，将他们的种植业拓展到砂拉越特别是第三省的每一个角落。在加拿逸，1951 年约有 1300 名福州人，拥有胶园近二千余英亩；③ 在民都鲁的实巴荷垦殖场有近千人，胶园计有 1500 余亩。④ 作为仅次于诗巫的福州人第二和第三大聚居地的民那丹和泗里街，其橡胶种植业之发达更是不言而喻。但是，随着朝鲜战争的结束，橡胶的价格出现了回落，加上技术的落后，砂拉越的橡胶种植出现了危机。为了振兴橡胶业，政府于 1955 年提出"津贴橡胶翻种计划"，以现金和实物的方式补贴获得批准的申请人。⑤ 这一政策促进了橡胶种植的发展。到 1957 年，实巴荷一带森林区，大部分已被开辟为新橡胶种植园，获得政府批准的已达 3000 余英亩，其中 2000 多英亩已经种上新苗。⑥ 经济的回落和人口的增加，更加推动了福州人走出诗巫。⑦ 最终，有 30 个福州人家庭从泗里街前往林梦，并获得了

---

① Ju-kang Tien, *The Chinese of Sarawak: A Study of Social Structure*, New York: AMS Press, 1980, pp. 46, 48 - 50, 56, 58, 69.

② Ju-kang Tien, *The Chinese of Sarawak: A Study of Social Structure*, New York: AMS Press, 1980, p. 50.

③ ［马］陈立训等编：《诗巫福州垦场五十周年纪念刊 1901—1950》，诗巫福州公会 1951 年版，第 92 页。

④ ［马］陈立训等编：《诗巫福州垦场五十周年纪念刊 1901—1950》，诗巫福州公会 1951 年版，第 95 页。

⑤ 《政府津贴树胶翻种计划》，（马）《大同日报》1955 年 11 月 7 日第 4 版。

⑥ 《华族劳动者又一贡献，民都鲁上游实巴荷拓殖新胶园三千亩，全接种高产量树胶苗》，（马）《大同日报》1957 年 2 月 18 日第 4 版。

⑦ 《福州公会当局吁促会员响应移垦林梦运动，另辟第二福州垦场，并盼本月前往报名》，（马）《大同日报》1957 年 2 月 9 日第 4 版。

500英亩的土地种植树胶。①

至20世纪60年代初，橡胶种植仍然在福州人的经济生活中占有重要地位。据香港知名报人罗吟圃于1962年在砂拉越的调查，民那丹（Binatang）区的福州人拥有15000英亩的胶园，其中只有三位橡胶园园主拥有100英亩以上的土地，其余多半是10英亩左右的小型橡胶园。②按当时福州人口超过10000人算，粗略计算可得出该地应有1500名小胶园主。罗氏的调查也显示，同时期其他地区的福州人从事橡胶种植者也不少。据介绍：在泗里街，福州人已接近10000人，占该区华人人口的三分之二左右，其中有3500福州人为橡胶或胡椒园主，合计拥有10000英亩的胶园；在加帛（Kapit）及邻近地区福州人达2000名，拥有1300英亩橡胶种植园，而1950年此地只有500名福州人，拥有225英亩胶园；在民都鲁区，估计约有福州人1400名，他们拥有8000英亩胶园，其中7000英亩"新近种植有高产量橡胶树"。③橡胶业的发展使福州人得以在砂拉越立足。④

从从业人数来讲，在1970年，从事橡胶业的闽南人人数（219人）远远比客家人（2396人）、福州人（1107人）少，在华人各方言群中，占第三位。详见表4。

表4　　　　　1970年砂拉越华人方言群职业分类情况　　　　（单位：人）

	广府人	福州人	客家人	兴化人	闽南人	海南人	潮州人
农业	429	990	10633	77	748	152	732
林业/伐木	110	919	371	98	232	30	72
渔业	16	49	77	299	118	13	57
橡胶	160	1107	2396	32	219	37	146

---

① 罗吟圃：《砂拉越福州人报告》，陈琮渊译，见陈琮渊《文学历史与经济：砂拉越华族社会发展探思》，砂拉越华族文化协会2010年版，第166页。
② 罗吟圃：《砂拉越福州人报告》，陈琮渊译，见陈琮渊《文学历史与经济：砂拉越华族社会发展探思》，砂拉越华族文化协会2010年版，第164页。
③ 罗吟圃：《砂拉越福州人报告》，陈琮渊译，见陈琮渊《文学历史与经济：砂拉越华族社会发展探思》，砂拉越华族文化协会2010年版，第164—165页。
④ 李龙：《砂拉越闽籍华人社会结构的变迁（1900—1977）》，硕士学位论文，厦门大学，2017年，第64页。

续表

	广府人	福州人	客家人	兴化人	闽南人	海南人	潮州人
椰子	14	7	947	1	21	7	60
金属采矿	3	2	172	—	5	3	3
采石	4	23	108	3	13	2	3
食品制造	57	221	170	40	260	59	127
饮料制造	11	50	48	7	50	28	37
服装鞋子制造	159	94	470	17	100	18	108
藤木具制造	101	1837	419	110	250	24	130
家具制造	73	130	203	2	44	5	31
印刷出版	41	175	105	12	75	24	71
金属产品制造	33	67	177	23	50	9	39
机械制造	45	78	90	19	41	19	16
运输器材制造	117	160	343	153	131	41	74
普通承包商	145	700	995	40	492	53	249
专业承包商	50	136	290	7	91	35	96
电器/瓦斯	31	55	107	4	71	23	37
水/卫生设施	8	33	46	1	34	5	16
批发商	96	391	286	51	365	44	208
零售商	535	2194	3070	426	2118	320	2753
银行	58	136	83	12	143	15	65
运输	104	656	895	271	759	71	448
公共职务	270	499	1061	69	847	133	521
社群服务（包含医药）	376	1216	1218	146	805	141	492
商业服务（包括法律）	70	191	233	27	212	44	144
娱乐服务	43	75	86	11	125	21	61
个人服务（包括餐馆及酒店）	330	1173	1380	128	580	590	519

资料来源：Michael Leigh 著，黄孟祚译：《新经济政策推行之前砂拉越福州人商业力量的扩展》，蔡增聪主编：《砂拉越华人研究译文集》，砂拉越华族文化协会 2003 年版，第 103—116 页。转引自李龙《砂拉越闽籍华人社会结构的变迁（1900—1977）》，硕士学位论文，厦门大学，2017 年，第 59 页。

结　语

　　橡胶，乃继锡矿之后英属马来亚经济的又一个支柱。在 20 世纪初期至 20 世纪 70 年代的新马，橡胶种植及其加工贸易业主要为闽南人。马来亚第一位橡胶种植人即是祖籍福建海澄的海峡华人陈齐贤（1871—1916）。20 世纪初期，橡胶供不应求，华人与欧人资本纷纷购地栽种。新马的闽南籍华人也不甘落后。陈嘉庚的谦益公司是一个庞大的机构，对形成闽南人垄断橡胶这一行业有很大的影响。由于闽南人从事橡胶业和有关的行业的人数逐渐增加，闽南话也就成为新马橡胶行业的共同语言。20 世纪二三十年代，橡胶业是当时闽南籍新马华人在经济上支援厦门大学的主要经济来源。在新加坡，自 1937 年起，新加坡树胶公会的业务与领导，完全操纵在其前雇员陈六使、陈文确及李光前手中。新加坡橡胶业向来是闽南人的天下，因而新加坡树胶公会成为闽南人掌控的一个商会，这个特色一致保持到当今。在近现代的西马，从事橡胶业的永春人不少。按籍贯来说，永春人是西马华人橡胶业产业链的控制者。新加坡和西马的橡胶业大型种植家和橡胶制造业者主要是闽南人（同安人、南安人和永春人）。在东马的沙巴州，闽南人通常被认为是从事杂货业和橡胶出口贸易生意。闽南人在 20 世纪二三十年代就主导当地橡胶贸易，和新加坡橡胶进出口代理商由闽南人主导有关。二战结束后初期，闽南人在一段时期内仍然是砂拉越华人社会经济上最强势的方言群，其中橡胶出口商是这时期闽南人从事的一项主要职业。

中外关系·当代视野

中华文化国际传播的
历史经验与当代价值

武 斌

（北京外国语大学）

在世界文化史上，中华文化占有很显著、很重要的地位，并且在很长的时期内居于领先水平，是世界文化史上的一座巍峨壮观、风光无限的高峰。中华文化在世界文化史上的显著位置，首先在于中华文化内在的创造动力和丰富的内涵，以及在各个领域中所取得的辉煌成就。但是，仅仅如此还是不够的。一种民族文化，无论它曾经多么的丰富、多么的先进、多么的伟大、多么的辉煌，如果把自己封闭起来，完全与外部世界相隔绝，不与其他民族文化沟通交流，不仅使自己的发展失去刺激的动力，难以保持自我更新、自我发展的生命力，也不可能获得世界性的文化价值和文化意义。如果中华文化不与其他民族文化进行广泛和持久的交流，把自己的文化成果传播出去，如果不自觉地走进世界文化的总体格局中，所谓在世界文化格局中的位置也就无从谈起。因此，中华文化在世界文化史上的显著的地位，更在于中华文化的开放性，在于多方位的中外文化交流，在于中华文化在国际上广泛而持久的传播和所发生的重大影响。

中华文化向海外传播，是非常之广泛的。所谓"广泛"，其含义有二：一是指传播的内容之广泛，举中华民族的伟大文化创造，如物质产品、科学技术、典章制度、文学艺术、宗教风俗、学术思想等等，都曾在海外传播、流传和发生影响；二是指传播的范围之广泛，近则泽被四邻，如朝鲜、日本和越南，世受华风濡染而成为中华文化圈的成员，远则经中亚、西亚而传至欧洲，或越大洋而传至非洲和美洲，在那些遥远的地方引起一阵阵文化激动。

历史上中华文化向海外的传播，内容非常广泛，影响十分深远，意义特别重大。中华文化以自己的光辉辐射四方，通过种种直接的和间接的途径，广泛传播于世界各地，使中华民族的文化创造变为全人类的共同财富，促进了世界各民族文化的进步和繁荣。

中华文化自从其初创期开始，就具有开放包容、积极开拓的品格，在自身成长的同时也不断地向周边地区扩展，与其他民族文化接触、交流和融合。早期如神农、尧、舜南抚交趾、箕子走之朝鲜、周穆王西狩以及后来徐福东渡等等故事，说明那时已有中国人把初创期的中国文化向域外传播出去。随着中华文化自身的发展、成长和成熟，随着交通的发达、对外交往的扩大，中华文化向海外传播的内容更为丰富了，传播的范围更加广远了，它所发生的影响也就越来越大了。中华文化向海外传播的历史不仅极为悠久，而且源远流长，如滔滔江河，奔腾不息，数千年没有中断，并且传播的范围日益广泛，内容日益丰富，影响日益扩大。中华文化向海外传播的历史是与中华文化的发展史同步的，中华文化贡献于人类文明也发展着自己的历史。

汉帝国疆域广大，中华文化的基本形式和格局已渐成熟，工艺学术全面繁荣，出现了中华文化发展的第一个鼎盛时期，处处体现着宏阔包容的气度和开拓进取的精神。在这一时代，中华文化从东、南、西三个方面与外部世界展开了多方位、多层次的广泛交流，播撒自己的辉煌于广大的地域，初步确立了在世界文化总体格局中举足轻重的地位。在这个时代开辟的丝绸之路，从汉至明历1500余年，一直承担着中国与欧亚国家政治、经济、文化联系的重要职能。以丝绸为代表的丰饶的中华物产，中国先进的科技发明、发达的生产技术，以及艺术民俗等等沿着这条大道不断地传到了中亚、西亚乃至更远的欧洲。

唐代是我国古代封建社会最强盛、最发达的时代之一，中华文化也达到了一个兴隆昌盛、腾达壮丽的高峰。正是在这一时期，中国与世界各国进行着极为广泛和多方面的文化交流，长安成为一个世界性大都市和中外文化交汇融合的中心。博大精深的盛唐文化深刻地影响和改变了东亚世界的文化面貌，形成了"中华文化圈"的东亚文化秩序。元帝国时代，横跨亚欧的帝国版图以及驿站制度的完善，更使东西方的交通畅通无阻。在这样开放的国际环境下，东西方的交往空前频繁，使节的往来、命令的传递、商队的贸易、大规模的移民，络绎不绝，相望于道，形成了文化大交流、大融合的广阔壮观景象。中国的许多重大发明,如火药和火器技术、雕版印刷术和指南针等等,都是在这一时期大规模西传的。

　　明清之际来华的基督教传教士充当了文化传播的主要角色。他们把许多中国学术典籍翻译介绍给欧洲,并通过撰写专著和大批的书信,介绍中国的历史、地理、政治制度、社会生活、民间风俗、文学艺术,在欧洲思想界引起强烈反响,对正在兴起的启蒙运动产生了重大影响。比如伏尔泰、狄德罗、莱布尼兹等等欧洲的大思想家,都对中华文化表示出热烈的赞许和倾慕之情。在他们的心目中,"中国"成为一个令他们向往的"乌托邦",用来对照批判当时欧洲各国的封建专制制度。与此同时,中国的瓷器、漆器等等日常生活用品大量销往欧洲,在欧洲各国刮起了持续一个多世纪的"中国风",在一定程度上影响甚至改变了人们的日常生活方式和艺术风格。这是一个中华文化广泛西传并在近代欧洲社会的发展中留下相当有意义的影响的时期。

　　中华文化能够在世界各地广泛而持久地传播,并对世界文化的发展发挥重大作用和影响,首先的原因在于中华文化的丰富性。中华民族以其勤劳和智慧,不断地创造和发展,使中华文化的历史高潮迭起,辉煌灿烂,长期居于世界领先地位。中华文化以其历史悠久,更主要地是以其丰富性和博大恢宏,在世界文化史上获得了持久的魅力。

　　中华民族贡献给人类的智慧,突出表现在丰饶的物产方面。海外各民族首先是通过那些体现着中华民族智慧结晶的物质产品来知道和认识中国文化的。说到中国古代的产品,首先要提到的就是丝绸、瓷器和茶叶三大物产。这三大物产广泛传播于世界各地,极大地影响和改变了人们的生活方式。中国古代的科学技术一直走在世界的前列,如天文、地学、数学、生物学、化学、医药学、冶金技术、建筑技术等等,这些领域的成果都曾陆续传播到海外。"四大发明"是中华民族奉献给世界并改变了整个人类历史进程的伟大科技成果,其意义远远超出其自身的技术领域,对文化的传承、人类征服世界能力的提高,对世界历史的演变,都具有特别重要的作用和巨大的影响。古代中国人不仅创造了发达的物质文化和科技文化,而且在哲学、艺术、政治文化等很多领域,都取得了辉煌的成就,并且和科技物质文化一样,在很长的一个历史时期中处于世界的先进水平,在向海外传播的过程中给其他民族的文化带去中国的智慧。在漫长的历史进程中，几乎中华民族创造的所有文化成就，从物质到精神，从生产到生活，从政治到艺术，从宗教到民俗，等等等等，都或多或少、或远或近，传播到海外，对世界各民族文化发生了多种多样的影响。

一个国家的文化对世界产生影响，在很大程度上取决于一个国家的综合国力。中华文化在海外的传播，是一个没有间断过的历史过程。在中国历史发展的各个阶段上，都有不同的文化内容、文化形式以不同的方式传播到域外的不同民族和地区。但是，这个过程并不是始终如一的，而是呈现出波浪式曲线的过程。其中最耀眼的是几次大的传播高潮。这几次文化传播高潮的出现，各有其原因和特点，但共同的方面就是，这四次高潮都出现在中国国力强盛、疆域广大、威力远被、和平发展的时期，汉、唐形成了中国历史上强盛的大帝国，蒙元更是一个世界性的大帝国，欧亚大陆交通大开，而至明清之际，特别是康乾盛世，更达到中国封建社会发展的最后高峰。一方面，国力的强盛带动了整个社会文化各个领域的创新和进步，出现了文化上的大繁荣、大发展，因而有更先进、更新鲜的文化内容和文化形式传播到海外，所以这几次传播的高潮也都是中华文化发展的高峰时期；另一方面，综合国力强盛的国家在世界上会有更大的影响力，更引起人们的兴趣和关注，并且希望了解这种强盛发达的原因，产生学习吸取的愿望，主动地来学习先进文化。

中华文化在国际上的广泛传播和影响，还在于中华文化的开放性。开放性是中华文化的一个显著特征。有人批评中华文化封闭、保守，这是片面的，不对的。如果说清朝曾有过闭关锁国而使中华文化发展的这一阶段呈封闭、保守性特征还可以。纵观几千年中华文化发展的总趋势，则开放是主流，是本质性的特征。开放性使中华文化保持了一种健全的文化交流的态势、文化传播和文化输入机制，而这正是中华文化具有强大生命力的原因之所在。我们的先人在很早的时候便致力于走向世界，徐福、张骞、玄奘、鉴真、郑和、朱舜水、陈元赟等等，代不乏人。他们不避艰难险阻，越关山、渡重洋，与各国各族人民建立起政治的、经济的、文化上的联系，搭起友谊的桥梁，把中国的文化珍品、文化理念、文化信息传播于世界各地。这是一种宏阔的胸怀和气度。中国人把这种大规模的文化输出引为文化的和民族的自豪，并自觉地视为自己的文化责任。另一方面，正是由于中华文化的开放性，在大规模文化输出的同时也广泛地吸收、接受、融合域外文化，使自身不断丰富起来，更使中华文化博大精深。也由于中华文化的这种积极的输出和吸纳运动，使自己获得了强大的生命力，即便是在近代西方文化大规模的和强有力的冲击的时候，中华文化也能通过自身的重整而使自己走向现代化。

中华文化能够在很长的时间内持续地向海外传播并发生重大影响，主要原因还在于它的先进性。在世界文化的整体格局中，中华文化曾经在很长一段时间里居于领先地位，而且，中华文化的先进性不仅仅是某个领域、某个方面居于世界之先，而且是整体性地领先于世界。当欧洲还处于中世纪的"黑暗时代"，中国已经创造了世界性的文化大都市长安，宋代的开封、杭州也是百万人口的大城市。中国人创造的器物文化，如丝绸、瓷器、"四大发明"以及其他科学技术、文学艺术以及典章制度等等，一旦传播到海外，便受到高度的重视和热烈的欢迎，其原因，不仅是新鲜，而且是先进，给那里人民的生产生活提供了许多方便，并且对那里文化的发展起到了借鉴、刺激、激励和开发的作用。换句话说，能够大规模传播到海外并且发生重要影响的是先进的文化形态，而不是简单的文化符号或异国情调式的调剂和消遣。

文化传播是通过多种形式实现的。有的文化要素是直接传播过去的；有的只是传播某文化要素的一些信息，从而使接受者受到启发；有的是扩大式传播，一种文化在起点上所起的作用可能是微小的，而在接受地却会产生意想不到的重要作用；还有一种潜伏式传播，某一文化要素传播过去了，当时可能默默无闻，而在以后某个时候却突然发挥了很大的作用。总之，文化传播是一个过程，文化传播的过程实际上常常表现为一种复杂的多层次的结构模式，表现为一种持续运动着的各个部分相互作用的模式。各层面文化要素的传播并不是平行推进的，不是平衡发展的。比较而言，物质文化、技术文化的传播更容易一些，传播的范围更广泛一些。中华文化向海外最先传播和输出的往往是中国的物产和技术发明。相比之下，艺术文化、制度文化的传播要缓慢一些，传播的力度也相对弱一些；而作为文化核心内容的价值观和意义体系，其传播和影响所受到的限制就更多一些。但是，物质文化、技术文化的传播，其意义不仅仅局限于物质的和技术的领域，它们还可能影响人们的精神世界和生活方式，甚至产生意料之外的效果。因为这些物产和技术发明，还体现了创造者、发明者的精神理念、审美趣味和价值追求，体现了他们作为某一文化共同体成员所接受的文化传统的涵化和教育。而物质文化和技术文化的输出，间接地传达了这种物质产品所包含的精神内容和文化内涵，因而也就使其成为文化整体的代表而传播和发生影响。

中华文化的国际传播，对于世界文明的发展具有重大的意义。中华文化向海外传播的历史，也就是中国人、中华文化走向世界的历史，是参与世界文化总体对话的历史。中华民族的文化创造，是自身文明的丰富和发展，也是对世界文明的贡献。中华文化努力向海外开拓和传播，便是在不断地追求走向世界、追求获得自己的普遍性和世界性。因此，从历史上看，中华文化是世界文化格局中很重要的一部分，是世界文化总体对话中很重要的一极。由于中华文化的参与，世界文化格局才显得如此丰富多彩、辉煌壮观、万千气象；世界文化的总体对话才显得如此生动活泼、生机盎然、妙趣横生。中华文化在走向世界、参与世界文化总体对话的过程中，也使自己获得了世界性的文化价值和文化意义。

现代世界是一个开放的世界。发达的交通工具，先进的通信手段，密切的国际关系，频繁的人员往来，已经使整个世界的空间距离大大缩小，使各民族文化之间的联系更为紧密。文化交流和传播也出现了前所未有的活跃局面和广阔态势。在现代世界的总体文化格局中，在具有健全机制和健康态势的现代中外文化交流中，中华文化在吸收外国先进文化的同时，也重现丰采，以更宽阔的渠道、更丰富的内容、更广大的范围继续广泛传播于世界各地，在现代世界文化的总体对话中，在现代世界文化的繁荣和发展中做出贡献。而在全球化和科技革命的新的历史条件下，世界文明的发展更需要在中国文明基础上孕育的东方智慧。

为现代世界文化的繁荣和发展做出贡献，是现代中国人的文化责任。充分总结中华文化国际传播的历史经验，认识中华文化走向世界的历史过程，会使我们更深入地认识和了解我们的文化传统，更有利于我们进行文化建设的自觉意识和自信心。

要实现我们的文化责任，首先要确立我们的世界文化意识。鲁迅先生说："国民精神之发扬，与世界识见之广博有所属。"所谓"世界识见"，就是一种世界的眼光，世界的意识，世界的胸怀。这种"世界识见"的养成，与所处的生活时代有关，与生产方式、生活空间、交往条件相关，也与自己的文化自信、文化自觉和文化精神相关。可以肯定地说，我们今天的"世界识见"是远远超过我们的前辈先人的。在古代漫长的历史时代，我们的中华民族的前辈先人，创造了极为丰富多彩、灿烂辉煌的中华文化，在古代世界文化的发展中矗立起一座座雄伟的高峰。那么，在今天，我们也一定会做出无愧于我们先人的贡献。

所以，我们去追寻我们前辈先人走向世界的历史踪迹，去追寻中华文化在海外传播的历史踪迹，就是要从我们前辈先人对于世界文化的伟大贡献中，吸取激励我们进行现代文化创造的精神、智慧和力量。

世界历史上的王朝国家

赵现海

(中国社会科学院古代史研究所)

一 "王朝国家"概念的提出

在人类历史上,单一民族建立的,以民族主义凝聚人心、实现社会整合的"民族国家",并非普遍,更非唯一的国家形态,而是在西方近代时期,逐渐产生并扩展至全世界的现代国家形态,而在古代世界,国家形态呈现出广阔疆域、多种族群、多元文化的历史特征。这在中国古代尤其典型。

对于中国古代的国家形态,以往我国史学界多称之为"统一多民族国家"或"多民族统一国家",[①] 这种概念虽然揭示了中国古代广阔疆域、多种族群的历史特征,但古代中国并未有所谓的民族,也并非现代意义上的国家概念可以概括。西方学者普遍称古代中国为"中华帝国"。这一称谓虽然揭示出古代中国与现代民族国家不同的国家性质,但古代中国在对外政策上的"内敛"取向与其他文明的扩张取向,具有明显的区别,相应"帝国"概念对于中国古代国家形态也有所误解与误读。1957年,美国学者卡尔·魏特夫出版了《东方专制主义》一书,将中国古代的国家形态概括为"东方专制主义"。这种提法是在当时东西方冷战背景下,政治先行的产物,将中国古代制度形式概括为绝对专制主义,忽视了中国制度体系的内部平衡与社会流动。

事实上,包括古代中国在内的古代世界,普遍流行的国家形态是"王

---

① 谢维扬:《中国早期国家》,浙江人民出版社1995年版,第515—523页。

朝国家"。目前所知,"王朝国家"这一概念,最早见于李鸿宾在 2004 年发表于"中外关系史百年学术回顾与展望国际学术研讨会"上的《王朝国家体系的建构与变更》一文。次年,李鸿宾又发表了《中国传统王朝国家（观念）在近代社会的变化》一文。① 在这两篇论文中,李鸿宾指出夏商周三代是分封性王朝,秦朝在继承、发展三代分封性王朝的基础之上,建立起的大一统王朝,开创了中国古代的"王朝国家"。在李鸿宾看来,"王朝国家"具有三项特征:首先,国家政权的组成是以皇帝为首、宰相为辅的核心集团,宰相是行政首脑,负责全国行政;中央、地方行政系统有效地将皇帝的指令施行全国;国家的统治思想是政权建立者的合法性与天象的合理性结合一体,以"天人合一"确立其合法地位。其次,"王朝国家"统治的群体既有政权依靠的本土部众,还有征服的部落群体,政权的基础和统辖的对象呈分明状态,即统治依托的民众与统治集团的关系更加密切和稳定,被征服的民众处在与统治民族不平等的地位。最后,"王朝国家"统辖的疆域呈现不确定性和模糊状态。当它强大到足以向外发展时,就以维护"王朝体系"的理由向外拓展;反过来,当它处在微弱状态时,就会受到其他势力的挑战。处在二者之间的地域呈现出不固定的、动态的趋势,疆域的归属在很大程度上取决于双方的政治、军事实力和战略的经营、运作。国家领土由中心区和边缘区构成,边缘区分布的大多是非汉人群体,该地区呈现变动的状态;边缘之外则是藩属,他们与王朝形成所谓"宗藩关系"或"封贡关系"。

2013 年,李鸿宾又在《唐朝胡汉关系研究中若干概（观）念问题》一文中,进一步指出"王朝国家""是由一个政治核心的统治集团依据一个特定地区作为控制的核心地区,对它所控制的地域进行治理的政权形式"。至于族群区隔与政权划分,只是"呈对等态势,但并非因果关联。事实上,倒是后者决定了前者,因为地域是为人活动提供的空间,其价值取决于活动者自身"②。

在李鸿宾看来,近代时期"王朝国家"遭遇到了西方民族国家的冲

---

① 李鸿宾:《中国传统王朝国家（观念）在近代社会的变化》,《民族史研究》第 6 辑,民族出版社 2005 年版。
② 李鸿宾:《唐朝胡汉关系研究中若干概（观）念问题》,《北方民族大学学报》（哲学社会科学版）2013 年第 1 期。

击，为了挽救国家和民族，中国被迫对"王朝国家"进行改造，最终以中华民族对应传统国家，作为解决方案。"中国的民族国家既吸收了西方的民族国家观念，也将传统王朝国家纳入到这个体系之中。其好处是，通过近代以来的民族与国家的磨合，中国比较有效地解决了近代社会摆在国人面前的难点，使国家与民族得到了新层次的认同，为中国在新世纪的发展和进步奠定了良好的基础。"① 但这一这种方案，却内在地存在张力与问题。"同时，它也具有某些弱项，特别是中华民族和单个民族之间的认同仍存有很大的空间，以致让人做出不同层次的理解，边疆地区民族的认同感疏离甚至产生脱离的观念，仍有发展的余地，这是传统王朝观念的产物。在今天国家、民族发展的新的形势之下，中国人的这种观念仍将受到西方和其他地区观念和思潮的冲击甚至挑战。中国的国家和民族之间关系的调整和梳理，仍将是我们面对的主要问题之一。"②

2016 年，徐珺玉、毕天云《王朝中国的国家本位》提出了"王朝中国"的概念，指出："王朝中国是传统中国文化语境下大共同体对政治、文化、地域等方面的认识理念，也是会通各代将传统中国历史囊入其中的国家观。王朝中国是国家本位，其内容系统地包含三个方面：政治权力上的皇权至上，家国关系上的'家天下'，民族关系上的多元统一与华夏正统。"而"王朝中国"由于以国家为本位，相应也是"王朝国家"。"王朝国家的国家本位实质上是专制主义、中央集权、绝对君权三位一体，这一框架在秦时已成雏形。"③ 在此前后，一些学者也使用了"王朝国家"这一概念，但并未加以界定与说明。④

---

① 李鸿宾：《中国传统王朝国家（观念）在近代社会的变化》，《民族史研究》第 6 辑。
② 李鸿宾：《中国传统王朝国家（观念）在近代社会的变化》，《民族史研究》第 6 辑。
③ 徐珺玉、毕天云：《王朝中国的国家本位》，《云南社会主义学院学报》2016 年第 3 期。
④ 岳小国、陈红：《王朝国家的模仿与隐喻——人类学视阈下的土司社会与国家关系研究》，《云南民族大学学报》（哲学社会科学版）2012 年第 4 期；张会龙、史世奎：《论中国王朝国家的族际政治整合》，《云南行政学院学报》2013 年第 5 期；段红云：《汉代"西夷"及其与王朝国家的关系研究》，《广西民族大学学报》（哲学社会科学版）2017 年第 3 期；鲁西奇：《汉唐时期王朝国家的海神祭祀》，《厦门大学学报》（哲学社会科学版）2017 年第 6 期；孙保全：《中国王朝国家的疆域格局与边疆形态》，《西南边疆民族研究》第 25 辑；温春来：《从王朝国家到民族国家》，载温春来《身份、国家与记忆：西南经验》，北京师范大学出版社 2018 年版；鲁西奇：《王朝国家的社会控制及其地域差异——以唐代乡里制度的实行为中心》，《陕西师范大学学报》（哲学社会科学版）2019 年第 1 期；安北江：《地缘政治与王朝秩序：8—13 世纪"天下中国观"与"国家认同"演绎》，《河北师范大学学报》（哲学社会科学版）2019 年第 4 期。

可见，关于"王朝国家"，学界已有一定界定。不过，相对于"王朝国家"在中国历史，甚至世界上所扮演的重要角色，实有可进一步挖掘的学术空间。所谓"王朝国家"，是指在近代以前产生，普遍存在、流行于不同地区的一种虽属于前近代国家形态，但当前仍在部分国家存在与发展的一种国家形态。古代时期，并未有近代始才产生的泾渭分明、观念激昂的民族观念，当时普遍流行君主国家，普遍建立起来了容纳多种族群的"王朝体系"，努力对治下不同族群实行中央集权统治，从而建立起广阔疆域、多种族群、多元文化的"王朝国家"。与民族国家以民族独立作为政治合法性，民族是政权的核心与主体，并催生出相应具有本民族特色的国家制度、文化信仰不同，"王朝国家"以王朝神圣性作为政治合法性，王朝是政权的核心与根本，并催生出整合不同族群的国家制度与文化信仰，具有较强的包容性。比如唐太宗时，有"天子以四海为家，不当以东西为限"的政治言论。① 五代后唐庄宗时，也认为"天子以四海为家，不当分其南北"②。庄宗也下诏曰："朕闻古先哲王，临御天下，上则以无偏无党为至治。"③ 辽重熙七年（1038），东京留守萧孝忠也奏言："天子以四海为家，何分彼此？"④ 金熙宗曰："四海之内，皆朕臣子，若分别待之，岂能致一。"⑤ 金皇统六年（1146），行台尚书右丞相兼判左宣徽使事刘筈曰："今天下一家，孰为南北。"⑥ 大定十七年（1177），尚书右丞唐括安礼奏对曰："圣主溥爱天下，子育万国，不宜有分别。"⑦ 大定二十四年

---

① "（唐）太宗尝言及山东、关中人，意有异同，（殿中侍御史张）行成正侍宴，跪而奏曰：'臣闻天子以四海为家，不当以东西为限；若如是，则示人以隘陋。'太宗善其言，赐名马一匹、钱十万、衣一袭。"（后晋）刘昫等：《旧唐书》卷七八《张行成传》，中华书局1976年点校本，第2703—2704页。

② "初卜山陵，帝欲祔于代州武皇陵，奏议：'天子以四海为家，不当分其南北。'乃于寿安县界别卜是陵。"（宋）薛居正等：《旧五代史》卷三三《唐书九·庄宗纪七》，中华书局1976年点校本，第458页。

③ 《旧五代史》卷三三《唐书九·庄宗纪七》，第462页。

④ （元）脱脱等：《辽史》卷八一《萧孝忠传》，点校本二十四史修订本，中华书局2016年版，第1417页。

⑤ （元）脱脱等：《金史》卷四《熙宗纪》，中华书局1975年点校本，第85页。

⑥ 《金史》卷七八《刘筈传》，第1772页。

⑦ 《金史》卷七八《唐括安礼传》，第1965页。

(1184),大理司直路伯达奏曰:"人君以四海为家,岂独旧邦是思。"① 贞祐四年(1216),监察御史陈规认为金朝实现了"天下一家",相应不同地区应打破区域藩篱,共同救济民众。"昔秦、晋为仇,一遇年饥则互输之粟。今圣主在上,一视同仁,岂可以一家之民自限南北,坐视困馁而不救哉。"② 宣宗时期,河南转运使王扩对曰:"兼制天下者以天下为度。"③

二 古代世界的王朝国家之路

在人类文明史上,虽然除了少部分一直局限于较低发展阶段的文明之外,大部分文明都曾经历过"王朝国家"的历史形态,但由于不同文明具有不同的地缘环境、历史道路与价值取向,因此"王朝国家"的具体面貌也有所不同,反过来形塑了不同文明的历史取向,构成了前近代时期世界历史的重要力量,并在近代时期呈现出不同的历史命运与内在嬗变。

欧洲的陆地面积较小,只有亚洲的四分之一,而且主要分布于东欧。但东欧由于地处内陆,降雨较少,气候干燥,交通也不如西欧便利,因此在欧洲历史的地位,便不如西欧。④ 西欧地形以丘陵、半岛、岛屿为主,而复杂的地形将周边海洋,分割为众多的海湾,其中尤以地中海规模最大。由于地形破碎的缘故,不易形成统一局面,虽然曾经短暂地建立起来统一的、疆域庞大的罗马帝国,呈现出"王朝国家"的制度形态,但却很快就分崩离析,分化为异民族统治的众多小国,长期延续了封建割据的分

---

① 《金史》卷九六《路伯达传》,第 2138 页。
② 《金史》卷一〇九《陈规传》,第 2402—2403 页。
③ 《金史》卷一一八《苗道润传》,第 2571 页。
④ "事实上,欧洲半岛根本不是一个'大陆':不是独立构成的大片陆地。其大约 1000 万平方公里(360 万平方英里)的土地面积还不足亚洲面积的四分之一,也不足南北美洲各自面积的一半。近代地理学家把它像印度一样,划分为欧亚板块的次大陆:'旧大陆之角,亚洲的西部之尾。'"[英]诺曼·戴维斯:《欧洲史》,郭方、刘北成等译,世界知识出版社 2007 年版,第 69 页。

裂状态。① 可见，相对而言，西欧是"王朝国家"实行时间最短、最不典型的区域。西欧之所以能率先建立起民族国家，并借此实现民族整合与社会动员，极大地推动世界近代历史的进程，根源便在于此。但即使凭借民族国家实现崛起的西欧国家，也在兴盛时期，竭力通过全球扩张，建立疆域辽阔的"王朝国家"，其中最具代表性者无疑是英国所谓的"日不落帝国"，从而形成以宗主国的现代民族国家为核心、以殖民地国家为附属的"复合国家"。虽然近代欧洲国家建立起来的"王朝国家"，同样呈现出内外分层的"差序疆域"，但在强烈的扩张心理推动下，在近代军事技术与交通条件支持下，对于遥远的殖民地国家，控制得颇为牢固。但"二战"以后，伴随西欧国家实力的下降与殖民地独立意识的觉醒，近代欧洲"王朝国家"遭到最终的瓦解，西欧国家再次回归到较为纯粹的现代民族国家。

　　阿拉伯文明产生于生存环境更为恶劣的阿拉伯半岛。阿拉伯半岛有广袤无垠的沙漠，伊斯兰教圣地麦加、麦地那位于今沙特阿拉伯，沙特阿拉伯语义便是"幸福的沙漠"。在这贫瘠得令人绝望的地方，信仰成为人们忘怀痛苦，生存下去的精神支柱，宗教于是在这里找到了最好的温床，一神论的基督教、伊斯兰教皆发源于此，二者甚至分享着不少共同的价

---

① 对此，美国学者肯尼迪有简要的论述。"当你观看 16 世纪世界'实力中心'的地图时，欧洲有一个特征会立刻引起注意，这就是政治上的分裂。这并不是像中国在一个帝国崩溃之后和在其后继王朝得以重新收紧中央集权政权的绳索以前的一个短时期内出现的偶发或短命的事态。欧洲在政治上总是四分五裂，尽管罗马帝国做过最大的努力，他们的征服也未超过莱茵河和多瑙河以北多少；在罗马陷落后的 1000 年里，主要政治权力单位同基督教信仰和文化的稳步扩张比较起来，都是既小而又局限在个别地方。像西方查理大帝时期或东方基辅罗斯时期那样政权的偶然集中，只是暂时的事情，会因统治者的更换，国内起义或外部入侵而随即结束。欧洲政治上的这种多样性主要是它的地理状况造成的。这里没有骑兵帝国可以把它的快速动力强加其上的大平原；这里也没有像恒河、你螺丝、底格里斯河和幼发拉底河、黄河和长江周围那样广阔而肥沃的流域可以为勤劳而易于征服的农民群众提供粮食。欧洲的地形更为支离破碎，众多的山脉和大森林把分散在各地的人口中心隔离开来；欧洲的气候从北到南和从西到东有很大变化，这导致很多重要后果。首先，它使统一控制变得很困难，甚至强有力的、坚决果断的军阀也难以做到，这就减少了大陆遭受像蒙古游牧部落那样的外部势力蹂躏的可能性。相反，这种多样化的地形促进了分散政权的发展和继续存在，地区王国、边境贵族领地、高地氏族和低地城镇联盟构成了欧洲的政治地图，罗马陷落后人和时期绘制的地图，看起来都像一块用杂色布片补缀起来的被单，这块被单的图案每个世纪都可能不同，但从来没有一种单一的颜色可以用来标明一个统一的帝国。"［美］保罗·肯尼迪：《大国的兴衰：1500—2000 年的经济变迁与军事冲突》，陈景彪等译，国际文化出版公司 2006 年版，第 16 页。

值取向。① 由于农业经济同样先天不足，阿拉伯文明为拓展生存空间、获取生存资源，一方面通过开展商业贸易，从海外获取经济财富；另一方面，同样主张一神论的伊斯兰教，起源于好战的贝都因部落，先知穆罕默德是一位具有顽强意志的军人，伊斯兰教是在对异教徒不断的战争中形成、发展、壮大起来，《古兰经》许多教义也是在战争中形成与写作的。因此，自公元 6 世纪以来，阿拉伯国家便不断向四面扩张。② 在历史上，曾经兴起过众多的阿拉伯帝国，"王朝国家"具有悠久的历史。但阿拉伯文明的"王朝国家"，呈现出宗教色彩十分明显的历史特征，所统辖部分以伊斯兰的信徒的身份，而非不同民族的身份，共同组成庞大的帝国。③ 这一方面有助于形成强大的凝聚力，但另一方面却产生了两种负面后果：一是围绕政治利益的争夺与宗教经典的解读，形成了不同教派的长期分裂与相互竞争；二是宗教在政权中拥有过重的分量，影响了政权的世俗化、制度化建设，导致关系王朝稳定最为核心与根本的问题——继承人选拔制度，一直处于一种混乱状态。两种负面后果共同促使阿拉伯文明的"王朝国家"，长期性、结构性地处于不断分裂与内战的混乱局面之中，影响了"王朝国家"的内部建设与对外开拓。但无论如何，民族主义对于阿拉伯

---

① "伊斯兰教和基督教两种宗教汲取着共同的文化素材，二者都是在地中海和与其毗邻的众大陆（延伸至欧洲、非洲和西南亚）的交会点形成的。诸多冲突是充分真实的，但它们之间除了分歧之外也有着更多的相似点，譬如种种重合的观念与资源以及领土方面的雄心。……麦加既是一个商业网的交点又是宗教崇拜的一个中心。实际上该地区多神信仰的社群对于犹太教和基督教很熟悉，并且某些社群将亚伯拉罕（即阿拉伯语中的'易卜拉欣'）、摩西（穆萨）以及耶稣（尔萨）作为他们自己的先知。"［美］简·伯班克、［美］弗雷德里克·库珀：《世界帝国史：权力与差异政治》，柴彬译，商务印书馆 2017 年版，第 64—65 页。

② 简·伯班克、弗雷德里克·库珀又指出："穆罕默德的宗教共同体得以广为扩展，同时认为哈里发国家是一种特殊伊斯兰式帝国的思想（以及对其的反对之声），鼓舞了倭马亚王朝、阿拔斯王朝、法蒂玛王朝及其他的王朝，它们将穆斯林的领土从阿拉伯半岛、叙利亚以及伊朗的腹地穿越北非和西班牙，扩张至中亚和印度。"《世界帝国史：权力与差异政治》，第 73 页。

③ 比如奥斯曼帝国便是如此。"而在根本上，奥斯曼帝国是一个伊斯兰国家。奥斯曼帝国的基础并非某一种民族特征，而是穆斯林之间的手足之情以及他们对共同的宗教体系的崇敬之情。"［英］帕特里克·贝尔福：《奥斯曼帝国六百年：土耳其帝国的兴衰》，栾力夫译，中信出版社 2018 年版，第 753—754 页。但有的阿拉伯帝国也具有较强的宗教宽容性，所辖民众以帝国臣民的身份，而非不同民族的身份，共同结成一个群体。"奥斯曼家族统治的国家并非一个民族国家，而是一个皇室统治下的多民族的帝国。不论国民是土耳其人还是来自其他民族，是穆斯林、基督徒或是犹太人，他们最重要的身份都是奥斯曼人，是一个超出了民族、宗教和种族观念的单一政治体的成员。"《奥斯曼帝国六百年：土耳其帝国的兴衰》，第 755 页。

帝国是一个并不存在的事物。① 近代时期，阿拉伯文明成为欧洲文明东进之路上的首当其冲者，由于这一地缘特征以及二者历史上长期的宗教战争，长期雄踞亚欧的奥斯曼帝国成为基督教国家重点进击的对象，后者历经磨难，最终在第一次世界大战后，被基督教国家按照民族国家的原则，分化瓦解为多个小型的民族国家。

俄罗斯是近代几大文明体系中，核心地带唯一处于内陆亚洲者，由于气候寒冷、降雨量少，以草原、森林为主要地貌的俄罗斯文明，虽然以农业为主，但生产率却得不到保障。罗马帝国瓦解之后，斯拉夫民族开始进入俄罗斯草原，将原始的部落形态带到了这里，该区域从而长期呈现众多的罗斯小公国割据并存的地缘格局。钦察汗国（金帐汗国）的到来，彻底改变了这一历史局面。蒙古人的军事征服，不仅首次结束了罗斯诸公国分立局面，而且给当地政治带来了威权制度。可见，俄罗斯草原上的"王朝国家"形态，最初完全是移植而来，而且出现很晚。14世纪，伴随金帐汗国的逐渐衰落，莫斯科公国在继承蒙古广阔疆域视野与政治威权制度的同时，在广阔而平坦的俄罗斯平原上，疯狂地从一个小公国，通过扩张、兼并，迅速崛起，不仅最终取代了金帐汗国的统治，而且将势力在整个欧亚内陆扩张开来，形成了崭新的俄罗斯文明，建立起来了强大的民族国家。在此基础上，俄罗斯进一步向周边地区扩张，以掠夺资源，打通与外界经济交往的地理通道，形成了近代世界最为广阔的陆地边疆。从各角度而言，俄罗斯都成为游牧族群在近代世界的继承者，并在民族国家的制度内涵中，复活了"王朝国家"的部分因素。苏联的建立与长期强盛，达到了其历史的巅峰。但如同历史上的游牧政权一样，俄罗斯文明的快速扩张，使内部的整合与消化，面临着巨大的困难，内在矛盾不断激化的结果，是苏联的最终瓦解，俄罗斯从而再次回到单纯的民族国家。

三 中国古代的"天下秩序"与"王朝国家"

东亚大陆开阔的地理空间为中国古人提供了广阔的视野，促使其思维

---

① "对于奥斯曼帝国这样一个由王朝统治的多民族帝国来说，民族主义是一个陌生的东西。"《奥斯曼帝国六百年：土耳其帝国的兴衰》，第764页。

呈现无限制的延伸，认为地无边界，① 从而形成了普天之下即"天下"的空间概念。而在政治上，在"大一统"思想影响下，中国古代相应形成"王者无外"②或"大化无外"③的政治观念，认为统一天下，才拥有正统地位，政权才具有政治合法性。而其所标榜的国际秩序，相应是以中国为中心，没有边界的"天下秩序"。④ 中国古代中原王朝一直未将统治视野局限于"中国"，也就是目前我们所理解的中国本土，而是以中国本土为核心，关照整个"天下"，皇帝为"万国之主"。⑤ "天下秩序"体现在族群层面，便是无论华夏或者夷狄，皆被纳入统治秩序。"华夏蛮貊，罔不率俾，恭天成命。"⑥

作为"天下秩序"的直接反映，古代中国建立并长期维持了以广阔疆域、多种族群、多元文化为特征的典型王朝道路。在相对封闭的东亚大陆，古代中国形成了相对独立的历史脉络，借助于黄淮平原、长江中下游平原的核心地带，发展起世界上最先进的农业经济，对周边山脉、戈壁、沙漠、海洋、丘陵等边缘地带较为原始的混合经济，形成了明显的经济优势，中国历史从而长期保持了"内聚性"特征。三代时期，在分散的经济、社会状态下，不同政权之间长期维持了分散的政治联盟，尊奉某一势力较强的政权为天下共主。后世在追溯远古历史时，出于古代世界一贯的英雄造时世的思维习惯，突出天下共主在这一世界秩序形成中，所扮演的主动角色，从而附会出天下共主分封天下的历史故事。由此角度而言，可将三代时期政治联盟称作"分封型天下秩序"。显然，"分封型天下秩序"是一种松散的国际秩序，而非紧密的国家形态。

---

① 许维遹撰，梁运华整理：《吕氏春秋集释》卷一三《有始览第一》，中华书局2009年版，第281页。
② （汉）公羊寿传，（汉）何休解诂，（唐）徐彦疏，浦卫忠整理，杨向奎审定：《春秋公羊传注疏》卷一《隐公元年》，北京大学出版社2000年版，第29页。
③ （唐）房玄龄等：《晋书》卷五二《华谭传》，中华书局1974年点校本，第1450页。
④ 关于中国古代的"天下"观念，及构建"天下秩序"的努力，可参见赵汀阳《天下格局——世界制度哲学导论》，江苏教育出版社2005年版；甘怀真编《东亚历史上的天下与中国概念》，台湾大学出版中心2009年版。
⑤ 唐高宗乾封三年，"夏四月丙辰，有彗星见于毕、昴之间。"群臣认为："星孛于东北，此高丽将灭之征。"高宗却认为："高丽百姓，即朕之百姓也。既为万国之主，岂可推过于小蕃。"《旧唐书》卷五《高宗纪下》，第91—92页。值得注意的是，唐朝此时尚未攻占高丽。
⑥ 李民、王健：《尚书译注·周书·武成》，上海古籍出版社2004年版，第211页。

但西周时期，伴随农业经济的逐渐发展，不仅中原地区各诸侯国不断垦殖本国的土地，原先相距遥远的政权，逐渐变成接壤而邻；而且边缘地区各诸侯国也不断向外垦殖土地，与边疆族群发生日益密切的互动；在这种地缘变化的时代背景下，各诸侯国之间、诸侯国与边疆族群之间，为争夺生存空间，开始了更为频繁、规模更大的战争，长期积聚的矛盾，最终在西周末年爆发了"犬戎之乱"，申国联合犬戎灭亡了西周。在晋国帮助之下，才得以东迁的周王室，权威已大为下降。在这种时代背景下，各诸侯国开始谋求政治主导地位。在周天下秩序仍然存在，各诸侯国之间势力相对均衡的时代背景下，春秋时期形成了所谓的"霸主政治联盟"，即势力相对强大的国家，以"尊王攘夷"作为政治口号，在名义上尊奉周天子，以获得政治合法性的前提下，发动对于边疆族群，甚至部分诸侯国的征伐战争，从而建立以自身为霸主的政治联盟。"霸主政治联盟"并未完全独立的政治形态，而是在周代"分封型天下秩序"逐渐瓦解的时代背景下，仍然在名义上保留和借助周天子权威，提升某一诸侯国相对于其他诸侯国的政治地位，由于霸主相对于其他诸侯国，并未获取绝对性、制度性的支配地位，因此"霸主政治联盟"完全依托于霸主实力与政治智慧，相应不是稳定的政治形态。由于"霸主政治联盟"并非国家形态，因此其只是从"分封性天下秩序"向"集权型国家形态"过渡的一种政治形态。

战国时期，伴随东周"天下秩序"彻底瓦解，各国在名义上也不再尊奉周天子，以之作为标榜的"霸主政治联盟"由此土崩瓦解，各国由此成为完全独立的国家，开始进入你死我活的兼并战争。为提升本国实力，不同国家都竭力推进政治改革，加强社会动员机制，以将有限的社会资源，充分纳入国家体制中来，竭力在国际竞争中，保持主动与优势。在这一历史背景下，法家顺应时代潮流，倡导彻底改造松散的"分封型天下秩序"为强力的"集权型国家形态"，具体措施便是通过在地方设置郡县，由中央直接管辖，从而建立中央集权制度。战国时期，不同国家都在法家思想的推动下，开始推动政治改革，不同程度上建立起来了中央集权制度，战国从而逐渐呈现出较为成熟的国家形态。而在走向国家形态的历史进程中，地处西北边疆的秦国，由于文化较为落后，相应传统压力较小，最为坚决、彻底地接受了法家学说，从而相对于东方六国，更为积极，也更有成效地推动政治改革，极大地提升了社会动员能力，实现了历史的超车，借助由此而产生的强大国力，完成了统一中国的历史进程。

统一中国之后的秦朝，在全国范围内普遍推广郡县制度，建立起以中央集权制度为组织架构的"集权型国家形态"，引领中国历史走向新的历史局面与发展道路。但与此同时，秦朝仍然继承了"天下"观念，通过开拓边疆，不断将政治影响扩展开来，建立起"内中国而外天下"二元格局，实现了国家形态与"王朝体系"的二元结合，从而建立起中国古代的"王朝国家"，开创了整个帝制中国的历史道路。作为"王朝国家"的开端，秦朝政治气象远超前代，这从其礼仪制度的庄严恢宏便可看得出来。比如在车驾制度上，秦朝便在整合七国旧制的基础上，发展出宏大而完备的车驾体系。"至秦并天下，兼收六国车旗服御，穷极侈靡，有大驾、法驾以及卤簿。"① 后世"王朝国家"也在继承秦朝礼仪制度的基础上，不断发展、完善，从而建立起制度完备、内涵丰富的王朝礼仪体系。"汉承秦后，多因其旧。由唐及宋，亦效秦法，以为盛典。"②

但秦朝显然对于统治疆域空前广阔，族群空前多样、宗教空前复杂的"王朝国家"，缺乏充分的政治准备。法家强硬的统治意识，忽略了东方地区政治制度、发展水平与秦朝旧地的区域差别，强势推行的郡县制度未能很好地控制东方地区，反而激化了社会矛盾。法家推崇武力扩张的政治观念，促使秦朝发动在四裔边疆的扩张，对农业经济形成了巨大冲击，促使中原地区逐渐走向动荡。由此可见，秦朝虽然开拓出了广阔疆域，但在如何整合方面，尚缺乏历史经验，从而与社会现实产生了剧烈碰撞，成为一种"硬着陆"。这是秦朝二世而亡的历史根源。

与强硬的法家不同，道家倡导顺应自然，包容万物，从而不仅逐渐融合其他学派，构建起内涵十分丰富的学说体系；而且发展出充满柔和而富有弹性的政治观念，主张顺应时势变化，实行不同的政治方案。在这之中，战国晚期出现的稷下道家，以春秋时期管仲扶助齐桓公争霸的历史事迹作为蓝本，演绎出体系庞大、内涵丰富的政治理论，形成所谓的"管仲

---

① 《元史》卷七八《舆服志一》，中华书局1976年点校本，第1929页。
② 《元史》卷七八《舆服志一》，第1929页。

学派"。管仲学派虽从道家立场出发,以三黄五帝历史背景为依托,构建出"皇道""帝道",从学理上压制儒家、墨家崇尚之三代"王道",但对于这三种政治道路的讨论,不仅较少,而且也非其理论核心,管仲学派重点讨论者是"霸道",并借助含混"王道""霸道"的方式,认为二者都以富国强兵作为根本与基础,从而赋予"霸道"更多的政治合法性,基本立场其实仍是强调武力,只不过在其上附会以道义的名义,从而形成"内霸外王"的理论层次。

西汉鉴于秦朝的短暂而亡,放弃"以法治国"政治模式,转而从稷下道家中寻求思想营养。在稷下道家影响之下,西汉在不同时期,针对不同地域,实行不同的政治方案。具体而言,便是在西汉初年,一方面沿袭秦代的"以法治国"政治模式,在关中与东方大多数地区仍然推行郡县制度;另一方面标榜儒家的政治观念,在郡县制度的基础之上,在东方部分地区,[1]恢复了"分封型天下秩序",以加强刘氏宗室对东方地区的政治控制,在条件成熟时,才最终统一为郡县制度,彻底建立起"集权型国家形态"。在长期的休养生息之后,西汉开始走向富国强兵之路,最终在武帝时期大规模开拓边疆,所秉持者实为"霸道"政治道路。为给边疆开拓披上道德外衣,并解决边疆开拓所带来的内政不稳问题,逐渐接援儒家思想观念,实行"罢黜百家,独尊儒术",从而在边疆开拓之上附会以"王道"思想观念,由此走上了"内霸外王"治国模式与政治道路。可见,西汉政权历史进程实契合于管仲学派所倡导的"内霸外王"政治思想。西汉宣帝所谓"霸王道杂之"[2]家法的阐释,便是这一政治思

---

[1] "虽然汉初实行封建制在名义上是仿照周代遗意,但在实质上有很大的区别。西周的封建是层层分封,而汉代封建只有一层分封,诸侯王国以下依然是郡县制,每个王国领有三四郡、五六郡不等。所以《隋书·地理志》说:'汉高祖……矫秦县之失策,封建王侯,并跨州连邑,有逾古典,而郡县之制,无改于秦。'这是一点也不错的。因此,汉代封建只是郡县制的变形,并没有完全回到西周封建的道路上去。"周振鹤:《中国地方行政制度史》,上海人民出版社2014年版,第40页。

[2] 《汉书》卷九《元帝纪》,第277页。《汉书》记载宣帝并用儒法,而以法为主。"初,宣帝不甚从儒术,任用法律,而中书宦官用事。中书令弘恭、石显久典枢机,明习文法,亦与车骑将军(史)高为表里,论议常独持故事,不从望等。恭、显又时倾仄见诎。望之以为中书政本,宜以贤明之选,自武帝游宴后庭,故用宦者,非国旧制,又违古不近刑人之义,白欲更置士人,由是大与高、恭、显忤。"《汉书》卷七八《萧望之传》,第3284页。

想的直接反映。

管仲学派"内霸外王"政治思想不仅深刻影响了两汉政权的历史进程，而且对于祖述汉朝的后世中原王朝，同样产生了深远的历史影响。相应，"内霸外王"也相应成为中国古代"王朝国家"的治国模式与政治道路，促使中华文明在保持长期延续的基础上，不断扩展自身势力与国际影响，从而成为世界文明体系中的重要组成部分。

即使在近代时期，中国面对历史的暴风骤雨，仍然借助中央集权体制下的强大社会动员能力与边疆族群的向心力量，通过借鉴西方民族国家的制度与文化，在相当程度上仍然延续与保存广阔疆域、多种族群、多元文化的"王朝国家"历史遗产，虽然较为曲折，但仍较为成功地实现了"王朝国家"与"民族国家"的结合与再造，构建起与单一民族国家不同的统一多民族国家，建立起与西方民主制度具有很大区别的一元统治体系。

四 中国古代的"差序疆域"与"边疆爆点"

在世界古代史上，不同文明所建立的"王朝国家"，都维持着广阔疆域、多种族群、多元文化的帝国秩序。但限于古代社会的交通条件与行政能力，中央政权在对地理、气候、族群与内地存在差异，甚至大相径庭的边疆地区，展开统治时，会采取有所差别，甚至差别极大的统治方式。美国政治学家赫克特指出在世界古代史上，包括几乎所有帝国在内的大多数国家，由于统治着地理上十分广袤的国土，都只在距离统治中心最近的地区实现了直接统治，对于距离遥远的地区，为了减少经济、政治上的代价而不愿，或出于技术的原因而不能实行直接统治，于是借助代理人，实行由代理人自己选择统治方式的间接统治，代理人拥有很大的自主性与强大的权力，承担中央朝贡、缴纳赋税或实物支付，以及某种程度的军事义务，间接统治促进了土著人口对异族统治者的文化同化，中央对外围地区的控制，最终取决于与地方政权之间的合作程度，只有在现代交通技术发展之后，直接统治在技术上才成为可能。① 只是这种"差别式统治"，在近代以来，伴随现代民族国家取代传统帝国，而改变为"同质化统治"。

为实现对广阔疆域、多种族群、多元文化的控制与驾驭，世界古代的王朝国家，都依托统治者所属的族群，将之提升为地位、权力都高于其他族群的主体族群。王朝国家通过增强主体族群的内部凝聚力，对其他族群分而制之，从而加强对于其他族群与整体政权的控制力度。这是在现代民族国家产生之前，王朝国家在承认政权体系包含多种族群的"多元"格局基础上，竭力锻造出"一强"族群，从而增强政权力量的做法。简单地说，世界古代王朝国家的族群观念，是"多元一强"格局。"多元一强"族群格局既促使世界古代王朝国家容纳了众多族群，又推动国家政权强而有力，是王朝国家的制度精髓所在。世界古代王朝国家"多元一强"族群格局，不仅体现在政权构成上的主体族群、其他族群的上下分等，而且表现在国家疆域上主体族群、其他族群的内外分层。而内外分层的国家疆域，既表现为族群的依次分布，又体现在管理制度的依次差异，还呈现为

---

① ［美］麦克尔·赫克特（Michael Hechter）：《遏制民族主义》，韩召颖等译，中国人民大学出版社2012年版，第31—33、52、54、58、60—61页。美国学者简·伯班克、弗雷德里克·库珀也指出古代的帝国，在管理境内的民族与疆域时，都采取具有差异的统治方式。"诸帝国是庞大的政治单元，是扩张主义的或是曾将权力扩及广大空间的，以及当其兼并新民族时仍维持差异和等级制度的诸政治形态。与之大相径庭的是，民族国家则立基于如下理念之上，即一个单一领土之上的一种单一民族将其自身组成一个独立的政治共同体。民族国家宣称其民众的共性（即使事实更加复杂），而帝国则声言其多元人口的不同性。两种类型的国家都是吸纳型的（它们坚持主张民众被它们的国家机构所统治），但是民族国家倾向于通话那些其境内的民众而排斥那些境外者，而帝国则向外延展并吸纳（通常是强迫式的）在帝国统治下差异被人为地明确化的民族。帝国的这一概念假定对于该国体之内的不同民众将会按照不同方式加以统治。"《世界帝国史：权力与差异政治》，第11—12页。"在一个完整的帝国内部，某些部分可能是被中央直接统治的，而在其他部分上当地的精英保有着部分主权。"《世界帝国史：权力与差异政治》，第19页。早期国家的研究，也指出从中心到边缘，早期国家呈现出控制力逐渐削弱的地缘格局。"早期国家的一个显著特征在于：其控制边境的方法与成熟国家不同。在成熟国家内，边界线受到严格紧密的控制，而在早期国家中，严密的控制集中在中央区域，随着与中央距离的增加，控制力逐渐削弱。在外围和边境地区，控制力最弱的，甚至有时或有或无。边境地区的酋长通过进献礼物、朝贡和军事调遣，以及定期效忠的方式表明其对统治者的依赖服从。"［波］马歇尔·泰莫斯基：《早期国家理论在撒哈拉南部非洲前殖民地国家的运用问题》，载袁林主编《早期国家政治制度研究》，科学出版社2015年版，第274页。其实王朝国家仍然保持了这一特征。

统治效力的依次差别。这种疆域特征，由内而外，呈现出差序特征，可称之为"差序疆域"。

中国古代中原王朝，无论汉人所建还是北族入主，一方面都推崇"华夷一家"，致力于将多种族群包含于帝国之内；另一方面都努力锻造出一个主体族群，这尤其在北方族群所建立的中原王朝中，体现得最为突出与明显。无论如何，中国古代王朝国家的族群格局，都呈现出"多元一强"的历史特征。中国古代汉人政权一直都坚持汉人本位，秉持"内华夏而外夷狄"①或"内中国而外夷狄"②的族群分层。这一差序格局并非单纯限于族群地理的"内外分层"，还主张在族群政治上的"内外有别"，即认为汉人与四裔族群并非平等关系，而是差等关系。比如明宣宗在所撰《帝训》中，指出："盖圣人以天下为家，中国犹堂宇，四夷则藩垣之外也。堂宇人所居，有礼乐、有上下。藩垣之外，草木昆虫从而生长之，亦天道也。"③所主张的也非双向交流，而是单向汉化，即"以夏变夷"，不断融合周边族群。与之相反，中国古代北族入主中原，所建立的中原王朝，强调北族本位，先后形成了北魏的"关陇本位"④、金朝的"女真本位"⑤、

---

① 北齐末年，颜之推撰《观我生赋》，曰："仰浮清之藐藐，俯沉奥之茫茫，已生民而立教，乃司牧以分疆，内诸夏而外夷狄，骤五帝而驰三王。"（唐）李百药：《北齐书》卷四五《文苑·颜之推传》，中华书局1973年点校本，第618页。
② （清）世宗胤禛：《大义觉迷录》卷一，四库禁毁书丛刊影印中国社会科学院文学研究所图书馆藏清雍正内府刻本，北京出版社2000年版，第262页。明嘉靖时阁臣蒋冕亦奏："内而中国，外而四夷。"（明）蒋冕著，唐振真等点校《湘皋集》卷四《请追寝巡幸手敕旨意以安人心奏》（正德十三年七月十六日），广西人民出版社2001年版，第33页。
③ （明）杨士奇等：《明宣宗实录》卷三八，宣德三年二月，台北"中研院"历史语言研究所1962年校印本，第951页。
④ 陈寅恪：《隋唐制度渊源略论稿》，中华书局1982年版。
⑤ 大定年间，金世宗大力推行"女真本位"政策，指出不同族群皆应遵循旧俗，这样便可保障政权；反之便是"忘本"，认为海陵王完颜亮大力推行汉化，便属这一性质。"亡辽不忘旧俗，朕以为是。海陵习学汉人风俗，是忘本也。若依国家旧风，四境可以无虞，此长久之计也。"《金史》卷八九《移剌子敬传》，第1989页。当时有女真官员有主张女真、汉人一体，不应分别者。大定七年，尚书右丞在奏对中曰："猛安人与汉户，今皆一家，彼耕此种，皆是国人。"《金史》卷八八《唐括安礼传》，第1964页。对此，世宗明确加以反对，指出二者并非同类。"所谓一家者皆一类也，女直、汉人，其实则二。朕即位东京，契丹、汉人皆不住，惟女直偕来。"《金史》卷八八《唐括安礼传》，第1964页。并批评唐括安礼全盘接受汉人文明，丧失了女真立场。"卿习汉字，读《诗》《书》，姑置此以讲本朝之法。前日宰臣皆女直拜，卿独汉人拜，是邪非邪？"《金史》卷八八《唐括安礼传》，第1964页。

元代的"内北国而外中国"①、清朝的"满洲本位"。②

中国古代王朝国家在"多元一强"族群格局影响之下，在疆域格局上，形成十分典型的"差序疆域"。具体而言，便是在直接统治区实行流官制度，无法直接控制的边疆地区实行羁縻制度，而在更为遥远的地区实行藩属制度，于是形成直接统治区——羁縻控制区——藩属朝贡区的层级结构，从而形成与现代民族国家"单一性""均质化"疆界不同的"差序疆域"。对于这种"差序疆域"格局，《晋书·地理志》有高度的概括。"天子百里之内以供官，千里之内以为御，千里之外设方伯。"③而即使通过多种方式，仍无法达成一定关系的边缘及其以外地区之政权，则会被"天下秩序"选择性地忽略。伴随对外交流逐渐展开，中国已认识到在遥远的地区，存在诸多国家，甚至文明程度并不亚于中华文明，比如秦汉时期对于大秦的了解，东汉以降对于印度文明的了解，以及明清时期西方地理知识传入中国等。虽然中国古代逐渐了解到诸多异质文明的存在，甚至据此开始修改自身的地理观念，但作为主流的政治地理观念，"天下秩序"一直是中国古代疆域模式的核心内涵。

王朝国家一方面具有现代民族国家所不具备的优势。广阔疆域既能为王朝国家发展经济提供庞大的国内市场，又能为王朝国家面临危难时，提供巨大的缓冲空间。多种族群能够为王朝国家提供源源不断的人口资源，推动经济保持长期的活力。多元文化能够促进不同文化之间的交流，推动文明不断发展。可以说，与现代民族国家相比，古代的王朝国家还有区域共同体的性质。中国古代王朝国家便充分利用了这一优势，推动中华文明在保持长期延续的基础上，不断发展、繁盛，无论在农业发展水平、经济规模、综合国力、文明程度上，保持了长期的领先。

但另一方面，王朝国家所面临的治理难度，又远超现代民族国家。广

---

① （元）叶子奇：《草木子》卷三上《克谨篇》，元明史料笔记丛刊，中华书局1959年版，第55页。

② 康熙帝曰："满洲乃国家根本，宜加轸恤。"（清）张廷玉等：《清圣祖实录》卷四四，康熙十二年十二月辛丑，中华书局1985年版，第583页。如同蒙元王朝一样，清朝同样建立了与之配套的族群分层体系，在国家政治中，满洲、蒙古、汉人政治地位依次降低。"夫草昧之初，以一城一旅敌中原，必先树羽翼于同部，故得朝鲜人十，不若得满洲部落人一。"（清）魏源：《圣武记》卷一《开国龙兴记一》，中华书局1984年版，第9页。

③ 《晋书》卷一四《地理志上》，第410页。

阔疆域的生态不平衡、多种族群的族际冲突、多元文化的碰撞，都使王朝国家内部长期处于张力与矛盾之中。内耗相应一直是王朝国家的突出特征，引爆帝国动荡、分裂乃至灭亡的历史"爆点"，相应普遍存在。而边疆地区是生态不平衡、族群冲突、文化碰撞的集中与焦点地区，相应整体上便是王朝国家的"爆点地区"。中国古代边疆地区的灾荒频发、战争冲突与文化碰撞，一直充斥着中国历史，成为长期影响、制约中国历史发展的结构性问题。可见，边疆既为中华文明的保存与传播，提供了地理空间；又造成了不同族群、文化之间的冲突与碰撞，构成了中国历史变迁的"边疆爆点"。

结 论

在世界历史上，虽然由单一民族构成的民族国家，很早便在不同地区广泛存在。但近代意义上的民族国家，却产生于西欧，是在中世纪封建割据的基础上，势力大小不同的封建主，为了摆脱教皇的约束，与其他封建主抗衡，在资本主义潮流的推动下，建构出民族主义，从而建立的一种国家形态。事实上，在世界古代历史上，占据主流，拥有较大影响的国家形态，一直是具有广阔疆域、多种族群、多元文化为特征的"王朝国家"。

不同文明具有不同的地缘环境、历史道路与价值取向，因此"王朝国家"的具体面貌也有所不同。中国古代依托黄淮平原、长江中下游平原的核心地带，发展起世界上最先进的农业经济，对周边山脉、戈壁、沙漠、海洋、丘陵等边缘地带较为原始的混合经济，形成了明显的经济优势，中央政权由此形成了对周边地区的强大统治力与吸引力，古代中国从而长期保持了"内聚性"特征，相应发展出典型的王朝国家形态。

在中国史与世界史之间：中外关系史教学与科研的一点思考[*]

陈博翼

（厦门大学历史系）

  自 20 世纪初以来，中外关系史研究取得了长足的发展，涌现了诸如向达（1900—1966）、姚楠（1912—1996）、田汝康（1916—2006）、韩振华（1921—1993）、张广达（1931— ）、蔡鸿生（1933—2021）、谢方（1933—2021）、戴可来（1935—2015）、陈佳荣（1937— ）、陈高华（1938— ）、耿昇（1945—2018）等一大批兼通中国史与世界史的名家。自 1981 年中国中外关系史学会成立以来，更是召开了 50 多次学术会议，出版《中外关系史论丛》《中外关系史译丛》《中外关系史通讯》共 60 多辑，成果俱在。[①] 然而，由于在学科设置上，中外关系史并不属于历史学之下的二级学科，而是被置于专门史范畴内，学生培养和新的科研骨干力量的补充受到限制，日益窘迫。专门史领域看似与中国古代史、中国近现代史、世界史并列，实则在许多学校和科研机构并无招生资格；偶有具备资格的机构，生源质量也不如其他几个区块；本科教育的专业设置上则几乎无从谈起。因此，隶属于专门史之下的中外关系史，其"边缘"地位不言自明。如何在这种局限下改进提升中外关系史的教学研究、促进中国史和世界史的融合，也成为当务之急。这种情况学界内前辈也表达过一定的忧虑，借此机会，我谈一点个人在教学和科研中的心得感想，供学界同仁

---

[*] 本文为国家社科基金冷门绝学研究专项"三宝垄和井里汶编年史译注研究"（20VJXG002）、国家社科基金中国历史研究院重大历史问题研究专项"中国与现代太平洋世界关系研究（1500—1900 年）"阶段性成果。

[①] 万明：《以全球史推动中国中外关系史新发展》，《中国社会科学报》2020 年 10 月 12 日。

讨论。

　　新世纪初，我在中山大学历史系读书，受到悠久而强劲的中外关系史传统影响，也学习吸纳了不少优秀成果；后来我到北京大学历史系读书，对从中国西域到西亚的研究传统和师资力量更是深感震撼；去美国留学后，我的研究重心从中国史和中外关系史转向亚洲史和华人华侨史，也更加重视东南亚本土研究。到厦门大学历史系工作之后，系里让我到世界史区块服务，参与亚非史教研室和另外更多属于专门史区块的海洋文明与战略发展研究中心的教学和科研事务。按照系领导的设想，由于过去二十年间华人华侨史研究相对而言过于强势，以至于一定程度上代替了东南亚史研究，现在需要以中外关系史以及新兴的海洋史、全球史这些被置于"专门史"的领域和研究范式来重新整合、发展东南亚史和世界史。这种思路在阐述我们未来一段时间以内的学术旨趣之余，也表明中外关系史这一"在中国史与世界史之间"的交叉领域的价值。

　　在教学上，首先应该开拓学生的眼界，激发其热爱乡土、了解乡土，开眼看中国、开眼看世界的热情和勇气。兴趣是最好的老师，在充分感受多样性和有趣性世界的基础上，肯定有不少人愿意投身到各种丰富多彩的题目的学习和研究中。在中国史的教学领域，不妨适量增加中外经济和文化交流、中西交通的内容，包括西域南海史地、西方传教士对华互动、外交史和国际关系史、比较宗教史等区块。尤其是我国有丰厚的西域南海史地研究传统，从这一分支出发，基础比较厚实，更容易让后学者感受到中外关系史的魅力、前赴后继，不难涵育出富有活力的参天大树和成片林荫。

　　在世界史的教学领域，不妨在区域和国别史研究中，于入门引导的时候更多旁涉中外关系史的内容，让学生感觉更亲切和容易对接上其原有的知识体系和认知。譬如，讲遥远的听众可能缺乏概念的苏拉维西岛和望加锡、特尔纳特（Ternate），不妨介绍华人很早即已到达香料群岛，"cengkeh"（丁香）等词汇都很早就成为当地古老的词汇，更有共情；讲南非英国与布尔人（Boer）之间的战争，可以谈及其后劳动力短缺引入大量华人矿工、致死率高达4%的悲惨历史；讲加勒比种植园制度或秘鲁劳工，也少不了华人契约劳工或太平天国后出洋广东移民的故事。

　　其次，要在兴趣的基础上，增强学生对外语的掌握能力。除英文之外，第二外语或众多小语种对其未来进一步研究中国史、中外关系史、世界史均至关重要。中国的发展离不开世界且早已置身其中，即便是中国史的研究者，吸收外国学者不同视角和学术训练背景产生的优秀成果，也能不断提升自身研究水平。中外关系史和世界史的研究，外语更是基础，借鉴吸收不同背景学者的前沿研究，本是题中应有之义。

再次，应该拓展学生对文献的阅读和感知。无论是本科课程还是研究生专门的文献课程，适量的一手文献阅读训练均不可或缺。例如，在涉及菲律宾群岛的历史时，适量布置阅读翻译《菲岛史料》（*The Philippine Islands*），既能引发学生对于早期中菲贸易的兴趣，又能将白银流动和早期全球化、欧洲扩张和西班牙殖民活动、西班牙全球帝国比较研究等议题联系起来。在涉及海岛东南亚问题时，适量以《瀛涯胜览》《海岛逸志》作为训练材料，既让学生有亲近感，又容易理解该地区与华人密切的关系。如果条件许可，辅以外文一手文献《印度尼西亚读本》[1]与《荷属东印度的华人经济活动》[2]阅读，必然能深化对群岛历史及其与华人纠葛历史的理解，也适当让学生超越原有华人华侨史舒适区，对群岛地区自身的历史脉络有更深的理解。又如在越南史的教学中，如果能在传世汉喃文献之外，适量引入西欧人的游记，也能令人恍若置身18和19世纪的殖民官员、探险家、传教士、东方学者等所面对的时空之中，带动效果更强。由此可见，中外关系史的教学，只要讲究布局、搭配合理的议题，亦足以配合科研开展。

在科研上，我们要展开中国史与世界史的对话，立足中国、放眼世界、面向未来，构建有特色的学术体系。笔者主张将中外关系史和华人华侨史放到专门史尤其是海洋史和全球史研究范式展开，而非在东南亚史的范围内，这样才可以恢复这两个领域的格局和荣光。个人经验而言，这些年也对这一类跨区域研究的进路多有尝试。

笔者曾做过一些中外关系史的研究，其中重点落在交通和区域互动上。例如，《东鯷：再论早期台湾史的一桩公案》指出古籍中的东鯷为4

---

[1] Tineke Hellwig and Eric Tagliacozzo eds., *The Indonesia Reader: History, Culture, Politics*, Durham: Duke University Press, 2009.

[2] David Bulbeck ed., *Chinese Economic Activity in Netherlands India*, Singapore: Institute of Southeast Asian Studies, 1992.

世纪以前活跃于琉球到北台湾一带的善水人群，而非来自日本九州或本州岛，也蕴含了对旧的民族史研究的反思；《界与非界：16—17世纪中国东南的权力碰撞与话语》（Borders and Beyond: Contested Power and Discourse around Southeast Coastal China in the Sixteenth and Seventeenth Centuries）展现流动人群往来海岸边界两端而被王朝和殖民政权标识为海盗行径的场景，以及"非无国家"（non-stateless）民众如何在界内界外活动并在固有秩序下确认自身的位置，这是伴随着边界不断被中、西、荷等几大势力强化所演化的；《动乱还是贸易？》（《动乱か貿易か——16—17世纪中国东南沿海部における"寇"》）全面重新辨析了16—17世纪从日本列岛到我国东南沿海和菲律宾陆海地带所谓"寇"的实质问题；《"Aytiur"（Aytim）地名释证：附论早期海澄的对菲贸易》复原了西班牙传教士在华行程路线，并指出月港与马尼拉的交易量大概在隆庆开海后20年才急剧拉升；《从月港到安海：泛海寇秩序与西荷冲突背景下的港口转移》指出中国海寇、西班牙与荷兰几方势力的斗争导致了最后港口在二十年间转移的结局。2019年，我也应邀完成《牛津手册》（Oxford Handbook）系列《中国对外贸易（1644—1860）》第六章"中国与东南亚古代帆船贸易"（The Ancient Junk Trade with Southeast Asia），评估了近代早期中国与东南亚帆船贸易的规模、运量、路线、腹地影响情况和所受到的限制，也跟相关同行进一步探讨评估近代早期的各种交易数据。

新兴的海洋史和全球史的范式也能带给中外关系史新的刺激和活力。例如，在东南亚史研究方面，我未刊的博士论文《陆海无疆：会安、巴达维亚和马尼拉的闽南离散族群（1550—1850）》（Beyond the Land and Sea: Diasporic South Fujianese in Hội An, Batavia, and Manila, 1550–1850）以在东南亚三个港口的闽南人社区为核心展开研究，把研究带回东南亚区域国别史中、研究其本地社区发展和演化的过程，而不仅仅只是传统意义上的帆船贸易或中外交通范畴的历史，三处海港的联结又凸显了以海洋为中心的分析框架。在2016年哥伦比亚大学"路与带：近现代中国、内亚和东南亚的网络"的会议论文《近代早期会安、巴达维亚与马尼拉闽南人与东道国的相互依赖》（The Interdependence of South Fujianese and Their Hosts: State Agendas versus Diasporic Agencies in Pre-Modern Hội An, Batavia, and Manila）中，我研究了闽南人在东南亚不同口岸城市形成不同适应性特征的历史演化缘由，该文修正版由《东南亚研究学刊》（Journal of Southeast Asian Studies）刊载。另外，笔者分别在《南洋问题研究》和《东南亚研究》上发表了《"亚洲的地中海"》和《稀见环南海文献再发现：回顾、批评与前瞻》两篇纲领性和综论性的论文，指出当前我国东南亚的研究从认识论和方法论而言，历史解释被不同区块研究分割牵引、研究议题又常"只见树木不见森林"，缺乏整体把握；就基础研究而言，语言训练捉襟见肘、缺乏制度史依托等问题和局限。两篇文章陈述了对该领域研究展开的基本观点并予以展望。

就具体东南亚区域国别史而言，中外关系史也能有所延伸。例如，笔者对越南及占婆历史展开研究，包括2016年亚洲研究学会年会中西部分会报告《前岸与腹地：1500到1800年代会安与他者中的闽南人》（Foreland and Hinterland：Hội An and the SouthFujianese Among Others, 1500 – 1800s）、2019年组织亚洲研究学会年会亚洲分会"近代早期以来亚洲帝国与殖民扩张的回响"（The Resonance of Imperial and Colonial Expansion in Asia since the Early Modern Era）学术专场，报告《占婆研究及其早期回应：18到20世纪》（Studies of Champa and Its Early Resonance, 18th-20th Centuries）等等。这两年我与合作者已基本完成两种占婆史诗的译注，下来计划着手译注一部越南人对老挝和暹罗边界冲突的记录。前者是和有关专家着手合作的一个包括占婆手稿译注（Collection des Manuscrits Cam/Koleksi Manuskrip Melayu Campa）项目和部分研究作品在内的工程，前两年已组建完一个学术训练背景多元的国际化团队，并取得部分研究成果，当然前路还很漫长，需要学界同仁一起努力。

同理，马来—印度尼西亚群岛的历史也可以是中外关系史研究的自然延伸。我在2016年亚洲研究学会太平洋分会报告的论文《帝国边界之外：寺庙宫祠与巴达维亚闽南社区的形成》（Beyond the Imperial Frontier：Kelenteng and the Formation of the South Fujianese Community in Batavia）中，分析了雅加达现存的最早十二处华人寺庙所体现的六类功能，研究了华人客居社会嵌入性的问题。目前笔者在东南亚史研究上的主要精力，是正在推进的国家社会科学基金冷门绝学专项课题"三宝垄和井里汶编年史译注研究"。这一课题之于中外关系史的意义，在于其是非常好的中国史与世界史结合的案例，又能借助于新的研究范式推动原有领域的研究。下面不妨简单介绍下这个由中外关系史带动、作为世界史研究课题的例子。

　　澳大利亚墨尔本大学亚洲学院前院长里克列夫（M. C. Ricklefs）所编由荷兰著名学者从马来文翻译为英文的《15—16世纪爪哇的华人穆斯林：马来文三宝垄和井里汶编年史》（以下简称《编年史》）[①]是一种早期马来群岛伊斯兰化的重要史料。马来—印度尼西亚群岛近代早期以前历史的研究一直存在的一个突出问题便是史料匮乏，不得不依仗考古材料、少数古汉籍史料和《马来纪年》（Sejarah Melayu）等若干史籍文献。本课题所要进行的是一部极为重要的史料文献汇总译注研究，既关乎早期华人在东南亚的活动，也涉及群岛本地的伊斯兰化问题。

　　《编年史》作为一种史料，需要进一步辨析；又由于其重要性，研究早期马来群岛和华人穆斯林问题无可回避。然而长期以来，中文学界一般只倚赖陈达生对原文的汉译，而没有在欧洲和澳洲学者的译注评论基础上进一步展开研究，殊为遗憾。该研究在这种背景下提出，一是这份资料译注对于学界而言是珍贵的材料，建立在对原始文献译注和辨析之上的各种交错印证，不啻于对史料可靠性的不断检验和对研究的推进，能极大丰富我们对于15—16世纪群岛社会经济样态的认知，也是对未知史事的基本补充。因为该议题较为冷门，过去极少有中国学者注意，偶有注意者也仅止步于陈达生译本而未能吸纳澳洲权威学者的研究，澳洲学者又不谙汉文，无法进一步拓展，殊为可惜；二是这份资料研究对于群岛本地的伊斯兰化问题、早期华人东南亚生活和在地化等相关议题有重要推进意义，而这些议题本身也具有重要的理论和现实意义。我倾向从文本辨析出发，探讨伊斯兰化的诸多学理问题；从组织形式入手，考察特定社会组织和祭祀场所的结构功能特点，分析这种功能在华人穆斯林和非穆斯林在地方社会扎根的意义；从互动缠结史（entangled history）的角度入手，揭示其在近代早期全球化史中显现的意义。

　　文献资料上，由于长期未引入该文献译本，知者寥寥，偶有使用译本者，亦未利用已有译注本的成果，因而该区域和议题仍有不少可探讨和提

[①] H. J. de Graaf and Th. G. Th. Pigeaud, *Chinese Muslims in Java in the 15th and 16th Century: The Malay Annals of Sěmarang and Cěrbon*, M. C. Ricklefs ed., Clayton, Victoria: Monash University, 1984.

升的空间。从《编年史》中我们可以看到郑和船队船员及其后裔如何以伊斯兰教团结华人、然后与土著合作,逐渐将传教对象从华人转向土著,传教语言也渐渐由汉语改为爪哇语和马来语。郑和船队不再到访后的数十年间,社区衰落、清真寺被改为三宝公庙的现象也能进一步对话宗教传播与民间信仰机制的问题。资料方面,当然还可以进一步探讨华人在地化的联姻现象以及华人公主(Puteri Cina)产生的机制。

理论思想上,这种文献学意义上的整理和正本清源本身即是题中应有之义,藉此也能了解西方殖民官员学者对殖民地的认知和知识框架。此外,该课题对于伊斯兰、尤其是东南亚华人伊斯兰研究、东南亚伊斯兰教传播及宗教史的问题都具有很大价值。到16世纪末,伊斯兰教和非伊斯兰教世界的界线在东南亚愈发分明;从16世纪中期开始关于伊斯兰化的问题才可以做出整体评估,而此前的发展可能更像是一种反复的过程(比如爪哇北部沿海地区穆斯林社区衰退、清真寺被改建为三宝庙)。以这种视角看《编年史》反映的问题,亦有助于审视地方社区宗教发展在地方、区域和全球史中的意义。

学科建设发展而言,值此"一带一路"倡议稳健展开之际,加强带路沿线国家历史文化研究和世界史学科建设,促进中国与伊斯兰世界的文化交流,至为切要。此外,由于涉及中国与东南亚多方面的内容,该议题也是一个很好的中国史和世界史研究融合的结合课题,有助于长期有隔阂的这两个学科共同进步。简言之,该文献为研究爪哇华人史以及东南亚早期穆斯林化进程提供了无可替代的参考价值。研究爪哇华人穆斯林与本地社会共生交往这一议题,既具有"全球史"跨文化交流、互动、互联的天然优势,也具有"在地化"的深厚特点,两者的结合即显现当下方兴未艾的"全球在地化"(Glocalization)理论和实践特点:个人和组织保持着包含本地和长距离互动的人际交往网络,展示了人类连结从地方到全球不同尺度规模的能力。

以全球史的视角看,即便伊斯兰化一直在持续,是否像17、18世纪那样逐渐增强,还是有个发展衰退的过程,应该再拉长观察时间段。整体评估最难面对的问题就是地区差异。例如,马来世界的重要分支占婆开始皈依伊斯兰看起来并不晚于群岛地区,而之后占婆伊斯兰化退潮,颇有昙花一现的感觉。法国传教士在占婆观察到有人变成穆斯林,但还没建清真寺，且提及占王的兄弟很想信教但是不敢，说明其时"传统"力量之强。真正的全民皈依要到被越南势力压缩到南部一小块区域以后17世纪的宾童龙政权和顺城镇藩王方有条件推行。从群岛地区看，伊斯兰的传播仍然是点对点的跳跃式，很难评估整体而言是反复还是单线行进。在信奉伊斯兰教的标准上，或者说伊斯兰化的标准上，更是争论不休（属于神明和礼仪正统化与标准化争论的大议题），很难有一套所谓的严格标准。

从全球史的角度出发，研究爪哇华人穆斯林与本地社会共生交往及作为全球史的地方和区域史的意义，为可操作拓展的方向。《编年史》中那些珍贵而生动的历史记载，既属于华人华侨史，也属于伊斯兰世界史、伊斯兰教东南亚传播史，更是全球史、海洋史和东南亚史的重要组成部分，折射出人类丰富的文化交流片段和璀璨文化孑遗。以该科研的例子看，借助于新的研究范式和视角，新时代下的中外关系史研究，不仅势在必行，而且适逢其时。

盛世未许叹观止
——"熊猫留学"论

申晓营

（北京外国大学历史学院）

一 近代熊猫出国记（1868—1945）

熊猫（学名：Ailuropoda Melanoleuca），熊科、大熊猫属哺乳动物，中国特产物种，历代文献典籍中常将之称为貘、白豹、虞等。熊猫出洋最早始于唐朝，据日本《皇家年鉴》载，垂拱元年（685）武则天曾将一对"白熊"作为大唐国礼送给日本，此中的"白熊"即为熊猫。[1] 近代之后，1868年法国天主教传教士阿曼德·戴维（Armand David）首次对熊猫进行现代学科分类，并将其在四川雅安穆坪发现的熊猫皮带回法国展览，熊猫从此为世界所认知。因熊猫形象似猫又似熊，故其英文学名早先为 Cat panda，中文译之曰"猫熊"。

民国以后，西方探险家开始陆续前往川藏等地盗猎熊猫。1936年，美国服装设计师露丝·哈克利斯（Ruth Harkness）为完成丈夫遗志来到中国，于是年11月在四川汶川县逮捕了一只不足一年的幼崽大熊猫，不久便将其偷渡运抵美国旧金山。这只后来被命名为"书麟"，并于1937年2月在芝加哥布鲁克菲尔德动物园公开展出的大熊猫，是近代中国第一只出洋的活体大熊猫。此后，又有为数不少的熊猫被偷运出国，大多流向美、

---

[1] 中国"熊猫教父"胡锦矗教授、大熊猫文化研究著名学者孙前均持此观点。详见胡锦矗《追踪大熊猫四十年》，明天出版社2012年版，第143页；孙前：《大熊猫文化随笔》，五洲传播出版社2009年版，第55页。

英等国。据不完全统计，1936—1941 年间，除国民政府赠送美国两只大熊猫以外，美国还通过各种手段从中国带走了 9 只大熊猫。① 英国人来华盗捕大熊猫大致与美同期。1937 年，英国人丹吉尔·史密斯通过盗捕、收购等方式获取活体大熊猫 9 只，其中共有 6 只成功运抵欧洲。1938 年 12 月，英国伦敦（皇家）动物园以 2400 英镑的价格从史密斯处购得 3 只大熊猫②，按其年龄大小分别取名为"唐""宋""明"。而到抗战期间，受战争和国民政府禁令影响，1941—1945 年间鲜见偷盗熊猫的报道。③

自清末为外界熟知起，熊猫颇得各国喜爱，甚至成为人们情感的寄托，尤以英国对之独钟。1939 年初，熊猫"明"在伦敦博物馆正式亮相，很快便获得了英国人民的追捧，上海英文刊物 The Shanghai Sunday Times 将"明"喻之为"伦敦时下最炙手可热的'人物'"④。"二战"最艰难的时期，憨态可掬的"明"成为英国人抚慰战争创伤、提振国民士气的精神偶像和英国国家反法西斯的"代言人"。英国人以"明"为主角，拍摄反战纪录片，刊发画册，不遗余力地报道"明"的生活，用以砥砺民心。

1944 年 12 月底，大熊猫"明"在伦敦皇家动物园去世。英国《泰晤士报》还特辟讣告栏专文悼念："She could die happy in the knowledge that she gladdened the universal heart and, even in the stress of war, her death should not go unnoticed.（她可以死而无憾，因为她给千百万人带来了快乐。即使在战争重压下，我们也不应当让她悄无声息地离世。）"⑤ 为铭记熊猫"明"的历史贡献，2015 年 10 月 21 日，在中国国家主席习近平对英国进行国事访问期间，中国国务院新闻办公室等机构联合向伦敦动物园赠送了熊猫"明"的雕像。

总体而言，近代中国历史中熊猫曾作为中外文化乃至政治交涉的载体发挥了重要作用。尤其是在"二战"期间，熊猫构成了中国与盟国英、美

---

① 胡锦矗：《追踪大熊猫 40 年》，明天出版社 2012 年版，第 140 页。
② 《熊猫到伦敦》，《迅报》1938 年 12 月 29 日，第 1 版。
③ 此间最为轰动的熊猫出洋事件是 1941 年国民政府"第一夫人"宋美龄为答谢美国救济中国难民协会首次以中国官方名义赠送美国两只熊猫——"潘弟"和"潘达"。这是熊猫首次代表中国国家形象同国外进行友好互动，也是中国"熊猫外交"之始。
④ BABY GIANT PANDA AT LONDON ZOO—One Of Most Popular Figures In Life Of The City, *The Shanghai Sunday Times*, April 9, 1939, p. 1.
⑤ 冯骥才主编：《符号中国》（精编版），译林出版社 2015 年版，第 6 页。

图1 "二战"时期英国发行的熊猫"明"的画册

互动脉络中的一环，深厚了战时中国与英、美两国间的友谊，也奠定了战后三国以熊猫为媒介深化合作的基石。

二 "熊猫留学"事件始末

1945年5月，"欧战"刚一结束，英国当局便透过时任国民党中央宣传部驻伦敦代表处处长叶公超①向中国表达索要熊猫的意愿。国民政府出于同盟友谊考虑答应英国请求，委令叶公超与英国接洽商谈具体细节。在涉及"中国所最需要之报偿为何"时，"叶氏当答以愿英国能以免费待遇，

---

① 叶公超（1904—1981年），江西九江人，近代著名外交家、书法家。

给予中国动物学研究生一名"①。此议传回国内，率先得到了四川省教育厅厅长郭有守②的大力支持。郭氏表示，要"以一熊猫换取一学额，藉图发展四川省之教育"③。由于中国的抗日战争尚在继续，国民政府并未立刻组织人手捕猎大熊猫。日本战败后，四川省政府协同四川大学，特派遣川大生物系讲师马德④组成200余人的团队前往汶川猎捕。是年冬，该团队捕获了一只"高约三尺，重四十斤，年龄还不到一岁，全身除腰背有黑毛约

图2 《寰球·熊猫出洋》刊出的马德教授与熊猫"联合小姐"的照片⑤

---

① 《国产熊猫赠给英国博物院》，《大公报》1946年5月5日，万仁元、方庆秋主编：《中华民国史史料长编》（第69册），南京大学出版社1993年版，第275页。
② 郭有守（1901—1977），字子杰，四川资中人。1938—1946年初任四川省教育厅厅长。
③ 《教育部代电社字第一〇七一三号（卅五年七月卅日）：限制采捕熊猫换取留学名额电仰遵照》，《教育部公报》1946年第18卷第7期。
④ 马德（1904—1975），又名马骥群，四川省达县石桥镇人。1927年考入国立成都大学生物系，四年后毕业并留校任教。1942年，任西康经济研究所副研究员。1944年，任四川大学生物系讲师。1946年因中国赠予英国熊猫一事而得以赴伦敦大学留学。1948年获得硕士学位后回国，次年晋升为四川大学副教授，其后一直从事生物教学和大熊猫研究工作，对中国大熊猫的饲养、管理、繁殖、保护做出了重要贡献，著有《大熊猫》等。详见四川省达县志编纂委员会编《达县志》，四川辞书出版社1994年版，第920页。
⑤ 《熊猫出洋》，《寰球》1946年第8期。

五寸外，余均白色"①的雌性大熊猫，后取名"联合"，中英两国新闻界亲切称之为"联合小姐"。

得知英国将以一名免费赴英留学研究生名额换取一只大熊猫的消息后，美国仿效英国，也向中国政府提出索要大熊猫请求。1946年初，"美国动物院总干事B. T. Becnaheeeg女士，函请中国政府惠赠熊猫一对，藉供研究，并提议愿以美国大学之公费研究生一名作为交换条件"，国民政府教育部"除已函允照办外，并令四川省教育厅迅速负责购买呈部以便赠送"②。6月27日，国民党中宣部发布消息，称"顷已捕获雌性熊猫一头，将赠予纽约动物园，以示中美两国友谊"③。该熊猫同样在四川汶川捕获，"年龄和赠与英国皇家动物园那的'联合小姐'相仿佛，身长三尺，体重在七十五磅（约34kg）以上"④，未取名字，中国新闻界一般称之为"熊猫小姐"。

国民政府赠给英国的熊猫"联合小姐"，于1946年5月5日"上午七时专机载运，由蓉（成都）飞渝转（印度）加尔各答，交由英方专机运伦敦"⑤，四川大学马德负责护送，同机赴英。英国当局极大重视熊猫运送工作，据《周播》杂志报道，"联合小姐"在加尔各答乃是乘英国军用专机直接飞英，此待遇一度引起了英国内阁对军事人员和熊猫，谁具有搭机优先权的讨论。⑥ 5月11日，"联合小姐"到达英国。"贵为文化特使"，它一到英国就"做了外国上宾"⑦，"它好像代表了胜利之神，到处受着狂热的欢迎。当然，英伦人士对它，已是望眼欲穿。所以，连平素深居简出的贵族命妇，公主小姐，也都光临瞻仰。新闻记者们，更大起忙头，来报道它底起居注。伦敦，显然已经忘怀了二年前火箭弹的威胁，和目下若干万万饥馑者的呼号"⑧。一路护送熊猫的马德，获伦敦动物园的资助往赴伦敦

---

① 《熊猫出洋》，《寰球》1946年第8期。
② 《美国动物院以公费研究生一名换取熊猫》，《教育通讯》（汉口）1946年复刊第1卷第2期。
③ 《促进中美友谊，又一熊猫小姐赠美》，《民国日报》1946年6月28日第1版。
④ 《熊猫今日由渝飞沪：胜利后第二头》，《上海特写》1946年第17期。
⑤ 《我赠英熊猫由蓉飞赴印》，《新闻报》1946年5月7日第2版。
⑥ 《三生有幸第十只熊猫出国》，《周播》1946年第10期。
⑦ 毛守丰：《联合小姐——熊猫小史》，《日月潭》1946年第18期。
⑧ 郭澍：《关于熊猫——它已成为国际间的娇子，又是我国交换文化的特使》，《新学生》1946年第1卷2期。

大学留学。

然而，赠予美国的大熊猫并未像送与英国的那般一帆风顺。按照中美两方约定，拟于9月24日由中国航空公司特派专机从成都运送熊猫抵沪，停留三日后，27日再从上海乘坐轮船赴美，驻华美军克宁汉上尉全程护送。① 但由于路程耽搁，直到9月29日，"熊猫小姐"才从汶川抵达成都。此时上海方面，承担运送熊猫赴美任务的爱姆斯华士号轮船离沪他往，且"目前又无其他船支驶美"。无奈之下，四川省政府只能"决定将她（熊猫）暂时安顿在成都居住"②。雪上加霜的是，"熊猫小姐"猎捕时被刺伤的伤口感染，致"来沪之期一再延误"③。10月14日，抱恙的"熊猫小姐"乘专机由成都飞往重庆，次日清晨再从重庆飞往上海。15日下午15点左右，"熊猫小姐"抵达上海龙华机场，被安置在虹口屠宰场。此时，熊猫病态加重，"玉容颇见憔悴"④。不得已，中美双方搁置"熊猫小姐"在沪期间公开展览计划。16—17日，"熊猫小姐"虽经全力医治，但终无起色。18日凌晨1点左右，不幸"香消玉殒"⑤。

"熊猫小姐"病逝后，熊猫运送中方负责事人、国民党中宣部国际宣传处主任魏景蒙与美方负责人克宁汉上尉，第一时间赶到上海虹口屠宰场了解详情，并在当日同美国当局取得联系，商议"熊猫小姐"的后续处理办法，"将来是否将尸体运美，或剥皮后再制成标本，那完全由纽约动物院当局决定"⑥。纽约动物园思量后，倡议查明熊猫死因，决定将"熊猫小姐"就地解剖，心脏送至美国本土化验研究，躯体则制成标本在上海展出⑦。

关于熊猫"联合小姐"的死因，"据自川护送熊猫来沪之川省教育厅股长张□称：此熊猫自被捕以来，即'茶饭'不思，终日郁郁寡欢，加以双足受枪伤，治理逾月未有起色，抵沪后经专家诊断患有心病及腹胃病，

---

① 《熊猫将来沪二十四日飞机送到二十七日乘轮赴美》，《新闻报》1946年9月19日第4版。
② 《熊猫姗姗来迟上海无船稽留成都》，《新闻报》1946年9月29日第4版。
③ 《熊猫小姐出国有期》，《和平日报》1946年10月12日第4版。
④ 《熊猫昨日到沪扶病在樊笼大股长恭送》，《侨声报》1946年10月16日第4版。
⑤ 《被侮辱与被迫害的熊猫小姐服毒而死》，《侨声报》1946年10月19日第4版。
⑥ 《熊猫》，《南洋》1947年第14期。
⑦ 《熊猫昨遭剥皮：昨仅剖腹今日续解剖，心脏将送往美国研究》，《侨声报》1946年10月25日第4版。

来沪后身困屠场，举目四顾，但见异类，无与言欢者，虽有良医治理，终属罔效……又据治理熊猫之医官云：此猫双足受创，当为其致命伤。医生虽用消治龙（磺胺噻唑）之类似之药品为其调治，但渠终日以舌舔双足，药膏沾唇入胃，以致影响肠胃，又不思饮食，如此种种均为夭亡原因"①。事实正如相关人士预估的一般。不久之后由解剖专家发布的官方诊断称，"熊猫小姐"的死因系由双足创伤及使用磺胺类药剂治疗时引起的肺炎和痢疾②。11 月 8 日，"熊猫小姐"标本在上海复兴公园菊花展览会上正式展出，前来悼念者络绎不绝。

"熊猫小姐"不幸病逝后，美国并未因此打消从中国获取大熊猫的念头。"美国芝加哥动物园得到第八号熊猫病逝上海的消息，立即去见原赠主现在纽约治病的张群，恳求再捕一头补缺，所需多少费用概由他们负担。"③张群虽然予以肯定答复，也电令四川省政府组织猎捕，但此事终功败垂成。截至中华人民共和国成立前再无熊猫出洋事件的发生。中美两国 1946 年年初的熊猫与留学名额交换计划，也随着"熊猫小姐"的病逝宣告搁浅。

熊猫出洋，于当下社会已习以为常。然而一旦将其还原入 1946 年的历史情境中，则会发现其深刻搅动了战后中国政治、文化、社会等各个方面，还牵引出了百年留学运动中唯一以动物交换留学生的事件，为民国的落幕平添了些许色彩。

三　社会反响及其所指

1947 年元旦节《社会画报》评选出上海一年来六大要闻，"熊猫运沪夭折"④赫然在列，体现了民众对熊猫出洋事件的反响甚嚣尘上。早在赠送英美熊猫的消息爆出之初，舆论界便有评论称，"有人比熊猫为出嫁的公主，更有人比之为出塞的昭君"⑤。待到 10 月中旬"熊猫小姐"病逝

---

① 《被侮辱与被迫害的熊猫小姐服毒而死》，《侨声报》1946 年 10 月 19 日第 4 版。
② 《熊猫小姐死因别传》，《快活林》1946 年第 38 期。
③ 《张群自美来电捉熊猫》，《海晶周报》1946 年第 35 期。
④ 《一年来上海要闻：熊猫运沪夭折》，《社会画报》1947 年第 6—7 期。
⑤ 《熊猫的地位》，《文萃》1946 年第 2 卷第 3 期。

后，对熊猫的追捧达到高潮。既有"出国未成身先死，长使猫迷泪满襟"①、"昭君出塞琵琶怨，小姐临嫁肺肝熬……红颜自古多薄命，玉体惨向水橱抛"②等的饮恨诗句叹惋，也有身体力行自发前往殡仪馆给熊猫送别的。娱乐报刊《诚报》曾载："无巧不成新闻。巧在鲁迅那老头儿逝世十周年的那天，'熊猫小姐'长眠的消息，也在各报上披露了。上海的文化人为了纪念鲁迅是中国文坛上的丰功伟业的开路先锋，在辣斐剧场举行追念祭。上海市民中之最无聊者，又为了哀悼熊猫为国争光未遂而身先死的悲剧，再跑到什么宫殡仪馆去瞻仰仪容。"③几乎所有的民国知名报刊没有不报道熊猫的。《沪光周报》称："熊猫香消玉殒消息，是阮玲玉自杀后社会新闻版上最大标题。"④

熊猫出洋最先影响到民众社会生活方式与价值判断取向。首先，熊猫装扮成了时下女青年追逐的潮流，上海《沪西》月刊就报过此类现象：

> 治中女子中学，学生头发之式样繁多，皆勾心斗角别出心裁，竞相比美。时有女生某，其发左右稍高，其式甚美。同学皆问之曰："此为何式？"女生曰："此乃中国特有之熊猫式也。"⑤

一些期刊甚至以漫画的形式来呈现这种所谓的"熊猫式"装扮形象。（图3）

其次，熊猫被视为作为攀附进身的阶梯与象征。据悉，"熊猫死耗，传至上海唯一学府交通大学。一位即将毕业学生，放声大哭，如丧考妣。且为文祭之。原来吾前赠英国之熊猫，'联合小姐'曾获交换公费留学生几名。今又丧一头，认为将丧失一个留学机会。"⑥就连冲龄孩童也直言"喜欢做熊猫小姐"，以便"乘飞机，美国去"⑦。故而舆论时有"人而不

---

① 《熊猫小姐饮恨记》，《南光周报》1946年第32期。
② 陈南村：《熊猫小姐挽歌》，《南光周报》1946年第32期。
③ 黄次郎：《鲁迅与熊猫》，《诚报》1946年10月22日第3版。
④ XY篇：熊猫香消玉殒消息，是阮玲玉自杀后社会新闻版上最大标题》，《沪光周报》1946年革新第4期。
⑤ 《学校生活：熊猫式》，《沪西》1946年第4期。
⑥ 《熊猫哀荣录》，《中美周报》1946年第214期。
⑦ 周公：《爱做熊猫》，《诚报》1946年10月18日第2版。

图 3　《受了熊猫影响　女阿 Q 的化妆也熊猫化了》[1]

如熊猫"[2] 的讥讽之语。

民国时期的上海,号称十里洋场,本就是中西文明冲突、交融最为激烈的前沿阵地,猎新、猎奇的集体心理与现象自是常态。一个从未被关注到的且即将从山野跨越大半个中国抵达上海再走向世界舞台的熊猫被赋予

---

[1] 《受了熊猫影响,女阿 Q 的化妆也熊猫化了》,《漫画女阿 Q 传》1946 年 11 月。
[2] 《人而不如熊猫》,《铁报》1946 年 10 月 18 日第 2 版。

政治与文化上多样身份如"国宝""国际间的娇子"① 等文明化象征，惹得上海社会继之牵动全国其他地区的大肆追捧不足为奇。然而，在战后中国不确定时代的场域中，熊猫出洋意义的能指与所指被特殊关照。熊猫出洋不单纯是一场两国间的文化交流活动，而更多地与其时多元的政治、文化等生态发生关联。简言之，透过熊猫，时人将对中国社会的直接观感表达出来。如有观察家指出："近几个月来的报章上，除掉内战、饥荒、屠杀学生、殴打代表、查封新出版物等大事情之外，也登载些小事情，其中如'熊猫小姐出国'也是时常讲起而且受人注意的新闻。报上不但一次次的讲起它，有时还绘成图书，连续登载出来。"②

（一）熊猫与战后中国国际地位

1946年2月11日，《申报》发表社论总结抗战胜利以来中国社会发展变化时一针见血地指出：

> 政治协商会议和联合国会议似给国民以希望。然此两种会议以后，由国际到中国，并未表现一种新的气象。时局的确在变。然到底是不是真的变好，此刻还觉言之过早。……抗战胜利以后，我国家的国际地位，日益蒙受损伤，而且在继续蒙受操作。我们在国际事件上不仅没有发言权，即自身安全也并无保障，而且连关于本国事业几乎要丧失发言权。……我国今日名为四强或五强之一。但不妨拆穿讲，实际岂是那么一回事？③

简单而言，战后中国内政上几无进展，国际事务上的作为也难符"大国"称谓。就在该社论发表的同日，美、苏、英公布雅尔塔密约。密约中以牺牲中国本土利益换取苏联参加同盟国对日作战的远东条款激起了国人的愤慨。时人甚至认为，"关于苏联于德国投降后对日宣战之条件所签订

---

① 郭澍：《关于熊猫——它已成为国际间的娇子，又是我国交换文化的特使》，《新学生》1946年第1卷第2期。
② 乔风：《熊猫是怎样一种动物？》，《新文化半月刊》1946年第2卷第4期。
③ 《今后政治之希望》，《申报》1946年2月11日第3版。

之雅尔达秘密协定,其内容所作规定……较诸九一八时日寇所要求者尤重大!"① 2月13日,报界名流王芸生在《大公报》发表社评《读雅尔塔秘密协定有感》,抨击美苏英的做法。24日,20名国内知名学者联合发表抗议文章《我们对雅尔塔协定的抗议》。一时间,指摘雅尔塔密约的社会舆论充斥各大小报刊的头条版面,激愤的民族情绪最终演化成为同时期反苏大游行的重要原因。1946年7月初,苏联鼓动美英法等国剥夺了中国参加7月底巴黎和会的资格②,此事再度引起一波外交风潮。③ 战后外交与本国事务处置走向表明,中国所谓的"四强"或"五强"之一终不过是一场虚妄。在此背景下,"熊猫留学"事件成为社会舆论指摘这一现状的有利素材,熊猫被讥讽成了"为国争光"的"国宝"。④

有期刊拿熊猫与中国人作比道,"中国在外国比较上最看得起的,就只有熊猫,至于我们人呢,虽则号称五强之一,外人何尝真以五强之一看待,还不处处表示着轻蔑,以至侮辱,连战败国的日本人,也说我们是第三种人……可见中国就只有熊猫在国际争的了荣光,取得了面子,我们人是全都不如熊猫。"⑤ "只觉可惜中国是'民'国,如果中国是'熊猫'国,那在国际的地位,一定比现在要高不少。"⑥

由于报持对本国大国身份的怀疑,舆论普遍认为熊猫与留学名额交换并不是平等国家之间正常的文化交流,因此熊猫被冠以各种名头。"熊猫小姐已成为中国向外攀龙附凤的进身石了,岂能不加珍视?来年史家执笔,当写得那只畜生与昭君一样了。"⑦ 更有甚者,将熊猫比喻为媚外的"送去主义"⑧ 与"方物之贡":

> 有人比熊猫为出嫁的公主,更有人比之为出塞的昭君,其实都不类,昭君所以和番,通常公主外嫁为结秦晋之亲,连两国之好,熊猫

---

① 《反对雅尔达密约》,《民族青年》1946年第1卷第2期。
② 《客观的中国国际地位》,《中华时报》1946年7月9日第1版。
③ 此事后有转机。最终中国方面由傅秉常(1896—1965年)带队参加了此次会议。
④ 狄嘉:《恭送"国宝"熊猫为国争光》,《铁报》1946年10月17日第1版。
⑤ 《中国熊猫与中国人》,《风光周报》1946年第13期。
⑥ 舍利子:《熊猫之感》,《立报》1946年9月28日第6版。
⑦ 曙天:《话短情长》,《海燕》1946年第4期。
⑧ 《熊猫与送去主义!》,《诚报》1946年10月25日第2版。

出国，不过作方物之贡而已。①

可见，以熊猫出洋来反观战后中国国际地位时，民国观察家的心态是酸涩的。即使实际上1943年国民政府与欧美列强签约废除了近百年以来的诸多不平等条约，时人意识形态中仍将该事件看作是"割地""租借"等丧权辱国活动的复活与再现。正如1946年7月26日上海《铁报》所评论的那般：

> 这次，和英国交换留学生额的熊猫，在英国是兴高采烈，称它做联合小姐。在我国一般人看来，却有些儿好像进贡，心理怪不舒服。岂知美国不甘示弱，竟和"割地""租借"一般，要维持"均势"，示意"也来一支"。于是我国不得不百般搜求，以副美国之命。②

（二）熊猫与国内饥荒问题

同样地，熊猫出洋前后所享受的优待，与战后国内饥荒问题挂钩放在一起讨论。八年抗战耗空了国力，国穷民困，饥荒问题战争后期就已凸显，这一问题延续到了战后仍未有任何好转。1946年初春南方各省大旱，春耕困顿，4月之后旱灾引起各地普遍饥荒，形成以湖南、广西、广东等地为中心的重灾区。以湖南为例，7月间饥荒已遍布全省，截至8月，湖南全省死于饥饿和疫病的达400万人。③ 整个社会场域中，一边是饥寒交迫的万千国民，而反观熊猫在预备出洋阶段的饮食，则是洋山芋、蔬菜、牛乳、鸡蛋、鱼肝油等，"这是很可能引起穷苦的中国人发生一种不可压制的羡慕：以为'做人不如做熊猫'"④。这种"人不如熊猫"的反差透过漫画展现地淋漓尽致。（图4）

熊猫出洋，造成民国舆论借机针砭社会现实问题，无疑是超乎国民政府预料的。时人以之为镜的的目的，一方面是为了唤起国民政府及民众对

---

① 《熊猫的地位》，《文萃》1946年第2卷第3期。
② 欧阳恂：《贡熊猫》，《铁报》1946年7月26日第2版。
③ 刘苏华、李长林选编：《湖南近现代社会事件史料选编》，湖南师范大学出版社2013年版，第1065页。
④ 乔风：《熊猫是怎样一种动物？》，《新文化半月刊》1946年第4期。

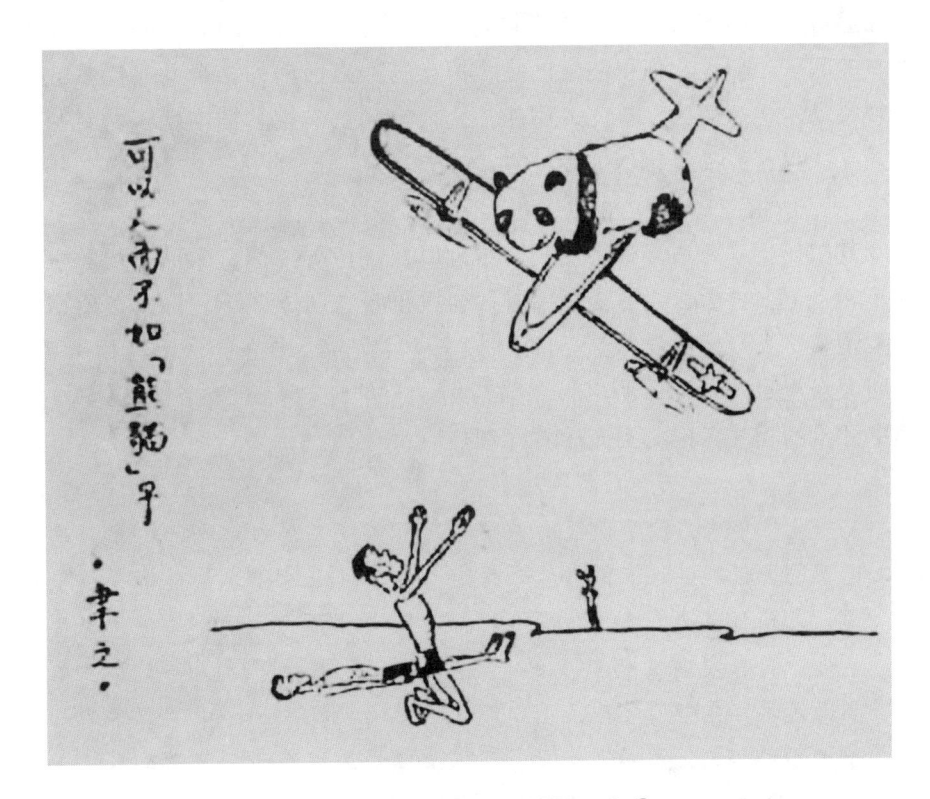

图 4　可以人而不如'熊猫'乎?①

当下部分严峻事宜的注意。正如《申报》社论悲愤地评论到:"现在国内又许多事情,都和熊猫的命运相同。国人对于祖国的事情,都抱着冷漠的态度。"② 另一方面是借之抗议国民政府执政作为。盛世未许,熊猫"出国未成身先死"③,固然可哀,然其可哀处,则"在她的香消玉殒之外"④。

(三) 熊猫与留学反思

"熊猫留学"词汇的出现,将熊猫与留学两个话语结合在一起,体现

---

① 聿之:《可以人而不如'熊猫'乎?》,《秋海棠》1946 年第 14 期。
② 许玉麟:《熊猫》,《申报》1946 年 5 月 21 日第 8 版。
③ 《轻描淡写》,《沪报》1946 年 10 月 21 日第 1 版。
④ 《哀熊猫》,《新闻报》1946 年 10 月 20 日第 16 版。

出社会对熊猫出国与留学教育的共同关注，也间接表明两者在一定程度上具有关联与相似性。值得注意的是，留学与熊猫话语的结合并非偶然或民国观察家的恣意而为。首先，用熊猫交换出国留学生名额本就将两者紧密联系在一起。熊猫是国宝，留学生是救国的"美少年""主人翁""伟大国民"①。所谓"一登洋船，身价十倍"②，无论熊猫还是留学生，皆是如此。其次，就享有诸多社会便利、声誉以及优待等方面，熊猫与留学生也是不相上下。再者，当熊猫裹挟着社会舆论吸住时人眼球之际，正值留学政策调整、大规模留学派遣活动（如1946年第二届公自费留学招考等）重回大众视野的时期。所以，熊猫与留学自然地被归于一个话语体系中。集中评价的相关舆论莫不充斥着冷嘲热讽：

> 几多年来，涂金镀银的留学生总算多了，喝过太平洋的水，吃过巴黎的面包，坐过东京的地下铁道车子，回来片子上赫然博士硕士头衔，走路时眼睛好像长在额上，留学生固然不可一世也……虽说留学生多，真有实学的仍是少的可数……所以有人说，留学生数目虽不小，人才实在少的可怜，正如熊猫这动物一样少……中国留学的贵族子弟不过如此，无怪乎英国为了一头熊猫，肯用两个留学生名额来交换。从好的方面来想，他们是认为熊猫可贵不惜以留学生名额来换；从坏的方面想，也许他们讥中国留学生连熊猫也不值吧。我们的留学生愿做一头珍贵的熊猫呢？还是愿做一个不值钱的留学生呢？③

时隔一周，该刊再次发表相似评论，称："英国人爱好我国四川所出的熊猫，打算陈列在博物院中，而且条件极优，不是用物质来酬报，情愿交换一个留学生。熊猫的价值，也相当的高了。"④ 上海的《世界晨报》对此表示认同，"报载：川省捕获熊猫一头赠予英国，英国为报答起见，将赠我留学生二名。——感谢这个消息，使我对于留学生有了估价的标

---

① 《中国日报论留学生之风气》，《经世文明》1904年第8期。
② 邵鼎勋：《不合理的留学政策应该检讨改正》，《社会公论》1947年第2卷第1期。
③ 《留学生与熊猫》，《大观园周报》1946年第4期。
④ 酱翁：《熊猫》，《大观园周报》1946年第5期。

准。"①《民间》(上海)期刊还以《熊猫救了穷学生》为社论标题,戏谑道:"我们大可发动大批人马,四处搜索熊猫,留学问题就可以解决了……'教育第一'而教育预算只占百分之五不到,大概是因为中国出产熊猫的原因。"②

如同前述借熊猫出洋抨击中国国际地位以及社会问题一样,民国舆论结合熊猫与留学话语反思的举动,侧面反映了持续半个多世纪的中国留学运动的式微,蕴含了时人对留学教育现状的不满,无论是留学生形象还是留学成效。自清末民初留学生群体从社会边缘走到舞台中心之后,留学生形象构建一直处于"理性评价与盲从并存"的双重特征中。③ 留学生群体的贡献决定了民众对留学生以及留学教育成效的认同程度,但由于对留学盲从的因素存在,那些碌碌无为的普通归国留学生往往成为社会诟病的对象。全面抗战以前,社会各界虽对留学生与留学教育成效的评价褒贬不一,但总体上维系着相对平衡,并未出现一边倒的舆论态势,八年抗战却彻底打破了这种脆弱平衡。战火不仅使得国民政府前十年(1927—1937年)的发展成就毁于一旦,更是暴露出国家人才匮乏的弊漏,"今天大家承认我国各种人才的缺乏,这种人才缺乏的情形,真是普遍而深刻"④。人才匮乏,时人认为留学生无疑要负主要责任。战时所谓的留学生在海外躲避国难等现象,进一步削弱了社会各界对留学生的好感,以至于战后的民国知识界、教育界和民间对留学问题无不充斥着悲观与失望的情绪。如何造就合格的留学生,也成了当时各界探讨的主题,"熊猫留学"事件,恰也开启了战后反思留学问题的先声。

结　语

以熊猫交换出国留学生名额,在近代中国历史上仅此一例,马德是仅有的因熊猫出洋而受益的留学生。作为外交官与留学生的叶公超,在力促该交换成行时,优先考虑的无疑是民族与国家的政治利益,至于他

---

① 《留学生的估价标准》,《世界晨报》1946年4月28日第2版。
② 《熊猫救了穷学生》,《民间》(上海)1946年第2期。
③ 刘晓琴:《晚清民初留学生社会形象及其演变》,《史学月刊》2019年第4期。
④ 《检讨留学政策》,《新闻报》1946年3月31日第1版。

是否考虑到当时国内人才匮乏现状而偏爱留学，笔者不得而知。但可以确信的是，叶公超本人与国民政府并未预料到这一决断会引起战后舆论界的浓厚兴趣。透过熊猫，民国观察家们分别就中国实际国际地位、国内饥荒、留学教育等政治与社会问题展开抨击。关照上述问题不仅是因为熊猫出洋与后三者之间或多或少产生联系，更重要的是基于一个共同的政治逻辑与理念之上，即对国民政府统治现状的强烈不满。涉及国际地位、饥荒、留学等实际只是表达不满情绪的宣泄窗口。就舆论界的总体情感倾向而言，是悲愤且又酸涩的。对于熊猫进口国的英国来说是为抚慰战争创伤，而对熊猫出口国的中国而言却如刺痛自感卑弱的人脆弱的敏感神经一般。

"盛世未许叹观止，后来居上有熊猫。"[①] 历史地看，无论是普通民众对熊猫出洋的热情追捧，以至于出现专为"熊猫小姐"开追悼会的荒诞现象，还是舆论界几近一边倒的批判——"进贡""和番""送去主义"等词汇屡见不鲜，实际源于近代中国人历经中西文明冲突洗礼后潜意识层面中滋生的非正常心理。这种非正常心理来自对1840年鸦片战争之后百余年东西文明碰撞、较量结果的失利认知积淀而成。与国民党人"以一种反时代的精神风貌，而面向时代的前进"[②] 的表现形式不同，战后民众通过对"熊猫留学"事件声嘶力竭般的非议或狂欢表达自身文化不自信乃至文明挫败的精神状态。

赵京华先生认为，近代以来的中国留学运动始终未走出求法与传道的怪圈。[③] 即便是从1895年——诸多民国观察家视该年度为留学起始之年算起，至1945年抗战胜利，中国的留学运动已有半个世纪的光景，先后有超过数十万的留学生负笈海外。相较于如此庞大的群体数量，以熊猫交换的出国留学生名额无异于沧海一粟，更遑论能借此发展教育。很显然，战后民国社会所谓的人才匮乏问题，根本不是人才数量多少的问题，也非单纯依靠加大留学派遣便能顺利地解决，这也是时人借熊猫反思留学问题时的一个认知误区。留学问题既是社会问题，也是政治问题。战后留学最终

---

① 陈南村：《熊猫小姐挽歌》，《南光报》1946年第32期。
② 邓野：《向蒋介石铸献九鼎的流产与非议》，《近代史研究》2009年第2期。
③ 赵京华：《走出求法与传道的留学怪圈——中国百年留学现象的反思》，《探索与争鸣》2019年第4期。

走向落幕，国民政府的腐朽统治无疑关联甚大，但需要注意到留学运动至此已出现各种弊漏，能否意识留学怪圈现象，突破瓶颈，才真正决定留学教育活动的未来发展方向。总体而言，"熊猫留学"事件，揭示的是战后民国多元的政治、文化、社会生态，也留给后世诸多思考。